# जहाज और तूफान
(खण्ड-1)

# जहाज और तूफान

(खण्ड-1)

सम्पादक

रामविलास शर्मा

वाणी प्रकाशन

**वाणी प्रकाशन**

*4695, 21-ए, दरियागंज, नयी दिल्ली 110 002*

फ़ोन : +91 11 23273167 फ़ैक्स : +91 11 23275710

**शाखाएँ**

*अशोक राजपथ, पटना 800 004, बिहार*

*कॉफ़ी हाउस कैम्पस, महात्मा गांधी मार्ग, इलाहाबाद 211 001, उत्तर प्रदेश*

*महात्मा गांधी अन्तरराष्ट्रीय हिन्दी विश्वविद्यालय, वर्धा 442 001, महाराष्ट्र*

*सुल्तानिया रोड, मोतिया पार्क, भोपाल 462 001, मध्य प्रदेश*

www.vaniprakashan.com
marketing@vaniprakashan.in
sales@vaniprakashan.in

JAHAJ AUR TOOFAN-1
*Edited by* Ramvilas Sharma

ISBN : 978-81-7055-427-1
Collected Works : Reportage/Sketches/Memoirs



संस्करण 1996, 2000
तृतीय संस्करण 2020

मूल्य : ₹ 2000



*सिटी प्रेस, दिल्ली-110 095 में मुद्रित*

*वाणी प्रकाशन का लोगो मक़बूल फ़िदा हुसेन की कूची से*

# भूमिका

यह पुस्तक ललित गद्य रचनाओं का संकलन है। मैंने अधिकतर विवेचनात्मक गद्य लिखा है। भूमिका में ही पाठक को बता देना उचित है कि इसमें विवेचनात्मक गद्य नहीं है। आलोचना से अलग हटकर यहां ऐसी गद्य रचनाएं संकलित हैं जिन्हें पाठक अनुभव की ताजगी, बयान की सादगी और कलात्मक सौन्दर्य के लिए पढ़ सकते हैं।

इस पुस्तक की एक विशेषता यह है कि इसमें ज्ञान-विज्ञान के क्षेत्रों में काम करने वालों के अनुभव कुछ रचनाओं में संकलित हैं। उदाहरण के लिए एक आदमी भूगर्भशास्त्री है, अपने कार्य के सिलसिले में वह चट्टानों के टुकड़े इकट्ठा करता हुआ जंगलों में घूमता है। अपने काम के दौरान उसे बहुत जगह के अनुभव होते हैं। वह उन्हें लिख डालता है। उसके लेख भूगर्भशास्त्रियों के लिए नहीं हैं, पर वे एक भूगर्भशास्त्री के अनुभव चित्रित करने वाले लेख हैं जिनसे आपका मनोरंजन हो सकता है। रामशंकर शर्मा ऐसे ही लेखक हैं। और इस संकलन में उनकी काफी रचनाएं हैं।

एक आदमी धरती की सतह के नीचे खानों में काम करता है। वहां से खनिज पदार्थ निकलता है, उनका परीक्षण, विश्लेषण करता है। उसे अपने पारिवारिक परिवेश से अभिनय कला के संस्कार मिले हैं। अपने विशेष वैज्ञानिक क्षेत्र में काम करने से पहले अपने छात्र जीवन में वह सफल अभिनेता रह चुका है। जिस क्षेत्र में खानें हैं, वह आदिवासियों का इलाका है। जादूगुडा में वह रामलीला का आयोजन कराता है। अनेक भाषाएं बोलने वाले वैज्ञानिक और टेक्नीशियन एक कॉलोनी में रहते हैं। वे रामलीला के दर्शक हैं। संयोग की बात है कि जिस नगर की रामलीला में यह लेखक अपने छात्र जीवन में अभिनय करता था, वहां का एक आदमी दर्शकों में मौजूद है। वह आकर कहता है, "ऐसी रामलीला तो हमने झांसी में ही देखी थी।" लेखक के आनन्द की आप कल्पना कर सकते हैं। विशेष बात यह है कि उस रामलीला के लिए नाट्य पुस्तिका उसके पिता ने तैयार की थी। खानों के भीतर काम करने वाले भौतिकी-विशेषज्ञ रामनरेश शर्मा हैं। उनके कुछ लेख आप इस संकलन में देखेंगे।

एक आदमी पानी के जहाज पर काम करता है। बन्दरगाहों में पानी के नीचे मिट्टी इकट्ठा हो जाती है। उसे हटाना उसका विशेष कार्य है। उसका जहाज तूफान में फंस जाता है। तूफान और लहरों का वह सामना करता है। अपने अनुभव पर वह लिखता है। उसकी मानक हिन्दी नहीं है। पर वह ऐसी हिन्दी है जिसे जहाज के कर्मचारी इस्तेमाल करते हैं। पारिभाषिक शब्दों के व्यवहार से उसका वर्णन और भी सजीव हो जाता है। आशुतोष शर्मा की रचना 'जहाज और तूफान' ऐसा ही लेख है। उसी पर इस संकलन का नामकरण हुआ है।

एक लड़की नृतत्व शास्त्र (एन्थ्रोपॉलोजी) पर शोधकार्य कर रही है। अपने काम के सिलसिले में जिसे हिन्दी प्रदेश के अत्यंत पिछड़े हुए उत्तरी पहाड़ी क्षेत्रों में घूमना होता है। हमारा समाज जैसा है, उसे देखते हुए इस तरह एक लड़की का घूमना असाधारण तो है ही, वह दुस्साहस का काम भी है। अपने शोधकार्य के दौरान वह बहुत तरह के लोगों से मिलती है, जिसे बहुत तरह के अनुभव होते हैं और वह उन्हें लिपिबद्ध कर लेती है। ये लेख नृतत्वशास्त्र पर उसके थीसिस का हिस्सा नहीं हैं, थीसिस के लिए सामग्री बटोरते हुए उसके अनुभवों के संकलन हैं। कादम्बरी शर्मा नृतत्वशास्त्र में पी-एच० डी० हैं। उनके कई लेख इस पुस्तक में आप पढ़ेंगे।

एक आदमी इंजीनियर है। बांध बनाने के काम से उसका विशेष संबंध है। अपने क्षेत्र में शोध कार्य करके उसने पी-एच० डी० की उपाधि प्राप्त की है। अब वह भारत सरकार के मिट्टी-पानी शोध संस्थान (सेन्ट्रल स्वायल एण्ड मैटीरियल्स रिसर्च स्टेशन) का निदेशक है। अपने कार्य के सिलसिले में वह देश-विदेश की यात्राएं करता है। उसका काम ऐसा है कि उसके लिए भूगर्भशास्त्र का यथेष्ट ज्ञान भी आवश्यक है। इसी काम के सिलसिले में वह राजस्थान में भारत की पुरानी खानें देखने गया। विजय मोहन शर्मा के लेख 'जस्ते की प्राचीन खानें' में उस यात्रा के अनुभवों का विवरण आप पढ़ेंगे। इस संकलन में उनके और भी कई लेख हैं, पर उनसे उनके कार्यक्षेत्र का सीधा संबंध नहीं है। एक बार उन्हें आकाशवाणी ने वार्ता के लिए निमंत्रित किया। वार्ता का विषय इनके अपने क्षेत्र का था। लेकिन वहां जाकर मालूम हुआ कि वह भूल से वैसा लिख दिया गया था। जो वास्तविक विषय था, वह दिये हुए विषय से किसी हद तक मिलता-जुलता था। इन्होंने परिस्थिति को कैसे संभाला, इसका विवरण उनके लेख, 'मैंने भी टॉक-रिकॉर्ड करायी' में आप देखें।

एक आदमी ने इलेक्ट्रॉनिक्स और माइक्रोवेव में पोस्ट-डिप्लोमा कोर्स किया है। वह पहले बिजली के बल्ब बनाने की फैक्टरी में काम करता है, फिर इलेक्ट्रॉनिक्स यंत्र बनाने के कारखाने में काम करने जाता है जहां वह सुपरवाइजर का काम करता है, इंजीनियरों, टेक्नीशियनों और साधारण मजदूरों के सम्पर्क में

आता है। कारखाने में एक बार हड़ताल होती है। उसका वह प्रत्यक्षदर्शी है। मुकुल शर्मा के लेख 'स्ट्राइक' में उस हड़ताल का वर्णन है। कुछ समय बाद वह भारत सरकार के राष्ट्रीय भौतिकी संस्थान (नेशनल फिजोकल लेबोरेटरी) में नियुक्त हो जाते हैं। आधुनिक विज्ञान से संबंधित मुकुल शर्मा का लेख 'सुपर-कण्डक्टर' ऐसा है जिसे उस क्षेत्र का विशेषज्ञ पसन्द करेगा और जो साधारण पाठक की समझ में भी आ जायेगा। मुकुल के विचार और अनुभव विज्ञान की परिधि में सीमित नहीं हैं। वे उसके बाहर भी बहुत कुछ देखते-सुनते हैं। अनुभवों की विविधता उनके अन्य लेखों में आप देखेंगे।

एक लड़की पत्रकार है। पत्रों के लिए सामग्री एकत्र करते समय वह बहुत तरह के लोगों से मिलती है और उसे बहुत तरह के अनुभव होते हैं। एक धोबिन से लेकर राज्य सभा की उपाध्यक्षा तक उसकी पहुंच है। जो कुछ देखती-सुनती है है, जिसे अपने मन में सजोये रहती है। साधारण पत्रकारिता से थोड़ा हटकर साहित्यिक स्तर पर वह रेखाचित्रों, संस्मरणों आदि में अपने अनुभव प्रस्तुत करती है। पत्रकार सोना शर्मा अब राष्ट्रीय जल-विद्युत निगम (नेशनल हाइड्रो-पावर कॉर्पोरेशन), टनकपुर, में सहायक हिन्दी अधिकारी हैं। परिवार से लेकर दिल्ली के गली-कूचों तक जीवन के अनेक बिम्ब उनके लेखों में आपको उभरते दिखायी देंगे।

एक लड़की अपनी युवावस्था तक भारत में रही। यहीं उसका विवाह हुआ। फिर उसका पति क्लास टेक्नोलॉजिस्ट के रूप में इंग्लैंड गया। पति-पत्नी वहीं बस गये। पत्नी ने वहां के स्वास्थ्य-संस्थानों, अस्पतालों आदि में काम करने के लिए समाज-सेविका के रूप में विशेष प्रशिक्षण प्राप्त किया। कैंसर जैसी प्राण-घातक बीमारियों से पीड़ित व्यक्तियों की सेवा की। ऐसे लोगों के बीच में रहना जो प्रतिदिन प्रतिक्षण शारीरिक और मानसिक पीड़ा का अनुभव करते हैं, जिनके जीवन के दिन गिने हुए हैं—विचित्र अनुभव होगा। इस अनुभव को प्राप्त करने के लिए काफी मानसिक साहस दरकार है। कुसुम ने अपने अनुभव इंग्लैंड में 'क्रिसमस नेत्रहीनों का त्योहार' आदि में व्यक्त किये हैं।

एक आदमी यांत्रिकी विद्या का इंजीनियर है। ऐसा इंजीनियर है जिसका सम्बन्ध इंजनों के निर्माण, रखरखाब और संचालन से है और ये कोयला-पानी भाप वाले इजन ही नहीं हैं, डीजल इंजन भी हैं। वह इंजन पर बैठकर भयंकर मूसलाधार वर्षा में घुप्प अंधेरे में यह देखता जा रहा है कि इन्जन सही ट्रैक पर सही ढंग से सही दिशा में जा रहा है या नहीं। उसे इंजन चालक से मिली एक कप चाय कैसा सुखद अनुभव प्रदान करती है यह आप अनुपम शर्मा के लेख 'नहीं भूलेगी वह बरसात की चाय' में पढ़ेंगे। अपने कार्य से सम्बन्धित अनुभव पर ही आधारित है उनका सूक्ष्म पर्यवेक्षण कि ध्वनि तरंगों से किस प्रकार बंदर इंजन

के नजदीक आते ही पटरी से दूर कूद जाते हैं और अपने को सही-सलामत बचा लेते हैं। उनके अन्य अनुभवों का विवरण भी उनके लेखों में मिलेगा जो विभिन्न व्यक्तियों के चरित्र की विशेषताएं दर्शाते हैं।

इन्हीं के भाई-बन्दों में आशिष शर्मा अपने इन्जीनियरी प्रशिक्षण के सम्बन्ध में जापान गये थे। उन्होंने अपने प्रशिक्षण के सिलसिले में अपनी जापान यात्रा के रोचक विवरण लिखे हैं।

विज्ञान और प्रौद्योगिकी के क्षेत्र से बाहर एवं सीमा शुल्क विभाग में अधीक्षक (सुपरिंटेंडेंट) रामस्वरूप शर्मा ने अपने कार्यक्षेत्र के अनुभव 'एक दिन की दास्तान' में व्यक्त किये हैं। विशेष क्षेत्रों में कार्य करने वाले अन्य लेखकों की तरह इन्होंने भी सामान्य जीवन को आधार बनाकर रोचक लेख लिखे हैं।

कई लेख अध्यापिकाओं के हैं। धनवन्त कुमारी शर्मा, दया शर्मा, सन्तोष शर्मा, शोभा जेटली, सेवा शर्मा, स्वाति शर्मा और शालिनी शर्मा ने अध्यापन तथा पारिवारिक और सामाजिक अनुभवों के बारे में लिखा है। इनमें एक-दो को छोड़कर सभी विज्ञान में विशेष शिक्षा प्राप्त कर चुकी हैं। विज्ञान की छात्राएं होने पर भी वे साहित्यिक अभिरुचि की महिलाएं हैं, यह उनके लेख पढ़कर आप सहज ही पहचान लेंगे।

अनेक रचनाओं में आप निराला, अमृतलाल नागर, केदारनाथ अग्रवाल के नाम देखेंगे। इनके बारे में जो भी सामग्री यहां दी जा रही है, वह ऐतिहासिक महत्त्व की है और अन्यत्र न तो वह प्रकाशित हुई है, न संकलित। प्रसिद्ध कथाकार अमृतलाल नागर ने एक बार आत्महत्या का प्रयास किया था। यह बात बहुत कम लोग जानते हैं। उनके पुत्र शरद नागर के एक लेख 'वह महिपाल नहीं थे' इस प्रयास का अत्यन्त जीवन्त वर्णन है। सौभाग्य से वह प्रयास विफल हुआ और उसे विफल करने का श्रेय शरद नागर को है। शरद ने पी-एच० डी० की उपाधि रसायनशास्त्र में प्राप्त की है। किन्तु अब वह उत्तर प्रदेश की संगीत नाटक अकादमी के उपनिदेशक हैं।

प्रसिद्ध साहित्यकारों पर तो बहुत लोग लिखते हैं। उनकी पत्नियों पर लिखने वाले कम ही होते हैं, जानकारी भी नहीं होती। ज्ञानचन्द जैन बचपन से बुढ़ापे तक अमृतलाल नागर के मित्र रहे, उनके घरेलू जीवन से अच्छी तरह परिचित थे। श्रीमती प्रतिभा नागर पर उनका लेख 'तीन-चौथाई अमृतलाल नागर' ऐतिहासिक महत्त्व का दस्तावेज है। अमृतलाल नागर कथाकार होने के अतिरिक्त पत्रकार भी थे। अपने प्रारम्भिक साहित्यिक जीवन में उन्होंने 'चकल्लस' नाम का साप्ताहिक पत्र निकाला था। उनकी रचना 'नवाबी मसनद' धारावाहिक रूप से इसमें प्रकाशित हुई थी। निराला, नरोत्तम नागर, बलभद्र दीक्षित 'पढ़ीस' भी इसमें लिखते थे। 'चकल्लस' अनेक प्रयासों की परिणति था। इस दौर के अमृत

लाल नागर की पत्रकारिता पर ज्ञानचन्द जैन का लेख 'खुदा की राह से चकल्लस तक' पठनीय है। इसी प्रसंग में अमृतलाल नागर की डायरी भी उल्लेखनीय है। उसके कुछ अंश यहां प्रकाशित हो रहे हैं। तकषी शिवशंकर पिल्लै मलयालम भाषा के श्रेष्ठ कथाकार रहे हैं। उनकी पत्नी से सोना शर्मा की बातचीत उनके पारिवारिक जीवन की झांकी प्रस्तुत करती है। उसका महत्त्व भी ऐतिहासिक है। मेरे व्यक्तिगत जीवन से सम्बन्धित जानकारी देने वाली कुछ रचनाएं भी इस संकलन में हैं।

संकलन की कुछ रचनाएं मर्मस्पर्शी मानव सम्बन्धों को चित्रित करती हैं। मूक-बधिर बच्चों का अपना ही संसार होता है। साधारणतः हम उसके प्रति उदासीन रहते हैं। सोना शर्मा का लेख 'उनकी वो दुनिया' इस संसार की झलक दिखाता है। उसी तरह अविकसित मस्तिष्क के बालक का अपना संसार होता है। सोना शर्मा के लेख 'उपेक्षा का पात्र' में ऐसे ही बालक की मानसिकता का चित्रण है। अपने माता-पिता के साथ सड़क पर कलाबाजी दिखाकर दर्शकों का मन मोहता है और परिवार की जीविका चलाने में सहायता करता है। सोना शर्मा के 'कमाऊ पूत' में उसका रेखाचित्र है।

पुराने समय से दुनिया बहुत बदल गयी है, शादी-ब्याह के तौर-तरीके बदल गये हैं। अब से 70-80 साल पहले गांव में छोटी उम्र के बालकों के ब्याह किस रूप में होते थे, इसका वर्णन भगवानदीन शर्मा के लेख 'मेरी शादी' में है। पुरानी रिश्तेदारियों में बाल की खाल निकालने वाले कुछ विशेषज्ञ एक खास श्रेणी के लोग होते हैं। इनकी छवि भगवानदीन शर्मा के लेख 'रिपुनिहा' में देखें। इसी तरह पारिवारिक सम्बन्धों का सूक्ष्म ताना-बाना रामशंकर शर्मा के लेख 'बाढ़ौ रे बाढ़ौ सहिजन के बिरवा' में है।

संकलन में गद्य की अनेक विधाओं का प्रदर्शन है। इनमें मुख्य है ललित निबंध। इन निबंधों की विशेषता यह है कि ये किसी विषय का सुनियोजित विवेचन करने के लिए नहीं लिखे गये। तरह-तरह के अनुभव मन पर जो छाप छोड़ते जाते हैं, उसी को यहां प्रस्तुत किया गया है। ऐसे सभी निबंध प्रत्यक्ष अनुभव के आधार पर लिखे गये हैं। अंग्रेजी में 'पर्सनल ऐसे' जो विधा है, उससे ये मिलते-जुलते हैं। यद्यपि हूबहू वैसे ही नहीं हैं। पर्सनल ऐसे आम तौर से व्यक्ति-केन्द्रित होते हैं। यहां जो ललित निबंध दिये जा रहे हैं, वे अधिकतर वस्तु-केन्द्रित हैं। ललित निबंध का आकार-प्रकार काफी लचीला होता है। कुछ निबंध बहुत छोटे हैं, कुछ निबंध काफी बड़े हो सकते हैं। वैसे कहानी की सीमा निर्धारित नहीं की जा सकती, वैसे ही ललित निबंध आकार में छोटा-बड़ा हो सकता है। मुख्य बात है लालित्य। इस संकलन में कोई भी निबंध बहुत बड़ा नहीं है। सार-तत्त्व थोड़े में पेश कर दिया गया है। ललित निबंधों में विषयों और अनुभवों की

विविधता सहज ही ध्यान आकर्षित करती है।

रेखाचित्र, संस्मरण, यात्रा-वृत्तांत, रिपोर्ताज कलात्मक गद्य की अन्य विधाएं हैं। ये सब एक-दूसरे से मिलती-जुलती हैं। रेखाचित्र ललित निबंध से कुछ दूर और कहानी के ज्यादा पास है। संस्मरण अपने बारे में हो सकता है, दूसरों के बारे में हो सकता है। छोटे निबन्ध से लेकर बड़ी पोथी तक को संस्मरण कहा जा सकता है। संस्मरण में यदि गद्य को महत्त्वपूर्ण विधा मानें तो उसका आकार ललित निबन्ध जैसा होना चाहिए। मानी बात है कि आत्मीय सम्बन्धों वाला पक्ष संस्मरणों में उभरकर आता है। यात्रा-वृत्तान्त को भी गद्य की विधा मानना चाहिए। संस्मरण की तरह ही यह वृत्तान्त छोटे लेख से लेकर बड़ी पोथी तक के आकार का हो सकता है। विधा के रूप में उसका आकार ललित निबन्ध जैसा हो तो अच्छा है। यदि केवल स्थानों की गिनती गिनायी जाय, हम यहां गये फिर वहां गये अथवा यह बताया जाये कि हम इनसे मिले, हम उनसे मिले, हमने यह किया, हमने वह किया, तो यात्रा-वृत्तान्त नीरस होगा। वह सरस और रोचक हो तभी ललित गद्य की विधा बनेगा। मुझे आशा है कि इस पुस्तक में संकलित यात्रा-वृत्तान्त इस कसौटी पर खरे उतरेंगे।

रिपोर्ताज गद्य की महत्त्वपूर्ण विधा है। फ्रांसीसी भाषा से यह शब्द अंग्रेजी में आया और वहां से हिन्दी में पहुंचा। जामिया-मिल्लिया के एक शोध छात्र हिन्दी में रिपोर्ताज विषय पर अनुसंधान कर रहे हैं। इससे संकेत यह मिलता है कि विश्वविद्यालयों में शिक्षा के सूत्रधार इस विधा का महत्त्व पहचानते हैं। हिन्दी पत्र-पत्रिकाओं में रपट शब्द का व्यवहार अक्सर देखने में आता है। किसी घटना की रिपोर्ट को रपट की संज्ञा दी जा सकती है। पर अभी यह ललित गद्य की विधा नहीं बन पायी। उसका उपयोग पत्रकारिता के क्षेत्र में अधिक होता है। रपट को कलात्मक रूप दिया जाय तो वह रिपोर्ताज बन सकती है। रिपोर्ताज लेखक का प्रत्यक्षदर्शी होना आवश्यक है। संस्मरण और यात्रा-वृत्तान्त में आत्मगत बातें खुलकर कही जा सकती हैं। रिपोर्ताज में उनका स्थान गौण ही रहे तो अच्छा है। आकार-प्रकार में इसे ललित निबन्ध जैसा ही होना चाहिए। यथार्थवाद का निखरा हुआ रूप रिपोर्ताज में देखने को मिलेगा। छोटा-सा कल्पना का पुट देकर उसे कहानी जैसी विधा में परिवर्तित किया जा सकता है।

गद्य की सभी विधाएं बहुत लचीली हैं। कहां संस्मरण की सीमा समाप्त होती है, कहां रेखाचित्र शुरू होता है, यह कहना कठिन है। यहां जो रचनाएं संकलित हैं उन्हें विभिन्न विधाओं के अन्तर्गत रखा गया है। कोई रचना किसी एक विधा के अन्तर्गत ही होगी, अन्य के नहीं, ऐसा आग्रह मेरा नहीं है। पाठक इच्छानुसार विधाओं के वर्गीकरण में फेर-बदल कर सकते हैं। वास्तव में ललित साहित्य का विधाओं में विभाजन विवेचन की सुविधा के लिए है। उससे पाठक का

विशेष सरोकार नहीं होता। हिन्दी गद्य के विवेचन में अनेक विधाओं का उल्लेख होता है। उपन्यास, कहानी और नाटक के अतिरिक्त जो महत्त्वपूर्ण विधाएं हैं। इस संकलन में हैं।

आम धारणा यह है कि कविता सरस होती है, गद्य नीरस होता है। उपन्यास तो खूब पढ़े जाते हैं और सौभाग्य से गद्य में ही लिखे जाते हैं। कहानियां भी काफी लिखी जाती हैं और पढ़ी जाती हैं। इसलिए सभी गद्य नीरस होता है, यह धारणा तो खंडित हो जाती है। हिन्दी में नाटक भी काफी लिखे जाते हैं और दूरदर्शन के बाहर देखे कम जाते हैं। नाटक, कहानी, उपन्यास से अलग हटकर गद्य की अन्य विधाएं सरल और कलात्मक हो सकती हैं, इस तथ्य पर ध्यान देना उचित है। हिन्दी आलोचना में वैसे भी गद्य शिल्प का विवेचन कम हुआ है, इन विधाओं का विवेचन और भी कम हुआ है। गद्य शिल्प में सबसे महत्त्वपूर्ण है वाक्य रचना। हिन्दी गद्य अंग्रेजी वाक्य रचना से काफी प्रभावित हो रहा है। इससे हिन्दी का जातीय स्वरूप विकृत हो रहा है। मुझे आशा है कि इस पुस्तक की अधिकांश रचनाएं इस दोष से मुक्त हैं। वाक्य रचना के बाद शब्द चयन का महत्त्व है। एक प्रवृत्ति यह है कि तत्सम शब्दों के व्यवहार से गद्य को बोझिल बना दिया जाता है। दूसरी प्रवृत्ति यह है कि अंग्रेजी शब्दों का व्यवहार काफी होता है। लोग बातचीत में अंग्रेजी शब्दों का ही नहीं पूरे वाक्यों और वाक्यांशों का प्रयोग भी करते हैं। लिखे हुए कुछ साहित्य में ऐसा कम होता है, पर यह रुझान है अवश्य। सामान्यतः इस पुस्तक की रचनाओं में बोलचाल के शब्द ही आये हैं, जहां-तहां अपवाद स्वरूप अंग्रेजी शब्दों का व्यवहार हुआ है। 'जहाज और तूफान' लेख में गैर-मानक हिन्दी का व्यवहार किया गया है। उसमें यथार्थवादी चित्रण के लिए अंग्रेजी शब्दों का व्यवहार अनिवार्य था।

हिन्दी गद्य की मुख्य धारा यथार्थवादी है। विधा कोई भी हो, उसे जीवनी शक्ति मिलती है इसी धारा से। हिन्दी गद्य के विकास के लिए यह अत्यन्त आवश्यक है कि जो लोग जिन क्षेत्रों में काम करते हैं, वे उन क्षेत्रों के अपने अनुभव हिन्दी में लिखें। हिन्दी गद्य में व्यक्त होने वाले अनुभवों के दायरे को अधिक विस्तार देना जरूरी है। मेरा अनुमान है कि इस दिशा में 'जहाज और तूफान' के लेखकों ने पहल की है। मैं इस संकलन को हिन्दी साहित्य में यथार्थवाद के विकास का महत्त्वपूर्ण चरण मानता हूं।

यथार्थवादी लेखन दो तरह का हो सकता है। एक, जो भावबोध की दृष्टि से सपाट हो; दूसरा, जिसमें भावात्मक विविधता हो। यहां जो यथार्थवादी लेखन प्रस्तुत किया है, वह दूसरी तरह का है।

कुछ घटनाओं का वर्णन अत्यन्त रोमांचकारी है। घटनाएं ऐसी हैं कि वे अनेक मनुष्यों के प्राण ले सकती हैं। कभी व्यक्ति उससे संघर्ष करते हुए बच निकलते

हैं और कहीं प्राण गंवा ही बैठते हैं। कभी-कभी संयोग से घटनाक्रम ऐसा मोड़ लेता है कि मनुष्य के प्रयत्न के बिना ही जान बच जाती है। 'जहाज और तूफान' लेख में व्यक्ति के संघर्ष से जान बच जाती है। ऐसी घटनाओं को यदि मृत्यु से साक्षात्कार कहा जाय तो अतिशयोक्ति न होगी। भोपाल गैस काण्ड के विवरण '3 दिसम्बर 1984 : भोपाल' में मनुष्य प्रयत्न करते हैं, कुछ बच जाते हैं, बहुत-से मारे जाते हैं। 'फील्ड वर्क का आखिरी दिन' में मनुष्य और प्रकृति के अन्तर्विरोध की तेज झलक है। संयोग की बात है कि सभी लोग आसन्न विपत्ति से बाल-बाल बच जाते हैं। रोमांचक घटनाओं के वर्णन में तनाव पैदा हो, यह स्वाभाविक है। यह तनाव सनसनीखेज वर्णन से जानबूझकर नहीं पैदा किया जाता, सामान्य जीवन-क्रम में वह अकस्मात् और सहज ही आ जाता है। अधिकतर यह तनाव थोड़ी देर के लिए रहता है, फिर समाप्त हो जाता है। सबसे ज्यादा देर तक यह तनाव 'चाचा की बीमारी' में बना रहता है। कला इस बात में है कि लेखक ऐसे वातावरण की सृष्टि करता है जिसमें पाठक स्वयं इस तनाव का अनुभव करता है। ऐसे लेखों में करुणा का भाव प्रधान होता है। पर कहीं-कहीं तनाव में हास्य-विनोद की सृष्टि भी होती है। 'मैंने टॉक रिकॉर्ड करायी' में प्रसन्न भाव को जन्म देने वाला इसी तरह का तनाव है। कुछ रचनाएं ऐसी हैं जिनमें करुण रस और हास्य-विनोद का मिश्रण है। यह कहना कठिन होगा कि कहां एक खत्म होता है और दूसरा शुरू होता है।

जिसे लोग भोगा हुआ यथार्थ कहते हैं वह पीड़ा का प्रत्यक्ष अनुभव 'वह महिपाल नहीं थे' ऋचा नागर के 'हैप्पी बर्थ डे दादू' और दीक्षा नागर के 'मेरी पीड़ा का आईना और मेरे दादा जी' आदि रचनाओं में देखने को मिलता है।

अनेक रचनाएं जिनमें करुण और रोमांचक प्रसंग हैं, मर्मस्पर्शी हैं। इनके अलावा जहां साधारण घटनाएं हैं वहां किसी व्यक्ति का व्यवहार मर्मस्पर्शी हो सकता है। 'ऐसे भी बॉस होते हैं' इसी कोटि की रचना है। आम तौर से यथार्थवादी लेखक जीवन की साधारण घटनाओं में उल्लेखनीय सामग्री ढूंढ़ लेता है। कला संसार को देखने की दृष्टि में है। अनेक विधाओं में इस कलात्मक दृष्टि के उदाहरण आपको मिलेंगे। मानवीय संवेदनशीलता इस संकलन के सभी लेखकों का सामान्य गुण है।

कहा जा सकता है कि अमृतलाल नागर की 'चकल्लस', 'काल की डायरी' और ज्ञानचन्द के लेख " 'अल्लाह दे' से 'चकल्लस' तक" में सपाट यथार्थवाद है। ये दस्तावेज ऐतिहासिक महत्त्व के हैं, इसलिए यहां दिये जा रहे हैं। परन्तु यदि पाठक एक युवा लेखक के संघर्ष को ध्यान में रखें तो उसे यहां भी कुछ न कुछ उसके मर्म को छूने वाला मिल जाएगा।

यह संयोग की बात है कि पुस्तक की सारी सामग्री 'सचेतक' नाम के एक

पारिवारिक पत्र (सम्पादक : रामशरण शर्मा 'मुंशी', सी-175, हरिनगर, घंटाघर, नई दिल्ली-110061) में प्रकाशित हुई है। निस्संदेह, एक ही पत्र में प्रकाशित सामग्री को संकलित करना कठिन नहीं। पर जिनके पास अधिक समय हो, वे अनेक पत्र-पत्रिकाओं से ऐसी सामग्री खोजकर उसे संकलित और प्रकाशित कर सकते हैं। 'सचेतक' पारिवारिक पत्र है, इसलिए यह स्वाभाविक है कि इसके लेखक एक-दूसरे के सम्बन्धी हैं। परिवार का दायरा सीमित नहीं है। अमृतलाल नागर, उनके मित्र ज्ञानचन्द जैन, नागर जी के पुत्र शरद, शरद की पुत्रियां ऋचा और दीक्षा हमारे परिवार के सदस्यों की तरह ही हैं। उनकी रचनाएं 'सचेतक' में प्रकाशित होती रही हैं।

मैंने पुस्तक के बारे में यहां जो कुछ कहा है, उसके अलावा भी उसमें बहुत कुछ है। अनुभव और चित्रण की विविधता की पूरी जानकारी पुस्तक पढ़ने पर ही होगी। कई पीढ़ियों के लेखक हैं, कुछ की आयु का अनुमान रचनाओं की शैली और विषयवस्तु से आप कर लेंगे। साहित्य अनुभवों के पारस्परिक विनिमय का माध्यम है। काफी बड़े पैमाने पर यह विनिमय यहां सम्पन्न हुआ है। आधुनिक समाज की विशेषता है परिवारों का भीतर से टूटना और बिखरना। यह सामान्य प्रवृत्ति है। इससे विरोधी प्रवृत्ति है परिवारों का अटूट बने रहना, अनेक पारिवारिक इकाइयों का परस्पर सम्बद्ध होना। इस पुस्तक में काफी रचनाएं ऐसी हैं जिनमें यह विरोधी प्रकृति साफ उभरती दिखायी देगी।

चिट्ठी-पत्री की विधा में और बहुत-सी सामग्री मैं दे सकता था पर वह परिभाषा में विशाल है। इसलिए वह अलग से प्रकाशित होगी। यहां जो रचनाएं संकलित हैं, वे 'सचेतक' में प्रकाशित हो चुकी थीं। इसी नीति का अनुसरण करते हुए जो पत्र 'सचेतक' में छपे थे, वे ही यहां दिये गये हैं।

'जीवनी' विध' के अन्तर्गत अमृतलाल नागर का अप्रकाशित लेख दिया गया है।

संकलन को तैयार करने में मेरे तीन भाइयों—रामस्वरूप (चौबे), रामशरण (मुंशी) और रामशंकर (अवस्थी) ने बड़ी सहायता की है, इसके लिए उन्हें धन्यवाद है।

—रामविलास शर्मा

नयी दिल्ली
3 अक्तूबर 1994

# विषय-सूची

## रिपोर्ताज

## रेखाचित्र

**संस्मरण**

जहाज और तूफान

# रिपोर्ताज

# नाव से जहाज तक

**आशुतोष शर्मा**

गर्मियां अपना पूरा जोर दिखा रही थीं। रात को हम सब घर के पीछे के आंगन में सोते थे। एक रात लेट-लेटे मैंने पापा को ड्रेजिंग कॉर्पोरेशन ऑफ इंडिया के बारे में बताया, जिसके बारे में मुझे अपने एक मित्र से पता चला था। पापा ने कहा : "एप्लाई करो।"

शायद किस्मत ने मेरे लिए यही रास्ता खोल रखा था और मैं उस पर बिना किसी हिचकिचाहट के चल दिया। मैं ऐसा कैरियर चुनना चाहता था, जो थोड़ा साहसिक हो, नया हो। मैंने एप्लाई कर दिया।

परीक्षा का केन्द्र दिल्ली था : परिवहन भवन, पार्लमेंट स्ट्रीट। किसी को पूर्व-सूचना दिये बिना मैं दिल्ली पहुंच गया। अपने एक मामाजी के रेलवे-कोच में रहकर मैंने परीक्षा की थोड़ी-बहुत तैयारी की। परीक्षा भी वहीं रहकर दी।

करीब एक हफ्ते बाद मैंने अपनी शक्ल सबको दिखायी। सब बहुत नाराज हुए। पर यह नाराजगी कितनी देर रहती ? परीक्षा भी तो निराले ढंग से दी गयी थी; सब अपने-अपने घरों में बैठकर किताबें चाटते हैं—मैंने रेलवे-कोच में बैठकर किताबें सूंघी थीं।

परीक्षा में पास हो गये।

अब विशाखापट्टनम की यात्रा शुरू हुई। सबसे पहले मुझे इण्टरव्यू एवं मेडिकल के लिए बुलाया गया।

इसमें, लिखित परीक्षा में उत्तीर्ण होने वाले पहले 30 लोगों को बुलाया गया था। मेरिट लिस्ट में मेरा क्रम आठवां था। इनमें से सिर्फ 10 लोगों को चुना जाना था। सोचकर मेरे पूरे शरीर में बिजली-सी दौड़ जाती थी। रात भर नींद नहीं आती थी। आज Swimming Test था, तो कल Eyes test है, परसों Interview...!

खैर, अपने आप पर काबू रख, इन सब बाधाओं को पार कर, मैं कैडेट रूप में ड्रेजिंग कॉर्पोरेशन में पहुंच गया। जहाज पर जाने से पहले हमें छः महीने

विशाखापट्टनम में Preliminary Marine Training दी गयी।

हमें 'टी. एस. मेखला' नामक जहाज पर जाना पड़ता था, जहां हमें Seamanship की ट्रेनिंग मिलती थी। इसमें हमारी तैराकी और नौका-चालन की कक्षाएं सबसे ज्यादा रोचक रहती थीं।

एक छोटी-सी नाव चलाना लोगों को बहुत ही आसान लगता है। पर जब वे ही बड़ी नाव पर पहुंचते हैं, जिसे एक के बजाय कम-से-कम छः व्यक्ति चलाते हों, तो उनकी खटिया खड़ी हो जाती है।

नैनीताल में मैंने नैनी लेक में नाव चलायी थी। बड़ा मजा आया था। अपने ऊपर मुझे बहुत विश्वास था। सोचता था—"अरे, नाव चलाने में क्या है !"

लेकिन, जब अपने साथियों के साथ बड़ी नाव चलानी पड़ी, तो मुझे आटे-दाल का भाव मालूम हो गया।

सामने एक काला-सा और बहुत मोटा इन्स्ट्रक्टर खड़ा, अपनी लाल आंखें सब पर दौड़ता हुआ, हमें कॉशन देता। उससे आंखें मिलते ही शरीर में कंपकंपी दौड़ जाती थी। घबराहट में किसी के पतवार पानी में जाते, तो किसी के हवा में। अक्सर, लोगों के पतवार टकरा जाते और हम लोग सन्तुलन खो बैठते। वह बिगड़कर गालियां बकने लगता। पर, उसकी दहाड़ को सुनते ही सब चौकन्ने भी हो जाते।

इसमें भी एक अलग मजा था। पहले उस व्यक्ति की गालियां बहुत खटकती थीं। लेकिन अब पता चलता है कि उसके बिना हम लोग अनुशासित नहीं हो सकते थे।

हमारे 'ट्रेनिंग ऑफिसर' को भी बहुत चुनकर लाया गया था। वह थे एक फौजी—मेजर ! हमारे बीच भी वह फौजी अनुशासन लाने का प्रयत्न करते। नतीजा यह कि हमारी खूब रगड़ाई होती।

सबेरे 5 बजे—बड़े बेमन से—उठकर खड़े हो जाना पड़ता। 5.45 पर सब को मैदान में पहुंच जाने का आदेश था। 6 बजे हम सब दौड़ते नजर आते। 2-3 किलोमीटर की दौड़ से लौटते ही पी. टी. शुरू हो जाती। इसमें ऐसी कसरतें थीं जो—सिर से लेकर पांव तक—सभी पुर्जे ढीले कर देतीं। थोड़ा-सा सुस्ताने के बाद हमारे खेल शुरू हो जाते। कभी बास्केट-बॉल, कभी वॉलीबॉल, तो कभी फुटबॉल। इस प्रकार मेजर साहब, बाद में होने वाली कक्षाओं में हमें सुला देने का पहले ही पूरा इंतजाम कर देते।

नौ बजे से हमारी इंजीनियरिंग कक्षाएं शुरू होतीं। स्वभावतः, अब कक्षाओं में पढ़ाई कम, सुलाई ज्यादा होती। अध्यापक से छिपकर सोने की कला मैंने यहीं सीखी—ध्यान रहे, कक्षा में केवल दस छात्र थे जिससे उन्हें पकड़ लेना और भी आसान था।

इसके अलावा, हम लोग 'वर्कशॉप' में भी जाते—सोने के लिए नहीं, काम करने के लिए।

यहां का खाना ! वाह-वाह ! मिर्चियां तो ऐसे डालते मानो मुफ्त मिलती हों। नाक और आंखें नदियां बहाने लगतीं। सांबर, रसम, दही, चावल। रोटी तो बस याद बनकर रह गयी थी।

छः महीने इस प्रकार काटने के बाद, जहाज पर पोस्टिंग हुई।

# जहाज और तूफान

आशुतोष शर्मा

'रीडर्स डाइजेस्ट' पत्रिका में हमेशा एक रचना निकलती है, जिसका शीर्षक होता है 'ड्रामा इन रियल लाइफ' । इसको मैं बिना चूके पढ़ता हूं । फिर अपने आपको मुख्य पात्र की जगह रख कल्पनाओं की दुनिया में खो जाता हूं । यही हाल कुछ एडवेन्चरस सिनेमा देखने के बाद भी होता है ।

मेरे सपने साकार हुए । आइए, मेरी लाइफ में जो 'ड्रामा' हुआ, उसे आप सब तक पहुंचा दूं ।

भारत के पूर्वी तट में समुद्र की रेत का बहाव ज्यादातर दक्षिण से उत्तर की ओर रहता है । मानसून के समय यह कुछ ज्यादा ही हो जाता है, जिसके कारण हर पोर्ट पर ड्रेजिंग की आवश्यकताएं बढ़ जाती हैं । इस कारण विपरीत परिस्थितियों में भी ड्रेजिंग का कार्य शुरू रहता है जिससे पोर्ट की चैनेलें बन्द न हों ।

बात पारादीप की है । यह उड़ीसा के समुद्र तट पर एक 'मेजर पोर्ट' है ।

मानसून का समय था । तारीख 22 जून, 1985 । मौसम खराब होने के बावजूद ड्रेजिंग चल रही थी । इसके हम आदी हो गये थे; कोई नई बात नहीं थी ।

ड्रेजिंग पारादीप की 'आउटर एप्रोज चैनेल' में हो रही थी जो पूर्व-पश्चिम दिशा में है । इस चैनेल से लगा हुआ दक्षिण में रेत का एक बहुत बड़ा क्षेत्र है । कम गहराई के कारण इस क्षेत्र में लहरें टूटती हैं जिन्हें हम 'ब्रेकर्स' कहते हैं—और यह पूरा क्षेत्र 'ब्रेकर्स जोन' कहलाता है ।

इसी क्षेत्र के पास हम ड्रेजिंग करते हुए आगे बढ़ रहे थे कि अचानक एक बहुत बड़ी लहर ने आकर हमारे जहाज पर सामने से प्रहार किया । इस लहर के प्रभाव से हमारा जहाज पूरा घूम गया और आगे का हिस्सा 'ब्रेकर जोन' की रेत में धंस गया । जहाज के इंजनों को पूरी स्पीड से पीछे की तरफ दौड़ाया, 'बायो

थ्रस्टर्स' का प्रयोग किया। लेकिन जहाज बहुत बुरी तरह फंस गया था।

उस समय शाम के सवा चार बजे थे।

जब हम अपनी इंजन-पावर से जहाज को निकालने में असमर्थ हो गये तो हमने 'पोर्ट-कंट्रोल टावर' को वी. एच. एफ. पर सूचित किया और मदद मांगी। मदद के लिए उन्होंने दो 'टग' (छोटे जहाज, जो बड़े-बड़े जहाजों को खींचने और धक्का देने के काम आते हैं) भेजे। इनके आने में पूरे 45 मिनिट लगे।

इस बीच जहाज और धंसता चला गया। मौसम और खराब होने लगा था। जहाज का एक साइड पूरा लहरों के सामने हो गया था, जिसके कारण लहरें उससे टकराकर 'ब्रिज' के ऊपर से आने लगी थीं। (ब्रिज—वह जगह होती है जहां से जहाज को नैवीगेट करते हैं और उसकी ऊंचाई समुद्र तल से करीब बीस मीटर रहती है)।

किसी तरह उन 'टग्स' को रस्सियां दीं, जो उन्होंने बांधकर हमारे जहाज को खींचना शुरू किया। हमारे इंजन भी चल रहे थे। जहाज कुछ सरका। लेकिन दुर्भाग्य ! रस्सियां टूट गयीं। फिर दूसरी रस्सियां देने को तैयारी शुरू हो गयी।

लेकिन अब लहरों का जोर बेहद बढ़ने के कारण कोई हमारे पास आने को तैयार ही नहीं था। सभी 'टग्स' और 'बोट्स' दूर खड़े तमाशा देख रहे थे।

इस स्थान से थोड़ी ही दूर एक और जहाज डूबा हुआ था जिसका थोड़ा-सा हिस्सा पानी के ऊपर अब भी दिखता था। लहरों के प्रभाव के कारण हमारा जहाज अब उसी ओर सरकने लगा। इस बीच हिम्मत करके एक 'मोटर-बोट' हमारे पास आयी। उसको हमने रस्सियां फेंकीं। रस्सियां उठाकर उसने दोनों 'टग्स' तक पहुंचा दीं। उन्होंने खींचना शुरू किया। लेकिन इस बार जहाज जरा भी नहीं हिला।

इधर लहरों का प्रभाव इतने जोरों का था कि हमारा जहाज उस डूबे हुए जहाज की तरफ निरन्तर खिसकता जा रहा था। रस्सियां फिर टूट गयीं।

अभी तक हम लोगों को विश्वास था जहाज निकल आयेगा। लेकिन अब हम लोगों को थोड़ी-सी घबराहट शुरू हुई। जहाज पीछे भी नहीं जा रहा था; वह निरन्तर उस डूबे हुए जहाज के नजदीक पहुंचता जा रहा था।

अब हमें आभास हो गया कि यह उससे टकरायेगा जिसके कारण हमारे जहाज में छेद होगा और पानी भरने के कारण यह डूब जायेगा। बस हमने सारी सावधानियां लेना शुरू कर दीं।

ऐसी स्थितियों में कप्तान बिना किसी से सलाह लिये अपने 'डिसीजन' लेता है—चाहे वे सही हों या गलत, हमें उन्हें मानना पड़ता है। हम सब उन्हीं के आदेशों

पर चल रहे थे।

पहले तो सबने 'लाइफ जैकेट' पहने। कुछ लोगों को विशेष ड्यूटीज सौंपी गयीं। जहाज के जरूरी कागजात, सर्टिफिकेट्स, और कैश एक जगह रखा, 'मस्टर-लिस्ट' तैयार हुई, जिसमें उस समय जहाज में जितने लोग थे उनके नाम लिखे गये।

इस बीच हम लोग उस डूबे हुए जहाज के बहुत पास आ गये थे। अब 'इमरजेंसी स्विचों' से सारी मशीनरी बन्द कर दी गयी। इसका मुख्य कारण यह था कि कोई 'एक्सप्लोजन' न हो या पानी अन्दर आने से 'शॉर्ट-सर्किट' न हो जिससे आग लगने का डर था। इस प्रकार जेनरेटर बन्द होने के कारण जहाज में अंधेरा हो गया। सिर्फ बैटरी से चलने वाले 'इमरजेंसी लैम्प्स्' जल रहे थे।

जहाज अब टकराया। जोर का झटका लगा। पहले तो इंजन रूम की एक 'साइड शेल प्लेट' कुछ अन्दर को हुई, फिर एक और झटके से छेद हो गया। पानी बड़े जोरों से अन्दर आने लगा। इंजन रूम के अब सभी वाटरटाइट दरवाजे बन्द कर दिये गये और इस कम्पार्टमेन्ट को 'सील' कर दिया गया जिससे पानी दूसरी जगहों पर न जा सके।

जहाज का पीछे का हिस्सा अब धीरे-धीरे नीचे जाने लगा। इस बीच हमारे 'पोर्ट साइड' (बायीं तरफ) की 'लाइफ बोट', जो कि स्टील-वायरों से बंधी रहती है और लोहे के पिन से समर्थित रहती है, लहरों के प्रभाव से पानी में चली गयी। एक दरवाजा, जो बन्द था—फ्रेम के साथ उखड़कर नीचे गिर गया। पानी अब 'अकोमोडेशन' के अन्दर भी आने लगा।

तट के काफी नजदीक थे, लेकिन फिर भी अन्दर पानी आते देख लोगों में थोड़ी-सी हड़बड़ाहट दिखने लगी। एक साइड की 'लाइफ बोट' पानी में चली गयी थी और दूसरी साइड में वह डूबा हुआ जहाज था, जो दुर्भाग्यवश हमारी 'लाइफ बोट' के ठीक नीचे था। इसे भी हम पानी में नहीं उतार सकते थे।

तैर कर जा सकते थे। लेकिन इन लहरों में पानी में कूदना भी खतरे से खाली नहीं था। पोर्ट के कुछ बोट्स दूर पर खड़े थे, लेकिन पास कोई नहीं आ रहा था।

सारे कम्यूनिकेशन्स अब सिगनल्स से हो रहे थे। यह ड्यूटी मेरी थी। मोर्स सिगनल, लाइट से फ्लैश किये जा रहे थे। इससे 'मैसेजेज' का आदान-प्रदान हो रहा था। हमने अपनी स्थिति बतायी। जवाब मिला—कुछ मछुआरों को बुलाया है जो आकर हम सबको ले जायेंगे।

इस बीच कैप्टेन ने 'एबन्डन शिप' (जहाज छोड़ो) कह दिया था। सबको अपना सामान एक जगह इकट्ठा करने को कहा गया था। मैंने अपना M.O.T. Certificate और कुछ पैसे-वैसे जेब में रखे। अटैची में जितनी किताबें और कपड़े आ सकते थे, ठूंसे। और अटैची रखने को दे दी। सोचा, अटैची भी चली

गयी तो मेरा सर्टीफिकेट और कुछ पैसे पास में रहेंगे। काफी सामान छोड़ भी दिया।

अंधेरा काफी हो चुका था। अंधेरे में से छोटी-छोटी नावें आती दिखायी दीं। ये मछुआरों की थीं। कुल चार। बड़ी मुश्किल से एक नाव पास आयी। लेकिन वह स्थिर नहीं हो पा रही थी।

लहरों के कारण वह पहले तो नीचे जाती, फिर एकदम से ऊपर आती। यह हम काफी देर तक देखते रहे। फिर यह निर्णय लिया गया कि जब वह ऊपर आयेगी, तभी उसमें कूदेंगे। उस क्षण का इन्तजार किया। फिर, पहला आदमी कूदा। फिर क्या था! उसकी देखा-देखी सभी ने कूदना शुरू किया।

लहर का इंतजार करते। ऊपर आने पर बोट में से कोई चिल्लाता : "कूदो!" बस, फिर दे छलांग! कुछ पानी में भी गिरे। उन्हें झटपट उठाया गया।

यह क्रम चलता रहा। एक-एक नाव पास आती, उसमें कूदते और वह नाव हमें दूर खड़ी हुई 'मोटर-बोट्स' तक पहुंचा देती।

रात्रि ग्यारह बजे मैं और मेरे कप्तान—हम आखिरी लोग थे, जो नाव में कूदे। सामान कुछ तो लोग साथ लेकर कूदे, कुछ मछुआरे जाकर ले आये।

जहाज छोड़ दिया। मैंने मुड़कर भी पीछे नहीं देखा। सिर्फ पीछे का हिस्सा पानी के अन्दर गया। आगे का हिस्सा पानी के ऊपर था अभी भी। डूबने में उसे बारह घंटे से भी अधिक लगे।

छोर पर आकर फिर सबकी गिनती हुई। No casualties! जान में जान आयी। आराम से बैठकर सोचा—क्या-क्या हुआ है, क्या किया और क्या कर सकते थे!

खैर, यह अनुभव मेरे कप्तान को 33 साल की 'सी सर्विस' के बाद प्राप्त हुआ और मुझे सिर्फ 2 साल के बाद। मेरे आगे के तेंतीस सालों में यह अनुभव शायद काम आये!

# ड्रेजिंग !...आखिर यह है क्या बला ?...

आशुतोष शर्मा

'ड्रेजिंग' शब्द नया तो नहीं है, लेकिन हां—कई लोगों ने पहली बार यह शब्द सुना होगा ।

मैं जब गोवा से नागपुर आ रहा था, तो ट्रेन में एक भाई मिले। मैं ड्रेजिंग से सम्बन्धित एक पुस्तक पढ़ रहा था । पुस्तक रखकर मैं कुछ कार्यवश उठकर चल दिया । तब तक भाई मियां लगे मेरी पुस्तक के पन्ने पलटने । मैं लौटकर आया । पता नहीं उनके पल्ले कुछ पड़ा या नहीं ।

मुझसे पूछते हैं : "क्यों भाई साहब, यह 'ड्रगिंग' क्या होता है ?" मुझे बड़ा गुस्सा आया । मन-ही-मन गाली दे रहा था : "अबे, कम-से-कम उचारण तो ठीक से कर । 'ड्रेजिंग' को 'ड्रेगिंग' बनाये रहा है !"

उसके साथ माथा-पच्ची की । सब-कुछ समझाया उसे । साहब अन्त में यह कहकर उठ गये—"अच्छा तो आप सफाई-वफाई का काम करते हैं ।" इतना गुस्सा आया कि लगा—जूता उतारकर उसका सिर गंजा कर दूं । खैर ।

मैं पहले ही आपको समझा देता हूं । समुद्री जहाज जो पोर्टस् पर आते हैं, उनको पोर्टस् के अन्दर लाने के लिए एक निश्चित गहराई की जरूरत होती है ।

बात तो बड़ी आसान लगती है । एक बार उतना गहरा करके छोड़ दो । बात खतम ।

अरे छोड़ कैसे दें ! पानी का जो बहाव होता है, उसके साथ बहुत-सी मिट्टी, बालू, इत्यादि आती है । वह गहराई को फिर कम कर देती है जिसके कारण फिर गहराई करने की जरूरत होती है । इसको हम लोग ड्रेजिंग (dredging) कहते हैं ।

एक और बहुत ही विचित्र बात देखी गयी है । भारतीय पूर्वी और पश्चिमी तट की जो बालू है, वह हमेशा ऊपर या नीचे की ओर खिसकती रहती है । इसे

हम लोग littoral drift कहते हैं। इसके कारण भी गहराइयां कम हो जाती हैं और ड्रेजिंग की जरूरत पड़ती रहती है।

इस तरह, यह कभी न खत्म होने वाला कार्य है।

अब सवाल पैदा होता है कि समुद्र को गहरा करते कैसे हैं? तो यह भी सुन लीजिए।

यह ड्रेजिंग का जो कार्य है, सबसे पहले इंग्लैण्ड में शुरू हुआ। थेम्स नदी में अक्सर देखा जाता था कि गहराई कम हो जाती थी और नौकाएं फंस जाती थीं। इसका उपाय था ड्रेजिंग। यही था ड्रेजिंग का आरम्भ।

लोगों ने एक लम्बी लकड़ी ली। उसके एक सिरे पर गोलाकार Ring बनाया और उस पर एक थैला लटका दिया। उसी से लोग Scoop कर-करके मिट्टी निकालते थे। इसी को उन्होंने विकसित किया जिसके कारण सबसे पहले 'ड्रेजर' का जन्म हुआ। इसका नाम पड़ा : Spoon and bag dredger.

मनुष्य की बुद्धि के विकास के साथ-साथ ड्रेजर्स का भी विकास हुआ। उसने Grab dredgers बनाये; और फिर Bucket dredgers बनाये; और आज वह Hydraulic dredgers का निर्माण कर चुका है—जिनका उपयोग हर जगह होता है।

हाइड्रॉलिक ड्रेजर का सर्व प्रमुख भाग होता है, एक पम्प जो एक ट्यूब (जिसे Suction tube कहते हैं) से जुड़ा रहता है। इस ट्यूब को पानी में उतारते हैं। पम्प के Suction के द्वारा—ट्यूब और पाइप के जरिये—मिट्टी अपने आप ऊपर आ जाती है जिसे हम जहाज में स्टोर करते जाते हैं और फिर दूर समुद्र में जाकर फेंक आते हैं। 15 से 20 मिनट की ड्रेजिंग में लगभग 5,000 टन मिट्टी आ जाती है। इससे कुछ तो आपको हमारे काम का अन्दाज हुआ होगा। आप शायद अब यह न सोच रहे होंगे कि हमें पानी के अन्दर जाकर कुछ करना पड़ता है। कई लोग मुझसे ऐसा ही सवाल पूछ चुके हैं।

सो, भारतवर्ष में भी ड्रेजिंग की बहुत जरूरत महसूस हुई। पहले, विदेशों से ड्रेजर्स आकर भारत में काम करते थे। बाद में भारत ने ड्रेजर्स खरीदे। और, 1976 में Dredging Corporation of India का गठन हुआ।

कुछ लोगों ने, जिन्हें इस काम का थोड़ा-बहुत अमली ज्ञान था, कार्य-भार संभाला। विदेशी मदद उन्हें मिलती रही और अब भी मिल रही है। भविष्य की ओर देखते हुए उन्होंने सोचा कि इन ड्रेजर्स को कार्यरत करने के लिए अभी से Personnel तैयार करने चाहिए, जो ड्रेजिंग में विशेषज्ञता प्राप्त करें।

और, इसी से हमारी ट्रेनिंग-स्कीम का जन्म हुआ।

और ?...शायद मेरा जन्म भी इसी के लिए हुआ था।

हमारी ट्रेनिंग के दो पहलू रहे हैं : पहला, Dredging; और दूसरा, Navigation। ड्रेजर्स जो हैं वे और कुछ नहीं समुद्री जहाज हैं, जो ड्रेजिंग मशीनरी से भी लैस होते हैं। ये जहाज हमेशा एक पोर्ट से दूसरे पोर्ट जाया करते हैं। इसीलिए इस ट्रेनिंग के दौरान—ड्रेजिंग तकनीक के अलावा—हमें पूरा Celestial और Terrestrial Navigation भी सिखाया गया। इसी कारण हम लोग Navigators भी कहलाते हैं।

ट्रेनिंग के दौरार हमें Cadet कहा जाता है।

हर Cadet को ऊपर से नीचे तक सब काम करने पड़ते हैं—चाहे वह काम किसी Officer का हो, या किसी Crew का (जहाज के कर्मचारियों को Crew कहा जाता है)।

हमारी ट्रेनिंग की यह बात मुझे सबसे अच्छी लगी। एक क्षण हम 'ब्रिज' पर होते हैं, तो दूसरे क्षण 'डेक' पर। काम क्या है ? ग्रीजिंग करो; वायर्स की Oiling करो; चिपिंग करो; पेंटिंग करो; कुछ सफाई करो, इत्यादि। ये सब—जो हम लोगों से नीचे वाले लोगों के काम हैं—हम भी करते हैं।

मैं जो अच्छी लगने वाली बात कह रहा था वह यह है कि हम जब अपने Subordinates के साथ मिलकर काम करते हैं, तो हमें उनकी कठिनाइयों का पता चलता है। उन्हें क्या तकलीफ होती है, वे क्या चाहते हैं, अपने bosses से वे किस प्रकार का व्यवहार चाहते हैं—ये सब बातें पता लगती हैं। और हम, जो उनके officers बनने वाले हैं जब तक उनके साथ मिलकर काम न करें, तब तक यह सब समझ पायेंगे ? ऐसा कितनी जगह होता है ? देश-विदेश से डिग्रियां लेकर आ गये और बिना सोचे-समझे लगे कानून झाड़ने ! कभी सिक्के का दूसरा भाग देखा नहीं।

ड्रेजिंग की जो ट्रेनिंग है, वह बिल्कुल Practical होती है। खुद काम करो और सीखो !

शुरू-शुरू में हमें कुछ Outlines दे दी जाती हैं। फिर हम ड्रेजर्स पर आते हैं ड्रेजर्स पर हम सीधे कैप्टेन के तहत रहते हैं। वही हमें गाइड करता है। वही ड्रेजिंग तकनीक व नैविगेशन इत्यादि के विषय में थोड़ा-बहुत बताता है। वह बताता है कि हमें क्या-क्या पढ़ना चाहिए और क्या-क्या करना चाहिए।

कुछ समय के लिए हम Engineers के तहत भी कार्य करते हैं जिससे मशीनों की जानकारी हो जाये। पम्पों की मेंटिनेंस करना, केसिंग खोलना, इम्पेलर निकालना, हार्ड-फेसिंग करना—यह सब हम Engineers के तहत रहकर

सीखते हैं।

अत: इस ट्रेनिंग का motto रहता है : काम करो, गलतियां करो और सीखो !

इसके अलावा, हमें एक साल के लिए पूरी Theoretical training भी दी जाती है। Navigation और Dredging के अतिरिक्त, हमें Naval Architecture व Electrical Technology भी पढ़ाई जाती है।

हम लोगों की यह ट्रेनिंग-स्कीम एकदम नई है, इस कारण हमारे लिए शिक्षक ढूंढ़ना बहुत कठिन हो जाता है—विशेषकर हमारे Dredging knowledge paper के लिए। नैविगेशन प्रशिक्षक तो कई मिल जाते हैं। Naval Architecture तथा Eleetrical Technology के लिए हमें इन्जीनियरिंग कालेज के प्रोफेसर्स मिल जाते हैं। लेकिन ड्रेजिंग के बारे में पढ़ाने को कोई नहीं मिलता।

इसके लिए कुछ ऐसे लोग चुने गये थे जिनके पास Practical experience बहुत था, लेकिन Theory उन्होंने ज्यादा नहीं पढ़ी थी। इस कारण हमें बहुत 'सेल्फ-स्टडी' करनी पड़ी। हमें Topics दे दिये जाते थे। फिर, सारे क्लास में उन पर discussions होते थे। हमारे इन्स्ट्रक्टर्स खुद भी तैयार होकर आते थे। पढ़ाने के बजाय वे Group Discussions करवाते थे, जिससे काफी शंकाएं व कठिनाइयां दूर हो जाती थीं।

आम तौर से ड्रेजिंग की किताबें मिलती ही नहीं। कुछ किताबें हम ऑफिस-लाइब्रेरी से ले आये थे।

फिर हम हालैंड की एक IHC नामक कम्पनी की मासिक-पत्रिका के ग्राहक बन गये। उससे हमें कुछ नवीनतम बातों की जानकारी होती रहती थी।

ड्रेजर्स पर पहुंचकर मेरे कुछ तो बहुत ही मीठे और कुछ बहुत ही कटु अनुभव हुए।

पहुंचते ही हमें एयर-कन्डीशन्ड केबिन मिले। जी-हुजूरी के लिए तीन-तीन 'स्टीवर्ड्स' मिले, जो हमारे केबिन की सफाई करते, चद्दरें, तौलिये, नैपकिन, इत्यादि हर हफ्ते बदलते। डनलप के गद्दों पर सोने को मिला; सबेरे-शाम मांसाहारी भोजन जिसका कि मुझे बचपन में बहुत शौक था।

लेकिन दिन-रात वही खा-खाकर मैं ऊब-सा गया। और, मैं इस निष्कर्ष पर पहुंचा कि चाहे आप जितने भी बड़े-से-बड़े होटल में अच्छे-से-अच्छा खायें, जो मजा घर की गरम-गरम दाल-रोटी में है, वह शाही रोटी और मुगलाई चिकेन में नहीं।

मेरा जो पहला ड्रेजर था, उसमें मुझे बहुत अच्छे कैप्टेन नहीं मिले जिसके

कारण मैं ठीक तरह से गाइड न हो पाया। शुरू-शुरू में मैं ड्रेजर पर पहुंचा, तो एकदम नौसिखिया था। यही वह समय था जब मुझे मार्ग दिखाना था : मुझे क्या करना चाहिए, कैसे करना चाहिए, क्यों करना चाहिए आदि बताना था। लेकिन यह सब मुझे वह न बता पाये। दुर्भाग्यवश मुझसे कोई सीनियर कैडेट भी नहीं था, जो मुझे यह बता सकता। लेकिन कैप्टेन यह उम्मीद करते थे कि वह जो चाहें, वही हम करें। इस तरह हमारा कुछ सही तालमेल नहीं जम पाया।

मुझे हर जिम्मेदारी के काम से वंचित कर दिया जाता था—यह सोचकर कि मैं बहुत छोटा हूं। इस कारण, मुझमें जो आत्मविश्वास आना चाहिए था वह नहीं आ पाया। मैं हमेशा यही सोचता रहता : मुझको कुछ जिम्मेदारी तो सौंपें, फिर मैं दिखाऊं कि मैं किस योग्य हूं।

अपने कैप्टेन से चिढ़कर मैं Crew की तरफ कुछ ज्यादा खिंचता गया। बाद में मुझे एहसास हुआ कि जिन लोगों का मैं Officer बनकर आऊंगा, उनसे इतना ज्यादा भी घुलमिल नहीं जाना चाहिए। हां, यह भी नहीं हो कि सीधे मुंह बात ही नहीं कर रहे।

काम से काम रखो, दूर का सलाम रखो—इस उसूल पर मैं अन्ततः पहुंच गया।

अगला ड्रेजर मैंने गोवा में ज्वाइन किया। इसमें मुझे इतने बढ़िया कैप्टेन मिले जिनकी तारीफ के लिए शब्द मेरे पास नहीं। उन्होंने मुझे एहसास दिलाया कि मैं कौन हूं और मेरा कार्य क्या है, साथ ही सीखने के लिए रवैया कैसा होना चाहिए।

हमारी ट्रेनिंग में OLQ (Officer like qualities) की training को विशेष महत्त्व दिया जाता है। यह ट्रेनिंग मुझे उसी जहाज पर आकर मिली। इसका श्रेय भी हमारे उन्हीं कैप्टेन को है।

जहाज पर कैडेट की स्थिति बड़ी ही अजीब रहती है—जैसे धोबी का कुत्ता, न घर का न घाट का। वह न तो पूरी तरह से अफसर होता है और न ही Crew। इसीलिए कैडेट की मनोदशा समझकर जब तक कोई उसे दिशा-निर्देश न दे, तब तक ट्रेनिंग बड़ी कठिन हो जाती है; ट्रेनिंग लेना भी बड़ा मुश्किल हो जाता है।

शुरू-शुरू में हममें बड़ी उत्तेजना रहती है। जी चाहता है—सारा काम खुद कर डालें। लेकिन कुछ लोग ऐसे हैं जो हमें नौसिखिया समझकर काम नहीं करने देते, तब बड़ा गुस्सा आता है। कुछ ऐसे भी होते हैं, जो प्रोत्साहित करते हैं, हम लोगों को कुछ जिम्मेदारियां जो हम चाहते हैं, देते हैं। इससे हमारा आत्मविश्वास बढ़ता है। गल्तियां अवश्य होती हैं, पर गल्तियों से ही तो मनुष्य सीखता है।

इसलिए, मैं तो यही समझता हूं कि ट्रेनिंग चाहे जहाज की हो या घर में खाना बनाने की, जब तक सीखने और सिखाने वाले एक-दूसरे की मुश्किलों को समझ न सकें, तथा सिखाने वाला सीखने वाले में एक sense of responsbility विकसित न कर सके, तब तक सीखना व सिखाना दोनों ही कठिन हैं।

मैंने अक्सर देखा है कि लोगों को हम Navy वालों के विषय में बड़ी गलतफहमियां रहती हैं, जैसे यह कि—वे तो हमेशा पीते रहते हैं, चरित्र के खराब होते हैं, सही रास्ते से भटक जाते हैं, आदि। लेकिन ऐसा सोचना, मैं बता दूं, बिल्कुल गलत है। मैंने तो ऐसे-ऐसे लोगों को देखा है जो प्याज तक नहीं खाते—पीना तो दूर रहा। और, ऐसे एक नहीं, कई देखे हैं।

हां, कुछ लोग जरूर ऐसे होते हैं जो जोर-जबर्दस्ती करते हैं। लेकिन ऐसे लोग जहाज पर ही क्यों, और जगहों पर भी तो होते हैं। तो फिर बदनाम बेचारे नेवी वाले क्यों किये जायें? चरित्र के विषय में तो जो लोग जैसे होते हैं, वैसे ही दूसरों के बारे में सोचते हैं—और, हम लोग जरा ज्यादा जगह-जगह घूमते हैं, इसलिए शक जरा बढ़ जाता है।

मुझसे भी जबर्दस्ती की गयी थी, जब मैं पहली बार पहुंचा था। मैं तो यही सोचता रहा कि लोगों को इन चीजों की लत लग कैसे जाती है; कुछ विशेष तो है नहीं? कुछ लोग अपनी 'पोजीशन' और कुछ 'सोसाइटी' के लिए पीते हैं। कुछ स्टाइल मारने के लिए पीते हैं। गम भुलाने वाला चक्कर तो मैंने सिर्फ फिल्मों में देखा है!

जहाजों की ट्रेनिंग के बाद हमें हमारी परीक्षाओं के लिए तैयार किया जाता है। हमारे इम्तहान चलाता है M M D, अर्थात् Mercantile Marine Department। जितनी भी नेवी की परीक्षाएं होतीं हैं, वही चलाता है। इस M M D में कुछ Nautical Advisers रहते हैं जो परीक्षकों का काम करते हैं। हमारी परीक्षाओं के तीन भाग होते हैं: लिखित; मौखिक; तथा Signals सम्बन्धी। लिखित परीक्षाओं के आठ पर्चे रहते हैं। चार नैविगेशन के तथा अन्य Meteorology Naval Architecture, Dredge knowledge तथा Elcetrical Technology के Signals के। Signals के लिए हमें 'मोर्स कोड' तथा British Semaphon का ज्ञान होना चाहिए। मौखिक परीक्षा में सामान्य मल्लाही (शीमैनशिप) पर पूछते हैं। और, Seamanship—समुद्र जैसा ही विशाल विषय है। उसको सीखने का कोई अन्त नहीं।

लिखित के 70% पास मार्कस् होते हैं तथा Signals के 90%। मौखिक का मामला परीक्षक पर निर्भर करता है।

इम्तहान देने से पहले हमें तीन और कोर्स करने पड़ते हैं : पहला Radar Course, जिसकी ट्रेनिंग सिर्फ बम्बई में दी जाती है। यह एक महीने का कोर्स है। दूसरा है : Life boat course। तीसरा है : First Aid at Sea। इन सबके भी इम्तहान होते हैं जिन्हें पास करना जरूरी होता है, क्योंकि बिना इनके सर्टीफिकेट्स के आगे की परीक्षाओं में नहीं बैठ सकते।

ट्रेनिंग खत्म होने पर हमारे सामने काफी विकल्प रहते हैं। Dredging Corporation of India के अतिरिक्त भारत में जितने भी Port Trusts हैं—जैसे, Visakhapatnam Port Trust, Calcutta Port Trust, Kandla Port Trust इत्यादि—इनमें से कहीं भी हम ज्वाइन कर सकते हैं। इन सबके पास अपने-अपने ड्रेजर्स रहते हैं।

इसके अतिरिक्त, Calcutta Port Trust की Pilot Service के लिए भी हमें मौका दिया जाता है। हुगली नदी का कलकत्ता से लेकर समुद्र तक का जो 160 किलोमीटर का फैलाव है, उसमें जहाजों को लाने और ले जाने के लिए अलग से चालक होते हैं। इन्हें River Pilots कहते हैं।

इस काम के लिए भी हमारे लिए द्वार खुले रहते हैं।

ये सभी बहुत अच्छे द्वार हैं।

# उत्ताल तरंगों पर : बम्बई से कलकत्ता तक

**आशुतोष शर्मा**

बम्बई से कलकत्ता जाने के लिए हमारे ड्रेजर को आदेश। तैयारियां शुरू।

'शोर लीव' (तट पर जाने की छुट्टी) चौबीस घण्टे पहले समाप्त। कप्तान का आदेश—सभी जहाज कर्मचारी जहाज पर।

डेक पर सभी वस्तुओं को कसकर बांधने का आदेश। ड्रम, वायर, अतिरिक्त लंगर, ड्रेज पाइप, गैन्ट्री, इत्यादि। सभी अपने-अपने स्थान पर रस्सियों से बंधे।

नेविगेशन चार्ट्स, सैक्सटेन्ट एजिमथ (Azimuth) एवं बियरिंग सर्किल—जैसे राडार इत्यादि—की जांच-पड़ताल। सब कुछ ठीक। पोर्ट कन्ट्रोल सूचित।

पोर्ट 'क्लियरेंस' हासिल। जहाज, यात्रा के लिए तैयार।

11 जून—मूसलाधार बारिश। दृश्यता (visibility) आधे मील से भी कम। रेडियो ऑफिसर से मौसम रिपोर्ट प्राप्त ('वायरलेस टेलिग्राफी' द्वारा)।

"स्क्वैली वेदर रिपोर्टेड फॉर द नेक्स्ट ट्वैन्टी फोर आवर्स इन दि अरेबियन सी फ्राम लैटिट्यूड...टु लैटी...।" कप्तान अपने टाइम पर अडिग।

ठीक सात बजे कप्तान का आदेश। "Weigh Anchor !"—'एंकर स्टेशन' पर खड़े ऑफिसर ने आदेश दोहराया।

एंकर उठना शुरू। चेन की आवाज कानों में। कड़क-कड़क-कड़क...। दिल में धक...धक...धक...। ब्रिज पर एक अजीब-सा सन्नाटा। एंकर पूरा उठने की घंटी।

"Anchor aweigh, Sir."

"Engines slow ahead...Full away."

जहाज का अपनी पूरी तेजी से पानी को काटना शुरू। पोर्ट सीमा से बाहर। समुद्री स्वैल सामने से। पिचिंग (दोलन) शुरू। बारिश उतनी ही तेज। 'राडार' ऑन।

"Radar Scanning at 24 miles range. Sir..."

"Aye-Aye" (नेवी में स्वीकृतिसूचक शब्द)।

बम्बई धीरे-धीरे 'राडार' से ओझल। स्वैल (महातरंग) का बड़ा होना शुरू। पिचिंग और जोरों से, जिसके कारण पूरे जहाज पर एक झंझोड़। अब किर-र-र-र...रीक।

"Position please...?"

"20 miles off Bombay, Sir."

"Aye-Aye...Set course !"

चार्टस् पर कार्य आरम्भ। चार्ट पर जहाज की जगह पहुंचानी।

"Radar. Fix 20.3 miles off Bombay. Alter course 165°."

"True Sir."

"Aye-Aye !"

12 जून—जहाज उसी मार्ग पर। समुद्र से लड़ाई जारी। लहरों का उसे उठा-उठाकर फेंकना शुरू। परन्तु जहाज चट्टान जैसा मजबूत। हार मानने से इन्कार। लेकिन जहाज पर बैठे कुछ कर्मचारियों के हाथ ऊपर। सी-सिकनेस, उल्टियां शुरू। हालत दयनीय। 'सी-सिकनेस टेबलेट्स' का उन पर कोई असर नहीं। बस मनोवैज्ञानिक इलाज बाकी। देने की पूरी कोशिश।

मौसम में कोई सुधार नहीं। स्वैल अब हमारे दाहिने से, जिसके कारण पिचिग के साथ-साथ रौलिंग भी। देखते-ही-देखते, हाइड्रौलिक ऑयल से भरे तीन ड्रम रस्सियां तुड़ाकर पानी में।

"How much is she rolling ?"

"20° on either side, Sir !"

मजबूरी। प्रकृति का प्रकोप। रौलिंग में पानी एक तरफ से दूसरी तरफ तक 'डेक' के ऊपर से। पिचिंग में पानी का सामने से 'स्प्रे'। कभी-कभी ब्रिज तक।

राडार पर गोवा दिखना शुरू। हमारी कम्पनी के एक दूसरे जहाज को VHF (वेरी हाई फ्रीक्वैंसी) रेडियो सेट पर बुलाने की कोशिश। कोई उत्तर नहीं। दिमाग में एक खीझ-सी। फिर मजबूरी। कोई उपचार नहीं।

13 जून—मौसम में थोड़ा सुधार। दृश्यता पहले से ठीक। लेकिन बारिश का अभी भी प्रहार। रौलिंग, पिचिंग—पहले से थोड़ी कम, लेकिन लोगों को सी-सिक करने के लिए काफी; पेट द्वारा खाने को अन्दर लेने से इन्कार। 'रसम' इस समय सबको बहुत प्रिय। सबेरे-शाम रसम-ही-रसम। बहुत हुआ तो रसम चावल। लोगों के चेहरे मुझयि हुए।

हे भगवान ! यह सब कब खतम होगा ?...भगवान ? याद आने लगे !! 'दुख में सुमिरन सब करैं सुख में करे न कोय।'—ये पंक्तियां दिमाग में। क्या भगवान सच में कोई है ? बड़ा प्रश्न।

प्रश्न का उत्तर देने का समय नहीं। राडार पर कुछ दिखा ?

"Yes. Manglore indeed !"

"Fix position."

राडार द्वारा जहाज की पोजिशन प्राप्त। दृश्यता थोड़ी सुधरी। कोर्स (मार्ग) थोड़ा बदला। तट के निकट आने का प्रयास।

14 जून—कोचिन का आगमन। Radar Racon से जहाज की जगह पहचानी। (Racon द्वारा किसी जगह का कोड, मोर्स में राडार स्क्रीन पर आ जाता है जिससे वह जगह पहचानी जाती है; जैसे कोचिन : K)। (यह सब जगह नहीं होता)। कम्पनी के दूसरे जहाज से VHF (100-150 MHz) पर बातचीत। मन को संतोष। वर्षा अब रुक-रुककर। स्वैल भी पहले से कुछ कम। जहाज अपने कोर्स और स्पीड पर आगे।

15 जून—हिन्द महासागर में प्रवेश। मौसम एकदम साफ। समुद्र शीशे की तरह शांत। पानी का रंग आसमानी नीला। एकदम स्वच्छ। मछलियों का दिखना शुरू। कुछ लोगों ने मछली पकड़ने की रस्सियां समुद्र में डालीं। उड़ने वाली मछलियों (फ्लाइंग फिश) की भरमार। कुछ मछलियां पकड़ी भी गयीं। सुरमई, तुना। खाने में स्वादिष्ट।

श्रीलंका का 'रूपवाहिनी' T.V. कार्यक्रम शुरू। भाषा के न समझ में आने के बावजूद, कार्यक्रम बहुत अच्छे। शायद नये होने के कारण। यूरोपियन कप सॉकर T.V. पर। मजा आ गया।

Colombo F M रेडियो प्रसारण आरम्भ। अच्छे-अच्छे अंग्रेजी गाने रेडियो पर। टेप रिकार्डिंग शुरू।

श्रीलंका तट का आगमन। अन्तर्राष्ट्रीय पानी से श्रीलंका टेरिटोरियल वाटर्स में प्रवेश। समुद्री तट से पहाड़ कुछ धुंधले-धुंधले दिखे। पूर्वी तट पर पहाड़-ही-पहाड़। चार्ट पर नजर। ट्रैफिक सेपरेशन स्कीम। काफी जहाज नजर आने शुरू।

हमारा जहाज अपनी 'लेन' में। (अत्यधिक जहाज होने के कारण कुछ नियमों का पालन करना पड़ता है। हर जहाज को एक 'लेन' पकड़नी पड़ती है। इसके कारण ट्रैफिक नियंत्रित रहता है।) पूरा राडार-स्क्रीन जहाजों से भरा हुआ। एकदम कलकत्ता, बम्बई और दिल्ली के रोड-ट्रैफिक की तरह।

16 जून—श्रीलंका के पूर्वी तट पर। अमरीकी लड़ाकू जहाज दिखायी दिया। श्रीलंका की कुछ गश्ती नावें भी उधर। समुद्र की हवा कुछ तनावपूर्ण। (अमरीकी जहाज त्रिन्कोमाली बन्दरगाह से फ्यूअलिंग के लिए आते रहते हैं)। परन्तु एक भी भारतीय लड़ाकू जहाज इधर नहीं।

धीरे-धीरे श्रीलंका तट राडार से ओझल। मौसम का फिर हमसे नाराज होना शुरू। काफी जोरों की हवा। परन्तु हवा पीछे से आने के कारण जहाज

की गति में तेजी । ज्यादा रौलिंग—पिचिंग नहीं ।

17 जून—'एस्ट्रो नेविगेशन' (नक्षत्रों के ज्ञान के आधार पर नौचालन) शुरू। राडार बन्द। तट से करीब 200 मील दूर। प्रातःकालीन द्वाभा में 'Star sight' लिया गया। इससे हमने अपना लौंगीट्यूड पता लगाया। लैटिट्यूड का पता नहीं। सूर्य के 'मेरीडियन आल्टिट्यूड से लैटिट्यूड' का पता चलेगा। (सूर्य जब किसी देखने वाले के एकदम ऊपर होता है, उस समय उसका आल्टिट्यूड—जो हम सैक्सटैंट से लेते हैं—सबसे ज्यादा होता है। इसे 'मेरीडियन आल्टिटयूड' कहते हैं। सूर्य का डेक्लिनेशन पता लगाकर हम अपना उस समय का लैटिट्यूड पता लगाते हैं। यह अन्य किसी तारे या प्लानेट या चन्द्रमा से भी पता लगाया जा सकता है, लेकिन सूर्य से अक्सर noon position पता लगायी जाती है क्योंकि वह दिन भर दिखायी देता है और दोपहर को सबसे अधिक altitude पर होता है)। सो, लैटिट्यूड पता लगाने की तैयारी।

देखते-ही-देखते बादल आसमान पर। सूर्य उनके पीछे। लैटिट्यूड का पता लगाना असम्भव। मेरीडियन पैसेज का समय पता लगाया। 11.57 hrs. परन्तु उस समय सूर्य बादलों के पीछे ओझल। फिर मजबूरी। अपनी D/Rposn (डेड रेकनिंग पोजीशन) से संतुष्ट। देखते-ही-देखते हवा तेज। मौसम खराब। जहाज की अठखेलियां शुरू।

18 जून—रात का सन्नाटा। बारिश पूरे जोरों पर। चारों तरफ नजरें गड़ाकर देखिए, कहीं कुछ दिखायी नहीं देता। विशाल समुद्र में हम अकेले; ड्यूटी पर। रौलिंग अब जोरों पर। फिर वही सी-सिकनेस। उल्टियां शुरू। जहाज की सही पोजीशन का भी पता नहीं। राडार ! हां, राडार शुरू करके देखें।

राडार आन। करीब चालीस मील की दूरी पर कोई चीज नजर आयी। VHF पर बुलाने की कोशिश। कोई उत्तर नहीं।

खैर, जहाज अपने उसी कोर्स पर आगे...आगे।

दोपहर का समय नजदीक। भाग्य से बारिश बन्द। बादल कुछ छंटे। noon position पता लगाने के लिए भागा-दौड़ी। गणनाएं शुरू। सूर्य आसमान में साफ। क्षितिज थोड़ा धुंधला, परन्तु 'sight' लेन के लिए ठीक। सैक्सटैंट तैयार। समय नजदीक।

"Shoot !..."

"Aye. Aye, Sir !"

Sextant altitude मिला। उससे लैटिट्यूड का, जहाज की पोजीशन का, कुछ पता चला। तसल्ली।

शाम को सूर्य और तारों से अपना लांगीट्यूड पता लगा। मौसम में भी सुधार। सब कुछ नियंत्रण में।

19 जून—इंजन रूम से फोन : "एक इंजन में कुछ खराबी, इसलिए सिर्फ दूसरा इंजन ही मिलेगा ।" (हमारे जहाज में प्रोपलशन के लिए दो इंजन हैं) । गति में बहुत कमी । एक इंजन से ही आगे को अग्रसर ।

इंजीनियर लोग इंजन से माथा-पच्ची में व्यस्त । करीब एक घण्टे बाद इंजीनियर्स कामयाव । दूसरा इंजन तैयार । गति में भी वृद्धि । मद्रास काफी दूर । परन्तु उसका DF Radio bearing मिलना शुरू । DF = Direction Finder, एक रेडियो यंत्र जिससे 'तटीय रेडियो स्टेशन' से भेजे सिगनल रिसीव किये जाते हैं । उससे जहाज की पोजीशन का पता लगता है ।) DF से जहाज की position मिली । दोपहर । सूर्य के मेरीडियन आल्टिट्यूड से लैटिट्यूड का पता । पोजीशन पुष्ट । शाम । लांगीट्यूड का भी पता । जहाज अपने कोर्स पर ।

कल राडार पर तट दिखने की सम्भावना ।

20 जून—सबेरे नौ बजे । तट देखने की लालसा । परन्तु राडार खाली । तट का कहीं पता नहीं, हालांकि राडार 48 miles range पर चल रहा है । हलचल ।

'साइट' के लिए तैयार । पोजीशन पता की । वांछित पथ से करीब बीस मील पूर्व में । जबर्दस्त करेंट ने हमें इधर धकेल दिया था । कोर्स बदला—वांछित पथ पर आने के लिए ।

दोपहर करीब दो बजे का समय । राडार पर कुछ दिखा ।

"Yes, land indeed ! We are making a land fall !"

तट के थोड़ा और करीब आये, कोर्स बदला ।

"Set course for Calcutta."

"Aye-Aye, Sir."

थोड़ी देर में विशाखापट्टनम से सम्पर्क । हमारे हेड-ऑफिस से रेडियो द्वारा बातचीत । समाचार मिले । डाई-डॉक प्रोगाम मिला ।

विशाखापट्टनम से रेडियो सम्पर्क कटा । अब पारादीप पोर्ट को बुलाने की कोशिश । कोई उत्तर नहीं । पारादीप काफी दूर !

21 जून—राडार पर पारादीप दिखा । पोजीशन fix की । सामने कुछ नजर आया । oil rig । महानदी बेसिन पर तेल की खोज । oil rig से VHF पर बातचीत । उसके कर्मचारियों को घर जाने की जल्दी । (oil rig वाले कर्मचारी पन्द्रह दिन काम करते हैं और पन्द्रह दिन छुट्टी पर रहते हैं । दिन में इन्हें 12 घंटे काम करना पड़ता है और 15 दिन खत्म होने पर उन्हें हैलिकॉप्टर या सप्लाई वेसल द्वारा किसी पोर्ट पर उतार दिया जाता है ।) पारादीप छोड़ दिया । कलकत्ता नजदीक । रात नौ बजे का E. T. A. (Estimated Time of Arrival) । कलकत्ता पायलेट स्टेशन । पायलेट को V H F पर बुलाया । आदेश मिला—

पायलेट स्टेशन पहुंचकर लंगर डालो। जहाज अपने E. T. A. के अनुसार ठीक पहुंचा।

"Let go anchor."

"Aye-Aye, Sir !"

लंगर छूटा पानी में। पायलेट का इंतजार—सबेरे तक। यात्रा आखिर पूर्ण। लोगों में उल्लास। प्रोग्राम बनना शुरू : कल यह करेंगे, वह करेंगे, इत्यादि।

पायलेट स्टेशन कलकत्ता पोर्ट से 230 नॉटिकल माइल्स दूर है, लेकिन चूंकि यह दूरी हुबली नदी में तय करनी होती है इसलिए एक River pilot हमें गाइड करने आता है। पायलेट लेना हर जहाज के लिए अनिवार्य है।

22 जून—पायलेट जहाज पर। आखिरी चरण शुरू। 24 घण्टे का सफर बाकी।

नदी में प्रवेश। नदी से काफी परिचित। यह ऑक्लैण्ड, यह मिडल्टन, यह डायमंड हारबर, यह हल्दिया, यह बजबज, इत्यादि।

कलकत्ता नजर आया। वह रहा कलकत्ता। धूल ही धूल। वातावरण दूषित; कलकत्ता के अनुरूप। रात नौ बजे जहाज fetty पर बंधा। सब लोगों के बाहर जाने का प्रोग्राम ठप्प। परन्तु अपने डेस्टिनेशन पर सही-सलामत।

चैन की सांस और नींद।

# धरती के अंतस्तल में : कुछ अनुभव

**राम नरेश शर्मा**

## 1

सबसे पहली माइन मैंने राजस्थान में, अलवर जिले में देखी थी ! इसका नाम था 'खोह दरीबा'। किसी जमाने में वहां से तांबा निकाला जाता था। अब तो वहां फिर से माइनिंग होने लगी है। पर जब हम वहां गये थे, तो केवल अन्दर जाने का एक रास्ता मात्र था।

इस माइन में अन्दर पानी जमा था जो यहां के लोग दवाई के रूप में उपयोग करते थे। हम पहली बार इस माइन में अपने सीनियर तथा प्रिय मित्र दुग्गल के साथ गये थे। ऊपर देखो तो लगे जैसे कुछ हांव-हांव-सा करता था (हम लोग किसी स्टोप के अन्दर पहुंच गये थे)। अब पच्चीस साल से ऊपर माइन में काम करने के बाद महसूस करते हैं कि कितनी बड़ी की मूर्खता थी।

एक एबन्डेन्ड स्टोप में इस प्रकार घुस जाना, शेर के मुंह में सिर देना था !

और जब शेर की बात आ गयी तो एक किस्सा और सुन लीजिए। हम लोग तम्बुओं में रहते थे वहीं पर। रात को अचानक बड़े जोरों से आवाज होना शुरू हुई। डर के मारे घिग्घी बंधी थी। सोचा आसपास कहीं शेर दहाड़ रहा है। सबेरे उठकर गांव वालों से पूछा तो पता चला कि ऊंट बलबला रहा था।

एक दफा इसी प्रकार हम अपने दूसरे सीनियर के साथ राजस्थान के खेतड़ी इलाके में घूम रहे थे। वहां पर अब तांबे की बड़ी-बड़ी खानें चल रही हैं। पर उस समय कुछ न था। खेतड़ी हम लोग नीम के थाने से जाते थे। रास्ते में बबाई और पपुरना, दो गांव पड़ते हैं। इसी बबाई के पास में एक पुरानी माइन है जिसका नाम है 'अंखावाली'।

दोनों एडवेन्चरर्स ! एक तीसरा आदमी साथ लेकर 'अंखावाली' के अन्दर घुसने का प्रोग्राम बनाने लगे ! पहले दिन गये तो देखा जमीन में कुछ सूराख-से थे। एक के पास एक पेड़ भी लगा था। बस क्या था ! दूसरे दिन टॉर्च और

रस्सा लेकर सूराख पर पहुंच गये। रस्सा पेड़ से बांधा। टॉर्च कमर के बेल्ट में फंसायीं और नीचे उतर गये। हां, जाते समय तीसरे आदमी—लालसिंह-से कहते गये कि : "अगर बहुत देर आने में हो तो गांव वालों को खबर दे देना।"

इस बार हम लोग किसी स्टोप में पहुंच गये थे। एक तरफ को चलना शुरू किया तो आगे देखते क्या हैं—शेर के पैर के निशान! तुलसीदास ने कहा है "सबसे नीके मूढ़, जिनहिं न ब्यापै जगत गति।"

चल दिये निशानों के पीछे। यह मानी हुई बात है कि शेर वहां नहीं था वरना यह किस्सा लिखने के लिए हम यहां न होते। पर आज तक यही सवाल मेरे मन में है कि जब लौटने के निशान नहीं थे, तो शेर गया कहां!

रस्सा पकड़ कर ऊपर आये। पसीना पोंछा। हाथ-मुंह धोकर खाना खाया। थोड़ा आराम किया। तभी देखा कि एक तेरह-चौदह साल का लड़का, लहूलुहान, कंधे पर कुल्हाड़ी रखे चला आ रहा है। पूछने पर मालूम हुआ कि बघेरे ने उसकी बकरी मार डाली थी। कहीं परक न जाये, सो उसने उठाकर एक सूराख में डाल दिया। वह लहू-लुहान उस बकरी को उठाने में हुआ था। यह सब बातें सन् 54-55 की हैं।

1959 की अप्रैल-मई में मैं दिल्ली में था। एक दिन आर्डर हुआ कि तुम्हें जादुगोड़ा जाना है। चल दिये। 17 मई को घाटशिला और 27 मई को जादुगोड़ा पहुंच गये। दस दिन का ज्वाइनिंग टाइम लिया था।

जादुगोड़ा में उस समय घर जैसी कोई चीज न थी। हम टेन्टों में रहते थे।

माइनिंग का काम शुरू हो चुका था। आपने ऊपर देखा ही होगा कि हम माइन्स में कितना काम कर चुके थे। खुशी-खुशी माइन में काम करने लगे। तब यह स्वप्न में भी न सोचा था कि जीवनपर्यन्त यही काम करना पड़ेगा।

## 2

माइन में काम करने वालों की दुनिया ही निराली होती है। इनकी तहजीब, बात करने का अन्दाज, सभी अलग होता है। ये लोग बड़े प्रैक्टिकल, सतर्क और मुस्तैद होते हैं। लड़ाई-झगड़ा कर लेना और दो मिनट बाद दोस्त बन जाना, इनके लिए बायें हाथ का खेल है। पर क्यों?

कारण यह है कि ये खतरे के इतने नजदीक से रोज गुजरते हैं कि हर दिन इनके लिए एक नया दिन होता है। जब कभी भी माइन में एक्सीडेंट हो जाता

है, तो पहला विचार तो यही आता है कि हम पिछली बार वहां पर कब थे; यह तो उस दिन भी हो सकता था।

अगर कहीं पर सही माने में सोशलिज्म है तो वह माइन्स में है। 'जिस केज' से हम लोग नीचे जाते हैं, उसमें न कोई बड़ा और न छोटा होता है। सबके एक-से कपड़े, एक-सी लिबास।

हंसी-मजाक का स्तर भी एक-सा। अगर किसी को किसी से कुछ कहना-सुनना है, तो यही सबसे अच्छी जगह है। बस जरा सा एक तरफ को मुंह घुमाया और किसी तीसरे आदमी को संबोधित कर जो कहना था कह सुनाया। सुनने वाला अगर चुस्त है—जो कि वह अमूमन होता है—तो अपना जवाब भी उसी लहजे में दे देता है। सबसे ताजा खबर—चाहे वह क्रिकेट का स्कोर हो या चुनाव का परिणाम—सब इसी केज में मिलेगा। यहां तक कि एक प्लैट (केज रुकने के स्थान) से दूसरे प्लैट के बीच में आते-जाते समय अगर एक और विकेट गिर गया, तो वह भी मालूम हो जायेगा। कारण, हर प्लैट पर टेलीफोन लगे हैं और कुछ टेलीफोन घरों से भी कनेक्टेड हैं, जहां से भाभियां बराबर स्कोर मौनीटर करती रहती हैं। पता नहीं कब किसका फोन आ जाये। घंटी बजते ही स्कोर बोल दिया जायेगा। पूछने वाले को अपना परिचय देने की भी आवश्यकता नहीं।

अक्सर बाहर के लोग हमारी माइन देखने आते हैं। कुछ भोले-भाले लोग हमेशा यह सवाल करते हैं : "क्या यहां रात में भी काम होता है?" इन भले आदमियों को क्या पता कि माइन के अन्दर दिन और रात में कोई अन्तर नहीं होता। अन्धकार ही अन्धकार!

हर एक आदमी की टोपी में एक लैम्प लगा होता है। जहां भी वह जाता है, प्रकाश उसके आगे होता है! हां, जिन स्थानों पर ज्यादा आदमी काम कर रहे होते हैं, वहां पर विशेष रोशनी का इन्तजाम होता है।

एक बार मैं अकेला ही एक लेवल में घूम रहा था। अचानक बत्ती गुल हो गयी। बहुत हाथ-पैर मारे, पर वह दुबारा न जली। हार कर दीवाल के सहारे-सहारे एक ऊपर से नीचे आने-जाने वाले रास्ते के पास आकर बैठ गये। मन में खयाल आया कि अगर नीचे कहीं ब्लास्टिंग हुआ तो सारा धुआं तो यहीं से जायेगा। ढूंढ़ने वाले भी शिफ्ट के बाद ही खोजने निकलेंगे और तब तक तो अपनी 'पूरी छुट्टी' हो जायेगी। इसी उधेड़बुन में पड़े थे कि ऊपर कुछ रोशनी दिखी। चिल्लाना शुरू किया। जवाब मिला। बताया कि हम यहां बिना लाइट के फंसे हैं। वह भला आदमी नीचे उतरकर आया और उसके सहारे मैं उतरकर नीचे

के लेवल में पहुंचा।

यह किस्सा कोई 15 साल पुराना है। एक दिन एक स्टोप में अचानक वही आदमी मिल गया। तब जाकर उसकी शकल देखी। भय भी क्या चीज होती है!

वैसे, पच्चीस साल से ज्यादा समय से माइन में घूमते-घूमते अब महसूस ही नहीं होता कि यह काम खतरनाक भी है। कुछ तो काम करते-करते 'फिफ्थ सेन्स' डेवलप हो जाता है। पैर रखने से पहले, जमीन दबाकर देखने की आदत-सी पड़ गयी है।

पर फिर भी, 'बहुत-बहुत बचाया पर हाथी का बच्चा धक्का दे ही गया।' (जब मेरे भतीजे अज्जू छोटे-से थे तो उन्होंने एक अफीमची की कहानी सुनायी थी)। भतीजी बिन्दू की शादी में इसी प्रकार के एक एक्सीडेन्ट के बाद मैं पट्टी बांधे पहुंचा था। बाल-बाल बचना इसी को कहते हैं। हमसे बस केवल एक गज आगे जो सज्जन थे, उनके मल्टीपल फ्रैक्चर हुए थे। समझ लीजिए, उनका तो दूसरा ही जीवन है।

'राम भरोसे बैठ के, परबत पर हरिआय।' रोज माइन में हम लोग हंसते और बातें करते ही प्रवेश करते हैं।

## 3

माइनिंग करने का मुख्य उद्देश्य खनिज पदार्थ को सुरक्षापूर्वक, कम-से-कम लागत में, जमीन से बाहर निकालना होता है। माइनिंग दो प्रकार की होती है। एक तो 'ओपन कास्ट' और दूसरी 'अण्डर ग्राउन्ड'। हमारे यहां अण्डर ग्राउण्ड माइनिंग होती है।

जिस क्षेत्र में माल निकाला जाता है वहां कुछ माल 'सपोर्ट' के लिए भी छोड़ दिया जाता है। कोयले की खदानों में तो 60% तक माल छोड़ दिया जाता था। वैसे मैटेल माइनिंग में केवल 15 से 20% तक छोड़ा जाता है। जाहिर है, यह बात खनिज के मूल्य पर भी निर्भर करती है।

जिस क्षेत्र से माल बराबर निकाला जाता है, उसे 'स्टोप' कहते हैं।

इसकी कल्पना इस प्रकार की जा सकती है: मान लो एक दस मंजिली इमारत है और जितनी ऊंची है, उसकी चार गुनी लम्बी है। पूरी इमारत में सब फ्लैटस एक जैसे हैं। अब नीचे की मंजिल के सारे ड्राइंग रूमों के साइड की दीवालें तोड़ दो, तो एक तरफ से दूसरी तरफ तक आने-जाने का रास्ता साफ हो जायेगा।

अब हर दो फ्लैट के बाद तीसरे फ्लैट की छत भी तोड़ दो। ऊपर जाने के रास्ते भी बन जायेंगे। और अब पहली मंजिल सपोर्ट के लिए छोड़कर उसके ऊपर का सारा सामान निकाल कर नीचे फेंकना शुरू कर दो—यहां तक कि पता भी न पड़े कि कहां ड्राइंग-रूम था और कहां बेड-रूम। जब यह काम पूरा हो जाये, तो आधी मंजिल में रेत भर दो और फिर उसके ऊपर चढ़कर तोड़फोड़ चालू कर दो। याद रहे कि ऊपर आने-जाने के रास्ते सुरक्षित छोड़ना हैं।

नीचे सामान ढोने के लिए बड़ी-बड़ी गाड़ियां खड़ी रहती हैं। यह क्रिया तब तक तक चलती है, जब तक हम नवीं मंजिल तक पहुच जायें। दसवीं मंजिल को जैसा का तैसा छोड़ देते हैं, ताकि उसके ऊपर फिर नये सिरे से स्टोपिंग कर सकें।

कहा न, माइनिंग में हर काम निराला होता है—जैसे, स्टोपिंग नीचे से ऊपर को। पर नीचे पहुंचते कैसे हैं? इसके लिए पहले से ही एक बड़ा शाफ्ट खोदा जाता है। गहरे कुएं के समान।

इसमें ऊपर आने-जाने के लिए लिफ्टें लगी होती हैं, जिन्हें माइनिंग में 'केज' कहते हैं। इनमें एक बार में 50 आदमी तक चले जाते हैं। इन्हीं के द्वारा सारे आदमियों तथा सामान को नीचे पहुंचाया जाता है। नीचे पहुंच कर जगह-जगह पर 'केज' रुकने के स्थान होते हैं जिन्हें 'प्लैट्स' कहते हैं। यहीं से आदमी लोग 'स्टोप्स' में जाते हैं।

जैसे ही जमीन के नीचे की ओर खुदाई करते हैं, पानी मिलने लगता है। इस पानी को बराबर पम्प करके ऊपर भेजा जाता है। गहरी माइन्स में यह क्रिया कई चरणों में की जाती है।

माइन के अन्दर शुद्ध वायु का पहुंचना भी बहुत जरूरी होता है। इसलिए हमारे यहां 'मेन शाफ्ट' से शुद्ध वायु नीचे जाती है, और दूसरी तरफ बड़े-बड़े पंखों द्वारा इसे नीचे से खींच कर ऊपर फेंका जाता है। यह शुद्ध वायु, जहां जितनी जरूरी है, 'रेगुलेट' करके भेजी जाती है ताकि काम करने वाले आदमी को किसी प्रकार का कष्ट न हो।

माइन के अन्दर रेलों का जाल बिछा रहता है। इस पर डीजल से चलने वाले लोको दौड़ लगाते हैं। हर गाड़ी का माल बराबर टेस्ट होता है और तभी उसे 'ग्रिजली' में डम्प होने दिया जाता है।

माल तोड़ने से पहले भी इस स्थान की जांच यन्त्रों द्वारा होती है। माल वाले हिस्से को पेन्ट से मार्क कर दिया जाता है। जो हिस्सा नहीं तोड़ना होता है, उस पर 'वेस्ट' लिख दिया जाता है। अगर 'वेस्ट' ज्यादा होता है तो उसे 'पिलर' के रूप में बीच में छोड़ देते हैं।

हम लोगों की दिनचर्या सवेरे साढ़े छः बजे से शुरू होती है। क्या जाड़ा, क्या गर्मी और क्या बरसात—सबसे पहले माइनिंग इंजीनियर अपने-अपने सेक्शन से पिछले दिन के काम का हिसाब लेते हैं। फिर हम सब—ज्योलौजिस्ट, फिजिसिस्ट, मिकैनिकल और इलैट्रिकल इंजीनियर—एक जगह इकट्ठा होकर अपने-अपने कार्य की योजना पर विचार-विमर्श करते हैं। इसके बाद सब लोग अपने-अपने सेक्शन को काम बताने चले जाते हैं।

माइन में तीनों शिफ्टों मे काम होता है। सुपरविजन का काम जनरल शिफ्ट में होता है।

# 3 दिसम्बर 1984 : भोपाल

**शालिनी शर्मा**

2 दिसम्बर की रात और 3 दिसम्बर की सुबह तीन-साढ़े-तीन बजे अचानक कुछ शोर जैसा सुनायी दिया। हमने सोचा, किसी के घर कोई बाहर से आया होगा। हवा में अजीब तरह की गर्मी थी। खैर, रात को और कोई खास बात नहीं हुई।

सुबह उठे। पर इतने व्यस्त रहे कि समाचार सुनने का ख्याल ही नहीं आया। इंजीनियर साहब (पतिदेव---सं.) को परीक्षा देने जाना था। उनका पर्चा साढ़े नौ बजे से आरम्भ होना था। मैं भी उनके पास जाती थी, क्योंकि एक दिन में दो पर्चे होते थे। परीक्षा केन्द्र मेरी मनो मौसी के घर के पास था। मैं दिन भर उनके घर रहती। दोपहर के खाने का इन्तजाम कर लेती क्योंकि मौसी तो दिन भर के लिए स्कूल चली जाती थीं।

उस दिन सुबह पौने नौ बजे जैसे ही बाहर निकले तो देखा कि स्कूटर में पंचर है। सोचा, जितनी देर में चक्का बदलेंगे उतनी देर में तो ऑटो से पहुंच जायेंगे। ऑटो-स्टैण्ड कुछ दूरी पर था। वहां पहुंचे तो देखा, एक भी ऑटो नहीं। क्या चक्कर है ?—कुछ समझ में नहीं आया। यहां दस सीट वाले ऑटो भी चलते हैं। हमने सोचा कि जहां तक ऑटो नहीं मिलता, वहां तक इसी से चलते हैं, क्योंकि समय बहुत कम था। उस दस-सीटर को चले हुए दस सेकिण्ड भी नहीं हुए थे कि घड़घड़ करता हुआ वह बन्द हो गया। उसका डीजल खत्म हो गया था।

हम बड़े परेशान। दूर तक नजर दौड़ायी तो देखा उसी ऑटो स्टैण्ड पर एक ऑटो खड़ा हुआ है। वापस दौड़ते हुए उसके पास पहुंचे। उसने कहा, "हमारी तो रोज की सवारी है। मैं उसी के लिए खड़ा हूं।" बहुत मिन्नतें करने के बाद वह सिर्फ अगले बस स्टैण्ड तक छोड़ने के लिए तैयार हुआ। हम उसमें बैठ गये।

अगले बस स्टैण्ड पर पहुंचे तो वहां भी कोई ऑटो नहीं। उसी ऑटो वाले को और थोड़ा आगे चलने को कहा। वहां भी कोई नहीं। समझ में नहीं आ रहा

था कि ऐसा क्यों है। थोड़ा और आगे चलने पर देखा—दूर कॉलोनी के बीच में एक ऑटो खड़ा है। उसी के पास पहुंचे। पहले तो वह सिटी जाने के नाम से थोड़ा हिचकिचाया, फिर जब उससे कहा कि परीक्षा का सवाल है तो तैयार हो गया। उस ऑटो में जब हम बैठे तो नौ बजकर दस मिनट हो रहे थे। पर ऑटो वाला बहुत समझदार था। कई गलियों और छोटे-छोटे रास्तों से होते हुए उसने हमें साढ़े-नौ बजे इनके परीक्षा-केन्द्र पहुंचा दिया।

उसी ऑटो को लेकर मैं मौसी के घर पहुंची। देखा घर के सभी सदस्य बाहर खड़े हैं। मुझे देखते ही सबने पूछा : "तुम लोग ठीक तो हो ?"

मेरी समझ में कुछ नहीं आया कि ऐसा प्रश्न ये लोग क्यों पूछ रहे हैं ?

तब हमें बताया गया कि रात को बहुत ही दिल हिला देनेवाली घटना हुई है, जिसमें कई लोग मर गये हैं। अब मुझे ऑटो न मिलने का कारण समझ में आया।

मौसाजी को उसी दिन ऑफिस के काम से बाहर जाना था। पर वह स्टेशन से ही लौट आये।

उन्होंने बताया कि स्टेशन पर तो लाशें बिछी हुई हैं ! सड़क पर कई जानवर मरे पड़े हैं। उल्टी सभी तरफ पड़ी है।

सुनकर मन बहुत खराब हो गया। यही सब बातें करते-करते करीब साढ़े ग्यारह बज गया।

हमने सोचा—चलो, धूप में चलकर छत पर बैठते हैं।

करीब बारह बजे देखा—दूर से आदमी भागे चले आ रहे हैं और चिल्ला रहे हैं : "भागो-भागो ! दूसरी टंकी भी फट गयी है ! न्यू मार्केट तक गैस आ गयी है !" अब हम सब नीचे भागे। सारा घर बन्द कर दिया। पहले तो यह समस्या आयी कि दादी (मनो मौसी की सास) जो बहुत वृद्ध हैं, चल नहीं पाती हैं, उन्हें कैसे हटाया जाय। दो जने उन्हें उठाकर नीचे लाये और स्कूटर पर बैठाया। उन्हें दूर किसी के घर छोड़ दिया गया।

मैं और मौसी दोनों नीचे घर के दरवाजे पर खड़े चारों तरफ का दृश्य देख रहे थे। मन में एक अजीब तरह की घबराहट थी। इनके पास तो स्कूटर भी नहीं था। हम सोच रहे थे कि ये कैसे भागेंगे ? इसी मनःस्थिति में मैं और मौसी करीब पन्द्रह मिनट तक नीचे खड़े रहे।

पूरा मोहल्ला खाली हो चुका था। लोग जैसे थे, वैसे ही भाग रहे थे। कोई नंगे पांव, कोई लुंगी में। जिधर देखो, बस, आदमी भागते दिखायी दे रहे थे—ट्रकों पर लदे हुए, बसों की छतों पर चढ़े हुए।

तभी रेडियो में विशेष समाचार आ गया कि यह सब अफवाह है, इस पर ध्यान मत दीजिए। तब जाकर जान में जान आयी।

दोपहर को खाना खाने के बाद ये दूसरा पर्चा देने फिर चले गये। शाम को जब लौटे तो ऑटो वालों के तो दिमाग बहुत ऊंचे हो गये थे। ऑटो मिल ही नहीं रहे थे। पैट्रोल भी नहीं मिल रहा था। हमारी समस्या यह थी कि हम घर जल्दी से जल्दी पहुंचना चाहते थे। घर में मम्मीजी अलग परेशान थीं, क्योंकि सुबह चलते समय उन्हें तो कुछ भी नहीं पता था।

खैर, हम लोग आलोक दादा के साथ स्कूटर पर रात को आठ बजे घर पहुंच गये।

इस तरह 3 दिसम्बर का यह दिन मेरे जीवन का एक अविस्मरणीय दिन हो गया।

बाद में पता चला कि उस रात को तारा मामी भी घर से भागी थीं और किन्हीं जान-पहचान वालों के घर ठहरी थीं। उनकी आंखों में गैस का थोड़ा-थोड़ा असर हुआ था, पर अब ठीक हैं। लोगों ने जो रात के दृश्यों का वर्णन किया, वह बहुत ही दर्दनाक था।

दूल्हा-दुल्हन के फेरे पूरे नहीं हो पाये थे, वे जुड़ी गांठ के साथ ही भाग रहे थे। जो बच्चे नहीं चल पाते थे, वे पीछे छूट जाते। कई लोग तो गिरकर और कुचल कर भी मर गये। हमारे पोस्टमैन का सारा परिवार बिछुड़ गया। उसके तीनों बच्चे उसे कई दिनों बाद मिले। उसकी आंखें अभी भी खराब हैं। वह दूसरों से पढ़वाकर चिट्ठियां बांटता है।

टेलीग्राम तो इतने आने लगे कि बांटना कठिन हो गया। आखिर यह काम विद्यार्थियों को सौंपा गया। उन्हीं ने सब जगह टेलीग्राम बांटे।

ऐसा रहा यह गैस-काण्ड। परन्तु अभी लोगों में इतना आतंक फैला हुआ है कि जरा-सी बात से घबरा जाते हैं। एक समय ऐसा हो गया था कि लाशें जलाने या गाड़ने की जगह खत्म हो गयी थी। एक ट्रक की लाशें ठिकाने लग नहीं पाती थीं कि दूसरा ट्रक आ जाता था!

# 'संकट' के क्षण

संजीव जेटली

1990 की सर्दियों की बात है। रात का समय था। हम लोग रजाइयों में दुबके टी.वी. पर 'कहां गये वे लोग' धारावाहिक देख रहे थे।

मम्मी, चौके में काम कर रही थीं।

अचानक वह हड़बड़ाती हुई आयीं और कहने लगीं, "बाहर से कैसी आवाजें आ रही हैं?"

पहले तो हमने ध्यान न दिया। पर तभी गोली चलने की आवाज ने हम सबको चौंका दिया।

आवाजें ठीक हमारे घर के सामने से आ रही थीं। दरवाजा बन्द था। वह बन्द ही रहा क्योंकि खोलने की हिम्मत ही न पड़ रही थी।

कानपुर का माहौल उन दिनों बड़ा खराब था। मन्दिर-मस्जिद विवाद के कारण जगह-जगह दंगे हो रहे थे। और, यहां तो हालत और भी नाजुक थी।

सौभाग्य से हमारे मुहल्ले में अभी तक तो कोई ऐसी घटना नहीं घटी थी... परन्तु आज शायद वह घटने वाली थी।

सामने वाले मकान से 'बचाओ-बचाओ' की आवाजें आ रही थीं। जीप की गड़गड़ाहट और डंडों की आवाजें दिल दहला देती थीं। बीच-बीच में जब 'मारो-मारो' की आवाज आती तो मेरी घिग्घी बंध जाती।

दिल में बैठ गया कि जरूर दंगाई आ गये हैं। इसलिए हम उनसे टक्कर लेने के उपाय सोचने लगे। अगर दरवाजा तोड़कर दंगाई अन्दर आ जाते तो फिर उनसे टक्कर लेनी ही पड़ती। अब-आये तब-आये होता रहा।

किन्तु कुछ समय बाद आवाजें थोड़ी धीमी पड़ने लगीं। पुलिस की सीटी की आवाजें भी अब रुक-रुककर आतीं। हम लोगों ने जान लिया कि हालत में कुछ सुधार है। तब चैन की सांस ली।

जागते-जागते ही रात काटी । नींद का तो आंखों में नामोनिशान न था । राम-राम करके सुबह हुई । वातावरण अब शान्त था । पापा व हम बगल वाले घर में पूछताछ करने गये

मालूम पड़ा कि कुछ बदमाश सामने वाले मकान में आपसी रंजिश निकालने आये थे । कोई साम्प्रदायिक दंगा न था ।

बाद में लोगों ने उन आदमियों को पकड़कर पुलिस के हवाले कर दिया । सौभाग्य से कोई गम्भीर घटना न हुई और चिंता के क्षण बिना किसी क्षति के समाप्त हो गये ।

# नागपुर के दो स्थान : सेमिनार हिल्स और अम्बाझारी

**भगवान दीन शर्मा**

मनुष्य जिसको आत्मा कहता है, वह उसके जन्मजात, पैतृक तथा संसार-प्राप्त गहरे दृढ़ संस्कार ही हैं, जो उसे किसी भी दिशा विशेष में जाने को बार-बार प्रेरित करते या उससे रोकते रहते हैं।

मेरे पिता का आधा जीवन रोजी-रोटी के कारण इधर-उधर भटकते बीता। मैं जब गांव में पैदा हुआ, तो मुझे भी प्रथमत: गांव से लगे हुए पुराने किले के ध्वस्त अवशेष—टीले—पर नित्यप्रति चढ़ने का संयोग तथा पिता के साथ इधर-उधर भटकने का अवसर मिला। मैं उस टीले—जिसको वहां 'आट' कहा जाता है—पर चढ़कर चारों दिशाओं में नजर फैलाता, तो एक तरफ गांव और तीन तरफ दूर खेतों की हरियाली देख मन मुग्ध हो जाता।

पिता की भटकन के बाद, जब स्थायी रूप से झांसी में रहना हुआ, तो मेरे पूर्व संस्कारों ने फिर जोर मारा। मैं झांसी और उसके आसपास का भूतल पैदल नापने लगा और पहाड़ियों पर चढ़कर विहंगम दृश्यों का रस लेने लगा। संयोग-वश तभी मिल गये मेरे शिक्षक मास्टर रुद्र नारायण जो मुझसे भी अधिक भ्रमण-शील थे। परिणाम यह हुआ कि मेरे घुमक्कड़ संस्कार और अधिक पुष्ट हो गये, जो बाद के जीवन में सदैव मुझे यात्राएं करने, घूमने, के लिए बाध्य करते रहे। विशेष कर पहाड़ों, जंगलों, ऊंचाई-नीचाइयों में, नदी-नालों के आस-पास—कोई भी शहर, स्थान हो, मुझे उस स्थान का भूगोल जाने बिना चैन नहीं पड़ता और यदि वहां ऊंचाई-नीचाई हो तो फिर कहना ही क्या!

**सेमिनार हिल्स** : स्टेशन से घर तिलक नगर आते समय नागपुर शहर जैसा समतल मालूम होता है, वास्तव में वैसा है नहीं। इसकी चढ़ाइयां-उतराइयां टाइम स्केल सर्विस की तरह कुछ लम्बी हैं। साथ ही, इसकी उत्तर दिशा में कुछ टीले और पहाड़ियां भी है। उनमें से एक हैं 'सेमिनार हिल्स' जिसका मेरे भतीजे आशू भैया ने एक दिन आते ही स्कूटर पर सर्वे करा दिया।

फिर तो मुझे इस पर बार-बार चढ़ने और इसका भूगोल जानने की बेचैनी होने लगी। और एक दिन प्रातः यहां की 'सिविल लाइन्स की सुन्दर, साफ-सुथरी चौड़ी सड़कें पार करता हुआ मैं उस पहाड़ी की जड़ तक जा पहुंचा। अभी एक शार्टकट सड़क से चढ़ना शुरू ही किया था कि दाहिने-बायें दोनों तरफ 'जापानी बाग' के बोर्ड दिखायी दिये। ये सुन्दर सुरम्य बाग पहाड़ी के किनारे-किनारे दूर तक चले गये हैं। आगे चढ़ाई चढ़ते हुए दोनों तरफ घना जंगल मिलता है, जो यहां के वन-विभाग के संरक्षण में है। शायद इसीलिए इस सड़क के बायीं तरफ नीचाई के वृक्ष पहाड़ी की ऊंचाई से स्पर्धा करते हुए सुरक्षित हैं।

इस सड़क पर प्रायः अनायास ही अनेक सैलानी मिल जाते हैं। बहुधा युवा लोग ऊपर-नीचे को दौड़ लगाते भी मिलते हैं, जिनके स्कूटर, कारें, नीचे खड़ी रहती हैं। इस चढ़ाई के बाद ऊपर समतल भूमि आ जाती है, जो अनुमानतः दो-तीन फर्लांग चौड़ी और ढाई-तीन मील लम्बी होगी।

यहां ऊपर आकर चढ़ाई की थकावट, पसीना—यहां की रमणीयता में तथा सुन्दर हवा में सब हवा हो जाते हैं जैसे शिक्षा-काल का कठिन परिश्रम सुन्दर व्यवसाय अथवा नौकरी मिलते ही भूल जाता है और फिर आरम्भ होती है एक लम्बी, रंग-बिरंगी जीवन-यात्रा। इस पठारी जंगल में पहले दर्शन होते हैं एक छोटी सिमेट्री (ईसाई कब्रिस्तान) के, जो मानो सबको सचेत करती हो कि मनुष्य का यहां अन्त है, इसलिए इस विस्तृत जीवन में अति सतर्कता से चलो।

थोड़ा और आगे चलते ही विद्यार्थियों का एक तरफ खेलने का मैदान है, तो दूसरी तरफ बालीबॉल, बास्केटबॉल, टेनिस कोर्ट आदि मिलते हैं जिनके आसपास सेण्ट फ्रांसिस कॉलेज की इमारतें तथा शिक्षकों के निवास-स्थान हैं। यहीं थोड़ा आगे एक चर्च है, जिसके आसपास सफेद, एड़ी को छूने वाला लम्बा चोगा पहने कई पादरी लगनेवाले धीरे-धीरे टहलते हुए कॉलेज के शिक्षक मिलते हैं। यहीं आगे एक सुन्दर बालोद्यान मिलता है, जहां बच्चों के खेल तथा मनोरंजन के सभी साधन और सुविधाएं उपलब्ध हैं।

और तभी आपके पैरों के पास आपको दिखायी देती हैं मिनी रेल की पटरियां और वहीं पेड़ों के झुरमुट में बच्चों की रेलगाड़ी, जो उनको इस घने जंगल और पठार की सैर कराती है। यहां घना जंगल मात्र ही नहीं है। उसके बीच एक मृग-उद्यान भी है। यहीं थोड़ी दूर पर चक्कर लगा कर आती हुई पुनः रेल की पटरी मिलती है और तभी कुछ दूरी पर मनुष्य की नौकरी की तरह इस जंगल का अन्त दिखायी देने लगता है।

तभी आते हैं पेन्शन प्राप्त जीवन में नये कमाने वालों की तरह एक दिशा में एम.ई.एस. खनिज विभाग इत्यादि के दफ्तर, तो दूसरी दिशा में टेलीविजन का 110 मीटर ऊंचा गगनचुम्बी टावर और उसकी निर्माणाधीन कार्यशालाएं।

यह मात्र संयोग ही था कि मैंने टी. वी. पर (ता. 2-10-85) गांधी जयन्ती के दिन माननीय मंत्री वसंत साठे द्वारा उसका उद्‌घाटन समारोह देखा तथा सायं 6 बजे उसका निर्माण कार्य देखा।

अब इधर जीवन व स्वास्थ्य की तरह वह पहले वाली सुन्दरता समाप्त होती दिखायी देने लगती है। परन्तु यह सड़क जीवन की तरह आगे काफी दूर जाती है, जहां दूसरे दफ्तर तथा खनिज विभाग के कार्यकर्ताओं के नवनिर्मित वास-स्थान तथा केन्द्रीय स्कूल इत्यादि हैं। और यह सड़क धीरे-धीरे पहाड़ी और एक बड़ी झील के किनारे होती हुई मैदान में आती है।

परन्तु यह रास्ता कुछ अधिक लम्बा है। बहुधा आने-जाने वाले लोग बस, मोटर, जीपों इत्यादि में टावर के पास से ही नीचे उतराई की सड़क पकड़ लेते हैं, जो 'वेस्टर्न कोल फील्ड' की 11-12 मंजिल ऊंची इमारत के पास मैदान में आती है। और इस तरह उस सुन्दर जीवन का अन्त होता है।

वैसे, आप चाहें तो पहाड़ी की उत्तर दिशा में भी उतर सकते हैं, जहां पोस्ट एण्ड टेलीग्राफ विभाग का विस्तार तथा वास-स्थान हैं। यहीं पूर्व में एक अच्छी बड़ी नर्सरी है और इसके आगे सदर बाजार आ जाता है।

**अम्बाझारी** : नागपुर का विस्तार, मात्र इस उत्तर-पूर्व दिशा में नहीं है। यदि आप दक्षिण-पश्चिम दिशा में तिलक नगर से 40-45 मिनट का प्रात: पर्यटन करें, तो उस दिशा में कुछ ऊंचाई चढ़ने के बाद आपको एक अच्छी बड़ी झील के दर्शन होंगे। इसकी विशालता नागार्जुन सागर अथवा तुंगभद्रा डैम की तरह तो नहीं है, पर शिवपुरी (ग्वालियर) के चांदपाठा बांध की तरह अवश्य है। इसके पश्चिम-उत्तर दिशा में धरती की स्वाभाविक ऊंचाई है। परन्तु पूर्व दिशा में मिट्टी का लम्बा और चौड़ाई में सड़क जैसा कोई 50-55 सीढ़ी ऊंचा बांध है।

इस पर नित्य ही सैलानी लोग घूमने आते हैं। कुछ लोग सीढ़ियों के पास चबूतरे पर बैठकर गपशप करते हैं। यहीं शायद कूदने, तैरने अथवा नाव खेने की सुविधा भी है।

इस झील के उत्तर में जमीन की ऊंचाई-नीचाई पर एक अति सुन्दर उद्यान है, जिसमें क्यारियां, लॉन, वृक्षारोपण अति सुरुचिपूर्ण ढंग से किये गये हैं। जलाशय के किनारे पानी को स्पर्श करते झुके हुए वृक्ष जल में अपने प्रतिबिम्ब के कारण स्थानीय शोभा को द्विगुणित करते हैं। यहां किनारे पर सीमेण्ट की बनी हुई बेन्चों पर बैठकर बहुधा पर्यटनशील व्यक्ति जलाशय की रमणीयता को निहारते हैं। यहीं थोड़ी ऊंचाई पर लॉनों के बीच में मण्डप बने हुए हैं जहां बहुधा लोग आसन-प्राणायाम करते देखे जाते हैं। और इससे भी ज़रा ऊपर को, एक छोटे मैदान में, एक तरफ बच्चों के खेलने की सुविधा का सामान है तो पास ही दूसरी

तरफ पैरलल बार तथा कसरत की दूसरी सुविधाएं हैं जहां लोग डंड-बैठक और पैरलल बार पर उलटे-सीधे होते दिखायी देते हैं।

उधर से निकला तो मेरी भी तीव्र इच्छा हुई कि मैं भी कुछ उलटा-सीधा होऊं। परन्तु एक तो समयाभाव, दूसरे अवस्था का ध्यान करके कि कहीं चोट-चपेट द्वारा हंसी का पात्र न बनना पड़े, मैं अपनी इस समझदारी पर प्रसन्न होता हुआ चुपचाप बाहर आ गया।

एक बार पुन: गया तो बन्द का छोर देखने के फेर में दक्षिण दिशा में काफी दूर निकल गया। और बन्द से उतरा तो सोचा अब उधर ही क्या लौटा जाय, तो एक सामने जाती सड़क पकड़ ली जिसने मुझे विश्वेश्वरैया इंजीनियरिंग कॉलेज की बाहरी सड़क पर पहुंचा दिया। अब यहां से लौटने का तो प्रश्न ही नहीं था। अत: मैं उसी पर चलता रहा और ह्वेनच्वांग के गोबी मरुस्थल को पार करने को याद करता रहा। कॉलेज बहुत विस्तार में है। सोचा, अब इस सड़क पर कभी नहीं आऊंगा और अन्त में रास्ता पूछने पर ही तिलक नगर मिला!

इस दुनिया में हर बात के दो पहलू होते हैं। फूल के साथ कांटा प्रसिद्ध है; आमद के साथ खर्च, जन्म के साथ मरण—कौन नहीं जानता! तो यह अम्बाझारी स्थान भी अपनी सुन्दरता के साथ असुन्दरता भी रखता है। इसके बन्द की सड़क का उत्तर दिशा में भी विस्तार है। मैंने एक बार सोचा—यह नया मार्ग भी देखना चाहिए। यह सड़क सबसे अधिक ऊंचाई पर से जाती है। इसके दायें झुग्गी-झोंपड़ी बालों की बस्ती है और बायें एक लम्बी ऊंची दीवाल, जिसको एक स्थान पर तोड़ कर आदमी तथा जानवर जाने के लिए बड़ा छेद बना लिया गया है।

मैंने अन्दर की तरफ कुछ भैंसें चरते देखीं। कुछ लोग अन्दर 'दिशा' को भी जाते दिखे—कारण उधर झील का अन्त होता है।

परन्तु थोड़ा और आगे बढ़ने पर तो सांप-छछूंदर की गति हो गयी। अब उसी रास्ते क्या लौटा जाय। और, आगे बढ़ने पर सड़क के किनारे ही वह गंदगी कि जिसका वर्णन नहीं! साथ ही सड़क और दीवाल के बीच की जगह में, जिसकी चौड़ाई 7-8 गज से अधिक न होगी, 7 बजे सूरज की दिशा को मुंह किये हुए बूढ़े जवानों की वह पंगत कि जिसके सामने रेल पर से आगरे के अशोक नगर का दृश्य भी कुछ नहीं! शर्म और हया का तो प्रश्न ही नहीं।

सोचा, ठीक ही पढ़ा है। समुद्र से अमृत और विष दोनों ही निकले थे।

# बंजारा हिल्स

**भगवान दीन शर्मा**

मैंने जोश में लिख दिया : "बंजारा हिल्स (हैदराबाद) के सामने शिमला हेच है।" सोचता हूं—क्या गलत लिख गया ? पर मन कहता है, नहीं । इसमें गलत ही क्या है ?

मैंने प्रायः सभी हिल स्टेशन देखे हैं । मरी (पाकि.) साधारण है । मसूरी भी वैसा ही । ऊंट की पीठ (कैमेल्स बैक रोड) प्रसिद्ध है । नैनीताल तो मानो कड़ाही में बसा हो । ऊटी कुछ अच्छा है—नैनीताल-मसूरी का मिला-जुला रूप, फैला हुआ ।

परन्तु शिमला ? शिमला को तो इन्द्रपुरी कहना ही ठीक होगा—40 वर्ष पूर्व मुझे ऐसा ही लगा था । चौड़ी सडकें, ऊंची इमारतें, सुन्दर बाजार, सुन्दर स्त्री-पुरुषों से भरे । फिर, यूनीफार्म पहने, रिक्शा खींचने वालों के रिक्शों पर आते-जाते राजे-रानियां ।

और वह सब्जी मण्डी—जिसकी सब्जियां नुमायश में ही देखने को मिलें । सब स्वप्न जैसी बातें हो गयीं । ऐसा लगा था मानो किसी स्वस्थ, सुन्दर लड़की को गहनों-कपड़ों से सजाकर किसी सुन्दर वर को जयमाल डालने को तैयार किया गया हो ।

तो उसके सामने बंजारा हिल्स ? बंजारा नाम ही से उसकी वास्तविकता का आभास हो जाता है ।

मानो किसी ब्रह्मचारी साधु को, अथवा गूंगा, गामा, किक्कड़ जैसे पहलवान को सुन्दर चुस्त कपड़ों में सजाकर दूल्हा बनाया गया हो, जिसके अत्यधिक डंड-बैठक के कारण बेडौल शरीर पर कपड़े फिट करने में योग्य दर्जी को भी नाक के चने चबाने पड़े हों ।

हां, साहब ! कुछ समय पूर्व बंजारा हिल्स अपने नाम को पूर्णतया सार्थक करता था । ऊबड़-खाबड़ धरती पर बड़े-बड़े टौल (बोल्डर्स) । वीरान । सिर्फ पूर्व दिशा में कुछ हरियाली । पेड़ । बस । बोल्डर्स की भरमार जैसी मध्य दक्षिण में है,

वैसी भारत में अन्यत्र कहीं नहीं। और, हैदराबाद तो मानो इसका केन्द्र है।

हैदराबाद पुराने शहर से यदि आप बेगम पेठ को चलें, तो बेगम पेठ पहुंचने के पहले बायें हाथ एक छोटी-सी झील है और इसके बाद ही थोड़ी दूरी पर बंजारा हिल्स शुरू हो जाती है। सड़क के किनारे होने से यह भाग पहले ही आबाद हो गया था और समतल भूमि के अभाव में धीरे-धीरे लोगों ने पहाड़ी की चढ़ाई पर सुविधानुसार मकान बनाने शुरू कर दिये। आवश्यकतानुसार ऊपर की तरफ बढ़ते-बढ़ते वे पहाड़ी की पीठ तक पर उस दिशा में फैल गये। परन्तु पश्चिम दिशा फिर भी उजाड़ ही रही।

श्रीनगर कॉलोनी बसने पर पहाड़ की जड़ में जरूर कुछ मकान बन गये थे, परन्तु मैंने जब सन् 82 में पहाड़ी का पठार देखा तो सब उजाड़ पड़ा था। इधर-उधर दो-एक बंगले थे और दो-एक बन रहे थे। पठार पर से जाती एक सड़क पर बहुधा प्रातःकालीन पर्यटक मिल जाते, या कभी एकाध जीप या कार। घूमने के लिए उस भाग में यह सबसे सुन्दर सड़क थी।

पर मैं तो भूगोल-प्रेमी हूं। मैंने पहाड़ी और आस-पास की सभी दिशाए नापी हैं और बेरास्ते चढ़ा-उतरा हूं। परन्तु अब की बार, सन् 85 में, पांच दिन को ही हैदराबाद गया तो मस्तिष्क में वहां की वह अमिट छाप पड़ी कि जिसको भूलना कठिन है। अस्वस्थ होने पर भी जो कुछ देख सका वह सब अद्‌भुत था।

इस पहाड़ी पठार के उत्तरी भाग में बहुत बड़े बोल्डर्स तथा सीधा उतार है। इसके बाद कुछ ढलवां मैदान, सड़क तथा कुछ नीची जमीन है जहां बरसात में पानी भर जाता है। इस पहाड़ी का बाकी भाग पश्चिम की दिशा से धनुषाकार होता हुआ फिर बहुत दूर पूर्व की दिशा में समाप्त हो जाता है। तीन साल पहले जब मैं सड़क के पास वाले नीचे भाग में घूमता था, तो देखा कि वहां प्लॉटिंग हो चुका है। सोचा, इस नीची जमीन में भी लोग मकान बनाने को तैयार हैं। परन्तु इस बार तो देखा कि सारी जमीन यकायक घिर गयी है। कुछ बने, कुछ अधबने मकान खड़े हैं और उनके खम्भों से निकले सरिये सारे मैदान में ऐसे दिखायी दे रहे हैं मानो बेपत्तियों का बाजरे का खेत हो। यही हाल सड़क और पहाड़ी के बीच ऊंची जमीन का है।

परन्तु सबसे सुन्दर वह दृश्य है, जहां लोगों ने सीधे ढलान पर बोल्डरों पर, और उनके बीच, मकान बनाये हैं। जहां सीढ़ियां बनानी चाहिए थीं, वहां सड़क बनायी है। सीधी ऊंचाई के लम्बे-लम्बे खम्भे खड़े करके ढाल का पिछला भाग घेरा है। पश्चिम दिशा में तो और भी ऊंची-नीची जमीन है जहां मकान बनाना ही एक बड़ी भारी कला है। फिर उस पर सुन्दर भवन, छोटे-छोटे पार्क। कुछ देर खड़े होकर देखने को आदमी मजबूर हो जाता है।

इसके आगे पठार पर पहुंचिए तो समय की गति, धरती के भाग्य ! जहां मैं

तीन साल पहले सोचता था कि यह स्थान टट्टी जाने के लिए कितना उपयुक्त है वहां अब एक चौराहा है, जुबली हिल्स का बोर्ड लगा है। सड़क नम्बर लिखा है। दाहिने एक शहर बसा है। और ऐसे में भीड़-भाड़, ट्राफिक, बसों-मोटरों की रेल-पेल होनी ही चाहिए। मैंने पठार भी मंझाया। चारों तरफ प्लॉटिंग और सड़कों की मार्किंग हो चुकी है, कुछ बन भी गयी हैं।

अब शिमला-दुलहिन के इस उजड्ड दूल्हे की कुछ विशेषताएं भी सुन लीजिए, जो शिमला में नहीं मिलेंगी। देखा, सड़क के किनारे एक हाथी से ड्योढ़ी ऊंचाई का बोल्डर पड़ा है। तो किसी मनचले भाई ने उस अकेले बोल्डर पर ही सुन्दर मकान बना लिया है। एक बड़ी चट्टान। वह दो भाग बाहर अधर में लटकी है और उसके नीचे बड़ी लम्बी खाई है। पर भाई के मकान का पिछला भाग उसी पर बना है। मैंने जाकर देखा, कमरा बन रहा है—उसके अन्दर बोल्डर महोदय विराजमान हैं। पता नहीं क्या सोचा है। कैसे उसका उपयोग करेंगे। ऐसे ही हर बंगले के साथ कुछ-न-कुछ नवीनता है, जो उसके सौन्दर्य को बढ़ाती ही है।

एक पार्क है जिसमें एक ऊंचा बोल्डर खड़ा है। शाम को छोटे बच्चे उस पर चढ़कर हाथी पर बैठने का सुख लूटते हैं।

और फिर शाम को नीचे लम्बी-चौड़ी वादी में जब सब बत्तियां जल जाती हैं, तो वह दृश्य सामने होता है कि क्या कहने! मसूरी से देहरादून की बत्तियां बहुत धुंधली मालूम होती हैं। फिर अभी क्या। जरा बंजारा हिल्स को 3-4 साल में और सज जाने दीजिए, तब देखियेगा। सबसे अद्भुत बात तो यह है कि यह परिवर्तन तीन साल के अन्दर हुआ है, जो पौराणिक विश्वकर्मा के कार्यकलापों को सार्थक करता है।

# स्ट्राइक...

**मुकुल शर्मा**

कोहरे को चीरते हुए हमारी बस ने पावर हाउस से दाहिनी ओर मोड़ काटा। आज भी 'मैटल फोर्जिंग' फैक्टरी के बाहर 20-25 लोग ठंड में ठिठुरते खड़े थे। बस में से कुछ लड़कों ने अपनी मुट्ठियां बाहर निकालकर उनका अभिवादन किया। 'इन्कलाब जिन्दाबाद' की सनसनाती आवाज सुबह के कोहरे को चीरने लगी।

न्यू ओखला के बस स्टाप पर सारी सवारियां उतर गयीं। फैक्टरियों में काम शुरू होने में करीब आधा घंटा शेष था। बस स्टाप के ठीक सामने संतो का ढाबा था। ढाबे की दोनों भट्टियां सुलग रही थीं। हम लोग वहां हाथ तापने पहुंच गये।

"आज सुबह की कुछ खबर मालूम है?" संतो ने हम लोगों से पूछा।

"नहीं तो! क्यों क्या हुआ?"

"आज सुबह साढ़े चार बजे मैटल फोर्जिंग के मजदूरों को मारने के लिए मालिक ने गुण्डे भेजे। लेकिन लड़कों ने उनकी खूब पिटाई की। हल्ला सुनकर तेखण्ड गांव वाले भी आ गये थे। उन्होंने भी बहुत मारा। जीप में आये थे सब। भाग गये।"

"अच्छा हुआ।" हमारे मुंह से निकला।

"शर्माजी, आपको 162 नं० शेड के बारे में कुछ मालूम है?"

"नहीं। क्या बात है?"

"सुना है पंडितजी आज वहां जाने की तैयारी कर रहे हैं।"

"163 में नहीं आ रहे क्या?"

"नहीं!" सन्तो ने हंसते हुए कहा।

163 उस शेड का नम्बर था जिसमें मैं काम करता था।

धीरे-धीरे चलकर मैं अपनी फैक्टरी के गेट पर पहुंचा। काम शुरू होने में कुछ ही

क्षण शेष थे। छोटू ने कहा : "शर्माजी, क्या आपको मालूम है कि चोपड़ाजी की फैक्टरी में कल लेबर ऑफिसर आया था। सब लोगों से उनकी तनख्वाह के बारे में पूछा। और भी बहुत-सी बातें पूछीं। उस समय चोपड़ाजी फैक्टरी में नहीं थे। वहां तो सारी मशीनें मजदूर अपने हाथों से चलाते हैं। ठेकेदार मजदूर सप्लाई करते हैं। ढाई सौ रुपये पर साइन लेते हैं, और देते हैं सिर्फ पौने दो सौ। बाकी रुपये खा जाते हैं। इन लोगों के पास कोई रजिस्टर भी नहीं था। चोपड़ाजी को सारे रजिस्टरों समेत आफिस में भेजने का हुक्म दे गया है उनके फोरमैन थामस को। अब मजा आयेगा। देखना!"

मेरे मुंह से निकला : "तुझे बेकार की चखचख के अलावा और भी कुछ सूझता है?"

शेरू, जो पास ही खड़ा था, छोटू से बोला : "इनसे यह सब बातें क्यों कहता है? ये तो मैनेजमेंट के आदमी हैं।" फिर मेरी तरफ देखकर हल्के से मुस्कराया।

छोटू बोला : "नहीं, शर्माजी अपने आदमी हैं। क्यों शर्माजी, बात ठीक है न।"

उन्हें डटपते हुए अपना काम शुरू करने को कहकर मैं अपने केबिन में जाकर काम करने लगा।

थोड़ी देर बाद सड़क पर शोरगुल सुनायी दिया। हमारी फैक्टरी का शटर बन्द कर दिया गया। नौ बजे के करीब हमारी फैक्टरी के मैनेजर-कम-डायरेक्टर मि० तोमर आये। फैक्टरी के काम का मुआयना किया। फिर पूछा : "मुकुल! बाहर क्या हो रहा है?"

"पता नहीं साहब!" कहकर छुटकारा लिया।

तोमर साहब थोड़ी देर बाद गायब हो गये।

घण्टे भर बाद वह आसपास की फैक्टरियों के पांच-छः मालिकों को साथ लिये हुए अपने केबिन में आये और वहां से चोपड़ाजी की मदद के लिए लाइन-ऑफ-एक्शन तैयार करने लगे।

पता चला कि चोपड़ाजी की फैक्टरी के सारे वर्कर्स को बाहर खड़ा कर दिया गया है। एक-एक करके वर्कर्स को अन्दर बुला रहे हैं। उनसे पूछ रहे हैं कि लेबर ऑफिसर ने क्या-क्या पूछा और उन्होंने क्या-क्या जवाब दिया। अन्तिम पांच आदमियों से कहा गया : "काम नहीं है। कहीं और जाकर काम की तलाश करो।" पांच आदमियों को इसलिए हटाया गया क्योंकि उनके कम कर देने से चोपड़ाजी की फैक्टरी, फैक्टरी एक्ट में आने से बच जायेगी।

लेकिन यह क्या? चोपड़ाजी की फैक्टरी के अन्दर के कर्मचारियों ने भी

काम करना बन्द कर दिया ! तोमर साहब और उनकी मित्र-मंडली कर्मचारियों को काम करने के लिए मनाने लगी। ठेकेदार साहब भी उसी समय वहां आ गये। वे भी लगे अपने आदमियों को समझाने।

लगभग डेढ़ बजे मालूम हुआ कि फैक्टरी में काम पुनः चालू हो गया है। शेष पांच आदमियों को कहीं और काम देने का वादा किया जा चुका था।

शाम पांच बजे तक माहौल काफी गर्म रहा। मालिक लोग ऐसी स्थितियों से निबटने के लिए एक-दूसरे की मदद करने की शपथ खा रहे थे। मजदूरों द्वारा अपने ऊपर किये गये 'अत्याचारों' का एक-दूसरे से बढ़-चढ़कर बयान कर रहे थे। वे बता रहे थे कि किस मजदूर को कैसे उन्होंने अपने भाई की तरह रखा और खुद एक रोटी खाकर उसे चार रोटियां खाने को दीं, पर अन्त में वह या तो कुछ चुरा कर भाग गया, या उनके यहां उसने हड़ताल करा दी। अभी दो दिन पहले ओखला मोड़ पर बहल साहब की मोटर को कुछ गुण्डों ने रोक लिया। उनसे गाड़ी से बाहर आने के लिए कहा। बाहर आने पर उनसे अटेंशन कराया गया और 'मजदूर एकता जिन्दाबाद' का नारा बोलने पर मजबूर किया गया। मिस्टर मनोचा परसों जब स्कूटर से घर जा रहे थे, तो गोविन्दपुरी मोड़ पर दो आदमियों ने उन्हें डराया-धमकाया, पर उन्होंने उनका हाथ झटक दिया और उन्हें पीटकर भगा दिया। मिस्टर गम्या ने एक मजदूर को निकाला, तो रामू नामक गुण्डे ने जबर्दस्ती उसे काम पर लगवा दिया। मिस्टर सिंह को भी नोटिस मिल चुका है। और भी अनेकों 'अन्याय' उन पर होते हैं। इनका मुकाबला बिना एकजुट हुए कैसे कर सकते हैं ?

शाम पांच बजे के करीब मैं जब बस स्टैंड पर बस का इन्तजार कर रहा था, तो देखा पंडितजी—यानी, गजराज—लाल झण्डा लिए कई अन्य कर्मचारियों के साथ चोपड़ाजी की कण्टेनर फैक्टरी की ओर जा रहे थे।

अगले कुछ दिनों तक उनकी फैक्टरी में पूर्ण हड़ताल रही।

इस बीच नये रजिस्टर बन गये। नये कागजात तैयार हो गये।

लेकिन फैक्टरी की यूनियन के लीडर को बुरी तरह छुरों से घोंप दिया गया। वह तो किसी तरह जिन्दा बच गया, वर्ना उसे तो मरा हुआ छोड़ आये थे।

उन्हीं दिनों भल्ला साहब एक आदमी को तोमर साहब से मिलाने लाये। बताया : "यह मि० ओम प्रकाश हैं, राधेश्याम के फूफा। यूरोप से जर्नलिज्म का कोर्स करके आये हैं।" उन्होंने कहा : "मिस्टर तोमर ! आप इन्हें सिर्फ ओम प्रकाश के नाम से जानिए। इनका दिल्ली के चीफ एक्जीक्यूटिव महोदय के पास सुबह-शाम उठना-बैठना है। दिल्ली के सारे एम. पी. इन्हें जानते हैं। एक कैबिनेट

मिनिस्टर के पी. ए. के साथ मिलकर एक अखबार निकालने की योजना है। वैसे तो और भी धंधों से इनका ताल्लुक है, पर अभी अखबार के लिए विज्ञापन चाहिए।"

"देखिए, हम लोग कितनी बुरी हालत में फैक्टिरयां चला रहे हैं।" तोमर ने रोना रोया। "हमारे बारे में कोई सोचता भी नहीं।"

"आप लोग बताइए न ! मैं जरूर मामला उठाऊंगा।" ओमप्रकाशजी ने कहा।

बस, अब तो भल्ला साहब और तोमर साहब की बातों की झड़ी लग गयी। ओम प्रकाशजी ने लेख का शीर्षक भी बना लिया था—"एन. डी. एस. आई. डो. सी.—एन ओशन ऑफ प्रॉब्लम्स !"

तोमर साहब ने उन्हें विज्ञापन देने का आश्वासन दिया और अपनी समस्याएं सुलझाने का आश्वासन लिया।

दो दिन बाद तोमर साहब के केबिन में मि० प्रकाश, मि० भल्ला, मि० चोपड़ा और मि० मनोचा बैठे हुए थे। तभी लेबर ऑफिसर साहब वहां आये।

पता लगा उन्हें ट्रान्सफर का नोटिस मिला था। उसे रुकवाने के लिए आये थे।

ओम प्रकाशजी को उन्होंने एक हजार रुपये दिये; ओम प्रकाशजी ने उन्हें इन लोगों से दूर रहने की सलाह दी; मिलजुलकर काम करने का उपदेश दिया।

मोती महल से मुर्गे मंगवाकर लंच लिया गया। हड़ताल टूटनी थी, टूट गयी; पर दिल पर एक गहरी लकीर छोड़ गयी।

# बागी

**मुकुल शर्मा**

पिछले कुछ दिनों से जब मैं रीगल सिनेमा के पास से लोदी कॉलोनी अपनी क्लास जाने के लिए बस पकड़ता था, तो सामने एक बैनर पर लिखा देखता था : "हमने अंग्रेजी फौजों में रहकर बगावत की, हमें स्वतंत्रता सेनानियों का दर्जा दो !" उस बैनर के नीचे मटमैले सफेद कुर्ते और चूड़ीदार पाजामे पहने दस-बारह अधेड़ उम्र के सरदारों को बैठे देखता था।

लेकिन आज, यानी 19 अगस्त 1993 को, वे लोग तो बैठे हुए थे, पर बैनर गायब था। आज उन सरदारों के पास एक मुस्तैद पुलिस वाला, बगल में डायरी दबाये, कमर में रिवाल्वर खोंसे खड़ा था। मेरा मन उन लोगों से बात करने का तो हो रहा था, पर वह पुलिस वाला...? और, न जाने नागरिक पोशाक में कितने पुलिस वाले हों वहां !

तभी एक लड़का उनके लिए चाय और कई प्याले रख गया। उन सरदारों में से एक उठा और अपनी आधी झुकी कमर और डगमगाते कदमों के साथ एक प्याला चाय लेकर उस पुलिस वाले के पास गया और उसे चाय दी। पुलिस वाले ने कुछ झिझकते हुए, दायें-बायें देखते हुए, चाय ली; फिर पास ही एक दूकान पर आराम से बैठकर चाय पीने लगा।

थोड़ी देर में एक और आदमी, जो उन सरदारों से बातचीत कर रहा था, एक सरदार को लेकर सड़क पार करके पानी पीने इस तरफ आया। मौका बढ़िया था। मैं उस सरदार के पास जाकर बोला : "क्या आप वही लोग हैं जिन्होंने ब्रिटिश फौजों में रहकर बगावत की थी ?" सरदार ने हामी में सिर हिलाया।

मैंने कहा : "मैं आपसे दो-चार बातें करना चाहता हूं।" सरदार के साथ का आदमी बोला, "कहिए, क्या पूछना है ?" मैंने कहा, "आप पहले आराम से पानी तो पी लीजिए।" जब वे पानी पी चुके तो हम पास के बस स्टैंड पर बने चबूतरे पर बैठ गये। मैंने कहा : "कृपया बताइये कि आपने कब और कहां बगावत की थी ?"

उस आदमी ने बैग में से एक फाइल निकाली और बताना शुरू किया।

उसने बताया कि वह आदमी दिल्ली का रहने वाला था और बगावत करने वालों का हमदर्द था। सरदार का नाम बसन सिंह था और बगावत करने वालों का वह साथी था।

उन लोगों के अनुसार :

- पहली बगावत झांसी में 311 पंजाब रेजीमेंट में अक्तूबर 1939 में हुई थी। उसमें 36 आदमियों ने भाग लिया। बगावत कराने वाले कांग्रेसी और कम्युनिस्ट थे।
- दूसरी बगावत फरवरी 1940 में मिस्र में 32 MT रॉयल इंडियन आर्मी सर्विस कोर ने की। इसमें 76 लोगों ने भाग लिया।
- तीसरी में, सेन्ट्रल इंडिया फोर्स, यानी 21 नम्बर रिसाला के 111 फौजियों ने जहाज पर चढ़ने से मना किया।
- चौथी बगावत सिकन्दराबाद की 3/91 रॉयल फ्रंटियर फोर्स में हुई, जिसमें पांच फौजियों ने हिस्सा लिया। और,
- पांचवीं बगावत भी सिकंदराबाद की हांगकांग-सिंगापुर रॉयल आर्ट्रिलरी में हुई। इसमें 80 आदमियों ने भाग लिया। 68 को मुअत्तल किया गया और 12 को कालापानी की सजा हुई।

उपर्युक्त बाग़ियों में से 21 नम्बर रिसाला के चार आदमियों को फांसी हुई और बाकी सब को काला पानी। 1946 में वे सब रिहा हुए थे।

मेरे एकदम पास बैठे बसन सिंह भी कालापानी भुगत चुके थे।

जब मैंने उनसे कुछ और प्रश्न करने चाहे तो साथ का आदमी बोला, "देखिए, हमें देर हो रही है। अब और ज्यादा समय न लीजिए। आज ही हमने अपना धरना समाप्त किया है क्योंकि प्रधानमंत्री ने हमारे पास एक मंत्री को भेजकर अनुरोध किया है कि हम अपना धरना समाप्त कर दें और वह एक-दो दिन में हमारी मांगें मान लेंगे।"

अब तक एक और सरदारजी हमारे पास आकर खड़े हो गये थे। मैंने उनका परिचय पूछा तो पता चला वह कैप्टेन रंजीत सिंह हैं, आजाद हिन्द फौज के, जो अब पंजाब फ्रीडम फाइटर्स एसोसिएशन के प्रेसीडेंट हैं।

मैंने पूछा, "आप सब लोग बुनियादी रूप से कहां के हैं?"

उन्होंने कहा, "99 प्रतिशत पंजाब के।"

"तो आप यहां ठहरे कहां हैं?"

"पास के गुरुद्वारों में ठहरे हैं और वहीं रोटी खाते हैं।"

अब उनके साथ का आदमी चलने के लिए हड़बड़ा रहा था। मैंने कहा, "मेरा अंतिम प्रश्न। आज की भारत की आर्मी और तब की आर्मी में आप क्या फर्क देखते हैं?"

बसन सिंह और रंजीत सिंह ने कहा, "बहुत फर्क है। तब की आर्मी देश के लिए नहीं थी, ब्रिटिश सरकार के लिए थी। और अब आर्मी देश के लिए लड़ती है। तब बग़ावत करना देशभक्ति थी और अब बग़ावत करना गद्दारी है।"

# ननसाल

**शोभा जेटली**

अड़ोस-पड़ोस में जब बच्चों को कहते हुए सुनते हैं "अब गर्मी की छुट्टियां शुरू हो गयी हैं, हम अपनी नानी के घर जायेंगे," तो हमें भी अपनी ननसाल याद आ जाती है।

आंखों के सामने वहां का धूल भरा गलियारा, शिवाला, बरगद के पेड़ का चबूतरा और आम का बाग, सभी एक-एक करके घूम जाते हैं! इसको सोचने में ही कितना आनन्द आता है, बखान के बाहर है।

जब तक नानी थीं, तब तक तो कुछ बात ही और थी। हर साल गर्मियों में वहां जाने का अवसर प्राप्त होता था। पर नानी का देहान्त हो जाने के बाद, अम्मा ने भी प्राय: वहां जाना बन्द कर दिया।

एक बार जब अम्मा विजय भैया के लिए एक लड़की देखने लखनऊ गयीं, तो शालिगराम भैया (मौसी की जिठानी के लड़के) से बोलीं: "जबरौली जाने का बड़ा मन करता है। चाहते हैं कि एक बार जाकर जरा घर वगैरा देख आयें। पर बरसात का मौसम शुरू हो गया है। गाड़ी से जाना मुश्किल है। हमें लेने बैलगाड़ी कैसे आ पायेगी स्टेशन तक? किसी को पता भी नहीं है।"

शालिगराम भैया ने जब अम्मा की इतनी इच्छा देखी तो बोले: "मौसी, कोई बात नहीं। हम कल सुबह किसी की कार मांग लेंगे। कार से सुबह जबरौली चलेंगे और शाम तक वापस लौट आयेंगे। आप और शोभा दोनों तैयार रहियेगा।"

अपने कहे अनुसार दूसरे दिन सुबह 9 बजे के करीब वह कार लेकर आ गये।

हम, अम्मा और भैया तीनों जने ही जब गांव के करीब पहुंचे तो देखा कि खेतों में चारों तरफ पानी ही पानी नजर आ रहा है। हमारी कार ने जैसे ही

नहरिया का पुल पार किया तो भैया ने कहा : "मौसी अब कार आगे नहीं जा पायेगी। इसको यहीं रोक देते हैं, और पैदल ही घर तक चलते हैं !"

तभी कुछ बच्चों ने देखा कि कार रुकी है। कार को देखने की उनकी जिज्ञासा बढ़ी और वे लोग कुछ शोर करते हुए कार की तरफ दौड़े—यह देखने कि कौन आ रहा है ! पर उन बच्चों के लिए हम लोग अजनबी थे।

बच्चों को हमारी तरफ दौड़ते देखकर कुछ औरतें, जो शायद खेतों में धान लगा रही थीं, काम रोककर खड़ी हो गयीं। वे लोग आपस में कह रही थीं : "लागत है कैलासा दिदिया आय रही हैं।" अपना काम छोड़ वे खेत की मेड़ के पास आ खड़ी हुईं और दूर से अम्मा को देखती रहीं।

हम लोग आम के बाग से होते हुए शिवाले की तरफ से निकलकर जब घर के सामने पहुंचे तो देखा—मामी, लढ़िया (बैलगाड़ी—सं०) के पास खड़ी हम लोगों का इन्तजार कर रही हैं।

कुछ बच्चों को हम लोगों के आने का पता लग गया था। जरूर ही उन्होंने घर जाकर हम लोगों के आने की सूचना दे दी थी।

मामी अम्मा से गले मिलीं, रोयीं और फिर चुप।

घर पहुंचे तो मामी एक पीतल की परात में पानी लायीं। उस पानी में पहले अम्मा के, फिर हमारे पैर धोये गये—जो कि हमें अच्छा नहीं लगा। इसके बाद शुद्ध शक्कर का बड़े-बड़े ग्लासों में भर कर शरबत मिला।

तब तक देखा कि कुछ पड़ोस की औरतें अम्मा से मिलने आने लगी हैं। कुछ आतीं और कुछ जातीं।

हमने सोचा कि चलो हम भी बाहर निकलें और कुछ देखें। कुएं की तरफ देखा, तो कुछ सूना-सूना-सा लग रहा था। मुख्य घर का कुछ बाहरी हिस्सा भी ढह गया था।

सामने के घर में जाकर पता किया उन लड़कियों के बारे में जो कि हमारी बचपन की सहेलियां थीं। मालूम हुआ कि सबकी शादी हो गयी है और सभी अपनी-अपनी ससुराल में हैं—सिर्फ जुगलिया आजकल आयी हुई है !

हम उससे जाकर मिले। उसको साथ लेकर बरगद के पेड़ वाले चबूतरे पर पहुंचे, तो देखा कि चबूतरे की सारी ईंटें हिल रही हैं। पेड़ के नीचे दो-तीन काली—शालिगराम की—बटियां मात्र रखी हुई हैं।

यह चबूतरा पुराने वाले चबूतरे से देखने में कितना अलग लग रहा था ! इसी चबूतरे पर तो गांव की औरतें एक साथ 10-10, 15-15 की संख्या में आकर बरगदहायी की पूजा करती थीं।

तभी याद आया कि सामने जसवन्त के घर किसी की शादी थी तो रात को कितनी देर तक इस चबूतरे पर पतुरिया नाची थी ! अभी तक उसका गाना भी याद है :

"तुम तौ हमरी भौजी लागौ, हम लागी देवरवा;
तुम तौ हमरे चुटकी काटौ, हम काटी बकुटवा !"

अभी खड़े-खड़े यह सब सोच ही रहे थे कि जुगलिया के लड़के ने आकर कहा : "तुह का बुआ बोलावत हैं !" हम और जुगलिया दोनों ही वापस घर गये तो देखा मौसी ने तीन थालियों में सगपहता और चावल परोस कर रखा है।

थालियों को कंडे के टुकड़ों का सहारा देकर टेढ़ा करके रख दिया गया था। सगपहते में साबुत लाल मिर्च और लहसुन का छौंक लगा हुआ था। और, मामी ने घी—कुछ खातिरदारी अधिक करने की वजह से—ज्यादा ही डाल दिया था। हमने, अम्मा और भैया ने बैठकर भोजन किया। वास्तव में उस जैसा सगपहता फिर कभी खाने को नहीं मिला !

थोड़ी देर आराम किया और फिर तीन बजे के करीब वापस लखनऊ के लिए चल पड़े।

मामी ने रोकर अम्मा से आग्रह किया : "दिदिया ! कबहूं-कबहूं आ जावा करौ। अम्मा नहीं हैं तौ का भवा, हम लोग तो हैं !" यह शायद हमारी अंतिम बार ननसाल की यात्रा थी। उसके बाद फिर कभी जाने का मौका नहीं लगा।

# आगरे का वृद्धजन सम्मान समारोह

**राम स्वरूप शर्मा**

दिल्ली देश की राजधानी है तो क्या हुआ, आगरा भी किसी से कम नहीं। फिर पहले देश की राजधानी आगरा ही तो था! इसलिए वरिष्ठता सूची में वह आगे है। उस समय इसकी बराबरी करने वाला शायद ही कोई दूसरा शहर रहा हो। "ह्वै है ना नगर बढ़ि आगरा नगर से।"

तो यहां कोई न कोई विशेष बात होती रहे, तो आश्चर्य नहीं। यहां का 'वृद्धजन सम्मान समारोह' इन्हीं में से एक है।

इधर कई वर्षों से इसकी जानकारी होते हुए भी देखने का अवसर न आया था। चूंकि अब, सत्तर पार करने पर, और, कुछ अधिक शुभकामनाएं मिलने के कारण, यह लगभग मानना पड़ा—चाहे मरे मन से ही क्यों न हो—कि हमारी जगह बाड़ के दूसरी ओर है, अतः अपने एक सम-आयु मित्र को पटाकर 23-3-89 को सायं समारोह स्थल पहुंच गये।

यह यूनिवर्सिटी लायब्रेरी के सामने वाले मैदान में था और इस हेतु भव्य रूप से सजा था।

सम्मान योग्य व्यक्ति व्यवस्थित ढंग से पहले ही मंच पर आसीन थे। बिजली के तेज प्रकाश से मंच जगमगा रहा था। दर्शक भी चौड़े मंच के सामने खुले में बैठे थे। चूंकि यह होली-मिलन मेला, होलिका दहन के तीसरे दिन आयोजित था, इसलिए चहल-पहल में कोई कमी न थी। प्रांगण के छोटे मेहराबदार दरवाजों से होकर लोग आ-जा रहे थे। नौजवान अधिक। ऐसा लगता, मानो वृद्ध अन्दर जा-जाकर युवा होकर वापस लौट रहे हैं!

हम लोग जब अन्दर गये तो एक कार्यकर्त्ता हमारी ओर आते दिखायी दिये।

मित्र को जाने क्या सूझी, उन्होंने उन सज्जन को रोक कर कहा: "महानुभाव आप वृद्धजनों का सम्मान कर रहे हैं। देखिए, हम दो भद्र जन (वृद्धजन नहीं) आये हुए हैं। कृपया हमारा सम्मान कर दीजिये।"

कार्यकर्त्ता महोदय ने ऊपर से नीचे तक हम दोनों को देखा। फिर मुंह बिचका

कर बोले—"सम्मान ऐसे थोड़े ही होता है।" मित्र ने बात काट कर कहा—"जैसे होता हो, वैसे ही कर दीजिये; नारियल-दुशाला देना हो तो वह भी और यदि प्रीति-भोज आदि की व्यवस्था हो; तो उसमें भी हमें कोई आपत्ति नहीं।"

कार्यकर्त्ता बोले : "हम अस्सी वर्ष से कम आयु वालों का सम्मान नहीं करते।" मैंने कहा—"तो हम लोगों का नम्बर वर्षों बाद आयेगा ! यहां भी लाइन में लगना पड़ेगा ? इतना कौन इन्तजार करेगा ? आप अपनी भारतीय परम्परा का अनुसरण क्यों नहीं करते कि 'काल्ह करै सो आज कर, आज करै सो अब'।" मित्र बोले : "आखिर यह बताइये कि आपने इन वरिष्ठ नागरिकों को वृद्धजन नाम क्यों दिया ?" कार्यकर्त्ता बोले—"अजी नाम में क्या रखा है, कुछ भी रख लो।" मित्र ने कहा—"वृद्धजन की ध्वनि 'हरिजन' की तरह है। क्या भविष्य में वृद्धजनों के लिए कोई कोटा, आरक्षण, की भी योजना है ? यदि नाम में कुछ न रखा होता तो हमारे देश के राजे-महाराजे इतने लम्बे-चौड़े नाम क्यों रखते ? यह इन नामों की बदौलत ही है कि अंग्रेजों के जमाने में ये अपनी शान-शौकत और अस्तित्व इतने दिनों तक कायम रख सके।"

इसी बीच एक अन्य सज्जन भी बड़ा-सा बिल्ला लगाये वहां आ गये थे जो हमारी बातें मनोयोग से सुन रहे थे। बोले : "देखिये कोटा, आरक्षण का तो अभी कोई कार्यक्रम नहीं है। यह जो कुछ भी है अपने प्रयासों से और जनता के सहयोग से है। आप जानते हैं कि कोई सार्वजनिक कार्य बिना जनता की सहायता के चलाया नहीं जा सकता और इन कार्यों में धन का व्यय अवश्यम्भावी है जो जनता के सक्रिय योगदान के बिना नहीं चल सकता।"

वह और भी कुछ कहते और समझाते रहे। इसी बीच मैंने मित्र से धीरे से कहा—"देखो, गाड़ी अब मेन लाइन से हटकर लूप लाइन में जा रही है इसलिए अच्छा हो कि हम लोग यहां से खिसक लें और दर्शकों के मध्य अपना स्थान ग्रहण कर लें।"

इधर मंच पर चकाचौंध में बैठे वृद्धजन बोर हो रहे थे, उधर माइक पर विशिष्ठ व्यक्तियों से अपना-अपना स्थान ग्रहण करने का बार-बार अनुरोध किया जा रहा था। उत्तर प्रदेश के कृषि मन्त्री, नगर प्रमुख, जिलाधीश, वरिष्ठ पुलिस अधीक्षक, आयकर आयुक्त, आदि, अपने अन्य सामाजिक उत्तरदायित्वों का निर्वाह करने में संलग्न थे।

अन्ततः, सर्वप्रथम 109 वर्षीय पुनिया देवी को मुकुट पहना कर 'नगर माता' तथा 101 वर्षीय खूबीराम बघेल को 'नगर पिता' घोषित कर सम्मानित किया गया।

कुल 42 वृद्धजनों का सम्मान किया गया जो आयु वर्ग के हिसाब से इस प्रकार थे : 80 से 90 वर्ष—27; 90 से 100 वर्ष—11; 100 वर्ष से ऊपर —4।

यहां यह जानकारी भी देना तर्कसंगत होगा कि श्री खूबीराम बघेल 80 मीटर प्रतिस्पर्धा दौड़ में भाग लेने के लिए विदेश जाने को चुने गये हैं।

हमारे मित्रों में जब समारोह की बात चली, तो कुछेक का सुझाव था कि जब तक वृद्धजनों का घर में सम्मान नहीं, तब तक इस प्रकार के सार्वजनिक अभिनन्दन का क्या अर्थ ? बच्चों की हम सालगिरह मनाते हैं, युवा-दम्पति अपने विवाह की धूमधाम से एनीवर्सरी मनाते हैं। किन्तु वृद्धजनों के सम्मान के लिए कोई ऐसी परिपाटी नहीं जिससे हमारे युवक उनका सम्मान करना सीखें तथा समय आने पर यही सम्मान उन्हें भी प्राप्त हो सके। अतः इस प्रकार की प्रथा चालू होनी चाहिए।

इस सबका नतीजा यह हुआ कि स्थानीय 'अमर उजाला' में कई पत्र इस सन्दर्भ में निकले।

शायद घूम-फिर कर बात वहीं आ गयी जहां से शुरू हुई थी कि हम भद्रजन आ गये हैं, कृपया हमारा सम्मान कर दीजिए।

वास्तव में, वृद्धजन यह सब कुछ नहीं चाहते।

वे केवल यह चाहते हैं कि उनकी खोई जवानी उनको फिर से वापस कर दी जाय।

# जी हां, मैंने भी चुनाव कराये !

**अनुपम शर्मा**

देश के आम चुनाव में आप काफी रुचि लेते होंगे। यह पढ़ने में आनन्द लेते होंगे कि चुनाव कराने में कितना जबर्दस्त आयोजन होता है। इस बार के चुनाव में कितने दंगे हुए और कितनी शान्ति रही, इसका भी समाचार देखते होंगे। और फिर, जब चुनाव परिणाम घोषित हो रहे थे—तब तो आप बस दूरदर्शन से ही चिपक गये थे न !

लेकिन आपने कभी इलेक्शन ड्यूटी की है ? शायद नहीं। मैंने भी कभी नहीं की थी।

इसलिए जब 10 दिसम्बर '84 को पता चला कि इस बार बिहार के मुंगेर जिले में हमें 24 दिसम्बर को इलेक्शन कराना है पैट्रोलिंग मजिस्ट्रेट बनकर, तो कुछ खुशी, कुछ डर और चुनाव के बारे में काफी जिज्ञासा जागी (वैसे अभी वोट डालने की हमारी उम्र भी नहीं हुई थी) !

22 दिसम्बर को जिला कार्यालय पहुंचे। एक अनुभवी सज्जन हम लोगों को 'इलेक्शन सीन' का विवरण दे रहे थे। जमालपुर से आये हम 30 लड़कों ने पूछा : "हमें क्यों पकड़ा गया।" जवाब : "आप लोग 'क्लास वन अफसर' बनने वाले हैं। 'नेशनल' क्राइसिस में यदि आप सरकार का साथ नहीं देंगे तो कौन देगा ?" जैसे इस देश में चुनाव 'नेशनल क्राइसिस' हों !

खैर, हमें बताया गया : "आप लोग पैट्रोलिंग मजिस्ट्रेट हैं। आपके पास एक जीप होगी, चार सशस्त्र जवान और एक ए. एस. आई.। आपको दिये गये तीन बूथ जिले के अन्दरूनी गांवों में होंगे। इन बूथों में लॉ एण्ड आर्डर कायम रखना आपकी जिम्मेदारी है। चुनाव के बाद मत-पेटियां आपको उसी रात इस कार्यालय में लानी हैं। आप जानते हैं—ये मत-पेटियां डायनामाइट हैं। बूथ कैप्चर का अर्थ है इन पेटियों की चोरी। आपको 'फायरिंग आर्डर' देने की क्षमता रहेगी। जब गांव में दंगे हो जायेंगे, गांव के गांव जल रहे होंगे, उस समय आपको स्थिति पर काबू

पाना होगा।"

हमने कहा : "मर गये ! कहां फंसे ?"

मन किया—हाथ जूतों में और जूते सर पर रखकर यहां से भागो ! मगर क्या करें, इस देश के कर्णधार भी तो हैं !

23 दिसम्बर को सबेरे अपने ए. एस. आई. व सशस्त्र जवानों सहित जीप में मुंगेर से 120 कि. मी. दूर खड़सारी व अमसेरा गांव के लिए निकल पड़े। दोपहर को कच्ची सड़कों से होते हुए, किसी तरह गांव पहुंचे। तीनों बूथ्स पर प्रिसाइडिंग अफसर अपने दलों सहित पहुंच चुके थे।

वे तो चार-पांच चुनाव कराने के अनुभव से लैस थे ! इसलिए 20 साल के अपने मजिस्ट्रेट को देख अचम्भित रह गये !

जब मैं उनसे गांव की स्थिति का ब्यौरा ले रहा था तो एक गांव वाले को कहते सुना : "हमरे हाकिम एकदम नौजवान !"

बाद में एक गांव वाले ने पूछा : "हाकिम साब, चाय पियेंगे ?" तब पता चला यह 'हाकिम' मैं ही हूं।

अगले दिन चुनाव कराना था। इसलिए रात गांव में बितायी। एक गांव वाले ने बताया : "साहब, दूनों गांव में बहुत टेन्सन है। अच्छा किया आप इहां रह रहे हैं।" खैर, रात में अनौपचारिक सूत्रों से पता चला कि "एग्रीमेंट हो गया है। दंगे होने तो नहीं चाहिए।"

सोचा : पता नहीं क्या 'एग्रीमेंट' हुआ है ! पर, जब तक दंगे नहीं होते तब तक अपने राम खुश।...और अगर हुए तो ? तो...तो...तो देखा जायेगा। जब खुदा मेहरवान, तो गधा पहलवान !

रात के 'डिनर' में रोटी और खीर खायी। इस कम्बिनेशन को कभी ट्राई करिये। नहीं रोयें, तो मेरा भी नाम नहीं।

पुआल के ऊपर, अपने जवानों सहित एक बूथ में रात बितायी। धड़कते दिल से 24 दिसम्बर को गांव का सबेरा देखा। प्रिसाइडिंग अफसर ने कहा :

"साहब दिन निकलने के पहले खेत हो आइए।"

"कहां ? ओ...समझा !"

'खेत' से हो आये तो एक सज्जन बोले : "साहब, स्नान कर लीजिए।"

मैंने कहा : "(यार, इस कड़कती ठंड में ठंडा पानी ?) आज नहीं नहायेंगे।"

बस, गांव के लिए एक मजेदार बात हो गयी—"आज हमार हाकिम साहब नहीं नहाये।"

सबेरे आठ बजे से बूथ पर वोटिंग शुरू हुई।

पहली बार बूथ का दृश्य देखा। लेकिन गांव वालों से बात ऐसे करनी पड़ी जैसे बस जिन्दगी भर चुनाव ही तो करवाये हैं ! दिन भर जीप में अपने तीनों बूथ्स के चक्कर लगाये। बिहार में चुनाव कैसे होते हैं, यह 'इन्साइड आउट' पता चला।

हमारे सामने तो बूथ पर बाकायदा लाइन से वोट पड़ते, पर पीछे क्या होता था, वह इस हादसे से पता चला।

अपने राउण्ड में जब मैं खड़सारी बूथ नं. 1 से बूथ नं. 2 (दो कि. मी. दूर) में गया, तो कोई 15 मिनट बाद बूथ नं. 1 से वोटरों की एक टोली मेरे पास आयी :

"साहब, आप ही यहां के सबसे बड़े अफसर हैं। आप ही न्याय कीजिए ! हम लोगों को ये लोग वोट नहीं डालने दे रहे, क्योंकि हम हरिजन हैं। हम लोग कम्युनिस्ट पार्टी को वोट देंगे। लेकिन इन लोगों ने अगरीमेंट कर लिया है कि सिरिफ कांग्रेस और जनता को गांव में वोट देंगे। कुछ कीजिए।"

अब समझ में आया—इनका पिछली रात वाला 'एग्रीमेंट' !

किसी के कहने पर फौरन अपना प्रोग्राम बदलना एक अच्छी नीति नहीं है। इसलिए मैंने कहा : "आप लोग चलिए। मैं आता हूं।" कार्यक्रमानुसार 45 मिनट बाद फिर उस बूथ पर पहुंचा। तब तक उन हरिजनों को डरा-धमका कर भगा दिया जा चुका था।

जातीयता की समस्या आज पहली बार अपनी आंखों देखी। पता नहीं उन हरिजनों का—मेरे समय पर एक्शन न ले पाने से—हमारी गवर्नमेंट मशीनरी व डेमोक्रैसी पर से कितना विश्वास उठा होगा !

यह भी पता चला कि लोग दूसरों के नाम पर वोट डाल जाते हैं।

स्त्रियों के वोट बाकायदा पड़ते हैं, लेकिन दिन भर में मैंने एक भी स्त्री को बूथ पर नहीं देखा।

करते तो यह सब पीठ पीछे ही थे, लेकिन आभास तो हो ही जाता था। लोकतंत्र का यह दृश्य आदर्शवादी मन के लिए काफी 'फ्रस्टेटिंग' था।

लेकिन, फिर भी। यह भी कहना पड़ेगा कि मैंने गांव के 100 वर्ष की उम्र

के एक वृद्ध सज्जन को वोट डालते देखा । गांद के आम आदमी को यह गर्व था कि वह लोकतंत्र में है। उसका खुलकर कहना कि "जनता पार्टी बेकार है, एक बार मौका दिया तो था," उसका बंगला देश के मिलिटरो शासन पर हंसना, चुनाव के दिन को गांव का एक त्यौहार बतलाना और आम चुनाव से लेकर पंचायत चुनाव तक पर उसकी आलोचना से यह जरूर लगा कि गांव का अनपढ़ आदमी भी चुनाव के जरिये अपना अस्तित्व ढूंढ़ रहा है। शायद यही लोकतंत्र की तरफ हमारा पहला कदम है, यही लोकतंत्र की जड़ है।

शाम चार बजे चुनाव समाप्त हुआ। गांव के कुछ वृद्ध लोगों ने आकर मुझे बिना दंगे चुनाव पूर्ण कराने के लिए धन्यवाद दिया।

मैंने मन-ही-मन कहा कि धन्यवाद के पात्र तो आप लोग हैं, क्योंकि आपने दंगे नहीं किये—सो, नहीं हुए।

रात के अंधेरे व सन्नाटे में कच्चे-पक्के रास्तों से होते हुए, राइफल्स से संरक्षित रात ग्यारह बजे मुंगेर जिला कार्यालय पहुंचे—मत-पेटियां लेकर।

चैन की सांस लेते होस्टल पहुंचे। समाचार सुना : "24 दिसम्बर के चुनाव निष्पक्ष रूप से 'शान्तिपूर्ण ढंग से' पूर्ण हुए। इस बार का 'वोटर्स टर्नआउट' सबसे बेहतर रहा।"

# क्रिकेट : बोडेला गांव की

विजय मोहन शर्मा

यों तो आजकल हर जगह क्रिकेट की चर्चा है, पर दिल्ली के विकासपुरी स्थित बोडेला गांव तक इस इन्फेक्शन का पहुंच जाना 'गिनेस' बुक ऑफ रिकार्ड्स में चर्चा किये जाने योग्य है।

वैसे, गली-मुहल्लों में क्रिकेट खेले जाने की बड़ी पुरानी परम्परा है। इसमें बड़े-बड़े भी कभी-कभी मूंछें मुड़ा कर बच्चों में शामिल हो जाते हैं। खेलने के लिए विकेट, बॉल, बैट, पिच आदि की समुचित व्यवस्था न होने के कारण 'इम्प्रो-वाइजेशन' पर अधिक जोर रहता है।

विकेट के लिए दीवार पर लकीरें काढ़ने से लेकर ईंटों या पत्थरों या दो डण्डों तक का प्रयोग किया जाता है। विकेटें दीवार पर होने से विकेट-कीपर की कोई जरूरत नहीं होती, लेकिन ईंटों के विकटों के पीछे खड़ा होना खतरनाक हो सकता है।

बॉल कपड़े की, रबड़ की, कभी किरमिच की, कभी कार्क की, कभी लकड़ी की और कभी-कभी क्रिकेट की भी होती है। जहां रबड़ या किरमिच की बॉल पर तेज गेंद फेंकना मुश्किल होता है, वहीं उसे ज्यादा न उछलने देना, ताकि विकेट के ऊपर से न निकल जाये, और भी मुश्किल होता है। फिर भी कुछ लोगों को इतनी महारत हासिल हो जाती है कि स्पीड के कारण बॉल हवा में जाते समय 'एलिप्टिकल' हो जाती है और टिप्पा पड़ कर बहुत कम, मुश्किल से छः इंच, ऊपर उठती है। रबड़ या किरमिच की गेंद से खेलते समय बल्लेबाज को भी खासी परेशानी उठानी पड़ती है। गेंद धीमी रफ्तार से आती है, इसलिए टाईमिंग सही नहीं रहता और अक्सर बल्ला जल्दी घूम जाता है—बॉल देर से आती है। कार्क की बॉल शुरू-शुरू में ठीक रहती है। कुछ ही दिन खेलने के बाद उसकी शकल पर चेचक के से गड्ढे हो जाते हैं। और फिर, पिच ठीक होने पर भी कभी-कभी गेंद ऐसे घूम जाती है कि बल्लेबाज के साथ-साथ गेंदबाज तक घूम जाता है

बल्ले की जगह कपड़े धोने की मोंगरी, या लकड़ी का फट्टा, या पेड़ की मोटी टहनी प्रयोग में लायी जाती है ।

वेस्ट इंडीज में इतने तेज गेंदबाज और धाकड़ बल्लेबाज पैदा होते हैं, इसका एक कारण यह भी है कि वहां गलियों में बच्चे लकड़ी की बॉल और नारियल के पेड़ की टहनियों से प्रैक्टिस करते हैं । बैटिंग करते समय एक डंडे के ही विकेट पर निशाना साधना मुश्किल होता है, लेकिन इसके बाद कायदे से खेलते समय बॉल हमेशा बल्ले के बीच में आती है ।

यह तो हुई प्रैक्टिस की बात । जहां तक टीम के कप्तान की बात है, सो कभी-कभी कप्तान की बेवकूफी से मैच तो हारते ही हैं, पिदाई भी होती है ।

उन दिनों हम अपने मंत्रालय की टीम में खेलते थे । इण्टर-मिनिस्ट्री टूर्नामेण्ट में हम लोगों का दूसरा ही मैच एअर हेड-क्वार्टर्स से पड़ गया ।

एअर हेड-क्वार्टर्स की टीम बहुत तगड़ी थी और उसमें दो खिलाड़ी ऐसे थे, जो सर्विसेज की टीम से रंजी ट्राफी टूर्नामेंट में खेलते थे : एक अवस्थीजी, जो तेज गेंदबाज थे और दूसरे भुजंगजी, जो शक्ल-सूरत में तो भुजंग लगते ही थे, बल्ले-बाजी में भी कहर ढाते थे । ये मैच 50 ओवरों के हुआ करते थे । आम तौर पर टॉस जीत कर दूसरी टीम को खिलाया जाता था ।

टॉस वे लोग जीते और हम लोगों को पहले खेलना पड़ा । हमने सोचा, अच्छा ही हुआ, पिदाई कम होगी । अवस्थीजी किसी को खेलने नहीं देंगे और भुजंगजी किसी के काबू में नहीं आयेंगे । इन मैचों में भाग लेने के लिए दफ्तर से स्पेशल छुट्टी और लंच का इन्तजाम होता था । मैच जल्दी निपट जाये, तो पिक्चर हॉल में बैठकर गम भी गलत किया जा सकता था !

बहरहाल, मैच शुरू हुआ । सोचा गया कि इस टीम के विरुद्ध 100 रन भी बन जायें तो बहुत हैं, मिनिस्ट्री की नाक रह जायेगी । एक-एक करके हम लोगों के विकेट गिरते गये । कोई बॉलर कितने ओवर फेंक सकता था, इस पर कोई प्रतिबंध नहीं था । इसलिए एक सिरे से अवस्थीजी लग गये । 105 रन पर नौ खिलाड़ी आउट हो गये । क्रीज पर उस समय हम और एक आखिरी नम्बर का खिलाड़ी बचा हुआ था । इस समय तक ओवर कुल 25 ही हो पाये थे ।

हम दोनों खिलाड़ियों ने तय किया कि थोड़ी देर तक यह कोशिश की जाये कि हम विकेट पर जमे रहें, चाहे रन न बनें । सो, हम लोग टिक गये । रन अपने आप बनते रहे । मैच रोशन-आरा ग्राउण्ड्स पर हो रहा था, जहां की आउट-फील्ड

बहुत तेज थी। बॉल जमीन पर बड़ी तेजी से निकलती थी। धीरे-धीरे करके हम लोगों ने लगभग सारे ओवर खेल डाले। जब थोड़े से ओवर बचे, तो कुछ गिल्ली-डंडा स्टाइल में टुल्लेबाजी भी कर डाली। इस तरह बाकी के 25 ओवरों में आखिरी जोड़ी ने 140 रन बना लिये। टीम की कुल रन संख्या हो गयी 245।

'दुश्मनों' के कैम्प में खलबली मच गयी। बोले : "इन खिलाड़ियों को पहले कभी नहीं देखा। किराये पर कहीं बाहर से लाये गये हैं क्या ?"

हमारी टीम के कप्तान एक गुप्ते नाम के सज्जन थे, जो अपने आपको सुभाष गुप्ते का रिश्तेदार बताते थे। वह अपनी जवानी में चाहे जो भी कुछ रहे हों, इन दिनों उनकी लेग-स्पिन में लाइन और लेंथ अक्सर गड़बड़ा जाती थी। बहरहाल, हम लोगों की फील्डिग की बारी आयी।

दो-चार ओवर दूसरों से फेंकवा कर एक सिरे से गुप्ते साहब स्वयं लग गये। एक खिलाड़ी के आउट होने पर बैटिंग के लिए भुजंग साहब क्रीज पर आ चुके थे। उन्होंने आते ही जो धुनाई करनी शुरू की—खास तौर पर गुप्ते साहब के दो ओवरों में—तो उन्होंने 20-20 रन लिये।

गेंद बल्ले से लगने के बाद इतनी तेजी से निकलती थी, जैसे बन्दूक से निकली गोली। बॉल न रोक पाने के कारण गुप्ते साहब हम लोगों पर नाराज होते थे। धीरे-धीरे करके ऐसी स्थिति आयी कि अपनी झेंप मिटाने के लिए एक फील्डर से लड़ पड़े। एयर हेड-क्वार्टर्स की टीम ने दो विकटों पर 246 रन सिर्फ 35 ओवरों में बनाकर हम लोगों की छुट्टी कर दी।

मोहल्ले के क्रिकेट मैचों में जनता किस हद तक उत्तेजित हो जाती है इसकी कल्पना करना, बिना कोई ऐसा मैच देखे, मुश्किल है! देखने वाली जेन्ट्री में घर-वालियों और बुजुर्गों से लेकर बच्चों तक में होड़ रहती है।

ऑक्सफोर्ड स्कूल के सौजन्य-से एक छोटे से मैदान में फ्लड लाइट लगा कर सीमित ओवरों वाले क्रिकेट मैचों का आयोजन किया गया। इसमें जनकपुरी, विकासपुरी, हरिनगर, तथा अन्य टीमों के साथ-साथ बोडेला गांव की टीम भी थी।

बोडेला गांव की टीम में चार भाई एक ही घराने से थे। सही मानों में वे ही लोग टीम की जान थे। वे ही उनके खास बॉलर थे, और वे ही खास बल्लेबाज। बोडेला की टीम शुरू के दो मैच जीत चुकी थी। इस बार एक तगड़ी टीम—ब्राइट क्लब—से टक्कर थी।

टॉस जीत कर पहले ब्राइट क्लब को खिलाया गया। पिच के अलावा बाकी ग्राउण्ड भी थोड़ी ऊबड़-खाबड़ थी, जो फ्लड लाइट के कारण कहीं-कहीं अंधेरा करके और भी मुश्किल पैदा कर रही थी। दो-एक खिड़ाड़ी बॉल पकड़ने को जो

जोर से लपके, तो बेचारे मुंह के बल गिरे। जनता ने तालियां बजायीं—यह समझ कर कि खिलाड़ी ने डाइव मारा है ! ब्राइट क्लब कुल 125 रन बना कर आउट हो गयी। इतने रन बनाना बोडेला वालों के लिए बांयें हाथ का खेल था।

लेकिन ब्राइट क्लब वालों के इरादे कुछ और ही थे ! इनिंग शुरू होते ही विकेट गिरने लगे। बोडेला की टीम खेल रही थी, इसलिए 'गैलरियां' खचाखच भरी थीं।

जनता ने तीन खिलाड़ियों का आउट होना तो बर्दाश्त कर लिया, लेकिन 15 रन पर चौथे खिलाड़ी के आउट होते ही उसके सब्र का बांध टूट गया। खिलाड़ी और दर्शक सभी मैदान में कूद पड़े और अम्पायर तथा दूसरी टीम के खिलाड़ियों की पिटाई में पिल पड़े।

थोड़ी ही देर में पुलिस आ गयी। दुर्भाग्य, बोडेला की टीम को टूर्नामेण्ट से बाहर कर दिया गया।

# केदारनाथ अग्रवाल विकासपुरी में : कुछ झलकियां

**रामशरण शर्मा (मुंशी)**

## 1

इस बार केदारनाथ भैया काफी दिनों गाजियाबाद और दिल्ली में रहे। गाजियाबाद में वह अपनी सुपुत्री किरणजी के यहां ठहरते हैं। गाजियाबाद के अलावा अपना शेष समय उन्होंने दिल्ली में राम विलास भैया के साथ विकासपुरी में बिताया। बांदा से वह 22 फरवरी 87 को चले थे और 17 अप्रैल 87 को बांदा लौट गये। अपना 76वां जन्म दिवस—जो 1 अप्रैल 87 को था—उन्होंने विकासपुरी में ही मनाया।

यदा-कदा हरिनगर घंटाघर, यानी 'सचेतक' कार्यालय, को भी उनका स्वागत करने का सौभाग्य प्राप्त हुआ। प्रस्तुत हैं उन्हीं दिनों की कुछ झलकियां।

एक दिन की बात है। प्रातः 10 बजे हरिनगर घंटाघर से कोई बस मिल गयी और मैं विकासपुरी चल दिया। गर्मियों के दिन। दस-सवा-दस बजे भी धूप खूब तेज हो जाती है। मैं विकासपुरी के सी-ब्लाक वाले बस-स्टैंड पर उतरा और मकान सी-358 की तरफ चल पड़ा।

वह हरा मकान दूर से ही पहचान में आ जाता है। मैं सोच रहा था कि केदार भैया कमरे में पंखा चलाये, तखत पर लेटे, आराम से कुछ पढ़ रहे होंगे। राम विलास भैया या तो अपने छोटे से अध्ययन कक्ष में, या केदार भैया वाले ही कमरे में, उनके तखत के सामने के सोफे पर बैठे, कुछ लिख रहे होंगे।

लेकिन मोड़ पार करते ही, मकान की तरफ नजर उठी तो देखा कि केदार भैया लोहे के फाटक के बाहर, लगभग सड़क के किनारे, अकेले खड़े हैं। शरीर पर पैजामा और बुश्शर्ट। सिर के सफेद अस्त-व्यस्त बाल—उड़े-उड़े से। उनकी दृष्टि

दाहिने, दूर, सड़क के छोर की तरफ थी ; कुछ खोजती हुई सी। इस रूप में मैंने उन्हें वहां बाहर खड़े पहले कभी नहीं देखा था।

क्या बात है ? क्या परेशानी है ?---कुछ समझ में नहीं आ रहा था।

तभी बायीं ओर से किसी बस की घरघराहट सुनायी दी और उनकी गर्दन बायें मुड़ी। मैंने हाथ उठाकर उनका अभिवादन किया। उन्होंने भी हाथ उठाया।

नजदीक पहुंचकर मैंने पूछा—"यहां अकेले इस तरह क्यों खड़े हैं ?"

"डॉक्टर मेरी चिट्ठी डालने गये हैं, उन्हीं की राह देख रहा हूं।"—बच्चों जैसे भोलेपन से वह बोले। "सोचा, लौट आयें तभी अन्दर चलूं।"

मैं उन्हें अन्दर ले गया और तखत पर बैठाया। कुर्सी पास खींचकर उनसे बातें करने लगा।

अनायास मेरे पीछे की ओर उनकी नजर उठी। प्रसन्नता से वह मुस्कराये।

मैंने मुड़कर देखा। राम विलास भैया पीछे, दरवाजे पर, खड़े थे और बातचीत की मेरी भाव-भंगिमाओं की नकल बना रहे थे।...

केदार भैया के साथ उनके नौकर ने जो सुपाड़ी कतर कर रखी थी, वह खत्म हो गयी थी। अब वह पान पराग से काम चलाते थे। एक बार मैं विकासपुरी गया, तो देखा वह भी खत्म है। धन्नो (मेरी पत्नी) भी साथ थीं।

दूसरी बार जब मैं अकेले विकासपुरी जा रहा था, तो धन्नो ने कहा—"केदार भैया की सुपाड़ी खत्म हो गयी है। मिले, तो लेते जाना।"

चलते-चलते एक दुकान से मैंने पान पराग का डिब्बा ले लिया।

विकासपुरी पहुंचकर मैंने वह डिब्बा उन्हें दिया, तो बहुत खुश ! झट पर्स निकालकर रुपये गिनते हुए पूछा : "कितने का मिला ?"

"कितने का भी मिला हो, आपसे मतलब ?" मैंने कहा।

"मतलब कैसे नहीं"—बोले—"मुझसे बड़े हो क्या ?"

"नहीं तो।" मैंने कहा।

"बड़े होते तो यों ही ले लेता। छोटे हो इसलिए पैसे लेने पड़ेंगे !"

पहले जब वह अपनी पुत्री किरणजी के साथ हरिनगर घंटाघर आये थे, तो मिठाई का एक डिब्बा साथ था। मैं समझा, इसे किरणजी के बच्चों के लिए लाये होंगे। वे सब लोग जाकर जब मोटर पर बैठने चले और डिब्बा हमारी टेबिल पर ही रह गया, तो मैं उसे लेकर दौड़ा।

"यहीं के लिए है यह"—किरणजी ने कहा।

मोटर स्टार्ट हो चुकी।

सच कहूं, मैं इस बात की बड़ी टोह में रहा कि यदि इन दोनों महारथियों में महाभारत छिड़े तो मुझे अपनी पत्रकारिता कला को चमकाने का मौका मिले। पीछे लगा इन दोनों के साथ एक-दो बार शाम को टहलने भी गया। लेकिन निराशा ही हाथ लगी। मेरी पत्रकारिता कला, जमीन की धूल चाटती रह गयी।

लेकिन यह कुछ ऐसा बुरा भी नहीं था। अपनी ही जमीन की धूल थी न यह—यथार्थ जगत की ! एक मिसाल लीजिए—

ट्रेक पर चलते-चलते अचानक राम विलास भैया के पैर ठिठके। कवि केदार की तरफ मुड़कर बोले—" 'फूल कटोरों' लिखा है न तुमने !"

"अहाहा ! क्या कल्पना है !' मैंने मन-ही-मन कहा। पुष्प जैसे कटोरे। और मेरे मनोमस्तिष्क में कनेर के पेड़ों पर लगे फूल, कटोरों का रूप धारण करने लगे। कनेर के पेड़ों पर फूलों की जगह कटोरे-ही-कटोरे। वाह !...

तभी केदार भैया बोले—"हां, पहले ज्यादातर घरों में फूल के बर्तन होते थे न !"

"फूल के कटोरे में ही मुझे भी बचपन में दूध पीने को मिलता था।" राम विलास भैया बोले।

कनेर के पेड़ों पर से मेरे सब कटोरे झनझना कर गिर गये !...

घर लौटकर कविता ढूंढ़ी। 'फूल कटोरों' वाली पंक्तियां निम्नलिखित हैं :

बरसी रवि की गागर
जैसे ब्रज की बीच गली में
बरसी गोरस गगरी।
फूल-कटोरों सी मुसकाती
रूप भरी है नगरी !!
धूप धरा पर निखरी !!

केदार भैया राम विलास भैया से एक साल बड़े हैं। इसी बात को आप उल्टे ढंग से भी कह सकते हैं, यानी—राम विलास भैया केदार भैया से साल भर छोटे हैं। मुझे इस दूसरे ढंग में ही अनुसंधानात्मकता की गंजाइश ज्यादा दिखायी दी। मैंने फिर टोह लेना शुरू की...।

एक दिन विजय जब हरिनगर घंटाघर आये, तो पूर्ण स्पष्टवादिता और पारस्परिक विश्वासपात्रता के अंदाज में मैंने पूछा—"कैसी निभती है दोनों में ?"

"अरे, बड़ा ध्यान रखते हैं केदार चाचा का। अपनी मसहरी उन्हें दे रखी है।"—विजय बोले। "उनको पंखे की हवा ठीक लग रही है या नहीं, रोशनी की कमी तो नहीं, किसी और चीज की जरूरत तो नहीं, पूछते रहते हैं।"

मुझे आगे अनुसंधान की ज्यादा गुंजाइश नहीं दिखायी दी।

शाम को चीनू की अध्यक्षता में चल रही गोष्ठी में राम विलास भैया ने लगभग सात बजे अनायास ब्रेक लगा दिया। बोले—"अब चल देना चाहिए, वर्ना अंधेरा और ज्यादा बढ़ जायेगा।"

यह गोष्ठी हरिनगर घंटाघर में हो रही थी।

चबूतरे पर आगे राम विलास भैया थे, केदार भैया का हाथ थामे हुए। केदार भैया के पास अपना बेंत था। तो भी, राम विलास भैया उन्हें बता रहे थे—यहां जरा नीचा है, संभालकर पैर रखना।

चबूतरे से नीचे उतरने से पहले धन्नो ने केदार भैया से पूछा—"अब आप दुबारा यहां कब आयेंगे?"

बीच में ही राम विलास भैया बोले—"अब तुम लोग विकासपुरी आना। इतनी दूर बार-बार आना-जाना इनके लिए आसान नहीं।"

हरिनगर घंटाघर के चौराहे पर हम सब लोग बस की प्रतीक्षा में खड़े थे। सोचा था, RL 11 या 726 नम्बर बस आयेगी, तो विकासपुरी वालों को उस पर बैठा देंगे। सात बजकर पांच मिनट हुए, फिर दस मिनट, फिर पन्द्रह मिनट...। मुझे बड़ा अखर रहा था कि केदार भैया और राम विलास भैया को इस तरह बस की प्रतीक्षा में खड़े रहना पड़ रहा है।

हर मिनट बीतने के साथ राम विलास भैया की परेशानी बढ़ती जा रही थी। बोले—"सुबह भी इनको बस में चढ़ने में दिक्कत हुई थी। अब तो रात हो गयी है।"

दुर्भाग्य से कोई खाली टैक्सी भी उधर से नहीं गुजरी थी। मुकुल थ्री-व्हीलर की तलाश में जाकर खाली हाथ लौट आये थे। केदार भैया जोर दे रहे थे कि रिक्शे पर बैठकर ही चल दिया जाय।

"बड़ी देर हो गयी है"—राम विलास भैया ने फिर कहा। "इनको तकलीफ.."

तभी एक थ्री-व्हीलर उधर से निकला और विजय ने दौड़कर उसे पकड़ा। विजय, केदार भैया और राम विलास भैया बैठ गये। मेरी जान में जान आयी।

सन्तोष और चीनू अब भी बस के इन्तजार में खड़े थे। मैं घर आया।

शायद दो मिनट बीते होंगे कि मुकुल और सोना भी पीछे-पीछे घर आ गये।

"क्या हुआ? कैसे गये सन्तोष और चीनू?"—मैंने पूछा!

"बस आ गयी। खाली थी। उसी से दोनों गये।"—जवाब मिला।

लेकिन मुझे तसल्ली थी कि विजय थ्री-व्हीलर से उन दोनों को ले गये। केदार भैया के विकासपुरी तक सफर को लेकर राम विलास भैया को जो चिन्ता हो रही थी, उसे देख पाना और सह पाना हम सभी के लिए कठिन हो गया था।... मैंने लगभग आठ बजे विकासपुरी विजय के यहां फोन किया।

"हां, सब लोग ठीक-ठाक आ गये।"—जवाब मिला।

केदार भैया की कविताओं से मुझे शुरू से ही लगाव रहा है, 'युग की गंगा' के समय से ही। यह बात केदार भैया भी जानते हैं। वह बीच-बीच जब भी दिल्ली आते थे, मैं उनकी ताजा कविताओं के बारे में जरूर पूछता था। कभी-कभी उनकी डायरी से कविताएं उतार लेता था और 'हिन्दी टाइम्स' में या 'जनयुग' और फिर 'मुक्ति संघर्ष' में उन्हें छपने को दे देता था। केदार भैया ने कभी आपत्ति नहीं की।

इस बार भी मैंने उनकी डायरी की फरमाइश की। उन्होंने मुझे देखने को दे दी। विकासपुरी में एक शाम मैंने उसमें से कुछ कविताओं का पाठ भी किया और उनके नशे में झूमता घर लौटा।...

बाद में उनमें से कुछ कविताएं नोट करने की उनसे अनुमति मांगी। अनुमति मिल गयी।

सो, एक दिन समय निकालकर मैं विकासपुरी जा धमका।

डायरी मुझे मिल गयी। और मैं उन्हें नोट करने के लिए मेज पर जा बैठने को उठ खड़ा हुआ।

"मुझे कुछ कागज चाहिए—" राम विलास भैया से मैंने कहा।

"कैसे ? एक तरफ लिखे हुए या एकदम साफ ?"—भैया ने पूछा।

"साफ मिल जायें तो कहना ही क्या !"—मेरा जवाब था।

सो, तख्ती में लगे लाइनदार कागज उन्होंने लाकर मुझे दे दिये।

मैं लिखने की तैयारी कर ही रहा था कि भैया बोले—"लाओ, मैं बोल दूं। तुम लिखो।"

अब मैंने अपने झोले से रद्दी कागज का एक टुकड़ा निकालकर उसकी चिन्दियां बना कर, अपनी पसन्द की कविताओं के पन्नों पर चिह्न लगाने शुरू किये। अचानक भैया उठे और अपने कमरे में चले गये। लौटकर आये तो सफेद कागज के, समान आकार के, टुकड़े उनके हाथ में थे। मैं उन्हें देखकर मुस्कराये बिना न रह सका। मुझे अपनी चिन्दियां निकालकर फेंकनी पड़ीं। आखिर कवि केदार की कविताओं की डायरी थी वह !

अब, भैया कविताएं बोल रहे थे और मैं लिख रहा था। केदार भैया सामने के तखत पर बैठे इस दृश्य का आनन्द ले रहे थे। बीच-बीच में टिप्पणियां भी होती जाती थीं।

'मां' कविता को बोलने की बारी आयी, तो पहली दो-तीन पंक्तियां पढ़ते ही भैया का गला भर आया। ..मैं उनकी मनोदशा समझ गया।

कविता धीरे-धीरे आगे बढ़ी और पूरी हुई। अपने ढंग की अनूठी यह कविता, मुझे बहुत अच्छी लगती है। एक दिन पहले भी मैं इसका सस्वर पाठ कर चुका था।

कविता पूरी नोट करने के बाद, यकायक मेरे मुंह से निकला—"और कविताएं तो 'मुक्ति संघर्ष' के लिए हो जायेंगी, लेकिन इसे कहां दूंगा सोच नहीं पा रहा हूं।"

" 'सचेतक' में"—छूटते ही राम विलास भैया ने कहा।

मैं उन्हें देखता रह गया। वाह रे 'सचेतक' !

## 2

इसे हम लोगों का सौभाग्य ही कहिए कि अपने छियत्तरवें जन्म-दिवस पर केदार भैया दिल्ली में ही थे—विकासपुरी में। स्वभावतः विकासपुरी वालों का कार्य-क्रम जान लेना जरूरी था। अतः मैंने एक दिन पहले शाम को, यानी 31 मार्च की शाम को, विजय को फोन किया। अगले दिन बुधवार था; विजय को अपने दफ्तर जाना था।

"फिर क्या प्रोग्राम रहेगा ?"—मैंने पूछा।

"मैं दफ्तर से जल्दी आ जाऊंगा। चाचा और केदार चाचा तो घर में ही रहेंगे। आपका क्या प्रोग्राम है ?"—विजय ने मुझसे पूछा।

"भैया तो चाहते थे कि मैं सुबह ही वहां आ जाऊं, पर मुझे भी दफ्तर में कल कुछ जरूरी काम है। इसलिए, मैं भी दोपहर बाद आ पाऊंगा।"

अगले दिन, यानी 1 अप्रैल 1987, बुधवार, को सुबह विकासपुरी न पहुंच पाना मुझे अखर तो बहुत रहा था, लेकिन कोई दूसरा चारा भी न था।

फिर, केदार भैया के छियत्तरवें जन्म-दिवस पर खाली हाथ जाना भी अच्छा नहीं लग रहा था।

खैर, मन-ही-मन फैसला किया कि चलो, दोपहर बाद ही सही।

सो, 1 अप्रैल 87 को अपने राम कन्धे पर थैला लटकाये दोपहर को जब सी-358 विकासपुरी में पहुंचे तो देखा कि बड़े कमरे में केदार भैया अपने तखत पर और राम विलास भैया तखत के सामने वाले सोफे पर जमे हैं और श्रीमती

सन्तोष शर्मा की बनायी गर्म-गर्म कचौड़ियां दोनों की थालियों में पहुंच रही हैं। गर्म-गर्म, स्वादिष्ट, खस्ता कचौड़ियां—जो बिना दांतों को कष्ट दिये भी उदरस्थ की जा सकें। कचौड़ियों की महक का क्या कहना। थालियों में खीर भरी कटोरियां भी दिखायी दीं। श्रीयुत चिन्मय शर्मा (चीनू) किचन और बड़े कमरे के बीच निरन्तर सम्पर्क बनाये हुए थे। देखकर आनन्द आ गया।

मैंने बड़ी टेबिल के पास की कुर्सी पर थैला टांगा और पास के सिंगिल-सीट-सोफे पर बैठ गया।

दुर्भाग्य से आज धन्नो मेरे साथ नहीं आ पायी थीं; वह कुछ अस्वस्थ थीं; मुकुल और सोना भी अपने-अपने कार्यालय गये थे। इसलिए, सी-175 हरिनगर घंटाघर का प्रतिनिधित्व इस शुभ अवसर पर अकेला मैं ही कर रहा था। ऐसी स्थिति का लाभ न उठाना मूर्खता होती।

लिहाजा, मेरे सामने जब कचौड़ियों की थाली आयी तो —इससे पहले कि कोई मुझे (अल्सर का मरीज होने के कारण) टोके—मैंने कचौड़ियां उड़ानी शुरू कर दीं। राम विलास भैया ऐसे अवसरों पर कोई विशेष हस्तक्षेप नहीं करते और लाभ-हानि जैसे परिणामों को उचित ही, मुझ जैसे क्रियाशील व्यक्तियों के अपने विवेक पर छोड़ देते हैं। खीर खाने के सम्बन्ध में अल्सर के मरीज के लिए कोई प्रतिबन्ध मैंने अब तक कहीं पढ़ा नहीं था, इसलिए उस सिलसिले में पूर्णतः निश्चिन्त था।

मैं अपना सिलसिला जारी रखे हुए था कि तभी राम विलास भैया ने सामने दीवार की ओर, ऊपर को, इशारा किया। मेरी नजर उधर गयी तो देखकर तबियत खुश हो गयी। चीनू के हाथ का बनाया छोटा-सा रंग-बिरंगा पोस्टर टंगा था :

HAPPY BIRTH DAY

TO

BALENDU BABA

मालूम हुआ कि पोस्टर बनाकर चीनू इसे, केदार भैया के सोकर उठने से पहले ही, कमरे में चुपचाप टांग गये थे। रंगीन पोस्टर इस समय खूब चमक रहा था।

भोजन समाप्त हुए कुछ ही समय हुआ था कि विजय आ गये। स्वभावतः, उनके लिए भी कचौड़ियां और खीर की थाली आनी थी। लेकिन इससे पहले कि वह भोजन करने बैठें, उनकी नजर कुर्सी पर टंगे मेरे थैले पर गयी। बोले : "इसमें कुछ मालूम होता है।"

थैला होता है, तो उसमें कुछ होता ही है। कुछ लिखे-अधलिखे कागज। कुछ लिफाफे। और कुछ नहीं, तो तम्बाकू-चूने की डिबिया तो अवश्य ही!

लेकिन इस समय विजय के 'कुछ' का मतलब कुछ और ही था। अब मुझे उठना ही पड़ा। मैंने थैले में हाथ डालकर (राम विलास भैया इसे 'मुंशी का जादुई थैला' कहते हैं) लाल फीते में बंधा एक पतला पैकेट निकाला। केदार भैया और राम विलास भैया, दोनों ही, इसके खोले जाने की प्रतीक्षा कर रहे थे।

मैंने रिबन खोला, कागज हटाया और फ्रेम किया एक चित्र केदार भैया के हाथों में दे दिया। यह चित्र उस समय का था जिस समय केदार भैया ने हमारे कार्यालय में कविता-पाठ किया था। दरअसल, जिस दिन केदार भैया हमारे कार्यालय में कविता पाठ करने जा रहे थे, उस दिन राम विलास भैया ने कहा था: "इन्हें इस शर्त पर कविता-पाठ करने ले जा सकते हो कि इनका चित्र मजदूरों के बीच खिचेगा और 'मुक्ति संघर्ष' में छपेगा।" "जरूर"—मैंने कहा था। यह वही चित्र था। केदार भैया कुर्सी पर बैठे कविता-पाठ कर रहे हैं, सामने माइक है, चारों तरफ हमारे कार्यालय के कर्मठ कर्मचारी और मजदूर बैठे हैं; एक हल्की-सी झलक सुप्रसिद्ध ट्रेड यूनियन नेता होमी दाजी तथा मेरी भी दिखायी देती है।

फ्रेम में मढ़ा यह चित्र देखकर केदार भैया प्रसन्न हो गये। राम विलास भैया भी सन्तुष्ट थे। यह चित्र 'मुक्ति संघर्ष' में जरूर छपा।

राम विलास भैया ने यह चित्र सामने के मेंटलपीस पर रखवा दिया। (यह वहां तब तक रहा जब तक केदार भैया दिल्ली में रहे; दिल्ली से जाते समय यह उनके सामान में बंध गया)।

थैले से एक दूसरा डिब्बा भी निकला। इसमें नान थे। सभी ने थोड़ा-थोड़ा भोग लगाया।

नान इसलिए कि केदार भैया और राम विलास भैया दोनों 'लगभग बेदांती' (=लगभग बिना दांत के) हैं।

# अमृतलाल नागर विकासपुरी में : कुछ झलकियां

रामशरण शर्मा (मुंशी)

"हां, राम विलास, आज हम ताजा हो गये"—नागरजी ने कहा। और अपनी सुपुत्री आरतीजी तथा वाणी प्रकाशन के अशोकजी के साथ कार में बैठ गये। विकासपुरी वाले मकान के गेट से बाहर सड़क पर राम विलास भैया, मैं, धन्नो, विजय, शोभा, सन्तोष, मुकुल, सोना, चीनू, सोनाली और सुकेत उन्हें विदा करने के लिए खड़े थे। नागरजी ने और आरतीजी ने कार के भीतर से हाथ हिलाये। ड्राइवर ने गाड़ी स्टार्ट कर दी।

उन दो-तीन घण्टों की दास्तान क्या एक सीमाबद्ध लेख में अट पायेगी ? इसलिए लेख नहीं। संस्मरण भी नहीं। मात्र कुछ झलकियां। ध्यान रहे, सब नहीं ! मात्र कुछ।

लिपिक का लिखा, लेकिन पण्डित अमृतलाल नागरजी द्वारा हस्ताक्षरित, दो लाइनों का एक कार्ड मुझे 19-20 अगस्त के आसपास मिला था। आशय था : 24 अगस्त को सुबह 9-10 के बीच राम विलास के यहां मिलो।

लेकिन 24 तारीख। यानी, जन्माष्टमी का दिन। क्या ले चला जाय उनके लिए ? फल !...पता नहीं उनके दांत साथ दें या नहीं। राम विलास भैया के दांत तो निश्चय ही साथ नहीं देंगे। घर की मीटिंग में तय हुआ कि बढ़िया बरफी मंगायी जाय। मैंने बताया कि जब हम लखनऊ गये थे, तो नागरजी ने चौक की बढ़िया मिठाई से हम लोगों की खातिर की थी, खुद भी खायी थी। हरिनगर घण्टाघर में वैसी मिठाई तो नहीं मिल सकती, पर बढ़िया बरफी मिलती है। सो, आ गयी बरफी।

बरफी का डिब्बा अब मेरे थैले में और मैं मुकुल के स्कूटर पर। मुकुल मुझे विकासपुरी में उतार कर फौरन लौट आये क्योंकि धन्नो को भी लेकर आना था।

सोना, ऑलरूट पास होने के कारण, बस से आने वाली थीं।

विकासपुरी वाले मकान के ड्राइंग रूम में घुसा, तो बायें हाथ के सोफे पर एक नवयुवक बैठे दिखायी दिये। इन्हें मैं नहीं पहचानता था। सामने के दो कुर्सीनुमा सोफों में से बायें हाथ वाले पर एक युवती और दाहिने हाथ वाले पर शोभा बैठी थीं। (बाद में मालूम हो गया कि बायें हाथ के सोफे पर वाणी प्रकाशन के अशोक जी थे। शोभा के बगल में बैठी युवती आरतीजी थीं।) अब मेरी नजर दाहिने हाथ को गयी—उस तखत की तरफ जो सदा केदार भैया का प्रिय आसन रहा है।

अहा, यहीं। दोनों एक दूसरे से जुड़े। साथ-साथ।

मैंने थैला पीछे की बड़ी मेज पर पटका। लपक कर दोनों से मिला। नागर जी ने प्यार से मेरी पीठ थपथपायी और पास बैठा लिया।

मुझे राम विलास भैया की षष्ठिपूर्ति के समय लिखा नागरजी का लेख याद आ रहा था। वह लेख नागरजी ने भैया के इस पत्र से ही शुरू किया है:

"प्रिय भैयो!

> तुम्हारे और केदार के सब पत्र पढ़ गया हूं। किसी अंग्रेजी पढ़े-लिखे मित्र से पूछना कि इंगलैन्ड के दो (तीन तो बहुत हैं) साहित्यकारों का नाम ले जिनकी दोस्ती—सचमुच की दोस्ती, महज खत-किताबत वाली नहीं...—उनके साहित्यिक जीवन के आरम्भ से लेकर तीस साल तक एक बार भी जूतम-पैजार और मुंह-फुलौवल के बिना बनी ही न रही हो, वरन गढ़ियाई हो। यहां भी अंग्रेजी फौक्स हुई...।"

अब तक धन्नो, मुकुल और सोना भी आ गये थे। विजय ने नागरजी के नाश्ते के लिए कई चीजें उपस्थित कीं, प्रायः नमकीन। चाय भी आ गयी।

बातों-बातों में भैया ने अशोकजी को बताया: "हमारी मित्रता को अब 53-54 साल होने को आये।"

मौका देखकर मैं उठा और थैले से बरफी का डिब्बा निकाला। खोला। "आपको साहित्य अकादमी ने सम्मानित किया है। लीजिए, इस खुशी में मुंह मीठा कीजिए..." कहते हुए मैंने बरफी का डिब्बा उनके सामने पेश कर दिया।

नागरजी ने झट से एक बड़ा-सा पीस उठाया और 'अहा!'...कहते हुए मुंह में रखा। अब मैं डिब्बा दूसरे लोगों के सामने पेश कर रहा था।

तभी देखा, अचानक आरतीजी उठीं और नागरजी का हाथ रोकने लगीं। डाटते हुए बोलीं, "आप क्यों खा रहे हैं? आपको मना है न मिठाई! शुगर जाती है न!"

मैंने मिठाई का डिब्बा अब सामने नाश्ते वाली टेबिल पर रख दिया था।

तभी राम विलास भैया बड़े क्रोध से बोले: "हटाओ इस डिब्बे को यहां से। सोना, इसे ले जाकर अन्दर रखो...नहीं तो यह खाते रहेंगे!"

मैं हतप्रभ था। पर गलती तो हो ही गयी थी। सोना ने—या किसी और ने—डिब्बा वहां से हटा दिया।

राम विलास भैया अब भी क्रोध में थे, एकदम रुद्र रूप में। पर, नागरजी हंसे जा रहे थे। मैं देख रहा था, हाथ में पकड़ा टुकड़ा नागरजी जल्दी ही खत्म करने की कोशिश कर रहे हैं। लेकिन इस जल्दबाजी में बरफी के छोटे-छोटे टुकड़े बार-बार उनके दांतों में चिपक-चिपक जाते हैं।...

डाट तो मैंने खायी, पर जल्दी-जल्दी बरफी खत्म करने की नागरजी की वह सुप्रसन्न मुद्रा मैं कभी नहीं भूल सकता।

हां, दिल्ली आने पर अब उन्हें कभी मिठाई नहीं मिलेगी।

नाश्ता-चाय के बाद आरतीजी ने नागरजी की पान की डिबिया खोलकर उनके सामने कर दी। मैंने पूछा : "अब भी पान खाते हैं ?"

"हां ऽऽ !" आरतीजी बोलीं।

"आज-कल आप कितने पान खाते हैं, नागरजी ?" मैंने कुछ जोर से पूछा। वह दाहिने कान में हियरिंग-एड लगाते हैं। (एक बार मैं उनके पास से उठकर सामने के सोफे पर जाने लगा था, तो हाथ पकड़कर रोक लिया : "यहीं बैठो, दूर से तुम्हारी बातें नहीं सुनायी पड़ेंगी।" सो मैं उनके पास ही बैठा था।)

बोले : "दिन भर में दस।"

मैंने आश्चर्य से पूछा : "दस ?"

बोले : "क्यों, क्या हुआ ! पहले तो पचास खाता था।"

मैं कुछ सोच रहा था। तभी बोले : "अरे पहले तो मैं गोला खाता था। अब तो सिर्फ गोली खाता हूं।"

बातों-बातों में मालूम हुआ कि स्व० वृन्दावनलालजी वर्मा के स्मृति-समारोह में भाग लेने के लिए नागरजी 14 सितम्बर को दिल्ली आ रहे हैं।

"राम विलास, तुम भी बोलो उस समारोह में।"

"मैं अब कहीं नहीं जाता।"

नागरजी बिफर उठे—आयोजकों पर। बोले—"अरे इंडिया इण्टर नेशनल सेण्टर से एक गाड़ी विकासपुरी नहीं भेज सकते वे लोग ? बुलाने का तरीका ही नहीं मालूम बेवकूफों को। मैं तो राम विलास को वृन्दावनलाल वर्मा पर जरूर सुनना चाहूंगा।"

राम विलास भैया चुप थे। वृन्दावनलालजी के लिए भैया के मन में जो आदर

है, उसे मैं जानता हूं। अभी कुछ दिन पहले ही तो विकासपुरी में उन्होंने वर्माजी के पत्रों के अंश बहुत भावुक मन से हम लोगों को सुनाये थे। लेकिन भैया अब कहीं भाषण देने, बोलने, नहीं जाते—पुरस्कार लेने तक नहीं। यह अडिग तथ्य है।

बहरहाल, नागरजी 15 सितम्बर का दिन विकासपुरी में बितायेंगे और शाम की फ्लाइट से लखनऊ जायेंगे, यह कार्यक्रम तय हो गया।

तभी न जाने कहां से 'सचेतक' का नाम टपक पड़ा। मैंने पूछा, "आपको पिछला अंक मिल गया?"

बोले—"नहीं।" "उसमें तो अवस्थी ने आपसे भेंट होने का हवाला दिया है।" बोले : "मुझे तो अंक मिला नहीं।"

मैंने विजय से 'सचेतक' की प्रति लेकर अवस्थी वाला पत्र नागरजी को सुनाना शुरू किया। बड़े ध्यान से सुनते रहे। "घर में घुसने पर सामने आंगन में छोटी पुत्री, जिन्हें मैं शायद पहली बार ही देख रहा था, मिलीं" पढ़कर मैंने आरतीजी की ओर इशारा करके कहा, "शायद यही होंगी।"

"तुम तो नहीं थीं आरती।" नागरजी बोले।

"मैं ही थी," आरतीजी ने मुस्करा कर कहा। आरतीजी को देखकर मुझे प्रतिभा भाभी की बार-बार याद हो आती थी। आरतीजी शरीर में छरहरी जरूर हैं, पर मुखाकृति प्रतिभा भाभी से बहुत मिलती है। विनोदप्रियता में आरतीजी नागरजी से कम नहीं मालूम होतीं। मैं भी इन्हें—शायद—पहली बार देख रहा था। यह वायुसेना के एक विंग कमाण्डर की पत्नी हैं।

अवस्थी क पत्र खत्म होते ही नागरजी बोले : "लखनऊ आओ राम विलास, सच। बड़ा अच्छा रहे!"

राम विलास भैया कुछ देर चुप रहे। फिर बोले : "मुंशी, चलते हो लखनऊ?"

"चलिए", मैंने कहा, "अवस्थी के मकान के सामने मेरे एक पुराने दोस्त आबदी साहब हैं, उनसे भी मिल लूंगा।"

"ठीक है। तारीख तय करो कि कब चल रहे हो।"

बस यहीं तो मुश्किल खड़ी हो जाती है। अभी ही दफ्तर के दो काम सिर पर हैं। जाने कब खत्म होंगे! कुछ सोचकर मैंने कहा, "वाई सेप्टेम्बर मिडिल।"

भैया बोले, "अरे 14-15 सितम्बर को तो यह यहां होंगे। तुम्हारा मतलब है कि जब यह यहां आयेंगे, तब तुम वहां जाओगे?"

खिच गयी न टांग।

बोले—"अक्तूबर में चलो।"

तभी विजय बोले : "एकदम शुरू अक्तूबर में चलने से एक-दो रोज की छुट्टी

ले-लेने से चार-पांच दिन निकल आते हैं। दो तारीख की छुट्टी है ही। पहली को इतवार है। शायद मैं भी चल सकूं।"

"ठीक है।" मैं इसके सिवा कहता ही क्या।

भैया बोले : "प्रोग्राम पक्का हो गया। शुरू अक्तूबर में चलेंगे। चार-पांच दिन बहुत हैं लखनऊ में।"

नागरजी प्रसन्न हो गये। बोले, "मजा रहेगा। खूब गपशप लड़ेगी। आओ राम विलास, लखनऊ आओ। तब तक मेरी किताब भी खत्म हो जायेगी। वह इन्हीं के लिए है, मुंशी।...तुम लखनऊ आओ राम विलास को लेकर!"

अवस्थी का जो पत्र मैंने नागरजी को पढ़कर सुनाया था, उसमें हल्का-सा पुट रिपोर्ताज का भी है—बहुत हल्का-सा पुट, अनायास।

मुझे नागरजी के उस रिपोर्ताज की याद हो आयी जो गढ़ाकोला में आयोजित 'निराला समारोह' पर उन्होंने 'हिन्दी टाइम्स' के लिए लिखा था। लाजवाब रिपोर्ताज है वह; बड़ा मर्मस्पर्शी और जीवन्त रिपोर्ताज। मैंने बताया कि पी. पी. एच. निरालाजी पर 'बाल जीवनी माला' के लिए राम विलास भैया की लिखी पुस्तिका का नया संस्करण निकाल रहा है। यह भी जिक्र किया कि जिन फोटुओं से 'बाल जीवनी माला' की उस पुस्तक के लिए ब्लाक बनवाये थे, वे अब हमारे पास नहीं हैं। तभी भैया ने बताया कि उनके पास निरालाजी की युवावस्था का भी एक ऐसा फोटो है जो उन्होंने एक ग्रुप में से अलग निकलवाया है। "दिखाओ, दिखाओ", नागरजी बोले। भैया उठे और अपने कमरे में से, थोड़ी-सी देर में ही, वह फोटो ले आये। हां, निरालाजी की युवावस्था का वह फोटो हम में से किसी ने नहीं देखा था। पर फोटो पर 'ग्रेन्स' बहुत थे।

बात फिर रिपोर्ताज पर आ गयी। मैंने पूछा : "नागरजी, वह आपके किसी संकलन में छपा है ?" उन्हें याद हो आयी। बोले : "हां, वह है मेरे एक संकलन में।"

इस पर भैया बोले : "इनके सबसे बढ़िया रिपोर्ताज 'गदर के फूल' में हैं। गांव-गांव जाकर इन्होंने उन्हीं लोगों की बोली में उनकी कही बातें लिखी हैं। इतनी मेहनत अब कौन करता है ?..."

"हां, उस किताब का जिक्र," नागरजी बोले, "डलहौजी के नाती ने भी अपने एक लेख में किया है।"

'रिपोर्ताज' और संस्मरणों पर बात होती रही। मैंने अपने मन की बात कह दी : "हिन्दी में अब ऐसा जीवन्त लेखन देखने को नहीं मिल रहा जिसे पढ़कर लगे कि सब कुछ आंखों के सामने घटित हो रहा है। न वैसे संस्मरण, न रिपोर्ताज।"

भैया ने 'पापा हेमिंगवे' पुस्तक का जिक्र किया। बोले : "उसमें हेमिंगवे खूब उभरा है। उसकी कच्ची-पक्की सब उसमें है। 'पापा हेमिंगवे' का लेखक उनके साथ लगा रहता था...।" "राम विलास, बढ़िया किताब होगी वह ?" नागरजी बोले। "बहुत बढ़िया।" भैया का उत्तर था। "जरूर पढ़ूंगा उसे, जरूर।...राम विलास, तुम्हारी 'भारतीय भाषा परिवार और हिन्दी' किताब बहुत बढ़िया है। 'वार एण्ड पीस' की तरह पढ़ा है मैंने उसे! निशान लगा-लगाकर। खूब खोज की है तुमने। वाह, वाह !"

"लेकिन भैयो, 'पढ़ीस' जी पर तुम्हारा लेख किसी संकलन में नहीं आया," नागरजी को सम्बोधित करते हुए भैया बोले।

नागरजी चौंके। कुछ याद करते हुए बोले : "ठीक कहते हो, राम विलास ! वह किसी संकलन में नहीं आया। क्या बढ़िया अंक निकाला था 'पढ़ीस' पर तुमने (माधुरी का 'पढ़ीस' अंक—सं०)। वैसा अंक फिर किसी पत्रिका का नहीं निकला।...उसमें तो दो लेख थे मेरे—एक 'तसलीम लखनवी' के नाम से, दूसरा अपने असली नाम से। दोनों ही किसी संकलन में नहीं आये। ठीक याद दिलायी तुमने, राम विलास।"

'तसलीम लखनवी' नाम का जिक्र आते ही मुझे पीरू पहलवान वाली उनकी पुस्तक 'नवाबी मसनद' की याद हो आयी। 'चकल्लस' पत्रिका में 'नवाबी मसनद' धाराप्रवाह छपती थी। पढ़ने में बड़ा मजा आता था। टिपीकल 'लखनवी' जुबान है 'नवाबी नसनद' में—जैसे टिपीकल 'बांकेमलिया' (आगरे की) जबान 'सेठ बांकेमल' में है।

'गदर के फूल' में बैसवाड़े की निखालिस अवधी, 'नवाबी मसनद' में चौक, लखनऊ, की लरजती-बलखाती तरह-तरह की अदाएं दिखाती, दुपलिया टोपी वाली जुबान का मजा, और 'सेठ बांकेमल' में आगरे की ऐसी दिलफेंक बोली कि मुर्दा गैंडे में भी जवानी का जोश भर दे।

राम विलास भैया बोले : "अंग्रेजी में डिकेंस और वाल्टर स्कॉट—ये दो लेखक थे जिन्होंने 'कॉकनी' (स्थानीय बोली—सं०) का अच्छा प्रयोग किया है। पर अमृतलाल नागर ने तो तरह-तरह की बोलियों पर मास्टरी हासिल की है और उनका तबियत से प्रयोग किया है।"

नागरजी की गद्‌गद मुद्रा देखने लायक थी। अपने दाहिने हाथ से अपनी पीठ ठोंके जा रहे थे—प्रसन्नता से विभोर (पता नहीं विजय ने उस समय कैमरा क्लिक किया या नहीं)। देखने लायक दृश्य था वह।

'चकल्लस' पत्रिका के संदर्भ में मैंने नागरजी से कहा : " 'नवाबी मसनद' के अलावा और भी तो टिट-बिट्स थे 'चकल्लस' में। वे कहीं छपे हैं या नहीं ?"

बोले : "नहीं। अब तुम लखनऊ आओ तो मैं तुम्हें 'चकल्लस' की फाइल दे

दूंगा। तुम टिट-बिट्स छांट दो। मैं छपवा दूंगा। यही प्रोग्राम ठीक रहेगा... तुम अपने 'गाबदी' दोस्त (डॉ० वजीर हसन आबदी—भुं०) से बातें करना और 'चकल्लस' से मैटर निकालना। मैं और राम विलास अलग गपशप करेंगे।...क्यों राम विलास, ठीक है न ?"

"ठीक।"

इस बीच सन्तोष ने भोजन का प्रबन्ध कर दिया था। यह पूछे जाने पर कि "आप पूड़ियां खाना पसन्द करेंगे या रोटियां" नागरजी ने रोटियों के लिए पसन्दगी जाहिर की थी। सबने बड़ी टेबिल पर बैठकर खाना खाया (धन्नो हम लोगों के लिए हरिनगर में पहले ही भोजन की व्यवस्था कर गयी थीं, अतः हम लोग साथ नहीं बैठे)। अन्य लोगों को पूड़ियां खाते देख नागरजी सन्तोष को लक्षित करके बोले : "अरे इस बेचारी को मेरे लिए रोटियां सेंकनी पड़ीं ? मुझे ऐसा मालूम होता तो मैं भी पूड़ियां ही खा लेता।"

भोजन के बाद फिर सब लोग बतरस के आनन्द में डूब गये। मैंने देखा, राम विलास भैया और नागरजी दोनों कुछ बुढ़ाये तो जरूर हैं, लेकिन इनकी जिन्दादिली ने बुढ़ापा नाम की चीज को फौक्स कर रखा है।

नागरजी आरतीजी से कई बार कह चुके थे, "चलो, अब चला जाय आरती !"

आरतीजी भी कई बार अपना बैग संभाल चुकी थीं। एक किताब जो मैंने नागरजी के लिए दी थी, सहेज कर रख चुकी थीं। भीतर जाकर शायद सन्तोष से विदा भी ले आयी थीं। पर इधर भैया और नागरजी की बातों का सिलसिला ही खत्म नहीं हो रहा था। लिहाजा इस बार नागरजी ने जब आरतीजी से चलने को कहा, तो वह उन्हें मीठी डाट पिलाती हुई बोलीं : "आप मुझसे तो कई बार चलने को कह चुके हैं। मैं उठ कर खड़ी भी हुई। अब आप ही नहीं चल रहे तो मैं क्या करूं ? आप ही नहीं उठ रहे हैं...!"

नागरजी इस बार उठे। "क्या करें आरती ?" डांट खाये मासूम बच्चे जैसी आवाज में, सफाई देते हुए, बोले : "इतने दिन बाद मिले हैं। मन ही नहीं भरता। जाने को जी नहीं चाहता।"

फिर हम लोगों की तरफ मुखातिब होकर चलते हुए बोले : "बड़ा आनन्द आया आज। हम ताजा हो गये, राम विलास।"

# दिल्ली वालों की सैर उर्फ गोष्ठीनामा

**धनवंत कुमारी शर्मा**

प्रायः हर छुट्टी के दिन दिल्ली वाले सैर करते हैं। इस दिन राम विलास भैया से लेकर चीनू तक सभी बड़े सक्रिय नजर आते हैं। जनकपुरी और हरिनगर घंटाघर के घरों में सुबह से ही चहल-पहल नजर आती है। यह पहले से ही निश्चित हो जाता है कि दोनों परिवार कब और कहां मिलकर बैठेंगे और गोष्ठी जमेगी! सो पेश है...

## 1983 की पहली गोष्ठी

9 जनवरी 1983, रविवार। भैया, संतोष, तनू व चीनू ने हरिनगर घंटाघर की तरफ पैदल कूच किया। इधर घंटाघर में सांभर, गाजर-मेथी, दही-पकौड़ी बनाकर आटा माड़ लिया गया था। घर की झाड़ू व व्यक्तियों का स्नान हो चुका था। जनकपुरी वालों के ठीक समय पर आ जाने के बाद काम शुरू हुआ।

पहले चाय, फिर खाना और फिर जमी गोष्ठी। कुछ लतीफे, कुछ नई-पुरानी-कविताएं, कुछ खतों का पाठ, कुछ इधर-उधर की बातें। मुख्य वक्ता भैया तो थे ही। इस वक्त कुछ की सृजनात्मक क्षमता उभरी, किन्तु कुछ की कुलबुलाकर रह गयी। अन्त में तय हुआ कि अगली गोष्ठी जनकपुरी में 26 जनवरी को सुबह से ही जमेगी। इसमें पहले टी. वी. देखा जायेगा, फिर अन्य काम होंगे। भैया का सुझाव था कि अगली गोष्ठी को सेमिनार-रूप में रखा जाय, जिसमें टॉपिक पहले से ही तय कर दिया जाय तथा सभी उस टॉपिक पर अपने-अपने विचार रखें। इस सुझाव पर सब सहमत हो गये।

अब हुआ यह कि सबको अपने-अपने कामों की व्यस्तता से फ़ुरसत ही नहीं मिली कि कोई सेमिनार का विषय सोच कर सबको सूचित कर दे...और 26 जनवरी आ गयी।

## संतोष : सभापतित्व

हरिनगर वाले सुबह से ही जनकपुरी जा पहुंचे। चाय चली, टी. वी. देखा

गया, फिर जमी गोष्ठी। संतोष शर्मा को सभापतित्व मिला। भैया के सुझाव पर मुंशी को स्थायी रूप से संचालक बनाया गया। इसी बीच पड़ोस में विजय का कैनाडा से फोन आया। उन्होंने फोन से पूज्य भाभीजी का समाचार पूछा था। मुंशी ने शायद उनसे कहा होगा, "गोष्ठी जमी है, आ जाओ।" विजय पर क्या गुजरी होगी, वही जानें।

इस गोष्ठी में चीनू ने अपना संवेदनात्मक लेख, संतोष ने अहिन्दी भाषा-भाषियों द्वारा हिन्दी में बातचीत के दौरान होने वाली गलतियों से गलतफहमियों की रोचक घटनाएं, कदम ने जेनेटिक्स पर कुछ तथ्य, तनू ने पेड़-पौधों के विषय में कुछ ज्ञान की बातें तथा मुंशी ने कुछ कविताएं सुनायीं। मुकुल ने सोना की एक रचना का पाठ किया। भैया ने डारविन के विषय में कुछ ऐसी बातें बतायीं जिनके बारे में सभी का ज्ञान अल्प था। उन्होंने बताया कि डारविन मूलतः प्रकृति-प्रेमी थे, लेकिन कवि व वैज्ञानिक दोनों ही प्रकृति के अन्वेषक होते हैं। दोनों में कोई विरोधाभास नहीं।

इस गोष्ठी में जो लोग कुछ भी नहीं प्रस्तुत कर पाये उनकी ओर संकेत करते हुए कहा गया : "आगे से जो व्यक्ति कुछ भी नहीं सुनायेगा (एक-आध मीटिंग को छोड़कर) उसे बाहर घास के मैदान में बैठकर समय बिताना होगा।"

अगली गोष्ठी 5-2-83 को हरिनगर घंटाघर में होने का निश्चय हुआ। यह भी तय हुआ कि पूर्व-प्रकाशित (विशेषतः 'सचेतक' में प्रकाशित) रचना सुनाकर पीछा न छुड़ा लिया जाय। रचना लिखित भी हो सकती है और मौखिक-वार्ता के रूप में भी कुछ प्रस्तुत किया जा सकता है।

## चुनाव के दिन भी

5-2-83 का दिन : अर्थात्, छुट्टी का दिन, दिल्ली मैट्रोपोलिटन काउन्सिल व नगर निगम के चुनाव का दिन। हरिनगर घंटाघर वाले मकान में सुबह से ही चिल्ल-पौं मची थी।

पन्द्रह दिन पहले से ही हरिनगर घंटाघर के चौराहे पर चुनाव-प्रचार का धूमधड़ाका जारी था; आज तो मामला ऊपर से गुपचुप, लेकिन अन्दर से और भी तेज तर्रार था। दूसरे, सी-175, हरिनगर घंटाघर वाले सभी बालिग होने के नाते अपने वोट का अधिकार भी इस्तेमाल करने की धुन में थे। तीसरे, घर में गैस भी खतम हो गयी थी।

ध्यान सबका इस बात पर उलझा था कि आखिर गोष्ठी में होगा क्या। हर एक यही बड़बड़ा रहा था : "तेरा नहीं, मेरा क्या होगा कालिया!"

सोनाजी कभी अपनी थीसिस खखोलतीं तो कभी अपनी पुरानी लिखी रचनाएं ढूंढ़तीं। धन्नोजी टेढ़ी-तिरछी लिखी अपनी जीवन-गाथा के पन्ने पलट

रही थीं। कदम अपने फील्ड-वर्क के दौरान मिले एक रोचक चरित्र को कलमबद्ध करने में जुटी थीं। मुंशी जी का क्या पूछना? "मेरी लम्बी कविताओं वाला लिफाफा कहां है? कोई ढूंढ़ दो ज़रा!" बिना किसी को सम्बोधित किये ही वह आवाज लगाये जा रहे थे।

कोई भी किसी की बात का उत्तर न देकर, अपना प्रश्न किसी दूसरे पर जड़े जा रहा था। 'बाहर घास चरने जाने' को कोई भी तैयार न था।

खैर, सी-175, हरिनगर घंटाघर वाले लपक कर अपना-अपना वोट डाल आये। अंगीठी व स्टोव तत्परता से जला दिये गये। कढ़ी-चावल पक गये; आटा भी माड़ कर तैयार कर लिया गया। और... भैया के नेतृत्व में जनकपुरी वाले 11 बजे आ पहुंचे। देखा, सभी की बगल या जेब से कुछ-न-कुछ दबा झांक रहा है।

अब बरांडे में आसन जमाये गये। महिलाएं अभी अंगीठी के मिजाज से वाकिफ हो रही थीं... कि मीटिंग शुरू हो गयी।

सदारत के पद का 'सदुपयोग' मुकुल ने अपना पहला प्रहार अपनी पूज्य माताजी पर करके किया। धन्नो ने अपने बचपन की गाथा सुनायी, तो संतोष ने 'एटम' का कुछ ज्ञान प्रदान किया। चीनू ने अपने एक सहपाठी का रेखाचित्र खींचा, तो सोना ने अपनी थीसिस के कुछ अंश सुनाए। तनू ने वर्तमान कक्षा-अनुशासन की एक झलक पेश की। मुकुल ने रात के अंधेरे के 'मुलाकाती' से परिचय कराया। मुंशी ने लम्बी कविताएं सुनायीं।

अन्त में भैया ने संतोष द्वारा प्रस्तुत एटम-चर्चा को और भी आगे बढ़ाकर सबकी जानकारी को नया आयाम प्रदान किया।

गोष्ठी से तृप्त हो, खाने से भी तृप्त हुए। भैया व मुंशी कुछ रेस्ट लेने दूसरे कमरे में चले गये। दूसरी तरफ हम लोग भी बरतन-भांड़े मांज कर कमर सीधी करने लुढ़क गये।

चार बजे गोष्ठी का दूसरा दौर शुरू हुआ। भैया से कहा गया: "आपने तो कुछ सुनाया ही नहीं!" भैया ने तत्काल जेब से दो पत्र निकाले। उन्होंने इन पत्रों को अपने कमेन्ट्स के साथ सुनाया। यदि उनसे इस दूसरे राउण्ड में सुनाने का आग्रह न किया गया होता, तो ये पत्र संभवतः उनकी जेब में ही दबे वापस जनकपुरी लौट जाते। उन्होंने 'सुगंधों' पर जो चर्चा छेड़ी, तो उनका आनन्द तो सुनने वाले ही ले सके। मिट्टी की, फूलों की, आम की, महुओं की, निबोरियों की, खलिहान की—किसकी-किसकी, कैसी-कैसी सुगंधें!

गोष्ठी अभी चल ही रही थी कि बनारस से अखिलेश व उनकी पत्नी भी आ

गये। अखिलेश का कुछ ही दिन पहले विवाह हुआ है। अखिलेश ने बिना किसी औपचारिकता के एक गजल पेश की। उनकी पत्नी ने वादा किया कि अगली बार वह भी जरूर कुछ पेश करेंगी। इस तरह यह गोष्ठी पूर्ण तृप्ति के साथ—बिना किसी को सजा मिले—समाप्त हुई।

**20 फरवरी की गोष्ठी**

सुबह-सुबह सी-175 हरिनगर घंटाघर में फिर वही हंगामा। मुकुलजी कागज-कलम लिये किसी जगह के मजदूरों के तीखे तेवरों से उलझे हैं। सोना कहीं दूध की डिपो पर क्यू में खड़ी दो स्कूली छात्राओं की होमवर्क की समस्या को सुन रही हैं। कोई घर के काम की बात सुनता ही नहीं।

अंततः लोग जनकपुरी पहुंचे। पता चला—आज यहां गैस गायब थी। वह तो भैया खुद सुबह-सुबह दूकान पर बुक कराने गये थे, वरना और किसी के कहने से आती? भैया ने बताया: "यदि न आती, तो मेरा सुझाव था कि मैं हरिनगर जाकर कह आऊं कि हम सब उधर ही आ रहे हैं।" धन्नो ने बताया कि 5 ता. को जब हरिनगर में गोष्ठी थी और वहां गैस गायब थी, तो हम लोगों ने भी यही सोचा था।

खैर, भोजन की तैयारी हो चुकी थी। मटर-गोभी, आलू, टमाटर, प्याज, धनियां, अदरक पुलाव में डाले जाने के लिये तैयार रखे थे। आटा भी तैयार था—किसी को पुलाव से परहेज हो तो रोटी बन जाय।

गोष्ठी की सदारत की चीनू ने। सभी ने अपनी-अपनी चीजें पेश कीं। तनू जी की बारी आयी तो उन्होंने कहा, "इस बार कुछ नहीं सुनाऊंगा।" बस, अब क्या था। चीनू ने कहा, "तो तुम्हें सजा मिलेगी।" तनू का तर्क था: "एक बार की माफी भी तो है।"

इस मीटिंग में कदम ने 'आदि मानव और बन्दर' में समानता के आधारभूत तत्वों की कुछ जानकारी दी। भैया ने कदम द्वारा प्रस्तुत वार्ता को और विस्तृत रूप में समझाया। इस पर उन्होंने अपने गहन अध्ययन पर आधारित विचार प्रस्तुत किये। अब तो तनू, चीनू—विज्ञान के छात्र होने के नाते—खूब सक्रिय हो उठे। वे भी वार्ता में अपने विचार प्रकट कर रहे थे। इसी गोष्ठी में भैया ने कुछ शब्दों की चमत्कारिक ऐतिहासिक यात्रा का भी हम लोगों को ज्ञान कराया। शब्दों के सूक्ष्म, यथार्थ इतिहास का विश्लेषण करना उन्हीं के बूते की बात थी। गोष्ठी में मुंशी, धन्नो, मुकुल और सोना ने—जो अपने-अपने साथ लिखित रचनाएं लाये थे—पेश कीं। संतोष ने अपने बचपन की कुछ रोचक घटनाएं पढ़ कर सुनायीं।

अतः, पेट व दिमाग दोनों ही भरकर हरिनगर वाले हरिनगर आ गये।

5 मार्च को भैया को बनारस जाना पड़ा। इधर तनू-चीनू की परीक्षाएं भी आ गयीं और सोना को भी वनस्थली जाना पड़ गया। अतः, लगा कि इस प्रकार की गोष्ठियां आयोजित करना कुछ समय के लिए शायद स्थगित कर देना पड़ेगा।

किन्तु हुआ यह कि 12 मार्च को रक्षा, मिनी व आशु दिल्ली आये। अवस्थी वैसे तो 11 ता. को आ गये थे, किन्तु 13 ता. को वह अपने काम से जयपुर चले गये। 13 ता. रविवार के दिन संतोष, तनू, चीनू का प्रोग्राम हरिनर आने का था ही।

सो, 13 ता. को भोजन आदि के बाद मन नहीं माना। शाम की चाय के बाद जम ही गयी गोष्ठी।

**13 मार्च की गोष्ठी**

इस गोष्ठी की सदारत कु. मिनी ने की। चीनू से जब यह कहा गया कि कुछ सुनाओ, तो उन्होंने कहा कि उन्हें गोष्ठी की पहले से सूचना ही नहीं थी। इस पर मुंशी ने कहा : "गलती संतोष की है; उन्हें बताना चाहिए था।" चीनू का तर्क था : "आपने भी तो नहीं बताया !" अतः फैसला हुआ कि आइन्दा गोष्ठी होने की सबको लिखित रूप में सूचना दी जायेगी।

बहरहाल, चीनू ने 'सचेतक' से अपनी रचना 'मैं किसी से कम नहीं' सुनायी। तनू ने अपनी बारी आने पर कुछ चुटकुले सुनाये। आशु के अभिनय को देखने को सभी लालायित थे। सो, आशु ने 'जैक एण्ड जिल' सुनाया। साथ ही, उन्होंने 'ड्रेजिंग' के अपने नये काम के अनुभव पर आधारित रोचक संस्मरण भी सुनाये। मुकुल ने पहले तो 'आलोचना' से वड़े भैया लिखित 'सरस्वती पाठशाला' सुनायी, फिर चौबे भैया द्वारा लिखी 'फोटू खिचवाने का राज' कविता उन्मुक्त ठहाकों के बीच सुनायी। संतोष ने अवस्थी द्वारा लिखी 'मुंशी की अभिनय-कला' पढ़ी जिस पर क्या हुआ यह तो गोष्ठी में शामिल होने वाले ही जानें।

इतने में कदम, जो रविवार को भी ड्यूटी पर गयी थीं, आ गयीं। उन्होंने वहीं बैठे-बैठे खाना खाया, और फिर गढ़वाली लोकगीत सुनाए। रक्षा ने 'तुलादान' सुनाया। धन्नो ने 'दास्ताने दांत लिखकर...' कविता सुनायी। मुंशी ने अपनी दो कविताएं 'वन कुसुम फूले' तथा 'तरुण' सुनायीं। अन्त में मिनी ने एक चुटकुला सुनाकर गोष्ठी का समापन किया।

23-3-83 को भैया बनारस से लौट आये और तब एक दिन हरिनगर

वाले जनकपुरी गये तथा तय कर आये कि रविवार 3 अप्रैल को घंटाघर में गोष्ठी जमेगी। तनू, चीनू की परीक्षाएं 7-4-83 से शुरू थीं अतः दुविधा तो थी कि गोष्ठी जम भी पायेगी या नहीं, किन्तु संतोष ने शंका का निवारण यह कहकर किया कि 7 ता. तो अभी दूर है, गोष्ठी तो जमनी ही चाहिए।

## 3-4-83 की गोष्ठी

बावजूद तेज धूप के भैया, संतोष, तनू, चीनू 12.30 बजे हरिनगर आ गये।

निश्चय ही 12.30 बजे खाने की जरूरत महसूस की गयी। सो खाने से निवटा गया और फिर···।

तनूजी को सभापति निर्वाचित किया गया। पहलीं फरमाइश चीनूजी से की गयी। चीनू ने जेब टटोली व एक पुर्जा निकाला (स्कूलों में नकल के लिए 'बम' के माफिक)। उन्होंने पहला वाक्य सुनाया, 'मुआ अब बड़ा हो गया है।' ठहाके लगे—और तालियों की गड़गड़ाहट के साथ पिप्सी पर उनका स्केच सामने आया। कदम ने इधर-उधर की सैर करायी। मुंशी ने अपना नाम यह कहते हुए खुद ही प्रपोज किया कि इसी शिफ्ट में मैं भी निबट लूं, ताकि निश्चित होकर आराम कर सकूं। उन्होंने अपनी दो कविताएं सुनायीं : 'धूप को धार' और 'समय के स्कंध पर बैठकर कौन यह आ रहा'।

इसके बाद एक घंटा आराम के लिए सभी लोग अलग-अलग कमरों में बिखर गये।

थोड़े विश्राम के बाद दूसरी शिफ्ट शुरू हुई। मुकुल ने दो स्केच सुनाये। संतोष ने दो पैरोडियां सुनायीं। धन्नो ने अपनी 'आत्मकथा' के कुछ अंश सुनाये।

अध्यक्ष की हैसियत से तनू ने अंग्रेजी में History of aircraft सुनानी शुरू की, तो मुंशी ने टोका : "तुम यार हिन्दी में भी लिखा करो।" भैया ने फौरन तनू को defend करते हुए कहा : "मैंने तनू से पहले ही कह रखा है कि तुम बेफिक्र होकर अंग्रेजी में सुनाना। मुंशी के सिवा सभी लोग अंग्रेजी समझते हैं।" ठहाके।

थोड़ी देर बाद मध्यान्तर हुआ। चाय चली। अब कदम, जो जमीन पर बैठी थीं, अपने आसन से उठीं, तो गलती से पास में रखे तख्त से टकरा गयीं। इसी छोटे से वाकये को लेकर भैया ने वार्ता शुरू कर दी। उन्होंने बताना शुरू किया कि थोड़ी-सी असावधानी से बड़े-बड़े लोग भी गल्तियां कर बैठते हैं। उन्होंने उद्धरण देकर बताया कि कैसे मार्क्स ने अपनी शुरू की धारणाएं बाद में बदलीं। इसी क्रम में उन्होने यह भी बताया कि क्रांति पश्चिमी देशों में न होकर पूर्वी देशों

में क्यों हुई, रूस की क्रांति के लिए कौन-कौन-से तत्व जिम्मेदार थे। और इन सब बातों का विस्तृत विवेचन करते हुए वह कौटिल्य के 'अर्थशास्त्र' की मीमांसा पर आ गये। कौटिल्य के 'अर्थशास्त्र' में निहित भौतिकवाद का विश्लेषण सुनकर लगा कि हम भी क्या खाक पढ़े-लिखे भारतीय हैं, जो अपने घर की बात भी नहीं जानते।

और आगे जो चर्चा चली, तो 'आइने-अकबरी,' 'बाबरनामा' और...।

और बस समझ लीजिए कि टेप-रिकार्डर की कमी कैसी खटकी उस वक्त!

# पुराने कलाकार : नयी मुलाकातें

**धनवंत कुमारी शर्मा**

आगरा अनुभूतियों से भरी एक ऐसी नगरी है जिसके लिए मेरा आकर्षण सदा ही बना रहा है।

28, 29 और 30 सितम्बर 1985 को आगरा में इप्टा (इण्डियन पीपुल्स थियेटर) का राष्ट्रीय सम्मेलन होने जा रहा था। मुंशीजी वहां जा रहे थे। इप्टा से कुछ पुराना सम्पर्क होने के कारण मेरा मन भी हुआ कि आगरा जाऊं। अत: 29 ता. रविवार को ताज एक्सप्रेस से चलकर हम लोग 10.10 बजे सुबह न्यू राजामण्डी स्टेशन पहुंच गये।

स्टेशन से 7 न्यू शाहगंज के लिए हमारा रिक्शा दिल्ली गेट के पास से दाहिनी सड़क पर मुड़ा ही था कि एक बड़े बैनर पर लिखा नजर आया—'भारतीय जन नाट्य संघ का राष्ट्रीय सम्मेलन'। यह बैनर एक धर्मशाला के ऊपर लगा था। मुंशीजी 'एक मिनट' कहकर धर्मशाला में घुस गये, और हम लोगों के आने की खबर देकर जल्द ही लौट आये।

सम्मेलन स्थल का पता चल ही गया था। अत: हम निश्चिंत होकर सीधे 7 न्यू शाहगंज पहुंचे। रविवार होने के कारण वहां सभी लोग घर में थे। बातचीत हुई। चाय-नाश्ते के बाद आगे का प्रोग्राम बना।

मेरा प्रोग्राम था कि रविवार होने के कारण शीतला गली में भी सब लोग घर में मिल जायेंगे; अत: काशी, रमेश, भाभी, रवि आदि, सभी से मिलकर शाम तक मैं शाहगंज आ जाऊंगी; मुंशी कन्वेंशन में चले जायेंगे।

प्रोग्राम के अनुसार हम दोनों शाम को फिर घर आ गये। खाना खाया। खूब गप्पें कीं। यहां चौबे भैया के घर मुझे महसूस हुआ कि घर के सभी कार्य बंटे हुए हैं। अविनाश, अरविन्द, अज्जू, भाभी, भैया—सभी लोग गृहकार्य में हाथ बंटाते हैं। खाना परसना, बिस्तर लगाना, चाय-नाश्ता बनाना आदि सभी कार्य सहयोग से होते हैं। सब लोग मिलकर टी. वी. भी देखते हैं तथा अपने-अपने रिमार्क्स देते हैं। और 'सचेतक' में सभी की रुचि है। भैया ने अपना लेख जल्दी भेजने

का आश्वासन दिया था। रात का खाना खाने के बाद हम भाभीजी के साथ थोड़ा घूमने भी गये। रात काफी हो गयी थी। अतः सो गये।

दूसरे दिन 30 ता. को सुबह 9 बजे मैं भी धर्मशाला गयी। हमें आश्चर्य हुआ कि 9 बजे जो सेशन शुरू होने वाला था, उसका क्या हुआ? ज्ञात हुआ कि सभी लोग पिक्चर देखने गये हैं तथा हम भी यदि वहां चले जायें तो हमें प्रवेश मिल जायेगा तथा हम पिक्चर भी देख सकेंगे और जिनसे मिलना चाहें, मिल सकेंगे। हम लोग भनभना रहे थे कि यह क्या माजरा है! खैर, हम लोग पिक्चर देखने नहीं गये। और जो लोग वहां बैठे थे उनसे बातचीत करते रहे।

इनमें एक सज्जन पटना के थे। उन्होंने मुंशीजी का परिचय पाते ही 'घर की बात' का जिक्र छेड़ दिया। मुंशीजी को शकल-सूरत से वह नहीं जानते थे, मगर वैसे परम परिचित निकले। वह कह रहे थे: "आप पटना चलिए, वहां आपकी बड़ी जरूरत है।" और फिर: "बताइए कब आयेंगे?" और मुंशीजी, अपनी आदत के अनुसार "हां-हां...! आऊंगा जरूर...! अभी तो ज़रा कुछ काम में फंसा हूं!... मैं चिट्ठी लिख दूंगा आने से पहले...!" इसरार के उत्तर में इकरार-इन्कार, इन्कार-इकरार का अनोखा संगम।

कुछ अन्य लोगों से भी बातचीत हुई। एक बिहारी युवक बता रहे थे, "वहां की अछूतों की हालत जो आप सुनते हैं, अतिशयोक्ति नहीं है। जो बातें आप फिल्मों और अखबारों से जानते हैं, उनसे भी ज्यादा लोमहर्षक घटनाएं वहां की सच्चाई हैं।"

वह बलिष्ट, हंसमुख, आत्मविश्वास से भरपूर नौजवान हमें कहीं भी पस्त-हिम्मत नहीं दिखा। उसे जनता के संघर्ष की जीत में एक अटूट विश्वास था।

एक तरफ एक लम्बी मेज के चारों तरफ पड़ी कुर्सियों पर कलकत्ता, केरल, मद्रास, आदि से आये कुछ महिला व पुरुष डेलीगेट्स बैठे अपनी-अपनी भाषाओं में बातचीत में मशगूल थे।

एक डाक्टर नौजवान मिले। वह अपना भाग्य भारत में उदय होता नहीं देखकर विदेश जाकर भाग्य आजमाना चाहते थे। उन्हें सरकारी अस्पतालों में नौकरी नहीं मिली। अपना क्लिनिक खोलने को पैसा नहीं, अतः चक्कर लगा रहे हैं—किसी की बैंकिंग मिल जाये, तो बाहर जाकर कुछ करें!

एक सज्जन ने बताया: "आजकल बहुत से लोग पोलिटिकल सफरर्स का सर्टिफिकेट प्राप्त करने को भटक रहे हैं। इसे लेने में बड़े पापड़ बेलने पड़ते हैं। पहले किसी मान्यता प्राप्त पोलिटिकल सफरर से अपने पोलिटिकल सफरर होने का प्रमाण-पत्र लाना होता है! इस अल्प राशि को प्राप्त करने के लिए भी लोगों का जमघट लगा हुआ है। इस सर्टिफिकेट में अब नाम मात्र को भी सम्मान नहीं रहा!"

यहां जो भी मिला, अपनी ताजा खबरों से भरा मिला। कुछ ही देर में पता चला कि पिक्चर खतम हो गयी है, अब सेशन शुरू होगा। यह भी ज्ञात हुआ कि एम. एस. सथ्यु द्वारा निर्देशित 'सूखा' पिक्चर दिखायी गयी थी। इसे खास तौर पर डेलीगेट्स के लिए प्रदर्शित किया गया था।

नौकरशाही के चेहरे से नकाब उतारने वाली यह पिक्चर सथ्यु का ऐसा प्रयास है, जिसका सीधा सम्बन्ध 'जन नाट्य संघ' के बुनियादी सिद्धांतों से है।

समय बीतते देर ही कितनी लगती है। थोड़ी देर में देखा कि सथ्यु साहब, ए. के. हंगल, श्रीमती दीना पाठक, कैफी आजमी, श्रीमती शौकत आजमी, पाथेर पंचाली की नायिका, आदि के साथ राजेन्द्र रघुवंशी, उनकी पत्नी श्रीमती अरुणाजी, उनके दोनों पुत्र, उनकी पुत्री, जमाई, अपने रमेश, सुमन, बॉबो, पप्पू आदि चले आ रहे हैं। और भी लोग। कानपुर, बम्बई, मद्रास, केरल, बिहार, आंध्र प्रदेश से आये प्रतिनिधियों का रेला—आपस में बातचीत करता, मिलता-मिलाता, धर्मशाला में प्रविष्ट हुआ।

सथ्यु साहब एक लम्बा कुर्ता-पाजामा पहने, कंधे पर एक साधारण झोला लटकाये थे। लम्बा कद। तीखे नाक-नक्श। लम्बे सफेद बाल। सफेद दाढ़ी। वह सहज रूप में लोगों के बीच घूम-फिर रहे थे। सबसे बातचीत कर रहे थे। यहां कोई फोटोबाजी नहीं, कोई लफ्फाजी वाले जमघट नहीं। किसी के चेहरे पर बनावटी प्रभामंडल वाला घेरा नहीं। हां, पुराने परिचितों से हम लोग जरूर कुछ गर्मजोशी से मिल रहे थे। मुंशीजी ने कैफी आजमी व शौकत आजमी से मेरा परिचय कराया। कैफी कुछ थके नजर आये। अरुणाजी ने देखते ही मुझे गले लगा लिया और फिर पुरानी चर्चाओं का सैलाब उमड़ पड़ा। राम विलास भैया द्वारा भेजा शुभकामना संदेश कन्वेन्शन को मिल चुका था, अतः अरुणाजी ने बताया कि उसे पाकर लोग प्रसन्न हैं।

अब सेशन शुरू हुआ। सभापतित्व संभाला सथ्यु साहब ने और संचालक का कार्य कैफी आजमी ने। इस सेशन का विषय था सभी प्रदेशों की 'रिपोर्ट्स'। एक सज्जन ने उत्तर प्रदेश की रिपोर्ट पढ़ी। यह रिपोर्ट लम्बी थी तथा हिन्दी में पढ़ी गयी थी। उसके बाद एक मलयाली महोदय से वहां की रिपोर्ट देने के लिए कहा गया। मलयाली महोदय जब रिपोर्ट देने खड़े हुए तो उन्होंने पहला मुद्दा यही उठा दिया कि पिछली रिपोर्ट उनकी बिल्कुल समझ में नहीं आयी क्योंकि वह हिन्दी नहीं जानते, दक्षिण के और भी कई डेलीगेट्स हिन्दी नहीं जानते, हिन्दी न समझने व बोलने वालों की असुविधा का ध्यान क्यों नहीं रखा जा रहा? उनकी इस बात से काफी लोग भड़क उठे। अंग्रेजी अथवा हिन्दी को माध्यम बनाने का विवाद बढ़ने लगा। किन्तु कुछ ही देर में सथ्यु साहब ने बड़े ही संयत रूप से इस विवाद को यह कहकर समाप्त कर दिया कि "आप अपनी रिपोर्ट किसी भी भाषा

में पेश करें; कोई बात किसी की समझ में न आये तो वह पूछ सकता है।" रिपोर्टस् पेश की गयीं—कलकत्ता, बिहार, उ. प्र., आंध्र प्रदेश, पंजाब आदि की। रिपोर्ट्स संक्षिप्त थीं। अधिकांश हिन्दी में ही।

रिपोर्टस् के बाद हंगलजी से अपने विचार प्रकट करने का आग्रह किया गया। हंगल साहब ने अंग्रेजी-हिन्दी माध्यम की समस्या पर हल्की छींटाकशी करते हुए कहा : "भई, मैं तो हिन्दी में नहीं बोल सकता और अंग्रेजी भी मेरी ऐसी ही है। गला मेरा खराब है। सो, अंग्रेजी-हिन्दी मिला कर ही कुछ बोलूंगा। मुझे माफ करना।...मैं इप्टा से सदा ही जुड़ा रहा हूं। बलराज साहनी को मैं अपना गुरु मानता हूं। हम तो कलाकार हैं। हमें अच्छे नाटक, अच्छे रोल मिलें, तो अच्छा लगता है। जो सांस्कृतिक कार्यक्रम कल दिखाये गये थे, वे बहुत घटिया थे। हमारी नाट्य कला का स्तर ऊपर उठना चाहिए।" आदि।

श्रीमती शौकत ने सम्मेलन की सफलता की कामना की।

इसके बाद श्रीमती दीना पाठक ने कहा : "हमें भाषाई भेदभाव को नहीं उठाना चाहिए। अच्छे नाटक लिखे और खेले जाने चाहिए। नाटकों को सामाजिक कथावस्तु लेकर चलना चाहिए। सामाजिक नाटकों का प्रभाव ज्यादा होता है। हम इसमें जो सहयोग दे सकेंगी, जरूर देंगी।"

कैफी आजमी ने सेशन का समापन करते हुए कहा : "मैं तो कवि हूं। कविता पेश कर सकता हूं। मगर चंद बातें कहूंगा।" उन्होंने इस बात पर जोर दिया कि "प्रगतिशील लेखक संघ और जन नाट्य संघ में सम्पर्क बढ़े। जो नाटक लिखे जाते हैं, वे खेलने के लिए नहीं, बल्कि एक साहित्यिक विधा के रूप में लिखे जाते हैं। मंच का ध्यान रखकर, बोलचाल की प्रभावपूर्ण भाषा में, नाटक तभी लिखे जा सकेंगे जब लेखक और नाट्य कलाकार मिलजुल कर काम करेंगे।"

प्रश्न नुक्कड़ नाटकों की सार्थकता पर भी उठा था कि ये कहां तक कारगर हैं। कैफी आजमी ने इनका लाक्षणिक अर्थ खुलासा करते हुए बताया कि ये नाटक ऐसे चौराहे पर खड़े नाटक हैं जो हमें दिशा-निर्देश करते हैं कि इधर मुड़ो, उधर नहीं। नाटकों का मूल उद्देश्य दिशा-निर्देशन है; शैली चाहे व्यंग्यात्मक हो, चाहे कोई अन्य। इनका महत्व कम नहीं आंका जा सकता। कम समय, कम तैयारी, कम स्टेज-सज्जा में खेले जाने पर भी, इनका प्रभाव जनता के बीच बहुत गहरा होता है।

कैफी आजमी से पहले एक अन्य सज्जन ने अपनी रिपोर्ट में संस्कृत से अनूदित नाटक खेले जाने का हवाला देते हुए कहा था कि हमारी भारतीय संस्कृति बहुत विस्तृत व भरपूर है, इसे नजरअन्दाज नहीं कर सकते। कैफी आजमी ने उनकी बात की पुष्टि की और कहा कि अन्य भाषाओं में बिखरी हुई परम्पराएं व संस्कृतियां, जो आज भी जीवंत हैं, बटोरी जानी चाहिए। उनसे अच्छे अनूदित

नाटक तैयार करने चाहिए।

अब सथ्यु साहब से आग्रह किया गया कि वह अपने विचार प्रस्तुत करें। सथ्यु साहब ने बताया कि अच्छे कथानकों को लेकर फिल्माने में आर्थिक लाभ की बात सोचना अभी संभव नहीं; ऐसी फिल्मों को टी. वी. पर दिखाने के लिए भी संघर्ष करना पड़ता है। उन्होंने गर्म हवा, आक्रोश, मंथन, सद्गति, एक रुका हुआ फैसला, चक्र, पार, दामुल, पार्टी, अर्धसत्य—जैसी फिल्मों में से कुछ का हवाला दिया। हमारी आंखों के सामने इन पिक्चरों के साथ ही उनके निर्माताओं और कलाकारों का संघर्ष भी घूम गया।

अब हम लोग खाना खाने चल दिये। यहां बड़ा आत्मीय वातावरण था। दीना पाठक एक अंगीठी के पास बैठी अपनी प्लेट में खाना लेकर खा रही थीं : साबुत मसूर, टिण्डे, दही-बड़े, चटनी, पापड़। पूर्णतः शाकाहारी व स्वच्छ भोजन।

सब एक-दूसरे से बातें करते, हाथों में प्लेटें लिये, भोजन कर रहे थे! शोर-शराबा बिलकुल नहीं था। यहीं सब फिल्मी कलाकार व देहाती कलाकार, बिना किसी भेदभाव के, एक-दूसरे से कुछ लेने-देने की कोशिश में थे।

हां, दीना पाठक से बातचीत में मैंने पूछा कि क्या उन्हें अपना 1949 में आगरा आना याद है? उन्हें याद था। मैंने उन्हें स्मरण कराया कि उन्होंने शंकर शैलेन्द्र का गीत 'सोजा लाल मेरे' गाया था। उन्हें वे दिन बखूबी याद थे!

किसी ने टी. वी. के धारावाहिक नाटक 'हम लोग' के अभिनेता 'खान' से कहा : "आप 'हम लोग' में कुछ बुजुर्ग लगते हैं। पर आप तो नौजवान हैं।" 'खान' ने हंसते हुए कहा : "उसमें मैं दब्बू पुलिस अफसर जो बना हूं!"

कुछ और लोगों से मिलकर तथा सबसे विदा लेकर, हम लोग न्यू शाहगंज लौट आये। भैया, भाभी, अविनाश, अरविन्द, अजय सबके साथ मिलकर खाना खाया। भैया व मुंशी की, मेरी व भाभीजी की बातें होती रहीं! सांस्कृतिक कार्यक्रम देखने जाते, तो भैया-भाभी और बच्चों के साथ गपशप न कर पाते। अतः शाम को घर पर ही रहे।

अगले दिन सुबह 6.30 की बस से हम दिल्ली के लिए चल दिये।

# हमारा आगरा : एक नजर फिर

**धनवंत कुमारी शर्मा**

तेरे दामन से जो आयें, उन हवाओं को सलाम।

एक युग बीत गया आगरा छोड़े। आप कहेंगे, "अरे कहां, साल में एक-दो चक्कर तो आप लगा ही आती हैं; इतना झूठ मत बोलिये।"

पर मैं झूठ नहीं कहती। तब वह आगरा अपना आगरा था। वहां की सड़कें, गली-कूचे, इमारतें, मंदिर, नदी-तालाब, बाग-बगीचे, इन्सान—सब अपने थे।

सूरज की पहली किरण जगाने की जगह और सो जाने को कहती थी, मगर छुट्टी के दिन कदमों को खींचकर घर के बाहर मैदानों में ले जाती थी। शामें मोटर-कार या घोड़ा-गाड़ी में बैठकर आगरे की सड़कों, इमारतों की सैर करने में गुजरती थीं। रातें 'चन्द्रकांता सन्तति', 'काला चोर' और 'गुलबकावली' के किस्से सुनने में बीतती थीं। उसी आगरा के दामन की हवाओं को स्पर्श करने, एक दिन मैं फिर आगरा पहुंच गयी।

मुंशीजी के साथ 16 सितम्बर को ताज एक्सप्रेस से आगरा पहुंचे। ट्रेन से उतरते ही मुंशीजी ने कहा : "बोलो, पहले कहां चलना है? कहो तो गोवर्धन होटल में इन्तजाम कर दूं। वहां से जहां चलना चाहो, ले चलूंगा।"

खाली जेब होटल में रुकने का हौसला मुंशीजी ही रखते हैं। मुझे विश्वास था कि वह ऐसा कर भी सकते हैं। पर उनके इस 'चमत्कार' के लोभ में न आकर, अच्छी धर्मपत्नी के नाते मैंने कहा : "पहले भैया के घर चलो। चाय पीकर प्रोग्राम बना लेंगे।"

7 न्यू शाहगंज के गलियारे के दरवाजे से (जो भिड़का हुआ था) भाभीजी की आवाज आ रही थी। अविनाश की बिटिया रुचिकाजी की तेल मालिश करते समय उन्हें दुलराया जा रहा था। बाहर से हमने नन्हीं बिटिया को दुलराया। खैर, अन्दर पहुंचे; चाय-नाश्ता किया। भैया ने कहा : "हम आज दफ्तर से छुट्टी लिये लेते हैं। मुंशी से गपशप होगी।" मगर तय पाया गया कि वह दफ्तर हो आयें और हम इस बीच शीतला गली सबसे मिल आयेंगे।

अतः शीतला गली जाकर सबके घरों के कुशल-समाचार जानकर, मुंशीजी तो भैया के घर आ गये। मैं 9.30 बजे रात को अज्जू के साथ घर आयी।

17 तारीख को शनिवार के दिन मैं व मुंशीजी रिक्शा करके रावतपाड़े के मनकामेश्वर मन्दिर की तरफ चल दिये। वहां पहुंचने पर देखा, मन्दिर में विशाल आरती का आयोजन चल रहा था। सम्पूर्ण चेतना को सुप्त कर शिवजी की महान सत्ता में केन्द्रीभूत होकर बजने वाले घड़ियाल के साथ अनेक घण्टे-घंटियां बज रहे थे। अनगिनत दीपों से मंदिर जगमगा रहा था और तिलकधारी पण्डितगण बड़े-बड़े प्रज्ज्वलित दीपों से विशाल नेत्रों वाले, गौरवर्णी, पुष्पालंकृत शिवजी की आरती उतार रहे थे। मन्दिर की भव्यता और गरिमा पूरे उभार पर थी। वातावरण पूरी तरह से स्पन्दित था।

लेकिन तभी अचानक मुझे 1947 के आसपास के वे दिन याद हो आये, जब हमें सुनने में आता था कि 'हर हर महादेव' की आवाज यहीं से उठकर सभी मंदिरों में पहुंचती है और दूसरी तरफ पास में बनी जामा मस्जिद से 'अल्लाहू-अकबर' के नारे शुरू होकर सभी मस्जिदों में पहुंचते हैं। हिन्दू-मुस्लिम बस्तियां कांप जाती थीं और दंगे होने की खबरों से आतंकित जन-जीवन घर के दरवाजों-खिड़कियों में बन्द होकर अजब किस्म की घुटन से भर जाता था। मुझे पिताजी की याद हो आयी, जो दंगों को रोकने के लिए नंगे पैर ही घर से दौड़ पड़ते थे। रोग-ग्रस्त शरीर होने पर भी, आठ बच्चों के बाप होने पर भी, अपनी वकालत के बुलन्द बूते पर ही वह दोनों तरफ से फिरकापरस्तों को कड़ी चेतावनी दे आते थे : "शैतानो, कचहरी में देख लूंगा।" उनके व्यक्तित्व के प्रभाव को प्रायः सभी मानते थे तथा कुछ हद तक शान्त हो जाते थे।

वैसे, रावतपाड़े की और भी यादें हैं। हर समय दालों, मसालों की कुटाई-पिसाई होने के कारण हवा में धुंध के साथ-साथ धांस समायी रहती थी। छींकें आना, खांसी आना, आंखों से पानी बहना शुरू हो जाना—यहां की पुरानी सौगातें हैं, जो अब भी आपकी खातिरदारी में हाजिर हैं। चूरन, चटनी, अचार, मुरब्बे का मार्केट दिल्ली के खारी बावली बाजार का छुटभैया ही समझिये।

हमने रावतपाड़े से घर की तरफ पैदल राह पकड़ी। अब हम किनारी बाजार में थे। श्यामलाल बैकुण्ठलाल की कपड़े की दूकान को देखने की कोशिश की, मगर दिखी नहीं। दूकान के सामने हमारी कार बड़ी मुश्किल से ही खड़ी हो पाती थी, अतः दूकानदार स्वयं ही साड़ियों की गठरी लेकर आ जाता था। उसे भी याद कर लिया।

अब हम लोग सेब के बाजार की तरफ मुड़ चले—फुलट्टी बाजार छोड़ दिया। वहां की भी बहुत-सी यादें लिपटी हैं; पन्नी गली, माईथान, सब छोड़ देना पड़ा। सेब का बाजार, जो अब आजाद मार्केट है, पुराना परिचित स्थल है। मोड़ से

थोड़ा आगे लक्ष्मीनारायण गयाप्रसाद एण्ड सन्स पुस्तक विक्रेता की बड़ी दूकान दिखी, मगर बड़ी संकुचित-सी। पुरानी स्मृति को धक्का-सा लगा। यहां से हम अपनी सारी जरूरतें (स्कूल सम्बन्धी) पूरी करते थे। किंग रीडर (जिसमें कैन माने सकना ही लिखा था) से लेकर डडले स्टैम्प की ज्यौग्रफी, शरीर विज्ञान के चार्ट्स, शार्पनर्स आदि तक। अन्य कोई दूकान ऐसी नहीं थी जहां सब-कुछ एक जगह मिल जाये। सो, बड़ा लगाव था इस दूकान से। अब बस नजर भर देख लिया और सब्र किया।

दाहिनी ओर गिर्जाघर दिखा। यही था हमारा पहला स्कूल। बड़ी बहनजी और पम्मो बहनजी का नाम तब यहां चन्दो, तारो, था। बाद में हम भी यहीं दाखिल हुए। बड़ी उस्तानी का घर कम्पाउण्ड में ही था। उनके घर मुर्गे-मुर्गियां बहुत थे। उनकी सदा स्नेहपूर्ण मुद्रा अब भी याद है। स्कूल की 'हेड' थीं, पर पढ़ाती थीं नये दाखिल 'अ' कक्षा के बच्चों को।

इस ईसाई स्कूल में पढ़ाई अच्छी थी। मारना वर्जित था। सजा कोने में मुंह करके खड़े होना या स्टूल पर खड़े होना भर थी। यहां के कम्पाउण्ड में पॉपकार्न (मक्की के फूले) की खुशबू हर समय आती रहती थी। जंगल जलेबी का एक पेड़ था जिसकी जंगल जलेबी हम लोग खूब खाते थे।

खैर, गिर्जाघर के कम्पाउण्ड पर एक नजर डाली और नूरी दरवाजा, अस्पताल रोड, होते हुए हम लोग किदवई पार्क की तरफ चल दिये जहां राजेन्द्र रघुवंशी (उत्तर भारत में जन नाट्य संघ के प्रमुख स्तम्भ) रहते हैं। राजेन्द्र रघुवंशी की पत्नी अरुणाजी मेरे साथ काम कर चुकी हैं। उनका बहुत दिनों से निमंत्रण था कि मैं कुछ दिन उनके पास रहूं। रहना तो सम्भव नहीं था, पर उनसे मिल आना उचित समझा।

अरुणाजी और राजेन्द्र रघुवंशी मेरे आगरा निवास में राजनीतिक संघर्ष के उन दिनों के साथी रहे हैं, जब हमारे लिए घर की छतों और दीवारों के पीछे रहना अथवा सड़क और आसमान के तले ही आशियाना बना लेना—सब बराबर था।

खैर, वे लोग हमें अपने घर में ही मिले और मिलते ही औपचारिकता की सारी दीवारें ढह गयीं। रघुवंशीजी की दोनों पुत्रवधुएं आयीं और राजेन्द्रजी ने परिचय कराया : "हम गहरे दोस्त हैं—चारों"। बहुओं ने पैर छुये। चाय-नाश्ता लायीं। खाना लाने की तैयारी करने लगीं। हमने कहा, "खाना भैया के घर जाकर ही खाना है।"

रघुवंशीजी के बड़े कमरे में एक तरफ की दीवार पर बलराज साहनी की एक बड़ी पेंटिंग टंगी थी। एक बड़ी टेबिल के पीछे एक बड़ी तस्वीर (पेंटिंग) और थी। पता चला यह रांगेय राघव की है, जिसे बनाने वाले घनश्याम अस्थाना थे।

राजेन्द्रजी के साथ के वे संस्मरण उभर आये जब वह बिना रिहर्सलों के,

बिना तैयारी के, मंच पर अपनी कला का प्रदर्शन करते थे। खुद नाटक रचते, गीत लिखते तथा पहुंच जाते जनता के बीच। एक बार जूता मजदूरों की बस्ती में एक नाटक प्रस्तुत करना था। परदे के पीछे से प्रौम्पटिंग करने का काम मुझे सौंपा गया था। (रिहर्सल अच्छी तरह नहीं हो पायी थी; कलाकार अपने-अपने रोल तो जानते थे, पर डायलॉग्स रटे नहीं थे)। प्रौम्पटिंग के सहारे नाटक चल रहा था। खूब जम भी रहा था। तभी यकायक बिजली गुल हो गयी। सौभाग्य से उस समय चल रहे दृश्य में राजेन्द्रजी मंच पर थे। उन्होंने अपने डायलॉग को अन्धकार पर ही ऐसा मोड़ देकर बोला, कि दर्शक यही समझे कि बिजली का गुल होना भी नाटक का ही अंग है। कतई कोई शोर-शराबा नहीं हुआ। हम रघुवंशीजी की इस तत्परता और तात्कालिक कला पर अत्यन्त चकित थे। कुछ समय बाद बिजली आ गयी तथा नाटक पूर्ववत चलता रहा।

राजेन्द्रजी के परिवार से मिलकर बड़ी खुशी हुई। मेरे यह कहने पर कि आंखें खराब होने से मैं अब कुछ असमर्थता महसूस करती हूं, उन्होंने कहा : "अरे आप हमारे वर रह जाइये। बहुत काम है यहां आपका।" अरुणाजी सेण्ट-जॉन्स में और पुत्रवधू सेंट-जौजियस में टीचर हैं। दूसरी पुत्रवधू भी कार्यरत है। शादियां गैर-जातियों में खूब समझदारी से की गयी हैं—रूढ़िवादिता को पूरी तरह से रौंद कर, नयी समझदारी से। तो, यह भी एक झलक उस आगरा की है, जो जीवन्त है, स्फूर्तिदायक है।

यहां से हम अपने घर आये। अज्जू से, अनिता से और भाभीजी से, जी भर बातें कीं। आगरा में पी. पी. एच. की एक नई दूकान खुली है। मुंशीजी वहां हो आये। शाम को टी. वी. देखा। चौबे भैया को अगले दिन यानी रविवार 18 ता. का प्रोग्राम बताया—"हम लोग कैलाश, सिकन्दरा, सूरजभान की बगीची आदि देखना चाहते हैं।" मुंशीजी ने भैया से कहा कि धन्नो का इन स्थानों से बचपन से लगाव रहा है तथा एक बार फिर ये स्थान देख आना चाहती हैं। भैया ने कहा : "कल अविनाश की छुट्टी है। अज्जू भी घर में हैं ही। दोनों के दो स्कूटरों पर जाओ, तो समय की बचत होगी।"

दूसरे दिन सुबह, 6.15 बजे हम नहा-धोकर तैयार थे। अविनाश ने मुझे और अज्जू ने मुंशीजी को स्कूटर पर बैठाया और ठंडी हवाओं का आनन्द लेते हुए हम कैलाश की तरफ चल पड़े।

कैलाश में जमुना के किनारे एक घाट पर बना हुआ शिवजी का एक मन्दिर है। घाट पर कई कमरे बने हैं जिनकी बालकनी में बैठकर नदी की लहरों को निहारा जा सकता है। कई गुमटियां भी हैं जहां बैठकर आप पिकनिक कर सकते हैं, साथ ही नदी का आनन्द भी ले सकते हैं।

छुट्टी के दिन अक्सर हम लोग (मां, बाप व बच्चे) यहां आकर दिन बिताते

थे। ईंट लाकर चूल्हा बनाते। पेड़ों की सूखी टहनियों से आग जलाते। मन्दिर के पुजारी से बटलोई, चकला-बेलन लाते और एक पंसारी से थोड़ा आटा-दाल-मसाला लाते। भाभो भी खूब थीं। कच्चे गूलर, सेमर डोंडे, तोड़ लातीं। बढ़िया खाना बनता जिसे पेड़ के पत्तों पर परसकर हम सब खाते। बाबूजी किसी गुमटी पर बैठकर गीता या अन्य कोई किताब पढ़ते। हम सारे दिन नदी के किनारे घूमते। झरबेरी के बेर, जंगली फूल-पत्ते तोड़ते।

कैलाश के मन्दिर से दाहिनी ओर एक और भवन था जहां एक गुफा के अन्दर शिवजी की मूर्ति थी। गुफा बड़ी साफ-सुथरी थी जिसमें केवल एक आदमी ही जा सकता था। बचपन में वह बड़ी आकर्षक लगती थी। अब पुजारी ने बताया कि वह नष्ट हो गयी है; वहां अब चिमगादड़ भरे हैं; अतः उस तरफ जाना निषिद्ध कर दिया गया है।

मगर कैलाश अब खण्डहर हो चुका है। वे साफ-सुथरे घाट, बाढ़ आने के कारण कीचड़ से भरे थे। सीढ़ियां टूटी पड़ी थीं। मन्दिर के प्रांगण में एक पत्थर का नन्दी है। इस बार उसे देखा तो बहुत छोटा लगा। पहले बहुत बड़ा लगता था।

अब हम कैलाश से लौटे और सिकन्दरा आये, जहां मुगल सम्राट अकबर चिर निद्रा में लीन है। सिकन्दरा की दीवारों पर लाल पत्थर में सफेद संगमरमर से सुन्दर बेल-बूटों का जड़ाव देखने लायक है। पूरी दीवारें ऊपर से नीचे तक बेल-बूटों से भरी हैं। अनेक डिजाइन्स हैं। मुगल कालीन कला की उस बुलन्दी पर आश्चर्य होता है। इमारत के चारों तरफ सुन्दर घास के मैदान हैं जिनमें हिरन, मोर, लंगूर अक्सर दिखायी दे जाते हैं।

इन पशुओं से बचपन में साक्षात परिचय हमें यहीं हुआ था। मोरों के पंख भी कहीं-कहीं पड़े मिल जाते थे। सेई के कांटे भी बटोर कर लाते थे। सेई के शरीर पर पांच-छः इंच लम्बे सफेद-काले-चिकने कांटे होते हैं। भाभी हमें कांटे बटोरने से सदा मना करती थीं। कहतीं : "सेई के कांटों से घर बरबाद हो जाते हैं।"

इस बार लंगूरों के पूरे के पूरे परिवार दिखे। छोटे, नन्हें, बच्चों को चिपटाये हुए झुण्ड के झुण्ड लंगूर बैठे थे।

सिकन्दरा से लौटते समय थोड़ी दूर पर ही एक बगीची है जिसका नाम 'सूरजभान की बगीची' है।

इस बगीची से हमारे परिवार का लगाव विशेष रूप से रहा है। एक बार भाभो को प्लेग हो गया था, तो बाबूजी भाभो को यहीं लाये थे तथा इसके फाटक के ऊपर बने एक कमरे में रहे थे।

इस बगीची में एक मन्दिर है। मन्दिर की दीवारों, खम्भों, महराबों सभी

पर सुन्दर मूर्तियां बनी हैं; गोवर्धन की कथा, अमृत-मंथन की कथा, आदि मूर्तियों में प्रदर्शित की गयी हैं। मन्दिर के पीछे एक विशाल तालाब है जिसमें उतरने के लिए चारों तरफ सुन्दर सीढ़ियां हैं।

यह मन्दिर का कला अनूठा नमूना है। यहां के पुजारी से मुंशीजी ने बातें कीं: पुजारी ने बताया कि किसी जमाने में सेठ सूरजभान ने इसे बनवाया था। उनके बाद कई पीढ़ियों तक यह उपेक्षित रहा। आजकल बगीची की सफाई, फाटक के पुर्ननिर्माण व मन्दिर की सफाई का काम चल रहा है। मैंने पूछा: "यहां एक कुआं था—क्या वह अभी है? बचपन में सिकन्दरा रोड से गुजरते समय हम उस कुएं का पानी जरूर पीते थे। बड़ा ठण्डा व मीठा लगता था।" उसने बताया कि कुआं बन्द करके उस पर हैंड-पंप लगा दिया गया है।

सूरजभान की बगीची के अहाते में घने पेड़ हैं। भाभो के साथ हम इन पेड़ों के झुरमुटों में घूमने निकल जाते। एक बार एक पेड़ पर सांप की पूरी केंचुल लटक रही थी जिसे हम घर ले आये थे। इन झुरमुटों में घुसते वक्त भाभो सांपों की बांबियां भी दिखाती थीं। खुद बिलकुल नहीं डरती थीं, पर हम तो डर जाते थे।

इस बार इस दिशा में सैर करते समय बहुत-सी पुरानी यादें ताजा हो आयीं। सावन के महीने में चारों सोमवार को शिवपूजन होता है। एक सोमवार को कैलाश में भारी मेला लगता है।

इन्हीं मेलों में जाते समय हम बहुत से खिलौने खरीदते थे। बहनजी सावन की मल्हार की किताब खरीदती थीं। ईसाई धर्म प्रचारकों के रूप में अपने स्कूल की टीचरें भी हमें वहीं दिख जातीं, जिनसे ईसा मसीह की कहानियों की पुस्तकें खरीद लेते। राष्ट्रीय नेताओं की तस्वीरें भी खरीदते। मुझे याद है कि कमला नेहरू की मुझे अपने घर की बैठक में लगी तस्वीर बहुत प्रिय थी। लेकिन नाम विजय लक्ष्मी अच्छा लगता था। कमला नेहरू को बचपन में मैं विजय लक्ष्मी समझती थी। तब मेले में मैंने पुस्तक विक्रेता से कहा, "विजय लक्ष्मी की तस्वीर दे दो।" उसने ठीक तस्वीर दे दी। पर मैं तो कमला नेहरू की तस्वीर चाहती थी, इसलिए मुझे बड़ा ताज्जुब हुआ। धीरे-धीरे अन्तर समझ में आया।

अविनाश और अज्जू ने जिस सावधानी से हमें कैलाश, सिकन्दरा वगैरा घुमाया उसके बारे में क्या कहूं। उनके साथ घूमना बहुत ही निरापद और सुखद लगा।

आखिर यह सूझ चौबे भैया की ही तो थी।

# कनाडा में थर्ड वर्ल्ड फिल्म फेस्टिवल

**विजय मोहन शर्मा**

यहां पर मार्च के आखिरी सप्ताह में एक Third World Film Festival हुआ था। यह एडमन्टन लर्नर सेंटर ने कई और संस्थाओं की मदद से आयोजित किया था। एक फीचर फिल्म के अलावा लगभग 25-30 फिल्में और दिखायी गयी थीं।

उद्घाटन किया था Mr. Dong Roche, M.P. ने जो निरस्त्रीकरण समर्थक अपने विचारों के लिए जाने जाते हैं। उद्घाटन के साथ ही मिस्टर ईशु पटेल, जो कनाडियन फिल्म बोर्ड के साथ काम कर रहे हैं, की फिल्म Top Priority दिखायी गयी। ईशु पटेल खुद भी आये हुए थे और उन्होंने अपनी फिल्म के बारे में बताया।

यह एक 10 मिनट की सवाक फिल्म थी जिसमें एक गांव का चित्र है। अकाल पड़ा हुआ है। लोग सरकारी मोटर का, जो आकर कुआं खोदेगी, इंतजार कर रहे हैं। गांव वालों की गायें मरने लगी हैं। अन्ततः एक लॉरी आती है, जिसमें फौजी लोग बैठे हैं और पीछे बन्दूकें-तोपें आदि लदी हैं। गांव वालों के पूछने पर वे बताते हैं कि कुआं खोदने की लॉरी अब नहीं आयेगी क्योंकि अब युद्ध की तैयारी ही Top Priority है। लोगों ने फिल्म देखकर देर तक तालियां बजायीं।

जो फीचर फिल्म दिखायी गयी थी, उसका नाम था Burn। इसमें मशहूर एक्टर मार्लन ब्रांडो ने एक्टिंग की है। कहानी 1830 की घटनाओं पर आधारित है। Tropical Islands, Queimada में पुर्तगाली लोग वहां के रहने वालों को गुलाम बनाकर बेगार करवाते हैं, गन्ने पैदा करने के लिए। Sir William Walker नाम के अंग्रेज ने लोगों के साथ मिलकर विद्रोह करवाया। पुर्तगालियों को भगाने के तुरन्त बाद, उन्होंने अपना सही रूप दिखाया। स्थानीय छापामारों को किस बेरहमी से खेत, गांव जलाकर बाहर निकाला गया और जंगली कुत्तों की मदद से मारा गया—बड़ी अच्छी तरह दिखाया गया है। यह फिल्म 1970 में बनी थी। Central America में हो रही Civil War में ऐसे ही हथकंडों का उपयोग किया गया है। हर फिल्म दिखाये जाने के बाद एक Resource Person

बहस, या प्रश्नों के उत्तर के लिए उपलब्ध रहता।

इसके अलावा जो फिल्में अच्छी थीं, उनमें से एक का नाम है : To sing our own song. यह फिलिपाइन्स में प्रेसीडेंट मार्कोस और उनके राजसी परिवार द्वारा आम जनता पर किये जा रहे अत्याचार की कहानी है; यह BBC द्वारा बनायी गयी फिल्म है, जिसमें वहां के भूमिगत आंदोलन और छापामारों के नेताओं के इन्टरव्यू हैं।

किस प्रकार जंगी सामान 'मदद' में देकर अमरीकियों ने अपने जहाजी बेड़ों और न्यूक्लियर-वार-हेड्स के लिए जगह ले ली है; अपना उल्लू सीधा करने के लिए जनता को कैसे बेवकूफ बनाया जाता है; जहां कहीं किसी ने सिर उठाया, उसे कैसे फौजी ताकत से दबा दिया गया—यह सब उसमें है। कुछ बड़े करुणा-जनक दृश्य हैं फिल्म में। एक लड़का उस दृश्य का वर्णन करता है, जब उसके सामने फौजियों ने उसके बाप को मारकर उसके सिर से फुटबाल खेली। वह लड़का पेड़ पर चढ़ा हुआ था। उसके बाप पर छापामारों को शरण देने का शक था।

फिल्म में एक Human Rights Lawyer ने कमेन्टरी दी है।

फिल्म बड़े Optimistic नोट पर खत्म होती है। President की पत्नी किसी आवास व्यवस्था का उद्घाटन करने जाती हैं। बच्चों को इस विशेष अवसर के लिए एक गाना याद कराया गया है। उदघाटन के बाद कैमरा उस कॉलोनी के पीछे की तरफ जाता है, जहां 'स्लम्स' दिखायी देते हैं और Commentator कहता है : "वह दिन शीघ्र आयेगा जब हम अपने गीत गा सकेंगे।"

यासर अराफत और PLO आंदोलन पर एक फिल्म थी, लेकिन पिछले इस्राइली आक्रमण से पहले की बनी हुई।

Back to Kampuchea में कम्पूचिया की स्थिति पर प्रकाश डाला गया है।

दो-तीन फिल्में दक्षिण अफ्रीका की रंगभेद नीति और वहां हो रहे अत्याचारों पर आधारित थीं। देखकर हैरानी होती है कि वहां सभी बड़े औद्योगिक घरानों की फैक्टरियां हैं और उनका 'इन्टरेस्ट' है। श्रमिक, जो वस्तुतः गुलाम हैं, लगभग मुफ्त में काम करते हैं। परिवारों को मीलों दूर अलग छितरे समूहों के तौर पर बसा रहे हैं, ताकि कोई विद्रोह की सम्भावना न रहे। जहां काम करते हैं, वहां bachelor accomodation दे देते हैं (एक कमरे में आठ आदमी)।

फिल्में देखकर लगता है कि जब तक इन तमाम देशों और औद्योगिक घरानों का अपना इन्टरेस्ट है, दक्षिण अफ्रीका का बहिष्कार सिर्फ ढकोसला है!

इन फिल्मों को देखकर (लिस्ट लम्बी है) यह भी लगता है कि हम लोगों को जितना राजनीति और अर्थशास्त्र का ज्ञान कराया जाता है, वह काफी नहीं है। जब तक लोग यह नहीं समझेंगे की जड़ कहां है, prosperity/backwardness की वजह क्या है—वे बेवकूफ बनते रहेंगे।

# इंग्लैंड में क्रिसमस : नेत्रहीनों का त्यौहार

**कुसुम**

यहां क्रिसमस का त्यौहार धूमधाम से मनाया जाता है। लोग एक-दूसरे को उपहार देते हैं, खाने पर बुलाते हैं, घर की साज-सज्जा बढ़ जाती है और क्रिसमस वृक्ष का शृंगार करके, लाइट्स आदि लगाकर, घर की शोभा बढ़ाते हैं। यहां क्रिसमस पर, चर्चों में प्रार्थना के गीत ऊंची आवाज में गाये जाते हैं और बाहर सड़कों पर अस्पतालों में और स्कूलों में 'कैरोल गीत' मोमबत्तियों के प्रकाश के साथ होते हैं। अतः इन सबसे वातावरण की शोभा बढ़ जाती है।

बाहर से देखने पर लगता है—सब सुखी हैं, सब सम्पन्न हैं। पर कभी-कभी अन्दर की झांकी मिलने पर दुःख और विलाप भी नजर आता है। कारण कि क्रिसमस कुछ लोगों के दर्द को उभार देता है, बिछुड़े हुए लोगों की यादगारें ताजा कर देता है। उनके लिए सांत्वना, प्रेम और बंधुत्व की जरूरत महसूस होती है। क्रिसमस की चहल-पहल उन्हें कांटे की तरह चुभती है।

एक क्रिसमस पर मेरे डिपार्टमेंट ने मुझसे प्रार्थना की कि मैं अंधे लोगों के उपहार उनके घर जाकर बांटूं ताकि उनकी जरूरतों के बारे में जाना जा सके।

इन विजिट्स को मैंने दोपहर 11.30 से शाम 4.00 बजे तक किया और सोचा कि इनके बारे में लिखूं।

पहली विजिट एक 26 साल की लड़की के यहां थी। वह बिल्कुल अंधी थी। पर देखकर आश्चर्य हुआ कि घरबार अच्छी तरह सम्भाले थी। आयरन बोर्ड पर आयरन कर रही थी। उसका अपना फ्लैट है; पर उसे सहायता अपनी मां से और 'होम-हेल्प' से मिलती है।

दूसरी विजिट में एक 58 साल का पुरुष था, जो अपनी पत्नी के साथ ऊपर के फ्लैट में रहता था। वह क्लर्क था। दोनों आंखों की ज्योति समाप्त हो जाने के

कारण, उसे पूर्वकालिक रिटायरमेंट मिल गया था। उसकी अपनी रुझानें पुस्तक चर्चाओं में, बॉडी-बिल्डिंग में और फिजिकल एक्सरसाइज में हैं।

तीसरा व्यक्ति घर पर नहीं मिला।

चौथी स्त्री एक 76 वर्षीय वृद्धा थी। वह अविवाहित थी तथा अपनी बहन के साथ रहती थी और घर से बाहर उसी के साथ जाती थी। उसने मुझे आवाज से ही पहचान लिया और कहा कि मैं इण्डियन हूं।

पांचवीं स्त्री एक 74 साल की महिला थी। उसका पति पूर्णतः अंधा था तथा हृदय रोग का मरीज था। वह रिटायरमेंट से पहले Blind Workshop में काम करता था। पति-पत्नी दोनों हर काम एक साथ करते थे। वे अपने पूर्वजों के मकान में रहते थे। उनके एक लड़की है, जो York में रहती है।

इन बातों का पता तब ही लगा, जब मैंने गिफ्ट दी। उसका दर्द उभर आया और काफी समय लगा उसकी बात सुनने और उसे समझने में। उसको आगे के जीवन के लिए कुछ सलाह भी दी, क्योंकि उसकी अपनी सेहत भी ठीक नहीं रहती। उसका अपना निर्णय है कि बेटी पर भार न डाले और अपने ऊपर निर्भर रहे।

छठी विजिट एक 16 साल की लड़की के घर थी। वह अपनी मां के साथ रहती है और कुछ ही समय पूर्व वह पूर्णतः अंधी हो गयी थी। मेरा उपहार उसे प्राप्त होने वाला पहला उपहार था।

सातवीं विजिट एक दम्पति के घर थी। पर वे लोग कहीं बाहर गये हुए थे—खरीदारी करने के लिए। पड़ोस की एक महिला ने बताया कि वे लोग सकुशल हैं।

आठवीं विजिट में एक 72 वर्षीय महिला मिली। उसकी दोनों आंखों में ज्योति नहीं थी। वह बताने लगी कि उसने सारे जीवन दूसरों की सेवा की। ठण्ड व पानी में काम किया। पति व लड़के लड़ाई के मैदान में मारे गये। अब अकेली है। फिर भी साहस है और जीवन से जूझ रही है।

नवीं विजिट एक 80 वर्षीय औरत के यहां थी। शरीर में और भी कष्ट थे। वह अपनी लड़की पर निर्भर थी। उसी की सहायता से जीवन बिता रही थी। लड़की करीब 60 साल की थी। उसका अपना घरबार था। उसे अपनी मां से प्रेम व लगाव था।

दसवीं विजिट में 89 वर्षीय पूर्णतः अंधी बूढ़ी मिली। जन्म से वह फ्रेंच थी। पति का देहान्त हो चुका था। उसके एक लड़की थी जो लन्दन के पास रहती थी और साल में एक या दो बार आती थी। हां, फोन पर प्रायः बातचीत हो जाती थी।

यह घर और बाहर का अपना काम आप ही करती थी। पड़ोस में जान-

पहचान है, मगर किसी का सहारा नहीं; 'होम हेल्प' भी नहीं। कभी-कभी उसे भी हुड़क उठती होगी कि अपने देश की अपनी भाषा सुने। उससे काफी बातचीत हुई।

ग्यारहवीं स्त्री 97 वर्ष की थी। पूर्णतः अंधी। उसे और भी बीमारियां थीं। पर बुद्धि और शरीर से वह अब भी जवान जैसी, चलने में लाठी का इस्तेमाल करती है। घर में 58 वर्ष के लड़के के साथ रहती है। अन्य लड़के-लड़कियां बाहर और विदेश में हैं।

उससे बातचीत करके लगा कि वह आजकल की समस्याओं के प्रति जागरूक है। घर में पुत्र को तथा 'होम हेल्प' वालों को Shopping आदि के लिए वही आदेश देती है।

बारहवीं स्त्री स्वयं तो अंधी थी ही, उसका पति भी दिल और फेफड़ों की बीमारी के कारण अस्वस्थ था। दोनों को एक-दूसरे के सहारे की जरूरत है। फिर भी वे जीवन के संग्राम में लगे हैं। एक लड़का है जो अच्छी पोजीशन पर है और घर आता-जाता रहता है। हां, एक लड़की भी थी उनके जो बड़ी अच्छी थी तथा अस्पताल में सीनियर नर्सिंग सिस्टर थी; किन्तु कैंसर के कारण एक वर्ष पूर्व उसकी मृत्यु हो गयी। क्रिसमस पर उसकी वर्षी के कारण उनकी स्मृतियां उभर आयीं और वे उसके बारे में बातचीत करते रहे।

मेरे विचार से मेरी उनसे ये मुलाकातें मेरे क्रिसमस की ज्योति और उसकी झांकियां थीं। मनुष्य आंखों से बहुत कुछ देखता है। आंखें न रहने से जीवन अंधकारपूर्ण हो जाता है। आजकल की 'एड्स' और 'रिहेबिलिटेशन' कुछ हद तक जीवन को सामान्य कर देते हैं। पर अन्तर की पुकार अपने आप कुछ परिवर्तन और अनुकूलन लाती है। और तब, बाहर की आंखों की कमी शायद इतनी महसूस नहीं होती।

# नागरजी से अविस्मरणीय भेंट

**रामशंकर शर्मा (अवस्थी)**

जनवरी 1990 की 10 तारीख को दोपहर साढ़े बारह बजे मैं और मेरी पत्नी रक्षा, चौक स्थित नागरजी के घर पहुंचे। दरवाजे पर पोस्टमैन को उनके नाम की डाक छांटते पाया। डाक में कुछ पत्रिकाओं के बुक-पोस्ट बण्डल देख रक्षा बोलीं, "शायद 'सचेतक' आया है।" मुझे भी शक हुआ। पर फिर ध्यान आया कि 30 जनवरी को मुकुल के विवाह के समय सब लोग दिल्ली में मिलेंगे ही, तो सम्पादक जी 'सचेतक' भी सबको दे देंगे।

मैंने नागरजी के घर के 'रूमी दरवाजे' के भारी-भरकम, आसानी से न खुलने वाले, एक पल्ले को जहां तक उसने अनुमति दी, खिसकाया। दरवाजा खुलते ही पोस्टमैन ने डाक अन्दर डाल दी। नागरजी के साथ रह रहे बुजुर्गवार (जिनको उनका नौकर कहना उचित न होगा) ने डाक उठा ली और अन्दर आंगन में रुई वाली मिर्जई पहने धूप में बैठे नागरजी को दे दी।

हम लोगों को आता देख वह गौर से देखने लगे। नजदीक पहुंचने पर पहचान गये। बोले : "अवस्थी ! आओ-आओ !!" मैंने और रक्षा ने बारी-बारी से उनके पैर छुये। उन्होंने दोनों को आशीर्वाद दिया और पास पड़ी कुर्सियों पर बैठने को कहा। उनके पास पहले से ही एक युवक बैठे थे। उनको डाक देते हुए कहा : "जरा देखना तो किस-किसके पत्र हैं ?"

हम लोगों से कहने लगे : "क्या करें, आंखों से लाचार हैं—ठीक से पढ़ नहीं पाते।" रक्षा ने पूछा : "आपने कहीं आंखें दिखायीं ?" बोले : "हां, दिल्ली में ऑल इण्डिया मेडिकल में दिखायी थीं। पर कोई लाभ न हुआ। यह सब बुढ़ापा है। आजकल तो हम और हमारा बूढ़ा ही यहां रहते हैं। शरद ने एक कमरा किराये पर विकासनगर में ले लिया है, वह वहीं रहते हैं। वहीं मकान बन रहा है।···रोज-रोज आने-जाने में असुविधा होती थी।"

थोड़ी देर में रक्षा ने पूछा : "आप अब कब हमारे घर चल सकते हैं ?" कुछ सोच-विचार तथा दोनों ओर की सुविधाओं को ध्यान में रखते हुए यह निश्चय

हुआ कि सोमवार 15 जनवरी को दोपहर बारह बजे हम नागरजी को अपने घर ले जाने के लिए आयेंगे। कुछ देर और इधर-उधर की बातें करने के बाद, हम लोग आज्ञा लेकर चल दिये।

सोमवार 15 जनवरी 1990 को ठीक बारह बजे मैं और आशू नागरजी के यहां पहुंच गये। मेरे पैर छूने के बाद पुत्र आशू ने पैर छुये। मैंने कहा : "यह 'राम तैलम' वाले आशू हैं।" नागरजी हंसने लगे। नहा-धोकर वह पहले से ही तैयार थे। बोले : "थोड़ा धूप में बैठो। मैं धोती-कुर्ता पहन लूं, फिर चलते हैं।"

आशू को मैंने बताया कि यह वही मकान है जिसमें 'जुनून' की शूटिंग हुई थी।

नागरजी तैयार होकर, हाथ में छड़ी लेकर, कन्धे पर शॉल डालकर आ गये। आशू गाड़ी गली के सामने लाने के लिए आगे चल दिये। चलते समय नागर जी ने उन बुजुर्गवार से कहा : "यह रामविलासजी के छोटे भाई हैं। हम इनके यहां खाना खाने जा रहे हैं, शाम के पहले लौट आयेंगे।" वह बुजुर्गवार मेरे पैरों की ओर झुके। मैंने आधे में ही रोक दिया। मैंने उनके 'रूमी दरवाजे' को थोड़ा और खोलने का प्रयास किया, पर वह और न खुला। नागरजी बोले : "यह यहीं तक खुलता है।"

हम दोनों बाहर चबूतरे पर आ गये। मुझे याद आया—अभी कुछ समय पहले नागरजी इसी चबूतरे से गिर गये थे और उन्हें चोट आ गयी थी। जब वह सीढ़ियां उतर रहे थे, तब मेरी निगाहें उनके पैरों पर ही थीं।

गली में नागरजी आगे-आगे और मैं उनके पीछे-पीछे सड़क की ओर बढ़ रहे थे। सहसा सामने से आते एक अधेड़ व्यक्ति ने उनके पैर छुये। उन्होंने कुछ आशीर्वाद भी दिया, पर मुझे शक रहा कि वह उस व्यक्ति को पहचान पाये हैं।...

आगे साइकिल पर आते एक युवक ने "बाबा, प्रणाम !" कहा।

सड़क पर मैंने आगे बढ़कर गाड़ी का गेट खोला। पर कोई हरकत न पाकर, पीछे मुड़कर देखा तो नागरजी को नुक्कड़ वाली पान की दूकान पर खड़े पाया। मेरे उनके पास पहुंच जाने पर उन्होने एक पान मेरी ओर बढ़ाया। मैंने नम्रता से कहा : "मैं तो पान नहीं खाता हूं।" उन्होंने मेरी ओर देखा, मानो कह रहे हों—"मेरी पान पर थीसिस (देखिए 'सचेतक' 43वां अंक अन्तिम पृष्ठ—सं०) पढ़ी है या नहीं ? और पढ़ने पर भी यदि तू पान नहीं खाता तो तुझसे बड़ा मूर्ख कोई नहीं !" हाथ के पान को मुंह में रखते हुए तमाखू के लिए हाथ बढ़ा दिया और दूसरा तमाखू वाला पान लपेट कर देने का आदेश दिया।

गाड़ी में बैठने पर बोले : "नातिन (आशू की पुत्री—सं०) के लिए रसगुल्ले लेना हैं।" मैंने कहा : "क्या जरूरत है, नातिन तो खा नहीं पायेगी !"

वह आशू से, जो गाड़ी चला रहे थे, बोले : "तुम चलो, मैं दूकान बताऊंगा। वहां गाड़ी रोक देना।"

गोल दरवाजे के चौराहे पर पहुंच, गाड़ी ठीक गोल दरवाजे के सामने रुकवा दी। आशू को पैसे निकाल कर देने लगे और कहा : "सामने राधेलाल मिठाई वाले की दूकान है। दस रसगुल्ले ले आओ !" पहले उन्होंने एक दस का और पांच का नोट दिया, फिर एक पचास का नोट दिया। मेरी समझ में नहीं आ रहा था कि यह कर क्या रहे हैं ! आशू भी कुछ सकपकाये से थे; शायद सोच रहे होंगे—बाप रे बाप ! चौक के रसगुल्ले क्या इतने महंगे होते हैं ? सहसा नागरजी ने आशू के हाथ से दस और पांच का नोट लेते हुए कहा, "ये हमें दे दो और यह ले जाओ।" जब आशू ने कहा : "मेरे हाथ में तो यह पचास का नोट है," तो कहने लगे, "अरे ! यह पचास का है ? मैं तो कुछ और का ही समझा था।" (शायद बीस का)।

पचास का नोट वापस कर, दस और पांच के नोट को लेकर आशू बतायी हुई राधेलाल की दूकान से रसगुल्ले ले आये।

गोल दरवाजे के सामने भीड़ का क्या कहना ! किसी प्रकार गाड़ी घुमाकर विक्टोरिया पार्क (आज का राम मनोहर लोहिया पार्क) के बगल से निकल, बड़े इमामबाड़े होते हुए, गोमती पुल को पार कर सीतापुर रोड पकड़ी। अलीगंज पहुंचने का यह रास्ता नागरजी के लिए नया था।

घर पहुंचने पर रक्षा नातिन को गोद में लिये हुए दरवाजे पर मिलीं।

रक्षा ने नागरजी के पैर छुये और नातिन को नागरजी के पैरों की ओर बढ़ाते हुए कहा : "इसको भी आशीर्वाद दीजिए।" बिटिया के पैरों को हाथ लगाते हुए नागरजी बोले : "यह तो जगदम्बा है ! इसके पैर तो हम छुयेंगे !!"

पूछने लगे : "नातिन का नाम क्या रखा है ?" रक्षा ने कहा : "अभी तो कोई नाम नहीं रखा है। घर में सब 'चिकी' कहते हैं। आप ही कोई नाम बताइए। वैसे डॉक्टर साहब ने कुछ नाम लिख भेजे हैं, जैसे 'महिमा', 'अदिति', 'दिशा', 'स्वस्ति'।" फौरन बोल उठे : "स्वस्ति बहुत अच्छा नाम है, रख लो। रामविलास का रखा स्वाति नाम भी मुझे पसन्द है।"

अन्दर कमरे में आकर सोफे पर बैठ गये। बताने लगे : "यहीं पास में मदन का घर है—महानगर में। कुमुद तो इन्दिरा नगर के पास नारायण नगर में अपने मकान में रहते हैं।"

हम लोगों के परिवार के सदस्यों के बारे में तरतीब से, यानी बड़े भैया, राम

विलास भैया, मुंशी भैया, मेरे तथा नरेश के बच्चों के बारे में पूछते रहे। उन्होंने आशू से उनके काम के बारे में भी काफी पूछताछ की।

मैंने अन्दर से अपने 'सचेतक' की प्रतियों की 1980 से 1988 की जिल्दबन्द दो फाइलें लाकर उनको दिखायीं। बोले : "यह तुमने बहुत अच्छा किया। सब प्रतियां एक जगह मिल जायेंगी!" मैंने पूछा : " 'सचेतक' का अक्तूबर वाला अंक आपको मिला कि नहीं?" बोले : "मिल गया! तुम्हारा केदार पर संस्मरण सुना।"

मेंने कहा : "आंखों के कारण आपको पढ़ने में तकलीफ होती होगी?"

बोले : "क्या बतायें...? अब तो कुछ ठीक से पढ़ ही नहीं पाते। पहले जो बोलते थे, उसे पढ़कर ठीक कर दिया करते थे। पर अब तो वह भी कठिन हो गया है। पत्र भी दूसरा पढ़ता है, तो सुन लेते हैं। जो पहले इतना पढ़ता रहा हो अब ठीक से पढ़-लिख न सके, बड़ा खराब लगता है! क्या करें! किसी तरह जीना है। अपनी इच्छा से मर भी तो नहीं सकते! घर में अकेले हम और हमारा बूढ़ा है। तुम्हारी भाभी तो पहले ही चली गयीं।...अच्छा ही हुआ, वह पहले चली गयीं! दो में से एक को तो पहले जाना ही था!"

बड़े दुखी लग रहे थे।

रक्षा ने पूछा : "खाना कब खाइयेगा?" बोले : "जब तुम लोगों की सुविधा हो!" रक्षा ने कहा : "खाना तैयार है। अगर कहें तो लगा दिया जाय!" बोले : "हां!" रक्षा ने पूछा : "रोटी में घी लगा दें?" बोले : "हलका-सा।" रक्षा खाना लगाने में व्यस्त हो गयीं।

हम लोग कुछ इधर-उधर की बातें करते रहे; खाना लग जाने पर टेबिल पर पहुंच गये। सादा खाना। दाल-रोटी, मेथी-गाजर का साग, बथुये का रायता, गोभी-आलू-मटर की सब्जी, चावल। नागरजी ने प्रेम से खाया।

उनके दो रोटी खा लेने के बाद रक्षा ने एक और रोटी लेने का आग्रह किया, तो बोले : "आजकल हम खाना उतना ही खाते हैं जितना बैठे-बैठे पचा सकें; अब थोड़ा चावल लेंगे।" खाना खत्म होने पर रक्षा ने पूछा : "गाजर का हलुआ खायेंगे?...कुछ परहेज तो नहीं है?" बोले : "जरूर खायेंगे—परहेज भी होगा, तो दवाई खा लेंगे!"

खाना खाने के बाद हम लोग बैठकर फिर बातें करने लगे। बातों-बातों में सर्दी का जिक्र आया। मैंने कहा : "इस साल लखनऊ में अच्छा जाड़ा पड़ा है।"

नागरजी बोले : "हमारी पोती मेनिसोटा में माइनस 45 डिग्री में रह चुकी है न! झीलों का प्रदेश है; कनाडा यू. एस. ए. के बार्डर पर। पी-एच. डी. जा रही थी, हमने भेज दिया। हमको अपने बच्चों को पी-एच. डी. कराने की तीव्र इच्छा है।"

मैंने टॉपिक बदलते हुए नागरजी से पूछा : "आप अभी जिस मकान में हैं, वहां कब से रह रहे हैं ?" बोले, "यही कोई 34-35 साल हो गये होंगे।" फिर कुछ सोचकर कहा, "सन् 56 में इस मकान में आये थे।" हमने पूछा : "इसका मकान-मालिक कौन है ?" कहने लगे : "एक शाहजी हैं। हमारे छोड़ने के बाद उनका इसे बेच देने का इरादा है।"

विकास नगर में जो मकान बन रहा है, उसके पूरा होने पर शायद नागरजी वहीं चले जायेंगे, ऐसा मैंने अनुमान लगाया।

थोड़ी देर बाद हमने कहा : "आप लेटना चाहें, तो अन्दर आराम कर लीजिए !" बोले, "नहीं ! अब हम चलेंगे।" आशू की ओर देखते हुए कहा : "यह हमको छोड़ आयेंगे। तुम लोग भी आराम करो।" रक्षा ने कहा : "और थोड़ी देर बैठिये !...चाय पीकर जाइयेगा।" कहने लगे : "नहीं ! अब हमें चलने दो !"

चलने के लिए गाड़ी में बैठने से पहले आशू से बोले : "अबकी बार तुम कपूरथला आई. टी. की तरफ से चलना। उधर की तरफ से रास्ता समझा हुआ है। पहले जिधर से तुम लाये थे, कुछ समझ में नहीं आया था।"

हम और आशू उन्हें आई. टी. कॉलेज की तरफ से, फैजाबाद रोड से होते अलीगंज का गोमती पुल पार कर, चौक ले गये।

गली के नुक्कड़ से घर के दरवाजे तक पहुंचते-पहुंचते कितने ही "बाबा नमस्ते !" "पण्डितजी प्रणाम !" कहने वाले फिर मिले !

# सम्मान स्वीकार, पुरस्कार-राशि स्वीकार नहीं

**सोना शर्मा**

'सचेतक' के विशेषांक की तैयारी चल रही थी। इसी सिलसिले में ताऊजी (रामविलास शर्मा) से कुछ पूछने मैं विकासपुरी गयी थी। ताऊजी मुझे पारिवारिक समाजवाद के विषय में समझा रहे थे, तभी अचानक टेलीफोन की घंटी बजी।

फोन 'टाइम्स ऑफ इण्डिया' के दफ्तर से था। ताऊजी फोन पर पूछी गयी बात का जवाब दे रहे थे—यह कह कर कि "जी हां, मैं सम्मान स्वीकार करता हूं, पुरस्कार-राशि नहीं।" बात खत्म होने पर उन्होंने बताया कि रविवार को इस सिलसिले में उनका एक इण्टर्व्यू 'जनसत्ता' में आने वाला है।

'जनसत्ता' में छापे इण्टरर्व्यू को पढ़ने के तीन-चार दिन के बाद ही विजय भैया से ज्ञात हुआ कि उत्तर प्रदेश के शिक्षा मन्त्री श्री सच्चिदानन्द वाजपेयी ताऊजी को प्रशस्ति-पत्र भेंट करने विकासपुरी आयेंगे।

18 सितम्बर 1990 को सुबह लगभग 10 बजे मैं भी विकासपुरी पहुंच गयी।

ड्राइंग रूम में ताऊजी के साथ उस समय यू. एन. आई., पी. टी. आई. के कुछ पत्रकार थे। घर के भीतर के कमरों में विजय भैया, भाभीजी, चीनू, भुवन भैया, शोभा दीदी, जीजाजी, सोनाली व सुकेत थे। भुवन भैया इन दिनों एक मँच के सिलसिले में दिल्ली आये हुए थे। कुछ ही देर में मालूम हुआ कि टी. वी. वाले व मन्त्रीजी आ गये हैं। मन्त्रीजी के साथ प्रशासन विभाग के एक अधिकारी भी थे। कारों के ड्राइवर व सुरक्षा-गार्ड बाहर ही थे।

मन्त्रीजी ताऊजी के पास सोफे पर बैठ गये और अनौपचारिक रूप से बात करने लगे। ताऊजी शान्त व सहज भाव से उनकी बातें सुन रहे थे।

इसी समय घर के लोग भी चुपचाप आकर मेज के पास वाली कुर्सियों पर बैठ गये। टी. वी. की कैमरा-टीम सामने ही तखत पर बैठी थी।

"मुझे प्रसन्नता है कि हिन्दी संस्थान की ओर से मैं ऐसे व्यक्तित्व को सम्मानित करने आया हूं जिसने अपनी साहित्य-साधना के द्वारा पूरे समाज को एक दिशा-बोध दिया है," उत्तर प्रदेश के तत्कालीन शिक्षा मन्त्री श्री सच्चिदानन्द वाजपेयी ने ताऊजी से कहा।

जैसा कि बताया जा चुका है, ताऊजी ने सम्मान स्वीकार किया है किन्तु पुरस्कार राशि के एक लाख रुपये स्वीकार नहीं किये। ताऊजी चाहते हैं कि यह राशि साक्षरता का प्रसार करने में लगायी जाय और अपने इस विचार की जानकारी ताऊजी ने एक पत्र लिखकर सरकार को पहले ही दे दी थी।

मन्त्रीजी ने ताऊजी को बताया कि "जब आपका पत्र मिला, तो हमें लगा कि दूर बैठकर आपके मन के वह पीड़ा है, जो समाज की पीड़ा को अभिव्यक्ति देती है।" उन्होंने कहा : "अभी तक एक निर्णय हुआ है कि 63 किलोमीटर के अन्तर पर एक-एक गांव एक वर्ष में पूर्ण साक्षर किया जायेगा। दो नगरों—अलमोड़ा और देहरादून—को पूर्ण साक्षर बनाने की योजना तैयार की गयी है। दो जनपदों—फतेहपुर और मिर्जापुर—को भी हम साक्षर बनायेंगे।

"प्राइमरी स्कूल के अध्यापको के लिए कहा जाता था कि वे स्कूल में पढ़ाने नहीं जाते। अब आप गांव चलें तो देखेंगे कि मानसिकता में कुछ परिवर्तन आया है।"

शिक्षा मन्त्री को तभी याद आया कि वह मुख्यमन्त्री श्री मुलायमसिंह यादव का वह पत्र लाना भूल गये थे, जो उन्होंने ताऊजी के स्वास्थ्य की कामना करते हुए लिखा था। उन्होंने कहा कि यह पत्र वह यथाशीघ्र भिजवा देंगे क्योंकि विलम्ब करना उनके कर्तव्यों की जागरूकता के खिलाफ होगा।

मन्त्रीजी ने कहा कि ताऊजी ने अपने पत्र में बिलकुल नयी बात लिखी है। अच्छा होगा कि उस सम्बन्ध में योजना भी ताऊजी ही बनायें और योजना में यदि आर्थिक व्यय ज्यादा लगने की सम्भावना होगी, तो उसकी पूर्ति सरकार करेगी।

"आपकी इस (पुरस्कार) राशि को हम शिक्षा के लिए दिया गया दान मान कर शिक्षा के प्रसार में कुछ ऐसा कार्य करना चाहते हैं जिससे आपके मन को सुख और शान्ति मिल सके।" मन्त्रीजी ने कहा।

ताऊजी—मैं चाहता हूं, आप कोई ऐसी समिति बनायें जो गरीब विद्यार्थियों में यह पैसा बांटे। उनके काम की निगरानी रखे कि वे साक्षरता प्रसार करते हैं कि नहीं।

मन्त्रीजी—योजना आप बनायें अपने मन से, पैसे की कमी हम पूरी करेंगे।

ताऊजी—आप कितना खर्च करते हैं, आप जानें। मैं अपने पुरस्कार के लिए कह रहा हूं कि आप उसे गरीब विद्यार्थियों में बांटें। बांटने के लिए एक समिति बनाइये और वह समिति इस बात का ध्यान रखे कि ये विद्यार्थी साक्षरता प्रसार

करते हैं कि नहीं । इस सारे काम का नियोजन और उसकी देखरेख करना मेरे बस में नहीं है । मैंने एक विचार आपके सामने रख दिया कि किस तरह से खर्च करना चाहिए । एक लाख रुपया कोई ज्यादा नहीं होता इस काम के लिए । उसमें आप और कितना खर्च करेंगे, सारे बैसवाड़े में करेंगे, सारे उत्तर प्रदेश में करेंगे, या अवध में करेंगे—यह आपके ऊपर निर्भर है ।

मन्त्रीजी—दो बातें मैं कह दूं । उस समय उत्तर प्रदेश के मुख्यमन्त्री वी. पी. सिंहजी थे । उन्होंने पांच करोड़ रुपये अलग जमा कर दिये और कहा कि इस रुपये का ब्याज गरीब छात्रों के कल्याण में खर्च किया जायेगा; उनकी फीस, थीसिस, उपचार आदि में । बाद में वे पांच करोड़ रुपये विद्युत बोर्ड को दे दिये गये । हम भी राज्यमन्त्री पद से हटे, वी. पी. सिंहजी भी हट गये और वह (काम) पड़ा रहा । पिछले समय में मैं शोर मचाता रहा । हमने नारायण दत्त तिवारीजी से कहा कि लोगों ने बड़ी मुश्किल से यह कराया था तो इसका सदुपयोग तो कीजिए । परिणाम यह हुआ कि उन्होंने पांच करोड़ रुपये और जमा कराये । तो इस तरह से दस करोड़ रुपये हो गये । तो यह रुपया शासन के पास है—छात्र कल्याण निधि के नाम से लिखा हुआ ।

ताऊजी—वह तो कल्याण निधि है । उसमें साक्षरता की तो कोई बात नहीं है ।

मन्त्रीजी—मेरा मतलब यह है कि वह पैसा हमारे पास है । अब आप बतायें कि वह पूरे प्रदेश के लिए खर्च करें ? या अवध के लिए करें ?—कैसे करें ? या लखनऊ के लिए ?...

ताऊजी— यह आपके ऊपर है । हमारे लिए हिन्दी जनता सब बराबर है । उज्जैन से पटना तक और पटना से रोहतक तक । इसमें आप कहीं भी खर्च करें । आप उत्तर प्रदेश के मन्त्री हैं, आप उत्तर प्रदेश में खर्च कर सकते हैं ।

मन्त्रीजी—हम इसमें और मिला सकते हैं ।

ताऊजी—आप एक इलाका चुन लीजिए, जैसे बैसवाड़ा ही चुन लीजिए । बैसवाड़े के गांव गिनकर वहां निरक्षरता का औसत प्रतिशत कितना है, इनका हिसाब लगाइये कि अगले दस साल में प्रतिशत को कितनी जल्दी खत्म किया जा सकता है । हम चाहते हैं कि कम-से-कम एक इलाका ऐसा हो जो साक्षरता में केरल के बराबर पहुंच जाय । केरल वाले कहते हैं कि हम बीसवीं सदी खत्म होने तक सारे प्रदेश को साक्षर कर देंगे । हमारा सारा प्रदेश साक्षर न हो, एक जवार ही साक्षर हो जाय, वही बड़ी बात है । आप बैसवाड़े को ही केन्द्र बना लीजिए ।

मन्त्रीजी—तो हम सबसे पहले आपके गांव से ही शुरू करते हैं ।

ताऊजी—आप मेरे गांव से शुरू कीजिए इससे अच्छी बात और क्या होगी । आप सारे बैसवाड़े को साक्षर करने की योजना बनाइए । कितने साक्षर हैं कितने

निरक्षर, इसका हिसाब आपको मालूम है। कितना पैसा खर्च होगा दस साल के अन्दर, इसका आप हिसाब लगा सकते हैं। मैं जो सुझाव दे रहा हूं, वह यह कि इसमें आप गरीब छात्रों को लगाइये। इससे एक पंथ दो काज हो जायेंगे। गरीब छात्रों को पढ़ने की सुविधा मिलेगी और साक्षरता प्रसार का आपका सरकारी काम भी हो जायेगा।

मन्त्रीजी—तो क्या इसको पुरस्कार के रूप में रखें?

ताऊजी—मैं तो पुरस्कार देने के ही खिलाफ हूं—इसलिए क्योंकि ये लाखों रुपये जो पुरस्कार के रूप में बांटे जाते हैं, यह धन का अपव्यय है।

मन्त्रीजी—नहीं, यह जो एक लाख रुपया है...।

ताऊजी—हां! यह तो आप उसमें दे ही दीजियेगा।

मन्त्रीजी—नहीं, मैं कह रहा था कि इस एक लाख में मुख्यमन्त्रीजी से कहकर कुछ और धनराशि मिला दें और फिक्स डिपॉजिट में जमा करवा दें।

ताऊजी—यह आप जानें।

मन्त्रीजी—आप जब एम. ए. पास करके लेक्चरर हुए तब मैं पैदा हुआ था सन् 38 में। इसमें आपके निर्देश स्पष्ट चाहिए। हमको पुत्रवत मानकर इतना तो आप बतायेंगे ही कि किस तरह से खर्च करें?

ताऊजी—आप राजनीति में हैं। अर्थव्यवस्था के बारे में ज्यादा अच्छी तरह जानते हैं कि क्या करना चाहिए। फिक्स डिपॉजिट में डालने पर ज्यादा अच्छा काम होगा, या बिना डाले ही काम चलेगा—यह मैं नहीं बता सकता। कहने को मैं कह दूं कि फिक्स डिपॉजिट में डाल दीजिये, पर उसका परिणाम क्या होगा, मैं कुछ नहीं जानता। मैं आप पर छोड़ता हूं कि आप धन का उपयोग कैसे करते हैं। मैं अपनी तरफ से केवल यह कहता हूं कि यदि आप दस साल के अन्दर पूरे बैसवाड़े को साक्षर बना दें, तो यह बड़ा काम होगा। उसमें एक लाख तो बयाने की तरह से होगा, उसमें आप और पैसा लगाइए और यह पैसा गरीब छात्रों के माध्यम से खर्च कीजिए। इसका ब्यौरा आपके अफसर वर्कआउट करें। मुख्य रूपरेखा मैंने आपको बता दी। बैसवाड़े को चुन लीजिए और दस साल में पूरा बैसवाड़ा साक्षर कीजिए।

मन्त्रीजी—एक और अनुरोध है। अस्वीकार न करें। आपके गांव का जो स्कूल है, उसे आपके नाम से हम कर दें?

ताऊजी—(हंस कर) अरे मुझे इसमें क्या आपत्ति है।

मन्त्रीजी—बस इतना ही चाहिए। इससे मन को सुख मिलेगा—मेरे मन को।

ताऊजी—अरे, अपने को भी सुख मिलेगा। इसलिए कि हमारा बचपन जब गांव में बीता, तब वहां स्कूल था ही नहीं! हमारे गांव के बच्चे दुबईपुर पढ़ने

जाया करते थे जो हमारे गांव से बहुत दूर था। मेरी शिक्षा इस तरह हुई कि बाबा ने पहले हमें घर पर पढ़ाया और फिर हम सात बरस की अवस्था में झांसी चले आये। वहां पिताजी पढ़ाते थे। और फिर, तीसरे दर्जे से इंटर तक स्कूल व कॉलेज में पढ़ें।

मन्त्रीजी—हमने गांव में सड़क बनवा दी है। यह हमारे कार्यकाल में ही बनी है। मंगत खेड़ा से पड़री होकर दुबईपुर तक दूसरी बनवायी है—पड़री से नेवन्ना, नौरा, जुमका व उन्नाव।

ताऊजी—आपकी बात सुनकर हम अपने बचपन में पहुंच गये।

मन्त्रीजी—आप कुछ तो हमें बताते कि हम किस तरह करें। देखिए, एक बात हम अपने लोगों से कहते हैं। बता दूं ? जो शिक्षा विभाग के अधिकारी हैं, मैं उनसे कहता हूं : 'तुम तो परमानेण्ट हो। जो आई. ए. एस. पी. सी. एस. अधिकारी हैं, वे टेम्परेरी हैं। और जो हम राजनीतिक लोग हैं, वे डेली वेजेज वाले लोग हैं।'

ताऊजी—हमारे मित्र हमसे कहते हैं, 'सरकार में बेईमान भरे हैं, ये सब पैसा खा जायेंगे।' मैं उनसे कहता हूं, कुछ बेईमान सरकार के अन्दर हैं, ज्यादा बेईमान सरकार के बाहर हैं। उनकी निगरानी कौन करेगा ? वे मुझसे कहते हैं, 'तुम अपनी देखरेख में पैसा क्यों नहीं खर्च कराते हो ?' वे मुझसे बहुत नाराज होते हैं। ऐसे बहुत से दोस्त हैं। मैं कहता हूं कि मेरे पास इतना समय नहीं है कि मैं इस सबकी देखभाल करूं। और देखरेख होती है या नहीं, पैसा ठीक से खर्च होता है कि नहीं—यह तुम देखो। तुम किस मर्ज की दवा हो ? और खासतौर से जब पत्रकार कहते हैं, तो मैं पत्रकारों से क़हता हूं : 'तुम लोग क्यों नहीं निगरानी करते हो ?'...

मन्त्रीजी—तो यह पैसा किसके डिस्पोजल पर रखें ?

ताऊजी—सरकार को इसके लिए जिम्मेदार होना चाहिए।

मन्त्रीजी—बैसवाड़े में तो सीतापुर, लखनऊ, उन्नाव व रायबरेली—ये ही चार-पांच जिले आते हैं। तो केन्द्र बनाकर किसी क्षेत्र विशेष, जिले या व्यक्ति के जिम्मे करें ?

ताऊजी—अगर कोई गैर-सरकारी समिति बन सके जिसमें छात्र, अध्यापक और पत्रकार हों—तो वह समिति सबसे अच्छी रहेगी। कुछ छात्रों के प्रतिनिधि हों (किसी भी पार्टी के), कुछ प्रायमरी स्कूल या इंटरमीडियेट तक के स्तर के अध्यापक हों और कुछ हिन्दी पत्रकार हों—इनकी एक समिति बना दीजिए और उसे पैसा दे दीजिए। वह समिति पैसा कैसे खर्च करेगी, इसकी देख-रेख आप लोग कीजिए। उसके नियम आप बना लीजिए। लेकिन यदि गैर-सरकारी समिति यह काम करे, तो कमिश्नर व कलेक्टर आदि के हाथ से बात निकल जायेगी।

मन्त्रीजी—वे नजर रखें, बस । संरक्षक की तरह से ।

ताऊजी—हां ! वे सीधे जिम्मेदार न हों क्योंकि फिर उसमें पॉलिटिक्स बहुत लड़ने लगती है । वह ठीक भी काम करेंगे तो लोग उनकी आलोचना करने जरूर पहुंच जायेंगे ।

मन्त्रीजी—आप हमारे यहां कब आयेंगे ?

ताऊजी—मैंने आपको बता दिया—आपकी सरकार पांच साल चल जाय, उसके बाद ।

मन्त्रीजी—तो क्या हमारे-आपके सम्बन्ध सिर्फ सरकारी कार्यों तक ही हैं ? उन्नाव के भी तो हैं !

ताऊजी—लेकिन अभी तो आप शिक्षा मन्त्री की हैसियत से आये हैं ।

मन्त्रीजी—नहीं, दोनों हैसियत से । हम जल्दी इसीलिए आये कि आपसे बातचीत करेंगे ।

प्रशस्ति-पत्र ताऊजी को भेंट करते हुए श्री सच्चिदानन्द वाजपेयीजी ने कहा :

''आपने महावीरप्रसाद द्विवेदी, प्रेमचन्द, निराला साहित्य पर जो काम किया है, जो एक नया दर्शन दिया है हिन्दी साहित्य के माध्यम से, जो समाजवादी विचारधारा दी है, उससे निश्चित रूप से हमारे प्रदेश और देश की शोषित-पीड़ित जनता न केवल आपके प्रति आभारी होगी, बल्कि उसको दिशा-बोध भी होगा ।

''साहित्यकार न किसी परिवार का होता है, न जनपद का, न जाति का होता है, न तहसील का, न देश का, न प्रदेश का । साहित्यकार केवल साहित्यकार होता है । और समाज उसका सदियों तक ऋणी रहता है। तुलसीदास ने, निरालाजी ने, जो दिया उसे कौन भूल सकता है ? और आपने जो नयी दिशा दी है, एक नयी चेतना द्वारा उसके प्रति हमारा देश आभारी है । हमारा प्रदेश गौरवान्वित महसूस करता है कि इतना बड़ा साहित्यकार हमारे प्रदेश का है ।

''इन शब्दों के साथ हम हिन्दी साहित्य संस्थान की ओर से आपका सम्मान करने आये हैं । आपके श्रीचरणों में श्रद्धासुमन अर्पित करने आये हैं, क्योंकि हमारा हिन्दी संस्थान निश्चय ही आपका आभारी है यह सोचकर कि जिस भाव से आपने स्वीकार किया है और जो पत्र हमें आपका मिला है कि शिक्षा के प्रसार के लिए धनराशि लगा दी जाय—यह अपने में बहुत बड़ी बात है, बहुत बड़ी बात है । शब्दों में कह पाना मेरे लिए सम्भव नहीं है । आपने जो योजना बतायी है उसके अनुरूप हम प्रयास करेंगे कि गरीब छात्रों में शिक्षा के प्रसार के लिए धनराशि का प्रयोग हो । और योजना बनने के बाद आपके सम्मुख उसको प्रस्तुत करेंगे । जो धनराशि कम होगी, शासन द्वारा उसे अलग से मिलाकर पूरा करेंगे और योजना

को क्रियान्वित करने का प्रयास करेंगे।"

प्रशस्ति-पत्र स्वीकार करते हुए ताऊजी ने कहा : "मैं उत्तर प्रदेश हिन्दी संस्थान का आभारी हूं कि उन्होंने मेरा सम्मान करने का निश्चय किया। मैं वाजपेयीजी का विशेष रूप से आभारी हूं कि उन्होंने मेरे घर पर आने का कष्ट किया।

"मैंने इन्हें सूचित कर दिया था कि मैं सम्मान स्वीकार करता हूं, पुरस्कार-राशि स्वीकार नहीं करता। कारण यह है कि हमारे देश की अधिकांश जनता निरक्षर है और निर्धन है। मैं चाहता हूं, केवल उत्तर प्रदेश नहीं बल्कि जितने हिन्दीभाषी राज्य हैं जो लाखों रुपये पुरस्कार के रूप में बांटते हैं, इस धन का उपयोग वे साक्षरता प्रसार में करें। और, इसके लिए एक आसान तरीका यह है कि वे यह धन गरीब विद्यार्थियों में बांटें और उनके काम की देख-भाल करें कि वे साक्षरता प्रसार करते हैं कि नहीं! इस तरह एक पन्थ दो काज होंगे। यहां पर आने के लिए मैं सब मित्रों को धन्यवाद देता हूं।"

इसके बाद मंत्रीजी ने उठकर ताऊजी को पहले स-सम्मान शॉल पहनाया और फिर प्रशस्ति-पत्र तथा सरस्वतीजी की मूर्ति भेंट की। कमरा टी. वी. कैमरे की लाइटों से जगमगा उठा।

अब मन्त्रीजी ताऊजी से उनके स्वास्थ्य, आदि के सम्बन्ध में बात कर रहे थे। और इसी बीच सन्तोष भाभी ने सबके लिए हल्के जलपान की व्यवस्था कर दी। जलपान के दौरान ताऊजी के परिवार के लोगों के सम्बन्ध में मन्त्रीजी बातचीत करते रहे। संभवत: जानना चाहते थे कि ताऊजी का पारिवारिक रूप कैसा है। इसी तरह की घरेलू बातों के बाद मन्त्रीजी ने प्रस्थान किया। ताऊजी उन्हें दरवाजे तक छोड़ने गए। इसके बाद तो सहज रूप में घर के सब लोगों के बीच इस सादे समारोह पर छोटी गपशप शुरू हो गयी।

# 10 अक्तूबर 1991

**गौरव शर्मा**

कई सालों के बाद बाबा (राम विलास शर्मा) बनारस आये और यह सौभाग्य की बात है कि बाबा का जन्म-दिन इस बार यहीं पड़ा।

कई दिनों पहले से हम लोग यह विचार करने लगे कि यह दिन किस प्रकार व्यतीत करें।

खैर यह दिन (10-10-91) आ गया और सुबह जब हम उठे तो देखा कि बाबा टेबल पर बैठकर कुछ लिख रहे हैं। हमने बाबा को शुभकामनाएं दीं और वहीं बैठ गये। तभी दीदी (सोनू की बड़ी बहन गुड्डन—सं.) ने अपने हाथ से बनाया हुआ कार्ड बाबा को दिया। तभी मुकुल चाचा भी (जो दिल्ली से 9 अक्तूबर को बनारस पहुंचे थे—सं०) सोकर उठ गये।

मुकुल चाचा, पापा और मम्मी ने बाबा के पैर छुये।

हम सभी लोग बाबा के पास बैठे थे, तभी बाबा हम लोगों को Alexander के बारे में बताने लगे। बाबा ने Alexander के पूरे जीवन तथा उसके द्वारा लड़ी गयी लड़ाइयों के बारे में बताया। अनेक लेखकों के Alexander के प्रति विचारों से भी बाबा ने हम लोगों को अवगत कराया।

बाबा ने हम लोगों को Henry V नाटक के एक दृश्य के बारे में भी बताया। उसमें दो सैनिक आपस में Alexander के बारे में बात कर रहे हैं। एक सैनिक कहता 'Alexander is great' तो दूसरा जो 'B' को 'P' बोलता था, जब कहना चाहता 'No, Alexander is big' तो उसके मुंह से निकलता : 'No, Alexander is pig'.

बातें करने के बाद बाबा अपने कमरे में चले गये।

दीदी ने बर्थ-डे केक बनाया था और हम लोग चाहते थे कि बाबा उसे काटें। परन्तु किसी की हिम्मत नहीं हो रही थी कि बाबा से जाकर कहे।

अन्त में मैंने हिम्मत की और जाकर बाबा से कहा। बाबा ने तुरन्त केक काटा और हम सब लोगों को खिलाया और बाद में खुद भी खाया।

तभी बाबा से मिलने दासगुप्ता अंकल, बंसल अंकल और उनके परिवार वाले आये और उन लोगों ने भी बाबा को शुभकामनाएं दीं।

दोपहर में बाबा, पापा (भुवन मोहन शर्मा—सं.), मुकुल चाचा और मैंने एक साथ खाना खाया।

खाना खाते-खाते हम लोगों ने—अपनी ओर से—भारत की फाइनल क्रिकेट टीम भी तय कर डाली !

शाम को बाबा मुद्गल अंकल के यहां गये, जहां बाबा के जन्म-दिवस के अवसर पर एक कवि-गोष्ठी आयोजित की गयी थी। वहां पर अनेक लोगों ने अपनी कवितायें सुनायीं। बाद में वहां पर वायलन वादन भी हुआ।

उनके यहां से लौटकर घर आने पर बाबा ने डॉ. रामदेव शुक्ल द्वारा लिखित 'निराला के उपन्यास' किताब का विमोचन किया। यह किताब डॉ. शुक्ल ने बड़े बाबा (स्व. भगवान दीन शर्मा—सं.) के नाम पर समर्पित की है।

रात को खाना खाते वक्त मेरी बाबा से Yugoslavia के हालात के बारे में बातें हुईं।

खाना खाने के बाद बाबा सोने चले गये। मुकुल चाचा, मम्मी, पापा और दीदी भी सोने चले गये। पर मैं यह लिख रहा हूं...।

# वह स्मरणीय शाम

**मुकुल शर्मा**

10 अक्तूबर 1991। शाम को सवा चार बजे डॉ. रामदेव शुक्ल बनारस हिन्दू विश्वविद्यालय के परिसर में स्थित भुवन भैया के घर आये। इन दिनों वह कुछ अस्वस्थ थे; पिछले तीन-चार दिनों से अपनी पुत्री के घर ठहरे हुए थे। उन्होंने ताऊजी को फूलों का गुलदस्ता भेंट किया और उनकी 79 वीं वर्षगांठ पर शुभ-कामनाएं प्रकट कीं।

साढ़े चार बजे मैं और भुवन भैया, ताऊजी और शुक्लजी के साथ मुद्‌गलजी के घर को रवाना हुए। मुद्‌गलजी का घर, भुवन भैया के मकान के पीछे—विश्वविद्यालय परिसर की चारदीवारी के पार—कुछ ही फासले पर है।

उस घर के बाहर कुछ स्कूटर और साइकिलें खड़ी थीं। घर में अनेक लोग उपस्थित थे। एक कमरे में जमीन पर दरियां बिछी थीं और दो गाव-तकिये रखे हुए थे। इसी कमरे में सब लोग एकत्रित हुए। कमरे में दो अगरबत्तियां जल रही थीं; दीवार की अलमारी में पुस्तकें सजी थीं।

ताऊजी के पहुंचते ही सबने खड़े होकर उनका अभिवादन किया, कई ने पांव छुये। जब सब बैठ गये, तो मुद्‌गलजी ने कमरे में प्रवेश किया। वह दोनों आंखों से लाचार हैं। उनके अनुसार इस समारोह की अध्यक्षता श्री चन्द्रबली सिंहजी को करनी थी, जो अभी तक नहीं आये थे; कुछ समय उनकी प्रतीक्षा करने के उपरांत, कार्यक्रम शुरू कर दिया गया।

इस समारोह का संचालन करने हेतु श्री वशिष्ठ कुमार ओझा को विशेष रूप से इलाहाबाद से आमन्त्रित किया गया था।

ओझाजी एक-एक करके कवियों व शायरों का परिचय कराते जाते और कवि व शायर अपनी-अपनी रचनाएं सुनाते। ये कवि व शायर जनमानस के कवि थे। इनकी रचनाएं समाज के शोषित वर्ग की भावनाओं को प्रतिबिम्बित करती थीं। इनमें बुद्धिजीवी, किसान व मजदूर थे। इनमें छात्र भी थे और वकील भी। कुछ कवियों ने 'जनवादी लेखक संघ' की ओर से ताऊजी का अभिनन्दन भी किया।

कवि गोष्ठी के दौरान कुल्हड़ों में सबको चाय दी गयी।

सबसे अन्त में, मुद्गलजी का कविता-पाठ का नम्बर था। इससे पूर्व कि वह अपनी कविता सुनाते, एक बच्चे ने आकर उनके कान में कुछ कहा और उन्होंने बच्चे से अपनी सहमति प्रकट की। इसका अर्थ लोगों की तब समझ में आया जब दो बच्चों ने मुद्गल-परिवार की ओर से ताऊजी को फूलमाला पहनायी और एक टोपी तथा एक पुस्तक उपहारस्वरूप भेंट की।

अब मुद्गलजी ने बैसवाड़ी में अपनी सुन्दर रचना गाकर सुनायी। यह रचना ताऊजी के व्यक्तित्व पर थी। मुद्गलजी की ओजपूर्ण भाषा व स्वर ने उपस्थित जनों को मन्त्रमुग्ध कर लिया।

(काश, उस समय मेरे पास टेपरिकॉर्डर होता !)

अब श्री चन्द्रबली सिंह जी भी आ गये। उनके साथ एक युवा कवि श्री नईम भी थे। श्री नईम ने अपनी दो रचनाएं सुनायीं। फिर, चन्द्रबली सिंहजी ने कुछ विश्व-प्रसिद्ध कवियों की रचनाओं के अनुवाद सुनाये।

और यह था इस सन्ध्या का पूर्वार्ध। उत्तरार्ध के कार्यक्रम में डॉ० आर० पी० शास्त्री का वायलन-वादन सुना गया। वह भारत के प्रमुख वादकों में से हैं। उनके साथ तबले पर संगत श्री ललित कुमार ने की।

इस कार्यक्रम का समापन श्री चन्द्रबली सिंह जी के अध्यक्षीय भाषण से हुआ। उन्होंने ताऊजी के व्यक्तित्व और कृतित्व पर विस्तार से प्रकाश डाला।

चलते-चलते मुद्गल-परिवार की ओर से सभी को दही-बड़े खिलाये गये, साथ ही खीर भी।

लगभग 8.45 बजे ताऊजी, भुवन भैया, डॉ० रामदेव शुक्ल, मैं व सोनू घर वापस पहुंचे। थोड़ी देर में युवा कवि श्री नईम के साथ श्री चन्द्रबलीसिंह जी भी आ गये।

अब बारी थी पुस्तक विमोचन की।

मैं चाहता था कि पुस्तक का विमोचन होने पर भुवन भैया उसे ग्रहण करें। लेकिन ताऊजी के आदेशानुसार कि " 'सचेतक' के कार्यकर्ता के रूप में तुम इसे लो," ताऊजी से वह पुस्तक मैंने ग्रहण की। पुस्तक खोलकर मैंने सबको दिखायी।

108 पृष्ठों की इस पुस्तक का नाम है 'निराला के उपन्यास'। इसके लेखक हैं 'सचेतक' के जाने-माने सहयोगी और लेखक डॉ० रामदेव शुक्ल। पुस्तक का मूल्य 47 रुपये है। आठ अध्यायों की इस पुस्तक में निरालाजी के उपन्यासों— 'अलका', 'अप्सरा', 'निरुपमा', 'चोटी की पकड़', 'काले कारनामे', 'कुल्लीभाट' और 'बिल्लेसुर बकरिहा' का विवेचन है। निराला जी के दो अधूरे उपन्यासों

'चमेली' और 'इन्दुलेखा' का भी अन्त में उल्लेख है। पुस्तक के समर्पण-शब्द इस प्रकार हैं :

अप्रतिम गद्यशिल्पी भगवान दीन शर्मा
की स्मृति में
'सचेतक' परिवार को
सादर भेंट।

ताऊजी ने यहां बड़े ताऊजी व 'सचेतक' के विषय में श्री चन्द्रबली सिंहजी और श्री नईम को विस्तार से बताया।

इस अनौपचारिक पुस्तक-विमोचन के बाद श्री नईम अपने स्कूटर पर चन्द्र-बली सिंह जी को लेकर चले गये और भुवन भैया डॉ० रामदेव शुक्ल को विश्व-विद्यालय परिसर के बाहर तक छोड़ आये।

अब सबने साथ बैठकर खाना खाया और अन्त में रात्रि विश्राम के लिए अपने-अपने बिस्तरों पर पहुंच गये।

इस तरह यह शाम मेरे लिए एक स्मरणीय शाम बन गयी!

# व्यास सम्मान : आंखों देखा हाल

**सोना शर्मा**

14 मार्च 1992 को मुझे जहां सुबह 5 बजे दिल्ली पहुंच जाना चाहिए था, वहां पहुंची दोपहर 11 बजे। 13 मार्च की रात को टनकपुर से बस 8 बजे चल दी थी, लेकिन गजरौला से पहले दो ट्रकों में टक्कर हो जाने से भयंकर ट्रैफिक जाम था, इसीलिए दिल्ली पहुंचने में इतनी देर हुई।

मुझे डर था कि घर में कहीं ताला लगा न मिले क्योंकि चाचा ने मुझे पत्र से सूचित किया था कि राम विलास ताऊजी को सम्मानित करने के लिए के० के० बिड़ला फाउण्डेशन के मुख्य अधिकारी 14 मार्च को विकासपुरी जायेंगे, फलतः शायद घर के लोग विकासपुरी में होंगे। लेकिन घर पर सब मिल गये। चाचा ने बताया कि सम्मान-समारोह का समय शाम को चार बजे है और हम लोग भी लगभग उसी समय विकासपुरी जायेंगे।

चाचा ने मेरे कैमरे की फरमाइश की। मुकुल भाई साहब रंगीन रील निकलवा कर ब्लैक एण्ड व्हाइट रील डलवा लाये। कुछ विश्राम करने के बाद मैं, चाचा व मुकुल भाई साहब विकासपुरी के लिए रवाना हो गये। (अम्मा कुछ अस्वस्थ थीं, इसलिए नहीं जा सकीं। कमलेश भाभीजी अपने दफ्तर गयी थीं)।

अपराह्न 3-30 बजे विकासपुरी पहुंच कर जब हम लोगों ने मकान का गेट खोला, तो देखा ताऊजी अपने कमरे का दरवाजा खोल कर बाहर आ रहे हैं। चाचा ने उनसे हाथ मिलाया, हम लोगों ने उनके पैर छुये।

ताऊजी के कमरे के बगल वाले बड़े ड्रांइग रूम में कुछ आगुन्तक बैठे थे। हम लोगों ने अनुमान लगाया कि ये 'हिन्दुस्तान टाइम्स' के प्रतिनिधि होंगे।

ताऊजी ने चाचा को अपने कमरे में बैठा लिया। दोनों में कुछ बातें होती रहीं। थोड़ी देर में पता चला कि एक अनौपचारिक फोटो-सेशन ताऊजी के कमरे में हो गया और चाचा और विजय भैया ने ताऊजी के कई फोटो लिये जिनमें तीन खास हैं: एक में ताऊजी चाचा से पंजा लड़ा रहे हैं, दूसरे में चाचा ताऊजी के पैर दाब रहे हैं, और तीसरे में चाचा, पीछे झुक कर, ताऊजी का फोटो खींच रहे हैं।

घर के अन्दर इस समय विजय भैया के अलावा सन्तोष भाभी, बलराम जीजाजी, मुन्नी दीदी, शोभा दीदी, सोनाली और सुकेत थे।

थोड़ी देर में दरवाजे पर एक कार आकर रुकी। मालूम हुआ कि बिड़ला फाउण्डेशन के संस्थापक और वरिष्ठ सदस्य आ गये हैं। हम लोग बड़े ड्राइंग रूम में पहुंच गये।

स्वयं के० के० बिड़ला फाउण्डेशन के शब्दों में—

"डॉ० राम विलास शर्मा ने सम्मान राशि (डेढ़ लाख रुपये) लेना स्वीकार नहीं किया है और इच्छा व्यक्त की है कि इस राशि का हिन्दी क्षेत्र में साक्षरता प्रसार के लिए उपयोग किया जाय। सुझाव को स्वीकार करते हुए के० के० बिड़ला फाउण्डेशन ने साक्षरता-प्रसार को अपने कार्यक्षेत्र में सम्मिलित किया है और तत्सम्बन्धी योजनाओं पर विचार हो रहा है। फाउण्डेशन को विश्वास है कि इस क्षेत्र में उसे डॉ० शर्मा का मार्ग-दर्शन प्राप्त होता रहेगा।"

ड्राइंगरूम के बड़े तखत पर बीच में ताऊजी बैठे, उनके बाईं ओर के० के० बिड़ला जी और दाहिनी ओर अजित कुमार (फाउण्डेशन के एक सदस्य और प्राध्यापक किरोड़ीमल कॉलेज, दिल्ली विश्वविद्यालय), एक सोफा-कुर्सी पर चयन-समिति के अध्यक्ष प्रो० श्यामाचरण दुबे (भूतपूर्व कुलपति, आचार्य व निदेशक इण्डियन इन्स्टीटयूट ऑफ एडवांस स्टडीज, शिमला) और दूसरी सोफा-कुर्सी पर श्री बिशन टंडन (निदेशक, के० के० बिड़ला फाउण्डेशन) बैठे जो कि चयन समिति के सचिव हैं।

अब समारोह का संचालन आरम्भ करते हुए श्री अजित कुमार ने कहा : "यह कोई औपचारिक अवसर तो है नहीं। तो भी, मैं चयन-समिति के अध्यक्ष दुबेजी से अनुरोध करूंगा कि वह कुछ शब्द कहें, उसके बाद टंडनजी प्रशस्ति पत्र पढ़ें और फिर बिड़लाजी डा० साहब को सम्मानित करें।"

दुबेजी ने कहा कि यह छोटा-सा समारोह बड़े अनौपचारिक वातावरण में हो रहा है। "डॉ० शर्मा के लिए मेरे मन में बहुत आदर रहा है। समाजशास्त्र का विद्यार्थी होने के नाते मैंने इनसे व्यक्तिगत रूप से बहुत कुछ सीखा है।...डॉ० शर्मा ने हिन्दी साहित्य को बहुत सशक्त ग्रन्थ दिये हैं। निरालाजी पर जो ग्रन्थ डॉ० साहब के हैं वे हिन्दी साहित्य की उपलब्धि हैं।

"बहुत से सम्मान और पुरस्कार दिये जाते हैं। मुझे इस बात की बड़ी खुशी है कि बिड़ला फाउण्डेशन ने सिर्फ सृजनात्मक साहित्य तक इन पुरस्कारों और

सम्मानों को सीमित नहीं किया है। विचार और अनुसंधान के क्षेत्र में इस तरह के बहुत कम सम्मान दिये गये हैं।

"मुझे इस बात की खुशी है कि मैं उस चयन-समिति से जुड़ा था, जिसने एक बहुत ही शक्तिशाली और महत्त्वपूर्ण ग्रन्थ को इस सम्मान के लिए चुना है।...

"ऐसे मौके पर मेरा खयाल है कि डॉ० शर्मा की प्रशंसा में मुझे अधिक कहने की जरूरत नहीं क्योंकि वह प्रशंसा तो अब हिन्दी साहित्य में लिखी जा चुकी है।

"डॉ० शर्मा, मैं कृतज्ञ हूं कि आपसे कुछ सीख सका।"

इसके बाद श्री बिशन टंडन ने खड़े होकर 'प्रशस्ति' पढ़ी, जो इस प्रकार है :

## प्रशस्ति

"के० के० बिड़ला फाउण्डेशन 'व्यास सम्मान नियम संहिता' के अन्तर्गत चयन-समिति के निर्णय के आधार पर डॉ० राम विलास शर्मा को उनके तीन खण्डीय वृहद ग्रन्थ 'भारत के प्राचीन भाषा परिवार और हिन्दी' के लिए वर्ष 1991 का व्यास सम्मान समर्पित करता है और उनके सुदीर्घ साहित्य चिंतन की मंगल कामना करता है।

10 अक्तूबर 1912 को जन्मे डॉ० शर्मा की जो लेखनी 1934 में 'चांद' में प्रकाशित निराला पर आलोचनात्मक लेख के लिए उठी वह आज भी अबाध गति से चल रही है। वे हिन्दी के पहले चिंतक हैं, जिन्होंने हमारे सामाजिक और सांस्कृतिक विकास की समस्याओं को स्वाधीनता-संघर्ष और पुनर्जागरण आन्दोलन से जोड़ कर देखा। आचार्य रामचन्द्र शुक्ल की नवजागरण की राष्ट्रवादी दृष्टि अपना कर डॉ० शर्मा ने इतिहास लेखन वहीं से शुरू किया जहां आचार्यजी ने छोड़ा था। साथ ही नवजागरण और मार्क्सवादी जीवन मूल्यों की परम्परा स्पष्ट करते हुए उन्होंने मार्क्सवाद को एक भारतीय संस्कार दिया। 'भारत के प्राचीन भाषा परिवार और हिन्दी' में, जिसका तृतीय खण्ड 1981 में प्रकाशित हुआ, डॉ० शर्मा ने सप्रमाण बताया है कि हिन्दी यकायक नहीं उपजी, उसकी एक समृद्ध गौरवमयी परम्परा है और वह खड़ी बोली का अचानक अपनाया गया स्वरूप नहीं है। हिन्दी के विराट भौगोलिक इतिहास की विवेचना करके उन्होंने इस भाषा को कृत्रिम कहने या इसे 19वीं सदी की उत्पत्ति मानने वालों के भ्रम का निवारण किया है।

डॉ० राम विलास शर्मा हिन्दी के गौरव और धीरज के शलाका-पुरुष हैं। उन्होंने हिन्दी जाति को एक अस्मिता, एक इतिहास बोध, एक नया गद्य और अभिव्यक्ति दी है और दी है स्वयं को देखने की एक इतिहास दृष्टि।"

प्रशस्ति के नीचे चयन-समिति की ओर से श्री बिशन टंडन (सदस्य सचिव), श्री श्यामाचरण दुबे (अध्यक्ष) और श्री कृष्ण कुमार बिड़ला (प्रधान, के० के० बिड़ला फाउण्डेशन) के हस्ताक्षर हैं।

बिड़लाजी से बोलने के लिए कहे जाने पर उन्होंने बड़े अनौपचारिक ढंग से कहना शुरू किया :

"यह मेरी कमजोरी समझिये कि हिन्दी में बोलने के लिए पहले कुछ तैयारी करनी पड़ती है। यह अगर मुझे पहले पता होता कि कुछ-न-कुछ बोलना होगा, तो मैं अवश्य तैयारी करके आता। तब भी मैं दो शब्द अवश्य कहना चाहूंगा।" इसके बाद उन्होंने दुबेजी की ओर देख कर कहा : "सबसे पहले तो मैं दुबेजी को धन्यवाद देना चाहूंगा कि उन्होंने इतना परिश्रम करके चयन बहुत अच्छी तरह किया। जिसने भी इस पुस्तक के बारे में सुना उसने यही कहा कि आपने चयन बहुत अच्छी पुस्तक का किया है। जिस पुस्तक के लिए हम सम्मान दे रहे हैं, वह अवश्य ही ऐसी पुस्तक है, जो सम्मान के बहुत उपयुक्त है। मैं दुबेजी को इसके लिए बहुत-बहुत धन्यवाद देता हूं।"

बिड़लाजी हाथ की छोटी-सी नोटबुक देखते हुए आगे बोले :

"डॉ० शर्मा की पुस्तक बहुत विद्वत्तापूर्ण है। मुझे जब इस पुस्तक के बारे में पता लगा तो मैंने टण्डनजी से कहा, मुझे यह पुस्तक भिजवाइये। पुस्तक को जरा देखूं कैसी पुस्तक है। पुस्तक को मैंने देखा। पहले कुछ पृष्ठ पढ़े। फिर बीच में देखा। अन्त में देखा। कई पृष्ठ पढ़े। बड़ी विद्वत्तापूर्ण पुस्तक है और संशोधन (सम्भवत: उनका तात्पर्य अनुसंधान से था—सं०) का काम बड़ी गहराई में जाकर डॉ० साहब ने इस पुस्तक में किया है। यह विषय ही बहुत क्लिष्ट विषय है—'भारत के प्राचीन भाषा परिवार और हिन्दी'। इतनी विद्वत्तापूर्ण किताब हिन्दी में निकल जाय, यह हम सबके लिए बड़े गौरव की बात है।

"उसके बाद जब और मैंने देखा डॉ० साहब के बारे में, तो मुझे बड़ा हर्ष हुआ कि 50 साल से डॉ० साहब हिन्दी की सेवा करते आ रहे हैं। करीब 50 साल से इनके ग्रन्थ निकलते आ रहे हैं।

"इनका आदर करके मैं तो यह महसूस करता हूं कि हम स्वयं अपना आदर कर रहे हैं।

"मैं तो भगवान से यही प्रार्थना करता हूं कि भगवान इन्हें दीर्घ जीवन दे और स्वस्थ जीवन दे ताकि ये हिन्दी की सेवा करते जायें।"

अब के० के० बिड़लाजी ने ताऊजी को तिलक किया, उन्हें फूलमाला पहनायी, शॉल पहनाया, नारियल भेंट किया, तदुपरान्त प्रशस्ति की प्लेट अर्पित की।

ताऊजी से कुछ शब्द कहने का आग्रह किये जाने पर, उन्होंने जो विचार प्रकट किये, वे इस प्रकार हैं :

"दुबेजी, बिड़लाजी और मित्रो,

"इस देश में बहुत सी भाषाएं बोली जाती हैं और भाषा विज्ञान की जितनी सामग्री हमारे देश में है उतनी यूरोप-अमरीका में मिला कर न होगी। वहां कुछ भाषा परिवार ऐसे हैं, जिनका सम्बन्ध आदिवासियों की भाषाओं से है। बाकी मुख्य भाषा-परिवारों का सम्बन्ध कहीं-न-कहीं भारत से है।

"ये जो भाषाएं बोलने वाले लोग हैं उनकी अपनी-अपनी इकाइयां हैं, जैसे तमिल बोलने वाले तमिलनाडु में रहते हैं, तो हम उन्हें तमिल जाति कहते हैं। ऐसे ही बंगला बोलने वाले बंगाल में रहते हैं, उनको हम बंगाली जाति कहते हैं। उसी तरह हिन्दी बोलने वाले हिन्दी प्रदेश में रहते हैं, उनको हम हिन्दी जाति कहते हैं।

"हिन्दी जाति दुनिया की सब से बड़ी जातियों में है। भारत में यह सब से बड़ी जाति है। और, यह सब से ज्यादा विभाजित जाति है!

"विभाजन एक तो राज्यों के रूप में है—बिहार अलग है, उत्तर प्रदेश अलग है, मध्यप्रदेश अलग है। इस प्रशासनिक विभाजन का एक असर तो यह है कि लोग अपनी एकता को नहीं पहचानते, वे अपनी जातीय अस्मिता को नहीं पहचानते। 'हम हिन्दी बोलते हैं, ठीक है। बहुत सारे लोग बोलते हैं। सारे भारत में हिन्दी बोली जाती है, यह कोई हमारी भाषा थोड़े ही है।'—ऐसा कुछ लोग सोचते हैं। तो एक तो जातीय अस्मिता का ह्रास होता है इस तरह से।

"दूसरे, हमारे यहां एक विशेषता और है, जो भारत के किसी दूसरे प्रदेश में नहीं है। यहां पर हिन्दी और उर्दू का विभाजन है। आधा बंगाल मुसलमान है और देश से बाहर है; आधा बंगाल हिन्दू है, जहां अधिकांश हिन्दू रहते हैं और वह हमारे देश में है—जबकि उनके यहां जितनी भाषाई एकता है, उतनी उत्तर प्रदेश में नहीं है।

"यहां जो हिन्दी-उर्दू का बिभाजन है, उसकी वजह से यहां जो भाषिक विकास होना चाहिए, जो साहित्यिक विकास होना चाहिए, जो सांस्कृतिक विकास होना चाहिए—वह रुका हुआ है।

"इसके अलावा भारत में जनपद तो हर भाषा-क्षेत्र में हैं। जैसे पूर्वी बंगाल के बंगला भाषी कलकत्ते के बंगालियों से काफी अलग हैं और कोंकणी तथा मराठी में झगड़ा है। कोंकणी अलग है मराठी से। तमिलनाडु में भी जाफना या दक्षिण की तमिल, मदुरइ की तमिल से भिन्न है।

"लेकिन जितनी भिन्नता हमारे यहां है, उतनी दूसरी जगह नहीं । राजस्थान को तो आप अलग कर दीजिए । लेकिन बाकी हिन्दी प्रदेश में अवधी है, बुन्देलखण्डी है, भोजपुरी है, छत्तीसगढ़ी है, मैथिली है, मगही है । इनके प्रति लोगों के लगाव को मैं गलत नहीं समझता । लेकिन वे सब हिन्दी का व्यवहार करते हैं । वहां से हिन्दी लेखक निकलते हैं । इस विभाजन की वजह से, जितनी शक्ति से इनको काम करना चाहिए साहित्य में, वह काम नहीं होता है ।

"कोई जाति उन्नति करे, इसके लिए आवश्यक है कि वह अपने साहित्य का, अपनी संस्कृति का, एक रास्ता बनाये ।

"हमारे यहां क्या होता है ? बिहार में विश्वविद्यालय हैं, मध्य-प्रदेश में हैं, उत्तर प्रदेश में हैं । और सब एक ही काम करते हैं—और पता नहीं कुछ काम करते भी हैं या नहीं ।

"इनमें जो एक सहकारिता, एक सहयोग होना चाहिए, उसका अभाव है । इसका नतीजा यह है कि हमारे पास जो संसाधन हैं, उनका ऐसा अपव्यय हो रहा है, जिसको देखकर बहुत दुख होता है ।

"इसी तरह हमारे यहां बहुत-सी सरकारी संस्थाएं हैं और गैर-सरकारी संस्थाएं हैं । देश के बहुत सारे बड़े-बड़े पूंजीपति उत्तर प्रदेश में ही रहते हैं । और, निरक्षरता का साम्राज्य भी हमारे यहां सबसे बढ़कर है !

"ये सब बड़े-बड़े लोग पुरस्कार देते हैं और इनमें से कुछ हिन्दी की पुस्तकें भी प्रकाशित करते हैं । लेकिन इनमें आपस में सहयोग हो और ये कोई योजना बना कर काम करें—ऐसा नहीं दिखायी देता ।

"मेरा निवेदन है कि प्रयत्न यह करना चाहिए कि जितनी सरकारी और गैर-सरकारी संस्थाएं है—और हमारे यहां के जो विश्वविद्यालय हैं—वे मिलकर काम करना सीखें ।

"सबसे पहले तो हिन्दी प्रदेश की जो जनपदीय समस्याएं हैं, जातीय समस्याएं हैं, साहित्य के इतिहास की समस्याएं हैं, उन्हें हल करने का काम है ।

"बहुत-सा काम ऐसा है, जिसके लिए सर्वेक्षण की जरूरत है, जैसे भारतीय भाषाओं का सर्वेक्षण । ग्रियर्सन के बाद किसी ने सर्वेक्षण किया ही नहीं है । और जब आप सर्वेक्षण न करेंगे, तो भाषा-विज्ञान की सामग्री कहां से लेंगे ?

"इसी तरह, भारतेन्दु युग का बहुत सारा साहित्य पत्रिकाओं में बन्द पड़ा है । कोई इस बात पर ध्यान नहीं देता कि इसको वहां से निकाल कर पुस्तकों के रूप में छापना चाहिए ।

"तो आप हिन्दी भाषा सीखेंगे कैसे ? आपको अपने साहित्य की भाषा और साहित्य का पता कैसे चलेगा ? हम लोग भाषा और साहित्य का जो इतिहास पढ़ते-पढ़ाते हैं, वह बहुत ही अधूरा है—समग्रता की दृष्टि से । इस समग्रता को लोगों

के सामने लाना चाहिए। यह किसी एक आदमी का काम नहीं हो सकता, किसी एक संस्था का काम नहीं हो सकता। सब लोग मिलकर काम करें, तब इसे पूरा करना सम्भव होगा।

"हमारे साहित्य में काफी उन्नति हो रही है, इसमें तो कोई सन्देह नहीं है। मेरा काफी जीवन सन् 1947 से पहले गुजरा है। उस समय जितनी कठिनाइयों में और जितनी लगन से लोग काम करते थे, उसका मैं प्रत्यक्षदर्शी हूं। उसके मुकाबले, आज लोगों के पास पैसा काफी है, सुख-सुविधाएं हैं, लेकिन उस लगन का—यह तो मैं नहीं कहता कि अभाव है—पर इसमें कुछ-न-कुछ कमी तो जरूर है।

"हमारे साहित्य का व्यापारीकरण हुआ है। इस व्यापारीकरण का नतीजा यह है कि लोग तिकड़म से हर काम कराना चाहते हैं। तिकड़म से आदमी प्रोफेसर होना चाहता है, तिकड़म से नेता बनना चाहता है, तिकड़म से साहित्यकार बनना चाहता है, तिकड़म से डॉक्टर बनना चाहता है।

"लगन कैसे पैदा की जाय? लोगों के सामने जब तक एक सामाजिक आदर्श न होगा, तब तक वे बढ़ नहीं सकते। अगर आपने वह प्रतिज्ञा-पत्र पढ़ा हो, जो 26 जनवरी 1930 में पढ़ा गया था, तो उसमें कहा गया है कि अंग्रेजों ने आकर यहां के उद्योग-धन्धों का नाश किया, हमारी जनता के अस्त्र-शस्त्र छीन कर उसे नपुंसक बना दिया।

"यह कितनी बड़ी विडम्बना है कि जिन लोगों ने यहां के उद्योग-धन्धों का नाश किया, आज हम आशा करते हैं कि वे हमारे औद्योगिक विकास में सहायता करेंगे! जितना ही देश पर-निर्भर होता है, उतना ही यहां की जनता अज्ञान और निर्धनता के अन्धकार में डूबती है।

"साक्षरता वह मूल आधार है, जिस पर संस्कृति का विशाल भवन बनाया जा सकता है। लेकिन साक्षरता अपने आप में काफी नहीं है।

"जब मैं अपने गांव के लोगों को याद करता हूं तो मुझे ऐसा लगता है कि शायद उनमें उतना अन्धविश्वास नहीं था, जितना आज के पठित वर्ग में है। यह जो हमारा हिन्दी प्रदेश है, यह अन्धविश्वासों का गढ़ है। अन्धविश्वासों से अगर हम नहीं लड़ेंगे तो कौन लड़ेगा? इसके लिए भी संगठित प्रयास करने की जरूरत है।

"तो एक तो साक्षरता का प्रसार करना चाहिए और उसके साथ जहां तक हो सके, वैज्ञानिक दृष्टिकोण का प्रसार करना चाहिए।

"मैं कल्पना करता हूं कि जैसे यहां परिव्राजक होते थे और अपने धर्म का उपदेश देते थे, दर्शनशास्त्र का प्रचार करते थे, उसी तरह यहां विज्ञान के प्रचारक होने चाहिए, जो गांवों में जाकर, शहरों में जाकर, जन-सभाएं करें और लोगों को

बतायें कि पृथ्वी क्या है, आकाश क्या है, मनुष्य क्या है और तुम किन भ्रमों में पड़े हो और इससे देश का और तुम्हारा कितना नुकसान होता है। यह आन्दोलन चलाने की जरूरत है।

(मजा लेते हुए) "अच्छा तो आप कहेंगे इससे साहित्य का क्या सम्बन्ध? सम्मान मिला। हमने कहा, सम्मान हम स्वीकार करते हैं, पुरस्कार हम अस्वीकार करते हैं।

"लोग हमसे कहते हैं, 'आपने यह पुरस्कार छोड़ दिया। अब पता लगाइए कि पैसा कैसे खर्च हुआ।' हम पता लगायेंगे, तो किताब कौन लिखेगा? पता लगाओ तुम। तो वह पैसा कैसे खर्च होता है—चाहे उत्तर-प्रदेश हिन्दी संस्थान का हो, चाहे के० के० बिड़ला फाउण्डेशन का हो—(अजीतकुमार जी की ओर देखकर) —यह पता लगाना तुम्हारा काम है।

"आपसे एक बात बहुत जोर देकर कहना चाहता हूं। वह यह कि राष्ट्रीय एकता के लिए हिन्दी प्रदेश की एकता अत्यन्त आवश्यक है।

"आप पूरा इतिहास उठाकर देख लीजिए, जब तक यह हिन्दी भाषी प्रदेश एकताबद्ध रहा, चाहे अशोक का समय हो चाहे समुद्रगुप्त का समय हो, भारत अजेय रहा। यहां लोग आपस में एक-दूसरे से लड़ते-भिड़ते रहे, लेकिन बाहर के लोग यहां दखल जमा कर बैठ न सके।

"यहां तुर्क आये। उनका तुर्कपन कहां गया? तुर्की भाषा कितने क्षेत्रों में बोली जाती है? और, साइप्रस को देखिए। तुर्कों ने साइप्रस पर अधिकार किया। वहां तुर्की अब भी बोली जाती है।

"यह हमारी जातीयता के विकास की शक्ति है और यह हमारी परम्परा है। कि यहां पर तुर्क आकर या तो हिन्दी हो गये, या बंगाली या कश्मीरी हो गये, तुर्क-पन उनका खतम हो गया। तो इस सारे इतिहास को समझने की जरूरत है। इसको आगे बढ़ाने की जरूरत है। इसीलिए यदि राष्ट्रीय एकता की रक्षा करनी है, तो हिन्दी जाति की एकता के लिए आन्दोलन कीजिए।

"लोगों का एक तर्क यह है कि यह बहुत बड़ा राज्य बन जायेगा। उत्तर-प्रदेश ही इतना बड़ा है, बिहार बड़ा है, मध्य प्रदेश बड़ा है। अगर ये सारे राज्य एक हो जायेंगे, तो इनको संभालेगा कौन?

"भारत इतना बड़ा देश है। यह इनसे संभल नहीं रहा। 'इन्होंने पाकिस्तान को अलग कर दिया। खालिस्तान और कश्मीर भी अलग हो जायें, तो यह जितना छोटा हो जाय संभालने में उतनी ही आसानी होगी'—यही इन लोगों का तर्क मालूम होता है!

"जहां तक हिन्दी भाषी प्रदेश का सवाल है, मैं केन्द्रीकरण और विकेन्द्रीकरण दोनों के पक्ष में हूं। मेरा कहना है, तमाम विधान सभाओं के ऊपर जो आप लाखों

रुपया खर्च करते हैं, इसको खतम कर दीजिए : जो तमाम गवर्नरों के पद आपने बना रखे हैं, इन पदो को खतम कर दीजिए।

"एक विधान सभा होनी चाहिए—दरभंगा से लेकर उज्जैन तक। यह आधार रेखा है त्रिकोण की और ऊपर है दिल्ली-रोहतक।

"इस त्रिकोण में हिन्दी भाषी जाति रहती है। इस सारे क्षेत्र में एक ही विधान सभा हो, जिसका काम यह हो कि वह निर्देश दे कि हिन्दी भाषी प्रदेश में क्या होना चाहिए, सांस्कृतिक विकास कैसे होना चाहिए, भाषा में क्या होना चाहिए, वगैरा-वगैरा। बाकी जो प्रशासनिक इकाइयां हैं, वहां विकेन्द्रीकरण होना चाहिए। जितने हमारे जनपद हैं, अवधी का क्षेत्र है, बघेलखण्डी है, बुन्देलखण्डी है, मैथिली है, भोजपुरी है—राजस्थान में अनेक बोलियां बोली जाती हैं—हर बोली के क्षेत्र को एक कमिश्नरी बनाना चाहिए, विवेकसम्मत ढंग से प्रत्येक जनपद में कमिश्नरी होनी चाहिए और उसको आप बुनियादी घटक बनाइए। इससे जनता प्रशासन के नजदीक रहेगी। प्रशासन की नब्ज जनता के हाथ में रहेगी।

"पंचायतों का चुनाव कीजिए और उन पंचायतों को अधिकार दीजिए। यह विकेन्द्रीकरण होना चाहिए। इससे सारा देश तरक्की करेगा, आपकी हिन्दी भाषा तरक्की करेगी।

"मैंने जो विदेशी पूंजी की बात कही, उसका सबसे ज्यादा दबाव हमारे ऊपर है क्योंकि 1857 में हमने जो अंग्रेजों की पिटायी की थी, उसको वे भूले नहीं।

"उसके बाद देश का सारा नक्शा बदल गया। 1857 से पहले हिन्दी जनता जिधर चलती थी, उधर सारा देश चलता था। अब ऐसा है कि पूरब अलग जा रहा है, दक्षिण अलग जा रहा है, और उत्तर का तो पूछना ही क्या! हमारी समझ में कुछ नहीं आता कि हम किधर जायें! और हमारा तो अस्तित्व है ही नहीं!

"भाषण लम्बा हो गया, इसके लिए क्षमा। आपने हमारा सम्मान किया, इसके लिए धन्यवाद!"

व्यास सम्मान प्रदान किये जाने के बाद जो अत्यन्त रोचक बातचीत हुई अब उसके अंश भी पढ़िए :

श्री अजीत कुमार : पूंजी और विदेशी पूंजी का जहां तक सम्बन्ध है और अंग्रेजी राज का सम्बन्ध है, तो बिड़ला जी यदि उचित समझें तो इस सम्बन्ध में कुछ कहें।

बिड़ला जी : यह आज का विषय नहीं है।

श्री अजीत कुमार : मैं एक लेखक के रूप में यह जरूर कहूंगा कि हमारे देश

की पूंजी में, हमारे देश के उद्योगपतियों में, यह ताकत है कि वे इस चुनौती से भली-भांति जूझ सकें। और जब तक डॉ० रामविलास शर्मा जैसे सामाजिक आदर्श प्रस्तुत करने वाले ऋषि-मनीषी हमारे बीच में हैं—बीच में एक समय ऐसा था जबकि ऐसा आदर्श तिरोहित होने लगा था—तब तक मैं समझता हूं कि हम जूझ सकेंगे। मैं यह तो नहीं कह सकता कि छोटी-छोटी कमिश्नरियां बनेंगी और प्रशासन की दृष्टि से हिन्दी भाषी प्रदेश एक हो सकेगा लेकिन सांस्कृतिक दृष्टि से जरूर एक हो सकेगा और उसमें (ताऊजी की तरफ देखकर) आप लोगों की प्रेरणा हम लोगों को बहुत बड़ी शक्ति दे सकेगी। आप इस युग के ऋषि हैं। हम सबके बहुत बड़े प्रेरणा-स्रोत हैं। हम आपके दीर्घ जीवन की कामना करते हैं। आप काम करते रहें, हमको मार्ग-दर्शन देते रहें।

बिड़ला जी : (ताऊ जी से) आप अच्छा बोले।

ताऊजी : (मजाक करते हुए) अभी तो मैंने बहुत छोटा भाषण दिया है। जब कोई बड़ा भाषण होगा तो आपको बुलाऊंगा।

बिड़ला जी : हमने सुना है आप 7-8 घण्टे पढ़ते हैं, रोज।...

ताऊ जी : 7-8 घंटों में 4 घण्टे पढ़ता हूं, 4 घण्टे सोता हूं। दोपहर 2 बजे के बाद काम नहीं करता।

बिड़लाजी : आपने इतनी किताबें लिखी हैं। आपकी हाल की किताब है—'पश्चिमी एशिया की सभ्यता और ऋग्वेद।' तो क्या असर पड़ा ऋग्वेद का पश्चिम एशिया की सभ्यता पर ?

ताऊजी : पिछले दस साल से इस विषय पर काम कर रहा हूं।

टण्डन जी : एक भाग तो यूनिवर्सिटी को (प्रकाशन के लिए) दे दिया है आपने।

ताऊजी : वह असल में चार पुस्तकों की एक पूरी सीरीज है। दूसरी पुस्तक उन्होंने छाप दी है पर पहली नहीं छापी। पहली दोनों निकल जायें, फिर नम्बर तीन का है। और नम्बर चार पर यह जो पुस्तक मैं आजकल लिख रहा हूं, वह है।

बिड़ला जी : वह कौन-सी है ?

ताऊ जी : वह है, 'यूरोप के विकास में भारतीय दर्शन का योगदान।'

बिड़ला जी : अच्छा-अच्छा !...तो आपने प्रेमचन्द जी पर भी लिखा है, भारतेन्दु जी पर भी लिखा है, निराला जी पर भी लिखा है। भाषा-विज्ञान पर आपकी पुस्तक देखी मैंने। उसमें बड़ा टेक्नीकल काम किया है आपने। बहुत मेहनत की है। बंगला भाषा, हिन्दी भाषा के बारे में बहुत लिखा है आपने...।

ताऊ जी : ऐसा है कि भारत को उन्होंने (अंग्रेजों ने) आर्थिक रूप से तो जीता ही, यहां की जो सांस्कृतिक विरासत है उसको भी हड़प ले गये। और वे कहते हैं

कि भारत के जो भाषा परिवार हैं, यहां के नहीं हैं, बाहर से आये हैं। संस्कृत को कहते हैं इंडो-यूरोपियन परिवार की है। द्रविड़ों के लिए कहते हैं कि ये यहां के मूल निवासी नहीं हैं। नागालैंड में जितनी भाषाएं बोली जाती हैं, इसके लिए कहते हैं कि ये चीनी-तिब्बती परिवार की हैं, ये भी बाहर से ली गयी हैं।

बिड़ला जी : ये सब वाहियात बातें हैं। उड़ा रखी हैं। ये सब भारत की हैं। लेकिन यह जो तमिल भाषा है, यह शायद भारत की नहीं है क्योंकि इसमें संस्कृत के शब्द तो हैं ही नहीं।

ताऊ जी : बिलकुल भारत की है। इसमें संस्कृत के बहुत शब्द हैं, पर पहचान में नहीं आते। तमिल का शब्द है—इलक्कणम्'। 'इलक्कणम्' को सुनकर कोई न कहेगा कि यह 'लक्षण' का तद्भव रूप है। तमिल भाषी र और ल जहां आता है, वहां पहले स्वर लगा देते हैं, जैसे इरावण। संस्कृत और तमिल का इतना पुराना सम्बन्ध है कि संज्ञा वहां पर है तो क्रिया यहां पर है देखिए सेमेंटिक प्रोसेस क्या है। आदमी हाथ से काम करता है। जो शब्द हाथ के लिए है, वह करने के लिए भी है। 'कर' माने हाथ और 'कर' माने करना। तो यह एक सेमेंटिक प्रोसेस हमने स्थापित किया। संस्कृत में पाणि शब्द है हाथ के लिए, लेकिन संस्कृत में पाणि से मिलती-जुलती क्रिया नहीं है करने के लिए। तमिल में है। तमिल में 'पण्णु' है, करने के लिए। अब देखिए तमिल में पण्णु है, पर पाणि नहीं है और हमारे यहां (संस्कृत में) पाणि है, पर करने के लिए पण्णु नहीं है। इस तरह की घनिष्टता है।

बिड़ला जी : बड़ी गहराई में गये हैं आप।

ताऊ जी : अच्छा, ये लोग (अंग्रेज) नस्ल को मान कर चलते हैं। एक गोरी नस्ल मानते हैं जो इण्डो-यूरोपियन भाषा बोलती थी। फिर एक काली नस्ल मानते हैं, जो द्रविड़ भाषा बोलती थी। फिर एक और नस्ल मानते हैं—पॉलीनीशियन—जो बंगाल गयी—नाटे कद के, सांवले रंग के लोगों की। कहते हैं यह नस्ल ऑस्ट्रेलिया, इण्डोनीशिया से आयी...।

बिड़ला जी : बिलकुल गलत बातें हैं। बाहियात बातें हैं। मनगढ़न्त हैं। बस लिख दिया ...।

ताऊ जी : बाकी जो मिजोरम वगैरा की भाषाएं हैं, इनको कहते हैं—ये चीनी तिब्बती परिवार की भाषाएं हैं। ये लोग भाषाओं को नस्ल के आधार पर बांटते हैं और कहते हैं कि जो चार मुख्य भाषा परिवार हैं—वे सब भारत से बाहर के हैं। अच्छा, तो मैंने कहा कि हम बताते हैं कि हमारे (भारत के) भाषाई विकास को समझे बिना तुम यूरोप का भाषाई विकास समझ ही नहीं सकते। उसी तरह हम दर्शनशास्त्र के बारे में बताते हैं। ये लोग दर्शनशास्त्र के लिए कहते हैं कि भारत में धर्म है और भारत में काव्य है, मिथोलॉजी है, लेकिन फिलॉसफी प्रॉपर

नहीं है। हम बताते हैं कि तुम्हारे यहां तो दर्शनशास्त्र का विकास 600 बी. सी. से है जबकि हमारे यहां दर्शनशास्त्र का विकास उससे बहुत पहले हुआ है।

बिड़ला जी : हां, बिलकुल ठीक है।

ताऊ जी : और यूरोप के दर्शनशास्त्र की जो मुख्य प्रवृत्तियां हैं, वे भारत में पहले से मौजूद हैं। लोगों ने ऋग्वेद छोड़कर दर्शनशास्त्र का अध्ययन किया। वेदांत का चलन जब से हुआ तब से उपनिषदों को लोगों ने बहुत ऊपर रखा। उन्होंने बहुत अच्छा काम किया, यह बात बिलकुल सही है। षड्दर्शन, मीमांस, बगैरा पर उन्होंने लिखा। ऋग्वेद इस सबका स्रोत है। उसके दार्शनिक पक्ष पर लोगों ने कम लिखा है। ऋग्वेद को लोग दो तरह से लेते हैं। एक तो वे हैं, जो समझते हैं कि इसका सम्बन्ध मैजिक से है; जितने देवता हैं उनको मन्त्र पढ़कर बस में किया जा सकता है और फिर उनसे जो चाहो सो कराया जा सकता है। दूसरे कहते हैं कि यह दिव्य दृष्टि वाले ऋषियों का लिखा है और इसमें जो लिखा है। वह परम सत्य है।

मतलब यह कि उसमें जो दर्शन-तत्व (Philosophical content) है, वह बिलकुल एक तरफ हटा दिया गया ताकि लोग उसको न देखें।...तो एक भाषिक विकास हुआ, जिसको हमने इस किताब में प्रस्तुत किया है; दूसरा दार्शनिक विकास है, जिसको हम दूसरी किताब में प्रस्तुत कर रहे हैं।

बिड़ला जी : दिल्ली आप कब आये?

ताऊ जी : मैं दस साल पहले आया।

बिड़ला जी : लोग मुझे बता रहे थे कि आपकी जगह दूर है, पर जगह अच्छी है।

ताऊजी : मेरी पढ़ाई तो लखनऊ में हुई थी और लखनऊ में हमारे जो प्रोफेसर थे, वह हिन्दी के बड़े विरोधी थे...श्री निर्मल कुमार सिद्धान्त।

टण्डन जी : यू. पी. एस. सी. के मेम्बर रहे। दिल्ली विश्वविद्यालय के उप-कुलपति रहे।

ताऊ जी : वैसे वह बहुत अच्छे आदमी थे। लेकिन वह समझते थे कि छात्र का उपकार करना है तो उसको इक्जामिनरशिप दिलानी चाहिए। उन्होंने मुझसे लखनऊ यूनीवर्सिटी छोड़ने को जब कहा—मैंने 13 साल लखनऊ यूनीवर्सिटी में बिताये थे, छात्र के रूप में और अध्यापक के रूप में भी—तो मैंने कहा, देखिए मुझे पैसे-वैसे की चिन्ता नहीं है और मैं इक्जामिनर नहीं बनना चाहता, मैं एक लेक्चररहूं और बना रहूंगा। कहने लगे कि तुम अभी लड़के हो, कुछ समझते नहीं हो। तुम आगरा चले जाओ तो वहां तुमको बहुत-सी इक्जामिनरशिप मिलेगी।

आगरा भेजने में उनका ध्येय यह था कि मुझे खूब पैसा कमाना चाहिए। इक्जामिनरशिप लेकर। उनको विश्वास नहीं था कि यह आगरा जायेगा। तो बोले एप्लिकेशन लिखकर दे जाओ। और उन्होंने एप्लिकेशन लिखवाकर मुझ से ले ली और राजपूत कॉलेज, आगरा, भेज दी। बिना इण्टरव्यू के मेरी नियुक्ति हो गयी। मैं चला गया। साल भर बाद वह आगरा आये। मैंने उनका भाषण कराया था। उन्होंने मुझ से पूछा : 'तुमको यहां कैसा लगता है ?' मैंने कहा—'जी, बिलकुल अच्छा नहीं लगता और मैं फिर लखनऊ आना चाहता हूं।' तो उन्होंने धिस्सा दिया—'मैं साल भर बाद रिटायर होऊंगा तब मैं विभाग को रिऑर्गनाइज करूंगा और तुमको बुला लूंगा।' और वह रिटायर हो गये। लेकिन विभाग रिऑर्गनाइज भी न हुआ और मुझे बुलाया भी नहीं।

टण्डन जी : फिर इक्जामिनरशिप तो आपने नहीं की होगी।

ताऊ जी : इक्जामिनरशिप मैंने की, लेकिन कुछ समय बाद यह बिल्कुल बंद कर दी।

इसके बाद अल्पाहार हुआ और फिर बाहर के लोगों के जाने के बाद घर की गोष्ठी जमी, जिसकी अध्यक्षता 'सचेतक'-सम्पादक ने की और कुछ पत्र पढ़कर सुनाये।

# वे बहत्तर घंटे

**रामशंकर शर्मा**

जुलाई 1992 का महीना। हाल ही में दमे से पीड़ित रक्षा कुछ दिन नर्सिंगहोम में रहकर आयी थीं। अभी पूर्णतया स्वस्थ नहीं हुई थीं।

26 तारीख को हम दोनों शायद पहली बार किसी काम से बाहर गये थे। घर में आशु और बाला ही थे। दिन के ग्यारह बजे के करीब लौटकर आने पर आशु ने बताया कि गोमती नगर से फोन आया था कि कल सुबह दिल्ली में राम विलास ताऊजी के पेट का ऑपरेशन होने वाला है, आप लोगों को खबर देने को कहा गया है।

समझ में नहीं आ रहा था कि घर में फोन होते हुए दिल्ली वालों ने दूसरों के फोन द्वारा यह खबर क्यों भेजी। कहीं कोई शरारत तो नहीं कर रहा है!

कुछ देर के विचार-विमर्श के बाद यह तय हुआ कि मेरा दिल्ली जाना आवश्यक है। रक्षा भी साथ चलने के लिए जोर दे रही थीं, पर उनकी हाल की बीमारी को ध्यान में रखते हुए यह तय पाया गया कि मैं अकेले ही जाऊं। सबसे पहली गाड़ी, 'शताब्दी एक्सप्रेस' दोपहर बाद तीन बजे दिल्ली के लिए जाती थी, अगर टिकट मिल गया तो उसी से जायेंगे, वरना रात को मेल से बिना रिजर्वेशन के जायेंगे। भाग्य से तीन बजे वाली गाड़ी का टिकट मिल गया। इस प्रकार 27 जुलाई को तीन बजकर पन्द्रह मिनट पर हम लखनऊ से दिल्ली के लिए रवाना हुए।

नई दिल्ली स्टेशन पर उतर कर हम सीधे हरिनगर गये। कारण कि पता नहीं था विकासपुरी में क्या दशा होगी, कोई घर में होगा भी या नहीं। हरिनगर में तो कोई-न-कोई मिल ही जायेगा।

हरिनगर में ग्यारह बजे रात टेम्पो से उतरे तो ड्राइंग रूम का दरवाजा खुला दिखा। तसल्ली हुई कि कोई तो घर में है। अन्दर पहुंचने पर देखा, चौबे भैया

बैठे खाना खा रहे हैं। पता चला कि वह भी अभी थोड़ी देर पहले ही आगरे से आये हैं।

मुंशी भैया ने बताया कि कल ऑपरेशन नहीं है। भैया जी. बी पंत हॉस्पिटल में हैं।

दूसरे दिन सुबह आठ बजे हम लोग जी० बी० पंत हॉस्पिटल पहुंचे तो पता लगा कि राम विलास भैया वार्ड न. 7 के 27 नम्बर बेड पर हैं। वहां पहुंचने पर उपस्थित लोगों के चेहरों पर एक अजीब-सी बदहवासी दिखायी दी। पता लगा, लड़कियां अन्दर उनके पास हैं। भीड़ लगाने को मना किया गया है। एक-एक कर के देख आने के लिए अनुमति है।

पहले चौबे भैया और मुंशी भैया गये। उनके आने के बाद मुझे जाना था ! पर अन्दर जाने की हिम्मत नहीं हो रही थी। पता नहीं वहां कैसी दशा होगी।

वैसे अस्पताल में मरीज को देखना मेरे लिए कोई नई चीज न थी। इससे पहले काफी मरीजों की देखभाल कर चुका था, फिर भी अन्दर जाने की हिम्मत नहीं हो रही थी।

किसी प्रकार साहस बटोर कर अन्दर गया। दरवाजे के पास का पर्दा हटाते ही भैया को बाईं ओर दरवाजे के पास के बिस्तर पर लेटा देखा। कितने कमजोर हो गये थे। दाढ़ी बढ़ी हुई थी। उन्होंने आंख खोलकर देखा और हाथ से बैठने का इशारा किया। हम सभी भाई प्रकृति से भावुक हैं। इस समय मेरे लिए आंसू रोकना कठिन हो रहा था। इसके पहले कि मेरी इस कमजोरी को कोई देख ले, मैंने वहां से हट आना ही ठीक समझा।

बाहर पारिवारिक जनों के चेहरे किसी अनिष्ट की आशंका से संतप्त दिखाई दे रहे थे। कोई किसी से बात नहीं कर रहा था। सब शून्य में देखते प्रतीत हो रहे थे। आंखें प्रायः सभी की गीली थीं। बीच-बीच में कोई-कोई फफक कर रो पड़ता था। महिलाओं के आंसू तो प्रायः निकलते ही रहते थे, पर पचास साल से बड़े बच्चों का फफककर रोना देखा नहीं जा रहा था।

डाक्टरों ने अभी ऑपरेशन करने का निर्णय नहीं किया था। कुछ और टेस्ट आदि होने थे जिसके पश्चात् ही सही स्थिति का पता चल सकेगा।

जी० बी० पंत हॉस्पिटल आने के पहले कुछ एक्स-रे तथा अल्ट्रा साउंड टेस्ट किये गये थे जिनकी प्लेटस् को देखकर डाक्टरों ने बड़ी ही निराशाजनक ओपीनियन दी थी। कुछ ने तो यहां तक कह दिया था कि मैलिगनैन्सी काफी बढ़

चुकी है और तुरन्त ही ऑपरेशन करना चाहिए नहीं तो जान का खतरा हो सकता है।

इसी सबके बीच एक दिन भैया को एन्डोस्कोपि इक्जामीनेशन के लिए ले जाया गया। इस इक्जामिनेशनेशन के बाद किसी ने डॉक्टरों को आपस में बात करते सुन लिया कि अन्दर कोई मैलिगनेन्ट ग्रोथ नहीं दिखायी दे रही है।

यह खबर एक से दूसरे, दूसरे से तीसरे को जैसे ही मिली सभी के चेहरों पर कुछ राहत दिखायी देने लगी, जैसे कोई बड़ी भारी बिपत्ति टल गई हो।

मैलिगनेन्ट ग्रोथ माने कैंसर जिसका नाम सुनकर ही अच्छे-खासे आदमी की जान निकल जाती है।

एक्स-रे ऐन्डोस्कोपी आदि की रिपोर्ट औपचारिक रूप से आ जाने के बाद डाक्टरों ने फिर एक बार आपस में परामर्श किया। सुनने में आया कि मरीज की आयु को ध्यान में रखते हुए डॉक्टर ऑपरेशन के पक्ष में नहीं हैं और चाहते हैं कि आंतों में रुकावट को किसी प्रकार दवाओं से ही दूर कर दिया जाये तो अच्छा है।

इस बात की भनक कि डॉक्टर लोग मरीज की बढ़ी हुई आयु के कारण ऑपरेशन करने में हिचकिचा रहे हैं, किसी प्रकार रामविलास भैया के कानों तक पहुंच गयी। सुनने में आया कि जब अगली बार डॉक्टर लोगों की टीम, जिसमें सर्जन भी थे, भैया को देखने गयी तो भैया ने उनसे कहा कि यदि मेरा ऑपरेशन होना अनिवार्य है और आप लोग मेरी आयु को देखते हुए उसे करने में संकोच कर रहे हैं, तो मैं आपसे कहता हूं कि आप मेरा ऑपरेशन कीजिए, अच्छे-बुरे नतीजे का उत्तरदायित्व मैं अपने ऊपर लेता हूं।

शायद इसी से प्रभावित होकर डॉक्टरों ने पहली अगस्त 1992 को ऑपरेशन करने का निश्चय किया। सर्जन को, जिन्हें आपरेशन करना था, कहते सुना गया था कि—"ऑपरेशन की चिंता नहीं है, चिंता है केवल पोस्ट-ऑपरेटिव रिकवरी की, ऑपरेशन के बाद के 48 घंटे इनके लिए क्रिटिकल होंगे।" और हुआ भी वैसा ही।

ऑपरेशन के बाद भैया को पोस्ट-ऑपरेटिव इन्टेंसिव-केयर-यूनिट में रखा गया जहां किसी को भी अन्दर जाने की इजाजत न थी। इस अवधि के बीच सबसे अधिक मानसिक तनाव रहा। कभी कोई नर्स से उनका हाल पूछ आता तो कभी बाहर से ही चुपचाप झांक कर लौट आता। डॉक्टरों से पूछने पर दो-टूक उत्तर मिलता, "48 घंटे बाद ही कुछ कहा जा सकेगा।" इस बीच पता चला कि

छोटी आंत का करीब एक फुट लम्बा हिस्सा, जिसमें रुकावट आ गयी थी, काट कर निकाल दिया गया है। अन्दर कोई मैलिगनैन्सी नहीं है।

शायद 24 घंटों के बाद पहली बार घर के किसी आदमी को थोड़ी-सी देर के लिए अन्दर जाने की अनुमति मिली थी। राम-राम करके वे 48 घंटे किसी प्रकार कटे। अब थोड़ी-थोड़ी देर में एक बार एक आदमी देख आता था। अभी भी डाक्टरों की राय थी कि उन्हें कुछ और समय के लिए पोस्ट-ऑपरेटिव-केयर में रखना ठीक होगा। पर भैया अब तक शायद उस कमरे के वातावरण से, जिसमें तीन और मरीज थे, ऊब चुके थे और जल्दी-से-जल्दी वहां से बाहर निकलना चाहते थे।

डॉक्टरों को यह आश्वासन दिये जाने पर कि प्राइवेट कमरे में कोई भीड़ नहीं लगायी जावेगी और केवल एक या दो आदमी ही इनकी देख-रेख के लिए कमरे में रहेंगे, भैया को वहां से ले जाने की अनुमति दी गयी।

इस प्रकार ऑपरेशन के पूरे 72 घंटे बाद भैया को प्राइवेट कमरे में लाया गया। जो भी आता, उसे दरवाजे के छोटे-से कांच-से ही झांक कर देख लेने को कहा जाता था। घर वाले तो मान जाते थे, पर बाहर वालों को क्या कहें। कोई-कोई तो जबरदस्ती अन्दर घुस जाते थे।

धीरे-धीरे भैया की हालत में सुधार होने लगा। कुछ तरल खाद्य पदार्थ भी दिया जाने लगा। हम लोग प्रायः दिन में अस्पताल में ही रहते थे। रात में दो-तीन लोग बारी-बारी से रहते थे।

अभी यह निश्चित नहीं हो पाया था कि उन्हें और कितने दिन अस्पताल में रहना पड़ेगा। परिस्थिति में सुधार देखते हुए मैं 8 अगस्त को वापस लखनऊ आ गया।

# चाचा की आंत-पीड़ा और उपचार-क्रम

**विजय मोहन शर्मा**

जैसे किसी की नजर लग गयी हो।

एक ऐसा व्यक्ति जो न केवल अपने बल्कि अपने परिवार और निकट सम्बन्धियों, मित्रों आदि सभी के स्वास्थ्य के प्रति सचेत हो, जिसको नियम से सुबह-शाम घूमने जाने, कसरत करने की आदत हो, जो हमारे बृहत परिवार के सबसे अधिक स्वस्थ लोगों में से हो, अचानक बीमार हो जाये—और बीमार भी ऐसा कि अस्पताल में भर्ती करना पड़े—तो आप और क्या कहेंगे।

पहले सामान्यतः हमसे कोई फोन पर पूछता, "डा० साहब कैसे हैं?" तो मैं जवाब देता : 'ठीक हैं'। प्रश्न होता था, "तबियत ठीक है?" मैं कहता था, "हां भई ठीक है।" और सोचता था चाचा की तबियत को क्या होना है। जब से होश संभाला है, उन्हें स्वस्थ ही देखा है; बीमार तो और लोग पड़ते थे, चाचा तो उनकी तीमारदारी करते थे। वह अपने सब काम इतने समय और नियम-कायदे से करते थे, खाने-पीने का इतना ध्यान रखते थे, कि उनके बीमार होने का प्रश्न ही नहीं उठता था।

जो लक्षण एक बहुत ही साधारण-सी बीमारी के लगते थे, इतना गंभीर रूप धारण कर लेंगे, इसका अहसास होते-होते ही हुआ।

पिछले वर्ष बृहस्पतिवार 23 जुलाई की शाम को जब मैं दफ्तर से लौटा, तो चाचा ने पेट में दर्द की शिकायत की। यह भी कहा कि उन्होंने दिन में उड़द की दाल, जो उन्हें विशेष प्रिय है, कुछ अधिक मात्रा में खा ली है, यह भी कि सुरेश शर्मा ('नवभारत टाइम्स' के संवाददाता) के गांव से आया हुआ सत्तू रखा था, यह भी आज खा लिया था, शायद इसीलिए पेट में दर्द हो गया।

उस दिन शाम को हम सब लोग हरिनगर जाने वाले थे। सन्डरलैंड (इंग्लैंड) से जितेन्द्र मौसाजी व कुसुम मौसी इन दिनों यहां आये हुए थे, इसीलिए हरिनगर

में ही सब लोगों के खाने का प्रोग्राम था।

मैंने चाचा से कहा कि पड़ोस के डॉक्टर साहब के यहां से दवा ला देते हैं, तो उन्होंने कहा कि उसकी आवश्यकता नहीं है। हम लोगों ने कहा कि हरिनगर जाने का प्रोगाम रद्द कर देते हैं, तो बोले, "तुम लोग हो आओ, मैं पेट में दर्द के कारण इधर-उधर हिलूंगा तो अच्छा नहीं लगेगा।" मैंने कहा कि अगर आप दवा न लेना चाहें तो कुछ अजवांइन वगैरह ही ले लीजिए। उन्होंने कहा—लाओ, दे दो। संतोष ने सुझाव दिया, हाजमोला ज्यादा ठीक रहेगा। बोले, वही दे दो। हम लोगों ने हाजमोला देकर बाजार जाने की अनुमति मांगी। वृहस्पतिवार को विकासपुरी में सब्जी मंडी लगती है और हम लोग अपनी सप्ताह भर की जरूरत के लिए फल, सब्जियां आदि उसी दिन खरीदकर रख लेते हैं।

सब्जी खरीदकर हम लोग करीब आधे घंटे बाद लौटे, तो चाचा ने कहा कि हो न हो तुम दवाई ले ही आओ। मतलब, दर्द बढ़ रहा था। संतोष पड़ोस के 'विकास नर्सिंग होम' में गयीं और डॉक्टर साहब की अनुपस्थिति में डॉक्टरनी साहिबा को हाल बताकर दवाई ले आयीं। दवा देकर हम लोग हरिनगर चल दिये।

हरिनगर से हम लोग जल्दी ही लौटे। आने पर पता चला कि चाचा के पेट के दर्द में कोई विशेष फायदा नहीं है। उन्होंने कहा, "देखो, शायद अब तक डॉक्टर साहब आ गये हो।" वाकई तब तक डॉक्टर साहब लौट आये थे। संतोष उनसे दवाई मांगकर ले आयीं जिससे चाचा को कुछ आराम आ गया और वह रात को सो गये।

पर 24 तारीख को सुबह भी उनके पेट में दर्द था। रात की दवाई का डोज एक बाकी था, जिसके देने से चाचा को थोड़ी देर के लिए आराम आ गया। दवाई का असर खत्म होने के बाद उनके पेट में फिर से दर्द होते लगा, डॉक्टर साहब से सलाह ली। वह कोई बहुत स्ट्रांग डोज नहीं देना चाह रहे थे। डरते थे, इस उम्र में फिर संभालना मुश्किल न हो जाय। हम लोगों ने तय किया कि अगर रात में आरामनहीं आया तो सुबह अनीमा लगाया जायेगा। इस बीच एक development और यह हुआ कि वह जो कुछ भी खा रहे थे, वह उलट जा रहा था। शरीर में द्रव्य की कमी के कारण डी-हाइड्रेशन के लक्षण भी दिखायी देने लगे थे।

शनिवार की सुबह तक जब कोई आराम नहीं आया तो 'विकास नर्सिंग होम' के डॉ. गुप्ता ने अनीमा लगाने की सलाह दी। उस समय तक केमिस्टों की दुकानें खुली न थीं। डॉ० गुप्ता ने एक केमिस्ट को फोन करके उसकी दुकान खुलवायी और वहां से हम अनीमा के लिए आवश्यक सामग्री ले आये। आजकल अनीमा

लगाने की पद्धति पहले से कहीं अधिक सरल और असरदार हो गयी है। अब पौट में साबुन का घोल बनाकर ट्यूब के जरिये पेट से चढ़ाने की आवश्यकता नहीं है, प्लास्टिक की ट्यूब में ग्लीसरीन सरीखा द्रव्य आता है जिसे दबाकर अन्दर डाल दिया जाता है। डॉ० गुप्ता ने अनीमा लगाते समय जो जांच-पड़ताल की, उसके आधार पर उन्होने कहा कि जैसा ब्लौकेज सोचते थे, वैसा नहीं है, अनीमा के द्वारा भी कोई विशेष मल बाहर नहीं निकला।

थोड़ी देर बाद फिर से दर्द वहां का वहीं। खाना पचाने और उल्टियों से राहत दिलाने के लिए जो दवाइयां उन्हें दी जा रही थीं, उनसे उन्हें नीद आ रही थी, कुछ कमजोरी बढ़ चली थी। वह दिन में सोते-जागते रहे।

इतवार के दिन सुबह से ही डॉ० गुप्ता की सलाह से ग्लूकोज और सैलाइन चढ़ाने की प्रक्रिया शुरू की गयी। इसके लिए उन्हें डॉ० गुप्ता के नर्सिंग होम में ही भर्ती कर दिया था। सारा दिन उन्हें ग्लूकोज चढ़ता रहा, पेशाब की निकासी के लिए भी एक ट्यूब डाल दी गई थी।

दिन भर में लगभग पांच बोतलें ग्लूकोज की चढ़ गयी थीं, किन्तु अपेक्षाकृत पेशाब कम ही हुआ। शाम को आठ बजे तक डॉक्टर साहब पूरी तरह आश्वस्त थे कि स्थिति नियंत्रण में है और उम्मीद कर रहे थे कि सुबह तक चाचा बिल्कुल ठीक हो जायेंगे। ऐहतियातन मैंने भुवन भैया और स्वाति से फोन पर बात करके उन्हें सारा हाल बता दिया था, यह भी कि अभी उनके आने की आवश्यकता नहीं। शोभा, मुकुल और डॉ. सुरेश जेटली लगभग सारा दिन चाचा के पास ही रहे थे।

रात को नौ बजे अचानक चाचा को दो बार उल्टियां हुईं। उल्टी में बाहर आने वाला पदार्थ कुछ लाल या कत्थई रंग का था। डॉ० गुप्ता इन उल्टियों की वजह को ठीक से समझ नहीं पा रहे थे। उन्होंने सलाह दी कि चाचा को किसी अस्पताल में शिफ्ट कर दिया जाये। उन्होंने यह भी कहा कि अभी रात में ही शिफ्ट करने से जांच-पड़ताल का काम रात में ही शुरू हो जायेगा। इसलिए देर करना ठीक न होगा। मैंने पूछा—गंगाराम अस्पताल कैसा रहेगा। डॉ० गुप्ता ने कहा कि उससे अच्छा और क्या हो सकता है।

जेटली साहब ने डॉक्टर संधू से, जो गंगाराम अस्पताल में आंख, नाक और कान के विशेषज्ञ हैं, बात कर ली थी और उनसे गंगाराम अस्पताल के आपातकालीन विभाग में ड्यूटी पर तैनात डॉक्टरों को मदद करने के लिए कहलवा दिया था।

अपनी गाड़ी में चाचा को लेकर जेटली साहब और मुकुल के साथ हम

गंगाराम अस्पताल पहुंचे। इस अस्पताल के हम लोग इतने चक्कर लगा चुके हैं कि हमें इसके विभिन्न विभागों की लोकेशन आदि का पूरा ज्ञान है।

गंगाराम अस्पताल आपातकालीन के विभाग के डॉक्टरों ने तुरन्त दो X-Rays करने की सलाह दी। X-Rays ले लिए जाने के बाद उनके आधार पर उन्होंने कहा कि आंतों में obstruction है, ऑपरेशन करना पड़ेगा, दाखिल करवा दिया जाये। दाखिले के लिए पैसा जमा करवाने के लिए जब हम खिड़की पर पहुंचे, तो उसने साफ इंकार कर दिया और कहा कि कोई पलंग खाली नहीं है। मैंने उससे काफी देर तक अनुनय-विनय की, वस्तुतः गिड़गिड़ाते हुए, किन्तु उसने लिखित रूप में दे दिया कि अस्पताल में उस समय कोई पलंग खाली नहीं।

अब तक रात के 1.30 बज रहे थे। डॉ० संधू को दुबारा फोन किया, जो किसी ने उठाया नहीं।...गंगाराम हॉस्पिटल ने भी यह मशविरा दिया कि चाचा को राममनोहर लोहिया अस्पताल (विलिंगडन हॉस्पिटल) में ले आयें क्योंकि वापस घर ले जाने में खतरा था। कहीं रास्ते में आंतें फट गयीं तो?

राम मनोहर लोहिया अस्पताल पहुंचते-पहुंचते रात के दो बज गये थे। वहां के आपातकालीन विभाग की हालत बहुत खराब थी। कुछ एक्सीडेन्ट के केस आये हुए थे। अस्पताल के पास कुछ पुलिस वाले खड़े थे। जो एक्सीडेंट के केस आये थे, उनकी वजह से कुछ बिस्तर व चादरें खून से एकदम लथपथ हो गयी थीं। कुछ बिस्तरों पर चादरें थी ही नहीं, गंदे गद्दे अपनी असलियत दिखाने पर मजबूर हो रहे थे। ड्यूटी पर तैनात सीनियर डॉक्टर एक फोल्डिंग परदा लगाकर उसकी आड़ में स्ट्रेचर पर सो रहा था। जूनियर डॉक्टर जैसे-तैसे बाकी बीमारों से निबट रहा था और जब तब कह देता था—"बड़े डॉक्टर जब उठेंगे तब होगा।"

इस माहौल में चाचा को ले जाकर जूनियर डॉक्टर को पूरा केस समझाया। उसने निहायत रूखे अंदाज में एक बेड अलॉट कर दिया और रुटीन चेकिंग वगैरा शुरू करने के आदेश दे दिये। सारे माहौल को देखकर हम लोग काफी परेशान थे। इतनी देर में सीनियर डॉक्टर को किसी ने जगा दिया। थोड़ी देर में उनका रुख हम लोगों की तरफ भी हुआ। पूछा—"क्या बीमारी है?" मैंने कहा, "Intestines blocked हैं।" वह लगभग डांटते हुए बोले : "Symtptoms बताइए, diagnosis नहीं।" बहरहाल, उन्होंने भी X-Ray, ECG, Blood test, आदि के निर्देश दिये और कहा कि शायद ऑपरेशन करना पड़े। यह पूछने पर कि ऑपरेशन कौन करेगा, उन्होंने ऐसी सवालिया नजरों से हमें देखा जैसे कह रहे हों यह भी कोई पूछने की चीज है, और कहा, "हम करेंगे।" हम लोगों ने सोचा, जिस आदमी को अभी उस्तरा पकड़ने की तमीज नहीं लगती, वह ऑपरेशन क्या करेगा। कुछ और इंतजाम करना चाहिए।

चाचा को मुकुल की देखरेख में छोड़कर और यह कहकर कि किसी हालत में

भी ऑपरेशन न करने देना मैं और डॉ. सुरेश जेटली अपनी गाड़ी से डा. बोहरा के नर्सिंग होम पहुंचे। रात के तीन बजे थे और जैसी उम्मीद थी, उनके जूनियर डॉक्टरों ने हम लोगों को उनसे मिलने न दिया। बोहरा नर्सिंग होम से हम लोग मुन्नी दीदी के घर पटेल नगर गये—यह सोचकर कि शायद मुन्नी दीदी या डॉ. बलराम शर्मा की बिलिंगडन अस्पताल में कोई जान-पहचान निकल आये। हमें यह भी याद था कि डॉ. बलराम के छोटे भाई डॉ. अशोक ने, जिनका अपना नर्सिंग होम जमुना पार शाहदरा में है, अपनी ट्रेनिंग विलिंगडन अस्पताल में ही की थी। रात में मुन्नी दीदी व डॉ. बलराम को जगाकर पूरी बात बितायी। मुन्नी दीदी ने सलाह दी कि डॉ. अशोक से बात की जाये। मैंने फिर घड़ी देखी। रात के तीन बजकर पन्द्रह मिनट हुए थे। मुन्नी दीदी ने फोन मिलाया। ताज्जुब-सा हुआ जब फोन पर डॉ. अशोक तुरन्त मिल गये। पता चला कि वह थोड़ी देर पहले ही एक अन्य नर्सिंग होम 'ज्योति नर्सिंग होम' से लौटे थे। भला हो इन डॉक्टरों का जिन्हें कभी-कभी रात-दिन एक करना पड़ जाता है।

बहरहाल, डॉ. अशोक ने सारा हाल जानकर कहा कि आंतों के ऑपरेशन से पहले अन्य सभी संभावित प्रयास कर लेने चाहिए। उन्होंने यह भी कहा कि पहले नाक के जरिए एक ट्यूब डालकर उससे पेट के tozic पदार्थों को निकालना चाहिए। अन्तत: यह तय हुआ कि चाचा को डॉ. अशोक के नर्सिंग होम में शिफ्ट कर दिया जाए। डा. अशोक ने कहा, "आप विलिंगडन अस्पताल पहुंचिए, मैं भी वहीं पहुंचता हूं।"

हम लोगों के पहुंचने के थोड़ी ही देर में डॉ. अशोक विलिंगडन अस्पताल आ गये। तब तक वहां डॉक्टरों ने चाचा की नाक में एक हरे रंग की ट्यूब डाल दी थी और उसमें सिरिंज लगाकर उससे कुछ कत्थई रंग का द्रव बाहर निकाला था जो चिलमची में पड़ा था। आवश्यकता इस बात की थी कि थोड़ी-थोड़ी देर में पम्प करके द्रव निकालते रहा जाए : वहां एक नर्स, जिसे यह ड्यूटी दी गई थी, यह काम लगातार करने के लिए तैयार न थी। डॉ. अशोक ने आकर फिर अपने-आप सिरिंज से कुछ और द्रव निकाला। तब तक चाचा का ब्लड टेस्ट, एक्सरे और ECG. आदि हो चुका था। डॉ. अशोक ने भी वहां की गंदगी और डॉक्टरों के callous व्यवहार को देखकर यही राय दी कि चाचा को उनके अपने नर्सिंग होम, जो जमुना पार किरन विहार में है, शिफ्ट कर दिया जाए। डॉ. अशोक के होने की वजह से विलिंगडन से निकलने में अधिक कष्ट न हुआ। मरीज को 'डॉक्टरी सलाह के विरुद्ध' निकालकर हम लोग के. डी. नर्सिंग होम (कम्पूरी देवी—अशोक की स्वर्गवासी माताजी—के नाम पर नर्सिंग होम) पहुंचे।

सुबह हो चुकी थी। साफ-सुथरा नर्सिंग होम, आज्ञाकारिणी नर्सें, विलिंगडन अस्पताल से एकदम अलग वातावरण लगा, हम लोगों का nightmare

समाप्त हुआ।

(पड़ोसी डॉ. गुप्ता ने जैसे ही चाचा को अस्पताल ले जाने की सलाह दी थी, मैंने भुवन भाई साहब, स्वाति, सेवा आदि सभी लोगों को सूचित कर दिया था। उम्मीद थी कि एक-दो दिन में ये लोग दिल्ली आ जायेंगे।)

के. डी. नर्सिंग होम पहुंचने के थोड़ी देर बाद डॉ. अशोक ने जैसे ही चाचा का ECG किया तो वह चौंके। डॉ. अशोक के अनुसार चाचा के दिल की हालत इस समय बहुत ठीक न थी और उन्हें तुरन्त ICU (इंटेसिव-केयर-यूनिट) में भर्ती किया जाना चाहिए था। उन्होंने कुछ और डॉक्टरों की सलाह भी ली और एक विशेषज्ञ कार्डियोलोजिस्ट को भी बुलवाया। उन लोगों के अनुसार हो सकता था कि रात भर के तनाव का असर ECG पर परिलक्षित हुआ हो, यह भी संभव था कि वाकई दिल इस समय कुछ ठीक से काम न कर रहा हो, इसीलिए इसे ध्यान में रख सभी सावधानियां बरतना ही ठीक होगा।

अब यह तय पाया गया कि चाचा के पास को 'श्री रामसिंह हार्ट इंस्टीच्यूट' के इन्टेन्सिव केयर यूनिट में दाखिल कर दिया जाये, और जब दिल की हालत कुछ संभल जाए तब उसे मॉनीटर करते-करते ही ऑपरेशन कर दिया जाए; इस बीच बाकी सारे investigations कर लिये जायें। यह भी सलाह दी गयी कि ऐन्डो-स्कोपी करके देख लिया जाए कि आंतों में रुकावटें (ब्लौकेज) कहां पर है ताकि ऑपरेशन के समय कम-से-कम जगह काटनी पड़े।

श्री रामसिंह हार्ट इंस्टीच्यूट के इन्टेन्सिव केयर यूनिट में चाचा के भर्ती करा दिये जाने पर हमें वहां अन्दर जाने की अनुमति न थी। बाहर कांच के दरवाजे से झांक सकते थे। मॉनीटर पर हृदय गति का चित्रण लगातार चल रहा था। धीरे-धीरे घर-परिवार के और लोग इकट्ठा होना शुरू हो गये थे। जिसे खबर लगी, ऑफिस के लोग, स्कूल के लोग, पड़ोस के लोग आदि सभी आ गये।

दोपहर तक तमाम investigations हो चुके थे। हां, ऐन्डोस्कोपी की व्यवस्था नहीं हो पायी थी। इस अस्पताल के डॉक्टर लोग कहीं से वह उपकरण उधार लेकर यह काम करवाते हैं। दिल्ली में शायद तीन ही ऐसे उपकरण उपलब्ध हैं। और उस दिन वे अन्यत्र कार्यरत थे। इसीलिए डॉक्टरों ने सोचा कि उसकी जगह अल्ट्रा साउंड करवा लेते हैं। अल्ट्रा-साउंड की रिपोर्ट, एक्सरे तथा तमाम अन्य जांच-पड़तालों के आधार पर उस अस्पताल के डॉक्टर इस निष्कर्ष पर पहुंचे कि संभवत: अन्दर कोई ट्यूमर है जो बढ़कर चारों ओर फैल गया है। एक्सरे में कुछ छायायें इस संशय को और भी पक्का करने में मदद देती थीं।

लगभग चार बजे उन लोगों ने कहा कि ऑपरेशन करने पर यह भी हो

सकता है कि सर्जन की समझ में ही न आये कि मैं क्या काटूं और क्या छोड़ दूं। इसलिए मरीज के संबंधियों को हर बात के लिए तैयार रहना चाहिए। चूंकि आंतों में प्रवाह को बंद हुए भी काफी समय बीत गया था और उसे भी अधिक समय तक टाला नहीं जा सकता था अत: ऑपरेशन जल्दी ही कर देना चाहिए था। डाक्टरों के अनुसार यदि ऑपरेशन करते हैं तो कुछ भी हो सकता था—और ऑपरेशन नहीं करते हैं तो भी इस हालत में दो दिन से अधिक रहना मुश्किल है।

यह सारा development इतनी तेजी से हुआ कि हम लोग उसके लिए तैयार न थे। फिर भी अन्दर से ऐसा लगता था कि यह सही नहीं है, ऐसा हो नहीं सकता। अखिलेश की माता जी का केस याद आया, जब सर्जन ने गॉल ब्लैडर के ऑपरेशन के लिए पेट खोला किन्तु जैसा का तैसा ही बंद कर दिया, अन्दर कैंसर सारे में फैल चुका था; मधु भाभी के पिताजी का केस जहां आंतों के कैंसर के ऑपरेशनके बाद वह बिल्कुल ठीक हो गये थे। सोचा, किसी और डॉक्टर को रिपोर्ट दिखा दें।

डॉ. सुरेल जेटली की मदद से वे X-Rays, व ultrasound की रिपोर्ट मशहूर 'बत्रा अस्पताल' के कैंसर ऐक्सपर्ट को दिखाये गये। डॉ. बोहरा की भी सलाह ली गयी। सभी लोगों का कहना था कि निचले हिस्से में कैंसर का होना लगभग निश्चित है ऊपर के बारे में संशय हो सकता है। हम लोगों ने सोचा नीचे का कैंसर काटकर निकाल देने पर ठीक भी हो जाता है।

इस बीच डॉ. अशोक अपनी ओर से अलग भागदौड़ में लगे थे। उन्हें श्री रामसिंह अस्पताल के डॉक्टरों के निष्कर्ष के बारे में सूचना मिल गई थी और वह भी किसी और डॉक्टर की सलाह लेना चाह रहे थे। उनके सामने दो विकल्प थे : All India Institute of Medical Sciences के डॉक्टर भार्गव, अथवा पंत अस्पताल के डॉ. सरीन जो जयपुर मेडीकल कॉलेज के ही पढ़े हुए थे।

Delhi Medical Association के Secretary महोदय को साथ लेकर डॉ. अशोक डॉ. सरीन से मिले। डॉ. सरीन ने अगले दिन दोपहर दो बजे का appoitment दिया। (चाचा को हम लोग 'के. डी. नर्सिग होम' में ले आये थे।)

अगले दिन 'श्री रामसिंह हार्ट इन्स्टीट्यूट' की एंबूलेंस किराये पर लेकर हम लोग चाचा को एक स्ट्रेचर पर लिटाकर पंत अस्पताल लाये। डॉ. सरीन का बाहर के रोगियों का विभाग (OPD) पहली मंजिल पर था। जीने में स्ट्रेचर उठाकर ऊपर ले जाया गया। डॉ. सरीन ने चाचा को देखा X-Rays देखे और कहा कि शायद Cancer वाला निष्कर्ष ठीक नहीं है, फिर भी देखते हैं, आप भर्ती करवा

दें। थोड़ी-बहुत औपचारिकतायें पूरी करने के बाद जनरल वार्ड नं. 7 में 27 नम्बर का पलंग चाचा को अलाट हो गया। डॉ. सरीन ने यह भी सलाह दी कि अगर आप जनरल वार्ड में ही इन्हें रखेंगे तो डॉक्टरी नजर में रहेंगे और देखभाल अच्छी हो सकेगी।

शाम होते-होते चाचा के बीमार होने की खबर साहित्यिक क्षेत्रों में फैल चुकी थी। पत्रकार, साहित्यकार, रिश्तेदार तमाम लोगों का आना-जाना शुरू हो गया। इतने लोगों का अन्दर मरीज के पास होना अच्छा न था, इसलिए चाचा को वार्ड में देख आकर कॉरीडोर में लोग खड़े हो जाते थे। आने वालों में उस दिन डॉ. नामवर सिंह, शीला संधू और अशोक वाजपेयी (जो मानव संसाधन विकास मंत्रालय में अतिरिक्त सचिव हैं) भी थे।

जी. बी. पंत अस्पताल के इस वार्ड में आने के बाद डॉ सरीन और उनके सहयोगियों ने नये सिरे से जांच-पड़ताल शुरू करवायी। इसी आंतों वाले विभाग से सम्बद्ध सर्जरी विभाग के डॉ. चौधरी आदि ने भी परीक्षण किया। सर्जन लोगों की सलाह थी कि अब तुरन्त ऑपरेशन कर देना चाहिए। पेट खोलने पर और कोई मुश्किल दिखाई देगी तो आंतों की निकासी पेट में छेद करके कर देंगे और बाकी समस्या बाद में भुगत लेंगे अर्थात् दो बार ऑपरेशन करेंगे।

अगले दिन यानी 29 जुलाई को ऑपरेशन की तमाम तैयारी हो गयी। तन्मय ने अपने हिस्से का एक यूनिट खून भी दान कर दिया। ऑपरेशन के लिए मरीज को ले जाने से पहले डॉ. सरीन एक बार ऐन्डोस्कोपी करना चाह रहे थे। इसके लिए ऑपरेशन रुकवाकर वह जल्दी वार्ड में आए। उनके साथ चाचा को लेकर हम और भुवन भैया भी ऐन्डोस्कोपी उपकरण वाले केबिन में गये।

डॉ. सरीन ने ऐन्डोस्कोपी खुद की। यह बड़ी कष्टप्रद प्रक्रिया है। लेकिन बड़ी फायदेमन्द भी। इसकी मदद से अन्दर की सारी चीजें सामने स्क्रीन पर दिखायी दे जाती हैं। ऐन्डोस्कोपी के बाद डा. सरीन काफी प्रसन्न दिख रहे थे। बोले : "May be, you are in for some good luck। मैंने जहां तक देखा है, कोई कैंसरस ग्रोथ नहीं है।"

इसके बाद उन्होंने तुरन्त अपने सहयोगी डॉ. गुलाटी को फोन पर स्थिति बतायी और कहा कि ऑपरेशन की तैयारी अभी रोक दी जाये। फोन पर उनकी यह बातचीत भुवन भैया ने भी सुनी।

ऐन्डोस्कोपी के कुछ देर बाद चाचा की हवा खुली। बहुत दिनों के बाद पहली बार थोड़ी-सी टट्टी भी हुई। इससे उन्हें काफी राहत महसूस हुई। अब उन्हें एक-दूसरे इन्टेन्सिव केयर यूनिट में रखा गया था। कुछ देखभाल में चुस्ती, डॉक्टरों,

नर्सों के व्यवहार में फर्क आ गया था। मानव संसाधन मंत्री श्री अर्जुन सिंह का पत्र आ चुका था। अखबारों में लगभग रोज चाचा की हालत को लेकर खबरें छप रही थीं। पंत अस्पताल के नर्सिंग होम में कमरा लेने के लिए पूछने पर डॉ. सरीन ने मुझसे कहा कि मैं डा खलीलुल्ला निदेशक महोदय से मिल लूं। अगले दिन डॉ. सुरेश जेटली के साथ मैं निदेशक महोदय से मिला। चाचा का नाम सुनते ही उन्होंने कहा कि जो कुछ भी संभव होगा, वह करेंगे। और नर्सिंग होम वार्ड नं. 12 में उन्होंने कमरा दिलवा दिया।

अब चूंकि मर्ज का ठीक-ठीक पता चल चुका था, पहली बार दवाओं से इलाज शुरू हुआ। यह भी उम्मीद की जाने लगी कि शायद दवाओं से ही उपचार हो जाये; हो सकता है, ऑपरेशन करना ही न पड़े।

बेशक, दवाओं से कुछ असर तो हुआ, लेकिन इतना नहीं कि सूजी हुई आंतों के बीच से रास्ता खुल जाता। अत: 31 जुलाई को डॉक्टरों ने फिर सलाह दी। उन्होंने तय किया कि ऑपरेशन कर देना ही उचित होगा।

आंतों में खाना आगे चलाने की प्रक्रिया उनके लगातार फैलने-सिकुड़ने से होती है। जब कोई अवरोध हो जाता है तो आंतें अधिक जोर लगाकर खाना आगे खिसकाना चाहती हैं। डर यह था कि जोर लगाते-लगाते कहीं घायल आंतों का पक्षाघात न हो जाये, या आंतें फटन जायें। उधर ऑपरेशन करने में दिल के लिए बड़ा खतरा था, वह इसे बर्दाश्त कर पायेगा या नहीं। लेकिन ऑपरेशन का निर्णय हो गया।

1 अगस्त को आंत विभाग के सर्जरी के प्रोफेसर डॉ. आरण्य ने ऑपरेशन करके लगभग एक फुट का टुकड़ा निकाल दिया, और दोनों सिरों को फिर से सी दिया। यह टुकड़ा छोटी और बड़ी आंतों के जंकशन के पास का था। एक-दो जगह और भी आंतें घायल अवस्था में थीं, लेकिन उन्हें निकालना आवश्यक न था और उम्मीद थी कि दवाइयों से ही ठीक हो जायेंगी।

ऑपरेशन से पहले और उसके बाद भी चाचा को Intensive Care Unit में ही रखा गया। अब मुख्य बात यह थी कि वह किसी तरह अगले बहत्तर घंटे निकाल ले जायें।

जब तक घर के सब लोग दिल्ली में जमा हो चुके थे। अस्पताल से-वक्त-बेवक्त आना-जाना, घर पर खाने आदि की अव्यवस्था, दिल्ली में एक स्थान की दूसरी की दूरी, यातायात साधनों की अव्यवस्था, आदि सभी कुछ झेला जा रहा था।

इंटेन्सिव केयर यूनिट में घर के लोगों को अन्दर जाने की अनुमति न थी। दूसरे सीरियस मरीज भी वहां थे और बाहर के लोगों के वहां जाने से संक्रमण

आदि के खतरे की आशंका थी; अत: वहां के डॉक्टर ही मरीजों का ख्याल रख रहे थे। चाचा को वहां पर बड़ा कष्ट हुआ। पड़ोस का मरीज चिल्लाता था और अक्सर बिस्तर से उछल जाता था। डॉक्टर चाचा की ओर उतना ध्यान नहीं दे रहे थे जितना उन्हें देना चाहिए था।

जैसे-तैसे 72 घंटे बीते और वहां से निकलकर नर्सिंग होम, वार्ड नं. 12 में आये। अभी तक चाचा के नाक में नली लगी हुई थी।

मुंह से कुछ भी खाने या पीने की मनाही थी। सारा काम इन्ट्रावीनस इंजेक्शनों के द्वारा होता था। ऑपरेशन के कटाव से रिसते खून व प्लाज्मा को इकट्ठा करने के लिए एक थैली, पेशाब इकट्ठा करने के लिए दूसरी थैली। इंजेक्शन आदि के लिए ड्रिप की व्यवस्था, किन्तु सुई ठीक से नस में लगी न होने के कारण हाथ सूज गये थे।

धीरे-धीरे उनकी हालत में सुधार होना शुरू हुआ। एक-एक करके नलियां टूटने लगीं। इंजेक्शन लगने बंद हुए। पहली बार मुंह से पानी दिया गया। धीरे-धीरे करके सूप आदि दिया जाने लगा।

खून की कमी को पूरा करने के लिए आयरन कैप्स्यूल्स दिये गये। लेकिन ये माफिक नहीं आये और दस्त शुरू हो गये। इस स्थिति को संभालने में लगभग चार दिन लग गये।

अन्तत: अगस्त की 12 तारीख को टांके कटवाकर हम लोग वापस विकासपुरी आ गये। इसके बाद से चाचा के स्वास्थ्य में उत्तरोत्तर सुधार होता रहा। और हम लोगों को इसमें कोई शक नहीं रह गया कि वह इस बीमारी के बाद अब पहले से और भी अधिक स्वस्थ होकर निकलेंगे।

चाचा को जो दवायें दी जा रही थीं, उनमें से एक उन्हें माफिक नहीं आ रही थी। इसके लक्षण तो तब ही दिखायी देने लगे थे जब वह अस्पताल में थे। उन्हें डॉक्टर गुलाटी पर एक दिन बेहद गुस्सा आया जिन्होंने पहले तो चाचा की कुछ कविता इत्यादि की बातें करके उत्तेजित कर दिया और फिर जाते समय सलाह दे गये कि आपको अधिक-से-अधिक आराम करना और सोना चाहिए। चाचा के अनुसार ये डॉक्टर शारीरिक और मानसिक अवस्थाओं के तालमेल को नहीं समझते। चाचा को गुस्सा इतना आया कि जब वह डॉक्टर अगली बार राउण्ड पर आये तो उन्हें गेट आउट कर दिया और मारने के लिए डन्डा उठा लिया। जैसे-तैसे करके बात बनी।

घर जाने पर यह असर और भी तीव्र रूप में प्रकट हुआ। वह कहीं अधिक इमोशनल हो गये और बात करते समय कभी रो पड़ते थे। कभी-कभी सच के साथ कुछ मनगढ़न्त बातें भी मिला देते थे। हम लोगों को उस दवाई पर शक तो था लेकिन निश्चित रूप से कुछ कह पाना संभव न था। डॉ. अशोक की मदद से एक-दूसरे विशेषज्ञ डॉक्टर की सलाह ली और उस दवा विशेष को बंद कर दिया गया। उसके बाद धीरे-धीरे उसका असर कम होता गया।

घर पर आकर चाचा ने संगीत सुनने पर अधिक जोर दिया; विशेषकर कर्नाटिक शास्त्रीय संगीत। कई नये कैसेट खरीदकर मंगवाये गये। संगीत के बारे में उन्हें कई नई बातों का पता चला, जो उनके उन दिनों के साक्षात्कारों में कही गयी है।

निश्चित रूप से, संगीत ने चाचा के जल्दी ठीक होने में मदद की है! अभी एक पत्रिका में पढ़ा कि डॉ. पाटिल, जो MBBS डॉक्टर कहते हैं, संगीत से अनेक रोगों का इलाज करते हैं। वापस पलटकर देखता हूं तो दो-तीन बातें ही याद रह गई हैं और वे ही सर्वाधिक महत्त्वपूर्ण लगती हैं।

पहली यह कि सारी प्रक्रिया में चाचा ने अपार कष्ट भोगा। आंतों में जख्म थे। जख्मी आंतों में सूजन के कारण खाना जाने लायक रास्ता न बचा था। आंतें बार-बार फैलकर और सिकुड़कर खाने को आगे धक्का देने की कोशिश कर रही थीं। यह एक ऐसी प्रक्रिया है जिस पर अपना वश नहीं होता, किन्तु इसके कारण झटकों में दर्द महसूस होता है। इस सारे कष्ट को झेलते समय भी चाचा ने अपना संतुलन बनाये रखा, और डॉक्टरों तथा इलाज सम्बन्धी हर कार्यक्रम के साथ हद से ज्यादा सहयोग किया। कहीं कोई कड़वाहट या चिड़चिड़ाहट नहीं। जैसी सलाह दी गई, वैसा ही करते गये। उनकी विल पावर के बारे में हम लोग क्या कह सकते हैं, सिर्फ इतना ही कहा जा सकता है कि वह हम सब लोगों के लिए एक आदर्श मिसाल है।

दूसरी बात जो मुझे छू गयी वह यह है कि जिस तरह से परिवार के सभी लोगों ने अपनी सुख-सुविधाओं का ध्यान न करते हुए अपनी-अपनी ड्यूटी निभायी और सदा मदद करने के लिए तत्परता दिखायी—चाहे बाजार से दवाई लाना हो, चाहे खून देना हो और चाहे चाचा के पास बैठकर नाइट ड्यूटी करनी हो—वह अपने-आप में एक उदाहरण है। अस्पतालों में जिस तरह की व्यवस्था होती है, उसे देखते हुए यदि अपनी व्यवस्था स्वयं न की जाये तो अनर्थ हो सकता है। खास तौर से मरीज अगर थोड़ा सेंजिटिव है तो अनाड़ी डाक्टरों व नर्सों के मूर्खतापूर्ण व्यवहार से भड़क सकता है। बाहर के लोगों ने भी देखा और सराहा कि

किस तरह सभी लोगों ने मिल-जुलकर अपने मरीज की तीमारदारी की।

तीसरी बात जो हमेशा याद रखने योग्य है वह यह कि अगर कभी फिजीशियन और सर्जन दोनों में से किसी एक की राय माननी पड़े तो फिजीशियन की राय पर चलना चाहिए। सर्जन की प्रवृत्ति होती है—पहले काट डालो फिर देख लेंगे। फिजीशियन सब कुछ जानने-समझने के बाद ही काटने की सलाह देता है। और वह भी जब परम आवश्यक हो तब ही। बकौल डॉक्टर गुलाटी के, "सर्जनों को टूटी (स्टेल्थेस्कोप) लगाने की अक्ल नहीं होती।" आंतों के मरीज का मुआयना वह भी बिना 'टूटी' के। इसीलिए, ऑपरेशन करवाना हो, तो भी फिजीशियन की राय ले लेना अच्छा होगा।

# रेखाचित्र

# बच्चे

**चिन्मय शर्मा**

हमारे विकासपुरी के घर के साथ वाले मैदान में एक सफेद घोड़ी घास चरने आती है। पहले तो बस अकेले आती थी, पर अब उसके साथ एक भूरा घोड़ा (उसका बच्चा) आता है। घोड़ी के साथ ही रहता है हमेशा। घोड़ी के चारों ओर फुदकता रहता है। उसकी 'मम्मी जी' घास खाती रहती हैं और वह सारे समय खेलता रहता है। कभी घोड़ी की टांगों के बीच खड़ा हो जाता है और कभी अपने ही खेल खेलता है। बीच-बीच में घोड़ी से थोड़ी दूर चल जाता है और जैसे ही कोई ट्रक वगैरह आता है, तो दौड़कर घोड़ी के पास आ जाता है। एक बार जब बाहर तेज बारिश हो रही थी तब मैं बरान्डे में आया और बारिश देखने लगा। थोड़ी देर में घोड़ी और बच्चा आये। पर इस समय भूरा बच्चा घोड़ी के टांगों के बीच खड़ा था, ताकि बारिश और ठण्ड से बचे।

यह घोड़े रोज 5-6 बजे शाम को आते थे।

6-7-8 बजे सुअर घूमते रहते थे। पहले एक सुअर आता था (सबसे बड़ा), उसके पीछे कोई दस छोटे-छोटे बच्चे। इन बच्चों के बाद एक सुअरनी। सुअरनी के बाद पांच बच्चे आते थे। इन पांच बच्चों के बाद एक और सुअर (शायद बच्चों का मामा) आता था। बीच-बीच में कोई बच्चा अगर रह जाता तो थोड़ी देर बाद दौड़ता हुआ आता।

इस अनियोजित परिवार में एक कमजोर छोटा बच्चा पीछे रह जाता। बड़े सुअर भी उस पर ज्यादा ध्यान न देते। उसकी एक टांग बस के नीचे आ जाने से टूट गयी थी। वह उस टांग को घसीटते हुए मुश्किल से झुंड के साथ रह पाता। उसकी शक्ल देखने से ही लगता कि उसकी स्थिति कैसी है। बार-बार वह दौड़ता रहता और उसके पीछे एक लाइन बनती जाती थी। कई बार अगर वह उन सबके आगे पहुंच जाता और कहीं कुछ खाने रुक जाता, तब बाकी बच्चे उसको बिना देखे उसे रौंदते हुए निकल जाते थे। आदमी के बच्चे भी जब पत्थर मारते, तो ज्यादातर उसको ही लगते क्योंकि बाकी सब भाग जाते।

सभी मम्मियां अपने बच्चों को बचाने के लिए खूंखार हो जाती हैं। बच्चा पैदा होने से पहले घोड़ी अपने पास किसी को नहीं आने देती थी और अब भी किसी को नहीं आने देती। अगर कोई पास आ भी जाता है तो पिछली टांगों पर खड़ी होकर उसे भगा देती है।

सुअर और सुअरनी वैसे तो कुत्तों से ज्यादातर डरते हैं, पर जब बच्चे भी हों तो कुत्तों को खदेड़ आते हैं।

बकरियां भी इसी तरह करती हैं। हमारे स्कूल के पीछे एक बहुत बड़ा मैदान है जिसमें बकरियां भी चरने आती हैं। मैंने देखा, एक लड़का बकरी को सहलाने उसके पास गया। उसने सींग लड़के की तरफ कर दिए और लड़ने के लिए तैयार हो गयी। उस लड़के ने दूसरी कोशिश नहीं की और झुंड के रखवाले के पास गया। उसने बताया कि इस बकरी के बच्चा होने वाला है।

# पिल्सी

**चिन्मय शर्मा**

## 1

मेरे साथ वाले घर में एक पिल्ला है। बड़ा शैतान है। उसका काम तो बस खाना, खेलना और सोना है। वह दूध-ब्रेड खाता है और फिर खेलता है; इसके बाद रात को सो जाता है।

अभी वह छोटा है, इसलिए घर की रखवाली नहीं कर पाता ! लेकिन जब वह बड़ा हो जायेगा, तो किसी भी चोर की हिम्मत है कि घर में कदम रखे ?

मैं जब स्कूल से आता हूं तो वह मेरे पैरों से लिपट जाता है और प्यार जताता है।

वह है तो सफेद, पर शरीर पर थोड़े काले धब्बे हैं। बच्चे जब उसे छेड़ते हैं तो वह गुस्सा होकर भौंकता भी है।

मैं उसे रस्सी से बांधता हूं तो वह पहले तो रस्सी काटने का प्रयास करता है और जब रस्सी नहीं कटती, तो 'कूं-कूं' करता है।

वह जब शुरू में आया था, तो बहुत छोटा था और उसकी आंखें बन्द थीं तब वह बहुत साफ था। और, अब है कि बस रोज गंदा होकर आ जाता है।

पहले तो वह एक कोने में पड़ा रहता था, लेकिन अब वह खूब तेज दौड़ता है।

वह है तो जरा-सा और बड़े काम करने चल देता है।

एक दिन ऐसी ही घटना घटी। एक बड़े पालतू कुत्ते से भिड़ गया। वह उसके पैरों के बीच में से निकल जाता था और कुत्ता कुछ न कर पाता और जब कुत्ता उसकी तरफ आता तो यह पांच-छै कलाबाजियां खाता, गिर जाता। देखने में बहुत मजा आ रहा था। आखिर कुत्ता चला गया और पिल्ला खुशी से नाचने

लगा और भौंकने लगा जैसे कह रहा हो—"हम किसी से कम नहीं।"

## 2

पिप्सी थोड़ा बड़ा हुआ और उसके साथ उसकी शैतानियां भी बढ़ गयीं।

दरवाजा अगर भिड़ा हुआ होता तो वह उसे खोल लेता है। अगर उस समय रात होती है तो जब अन्दर आता है, तो उसकी पूंछ ट्यूब-लाइट की रोशनी में एक नहीं दस दिखायी देती हैं।

एक बार हम पटेल नगर से रात के ग्यारह बजे लौटे तो देखा कि आण्टी जी पिप्सी के पीछे झाड़ू लिए दौड़ रही हैं और कहती जा रही हैं: 'चल अन्दर; चल-चल।' तब मैंने उनकी सहायता करना अपना फर्ज समझा और पिप्सी को अन्दर ले गया।

वह पॉप म्यूजिक भी गाता है। आखिर दोस्त किसका है!

आण्टी की उसके प्रति भाषा कुछ ऐसी है: "चल हट मरे हर जगह गन्दी कर देता है।"

वह है तो बहुत डरपोक, पर मेरे सामने बहादुर बन जाता है क्योंकि वह जानता है कि मैं उसे पिटने से बचाऊंगा। उदाहरण के तौर पर एक बार दो-तीन कुत्ते उसके पास आ गये तब तो वह दुम हिलाने लग गया। पर जैसे ही मैं आया तो उन पर भौंकने लगा।

## 3

"पिप्सीऽऽऽ ओऽऽ पिप्सी-ले-ले-पुच्च ! पुच्च ! पुच्च ! आऽऽ जाऽऽऽ।"

ये आवाजें अक्सर आती रहती हैं, हमारे साथ वाले घर से—जिनका मतलब मैं अपने घर में सबसे पहले समझता हूं। मतलब होती है कि पिप्पी की खुलने वाली चेन ने अपना कमाल दिखाया है और मुक्त पिप्सी ने (एक पिंजरे में बन्द पंछी की तरह) खुशी से पागल हो घर पर पैर रखा है।

अब पिप्सी महाशय थोड़े समझदार और 'एडल्ट' हो गये हैं। उनका साइज भी थोड़ा बढ़ा है और उनकी आवाज भी थोड़ी बुलन्द हो गयी है। पहले से तेज भी भागने लगे हैं जिससे जनाबेआली को बहुत फायदा हुआ है।

पिप्सी की तरकीबें भी बढ़ी हैं और उनको तरकीबें बढ़ने का यह परिणाम है कि उनकी चेन में अब एक ताला लगा दिया है।

पिप्सी जनाब जब खुलते हैं, तो पूरे ब्लॉक में कहीं-न-कहीं से लड़कियों की चीखने-चिल्लाने की आवाजें आने लगती हैं। मतलब, पिप्सी को देखते ही सब चिल्ला पड़ती हैं और कहती हैं, "यह वही है जिसने मेरे छोटे भाई का कच्छा

फाड़ा था।"

खैर साहब, जो लोग बहादुर बनते हैं वे इसे देखते ही चुपचाप अपने सबसे पास के घर में घुस जाते हैं ताकि लोग यह न समझें कि यह भी औरों की तरह चिल्लाये थे।

पिप्सी अभी बाहर भौंक रहा है।

## 4

नये घर में जाने से पहले ही मुझे पता था कि मैं पिप्सी को छोड़ जाऊंगा, लेकिन शायद उसे नहीं पता था। सबसे बढ़िया तो तब होता जब वह भी विकासपुरी में में आ जाता।

जनकपुरी छोड़ने से थोड़े दिन पहले मैं उसे खूब घुमाता रहा। वह कुछ ज्यादा ही खुश था उन दिनों। खैर! मैं उसे एकदम छोड़ गया और वह भूंकता रह गया। शायद कह रहा था—"दोस्त दोस्त न रहा...।"

मैं भी दो-तीन महीने बाद गया तो वह मुझसे चिपट गया और चाट-चाटकर गीला कर दिया। खुशी से पागल हो गया।

हम विकासपुरी आ चुके थे और जनकपुरी में हमारी जगह और किरायेदार आ गये थे। जब भी कोई हमसे मिलने आता तो वह किरायेदार (मद्रासी) हमारा ऐड्रेस न मालूम होने के कारण उन्हें सामने वाली आण्टी के घर टरका देते थे। इसीलिए डैडी ने सोचा कि उन्हें विकासपुरी का ऐड्रेस बता दें।

मैं और डैडी, जो बी-3-बी, 66 ए में रहते थे, उनके पास गये और उनसे पूछा—"क्या मिस्टर वी. एम. शर्मा यहां रहते है?" थोड़ी देर बाद ही मिस्टर वी. एम. शर्मा ने उन्हें बता दिया कि वह ही वी. एम. शर्मा हैं।

जब हम वापस जाने लगे तो पिप्सी फिर रोने-चिल्लाने लगा। खैर! हमने उसे छोड़ा और ...

अब पिप्सी को मैं धीरे-धीरे भूल चुका हूं। फिर भी, पिप्सी कई बार हीरो बनकर मेरे सपनों में आ चुका है।

# तूफानी

## धनवंत कुमारी शर्मा

भतीजी शोभा को जब ज्ञात हुआ कि मेरी बेटी कदम की शादी 27 जून को होगी, तो वह चिन्तित हुई कि घर में खाने-पीने की व्यवस्था करनी है। अतः वह अपनी पुत्री सोनाली तथा 'तूफानी' उर्फ अग्गू को लेकर हरिनगर आयीं और किचिन की सफाई में जुट गयीं। मेरे पुत्र मुकुल को लेकर उन्होंने किचिन का सारा पुराना सामान ऊपर टांड पर डालना शुरू कर दिया। हम सब भी उनके साथ जुट गये।

दूसरी तरफ सोनाली और अग्गू, जो अभी बोल भी नहीं पाते थे, ने पुरानी झाड़ुयें उठायीं और चल दिये बाहर के बरांड़े की सफाई करने। कुछ ही देर बाद सोनाली हांफती हुई दौड़ी आयी। बोली : "नानीजी, जरा इधर देखिये, इस अग्गू ने क्या कर डाला। देखिए, इसने आपकी झाड़ू ही तोड़ दी।" फिर अग्गू से बोली, "बोल! तूने यह क्या कर दिया? अब तू किससे झाड़ू लगायेगा? बोल?...तू कितना खराब है!" मैंने देखा कि तूफानी, जो इस फिराक में थे कि सोनाली की झाड़ू झपट लें, अब चुपचाप मन मारे खड़े थे—सोनाली की डाट से उदास।

अब मैं उन्हें अन्दर के बरांडे में ले आयी तथा एक बिस्कुट दे दिया कि अंदर ही खेलें और खायें। कुछ ही देर में तूफानी कहीं इधर-उधर गये और बिस्कुट पर 'चटनी सी' कुछ लगा लाये। वह बिस्कुट को मुझे दिखा रहे थे, मानो कह रहे हों : 'आपके हरिनगर की यह चटनी कैसी है? जरा आप बतायें तो?' मैंने पूछा : "यह कहां से लाये?" तो वह मेरी उंगली पकड़कर एक कमरे में ले गये। यहां देखा कि एक प्लेट में मेंहदी घुली रखी थी, जो कदम के लगाने के लिए तैयार की गयी थी। तूफानी का इशारा प्लेट की तरफ था। अब उनकी मासूम हरकत उजागर हो गयी।

थोड़ी देर में तूफानी एक डंडा उठा लाये तथा लगे उससे घड़े के पानी को घोंटने। हमने उन्हें देखा तथा सोचा कि चलो, कोई खास नुकसान नहीं कर रहे हैं। पानी तो फिर दुबारा बदल देंगे। लेकिन यह क्या? वह तो उस पानी को डंडे से

निकाल-निकालकर डंडा चाट कर उसमें सब्जी जैसा स्वाद लेने की कोशिश कर रहे थे।

बहरहाल उन्हें इस काम से हटाया गया, तो वह बाहर जीने से छत पर जाने लगे। सोना और मुकुल भी पीछे-पीछे बाहर गये। मुकुल ने उन्हें डाटा, "अग्गू, ऊपर नहीं जाओ।" दूसरी तरफ सोना ने दुलराया : "अग्गू, जाओ चले जाओ।" अग्गू ने एक बार सोना की प्यार भरी निगाहें देखीं, तो एक पैर सीढ़ी पर रखा; फिर घूमकर मुकुल की लाल-लाल घूरती आंखें देखीं, तो दूसरा पैर सीढ़ी के नीचे ही रोक लिया। कुछ देर वह भय व उत्साह की कशमकश में खड़े रहे। एक पैर सीढ़ी पर, एक नीचे।

आखिर मुकुल की आंखों की लाली कुछ कम हुई, अग्गू जी सटासट ऊपर चढ़ गये।

कुछ-न-कुछ करते रहना उनका धंधा है। मगर ताज्जुब उस वक्त हुआ जब कमरे में ढोलक की ताल पर शोभा जी नाच रही थीं; और तूफानी सारा तूफान मचाना भूल —शोभा के तूफानी नृत्य को एकटक देख रहे थे। वह स्तम्भित थे कि मम्मी उन्हें तो तूफान मचाने पर डाटती रहती हैं, पर खुद कितना तूफान मचा रही हैं। और हां, लोग उनकी तारीफ में तालियां बजा रहे थे!

'आराम हराम है' के ये कायल हैं। सो थोड़ी देर में इन्होंने किसी की उंगली (किसी से मतलब जिसकी जेब में कुछ हो, जैसे नाना, डैडी, मम्मी, सोना, मुकुल, आदि) पकड़ी और उसे ले चले घर से बाहर; दुकान पर रुके। अब इनकी उंगली इनकी सर्वप्रिय टॉफियों के इमर्तबान पर टिकी थी! यह प्रोग्राम वह अक्सर खाली होने पर चालू कर देते थे।

इन्होंने देखा कि अभी-अभी कुछ चिड़ियां चबूतरे पर दाना चुग रही थीं, जो एक साथ फुर्र से उड़ गयीं। यह उन्हें बुलाते रहे 'आ...आ...आ...।' मगर वे थोड़ी देर भी नहीं टिकीं। अब यह दौड़े-दौड़े आये रसाई में शिकायत करने। आंखें फाड़कर देखते हुए बोले : "ऊं...ऊं...ऊं..." और दोनों हाथ ऊपर उठा कर कलाई को तेजी से घुमाते हुए हथेली व उंगलियां फड़फड़ाना शुरू कर दिया। बिन बोले ही बता गये—'सारी चिड़ियां उड़ गयीं।' और, लोगों को इनसे शिकायत है कि 'कुछ नहीं बोलते!'

शादी का सब काम हो चुका। बाहर से आये लोग भी चले गये। एक दिन शोभा फिर सोनाली और तूफानी को लेकर आयीं। हमने कहा, "शोभा, अपना सामान भी लेती जाओ।" मुकुल व मैं शोभा के सामान को पैक करने लगे।

तूफानी और सोनाली फिर एक-एक झाड़ू लेकर बरांडे में जुट गये। इस बार तूफानी की झाड़ू टूटी नहीं। मुझे दिखाने लाये—अपनी सफलता। प्रसन्न। मानो कह रहे हों—'अब मैं समझदार हो गया हूं...!'

# मेरी लैबोरेटरी के ये शरारती सदस्य

**कादम्बरी शर्मा**

आइए चलिए ! मैं आपको अपनी लैब में ले चलती हूं। यहां मेरे बहुत से साथी हैं और हरेक का अपना चरित्र है। कुछ बड़े ऊधमी हैं, तो कुछ शांत। कुछ गर्म हैं, तो कुछ ठंडे।

श्रीमान् माइक्रोस्कोप जी को ही लीजिए। इन्हें एक कोने में बैठाया है क्योंकि ये बड़े ही नाजुक-मिजाज हैं। आसपास शोरगुल, हिलना-डुलना इन्हें पसन्द नहीं। यह जब काम पर नहीं होते, तो पोलीथीन की चादर ओढ़कर सोते हैं।

इनकी एक लाल आंख भी है। जब यह हमारे पास आये थे, तो इनकी आंख ठीक थी। लेकिन अब किसी बीमारी की वजह से लटक गयी हैं जिसे पट्टी बांध कर यथास्थान रखना पड़ता है।

यह सफाई प्रिय हैं। इसलिए हमेशा इन्हें साफ-सुथरा रखना पड़ता है। जरा-सी भी धूल या गर्द इन्हें बर्दाश्त नहीं।

हां, इनकी एक कमजोरी है—चटोरापन। स्लाइडों पर लगे तेल (Oil) को चाटने की इनकी आदत है—और बड़ी जल्दी यह अपना मुंह गन्दा कर लेते हैं। पोंछते-पोंछते तंग आ जाती हूं। लेकिन लैब की शोभा इन्हीं से है। यहां दो 'इन्क्यूबेटर' (incubator) भाई हैं। एक काला है, एक सफेद। अन्दर से गर्म है। दोनों में हमेशा लड़ाई रहती है।

एक काम करता है, तो दूसरा काम करना बन्द कर देता है। आजकल सफेद भाई मेहरबान हैं, तो काले भाई रूठे बैठे हैं। कभी ऐसा नहीं हुआ कि दोनों भाई एक साथ काम कर रहे हों।

वैसे ये मस्त हैं। अधिक देखभाल की आवश्यकता नहीं पड़ती। लेकिन कभी जब गुस्से में आ जाते हैं और इनका temperature कन्ट्रोल न किया, तो अन्दर रखी हर चीज को जला डालते हैं !

सबसे फुंकारने वाले, शोरगुल मचाने वाले, श्रीमान् 'आटोक्लेव' (Auto-clave) जी इधर खिड़की के पास डटे हैं—कोने में। इनके दस कान हैं। भारी-

भरकम शरीर है। इनके भीतर बेहद गर्मी है। काम है—साफ ग्लास-वेयर्स को 'स्टेरिलाइज' करना।

घरों में इस्तेमाल किये जाने वाले कुकर के ये बड़े दादा है। इनका इस्तेमाल रोज तो नहीं होता, लेकिन जब होता है तो पूरे डिपार्टमेंट को खबर हो जाती है—इतनी जोर की सिसकारियां छोड़ते हैं ये श्रीमान जी।

लेकिन सबसे सुन्दर और उपयोगी श्रीमती 'डिस्टिलेशन प्लांट' (Distillation Plant) जी से तो अभी आपका परिचय कराया ही नहीं।

पारदर्शी शरीर की मलिका, रबड़ की लम्बी चोटियों से सुसज्जित और आकर्षक, यह श्रीमती जी काम करते समय धीमे-धीमे गुनगुनाती रहती हैं। पानी को साफ करना इनका काम है।

छूने तक से मैली हो जाने वाली इन श्रीमती जी का भी हमें बेहद ख्याल रखना पड़ता है क्योंकि हल्की-सी ठेस से भी इनका शीशे का पारदर्शी शरीर चूर-चूर हो जा सकता है।

और सबसे काइयां व धूर्त उधर कोने में खड़ा 'इलेक्ट्रिक बैलेंस' (Eletric Balance) है। इसने हमेशा मेरे साथ दाग की है।

इसका हम लोग बहुत ख्याल रखते हैं। लेकिन यह हमेशा किसी-न-किसी बीमारी का बहाना बनाये टाल-मटोल करता रहता है। इसका काम हमें दूसरी जगह जाकर करना पड़ता है। इस पर कभी भी भरोसा नहीं किया जा सकता। लेकिन क्या करें! यह भी इस परिवार का एक उपयोगी सदस्य है।

ये नीचे हैं दोनों गोल, घूमर नाचने वाली 'सेन्ट्रीफ्यूज' (Centrifuge)। गोल घेरे में द्रुत गति से नाचना ही इनका काम है। ये तो दो छोटी बहनें हैं, लेकिन इनकी एक बड़ी बहन भी है—अधिक कुलीन घराने की स्त्री की तरह सबसे अलग-थलग!

इनका घाघरा अधिक घेरदार है और यह नृत्य-कुशल भी अधिक हैं। लेकिन इनका नाच तभी होता है जब मेहमान ज्यादा हों—यानी काम ज्यादा हो। इन बड़ी बहन जी को ठंडक से खास लगाव है।

इन बड़े लोगों के आस-पास ही चिल्ल-पों मचाते, उछलते-कूदते, अनगिनत छोटे-छोटे बच्चों-जैसे 'ग्लास-वेयर्स' (Glasswares) हैं: छोटे और बड़े बीकर, सिरेंजेज, पिपेट्स, छोटे मुंह वाली, बड़े मुंह वाली बोतलें, शीशियां, आदि।

इनके लड़ाई-झगड़े होते रहते हैं और पूरे कमरे में ये इधर-से-उधर दौड़-धूप करते रहते हैं।

एक दिन का काम समाप्त करके मैं जब अगले दिन कमरा खोलती हूं, तो सब जगह ये बिखरे रहते हैं।

कोई पिपेट किसी शीशी में घुसी खुसपुस कर रही है, तो कोई किसी सिरिंज

पर चढ़ी बैठी है; कोई किसी एसिड में स्नान कर रही है, तो कोई ऊपर मुंह उठाये आहें भर रही है; कोई सबसे अलग-थलग स्टेन में डूबी है, तो कुछ दूसरी मुझे चिढ़ाने के लिए टेबिल के नीचे घुसी बैठी हैं।

पहले तो इन्हें यथास्थान पहुंचाना पड़ता है। जो सदस्य लड़ाई-झगड़े में हाथ-पांव तुड़ा बैठे हों, उन्हें देखना-भालना पड़ता है और फिर सबको यथास्थान बैठाना पड़ता है।

मुझे यह भी देखना पड़ता है कि सब सदस्यों को जिस मूड में (यानी temperature पर) छोड़ गयी थी, वे उसी प्रकार ठीक-ठीक हो जायें !

कुछ दूसरे अभिजात वर्ग के सदस्य साथ के दूसरे कमरे में रहते हैं। वह कमरा अधिक बड़ा व वातानुकूलित है, लेकिन मेरे कमरे के छोटे सदस्यों का प्रायः ही वहां आना-जाना लगा रहता है।

# मेरा सहपाठी : हरजोत

**चिन्मय शर्मा**

यह नाम एक छोटे से लड़के का है जो मेरी कक्षा में पढ़ता है। उसका साइज करीब एक मीटर होगा। वह बहुत शैतानियां करता है। उसकी जूड़ी भी उसी की तरह छोटी-सी है।

यह लड़का किसी एक जगह नहीं टिक सकता। हर समय फुदकता ही रहता है। उसका एक साथी भी है—हालांकि वह सरदार नहीं है, पर उसका रंग-ढंग भी हरजोत की तरह ही है।

हरजोत अपने छोटे होने का भी फायदा उठाता है। वह मोटे लड़कों के लिए एक मुसीबत है; उन्हें मरकर भाग जाता है और पकड़ में नहीं आता। लेकिन जब पकड़ में आ जाता है तो उसकी अच्छी ठुकाई हो जाती है।

हरजोत बड़ा हंसमुख है। हमेशा 'बिनाका स्माइल' मारता रहता है। दोपहर की छुट्टी में रोज टेबिल टेनिस खेलता है, बेंचों पर।

अब क्लास की बात आयी, तो वह अपने को झांपड़ से कैसे बचाता है—उसकी टेकनीक मैं आपको बताता हूं जो शायद आपके भी काम आये। वह इस तरह है :

पहला कदम—कंधे थोड़े ऊपर कीजिए।

दूसरा कदम—सिर अन्दर घुसा लीजिए।

अंतिम कदम—कधे जितने ऊपर कर सकते हैं, करिये और सिर जितना अन्दर कर सकते हैं करिये।

उसकी तो जुड़ी का पट्टा भी होता है, इसलिए उसे बिल्कुल चोट नहीं लगती। जब उसे मार पड़ती है तब भी वह हंसता रहता है।

पर जब जबर्दस्त मार पड़ती है तो उसका मुंह 'नॉर्मल' हो जाता है।

जब वह कक्षा में बोर हो रहा होता है, तो हवाई जहाज बनाता है।

# हमारी दो मैम

चिन्मय शर्मा

## हिन्दी मैम

आजकल हम सबसे ज्यादा तंग अपनी हिन्दी टीचर मिसेज मित्तल को करते हैं। जैसे, क्लास चल रही है तो सब बच्चे आपस में बात करते रहते हैं। न कोई बुक देखता है और न कोई उनकी शकल ।

तो जब 'मैम' (मैडम—सं.) समझाती हैं तो किसी की तरफ देखती हुई समझाती हैं। जब कोई उन्हें देखता ही नहीं, तो वह समझायें किसे !

जब कोई ज्यादा बात कर रहा होता है, तो उसे बाहर कर देती हैं। रोज उनके पीरियड में 4-5 लड़के बाहर हंसते हुए नजर आते हैं ।

उनकी लम्बाई भी काफी कम है जिससे कभी-कभी लम्बे लड़कों को वह उचक कर मारती हैं। उनकी अंग्रेजी भी ऐसे ही है। वह अक्सर बोलती हैं : 'फूलिश ब्वॉय !"

जब वह लड़कों को मारती हैं, तब वे अपना मुंह दूसरी तरफ कर लेते हैं—और हंसते हैं। लड़कियों को कम मारती हैं क्योंकि अगर लड़कियों को स्केल या झापड़ पड़ जाय, तो 'सिक रूम' में चली जाती हैं।

लड़के मैम का टाइम बहुत बरबाद करते हैं। जैसे. पूछेंगे (lesson के बीच में) : "मैम-मैम ! पागल का मतलब क्या होता है ?" फिर एक लड़का दौड़ता हुआ आयेगा और on the spot जौगिंग करता रहेगा (जैसे दौड़ रहा हो) और बोलेगा : "मैम ! जरा दौड़कर पानी पी आयें ?" मैम मना करेंगी तो कहेगा : "मैम बस 9-9 सैकेण्ड में आ जायेंगे !" मैम एक झापड़ जड़ देंगी तो हंसते हुए वापस आ जायेंगे ।

अब मैम हमें मार-मारकर थक गयी हैं और अब थोड़ा कम मारती हैं। अभी दो दिन पहले बच्चे संस्कृत टेस्ट के समय हल्ला मचा रहे थे, तो इन्होंने सबको जीरो दे दिया ।

वह ठीक से पढ़ाती भी नहीं हैं। जो बात श्लोक में नहीं लिखी होती, वह भी बताती हैं...और हमसे गलती हो जाती है।

## हिस्ट्री मैम

इन मैम से आप वाकिफ होंगे क्योंकि यह वही 'Black Beauty' हैं, और आजकल हमारा ब्यूटीफिकेशन अपने लेक्चर्स और नोटों से कर रही हैं। इनको English बोलनी आती है, पर एक अलग ढंग से।

उनकी पेटेंट गाली—रिमार्क—है: स्टुप्पिड ब्वाय ! क्लास में जब भी वह यह बोलती हैं तो किसी कार्नर से आवाज echo की तरह वापस आती है, मतलब किसी कार्नर से वापस कोई लड़का दोहराता है, बोलता है: स्टुप्पिड बु-आ-य। इन टीचर का नाम है मिसेज लूथर। इनकी उम्र काफी हो गयी है, इसलिए कुछ लड़के इन्हें प्यार से 'बुड्ढी' बुलाते हैं।

उम्र अधिक होने के बावजूद इनकी आवाज काफी बुलन्द है और बच्चे बताते हैं कि इनका चांटा भी काफी करारा होता है।

यह बीच क्लास में बताते-बताते भूल जाती हैं कि आगे क्या हुआ था। (हिस्ट्री में)। अक्सर गलत बोल जाती हैं। जब बच्चे ठीक करवाते हैं, तो बोलती हैं :

"इट्स दि सेम थिंग।"

# डो-डो

नीलाम्बरी शर्मा

हमारे ख्याल से हर स्कूल और कॉलेज में एक-न-एक हिटलर होता ही है। हिटलर का मतलब तो आप लोग समझ ही गये होंगे।

हमारे स्कूल में भी एक हिटलर 'थीं'। कान्वेंट स्कूल होने के कारण हमारे स्कूल में सिर्फ सिस्टर्स ही थीं। उन्हीं में से एक थीं Sister Dorita।

वह जब नई-नई आयी थीं तो बहुत अच्छी लगती थीं। परन्तु धीरे-धीरे उन्होंने अपना असली रंग दिखाना शुरू कर दिया।

उनके बर्ताव और आदतों से तंग आकर हम लोगों ने उनका एक दूसरा नाम रख दिया : डो-डो (Do Do)।

बाम्बे की होने के कारण वह हमेशा नागपुर को बुरा-भला कहती रहतीं। हम लोग नागपुर की बुराई सुनकर जल-भुन कर रह जाते। आखिर करते भी क्या। स्टूडेंट्स जो ठहरे। वह भी क्लास VIII के।

भगवान भी लगता है उन दिनों हम लोगों से नाराज थे। IX क्लास में वह हमारी क्लास टीचर बन गयीं। क्लास टीचर होने के नाते वह हमें इंगलिश, हिन्दी सिविक्स और इकोनामिक्स पढ़ाती थीं। उनकी English और History तो किसी तरह हम लोग झेल जाते। परन्तु Economics के क्लास के समय आधे से ज्यादा क्लास सो जाती। साठ-पैंसठ स्टूडेन्ट्स में भला कैसे उनको दिख सकता था कि कौन सुन रहा है और कौन नहीं।

इकॉनामिक्स में उनका एक pet sentence था : "दि पर कापिता इन्कम ऑफ ए मैन ..."

बाम्बे तो जैसे उनके लिए स्वर्ग हो। अगर किसी दिन कोई पेरेण्ट किसी दान-दक्षिणा के बारे में पूछने आ गया, तो समझिए क्लास IX B की हजामत। पूरे पीरियड में हम लोगों को सुनना पड़ता : "People in Bombay are very generous You Nogpurians are very selfish. You don't even have the heart to give a little mony generously for the poor." भगवान जाने वह पैसा उन बेचारों को मिलता भी था, या यहीं।

हमें तो आज तक यह बात समझ में नहीं आयी कि बाम्बे जैसे शहर में जहां पर पापा जब धर छोड़ते हैं तो सुबह बच्चे सो रहे होते हैं और जब वापस आते हैं तो रात को बच्चे सो गये होते हैं, पेरेण्ट्स को टाइम ही कहां होगा कि अपने बच्चों के स्कूल की चिंता करें। नागपुर वालों को वह कहतीं 'चलती का नाम गाड़ी।'

स्कूल असेम्बली में रोज सुबह हम लोग भगवान से प्रार्थना करते : 'हे भगवान ! इस डो-डो से जल्दी छुटकारा दिला ताकि जो कुछ हमने झेला है, वह आने वाले क्लासेज को न झेलना पड़े।"

आखिर एक दिन भगवान ने हमारी सुन ही ली। 15 फरवरी का वह दिन हम कभी नहीं भूल सकते। आखिर उसी दिन तो डो-डो का ट्रान्सफर ऑर्डर आया था।

ट्रान्सफर-आर्डर क्या आ गया, हम लोगों के लिए तो जैसे दिवाली। 'डो-डो' अब जाने लगीं, तो हमें नकली रोना तो रोना ही पड़ा। रोज जाकर उनका 'चांद के टुकड़े की तरह का मुखड़ा' देख आते। कुछ सुनते कुछ सुनाते। हमारी एक फ्रेण्ड एक्टिंग अच्छी कर लेती थी। उससे नकली रोना रुलाते और हम लोग डॉयलाग कहते रहते, जैसे 'Sister ! Please don't go !··· We will never forget you!' वगैरा-वगैरा।

15 अप्रैल को हमारे फाइनल इक्जाम खत्म होने वाले थे। उसी खुशनुमा दिन हमने 'डो-डो' का 'चांद-सा मुखड़ा' आखिरी बार देखा।

# दाढ़ी रे !...

अनुपम शर्मा

दाढ़ी की एक खासियत थी। खुद तो अच्छी-खासी दाढ़ी बढ़ाये था (तभी हम उसे दाढ़ी कहते थे), लेकिन हम लोगों को दाढ़ी बढ़ाने नहीं देता था। स्कूल से न जाने कितनों को उसने होस्टल वापस भेजा—15 मिनट में 'शेव' करके वापस लौटने के लिए।

एक बार क्लास में एक लड़के को देख चिल्लाने लगा : "मैं तुमको नहीं पहचान सकता। पहले जाकर शेव बनाकर आओ।"

हां साहब ! दाढ़ी की यही नहीं, और कई विचित्रताएं थीं। या, पागलपन कह लीजिए !

दाढ़ी का शुभ नाम है : देवाशीष रे ! जमालपुर में वह हमारे प्रोफेसर (प्रैक्टिकल्स के प्रशिक्षक) थे। एक तरह से उप-प्राचार्य। कारण यह कि हमारे प्रशिक्षण व अनुशासन आदि के लिए एक तरह से यह ही जिम्मेदार थे।

जाहिर है, हम लोगों को यह छुट्टी भी नहीं देते थे। यही इनकी एक और कमजोरी थी। जो पेरेन्टस अपने लड़कों के साथ उनके प्रथम वर्ष के ज्वाइनिंग के समय आते थे, उनसे यह साफ कह देते : "हम साल में 10 या 12 दिन से ज्यादा छुट्टी नहीं देगा।"

आप चाहे कितना ही खासा व जरूरी कारण लेकर पहुंचिए, यह छुट्टी नहीं देते थे।

कमरे में पहुंचकर आपने जैसे ही कहा "सर, छुट्टी चाहिए"—इनकी एक ही प्रतिक्रिया होती थी : "नहीं मिलेगा। गेट आउट।"

लोगों के घर जाने की उत्सुकता से इन्हें सख्त नफरत थी। एक बार जब दो-तीन के ग्रुप में हम लोग दरख्वास्त लेकर पहुंचे, तो हमसे बोले : "घर जाकर क्या करेगा ? मां की गोद में सो जायेगा !"

हमने सोचा, यह ऐसे नहीं मानेगा। दो दिन याद फिर पहुंचे। "सर, हम लोग साइकल ट्रिप पर नालन्दा जायेंगे।" 'दाढ़ी' ने खुशी-खुशी छुट्टी दे दी। इतना ही नहीं। शाम को होस्टल आकर; कम्बल व अखबार से Sleeping bag बनाना तक सिखाया।

'दाढ़ी' के इन तरीकों से हम सब परेशान थे। कभी शाम को हजरत होस्टल में अचानक टपक पड़ते। जितने लोग खेल के मैदान में नहीं होते, उन्हें विशाल गोल्फ मैदान के तीन चक्कर लगवा देते।

जमालपुर के निवासी ऐसे अजीबोगरीब दृश्यों के आदमी थे—जैसे कि, एक कतार में चालीस लड़के रोड पर घन्टों दौड़ रहे हैं। या गोल्फ मैदान के एक एक सिरे से दूसरे सिरे तक ईंटें उठाकर ले जा रहे हैं! और फिर, 12 घन्टे बाद उन्हीं ईंटों को वापस ला रहे हैं!

'दाढ़ी' हमारा बॉस था। और एक अच्छे बॉस की तरह हम लोगों में बेहद अलोकप्रिय था। इसे वह अपनी सफलता मानता था। वैसे, वर्कशॉप की बाकी जनता, खास तौर पर सुपरवाइजर्स और कर्मचारी, उससे बहुत प्रभावित थे।

कहते हैं, एक बार एक मीटिंग में इन्होंने अपने चीफ इंजीनियर से लड़ाई कर ली थी—कर्मचारियों की तरफदारी में। आपके पिता भारत के राजदूत रह चुके थे। इन्हें अपनी कार देने को तैयार थे। लेकिन 'दाढ़ी' ने न केवल इन्कार कर दिया, बल्कि अक्सर वर्कशॉप साइकिल से ही आया करते।

पूरी तरह से इनकरप्टिविल!

शायद इसीलिए—चाहे आप श्रीमती रे से भी तरफदारी करा लें—यह छुट्टी नहीं देते थे! और, किसी को दाढ़ी भी नहीं बढ़ाने देते।

जिस दिन उनका तबादला हुआ, शाम को फेयरवेल पार्टी के बाद होस्टल में काफी देर लड़कों से बातचीत की।

हिम्मत जुटाकर एक ने पूछा: "सर, आप हमें दाढ़ी क्यों नहीं बढ़ाने देते थे; जबकि खुद आपके दाढ़ी है!" रे बोले—'मैं दाढ़ी के खिलाफ नहीं हूं। जो मुझे नापसन्द है—वह है आधी बढ़ी दाढ़ी!"

यानी कि, यदि आप एक रात में घनी दाढ़ी बढ़ा सकते हो, तो उन्हें कोई ऐतराज नहीं था!

# मिस टोनी

**तन्मय शर्मा**

मेरी क्लास के बच्चे कुछ ज्यादा ही शैतान हैं। उनके कुछ कारनामे आपको सुना रहा हूं।

सबसे ज्यादा शैतानी तो मिस टोनी के पीरियड में होती है। उनकी एक आदत यह है कि वह अक्सर क्लास में सो जाती हैं। और जब वह टेस्ट देकर सो जाती हैं, तो बच्चे किताबें निकाल कर उत्तर ढूंढ़ते हैं। एक को मिला, उसने दूसरे को बताया, दूसरे ने तीसरे को और इस तरह सारी क्लास को पता चल गया।

हमारी क्लास में दूर संचार व्यवस्था भी है। वह इस तरह कि जब किसी एक को दूसरे से कुछ पूछना होता है तो वह उस प्रश्न को कागज पर लिखकर उसका पैलेट बनाकर उसे रबर-बैंड से तीर की तरह ऐसे छोड़ते हैं कि वह दूसरे लड़के के पास पहुंच जाता है। वह लड़का उस पर उत्तर लिखकर वापस पैलेट बनाकर भेज देता है।

मिस टोनी बूढ़ी हैं और इस पैलेटबाजी पर तब तक ध्यान नहीं देतीं जब तक उनके कोई पैलेट लग नहीं जाता। बच्चे भी इस बात का ध्यान रखते हैं। फिर भी कभी-कभी एक्सीडेंट हो जाते हैं।

एक बात और वह यह कि बच्चे क्लास में एक्टिंग करते हैं। जैसे, किसी का मन पढ़ने में नहीं लग रहा है, तो वह एक्टिंग करता हुआ उनके पास जायेगा और कहेगा, "मेरे पेट में दर्द है।" मिस टोनी कहेंगी कि बाहर घूम आओ। बस, बन गया काम। बाहर जायेंगे और पीरियड खत्म होने पर ही वापस आयेंगे।

ऐसी हैं मिस टोनी। हिन्दी पढ़ाती हैं। सफेद साड़ी पहनती हैं। चश्मा लगाती हैं, सारे बाल सफेद हैं। दो साल बाद रिटायर होंगी। मारती बहुत हैं, इस वजह से सब चिढ़ते हैं उनसे। डरते नहीं, क्योंकि मार के आदी हैं। बच्चों से कहती हैं, "Will you please become a मुर्गा।" कई बार क्लास को समझाने के लिए हिन्दी में प्रवचन सुनाती हैं, जिसका असर आजकल की एयर फोर्स जैन्ट्री पर कम ही पड़ता है।

# कॉमर्स सर

**गीतिका शर्मा**

सुबह अगर हमने अपने 'मि० गरुड़' की सूरत देख ली, तो समझिये कि वह दिन बहुत खराब है। वह हैं पतले-दुबले सीकिया पहलवान। चलते हैं तो लगता है कहीं गिर न जायें।

हमारा रोज सातवां पीरियड कॉमर्स का होता है। हम लोग उन्हें 'कॉमर्स सर' कहते हैं।

घंटा बजते ही कॉमर्स सर अपनी कमर मटकाते हुए क्लास की तरफ चल देते हैं।

उनके आते ही क्लास के बच्चों के चेहरों पर मुस्कान नजर आने लगती है। क्लास में घुसते ही वह मेज पर अपने पोथी-पत्तरे फैला लेते हैं जिनमें कुछ उनके बनाये हुए नोट्स होते हैं व चार-पांच किताबें। और फिर, बड़े गम्भीर होकर हर पोथी-पत्तरे से एक-एक लाइन बोलने लगते हैं।

उनकी इंग्लिश सुनकर हम लोगों को हंसी आये बिना नहीं रहती। हम लोगों को हंसता देखते ही उनका पारा एकदम चढ़ जाता है। वह गुस्साने लगते हैं। और तब हम लोगों को मक्खन लगाना पड़ता है; नहीं तो हो गया कल्याण! वह हमें जो नोट्स देते हैं, वे भी बन्द हो जायेंगे।

अगर उन्होंने किसी बच्चे को बात करते देख लिया, तो फौरन उनका लेक्चर शुरू हो जाता है: "यू टॉक। व्हाई टॉक। आई से, डॉन्ट टॉक।" उनकी यह भाषा सुनकर सबको और भी हंसी आती है। तब पूछते हैं: 'व्हाई लाफ?'

और हमारी हंसी जब रुकने का नाम ही नहीं लेती, तो चिढ़कर कहते हैं: "लाफ, लाफ। अगेन लाफ। स्टैंड अप। खूब लाफ।"

इन्हीं बातों में घंटी बज जाती है और उनका पीरियड खतम। मुश्किल से 1 पेज नोट्स दे पाते हैं—पूरे एक पीरियड में।

बच्चों ने उनके तरह-तरह के नाम रखे हुए हैं। एक नाम है, 'हीरोइन

# मिर्जा : मेरे सीनियर, सहपाठी तथा शिष्य

**राम शंकर शर्मा**

1946 में बी. एस-सी. में भर्ती हुए । नये-नये लोगों से परिचय हुआ । एक दिन क्लास में बगल में बैठे लड़के ने दूर पीछे बैठे एक सज्जन की ओर इशारा करते हुए कहा : 'उनको जानते हो ? वह हम लोगों से सीनियर हैं ।' मैंने कहा : 'पहले तो कभी क्लास में देखा नहीं !' वह बोला : 'यह क्लास में कभी-कभी ही आते हैं । सुना है, पिछले साल भी इसी क्लास में थे ।'

क्लास खत्म होने पर उन्हें बाहर खड़े किसी से बातें करते देखा । सफेद अलीगढ़ी पैजामा । काली अचकन । सर पर मखमली टोपी । आंखों में सुरमा । पैरों में नागरा जूते । हाथ में सिगरेट—माचिस की लौ का इंन्तजार करती । यह थे हमारे सीनियर मिर्जा साहब, जिनका लखनऊ के आसपास के ही किसी नवाबी खानदान से ताल्लुक था ।

सन् 47 में हम तो बी. एस-सी. प्रीवियस पास कर गये, पर मिर्जा दुबारा अटक गये । जब अगले साल हमने बी. एस-सी. फाइनल पास कर लिया, तो वह किसी प्रकार फाइनल में आये ।

दो साल बाद, यानी सन् 50 में मैंने एम. एस-सी. पास कर लिया । पर, मिर्जा को बी. एस-सी से न जाने क्या मोह था कि वह उसे छोड़ना ही नहीं चाहते थे । कभी इस विषय में तो कभी उस विषय में, कभी थ्योरी में तो कभी प्रैक्टिकल्स में फेल हो जाते थे । सुना था कि उनके घर वाले तो यह समझते हैं कि वह पी. एच-डी. कर रहे हैं ।

हमने एम. एस-सी. के बाद जब रिसर्च ज्वाइन की तो कभी-कभी क्लासेज भी लेने पड़ते थे, विशेष कर प्रैक्टिकल्स । क्लास के बाहर तथा अन्दर मिर्जा से मुलाकात हो जाती । मिर्जा जब बी. एस-सी में मिलते थे तो सीनियर होने का रौब दिखाते थे । जब हम एम. एस-सी. में थे तो वह बराबरी का बर्ताव करते रहे । और, जब हम रिसर्च में आये तो वह क्लास के अन्दर टीचर की इज्जत देते ! पर क्लास के बाहर, विशेषकर जब हम लोगों के कमरे में सिगरेट पीने आते, तो अपने

असली लखनवी लहजे में बात करते ।

वैसे तो उनके बहुत से किस्से मशहूर हैं, पर नमूने के तौर पर यहां दो किस्से पेश हैं ।

## पहला किस्सा

मिर्जा उसूल के पक्के थे । शनिबार को दोपहर बाद के क्लासेज न अटेण्ड करना उनके उसूलों में से एक था । कारण, उस दिन दो-तीन बजे के बाद घोड़ों की रेसेज होती थीं और उनकी नजर में उनका रेस में होना क्लास की पढ़ाई से ज्यादा जरूरी था । काफी ऊंचे दांव लगाते थे, सैकड़ों के वारे-न्यारे होते थे । रेस तो हफ्ते में एक होती है—क्लासेज तो और पांच दिन भी होते हैं !

धीरे-धीरे मिर्जा की शनिवार को क्लास से गायब रहने की बात प्रोफेसर राव तक पहुंच गयी । राव साहब ने एक दिन हम लोगों को बुलाकर कहा कि बी. एस-सी. का ढाई बजे शुरू होने वाला थ्योरी क्लास वह लेंगे और मिर्जा को बता दिया जाय कि उन्हें उस दिन क्लास में जरूर रहना है; कोई बहाना नहीं चलेगा । हम लोगों ने मिर्जा को बुलाकर राव साहब के इन्सट्रक्शन्स सुना दिये । मिर्जा ने कहा : "गजब हो गया ! उस दिन तो मेरा खास घोड़ा दौड़ने वाला है । मेरा वहां होना बहुत जरूरी है ।" हम लोगों ने कहा, "हम नहीं जानते । राव साहब ने हमसे जो तुम्हें बताने को कहा वह हमने बता दिया । बाकी तुम्हारी मर्जी ।"

धीरे-धीरे शनिवार भी आ गया । राव साहब क्लास ले रहे थे मिर्जा भी क्लास में थे । हम लोग आपस में बातें कर रहे थे कि आज मिर्जा फंसे हैं, बहुत रेस रेस करते थे ! क्लास शुरू होने के करीब पन्द्रह मिनट बाद हम लोगों के कमरे की खिड़की की चिक उठी । मिर्जा मुट्ठी बांधे, हाथ मोड़े, घुड़सवारी की मुद्रा में खड़े थे । बोले : "सर, घोड़ा जा रहा है ।" जब तक हम कुछ और पूछें—वह गायब थे !

इतवार का दिन काटना मुश्किल हो गया । सोमवार को चपरासी को हिदायत दी गयी कि जैसे ही मिर्जा दिखें, फौरन मिलने को कहना; बहुत जरूरी काम है ।

ग्यारह बजे के करीब कमरे की चिक उठी । 'मे आई कमिन सर'—कहते मिर्जा अन्दर । अन्दर आने पर वह अक्सर दरवाजे की आड़ में खड़े होते, सिगरेट सुलगाते और फिर बात करते । कुर्सी पर कभी नहीं बैठते न सामने खड़े होते । आज भी वही किया ।

हमने पूछा : "आखिर राव साहब ने तुम्हें क्लास से जाने कैसे दिया ?" बड़ी अदा से उन्होंने सिगरेट का कश लिया । मुस्कराये । बोले : "कुछ नहीं, सिर्फ एक चवन्नी खर्च हुई थी । क्लास शुरू होने के पहले डीन आफिस के चपरासी को एक

परचा तथा चवन्नी दे आया था और कह आया था कि ठीक पौने तीन बजे यह परचा क्लास में जाकर प्रोफेसर राव को देना और चवन्नी अपनी जेब में रख लेना।" हमारी समझ में यह नहीं आ रहा था कि परचे पर ऐसा क्या लिखा था कि प्रोफेसर साहब ने मिर्जा को क्लास से चले जाने दिया, जबकि वह क्लास सिर्फ मिर्जा को क्लास से गायब न होने देने के लिए ही ले रहे थे। मिर्जा से हम ने पूछा। "आखिर पर्चे पर तुमने ऐसा क्या लिख दिया था कि राव साहब ने तुम्हें क्लास से चले जाने दिया।" मिर्जा बोले : "अरे कुछ नहीं। मैंने पर्चे पर सिर्फ इतना लिख दिया था—'मिर्जा वाण्टेड इन डीन्स ऑफिस इमीडियटली।' " बाकी सारी बात हमारी समझ में आ गयी। चपरासी को राव साहब पहचानते थे। सोचा होगा जरूर मिर्जा ने कोई हरकत की होगी, इसीलिए डीन्स ऑफिस में बुलाया जा रहा है; फौरन जाने को कहा होगा। हमारे मिर्जा एक बार क्लास से बाहर, तो बाहर।

## दूसरा किस्सा

एक बार बी. एस-सी. फाइनल क्लास के जियॉलौजी प्रैक्टिकल्स हो रहे थे। जी. एस. आई. के एक सीनियर ऑफिसर एक्सटर्नल एक्जामिनर थे। उन दिनों बी एस-सी. के प्रैक्टिकल्स में, और चीजों के अलावा, एक आईटम 'क्रिस्टल' आइडेण्टीफिकेशन तथा फिगर बनाने का भी होता था। इसमें लकड़ी का बना एक क्रिस्टल मॉडल दिया जाता जिसे देखकर उसका नाम लिखना तथा फिगर बनाकर उसके पहलुओं (फेसेज) के सिम्बल लिखने पड़ते थे। यह स्कोरिंग आइटम था। पर काम थोड़ा कठिन होता था।

मिर्जा कई बार के अनुभवी थे, इस बार उनका इरादा बी. एस-सी. पास करने का रहा हो या नहीं. हम लोगों ने उन्हें बी. एस-सी. क्लास से रुखसत करना तय कर लिया था। इनविजिलेशन में हम लोग भी थे। जितनी मदद हो सकती थी, की।

क्रिस्टल मॉडल आसान-सा पकड़ा दिया। मिर्जा खुश; हम सब भी खुश। नाम मालूम होते ही मिर्जा ने फौरन बना दिया, फिर बैठे गये। एक्सटर्नल, जो मिर्जा के एक्सपीरियन्स से वाकिफ थे, मिर्जा को बैठे देख उनकी तरफ शायद इसलिए बढ़े कि पता नहीं कोई कठिन क्रिस्टल माडल तो इनके पल्ले नहीं पड़ गया जो बेचारे बैठे हैं। पास आने पर उन्होंने पूछा : "क्यों भई, कोई प्राब्लम है क्या ?" मिर्जा बोले : "नहीं सर, बना लिया है।" और उन्होंने अपनी कापी एक्जामिनर की ओर बढ़ा दी। बड़े करीने से फिगर बना था। सब चीज ठीक-ठाक अपनी जगह। यहां तक कि रबर से मिटाने का निशान भी नहीं।

पता नहीं एक्जामिनर को क्या सूझी ! उन्होंने मिर्जा से पूछा : "डू यू माइण्ड इफ आई गिव यू ऐनादर क्रिस्टिल टु ड्रॉ ?" मिर्जा ने तपाक से कहा : 'नोट एट-

ऑल सर ?" वहीं पास में कुछ और मॉडल पड़े थे। एक्जामिनर ने उनमें से एक माडल उठाकर मिर्जा को दिया और पूछा : 'कैन यू ड्रा दिस ?' मिर्जा ने कहा : 'यस सर।'

हम लोग दूर खड़े तमाशा देख रहे थे। एक्जामिनर शायद यह देखने के लिए कि मिर्जा इतनी अच्छी और सही ड्राइंग कैसे बनाते हैं, पास ही खड़े हो गये। मिर्जा माडेल हाथ में लेकर कभी माडल को तो कभी एक्जामिनर को देख रहे थे। थोड़ी देर में एक्जामिनर ने पूछा : 'व्हाई डौण्ट यू स्टार्ट। ऐनी डिफिकल्टी ?' मिर्जा : 'जस्ट ए लिटिल।' एक्जामिनर : 'व्हाट इज दैट !' मिर्जा : 'सर, नेम आफ क्रिस्टल ?' एक्जामिनर : 'अच्छा, अगर मैं नाम बता दूं तो आप बना लेंगे।' मिर्जा : 'जी, सर !' एक्जामिनर : 'यह 'रौम्बडो डेकाहैड्रान' है।'

नाम सुनते ही मिर्जा ने बिना किसी झिझक जेब में से पर्चियों का एक छोटा बंडल निकाल, जिनमें क्रिस्टलों की ड्राइंगें बनी थीं, 'रौम्बडो डेकाहैड्रान' की पर्ची ढूंढ़ना शुरू कर दी। सही पर्ची मिलते ही उन्होंने अपनी एक्जामिनेशन नोटबुक के खाली पन्ने के नीचे पर्ची रख ट्रेस करना शुरू कर दिया। एक्जामिनर 'दैट बिल डू !' ...कह कर वहां से हट गये। हम लोगों ने मन में सोचा, सारी मेहनत बेकार गयी। मिर्जा इस साल भी नहीं पास होंगे।

रिजल्ट निकलने पर देखा : मिर्जा जियालौजी में तो पास थे—पर किसी अन्य विषय में फेल !

मिर्जा बी. एस-सी. पास कर पाये या नहीं, यह हमें पता नहीं लग पाया। पर सुना था, बाद में दो-एक फिल्मों में छोटा-मोटा पार्ट करने के बाद कानपुर में वह लैदर इन्सपेक्टर हो गये थे। पता नहीं आजकल वह कहां हैं। पर उनकी याद हमारे साथ जरूर है।

# बड़े बाबू

**राम शंकर शर्मा**

किसी भी विश्वविद्यालय में वहां के रजिस्ट्रार तथा उनके आफिस का विशेष स्थान होता है। रजिस्ट्रार आफिस से ही इम्तहानों के बाद सारी कापियां इक्जामिनर्स के पास जाती हैं। किस क्लास के किस सब्जेक्ट की कापियां किस इक्जामिनर के पास गयी हैं, यह सारी सूचना इसी आफिस को रहती हैं। मार्क्सशीटें यहीं टेबुलेट होती हैं। और रिजल्ट भी इसी आफिस से निकलता है।

इस दफ्तर के 'बड़े बाबू' की लड़के बड़ी इज्जत करते हैं। एक बार रजिस्टार को भले ही सलाम न करें, पर 'बड़े बाबू' के सामने पड़ने पर बार-बार सलाम करेंगे। आखिर सारा दारोमदार इन्हीं पर तो रहता है। 15 के 25 करने में इन्हें कितनी देर लगती है! बस फरक इतना ही है कि 50 में से 15 नम्बर मिलने पर छात्र फेल होता है और 25 मिलने पर पास होता है। रिजल्ट निकल गया, तो फिर कौन चेक करता है?

सन् 1946-50 के बीच जब हम लखनऊ यूनिवर्सिटी में पढ़ते थे, तब रजिस्ट्रार आफिस में एक मौलाना 'बड़े बाबू' हुआ करते थे।

मैंने ज्यादातर उन्हें पान खाये, अलीगढ़ी पैजामा, काली शेरवानी, काली मखमली टोपी तथा कामदार नागरा जूते पहने ही देखा। सुन रखा था कि लड़कों की बहुत मदद करते हैं। जोर डाल कर कभी किसी ने कुछ दे दिया, तो ले लेते थे, पर अपनी तरफ से कभी कुछ नहीं मांगते थे। यह भी सुन रखा था कि काम न होने पर लिए हुए पैसे वापस भी कर देते थे।

जब हम एम. एस-सी. फाइनल में थे तो एक दिन यूनियन आफिस के पास वाले रेस्टोरेण्ट में अपने पुराने मित्र मिर्जा साहब (जो पहले मुझसे सीनियर थे लेकिन

अब जूनियर हो गये थे) के साथ बैठा चाय पी रहा था। इतने में ही 'बड़े बाबू' अन्दर आते दिखे। मिर्जा से उनकी पुरानी जान-पहचान थी। वह उठे और उन्हें साथ लाकर पास पड़ी कुर्सी पर बैठा दिया। बिना कहे बैरे ने मौलाना के लिए चाय और कुछ बिस्कुट लाकर रख दिये।

'बड़े बाबू' की 'बटरिंग' के इरादे से मैंने कहा : "लड़के आपकी बड़ी तारीफ करते हैं। आप तो लड़कों की बड़ी मदद करते हैं।"

वह बोले : "म्यां ! कौन किसकी मदद करता है ? मदद करने वाला तो ऊपर वाला है। मैं तो सिर्फ लड़कों का दिल नहीं तोड़ता। मेरे पास नम्बर बढ़वाने के लिए वही लड़के आते हैं, जिनका केश मार्जिनल होता है। जिस मरदूद को मालूम होता है कि वह सब गोड़ आया है और कभी पास नहीं हो सकता, वह थोड़े ही मेरे ही पास आता है। मैं भी बहुत मना करने पर जबर्दस्ती जब कोई कुछ दे ही जाता है, तो मजबूरन रख लेता हूं। जब रिजल्ट निकल जाता है तो जो पास हो जाते हैं वे मेरे पास नहीं आते; सोचते हैं, मौलाना ने काम करवा दिया, पैसे वसूल हो गये ! आते वे ही हैं जो फेल हो जाते हैं। मैं उनसे कहता हूं : 'बेटे ! मैंने बड़ी कोशिश की ! पर तुम्हारा इक्जामिनर बड़ा जल्लाद निकला। उसने मेरी एक न सुनी ! हां, तो तुमने क्या दिया था ?' और जो उसने बताया, उसे वापस कर दिया। अब असलियत पूछो, तो असलियत यह है कि मैं करता-वरता कुछ नहीं; न इक्जामिनर से कुछ कहता हूं, और न नम्बर बढ़ाता हूं। बस, इनमें से जितने अपनी किस्मत से पास हो जाते हैं उनके पैसे मैं मिठाई खाने के लिए रख लेता हूं, बाकी के पैसे वापस कर देता हूं। अब इसे तो किसी को बेईमानी नहीं कहना चाहिए ! लड़के भी खुश और हम भी खुश !!"

अब कहिए, थे न हमारे 'बड़े बाबू' ईमानदार !

# वाह रे सुरेंदर

**रामशंकर शर्मा**

आजकल के अफसरों को ब्रीफकेस लिए घूमते तो आपने अक्सर देखा होगा। सुबह ऑफिस जाते समय तथा शाम को दफ्तर से लौटते समय ड्राइवर व चपरासी इनके ब्रीफकेस को गाड़ी में रखते दिखाई देगा। हवाई जहाज से यात्रा करते अफसरों के हाथ में एक ब्रीफकेस अवश्य दिखेगा।

जिसका ब्रीफकेस जितना कीमती, वह उतना ही बड़ा अफसर। यानी कि ब्रीफकेस एक स्टेट्स सिम्बल बन गया है आजकल के अफसरों का।

आज से चालीस साल पहले जब ये व्ही. आई. पी. 'सफारी' आदि के ब्रीफकेस बाजार में नहीं आये थे, तो उस समय के अफसर चमड़े का एक तीन खानों वाला बैग रखा करते थे जिसे 'पोर्टफोलियो बैग' के नाम से जाना जाता था।

हमारे पास भी ऐसा ही एक पोर्टफोलियो बैग हुआ करता था जो छाया की तरह हमारे साथ घूमता-फिरता था। बुढ़ापे में लोग बेंत लेकर घूमते हैं, हम लोग जवानी में पोर्टफोलियो बैग लिए घूमा करते थे।

एक बार गर्मियों में छुट्टी में हम सपरिवार लखनऊ आये हुए थे। यहां हमारे एक पुराने सहपाठी मित्र सिंह साहब से मुलाकात हो गयी; तराई के इलाके में किच्छा के पास इनका एक बड़ा फार्म है। यह फार्म पर जाने वाले थे। हम लोगों को भी वहां आने के लिए आमंत्रित किया। यह सोचकर कि कुछ परिवर्तन हो जायेगा, हम लोग तैयार हो गये।

लखनऊ से रात की गाड़ी से चलकर सुबह हम लोग रामपुर पहुंच गये। यहां से टैक्सी में बैठ नौ बजे के करीब फार्म पहुंच गये। बातों-बातों में पता चला कि सिंह साहब ने नैनीताल में किराये पर एक मकान ले रखा है जहां ठहरने की सभी सुविधायें उपलब्ध हैं। बच्चों ने नैनीताल नहीं देखा था, इसलिए वे ज्यादा इच्छुक थे कि हम लोग दो-चार दिन के लिए नैनीताल चलें। शाम को सिंह साहब ने

बताया, "कल सुबह एक जीप नैनीताल जा रही है। यदि आप लोग जाना चाहें तो जा सकते हैं।" हम फौरन तैयार हो गये।

दूसरे दिन उन्होंने करीब बीस साल के एक लड़के को जिसका नाम शायद सुरेन्द्र सिंह था पर यह उसे 'सुरेंदर' कहकर पुकारते थे, हम लोगों के साथ कर दिया।

सुबह आठ बजे हम सब लोग एक खुली जीप में बैठ नैनीताल के लिए चल दिये। काठगोदाम से पहाड़ की चढ़ाई शुरू हो गयी। थोड़ा ऊपर चढ़कर ज्योलीकोट पर हम लोगों ने चाय पी। यहां से मौसम सुहावना होना शुरू हो गया था। जैसे-जैसे हम ऊपर चढ़ते, हवा में ठंडक बढ़ती जाती। आसमान में कुछ बादल भी हो रहे थे। बीच-बीच में एक आध बौछार भी पड़ जाती थी जो खुली जीप में बड़ी ही सुहावनी लगती थी।

सामान के नाम पर हम लोगों के पास एक छोटा सूटकेस, एक झोला तथा मेरा पोर्टफोलियो बैग था। सूटकेस में कुछ कपड़े और झोले में छोटा-मोटा सामान था। पर मेरे बैग में लखनऊ से टाटानगर का टिकट हमारे कैम्प की गॉडरेज अलमारियों की चाभियां, सरकारी बैंक एकाउन्ट की पासबुक तथा चैकबुक, कुछ पुराने बिल आदि न जाने क्या-क्या रखा हुआ था।

करीब साढ़े ग्यारह बजे हमारी जीप नैनीताल पहुंच गयी। टौल-टैक्स आदि देने के बाद हम लोग माल रोड पर मल्लीताल की ओर बढ़ रहे थे कि हल्की-सी बूंदाबांदी शुरू हो गयी। फ्लैट्स के पास पहुंचते-पहुंचते पानी तेज हो गया। मजबूरन एक जगह किनारे करके गाड़ी रोकनी पड़ी। गाड़ी से उतर जिसको जहां आढ़ मिली खड़ा हो गया। सड़क के उस पार सामने एक मस्जिद थी जिसके दरवाजे के छज्जे की आड़ में कुछ लोग खड़े थे। जगह देख, हम लोग भी उस ओर बढ़ लिए।

चलते समय मैंने अपना बैग अपनी बेटी मिनी को पकड़ा दिया और मैं सूटकेस लेकर चल दिया। आधे भीग ते, आधे बचते, वहां खड़े होकर बारिश के रुकने का इन्तजार करने लगे।

कुछ देर बाद, जब पानी पूरी तरह रुका भी न था, हमारे जीप ड्राइवर ने गाड़ी स्टार्ट कर दी, शायद उसे लौटने की जल्दी थी। हम लोग जल्दी-जल्दी भाग कर गाड़ी पर जा बैठे। कुछ ऊपर चढ़कर गाड़ी हमें एक स्थान पर उतारकर वापस चली गयी।

सुरेंदर पड़ोस से चाभी लेने चला गया। हम उसके आने का इन्तजार करने लगे।

सहसा मैंने देखा कि और सब सामान तो है, पर मेरा बैग नहीं दिखयी दे रहा। मिनी से पूछने पर पता चला कि उसने उसे मस्जिद पर खड़े रहने के समय जमीन पर रख दिया था, पर चलते समय जल्दी में उसे उठाना भूल गयी थी। अब तो मेरे हाथ-पैर फूल गये। उत्तेजना में मैंने मिनी को कुछ अपशब्द भी कहे।

तब तक सुरेंदर आता दिखा। मैंने उसे सारी बात बतायी।

वह 'मैं अभी देखता हूं' कहकर भागा। मैं भी उसके पीछे-पीछे नीचे उतरने लगा।

यह मुझसे आगे तेजी से भागता चला जा रहा था। सहसा एक जगह एक सज्जन घोड़े से उतरते दिखायी दिये। बड़बड़ाते और नाराज होते घोड़े वाले से अचानक घोड़े की लगाम छीन सुरेंदर कुछ कहता, घोड़े पर चढ़ नीचे की ओर तेजी से उतरने लगा। थोड़ी देर में वह आंखों से ओझल हो गया।

मैं भी अपनी पूरी क्षमता के साथ नीचे उतरने लगा।

नीचे आने पर मस्जिद दिखायी दी; उसका दरवाजा दिखायी दिया। पर बैग का वहां नामोनिशान तक न था।

केवल एक सज्जन कोने पर बनी एक सीट पर बैठे दिखे। यह उस समय भी वहीं बैठे थे जब हम लोग बारिश से बचने के लिए वहां खड़े हुए थे।

लगा, गया सब कुछ। अब क्या होगा। वापस जाने के पैसे भी तो नहीं। अनजानी जगह किससे मांगें ? कौन देगा ? सोच-सोचकर पसीना आने लगा।

किसी तरह डरते-डरते उन सज्जन के पास पहुंच साहस बटोर पूछा : "यहां एक बैग तो नहीं रखा हुआ था ? थोड़ी पहले जब तेज बारिश आई थी तो हम लोग भीगने से बचने के लिए यहां खड़े हो गये थे। उस वक्त बैग यहीं रख दिया था, चलते समय उठाना भूल गये। आप तो यहां उस समय से ही बैठे हैं न।"

बड़े ही निर्विकार भाव से उन्होंने कहा, "अभी एक लड़का घोड़े पर आया था। एक बैग यहां से उठाकर ले गया। जाने कहां गया है। हमें क्या मालूम बैग किसका था।

सुनकर जान में जान आई। घोड़े पर तो सुरेंदर ही आया था। मैं उल्टे पैरों ऊपर लपका।

आधे घंटे की चढ़ाई के बाद हम उसी स्थान पर पहुंचे जहां जीप ने हमें उतारा था। सब बाहर खड़े मुस्करा रहे थे। मैं समझ गया कि बैग मिल गया।

वाह रे सुरेंदर ! न तू घोड़े वाले से घोड़ा छीनकर भागता और न मुझे यह बैग मिलता—और न यह मुस्कराहट देखने को मिलती !

# श्री समाज सेवक जी

**धनबंत कुमारी शर्मा**

3 मार्च 84 का दिन। सोमवार। मैं स्कूल के निकट पहुंची ही थी कि देखा पास की गली में एक कार फूलों से सजी स्कूल के पास खड़ी है। और स्कूल के कम्पाउण्ड में बड़ा.सा तम्बू लगा है। मन-ही-मन सोचा—यह क्या बला है।

अन्दर घुसने पर देखा, तम्बू में कुर्सियां बिछी हैं। पास ही भट्ठी भी बनी है। नल के पास टूटी प्लेटें, प्याले, गिलास पड़े हैं। कुछ लोग तम्बू उखाड़ रहे हैं, कुछ कुर्सियां समेट रहे हैं। रिक्शों में भर-भरकर मेजें और कुर्सियां गेट से निकाली जा रही हैं। और हमारे स्कूल के दोनों चौकीदार खड़े तमाशा देख रहे हैं।

मैं हाजिरी रजिस्टर पर हाजिरी लगाना भूल गयी। ऑफिस में जाना भी भूल गयी और पूछताछ शुरू कर दी। चौकीदारों ने बताया, "स्कूल के पीछे रहने वाले पंडितजी की लड़की की शादी हुई है और अब विदाई हो रही है।"

मैंने चौकीदारों को डांटा। कहा : "तुमने यह टेन्ट स्कूल में किसकी इजाजत से लगने दिये ?"

पुराना चौकीदार बोला, "साब, वह कहता था कि आपसे वह दो दिन पहले पूछ आया था।"

मैं : "तुमने उससे मेरा लिखित आर्डर नहीं मांगा ?"

"साब, वह कहता था जबानी पूछा था। फिर वह यह भी कहता था कि वह एजूकेशन ऑफीसर और डायरेक्टर साब से भी पूछ आया है। हमने साब राजौरी के प्रिंसीपल से कहा तो उन्होंने अपने चौकीदार को हमारे साथ भेज दिया कि जाओ उसे मना कर दो। उसने और हमने मना किया तो यह आदमी बोला कि तुम लोग घबराओ मत, हम तुम्हें साब से लिखवाकर ला देंगे। तुम्हारी मैडम को मैं भी खूब जानता हूं, उनसे भी लिखवा लाऊंगा। हम हारकर पुलिस में सूचना देने जाने लगे तो पड़ोसियों ने हमसे कहा—'लड़की की शादी में बबेला होगा, जो अच्छा नहीं लगेगा; अब तो इसे जो कर रहा है, कर लेने दो।' और इसने दीवार को पूरी तोड़कर सजावट का दरवाजा यहां बनाया था। इसी तरफ से बराती आये

थे। हमने इसे आपके दफ्तर में पहले आपके पास आते देखा था तो, हमने समझा यह आपका जान-पहचान का होगा। हमसे गलती हुई साब !"

अब मैंने देखा कि दीवार एक तरफ से पूरी की पूरी टूटी पड़ी है। पीछे गलो रास्ता बना है।

मैंने चपरासियों से कहा, "तुम्हारी शिकायत दफ्तर में भेजी जायेगी। तुम दो-दो हो और फिर भी तुमने उसे सरकारी बिल्डिंग में घुसने दिया ? ये सब हरकतें करने दीं।

पंडित जी का एक आदमी झाड़ू लगा रहा था। मैंने अपनी झाड़ू वाली से कहा, "उनके झाड़ू वाले से सारे मैदान की लैटरीन की और नालियों की पूरी सफाई करवाकर मुझे बताओ। पूरी सफाई हो जाने से पहले उन्हें मत जाने दो।" चौकीदारों से कहा, "पंडित जी को बुलाकर लाओ।"

अब पंडितजी टीटा-वीका लगाये दफ्तर में आये।

मैंने कहा, "कहिए, यह सब काम किसकी इजाजत से किया ?"

बोले, "मैडम, मैं अभी जरा लड़की को विदा कर रहा था वरना मैं तो खुद पहले ही आता। मैंने सोचा जरा मेहमान विदा हो जायें तो आऊंगा। मैं करमपुरा जी के पास गया था। वे तो मिली नहीं। उनके नीचे वाले ऑफीसर जी से मिला। उन्होंने कहा — लगा लो टेन्ट, हम प्रिंसीपल शर्मा से कह देंगे। मैं तो डायरेक्टर जी से भी मिल आया था और कॉरपोरेशन के दफ्तर में भी। सबसे पूछकर ही मैंने यह किया था। आपके घर का पता मुझे मालूम न था, वरना आपके पास जरूर आता।"

मैंने कहा : "आप मुझसे बिना पूछे सबसे पूछ आये तो बताइए किसने आपको लिखकर दिया ?" बोले, "मैं मेहमानों को विदा कर लूं तो लिखित आर्डर भी ले आऊंगा। आप थोड़ा शांत रहें।" मैंने कहा, "दीवार तो आपने पूरी ही तोड़ दी ?"

बोले, "अजी मैंने चार रद्दे ही तो तुड़वाये हैं, वह तो पहले ही टूटी पड़ी थी। चलिए, उसे मैं पूरी करवा दूंगा। देखिए, मैं तो खुद ही आपके स्कूल की चकाचक सफाई करवा रहा हूं। मैं आपके लिए कुछ नाश्ता-पानी लाने को कह आया हूं। आपके स्टाफ व चौकीदारों के लिए भी। मैडम, आप तो पड़ोसी से भी ज्यादा हैं।"

अब मैं चौंकी। मैंने कहा : "देखिए, नाश्ता-पानी तो हमारे स्टाफ के लोग तो क्या, चौकीदार भी नहीं लेंगे। हमें दीवार अभी बनी हुई चाहिए। सुन रहे हैं आप ! और सारा स्कूल साफ चाहिए। नालियों में अड़ा हुआ कचरा निकलवाइए। कुछ समझे आप ? अभी।"

वह चले गये।

अब मैंने चौकीदारों से लिखित में एक्सप्लेनेशन मांगा। पुराना चौकीदार अड़ियल था। नया, अभी बिल्कुल नया था।

नये ने हस्ताक्षर कर दिये, तो पुराने को भी हस्ताक्षर करने पड़े। नये ने अपना कसूर मंजूर किया, तो पुराने को भी मानना ही पड़ा। हां, पुराना यह जरूर बुदबुदाता रहा, "बहुत-से-बहुत मेरा ट्रांसफर ही होगा। आगे से ऐसा नहीं करने देंगे। आप लिखवाती क्यों हैं ?"

मैंने उसे डाटा, "जानते हो कुछ ? अब इस गली में जिसके यहां भी शादी होगी, टेन्ट स्कूल में ही लगेंगे ! तुमने उनको छूट देकर सबके लिए रास्ता खोल दिया है।"

"नहीं-नहीं, साब ! अब ऐसा नहीं होगा ! हमारी शिकायत दफ्तर में मत करो।"

मंगलवार को दीवार वैसी ही पड़ी थी। पुराना चौकीदार गायब था। नया आया। मैंने कहा, "दीवार तो वैसी ही पड़ी है।" बोला, "साब, मैं नया आदमी हूं : आप शिकायत में से मेरा नाम काट दो। आप जो कहोगी वही करूंगा। यह पुराना चौकीदार उस पंडित के साथ मिलकर चाय भी पीता था।" मैं कुछ ढीली पड़ी। उससे कहा, "अच्छा जाओ। पंडित जी को बुलाकर लाओ।"

पंडित जी आये तो तैश में उबलते हुए—"मैडम, आप इन बेचारे चौकीदारों को क्यों परेशान करती हैं ? मैं ऐसा-वैसा आदमी थोड़े ही हूं। यह देखिए, मैं अभी मिनिस्टर श्री जी के स्वागत के लिए कार्ड बांटने जा रहा हूं। मैं उनके पास रोज उठता-बैठता हूं। आपके स्कूल पर कोई आंच नहीं आयेगी।"

अब मैंने उस आदमी को समझने का प्रयास करना शुरू कर दिया। पूछा, "आप क्या काम करते हैं ?" बोला, "सबकी सेवा करता हूं।" "नौकरी क्या करते हैं ?" बोले, "नौकरी ? मैंने पूरे भारत से अंग्रेजों को भगाने की नौकरी की है। अब सोशल वर्कर हूं। सबकी भलाई के काम करता हूं। आप कहें तो अभी मिनिस्टर श्री जी से आपकी मुलाकात करवा दूं। वह फौरन स्कूल की रिपेयर करा देंगे।"

मेरे धैर्य का बांध टूट रहा था। गुस्से को दबाते हुए, शांत स्वर में बोली, "जरा यह बताइए कि आपने कभी सरकारी नौकरी की है ?"

"वह तो नहीं की।"

मैंने कहा, "तो आप इन चौकीदारों के बारे में वह जान लीजिए कि सरकारी आर्डर के बिना सरकारी इमारत में शादी की पार्टी करवाने के कारण उनकी नौकरी को कोई नहीं बचा सकता। न तो डायरेक्टर, न ऐजूकेशन ऑफीसर और

न मैं—न आप।"

अब पंडित जी की आंखें खुलीं। बोले, "आप मैडम प्रिंसीपल हो। आप ज्यादा जानती हो···मैं मजदूर लाकर दीवार बनवाता हूं। क्या पूरी करवा दूं?··· आप कहें तो प्लास्टर भी करवा दूं।"

"आप दीवार बनवाना तो शुरू करें। मैं बारह बजे तक दीवार बनी हुई देखना चाहती हूं।"

पंडित जी आधे घंटे में ही सीमेंट और तसला लिये एक मजदूर के साथ आये और स्कूल के कम्पाउण्ड में बिखरी ईंटें बटोर-बटोरकर दीवार बनवाने लगे।

मैंने चौकीदार को बुलाकर कहा, "तुम भी कुछ ईंटें इधर-उधर से बटोरने में सहारा दो और जल्दी से दीवार पूरी करवा लो।"

चौकीदार ईंटें बटोरने गया तो पंडित जी बोले—"बेटा, तू रहने दे। मैं ही बटोर लूंगा।" थोड़ी देर में, जितनी तोड़ी थी, उतनी दीवार चिनवा दी। फिर मेरे पास आये। बोले, "क्या पूरी करवा दूं?" मैंने कहा, "करवा दीजिए। ईंट कम पड़ेंगी तो कुछ पैसे हम दे देंगे।"

"नई साब! अब तो मैं ही पूरी करवाऊंगा। ईंटें मैं अपने पैसे से ले आऊंगा। ये साला पड़ोसी है न! कह रहा था 'बस करो। सारी मत बनाओ।' यह चाहता है कि स्कूल में घुसने का रास्ता बना रहे और लोग घुसते रहें। मैं कल ही चीफ एजुकेशन ऑफीसर से मिलूंगा कि स्कूल की बाउण्ड्री ऊंची करवायें।"

"अब तक आप सो रहे थे?" मैंने कहा, "आज जब आपकी लड़की की शादी के लिए जरूरत पड़ी तो स्कूल की भलाई की बात सोच रहे हैं। इस दीवार को तोड़कर लोग रास्ता बनाते हैं। रात को घर में घुसने से पहले शोहदे शराब के खाली अद्धे दीवार से उछालकर स्कूल में फेंक जाते हैं। लोग घरों में मेहतर नहीं लगाते और घर का सारा कचरा दीवार से उछालकर स्कूल में डाल जाते हैं और हमारी झाड़ू वाली झाड़ते-झाड़ते तंग आ जाती है। तब आप कुछ नहीं देखते?"

समाज सेवक जी चुपचाप दीवार बनवाते रहे।

# करामात राम कटोरी जी की

**स्वाति शर्मा**

घर पर काम करने वाले नौकर-नौकरानियों की स्वामिभक्ति पर तो हर मालकिन रीझी होगी। लेकिन चोरी करने वाली नौकरानी—तौबा ! तौबा ! भला कौन रखना चाहेगा ? जी नहीं—यह जानते हुए भी कि राम कटोरी चोर है, वह घर-घर की चहेती काम करने वाली थी।

उम्र 70 वर्ष के आसपास, छरहरी, फुर्तीली। राम कटोरी को मैं अक्सर कॉलोनी के एक फाटक से दूसरे फाटक में घुसते देखती थी। नजदीक से जानने का मौका तब मिला, जब हमारी अम्मा को तेल मालिश करवाने की आवश्यकता हुई।

राम कटोरी के काम की विशेषता यह थी कि वह अपने मुंह से 'ना' नहीं कहेगी। मना आपको ही करना होगा—'बस कर'। जब तक उसका मन होगा वह हथेलियों से पोले-पोले, झपकी दिला देने वाली मालिश करती रहेगी। लेकिन जहां मन उचटा वहीं राम कटोरी के अंगूठे अपनी कला दिखाने लगते। इतनी सख्ती से हाथ के अंगूठे दबाकर वह चलाती कि नींद काफूर हो जाती और कहना पड़ता 'बस कर'। कई बार अम्मा झुंझलाकर कहतीं, "तेरा मन जब न किया करे, तो वैसे ही मना कर दिया कर। रगड़ती क्यों है। सब कल्लाने लगता है।" उसके बाद राम कटोरी ऐसा किस्सा छेड़ बैठती कि अम्मा सारी झुंझलाहट भूलकर मजे से सुनने बैठ जाती। जी हां, वह ऐसे समाचार लाती थी, जो दैनिक समाचार पत्र 'अमर उजाला' में छपने से रह जाते थे।

डा. हरि शंकर शर्मा जी की भाभी से (जो हम बच्चों के लिए प्यारी दादी थीं) उसकी बड़ी दोस्ती थी।

जितनी कुशलता से राम कटोरी चीजों को पार करती, दादी उसी चालाकी से वापस धरा लेतीं। कई बार तो ऐसा लगता, मानो दोनों में कोई प्रतियोगिता चल रही हो।

एक दिन की बात है। राम कटोरी, दादी की चप्पल पहन कर चली गयी।

दादी ने ढूंढ़ा जब नहीं मिलीं तो बुदबुदायीं : 'पहन के चली गयी होगी''' आवन दे, दारी की ए !' शाम को राम कटोरी जी प्रकट हुईं। उसकी मुस्कराहट से दादी के आग लग गयी : "क्यों री मेरी चप्पल ले गयी ?" जवाब मिला : "अरे तो इत्ते दिना ते कह रई हूं कै मौकूं चप्पल दै देओ, नांय दई सो पहर गयी। नैक जाके देखियो बाहर कैसी घाम पर रई ऐ।" और उसके बाद राम कटोरी चप्पल उतार कर लग गयी काम में।

दादी चौकसी पर बैठ गयीं कि जाते समय कुछ ले न जाय। काम करके राम कटोरी दादी के पैर दबाने बैठ गयी। दादी भी नम्रता से लेट गयीं और गुस्सा भूल कर पड़ौस की नई बहू के नये किस्से सुनने लगीं। पूजा के कमरे में दादी खड़ाऊं पहन कर जाती थीं, पास ही उतार कर रखी थीं। पैर दबाते-दबाते राम कटोरी सिर की तरफ गयी और ऐसी चम्पी की, कि दादी नीद में'''और खड़ाऊं राम कटोरी के पैर में। फिर, ये जा और वो जा !

अगले दिन काफी हो-हल्ला के बाद दादी ने घोषणा कर दी : "मरी, अब जाने कहां-कहां पैर के डोली है ! अब मोकूं दै रई ऐ? ले जा अब ना चइये मोकूं !" और राम कटोरी की मुस्कान बनी रहती : "ऐ अम्मा जी ! रोज देखती, कैसी चट्टपट्ट आवाज होय। सो मैऊं नैक डार गयी। बड़ी अच्छी लगैं। मेरौ नाती तौ देई ना रियौ, मुसकिलन ते लायी हूं !" और इस प्रकार हो गया राम कटोरी की चप्पलों का जुगाड़।

एक दिन दादी की बहू के नये ब्लाउज सिलकर आये। नाप-पहन कर देखे जा रहे थे। तभी एक ब्लाउज कम निकला। सोचा दर्जी नहीं दे गया। अब चूंकि फाटक से अन्दर तक ब्लाउज राम कटोरी के कर कमलों से आये थे, सो भला दादी कैसे चौकन्नी न होतीं ? कह ही दिया : "अरी दे दे ! तेरे ना आने के !"

राम कटोरी ने साफ मना कर दिया : "ऐ अम्मा जी तौ बस मेरेई पीछे पड़ी रें !" दूसरे दिन देखें तो राम कटोरी अम्मा जी से कह रही हैं : "ऐ अम्मा जी ! नाय आबै, ई बिलौज तौ ! तुमाई बहू तौ मासे दूनो मोटी हैगी ! ऐ अम्मा जी, तुम कब सिवाओगी अपनौ बिलौज ?"

अम्मा जी के दो-चार विशेषण निकलते—तब तक राम कटोरी आंगन भी बुहार चुकी होती।

कभी-कभी तो वह आपके ही घर में आपका ही कपड़ा पहने नजर आती। कहो तो एक ही जवाब होता : "का पैरूं तौ ? ना देओ, तो लैऊं ना जाऊं का ?"

एक दिन दादी अपनी बहू से कुछ कह रही थीं। भनक राम कटोरी के कानों में पड़ी। दादी के शब्द थे : "बहू री, ये धोती तो फटने ही ना आ रही, मन सो

भर गयो है।" बस राम कटोरी जी दबा ले गयीं। फटकार पड़ने पर बोली : "ऐ मेरी कोई मांय, अम्मा जी ! कहा कऊं, भाई हतै सो मेरी कहां सुनै ! तुमाए पास डरी रऊं ! नाय देओगी तौ रेल ते जा कटंगी।" बस दादी पसीजीं और राम कटोरी की वस्त्र समस्या हल।

हम लोग जानते थे कि राम कटोरी बीड़ी पीती है, पर यह शौक उसको कितना है यह मेरी सहेली के घर ही पता चला। विदेश से आयी सिगरेटें रखी थीं। एक-एक करके गायब होनी शुरू हुई। एक दिन राम कटोरी रसोई में पकड़ी गयी। जवाब तलब हुआ। एक ही उत्तर मिला : "परदेश में बीड़ी तो अच्छी बनै।"

कहने का मतलब यह कि अगर आपको डर है तो अपनी चीज की हिफाजत खुद कीजिए। राम कटोरी तो काम करने आयेगी और आपके मना करने के बावजूद आयेगी। मुफ्त में जब कोई काम करने आयेगा, तो आप भी कैसे मना करेंगे? यह बात और है कि वह कितना, कब, और किस रूप से वसूल कर ले जाती है !

एक बार राम कटोरी ने मुझे भी काफी परेशान किया।

मेरी परीक्षा चल रही थी। सिर में कुछ दर्द था। सोचा, कुछ देर चंपी करवा ली जाय। सो बैठ गयी राम कटोरी के आगे। अब कमाल उन हाथों का कि आंखें मुंदी जाती थीं। खैर, राम कटोरी आयी थी, सो चली भी गयी।

एक घंटे बाद भाभी ने मुझे टोका : "तुम्हारी एक कान की बाली (सोने की) कहां गयी ?" मेरे होश उड़ गये ! आज तो राम कटोरी अपना कमाल दिखा गयी। अब उसके घर की खोज शुरू हुई। वह घर पर नहीं थी। एक ठिकाना हो तो मिले। वैसे तो उसका कोई नहीं था, यों सारी कॉलोनी उसकी अपनी थी।

दूसरे दिन राम कटोरी, अपनी सदाबहार मुस्कान के साथ हमारे घर आकर बतियाने बैठ गयी। बाली की कोई चर्चा नहीं की।

डरते-डरते मैंने ही पूछा। बोली, "मैंने तो देखी भी नई।" अम्मा कहती रही : "देख ले राम कटोरी, क्यों लड़की को परेशान किये है ? इसका इम्तहान है !" जब उसने मुझे रुंआसा देखा तो पट से ब्लाउज की जेब से बाली निकाल कर हाजिर कर दी। साथ ही भाषण भी दे डाला :

"पैर के चल दें, होस ना रखैं। मेरीधोती में लगी चली गयी हती। घर गयी सो भाई कौ लाल बोलो : 'कै बुआ ई का चमकै ?' सोई मैंने जान लई कै लल्ली की होयगी !"

अब भला उससे कौन पूछे कि कल से रखे क्यों थी, तभी क्यों नहीं लौटा गयी !

बहुत से घरों में राम कटोरी को अन्दर जाना मना था। दोस्ती की शुरूआत में रोज राम-राम होती थी। उसके बाद "कैसे आयी ?" के जवाब में राम कटोरी कहती : "यों ही सुध आय रई, सो मिलने चली आयी !" अगर मालकिन कुछ बीन रही है, तो वह कार्य राम कटोरी के हाथों सम्पन्न होगा—बिना किसी मेहनताने के। और इसी प्रकार धीरे-धीरे नये घर में उसे प्रवेश मिल जाता था।

नियम से जाने वाले घरों में राम कटोरी का बंधा हुआ घर था हिन्दी के सुप्रसिद्ध विद्वान और लेखक बाबू गुलाब राय जी का। हम लोग नानी जी (श्रीमती गुलाब राय) से कहते : "यह चोर है ! इसे आप क्यों रख लेती हैं ?" इस पर वह हंस देतीं—"देखो यह झूठ कहां कहती है, लौटा भी तो जाती है; फिर बेचारी का कोई है भी तो नहीं।" राम कटोरी बड़ी लगन से रोज उनकी मालिश करके, नहाने में मदद करके, कपड़े भी धोकर सुखा जाती थी।

मैंने राम कटोरी की मालकिनों को बुढ़ाते देखा, और अब कुछ तो स्वर्गवासी भी हो गयी हैं। पर स्वयं राम कटोरी उसी मुस्कराहट और फुर्तीली चाल से मौजूद है। उससे मिले काफी समय हो गया। उम्मीद है यदि कोई दुर्घटना न हुई होगी तो राम कटोरी अवश्य मौजूद होगी—किसी की चप्पल और किसी की साड़ी से सजी हुई !

# राम भरोसे : स्कूल में

**ललित मोहन शर्मा**

दुनिया के और प्राइवेट स्कूलों की भांति हमारे स्कूल में भी अध्यापकों की तरह चपरासियों के आने और चले जाने की परम्परा बड़ी सजीव है। पर, इसे भाग्य ही कहेंगे कि चपरासी राम भरोसे हमारे यहां पिछले आठ साल से डटा हुआ है।

उसके अब तक टिके रहने के बहुत से कारण बताये जाते हैं, जैसे—प्रधानाचार्य के घर गाय के लिए चारा पहुंचा देना, साल भर जलाने के लिए लकड़ी गांव से लाकर उनके घर दे आना, आदि-आदि।

यों घर से राम भरोसे काफी सम्पन्न लगता है। एक दिन पूछने पर बताया कि घर पर काफी जमीन है। लेकिन खेत पर काम उससे किया नहीं जाता, इसलिए यहां स्कूल में उसने नौकरी कर ली है।

परन्तु यह सोचना भी गलत होगा कि लकड़ी-चारा दे आने भर से प्रधानाचार्य से उसकी पटरी बैठ जाती है!

शतरंज के खिलाड़ियों की तरह दोनों अपने-अपने दांव की तलाश में रहते हैं। जिसको भी मौका मिलता है, वह दूसरे को मात दे देता है। फिर भी, अपने पद के कारण राम भरोसे को ही अधिक मात खानी पड़ती है।

अक्सर राम भरोसे एक-दो दिन की छुट्टी के लिए कह कर जाता है और फिर बिना किसी सूचना के दस-बारह रोज स्कूल नहीं आता। लौटने पर कोई न कोई रेडीमेड बहाना उसके पास तैयार मिलता है—अर्थात, प्रधानाचार्य के घर कोई न कोई सौगात लाने का कारण!

इस तरह वह उनको पटा लेता है।

कभी-कभी जब 'स्कूल-कोतवाल' (प्रधानाचार्य) के घर भेंट-पूजा नहीं पहुंचती, तो राम भरोसे के वेतन पर कैंची चलते देर नहीं लगती। एक बार कुछ ऐसा ही किस्सा सुनने में आया। किसी बात पर रुष्ट होकर प्रधानाचार्य ने राम भरोसे से कहा, "तेरा सत्रह दिन का वेतन कटेगा।" राम भरोसे ने कहा—"काट लो साहब।"

राम भरोसे के सम्बन्ध में एक घटना और हमारे स्कूल में प्रसिद्ध है।

राम भरोसे अपनी नींद के लिए सारी शाला में विख्यात है; शायद खाता बहुत है। चाहे जहां बैठे-बैठे नींद लेने लगता है।

हमारे यहां प्रार्थना से पहले राम भरोसे को एक मेज पर लाउड स्पीकर रखना होता है। उसी के पास बोलने के बक्सानुमा डिब्बे (डायस) को ऑफिस से लाकर रखना होता है।

एक दिन शाम को कोई प्रोग्राम था। राम भरोसे से माइक की व्यवस्था करने के लिए कहा गया। उसने जिस तत्परता से व्यवस्था की, उससे लोग समझे कि कि आज वह कुछ ज्यादा चैतन्य है। कार्यक्रम देखने को वह भी धूप में ऊपर बरामदे में बैठने चला गया।

कार्यक्रम कब खत्म हुआ और लड़के कब घर गये, इस बात का पता राम भरोसे को न चल सका। वह धूप में बैठे-बैठे कब सो गया, यह वह खुद नहीं जान पाया। इस बीच कोई लाउड स्पीकर ले गया।

राम भरोसे की पेशी साहब के सामने हुई। साहब ने कहा, "तू बड़ा लापरवाह हो गया है। पैसे काट लूं ?" राम भरोसे ने निहायत नरमी से कहा, "साहब नींद आ गयी। क्या करूं ? "काट लो पैसे !"

राम भरोसे को नींद तंग करती है, या वह नींद के बहाने दूसरों को तंग करता है—यह हमारे स्टाफ में आज तक चर्चा का विषय बना हुआ है। पक्ष और विपक्ष में अलग-अलग तर्क दिये जाते हैं। फिर भी उसकी नींद का एक किस्सा सब की जबान पर है। इसे कैमिस्ट्री के टीचर ने सुनाया था।

हमारे यहां फिजिक्स और कैमिस्ट्री की लैब ऊपर की मंजिल में है। एक दिन कैमिस्ट्री का कोई प्रयोग चल रहा था कि नल बंद हो गया। कैमिस्ट्री टीचर ने राम भरोसे से कहा। "नल नहीं आ रहा, जाओ, एक बाल्टी पानी भर लाओ।" उत्तर मिला, "अभी लाया साहब !"

दस मिनट बीते, पन्द्रह मिनट बीते—यहां तक कि आधा घंटा निकल गया। राम भरोसे गायब। परेशान होकर एक लड़के को उसे देखने भेजा गया। पर राम भरोसे स्कूल में होता, तो मिलता। बालक लौट आया। हार कर अध्यापक महोदय खुद उसे खोजने निकले। सारी शाला छान डालने के बाद अन्त में वह स्कूल के कुएं पर पहुंचे।

देखा, जनाब राम भरोसे किवाड़ भेड़े सो रहे हैं।

उसी दिन से लैब से छुट्टी कर, उसकी ड्यूटी पानी पिलाने पर लगा दी गयी। यहां भी उसका वही हाल रहा। मना करना उसे आता नहीं, और पानी पिलाने का काम वह करता नहीं।

कई बार शिकायतें हुईं। परन्तु पता नहीं, प्रधानाचार्य और उसके ग्रह हैं कि

घूम-फिर कर सामंजस्य बैठ जाता है। और, शिकायत करने वाले को कोई न कोई बहाना बना कर शांत कर दिया जाता है !

राम भरोसे को लैब से हटाने का एक कारण और भी रहा है—बच्चों के बीच परीक्षा के दिनों में उसकी लोकप्रियता।

वह बारहवीं कक्षा पास है विज्ञान, गणित, से। बच्चों से वाहवाही लूटने को टीचर की आंख बचा वह अक्सर उनकी मदद कर देता है—विशेषकर नवीं-दसवीं कक्षा के बालकों की।

यद्यपि उसे लैब से छुट्टी दे दी गयी, तो भी परीक्षा के दिनों में राम भरोसे अक्सर लैब के आस-पास कहीं न कहीं मोर्चा जमाये जरूर दिखायी दे जाता !

# राम भरोसे : चुनाव में

**ललित मोहन शर्मा**

कभी-कभी मैं सोचता हूं, राम भरोसे नौकरी बेकार करता है, उसे तो नेतागिरी करनी चाहिए थी ।

उसमें नेतागिरी के सभी गुण मौजूद हैं : चकमा देना, बोगस वोटिंग कराना, मौका पड़ने पर सफेद झूठ बोल जाना ! मुझे उसकी इन चालाकियों का उसके साथ दो बार चुनावों के काम में जाने पर पता चला ।

लोक सभा के चुनाव में जाने पर उसने अपना काम काफी चोरी-छिपे किया । लेकिन दुबारा विधान सभा के चुनावों में तो उसने हद कर दी ।

मौका देख वह औरतों के बीच घुस जाता और कहता : "लाओ, मैं बता दूं कैसे क्या करना है ।" इसके बाद झट एक दल विशेष पर ठप्पा लगा देता !

शुरू में किसी को भी इस बात का पता न चला, क्योंकि उसकी ड्यूटी बैलेट बॉक्स के पास ही थी । एजेंट थोड़ी दूर बैठे थे । लेकिन अढ़ाई बजे के करीब जब वोटिंग धीमी हुई, तो एक पार्टी एजेन्ट को कुछ संदेह हुआ । फिर तो राम भरोसे पकड़े गये ।

गांव के लोग सीधे थे, सो राम भरोसे को वहां से हटाकर बात दबा दी गयी—वर्ना उसके साथ सबको हवालात देखनी पड़ती ।

लोक सभा चुनाव में राम भरोसे चपरासी के रूप में हमारे साथ भेजा गया । इस बार पोलिंग पार्टी में एक आदमी कम भेजा गया था; पांच आदमियों की जगह कुल चार आदमी रखे गये थे । अस्तु पांचवें आदमी की जगह चतुर्थ श्रेणी कर्मचारी राम भरोसे को काम करना था । जिस दिन चुनाब होना था, उस दिन के लिए तय हुआ था कि सबेरे चार बजे उठकर खाने के लिए कुछ बना लिया जायेगा क्योंकि फिर पोलिंग के बीच मौका न मिलेगा ।

उस दिन सवेरे निश्चित समय मैंने सबको उठा दिया । चाय पीकर सब लोग निबटने गये । धीरे-धीरे और सब लोग तो आ गये, लेकिन रामभरोसे गायब !

कोई पानी के लिए बैठा है, कोई नहाने के लिए गरम पानी की प्रतीक्षा कर

रहीं है। हार कर हम लोगों को सेल्फ-हेल्प का सहारा लेना पड़ा। साथ ही, वह चिन्ता भीं थी कि आखिर यह आदमी गया कहां ऐन वक्त पर ! धीरे-धीरे सात बज गये, पर राम भरोसे का कहीं पता नहीं !

हम लोग चिंतित कि खाना बनाना तो दूर, अब इसे ढूंढ़ने कहां और कौन जाये। उधर आठ बजे मत-पेटी तैयार करनी थीं, क्योंकि पार्टी एजेण्ट आने लगे थे।

तभी किसी की निगाह पड़ी। देखा दूर से हजरत चले आ रहे हैं बड़े इत्मीनान से।

बाद को उसने हमारे क्लर्क को बताया, "साहब, मैं तो सफेद बोतल में पानी भर कर खेत में गया था। सो एक जगह रखकर मैं दूर बैठ गया। लौटकर बोतल तलाश की। पर चांदनी रात में सफेद मिट्टी में सफेद बोतल कहीं मिली नहीं। सो, मैं दिन निकलने तक उसे सारे खेत में ढूंढ़ता रहा। अब मिली, तो अभी आ रहा हूं।"

खाना तो अब क्या बनाना था। उससे कहा गया कि झटपट ड्यूटी पर पहुंचे।

शाम को भी रामभरोसे ने हमें भूखा मारा। हुआ यह कि हमारे साथ जो दूसरी चुनाव पार्टी थी, वह काफी भीतर—बीहड़ जगह पर—थी। रास्ता पहाड़ी और ऊवड़-खाबड़ था।

गाड़ी हमारे दल के नाम पर आबंटित होने पर भी, जोनल मजिस्ट्रेट ने कहा था कि दूसरी पार्टी के पास ही उसे रहने दिया जाय जिससे वे लोग जल्दी से जल्दी वहां से निकल हम लोगों के पास आ जायें और हम जल्दी शहर पहुंच जायें। हमें साढ़े पांच बजे तैयार मिलने के आदेश दिये गये।

मत-पेटी बन्द करते और दूसरे आवश्यक कार्य करते साढ़े पांच बज गये। परन्तु दूसरी जगह मतदान साढ़े पांच बजे तक चला; इसलिए उन लोगों के जल्दी आने का प्रश्न ही न था।

इधर हम लोगों ने राम भरोसे से कहा : "चाय बना लो। और हां, थोड़ा-सा नाश्ता भी।" राम भरोसे ने प्याज और टमाटर काटे और पराठे सेकने के लिए थोड़ा-सा आटा सान लिया। उसके बाद चूल्हा जलाकर चाय चढ़ा दीं।

इस बीच कहीं दूर, किसी गाड़ी या ट्रक की आवाज सुनायी दी। राम भरोसे ने समझा दूसरी पार्टी आ रही है। हड़बड़ाहट में, तैयार बनी चाय उंड़ेल प्याज, टमाटर पिछबाड़े खिड़की से फेंक, सना आटा कपड़े में बांध, झटपट बर्तन एक बोरे में बन्द कर चिल्लाने लगा : "साहब दूसरी पार्टी आ रही है।" हम लोगों ने अपने कमरे से ही उत्तर दिया : आ जाने दो, चाय-परांठे तो लाओ !

जब काफी देर हो गयी, तो हममें से एक उठकर बाहर गया और पूछा :

"इतनी देर हो गयी, चाय क्यों नहीं लाया ?" राम भरोसे ने बड़ी सहजता से जवाब दियाब दिया : "साहब, चाय तो मैंने फेंक दी और आटा बांध लिया, क्योंकि मैं समझा कि दूसरी पार्टी आ रही है और हमें तैयार मिलना है। सो, आप लोग जब तैयार थे, तो मैंने सोचा कि मैं भी तैयार हो जाऊं !"

आखिर, हम पड़ोस के एक मकान पर पहुंचे और अपनी विपदा सुनायी। उन लोगों से निवेदन किया कि अपने नौकर की मूर्खता के कारण सब लोग सबेरे से भूखे हैं, हमारे पास सना हुआ आटा और तेल है, पराठे सिकवा दिये जायें।

घर की महिलायें भली थीं सो उन्होंने पराठे सेंकने शुरू किये। इस बीच कई बार राम भरोसे से सामान खोल नाश्ता बनाने को कहा गया। परन्तु अड़ियल बैल की तरह, किसी भी गाड़ी या ट्रक की आवाज सुन कर यही कहता : "साहब, पार्टी आ रही है।"

खैर, चार पराठों की पहली किश्त जैसे ही अंधेरे में हमारे पास पहुंची, वैसे ही पता चला कि दूसरी पार्टी आ गयी है। इस भगदड़ में किसी को आधा, किसी को चौथाई परांठा हाथ लगा—कुछ तो बिना पराठे ही रह गये। अंधेरे में सामान टटोल-टटोल कर हम लोग बस में रखने लगे। उधर राम भरोसे पड़ोस में बैठे इत्मीनान से पराठे खा रहे थे ! जब गाड़ी में सब बैठ गये तो राम भरोसे की तलाश हुई। पता चला कि पड़ोस में बैठे अभी भी पाठों को ठिकाने लगाने में व्यस्त हैं !

राम भरोसे की इन हरकतों से हम इतना चौकन्ने हो गये थे कि दूसरी बार विधान सभा के चुनाव में हम ने उसे अपने दल के एक सदस्य के जिम्मे कर दिया। इस सदस्य ने—अपनी समझ में—काफी चौकसी बरती; लेकिन यहां भी राम भरोसे उनकी अंटी से निकल गया।

हुआ यह कि जिस दिन सामान दिया जाना था, उसी दिन हमें चल देना था। दुबारा उसी जगह जाने से हम थोड़ा निश्चिन्त थे। हमें कृषि मण्डी में साढ़े नौ बजे पहुंचना था और ढाई बजे चल देना था। रामभरोसे क्लर्क के जिम्मे था।

सबको यथा समय पा हम बड़े खुश। जब दो बजे सब सामान लेकर हम फ्री हुए, तो तय किया कि गाड़ी तीन ठिकानों से सबको लेकर चल देगी।

बाजार से सामान खरीदने का काम उसी आदमी को दिया गया था जिसके जिम्मे रामभरोसे था, इसलिए रास्ते में उन दोनों को उतार उनसे अपने स्कूल में मिलने को कहा। हम अपने घर से जब सामान लेकर स्कूल पहुंचे, तो पता चला कि रामभरोसे स्कूल नहीं पहुंचा। दूसरी पार्टी का चपरासी अपना सामान लेकर हमारे साथ हो लिया। अन्तिम ठिकाने पर पहुंचने पर पता चला कि राम भरोसे कहीं खिसक गया है। उसके अनुसार, वह मेरे घर आकर मेरे साथ ही गाड़ी में

आने वाला था। जब वह वहां भी न मिला, तो एक चपरासी को साइकिल लेकर भेजा गया। उसके खाली हाथ लौटने पर, बाकी लोग पांच बजे मण्डी गेट पहुंचे। वहां भी वह न मिला। चूंकि सारा सामान उसी के पास था, इसलिए उसे छोड़ भी न सकते थे!

हार कर, मैं उसके गायब होने की सूचना देने जा रहा था कि क्लर्क ने एक और प्रयास करने को कहा! एक आदमी फिर भेजा गया।

छः बजे देखा : हजरत टैक्सी में सामान लादे हुए चले आ रहे हैं। मालूम हुआ कि श्रीमान विपक्ष के नेता की मीटिंग की शोभा बढ़ा रहे थे। "साहब, बड़े ज्ञान की बातें बतायीं!" रामभरोसे ने अपना मत व्यक्त किया।

# श्री गौतम जी

**स्वाती शर्मा**

धौलपुर में रहते हुए मुझे हर समय डर-सा लगा रहता था कि चम्बल का पानी पीकर और डकैतों की इस जन्म-भूमि में रहकर यहां कोई ईमानदार सेवक मिलेगा भी या नहीं ? काफी परेशानियों के बाद गौतम सिंह से हमारा परिचय कुछ इस प्रकार हुआ।

एक दिन मैं दरवाजे की तरफ पीठ करके खड़ी थी कि एक बारीक आवाज ने मुझे पुकारा : "माताजी, नमस्ते।" मैंने घूमकर देखा। आवाज देने वाला कम-से-कम पैंतालीस और पचास वर्ष के बीच की आयु का होगा। एकदम पक्का रंग। नाक टेढ़ी। लांगदार धोती-कुर्ता पहने खड़ा है। कपड़े, बिना किसी हिचक के, 'चीकट' कहे जा सकते थे। दांत पीले। मुंह पर गरीबी की स्पष्ट छाया।

जब तक मैं उससे कुछ कहती, वह मेरे पैरों में झुक गया और बोला : "माता जी, मोय निभाय लीजो।" मैंने कहा : "निभा तो लूंगी। पर, अब से मुझे भैनजी कहना। दूसरी बात, काम ईमानदारी से करना।" उसने अपनी सफाई में कुछ न कहा, चुपचाप खड़ा रहा।

बाकी अभी तक जो भी 'सेवक' आये थे, ईमानदारी की बड़ी बातें सुनाकर, पचास पैसे को देखकर ही अपना ईमान छोड़ गये थे ! खैर, बातों के दौरान मैंने जान लिया कि गौतम काफी सम्पन्न परिवार का था। ये दो भाई थे। मां-बाप का अन्त होते ही भाई ने जमीन छीनकर घर से निकाल दिया। बेचारा अपने जीजा की शरण में था। जो मजदूरी मिलती, सब जीजा के हवाले कर देता था। बदले में, खाने को दो से तीसरी रोटी नहीं मिलती थी।

ऐसी हालत में घरवाली ने भी साथ नहीं दिया और मायके चली गयी।

गौतम सिंह कभी यहां कभी वहां मजदूरी करता रहा। एक शाम पहले ही किसी मिलने वाले ने मुझे उसके बारे में बताया था—"है तो बेहद सीधा, बेवकूफ; पर ईमानदार इतना कि आपको ढूंढे भी न मिले।" जब गौतम ने मुझसे कहा, "मोय निभाय लीजो," "तो मैंने भी इसे चुनौती मानकर ही रख लिया।

'चुनौती' क्यों ?

आगे जो घटनाएं आयेंगी, उनसे आपको यह आभास हो जाएगा कि मुझमें भी कितना धैर्य था कि धौलपुर जब तक रही, उसे रखे रही।

करीब तीन साल से कुछ ऊपर ही समय तक।

मैंने उसे समझा दिया कि बर्तन कैसे साफ करने हैं और मैं अन्दर दूसरे काम में लग गयी, तो देखा पूरे आंगन में चारों तरफ भगौनी, कटोरी, गिलास, थाली, कटोरों को औंधा करके रखा गया है, और बीच में बैठे गौतम सिंह तन्मयता से बर्तनों की मालिश में लगे हैं। मगन इतने कि अपनी काया का भी होश नहीं। धोती पीछे से पूरी भीग रही थी। आंगन से रसोई तक टपकती बूंदों से रास्ता बना था, जिससे यह पता चल सकता था कि गौतम ने कितने चक्कर रसोई के लगाये हैं।

काफी समझाने के बाद बर्तन मांजना वह सीख गया। उसकी खासियत—चाहे कोई कितना ही भला-बुरा कह जाय, पर गौतम सिंह की सदाबहार मुस्कान चेहरे से हटती न थी। फलस्वरूप, कई बार सामने वाले को और भी गुस्सा आ जाता था—एक तो नुकसानकर दिया और ऊपर से मुस्करा रहा है ! पर मेरा ऐसा विचार है कि उसके चेहरे की बनावट ही परमात्मा ने ऐसी बनायी थी। घोर संकट के दिनों में भी मैंने उसे उसी प्रकार मुस्कराते पाया था।

घर में कुछ मेहमान आये। हमने गौतम से कहा : "जरा चार गिलास पानी दे आना।" वह बेचारा क्या जाने शहरी सभ्यता ! अब तक तो खेत में लोटा लेकर जाता रहा। सो उसी स्टाइल में चार गिलास उंगलियों के सहारे दोनों हाथों में लटकाये। और, पहुंच गये 'साहब' लोगों के सामने !

हर कोई उसके व्यवहार को देखकर हंसता या गुस्सा होता। पर मुझे उससे पूरी सहानुभूति थी। मैंने उसे समझाया कि गिलास कैसे ट्रे में रख कर ले जाने हैं।

अगले दिन जब गौतम सिंह पानी लेकर पहुंचे तो लोगों का जोरदार ठहाका सुनायी पड़ा। मैं समझ गयी, फिर कोई गलती हुई है। गयी तो देखा, ट्रे में पानी लिये गौतम खड़ा है जिसमें एक टन्नू की गिलसिया थी, एक कांच का गिलास था, एक स्टील का बड़ा गिलास और एक छोटा गिलास।

एक-एक काम के लिए उसे बहुत बार समझाना पड़ता था।

एक बार रसोईघर में सब्जी बनकर तैयार हुई कि इतने में ही बाहर सब्जी वाला बोला। मैंने सोचा—चलो थोड़ा हरा धनिया भी डाल दूं। गौतम को दस

पैसे दिये और कहा : "जरा हरा धनिया ले आना ।" गौतम को मैंने डलिया उठाते तो देखा, पर जब कुछ देर वह नहीं आया, तो मैं स्वयं ही धनिया ले आयी। हम लोग खाना भी खा चुके, तो देखा गौतमजी खरामा-खारामा सब्जी का डलिया घुमाते चले आ रहे हैं : "भैनजी, सिगरे में ढोल आयौ—मंडी तलक । पर धनिया नाय मिलौ !"

ऐसी हरकतों पर एक बार साहब से उसने अनेकानेक विशेषणयुक्त खूब डांट खायी ।

गौतम झाड़ू लगा रहा था । मैंने श्रीमानजी से ही कहा—"उस पर कोई असर नहीं होगा। इतना गरम होने से क्या फायदा ?" यह चिल्लाकर बोले : 'अरे कुछ सुन रहा है या नहीं ?' अब गौतम लम्बी डांट के बाद मौन तोड़ते हुए पहली बार बोला : 'का मोते कहि रये बाबू जी ?' इसके बाद मैं भी अपनी हंसी नहीं रोक सकी ।

एक बार हमें काफी समय बाहर रहना पड़ा । घर की चौकीदारी के लिए भला गौतम से ज्यादा ईमानदार कौन मिलता ? सो, उसे घर संभलाकर हम लोग चले गये। पीछे से अखबार वाला—पत्रिकाएं और अखबार, गौतम के जागने से पहले ही आंगन में फेंक जाता था। अब जब गौतम का सबेरा होता, तो वह सबसे पहले झाड़ू लगता। और, उसके हिसाब से जो 'कूड़ा' आंगन में पड़ा होता, बाहर फेंक देता। एक दिन पड़ोसिन की नजर गेट के बाहर पड़ी नयी 'कादम्बनी' पर पड़ी। उन्होंने गौतम को झिड़का : "अरे बेवकूफ ! ये कूड़ा नहीं है। घर में जो भी कागज पत्तर वगैरा डाल जाये, संभाल कर रखा कर।" और गौतम फिस्स से हंस पड़े : "जभी मैं कऊं के रोज कूड़ा को कर जाय ?"

और उसके बाद उसने घर आयी चीज को नहीं जाने दिया।

हम लोग लौटे तो कॉलोनी के बच्चे आसपास जमा हो गये। कोई कहे : आंटी हमारी क्रिकेट बॉल आपके यहां है", तो कोई पतंग या फुटबॉल मांग रहा था ! मेरी समझ में नहीं आया ।

पता चला गौतम ने सब को भीतर से ही डांट दिया था : "जब साब आ जायें तो ले ली जो । घर में आई चीज नई देऊं !" बच्चे मुझ से बोले, "आंटी ! किस पागल को रख लिया है आपने भी !"

यह सब मुझे घर और बाहर, अक्सर ही, सुनना पड़ता था ।

तभी मैं बीमार हो गयी—इतनी कि मार्च-अप्रैल में डॉक्टर ने नहाने तक को मना

कर दिया । चलना-फिरना सब बन्द । मेरा छोटा बेटा तब कुल डेढ़ साल का था। ऐसे समय में गौतम ने जो सेवा की, उसे क्या मैं कभी भूल पाऊंगी ! बच्चे की टट्टी धुलाने से लेकर बोतल से दूध पिलाने तक का काम बड़ी कुशलता से गौतम करता। मुझे लगता, पहले कहीं यह बेवकूफ होने का नाटक तो नहीं करता था !"

उन दिनों बच्चों को देखकर मैं अकेले पड़े रोया करती थीं। मुंह पर तौलिया ढक लेती थी कि कोई देखे नहीं । पर गौतम भांप जाता था । मेरे पलंग के पास ही जमीन पर झाड़ू लगाते, रुककर, बैठ जाता : "सच्ची भैनजी, सवा रुपइया के बतासे तो मैंनेउ बोल राख हैं कै हमाई भैनजी अच्छी है जांय ।"

घर जाने की उसे कभी जल्दी नहीं होती थी । मेरे पुत्र टन्नू को अकेला उसने कभी नहीं छोड़ा । खसरा निकला, तो उसी की गोद में उल्टी कर देता । पर इसकी परवाह गौतम ने कभी नहीं की ।

आठ-दस महीने में मैं स्वस्थ हुई । पर दवाओं के असर से बेहद चिड़चिड़ी हो गयी थी । गौतम की बेवकूफियों पर अब मुझे झुंझलाहट होती थी क्योंकि स्वयं काम करने लायक तब थी नहीं । इसलिए मैंने काम करने वाला एक लड़का रखा और गौतम को समझाया कि वह कुछ दिन हमारे ही जान-पहचान के एक घर काम कर आये; मैं थोड़ा और ठीक हो जाऊं तब वापस बुला लूंगी ।

अब गौतम जी ने वहां जो करतब किये, तो रोज मुझे यही सुनने को मिलता : "इसे कैसे आपने एक साल टिका लिया ?" पता चला कि उनके घर बच्चे को स्कूल के लिए तैयार करने लगा, तो सफेद बुशर्ट की जगह मेम साब का सफेद ब्लाउज बच्चे को पहना कर स्कूल छोड़ने जा रहा था ।

खासियत गौतम की वही । कोई कितना ही डांट ले, उलटकर जवाब नहीं देता था ।

एक दिन बरसात हो रही थी । वहां साहब बोले : "गौतम जरा नहाने का पानी रख देना ।" गौतम ने फटाक से बाल्टी पनाले के नीचे लगायी और बरसात के पानी से बाल्टी भर कर बाथरूम में रख दी । अब साहब गरजे : "इससे तो मैं पनाले के नीचे ही खड़ा हो जाता, तू ने तकलीफ क्यों की ?" गौतम जी इस व्यंग्य से अनजान बोले, "जेई तो मैंने सोची साब, कै धार के नीचे अच्छी तरियां न्हा लेते ।"

यही सज्जन एक दिन उखड़े-उखड़े हमारे यहां आये । मुझ से बोले : "आप उसे बुला लें, वर्ना मैं तो उसे निकाल दूंगा ।" मैंने कहा—"ऐसा मत करना ।... हुआ क्या ?" बोले, "रोज ही कुछ-न-कुछ करता है । आज मैं नहाया नहीं । क्यों ..? बरसात में कपड़े सूखते न थे । एक जोड़ी अंडरवीयर बनियाइन बड़ी मुश्किल से पंखे के नीचे सुखाये और नहाने के लिए बाथरूम में टांग आया । इतने में श्रीमती जी ने गौतम से कहा, 'बाल्टी में कपड़े हैं धोकर सुखा देना ।' गौतम ने

सबसे पहले धुले-धुलाए अंडरवीयर बनियाइन ही पानी में डुबोये। डांट पड़ी, तो मासूमियत से बोला, 'मैंने सोची जिन्ने भी धो देऊं।' "

मैंने जब देखा गौतम की नौकरी पर संकट है, तो उसे अपने यहां फिर रख लिया। मकान बदला। सारा सामान गौतम की देखरेख में दूसरे घर में ठीक-ठाक पहुंच गया।

नहाते समय कभी-कभी मैं अपनी पायल साफ करके बाथरूम में छोड़ आती। एक बार अंगूठी भी वहीं रह गयी थी। पर मजाल क्या कि कहीं गुम हो जाय। कितना ही रुपया लेकर भेज दो, पैसे में कभी गड़बड़ी नहीं। यही बात मेरी समझ में नहीं आती थी कि हिसाब-किताब कैसे कर लेता है।

धीरे-धीरे गौतम को चाय बनाना, दूसरों को ढंग से देकर आना—काफी काम आ गया। हमारा ट्रांसफर हुआ। सामान बंधना शुरू हुआ। मैंने गौतम से कहा, "अपनी देखरेख में बंधवाना।" बगैर उधर-उधर हुए, सब सामान बीकानेर तक आ गया। ट्रक जिस समय धौलपुर से चला, तो सदा मुस्कराने वाले गौतम के चेहरे को मैंने बहुत उदास देखा। मैंने रुपये दिये, तो उसने आंखें पोंछ लीं।

पर मैं बहुत निश्चिंत थी क्योंकि तब तक उसकी नौकरी पक्की हो चुकी थी। अब चिन्ता नहीं थी कि मेरे बाद उसे कोई निकालेगा।

# यह हैं श्री सदानन्दजी

**रामशंकर शर्मा**

सन् '54-'55 में जब मैं लखनऊ में पोस्टेड था, तो अपने सहकर्मी तथा मित्र शुक्लाजी के पास छरहरे बदन के कुर्ता-पाजामा पहने तीस-बत्तीस साल के एक सज्जन को अक्सर बैठे देखता था। एक दिन शुक्लाजी ने परिचय करा ही दिया :

"यह हैं सदानन्द। हमारे दूर के रिश्तेदार। यहीं स्टेट बैंक में काम करते हैं।"

धीरे-धीरे जान-पहचान बढ़ गयी। कभी-कभी यह हमारे पास भी आकर बैठने लगे। शुक्लाजी ने एक दिन आगाह किया : "पैसे-वैसे मांगे तो मत देना। वापस नहीं करते।"

एक दिन जब सदानन्दजी हमारे पास बैठे थे, तो मैंने पूछा :

"सदानन्दजी, आप तो ज्यादातर बाहर ही घूमते रहते हो। बैंक में काम कब करते हो? कोई कुछ कहता नहीं है?...कहीं ऐसा न हो कि नौकरी से हाथ धोने पड़ें!"

बोले : "भइया की बात! किसी की शामत आयी है जो मुझे नौकरी से निकालने की बात करेगा! सब का कुछ न कुछ अपने ऊपर निकलता है। जब तक बैंक में हूं उन्हें उम्मीद तो है कि शायद पैसा वापस मिल जाय। एक बार बैंक से बाहर हुआ तो फिर मिलने का सवाल ही नहीं उठता। कौन करेगा मेरी शिकायत?...अपनी नौकरी पक्की है भइया!"

एक दिन रात को सदानन्दजी रेलवे प्लेटफार्म पर मिल गये। किसी को ट्रेन में बैठाने आये थे। हम दोनों ही बाहर की ओर जा रहे थे।

एक पान-सिगरेट वाले को आते देख सदानन्दजी ने उससे एक सिगरेट ली और जलायी। चलने लगे, तो मुझसे बोले : "जरा इसे पैसे दे देना। छुट्टे नहीं हैं। मेरी जेब में सौ का नौट है।"

सिगरेट को दाहिने हाथ की पहली दो उंगलियों के जोड़ के पास दबा, मुट्ठी बांध, जोरदार कश लेते हुए जब वह गेट की ओर बढ़ रहे थे, तो सामने से आते एक बुजुर्ग ने आवाज दी : 'सदानन्द !' इन्होंने चौंक कर उनकी ओर देखा तो, पर कुछ बोले नहीं। आगे बढ़ते गये। उन सज्जन ने फिर आवाज लगायी : "सदानन्द ! अरे ओ सदानन्द !"

सिगरेट का एक जोरदार कश खींचते हुए इन्होंने मुड़कर उन बुजुर्गवार की तरफ देखा और बोले : "आपने मुझसे कुछ कहा ?...मेरा नाम सदानन्द नहीं है।"

इतना कहकर तेजी से आगे बढ़ गये। बुजुर्गवार इन्हें बड़े गौर से खड़े देखते रहे।

बाहर जाने पर चाल और भी तेज करते हुए बोले : "जल्दी भागो यहां से ! बप्पा रहैं ! सिगरेट पियत देखि लिहिन है। धर पहुंचे पर पता नहीं का होई। न होय तौ तुम हूं साथ चले चलौ !"

मैंने मन ही मन सोचा : बड़ा पहुंचा हुआ है। बाप की ही आंखों में धूल झोंक रहा है।

आधा घण्टे पार्क में बैठने के बाद, हम लोग सदानन्द के घर पहुंचे। मैं बाहर दरवाजे पर ही रुक गया। सदानन्द अन्दर गये।

बैठक में उनके घुसते ही सुनायी पड़ा : "मानौ न मानौ, सदानन्द ! स्टेशन पर सिगरेट पियत रहौ तुम ही।"

"बप्पा कै बात !...हम सिगरेट पियतैं नहिन। अउरु, आज तौ हम टेसन गइबे नहीं भयन !"

"अब हमका न चराव ! आखिर आह्यू तौ हमरहे पूत। हम अपने बाप का चराइत रहै, तुम हमका चारावत हौ !...कउनौ नई बात न आय !"

यह सब सुनने के बाद मैंने वहां से चुपचाप खिसक आना ही ठीक समझा।

# तीन रेखाचित्र

मुकुल शर्मा

## 1. चौधरी जितेन्दर सिंह

बल्लभगढ़ रेलवे स्टेशन के ठीक पीछे जो फैक्टरियां हैं उनमें एक इलेक्ट्रानिक्स की कम्पनी भी है, जिसमें मैंने डेढ़ साल नौकरी की। इसी फैक्टरी में एक थे चौधरी जितेन्दर सिंह।

हां तो साहब नाइट-शिफ्ट की वह पहली रात थी। रात के करीब साढ़े ग्यारह बजे थे। कोटिंग सेक्शन चार ओवेनों की गर्मी से बुरी तरह तप चुका था। पन्द्रह किलोवाट वाला ओवेन अभी ही खुला था। देखा जितेन्दर अपने कोटिंग वाले अड्डे पर पीठ टिकाये आराम से बैठे हैं। मैंने पूछा : 'काम खत्म ?' बोले, "हां, अब दस मिनट बाद (ओवेन में) अपने फ्रेम 'लोड' करूंगा।" मैंने कहा, "आप इतने रिमूवर पर बैठ जाइये।" हजरत बैठ गये। दस मिनट बाद मैंने कहा, "अब आप ओवेन लोड कर दीजिए।"

बोले, "अब मैं नाय करूंगौ।" मैंने पूछा : "क्यों ?" बोले, "अब मैं एक काम कर रहा हूं। या अब ही करता रहूंगौ, चाहे तो आप बड़े साब को बुला लो; चाहे आप और किसी को बुला लो।" मैं परेशान हो गया।

इस बीच दो-एक लड़के मेरे पास आकर खड़े हो गये और कहने लगे, "यह बहुत बिगड़ैल है। आप किसी कैजुअल से ओवेन लोड करा लें।" मैंने कहा, "लोड करेगा तो यही करेगा, और कोई नहीं।"

एक-दो लड़कों ने खुद लोड करने की कोशिश की, किन्तु मैंने उन्हें मना कर दिया।

उधर चौधरी साहब टस से मस नहीं हो रहे थे। अंत में मैंने खुद फ्रेमों को ओवेन की तरफ खींचा—कि हजरत रिमूवर छोड़कर लपक कर आये। फ्रेमों को ओवेन में लोड कर, ओबेन चला दिया।

तब मैंने सोचा—इसके पास कुछ हो न हो, दिल है।

जी हां, उसके पास सिर्फ दिल ही था। अपनी ड्यूटी के पहले दिन मैंने उसे जिन कपड़ों में देखा था, उन्हीं कपड़ों में उसे अपनी ड्यूटी के अंतिम दिन भी देखा; यानी जब तक मैं उस फैक्टरी में रहा, उसे उन्हीं कपड़ों में देखा—एक पैंट, एक पीली कमीज।

एक हफ्ते कमीज पैंट के ऊपर, दूसरे हफ्ते कमीज पैंट के अन्दर।

कद मेरे से एक बालिस्त कम; शरीर खूब गठा हुआ। सर पर छोटे बालों में एक चुटिया जिसे मैंने कई बार सहलाया भी था। हाथ में एक थैला।

नाइट-शिफ्ट में रात को आठ बजे 'टी-ब्रेक' हुआ करता था। जितेन्दर को मैं उस समय, दूसरे लड़कों के साथ, चाय में रोटी भिगोकर खाते देखता था।

एक बार कोटिंग सेक्शन की प्रोडक्शन के बारे में फैसला होना था। मैनेजर के कमरे में आठों कोटिंग सेक्शन के लड़के खड़े थे। लड़के चाहते थे कि प्रोडक्शन 80 फ्रेमों से ज्यादा न हो और मैनेजर चाहता था कि प्रोडक्शन 100 फ्रेम निर्धारित हो।

इन्हीं लड़कों में एक थे राव मंगतराम यादव जो कह रहे थे, "साब, 120 फ्रेम फिक्स कर दो, शगरे हो जायेंगे।" जितेन्दर काफी देर तक तो बहस सुनता रहा, जब नहीं रहा गया तो बोला, "साब, अब मेरी भी बात सुनोगे के नांय।" मैनेजर बोले, "चल, कह।" बोला, "मैं तो हूं देहाती-प्रोग्राम, जो बात कहूंगौ खरी कहूंगौ। आप कापी उठा कर देख लो। सब से ज्यादा रिजेक्शन मंगत के माल में ही हैं।"

और, देखते-देखते प्रोडक्शन 85 फ्रेम निश्चित हो गया। पर, उस दिन से जितेन्दर सिह 'देहाती-प्रोग्राम' के नाम से जानेजाने लगे।

एक वार लेबर एडवाइजर डाइरेक्टर के कमरे में बैठा हुआ था। जितेन्दर पहुंच गया उनके कमरे में और डाइरेक्टर से बोला : "साब, मोय अब ड्रेस कब दिलवाओगे।" डाइरेक्टर बोले, "भई मुझे तुम दो दिन की मोहलत तो दो।" लेबर एडवाइजर बोला : "मैंने आपको चार दिन की मोहलत दई।" तभी वह बोला, "साहब से ऐसे बातें करता है? मजिस्ट्रेट लगा है क्या यहां?" वह बोला, "साब, गलत बोला हो तो माफ करो, पर चार दिन बाद जरूर बताय देना ड्रेस कब दोगे!"

डाइरेक्टर ने यह सब मैनेजर पर टाल दिया। कुछ दिन मैनेजर भी टालता रहा। पर एक दिन फ्लोर पर जितेन्दर सिंह पूछ ही बैठे, "ओ मैनेजर! तू मोय ड्रेस देगा के नाय?" जी हां, दूसरे ही दिन सब लड़कों का नाप ले लिया गया। और हफ्ते-पन्द्रह दिन में ड्रेस आ गयी।

उसका यह अक्खड़ स्वभाव मुझे बहुत प्रिय था। वह हर बात खुली और बिना

लाग-लपेट के कहता था। यही कारण है कि मैं अपने को उसके बहुत करीब महसूस करता था।

इलेक्ट्रानिक्स कम्पनी से मैं इस्तीफा दे चुका था। नाइट-शिफ्ट में मेरा आखिरी हफ्ता चल रहा था। वही, साढ़े ग्यारह बजे ओवेन खुला। ओवेन का टेम्प्रेचर 120 डिग्री था। मैंने मजाक में जितेन्दर से कहा, "ओवेन 'अनलोड' कर दे।" बोला, "शर्माजी, अगर आप कर दो तो पांच रुपये की मिठाई खिलाऊंगौ।" उस समय गर्मी में मैंने ओवेन फटाफट खाली कर दिया।

अब जितेन्दर हर हालत में मिठाई खिलाने को उतारू। उसने रात डेढ़ बजे बल्लभगढ़ रेलवे स्टेशन पर मुझे लड्डू खिला कर ही दम लिया।

अभी भी आप को चौधरी जितेन्दर सिंह उस कम्पनी के गेट के बाहर, शीशम के पेड़ के नीचे, भरी दोपहर और लू में घोड़े बेचकर सोते मिलेगा—अपनी शिफ्ट चालू होने के इन्तजार में।

## 2. सुपरवाइजर नायर

हर फैक्टरी में, लेबर से ऊपर और मैनेजर से नीचे एक पोस्ट होती है सुपरवाइजर की, अर्थात् सुपर-अक्लमंद की। राम जाने यह नाम किस-दिमाग की उपज है। पर, काम सुपरवाइजर का सरकस के रिंग मास्टर की तरह का है : शेर के आगे अपने को उससे अधिक खूंखार साबित करना।

करतब करे शेर और वाहवाही लूटे रिंग-मास्टर। लेबर के काम की वाहवाही लूटना सुपरवाइजर का काम।

सुपरवाइजर नायर हमारी इलेक्ट्रानिक्स कम्पनी में एक रिंग-मास्टर थे। लम्बाई मुझ से एक इंच कम; चौड़ाई मुझ से छः इंच कम। रंग : रेल के इंजन से मिलता-जुलता। अतः अपने सर्किल में वह 'कार्बन-शीट' के नाम से विख्यात थे। बोलते तो ऐसे अकड़कर कि कुछ पूछो मत।

कभी आपने नट का तमाशा देखा हो तो आप देखेंगे कि जब नट अथवा नटी रस्से पर करतब दिखा रहे होते हैं तो नीचे एक आदमी ढोलक पीटता जाता है और कहता है : "कसर रह गयी, कसर रह गयी।" तो बस नायर बिना ढोलक के यही काम करते थे।

एक बार एक ही श्रेणी के हम चार-पांच लड़के फैक्टरी से लौट रहे थे। एकाउन्टस् क्लर्क रणवीर और नायर में शर्त लग गयी। शर्त यह थी कि नायर बीच सड़क पर मुर्गा बनेगा और अगर 100 तक गिनती गिनने तक बना रहेगा, तो रणबीर सब को कैम्पा-कोला पिलायेगा।

नायर साहब बन गये मुर्गा बीच सड़क पर। गिनती शुरू हुई। परन्तु न जाने क्यों, 25 पर रणबीर ने कहा : "मुझ से देखा नहीं जा रहा, मैं कैम्पा-कोला पिला दूंगा।" सुपरवाइजर नायर जीत की खुशी में छाती चौड़ी करके चल दिये।

अब सुनिए बात उन दिनों की जब फैक्टरी में स्ट्राइक खत्म हो चुकी थी। वर्कर्स कुछ दबे हुए थे। एक लड़के से ओवेन में कुछ माल खराब हो गया। नायर ने उसे फैक्टरी से निकलवा दिया।

मैं भी मैनेजमेण्ट की नीतियों से संतुष्ट नहीं था। लड़कों का खून गर्मा रहा था। तभी नायर ने एक और लड़के की मैनेजमेण्ट से शिकायत की। लड़कों से मैंने कहा कि वे जो करना चाहते हों करें, मैं उनके और मैनेजमेण्ट के बीच नहीं पड़ूंगा।

तभी एक दिन नायर साहब की बल्लभगढ़ रेलवे स्टेशन पर अच्छी धुनाई हुई। दूसरे दिन छुट्टी थी। तीसरे दिन उन्होंने यह बात डाइरेक्टर को बतायी। डाइरेक्टर ने कहा, "भई अब तो दो दिन बीत चुके। उसी समय अगर तुम पुलिस में रिपोर्ट कर आते तो हम कुछ ऐक्शन लेते। आगे अगर कुछ होगा, तो हम ऐक्शन लेंगे।"

इस घटना के दस-पन्द्रह दिन बाद का वाकया है। एक गूजर लड़के 'तिरलोकी' से मैं बहुत परेशान आ गया था। नाइट-शिफ्ट में हफ्ते में एक दिन आता, बाकी दिन गायब रहता। उस दिन मैं सुबह की शिफ्ट में आया था। नायर की दूसरी शिफ्ट थी। पहली शिफ्ट खत्म होने के बाद दूसरी शिफ्ट के लड़कों को मैं काम के मुताबिक बैठाने लगा। देखा, 'तिरलोकी' दूसरी शिफ्ट में आया और टेपिंग मशीन पर बैठ गया। मुझे गुस्सा आया। मैंने उसे उस मशीन से उठाकर रिमूवर पर बैठा दिया और घर चला आया।

नायर साहब ने सोचा—"जब शर्माजी इस पर रौब चला लेते हैं, तो मैं भी चला लूंगा। सो, लगे उस पर चिल्लाने। थोड़ी देर तक वह उनकी डांट सुनता रहा। फिर उसने वह रिमूवर तोड़ दिया। नायर ने उसे दूसरे रिमूवर पर बैठाया। 'तिरलोकी' ने वह भी तोड़ दिया।

अब नायर ने गुस्से में 'तिरलोकी' की गरदन पकड़ी; उसने धांय से नायर साहब को धरती पर पटक दिया।

उसी रात नायर ने डाइरेक्टर को फोन किया और घटना का विवरण दिया। डाइरेक्टर ने पूछा, "तुमने भी उसको मारा ?" नायर : "हम भी उसको मारा।" "ठीक है ! मैं कल सुबह आऊंगा, तब बात करेंगे।"

और डाइरेक्टर साहब हफ्ते भर बाद फैक्टरी तशरीफ लाये।

नायर का कहना था—"कोई बात नहीं। प्रताप स्टील का मैनेजर भी पहले वर्कर्स से बहुत बार पिटा था। अब चार हजार रुपये कमाता है।"

भगवान करे ऐसे सुपरवाइजर नायर की प्रतिदिन तरक्की हो।

## 3. मंगतराम यादव

राव मंगतराम यादव हमारी फैक्टरी में वैसे ही थे, जैसे दांतों के बीच जीभ, अथवा "लंका निसिचर निकर निवासा, इहां कहां सज्जन कर वासा।" राव साहब राव बिरादरी के बाकी चालीस लड़कों से अलग थे। इन लड़कों के रहनुमा थे सुपरवाइजर हृदयराम यादव। पर मंगतराम यादव अपने खुद के रहनुमा थे। तीस साल की उम्र में बीस साल की कड़ी मेहनत की छाप उनके चेहरे पर साफ दिखायी देती थी।

लम्वी मूंछें, लम्बी दाढ़ी, छितरे हुए बाल। नीली कमीज, नीली पैंट। यह जनाब कोटिंग सेक्शन में थे।

पहली बार मैं कोटिंग सेक्शन में गया और काम के बारे में पूछने लगा तो हरिओम् नामक लड़का कहने लगा, "यहां जिसे देखो काम पूछने चले आते हैं।" तभी मंगतराम यादव ने उसे उत्तर दिया, "तू तो काम सीख कर ही पैदा हुआ था?" और फिर मुझे काम के बारे में बताने लगा, जो उस समय मैं बिलकुल नहीं समझ पाया क्योंकि राव मंगतराम की आवाज हुक्के की गुड़गुड़ जैसी थी।

तो राव मंगतराम यादव जब काम कर रहे होते, तो उन्हें पता नहीं होता कि वे क्या कर रहे हैं। असल में इसके पीछे इनकी एक बीमारी कारण थी। बीमारी थी सोने की। कोटिंग के अड्डे पर आप मंगतराम को अड्डे का पहिया पकड़े तो देखेंगे, पर ध्यान देने पर ही पता चलेगा कि वह पहिया चला नहीं रहे; सो रहे हैं।

जब हृदयराम यादव को फैक्टरी से निकाला गया, तो मैनेजमेन्ट का आगे बढ़ कर साथ देने वालों में राव मंगतराम ही थे।

मैं काम के बारे में उससे जब कहता, "यह काम आज खत्म हो जाना चाहिए।"

उसका उत्तर होता, "फिर मैं कल क्या करूंगा, साब?"

उसे जब छुट्टी चाहिए होती, तो एप्लीकेशन देकर कहता, "यह मंजूर कराना अपका सिरदर्द है साब, मेरा नहीं।"

•

मेरे फैक्टरी छोड़ने से कुछ दिन पहले रजा नामक एक सुपरवाइजर एप्वाइंट हुआ। उनकी और मंगत की बातचीत कुछ इस प्रकार थी।

रजा : "आप यहां काम कितने दिनों से कर रहे हैं?"

मंगत : "दस सालों से।" (जबकि फैक्टरी चालू हुए चार वर्ष ही हुए थे)।

रजा : "आपको कितनी तनखा मिलती है ?"

मंगत : "दो हज़ार रुपये मासिक ।"

रजा : "इतने तो मैनेजर को भी नहीं मिलते ।"

मंगत : "मुझे डाइरेक्टर ने इस काम की ट्रेनिंग लेने अमरीका भेजा था, साब ।"

शायद जिन्दगी की ये कठोर मजबूरियां ही थीं जिन्होंने राव मंगतराम को आधा बावला बना दिया था ।

# मेरे तार शिक्षक पी. मोन्टीज

**भगवान दीन शर्मा**

1 अप्रैल 1928 को जब मैं आगरा तार सीखने के लिए पहुंचा, तो कमरे में मेज के सामने कुर्सी पर बैठे हुए एक ऐंग्लो-इण्डियन ने मेरा नाम पूछा और उसे लिख लेने के बाद उसने मुझे एक पुलिस अफसर की तरह नीचे से ऊपर तक गौर से देखा। मैंने भी उसे गौर से देखा।

आदमी अधेड़-सा लगा। रंग गोरा! आंखें बड़ी। बाल काले जरूर थे, पर चांद बेतहाशा गंजी, जिसको वह दोनों कानों के पास बढ़ाये हुए बालों से ढके हुए था।

मुझ से तीन महीने पहले पहुंचे हुए (स्व०) मूलचन्द टण्डन ने बताया कि मि० मोन्टीज बहुत कम बात करते हैं। पर मैंने देखा कि वह काम के साथ ही बहुत धीरे भी बोलते हैं। बहुधा देखा गया है कि लोग गुस्से में जोर से बोलते हैं—कुछ तो गरजने लगते हैं। पर मि० मोन्टीज ठीक इसके विपरीत थे। जितना ही अधिक गुस्सा उतनी अधिक आवाज धीमी—पर, मि० जिन्ना की तरह शब्दों पर जोर देती हुई।

संयोग से दोनों के ढांचे प्रायः एक ही जैसे थे। मोन्टीज खड़े तो सीधे होते पर जब वह अपने लम्बे डगों से चलते तो कुछ आगे को झुके रहते। जिन्ना भी कुछ कम ऐसे ही थे। मैंने जिन्ना को एक-डेढ़ गज की दूरी से बातें करते सुना था। मोन्टीज के तो आठ महीने साथ रहा।

क्लास के नाम का प्रभाव, अथवा वातावरण! हम लोग कुछ शोरगुल कर रहे थे। देखा, दर्जे में खामोशी छाती जा रही है। मैंने इधर-उधर देखा, पर कुछ नहीं था। सहसा जो पीछे मुड़ा, तो देखा मि० मोन्टीज हम लोगों को घूर रहे हैं। हम लोगों के चुप होते ही, वह बिना कुछ कहे अपने कमरे में वापिस चले गये।

क्या समय था! साढ़े तीन या चार रुपयों में हम आगरे से गांव का चक्कर लगा आते थे। एक बार हमने छुट्टी से एक दिन अधिक ले लिया और दर्जे में चुपचाप जाकर बैठ गये। शाम को मोन्टीज ने देखा तो कहा: "तुम एक दिन

गैरहाजिर हो गये। अब सर्विस में एक दिन का ब्रेक हो जायगा।" दूसरे दिन मॉनीटर ने कहा : "फिकर न कीजियेगा। मैंने आपको प्रेजेन्ट कर दिया है।"

उन दिनों मेरी क्रिकेट-हॉकी में ही दिलचस्पी थी। फुटबाल में शुरू हो रही थी। आगरा टेलीग्राफ की टीम उस साल ऑल इण्डिया हॉकी कप जीत चुकी थी। ऑफिस की ग्राउण्ड पर अथवा आसपास, आये दिन हॉकी फुटबाल के मैच होते रहते। और 2-4 को छोड़ टेलीग्राफ के हॉकी-फुटबाल खिलाड़ी एक ही थे। गुणी मनुष्य हर दिशा में अपनी गुणवत्ता दिखा देता है। इन खिलाड़ियों में भी यही बात थी। परन्तु कुछ अपनी विशेष रुचि के कारण प्राय: अलग भी हो जाते थे।

और इनमें से थे हमारे तार शिक्षक मि० मोन्टीज जो कई साल वहां के टेनिस चैम्पियन रहे थे। हम अपनी रुचि के कारण उनकी टेनिस नहीं देख सके, जो अब टेनिस में रुचि बढ़ने के कारण खटकता है, और मैं मि० मोन्टीज के खेलने के चित्र दिमाग में बना कर ही सन्तोष कर लेता हूं कि वह किस तरह अपने लम्बे डगों से पहुंचकर आती हुई तेज गेंद की इधर-उधर वापिसी कर देते होंगे।

जीवन के अन्त में पीछे मुड़कर देखने पर प्राय: कम ही लोग ऐसे होंगे, जिनको अफसोस करने को कम हो। यह वह देश और समाज नहीं है, जहां हर दिशा में हरियाली ही हरियाली हो। तभी तो कहा है—"जहं-तहं फूले देखियत, किंशुक, कुटज, करीर।"

इस काल में 94 वर्ष की आयु होना सहज नहीं है। मि० मोन्टीज अच्छे स्वभाव के आदमी थे। कमजोर लोगों को भी किसी न किसी तरह पास करा देते।

सुना था एक बार एक महाशय को उनके कपड़े पहना कर एक दूसरे विद्यार्थी द्वारा पास करा दिया था। परीक्षक सुपरिन्टेन्डैन्ट को बातों में लगाकर उन्हें उसे गौर से देखने का मौका ही न दिया।

तो ऐसे व्यक्ति को खोजकर मेरा अब उससे मिलना स्वाभाविक ही था। मिलने पर मैंने देखा कि वह श्री जे. पी. खन्ना—जिन्होंने मुझे डाकखाने में नौकर रखा था, की तरह बुढ़ापे में अधिक स्वस्थ थे। दीर्घायु का कारण पूछने पर उन्होंने, चौबे के अनुसार, सब बातों के लिये 'मॉडरेट' ही कहा। पर उनके ये शब्द मैं आज भी प्राय: दोहरा लेता हूं : "टेनिस आई मस्ट !"

मैं भी अब रिटायर होने वाला हूं और आशा करता हूं कि उन्हीं लोगों की तरह पुन: अपना स्वास्थ्य प्राप्त करूंगा।

अभी कल, प्रथम आने वाले लड़के के पिता ने कहा : "मैं तो पढ़ने में फिसड्डी ही था, पर लड़का...।" विचित्रता यह है कि मनुष्य ऊपर को सिर उठाये पेड़ और आम को ही देखता है। उस धरती, ताल के किनारे को कोई नहीं देखता, जिसने उस वृक्ष को इतना बड़ा किया। इसीलिए तो ऊसर में वृक्ष की उन्नति नहीं होती। पेड़ लगा देना ही काफी नहीं होता।

# इंजन ड्राइवर : पीलू रुस्तमजी

**अनुपम शर्मा**

तेज बारिश। आसपास परिन्दा भी नहीं फटक रहा। सब लोग पास के टाइम-ऑफिस की छत में आड़ लिये हुए खड़े हैं। कुछ-एक जो बाहर हैं, वे सिर झुकाये तेज कदमों में शेड से बाहर वापस घर जा रहे हैं क्योंकि शाम हो गई है, पांच बज गये हैं।

उन्हीं तेज भागते इक्के-दुक्कों में मैं भी हूं और मेरे साथ शेड के फ्युअल इन्स्पेक्टर।

तेज बारिश में कुछ पल के लिए जैसे सब कुछ थम गया हो। या तो कोई मानसून के आगमन से खुश था, या फिर घर को वापसी में देरी से दुखी।

लेकिन इस ठहरी-सी शाम में यह कौन 'अपनी छतरी से लड़ता हुआ अभी भी उलझा हुआ है, सामने खड़े स्टीम इंजन को साफ करने में जुटा है, अंतिम चमक दिला रहा है—जैसे इसे तेज वर्षा का एहसास ही नहीं है!

और, निश्चित तौर से इसके सामने खड़ा स्टीम इंजन, शेड का सबसे सुन्दर इंजन है। चमकते अण्डरफ्रेम के पुर्जे! ब्वायलर का कन्ट्रोल पैनल चकाचौंध!

तेज कदमों से बढ़ता मैं खुद इस बारिश से जब नजरें चुरा रहा हूं, आंखें खोले नहीं खुल रहीं, इस चकाचौंध इंजन और सामने खड़े व्यक्ति से नजरें हटा भी नहीं पा रहा हूं!

यह कौन चित्रकार है?

सवाल अभी होंठों पर आया ही था कि साथ चल रहे फ्युअल इन्स्पेक्टर ने कहा :

"साहब, यह छतरी में खड़ा व्यक्ति हमारे डिवीजन का सबसे अच्छा ड्राइवर है। देखिए साहब, इसका यह इंजन। 'ब्लैक-ब्यूटी काण्टेस्ट' में हर बार इसी का

इंजन जीतता है।"

फिर पास पहुंचकर ड्राइवर को मेरा परिचय देते हुए मुझसे कहा : "साहब, यह पिलू रुस्तम जी है। ड्राईवरस्पेशल ए। अपने इंजन से इसे इतना प्रेम है कि यह इसके लिए अपनी जेब से महीने में सौ-डेढ़-सौ रुपये वेस्ट करता है।"

इस पर रुस्तम जी ने कहा : "नहीं, नहीं ! इट्स नॉट ए वेस्ट !"

पानी की तेज धार में हम आगे निकल जाते हैं।

अब तीन घण्टे हो गये हैं। रुस्तमजी अपने इंजन में, बीना एक्सप्रेस को लिये, अब कटनी से आगे पहुंच गया होगा। लेकिन उससे पल भर की भेंट और उसका 'इट्स नॉट ए वेस्ट' कहना शायद कभी नहीं भूल पाऊंगा।

दुनिया भर के हजार निराशावादियों के लिए, जिनको समाज के 'गिरते मानदण्डों' ने परेशान कर रखा है, अकेला एक रुस्तम जी काफी है ! वह आज भी काम सिर्फ पैसे कमाने के लिए नहीं, उससे खुशी हासिल करने के लिए कर रहा है !

इस समय वह चाहे किसी स्टेशन पर खड़ा सिगनल का इन्तजार कर रहा हो या 100 किलोमीटर फी घंटा की धड़धड़ाती रफ्तार में चला जा रहा हो, किसी न किसी को अनजाने ही एक नयी राह दिखा रहा होगा।

# बेनीराम जी

## रामशरण शर्मा (मुंशी)

पांच फीट सात इंच लम्बा कद। शरीर पर मटमैला-सा कुर्ता-पैजामा। हाथ में मझोले आकार का कोई लिफाफा या कागजों का पुलिन्दा। उम्र 73-74 वर्ष के आसपास। चलने में कभी-कभी ठसके की खांसी।

आप सड़क पर ऐसे व्यक्ति को जाते देखें तो उसके पास जाकर कहिए: "गुरु जी, नमस्ते। कहां से चले आ रहे हैं?..." यदि वह नमस्ते का जवाब दे और कड़क कर कहे कि "इस समय तो मुंशी जी के यहां से चला आ रहा हूं", तो समझ लीजिए कि यही 'सचेतक' के मुद्रक बेनीराम जी हैं। अगर आप को नमस्ते का जवाब न मिले तो निश्चय ही वह कोई ऐरा-गैरा साधारण व्यक्ति होगा।...

कम्पोजीटरों की दुनिया में बेनीराम जी 'गुरुजी' कहकर सम्बोधित किये जाते हैं क्योंकि इस कला के वह उस्ताद हैं और बहुतों को यह कला सिखा चुके हैं।

बेनीराम जी का जन्म महान अक्तूबर समाजवादी क्रांति के वर्ष 1917 में 17 जुलाई को आगरा के निकट सिकन्दरा गांव में हुआ था। सिकन्दरा गांव के पास ही सम्राट अकबर की कब्र है।

बेनीराम जी कुशाग्र-बुद्धि छात्र थे। मिडिल की परीक्षा इन्होंने भूगोल, ज्यामिति और गणित में डिस्टिंक्शन के साथ पास की। दुर्भाग्यवश, अल्पायु में ही पिता का निधन हो गया जिससे यह अपनी शिक्षा आगे जारी नहीं रख सके।

उन दिनों की प्रथा के अनुसार बेनीराम जी का विवाह बचपन में ही हो गया था। स्वभावतः, युवावस्था में प्रवेश करते ही यह पिता भी बन गये। पुत्र भी पिता की भांति कुशाग्र-बुद्धि था; बेनीराम जी उसमें अपने भविष्य के सपने देखने लगे। किन्तु बालक अभी पांचवें वर्ष में प्रवेश भी न कर पाया था कि इन्हें रोता-बिलखता छोड़ सदा-सदा के लिए संसार से चला गया। बेनीराम जी को लगा कि मानो किसी ने उनका भविष्य ही उनके हाथ से छीन लिया है।

"मुंशी जी, मुझे लगा कि अब जीने से कोई फायदा नहीं। मैंने आत्महत्या का फैसला कर लिया था...।"

लेकिन तभी इनकी मुलाकात आगरा के कुछ नौजवानों से हुई..."राधा-किसन, राजेन्द्र रघुवंशी, गुरुदयाल सिंह वगैरा से।" ये लोग स्वतंत्रता-संग्राम में सक्रिय थे और मजदूर अन्दोलन से भी घनिष्ठ रूप में सम्बद्ध थे। इन साथियों से सम्पर्क में आने के बाद बेनीराम जी को भविष्य के कुछ दूसरे ही परिदृश्य दिखायी देने लगे; जीवन में नयी अर्थवत्ता का बोध हुआ। आत्महत्या का विचार तिरोहित हो गया; उसका स्थान कर्मठता, जीवट और दृढ़संकल्प ने ले लिया। अब जीवन की उद्देश्यपरकता सामने एकदम स्पष्ट थी।

प्रेसों में काम करने लगे। एक प्रेस तो राजपूत सामन्ती घराने की थी। तो भी, वहीं से क्रांतिकारी स्वतन्त्रता आन्दोलन और मजदूर आन्दोलन से सम्बन्धित परचे छपकर पूरे आगरा शहर में बंटते थे। "सी. आई. डी. को शक हो गया था कि परचे हो-न-हो राजपूत प्रेस में ही छपते हैं। कई बार छापा मारा। लेकिन कागज की एक चिन्दी भी वहां न मिली।" बेनीराम जी ने बताया।

प्रेसों में काम करना और राजामण्डी के 'सुन्दर होटल' के ऊपर के कमरे में, जहां कम्युनिस्ट पार्टी का दफ्तर था, सो रहना।

मेरी पत्नी धन्नो बताती हैं कि आगरा में राजनीतिक कार्यों में बेनीराम जी सदा इन लोगों की मदद के लिए तत्पर रहते थे। मीटिंगों में अधिक बोलते नहीं थे, पर किसको किस चीज की जरूरत हैं, इसका ध्यान जरूर रखते थे। हां, खरी बात कहने में वह कभी नहीं चूके। एक बार मीटिंग में पूछ ही बैठे : "कम्युनिस्ट पार्टी का राज आ जायेगा, माना। लेकिन मुझे क्या मिलेगा?" जवाब मिला : "दिल्ली गेट वाली सड़क का नाम 'बेनीराम रोड' रख दिया जायेगा।" पता नहीं, बेनीराम जी कितने सन्तुष्ट हुए!

बेनीराम जी की पत्नी बादामी जी भी महिला राजनीतिक कार्यकताओं की, अपनी ताकत भर, मदद करती थीं—पुलिस से मुठभेड़ के समय भी और इन कार्यकताओं के भूमिगत जीवन की सुरक्षा में थी। पूरे दमखम वाली महिला रही हैं वह!

जिन्दगी इसी तरह आगे बढ़ती रही। देश के स्वतन्त्र होने के बाद शोषित-पीड़ित जनता की खुशहाशी के लिए जूझना, मजदूर आन्दोलन व दूसरे प्रगतिशील आन्दोलनों को बल पहुंचना, यही बेनीराम जी का क्रियाकलाप बन गया।

देश के स्वतन्त्र होने के बाद भारत का संविधान बना और उसके अन्तर्गत आम चुनाव की तैयारियां शुरू हुईं। आगरा के मदिया कटरा स्थित कम्यून में

कम्युनिस्ट पार्टी ने इसी दौर में एक प्रेस लगायी। बेनीराम जी इस प्रेस से घनिष्ठ रूप से जुड़े थे। कम्यून पर छापा मारा गया और प्रेस जब्त कर ली गयी। लोअर कोर्ट ने बेनीराम जी को छः सप्ताह की कैद और एक हजार रुपये जुर्माना की सजा सुनायी। सेशन तक मुकदमा ले जाया गया, लेकिन उसने लोअर कोर्ट के फैसले की ही पुष्टि की। अन्ततः, इलाहाबाद हाईकोर्ट में अपील की गयी। किसी तरह 'न्यायपालिका' के कान पर जूं रेंगा। बेनीराम जी को 50 रुपये का जुर्माना भरना पड़ा, बस। प्रेस को बाजाब्ता काम करने का इजाजत दे दी गयी।

पहले बच्चे के निधन के बाद आठ सन्तानें और हुईं जिनमें से एक पुत्री और एक पुत्र युवावस्था को प्राप्त हुए। पुत्री मंगो का विवाह श्री महेन्द्र सिंह नामक युवक से हुआ, जो स्वयं भी प्रेस लाइन में थे। शाहदरा-दिल्ली में महेन्द्र सिंह जी ने प्रेस खोली। इनके तीन बेटे और एक बेटी हुई। बेनीराम जी भी अब दिल्ली में बस गये। कुछ वर्ष पूर्व बेटी मंगो का कैंसर से दिल्ली में ही निधन हो गया। अब बेनीराम जी हैं, पुत्र व पुत्रवधू हैं और पत्नी बादामी जी हैं।

बेनीराम जी जानते हैं कि 'सचेतक' की कोई वित्तीय समिति है, जिसमें धन्नो भी हैं। इसलिए पैसे के मामले में वह 'सचेतक'-सम्पादक के पास नहीं, बल्कि धन्नो के पास पहुंचते हैं। उनके एक पत्र का कुछ अंश उन्हीं की भाषा में :

"श्री बहिन धनवन्ती जी !

सादर नमस्ते इस फरवरी अंक के 20 पेज बन गए हैं जिनमें 6 पेज के प्रूफ मुंशी जी के पास हैं और 14 पेज कल इतवार को दोपहर को मैं लेकर आऊंगा तब बीस पेजों के नम्बर डाल देना एक मतलब की बात कि 15 अप्रैल को लड़की (मेरी धेवती) की शादी है पैसे की अति आवश्यकता है इसकी छपाई के 700/-(सात सौ रुपये बनेंगे) वह कुं. रविन्द्र (धेवता—सं.) को देने की कृपा करें।...

बेनीराम 7-4-90"

छः साल पहले की बात है। 30 अक्तूबर 1984 का दिन। दफ्तर में ही इन्दिरा गांधी की दुखद हत्या का समाचार मुझे मालूम हो चुका था। शाम को घर लौटते समय वातावरण में काफी तनाव महसूस हुआ। घर पहुंचने पर बेनीराम जी को बैठे देखा। वह 'सचेतक' के प्रूफ लेने आये थे।

रात साढ़े सात बजे के करीब वह अपने घर के लिए (शाहदरा) बस से रवाना हुए। तब हम लोगों को अन्दाज नहीं था कि रात में शहर की स्थिति कितनी ज्यादा बिगड़ जायेगी। वह कैसे अपने घर पहुंचे, यह दुबारा उनसे मुलाकात होने पर मालूम हुआ।

शाहदरा के रास्ते में कई जगह उनकी बस रोकी गयी थी; आखिरकार बस का ड्राइवर, सब बत्तियां बुझाकर, कई भिन्न रास्तों से होता हुआ, शाहदरा पहुंचा था ।

इसी वर्ष । 21 मई की शाम । दिल्ली में जोरों की ओलावृष्टि । साढ़े पांच-छ: बजे का समय । मैं और धन्नो, पुत्र मुकुल व पुत्र वधू कमलेश के आने की सांस साधे हुए प्रतीक्षा कर रहे थे (कमलेश लगभग 7 बजे आती हैं, मुकुल प्राय: 5-30 बजे) । हम लोग सोच रहे थे, ऐसी ओलावृष्टि में ये लोग न जाने कहां फंसे होंगे (सोना 'पुत्री' ऐसी ही ओलावृष्टि में एक बार कनॉट प्लेस में फंस चुकी थीं) । थोड़ी देर में दरवाजे पर दस्तक हुई । सोचा, चलो मुकुल तो आ गये । लपककर दरवाजा खोला । देखा, बेनीराम जी खड़े हैं । कमरे में आकर बोले : "पंखा मत चलाना । बाहर मेरे दांत बज रहे थे जाड़े के मारे ।" उनके आराम करने की व्यवस्था कर दी गयी । थोड़ी देर में ओलावृष्टि रुकी । मुकुल और कमलेश भी अपने-अपने दफ्तरों से आ गये । रात नौ बजे तक मैंने प्रूफ देखे । बेनीराम जी रात को बाहर के चबूतरे पर ही सोये ।

22 मई को बेनीराम जी सुबह 6.30 बजे अपनी बस पकड़ने चल दिये और मैं 7 बजे अपनी बस पकड़ने (दफ्तर के लिए) । पर बसों का कोई चिह्न नहीं । धीरे-धीरे हाल मालूम हुआ कि गत रात मद्रास से कुछ दूर एक शहर में राजीव गांधी की हत्या कर दी गयी थी । बेनीराम जी बोले : "यहां से पैदल स्टेशन चला जाऊंगा, वहां से शाहदरे तक की कोई गाड़ी पकड़ लूंगा ।" मैं उनका चेहरा देखता रह गया—इस उमर में स्टेशन तक पैदल ?

इस बार हम लोगों ने उन्हें पूरे चौबीस घण्टे अपने यहां से नहीं जाने दिया । अगले दिन सकुशल वे घर पहुंच गये ।

मेरी पुत्री सोना को पत्रकारिता की लाइन में आने की सूझी थी । मैंने मन-ही-मन सोचा कि जिसे न तो यह मालूम है कि एक-एक टाइप जोड़कर शब्द कैसे कम्पोज किये जाते हैं और न यह पता है कि प्रूफ-रीडिंग क्या चीज होती है, वह भला इस लाइन में कैसे घुसेगी । आखिर मैंने बेनीराम जी से एक दिन कहा : "सोना पत्रकारिता की लाइन में आना चाहती हैं, और मेरी इच्छा है कि इन्हें मालूम हो जाय कि कम्पोजिग, पेज-मेकअप, वगैरा किसे कहते हैं । मैं सोना को आपके पास भेजूंगा, आप इन्हें कुछ बताना ।" बेनीराम जी बोले : "यह तो पी. एच. डी. हैं !...मैं इन्हें क्या बताऊंगा ?"

बहरहाल, मैंने सोना को बेनीराम जी के पास भेजा । बेनीराम जी सोना से बोले : "आप खड़ी रहो और देखती रहो कि मैं कैसे कम्पोज करता हूं ।" भयंकर गर्मी के दिन । टिन शेड । बेनीराम ज़ी कम्पोज़ करते रहे । तीन घण्टे सोना सीधी खड़ी रहीं ।

निश्चय ही, पत्रकारिता लाइन में प्रवेश की उनकी यह प्रथम दीक्षा थी ।

बेनीराम जी की स्मरणशक्ति बहुत तेज है । 'सचेतक' के किस अंक में क्या छपा है, यह तो उन्हें याद नहीं होगा—पर कोई भी पुरानी घटना दोहराइये, उन्हें याद आ जायेगा कि यह बात 'सचेतक' में छप चुकी है । पाण्डुलिपि में क्या काटा गया है, इस पर भी उनका ध्यान जाता है । धन्नो की आगरा यात्रा वाले लेख की एक पंक्ति मैंने काट दी थी । बेनीराम जी लेख कम्पोज करके लाये तो बोले, "मुंशी जी, वह लाइन तो रहनी चाहिए, वही तो मजेदार लाइन हैं ।" सम्पादकीय कमेटी में पुनर्विचार के बाद वह लाइन 'रेस्टोर' कर दी गयी ।

कौन लिख रहा है कौन नहीं—यह भी उन्हें स्मरण रहता है । अभी हाल में ही कह रहे थे, "नरेश जी के लेख नहीं आ रहे !" मुझे उनको समझाना पड़ा कि वह एडमिनिस्ट्रेशन के कार्यों में बहुत उलझे हुए हैं ।

बेनीराम जी चश्मा नहीं लगाते । तात्पर्य यह कि उनकी दृष्टि भी तेज है । वह एक नुस्खा बताते हैं : "काली मिर्च बारीक पीसकर खांडसारी शकर और असली घी में मिलाकर रोज सुबह-शाम खाइए ।"

लेकिन 'असली घी' न मिलने से आजकल वह खुद परेशान हैं ।

बेनीराम जी जिस तरह के समाज के लिए जिन्दगी-भर जूझे हैं, वह अभी नहीं आया । कोई साधारण आदमी होता तो निश्चय ही 'टूट जाता' । लेकिन बेनीराम जी नहीं टूटे हैं । इसी में उनकी विशिष्टिता निहित है । अक्सर वह एक धनकुबेर की बात सुनाया करते हैं जो कहता था : "मैं इस पैसे से सबकुछ खरीद सकता हूं, सिर्फ ईमानदारी नहीं खरीद सकता ।"

# सरस्वती

**सोना शर्मा**

वह वनस्थली की एक पुरानी छात्रा थी। तीसरी कक्षा से ही वहां पढ़ रही थी और अब एम० एस०-सी० फाइनल इयर में थी। कोई ताज्जुब नहीं कि वह अब वनस्थली की 'दादा' के रूप में मशहूर हो चुकी थी।

उसका पहला रूप नजदीक से मैंने तब देखा जब एक दिन सब्जी खराब बनने पर वह वार्डन से झगड़ रही थी। थाली को उठाकर मेज पर सबसे पहले उसने पटका था। वार्डन ने अपने कर्तव्य का पालन करते हुए उसे डांटना शुरू कर दिया था। वह कह रही थीं : "यह घर नहीं होस्टल है। जो बनेगा, जैसा बनेगा, खाना हो खाओ! मुझे और भी काम हैं; मैं यहां बैठी नहीं रहूंगी।" आदि-आदि। प्रत्युत्तर था : "सब्जी ठीक है, तो आप ही सारी खा लीजिए। हम इतना पैसा इस कूड़े को खाने के लिए नहीं देते।" और अन्त में निर्णयात्मक रूप से उसने कहा था : "यह सब्जी हम चीफ वार्डन को दिखायेंगे और दूसरी सब्जी जब बनेगी तभी खायेंगे।"

उस दिन बना खाना वैसा-का-वैसा रखा रहा था। रात को दस बजे चीफ वार्डन आईं, नई सब्जी बनी और फिर लड़कियों ने 11 बजे खाना खाया। सब्जी जब तक बनी थीं, तब तक इधर-उधर ग्रुप में खड़ी लड़कियां इस बात पर प्रसन्नता प्रकट कर रही थीं कि आज सरस्वती ने वार्डन को अच्छा सुनाया। अन्य किसी लड़की में हिम्मत नहीं थी इस तरह उनसे अड़ने की।

उसका नाम सुनकर मैं चौंक पड़ी थी—सरस्वती!...देवी सरस्वती?

सरस्वती से अच्छी-अच्छी लड़कियां डरती थीं। जूनियर ही नहीं सीनियर्स तक उससे उलझने में कतराती थीं। वार्डन या चीफ वार्डन क्या, वह मुख्याधिकारी तक से साफ-साफ बात करने में नहीं हिचकती थी।

वनस्थली में 'पुस्तक मंदिर' के नाम से स्टेशनरी की एक दूकान खुली थी।

उसमें सब सामान बहुत महंगा मिलता था। लड़कियां परेशान थीं कि इतना महंगा सामान कैसे खरीदें; लेकिन उन्हें मजबूरी में खरीदना भी पड़ता था। एक दिन सरस्वती ने कुछ सामान खरीदा और पैसों की रसीद जो देखी तो उसका पारा चढ़ गया। सामान और रसीद लेकर सीधे मुख्याधिकारी के पास पहुंची और बोली : "आपने यह संस्था लड़कियों को लूटने के लिए खोली है क्या ? देखिए इस सामान का इतना पैसा लेना लूट नहीं तो और क्या है ? हम मजबूरी में सामान खरीदेंगे ही, इसलिए ये 'पुस्तक मंदिर' वाले मनमाने पैसे लेते हैं। मैंने तो आपसे कह दिया, पर स्कूल की छोटी-छोटी लड़कियां कैसे कहेंगी ? वे तो जितना पैसा मांगा जायेगा, उतना दे देंगी !"

मुख्याधिकारी ने सरस्वती को आश्वासन दिया कि वह 'पुस्तक मंदिर' वालों पर निगाह रखेंगे कि वे अधिक दाम न ले सकें।

हमारे यहां एक बार टूर्नामिन्ट्स हुए थे। अपनी टीम को जिताने में यहां की लड़कियां कोई कसर नहीं छोड़ती हैं। बाहर से आई टीम की लड़कियों की ऐसी हूटिंग करती हैं कि वे खेलना ही भूल जायें।

हूटिंग की कला में भी हमारी सरस्वती का कोई जवाब नहीं। जो नारा जरा फिट हुआ नहीं कि बस गला फाड़-फाड़कर चिल्लाना शुरू कर दिया। जब तक गले से आवाज निकलती रहती, वह जोर-जोर से हूटिंग करती रहती। खेल खत्म होने तक सरस्वती का गला भी बन्द हो चुका होता था।

एक दिन खो-खो की हमारी थर्ड क्लास टीम का भीलवाड़ा की फर्स्ट क्लास टीम से मुकाबला होना था। सब एकमत थे कि हमारी टीम हारेगी। लेकिन खेल शुरू होने पर सरस्वती ने जो हूटिंग शुरू की तो लगा—हमारी टीम के मुकाबले भीलवाड़ा की टीम ने खेलने का फैसला करके अपने पैरों पर आप कुल्हाड़ी मारी है। लेकिन दुर्भाग्य। हमारी टीम हारने लगी। हमारी टीम हालांकि हार रही थी, फिर भी सरस्वती जी बुलन्द आवाज में चीख रही थीं : "भीलवाड़ा की ढोलकी, वनस्थली ने फोड़ दी !" पहला राउंड जैसे-जैसे हमारी टीम हारने लगी, सरस्वती के भोंपू की हवा भी धीरे-धीरे निकलती गयी। पहला राउंड बुरी तरह हारने पर सरस्वती बिल्कुल चुप हो चुकी थी—बिल्कुल चुप।

लेकिन जैसे ही दूसरा राउंड शुरू हुआ, वह कनस्तर लेकर फिर आ जमी। और, कनस्तर पीट-पीटकर हमारी टीम की पहली दो लड़कियों को ही सरस्वती ने इतना बक-अप किया कि सात मिनट के खेल के पूरे छह मिनट हमारी टीम की एक मोटी लड़की ने ही खींच लिये।

और, खेल समाप्त होने तक जीत का सेहरा हमारी टीम के सिर पर था !

देखा जाय तो यह सेहरा सरस्वती के सिर पर होना चाहिए था, क्योंकि जीत का कारण थी पूरे वातावरण को झकझोरने वाली सरस्वती द्वारा की गयी हूटिंग।

यह तो हुई उसकी ऊधमबाजी; उसका खिलन्दड़ीपन। लेकिन पढ़ाई में भी उसकी एकाग्रता देखकर आश्चर्य होता था। वह रात को 10-11 बजे के करीब लॉन में पढ़ने बैठती, तो पहले तो दिखाई ही नहीं देती थी क्योंकि आसपास परीक्षा की तैयारी वाली कई अन्य लड़कियां रात देर तक पढ़ने के मन्सूबे बांधे डटी होतीं। लेकिन रात के 2 या 3 बजे के करीब यदि कोई देखे, तो सबके मन्सूबे नींद के आगोश में पहुंच चुके होते थे। बस, सरस्वती किसी 'प्रतिमा' की भांति टेबिल पर झुकी पढ़ रही होती।

छोटे कद की लेकिन बेहद स्मार्ट, जबान को तलवार की तरह इस्तेमाल करने वाली इस लड़की में लड़कियों वाली न तो नजाकत थी और न ही वैसे हाव-भाव। लेकिन उसके निकट सम्पर्क में आने पर ज्ञात हुआ कि उसका मन बेहद साफ था। उसकी तेजी के पीछे भोलापन, सुन्दरता और कोमलता भी अन्तर्निहित थी, जिसकी कल्पना बिना उसके सम्पर्क में आये, सिर्फ देखने मात्र से, कोई भूल कर भी नहीं सकता था। मसलन, यह 'हीरोइन' अन्य लड़कियों की तरह नहाने-धोने में झगड़ा कभी नहीं करती थी; बिना नहाये भी मस्त रहती थी। गाजर-मूली चुराते, होस्टल की छत पर पतंग उड़ाते, एक टॉफी के लिए अपनी सहेलियों से उलझते भी उसे अक्सर देखा जा सकता था।

दिन-भर घूम-घामकर जब वह अपने कमरे में आती, तो आते ही पहले अगरबत्ती जलाती। अगरबत्ती जलाना उसकी भक्ति-भावना का परिचायक नहीं था, बल्कि दूसरों की सुविधा को ध्यान में रखने और दूसरों की झिड़कियों से स्वयं को बचाने का प्रयास था। कारण यह कि जूते उतारते ही उसके पैरों से उठने वाली गन्ध वातावरण में ऐसी छाती, कि वह—तौबा-तौबा। लिहाजा जूते उतारने से पहले अगरबत्ती जलाना उसके लिए जरूरी हो जाता था।

एक बार उसने अपने जन्म-दिन के अवसर पर मुझे बुलाया। मेरे अनुरोध पर उसने अपनी एलबम निकालकर दिखायी। उसमें उसकी तैराकी की फोटो, बैडमिन्टन चैम्पियनशिप की फोटो, और मोटरसाइकिल चलाते हुए फोटो के साथ, कुछ अन्य विशेष फोटोग्राफ भी थे। इनमें से किसी में वह राजस्थान के चीफ मिनिस्टर से हाथ मिला रही थी, किसी में राष्ट्रपति श्री संजीव रेड्डी उसके सिर पर हाथ फेर रहे थे।

कुछ अन्य तस्वीरें श्रीमती इन्दिरा गांधी के साथ भी थीं, जिनमें से एक में वह तथा देश की कुछ अन्य जानी-मानी लड़कियां प्रधानमंत्री के साथ भोजन कर रही थीं। आखिर सरस्वती को राष्ट्रीय स्तर पर इतना मान-सम्मान क्यों?

सरस्वती गुप्ता देश की वह प्रथम लड़की है जो एक साथ छः घोड़ों की सवारी करती है। छब्बीस जनवरी को दिल्ली में इण्डिया गेट पर, यह अपनी घुड़सवारी का खूबसूरत प्रदर्शन करती है। बीच के घोड़े पर दोनों पैर रखकर खड़ी होती है; एक हाथ में घोड़ों की लगामें सम्भालती है, दूसरे हाथ से सैल्यूट देती है।

# शंकर दादा

**रक्षा शर्मा**

जब से होश सम्हाला, उसका एक-सा ही रूप देखती रही। उसी के घर 'खाना'। दूध में रोटी मीसकर अपने हाथ से इतने दुलार से खिलाता था कि घर का खाना कभी अच्छा नहीं लगा। घर पर न खाने से, हमेशा डांट ही खानी पड़ती थी। जाति का वह ग्वाला था। घर पर दो भैंसें और दो या तीन गायें थीं। उसकी पत्नी दूध बेचने जाती थी। खुद वह तांगा चलाता था।

सवेरे-सबेरे एक चक्कर तांगे का लगवाकर घर पर छोड़ता था। जहांगीराबाद के थाने का बड़ा घर उसके सुथरे छोटे-से घर के सामने तुच्छ लगता था।

थोड़ा बड़े होने पर जब शहर में आये तब कभी-कभी 'शंकर दादा' के दर्शन हो जाते। हम सब भाई-बहनों को तांगे पर इकट्ठा बैठाकर शंकर दादा सैर करवाते थे।

पिताजी रिटायर हुए। हम सबका संघर्षों का युग शुरू हुआ। छोटा भाई इंजीनियरी की पढ़ाई कर रहा था। मैं और मुझसे बड़े भाई, दोनों ही अपना वेतन उसकी पढ़ाई पर लगाते थे।

एक बार छः महीने की इकट्ठी फीस भेजने का सवाल उठा। हम लोग बहुत परेशान थे, क्योंकि हम दोनों ने अपने बूते पर ही छोटे भाई को पढ़ने भेजा था।

शंकर दादा हमको अपने तांगे पर ही स्कूल छोड़ जाते थे। उन्होंने हम लोगों को परेशान देखा तो परेशानी का कारण पूछा। उससे मन की बात खोल दी।

दूसरे दिन ही शंकर दादा एक रूमाल में कुछ रकम बांधे चले आ रहे थे। वह कह रहे थे : "मैंने बाबूजी का नमक खाया है। क्या मैं इतना भी नहीं कर सकता हूं मुन्ना बाबू (मेरे छोटे भाई) के लिए? अरे, मुन्ना बाबू आयेंगे तो मेरी झोंपड़ी भी बनवा देंगे।"

आज न वह शंकर दादा हैं और न वह मुन्ना बाबू! बस उनकी स्मृतियां ही शेष हैं।

# गाड़ी वाले चाचा

**रक्षा शर्मा**

जून 1990 में बिहार में बहुत जोर का तूफान आया था। सारे तम्बू उड़ गये। बहुत सामान उड़ गया। श्रीमती मूर्ति भी उड़ीं, यानी उनके पैर जो उठे, तो बहुत दूर तक उठे ही चले गये। उन्हें ऐसा शॉक लगा कि हार्ट अटैक आ गया। कहने का मतलब यह है कि उस तूफान में बहुत नुकसान हुआ।

सरकार के आदेश पर अब कैम्प के पास ही मकान ढूंढे गये। सुन्दर नगर को बेस-कैम्प बनाया गया और सारे लोग सुन्दर नगर में ही आ गये।

सुन्दरनगर का मकान। सामने बड़ा-सा दरवाजा। उसमें लोहे की सलाखें लगी हुईं। अन्दर प्रवेश करते ही एक बराण्डा, जिसमें एक ओर जीप की सीट रखी हुई, दूसरी ओर, कोर बॉक्स रखे हुए। ऊपर कैम्प की बड़ी-बड़ी दरियां। खिड़की में गैरेज दिखाई देता है। बराण्डे के आगे एक कमरा। कमरे के बाद फिर एक बराण्डा। बराण्डे के बायीं ओर ऑफिस का कमरा, दाहिनी ओर रहने का कमरा। इसी से लगी एक कोठरी जिसमें स्नान के लिए पटरा पड़ा हुआ। कमरे के सामने एक और कमरा जिसे स्टोर बनाया गया था। आंगन में सामने की ओर रसोईघर जिसमें लकडी की ग्रिल-सी लगी थी।

बीच वाले कमरे में रोज मजदूर लोग आकर सामान रखते; दोपहर में बैठकर वहीं खाना खाते—कभी मुरमुरे, कभी सत्तू, कभी माड़ वाले चावल। आशु, मेरा बेटा और बेटी मिनी रोज उनको खाते देखते और उन्हें सब्जी-दाल के बिना खाना खाते देखकर आश्चर्य करते।

उन लोगों के लिए हमसे नींबू व मिर्च का आचार डलवाया गया। कभी सब्जी, कभी कढ़ी उन्हें लाकर दी जाती। त्यौहार पर उन्हें पकवान भी खाने को मिलते।

हमने मिनी-आशु को उनके नाम के आगे 'दादा' कहना सिखाया था। 'शिब्बू दादा', 'कार्तिक दादा' आदि के रूप में सम्बोधित होने पर वे लोग मिनी-आशु पर अपना प्यार उंडेलने लगे। शिब्बू दादा ने तो आशु को जंगली भाषा भी सिखा दी

थी और आदिवासी स्त्रियों के उधर से निकलने पर आशु उनसे उस भाषा में बात भी करता था।

इन सबके बीच में हमारे ड्राइवर थे सरदारजी। उनकी काली लम्बी दाढ़ी थी। मजदूरों को उनकी गलती पर वह डाट दिया करते थे।

सबेरे तीन बजे उठकर, स्नान करके, 'बाहि गुरु', 'बाहि गुरु' और जपुजी साहब का पाठ किया करते थे। आशु प्रायः उनकी नकल करके 'बाहि गुरु' दुहराया करता। मजदूरों ने आशु को सिखाया कि उन्हें 'दाढ़ी वाले चाचा' कहा करो। आशु ने एक-दो बार इस रूप में उन्हें सम्बोधित किया भी, पर हमें यह अच्छा नहीं लगा। हमने कहा, "इन्हें 'दाढ़ी वाले चाचा' नहीं 'गाड़ी वाले चाचा' कहा करो।" अब मिनी-आशु दोनों उन्हें 'गाड़ी वाले चाचा' कहने लगे।

गाड़ी वाले चाचा सच्चे अर्थों में 'सन्त' थे। किसी की भी मुसीबत में आधी रात को भी हाजिर! 'साहब' (पतिदेव) की अनुपस्थिति में हम लोगों को जरा भी तकलीफ न हो, इसका पूरा ध्यान रखते। अन्याय के विरुद्ध आवाज उठाने में वह किसी से नहीं डरते थे।

ड्राइवर लोग पैट्रोल की चोरी करते थे, लेकिन यह उसका विरोध करते थे, इसलिए अधिकतर लोग उनसे दुश्मनी रखते थे। 'साहब' के परम भक्त। कारण कि गाड़ी बस 'साहब' या इनके हाथ में थी। उसके लिए वह अन्य गाड़ियों से हमेशा मुकाबला किया करते थे। आशु को अपनी गोद में बैठाकर गाड़ी चलाना सिखाते। आशु को वह एक बार जो सिखाते, आशु उन्हें वैसे ही बताता तो अपने लड़के से कहते : "देखो, आशु कितनी जल्दी सीख जाता है। तुम नहीं सीख पाते।"

एक बार 'साहब' की अनुपस्थिति में आशु ने होमियोपैथिक दवा की एक शीशी चबा ली। हम बहुत डर गये। सरदारजी ने आशु को जगह-जगह डॉक्टरों को दिखाया और हमारी मदद की।

एक बार मकान की छत पर जो पुआल पड़ी थी, उसमें आग गयी। सरदारजी ने तुरन्त दौड़कर पानी का इन्तजाम किया और हम सबकी सुरक्षा की।

एक बार पतिदेव जब पटना गये थे तभी सुन्दर नगर में रात आठ बजे डाकू आ गये। गोलियां चलने की आवाजें आ रही थीं। सरदारजी दौड़कर आये और चौकीदारों को सचेत किया। दो जीप-गाड़ियां निकालकर गाड़ियों की लाइटें कैम्प की ओर फेंकी जिससे भागते हुए डाकू पकड़ लिये जायें। ऐसे मौकों पर सरदार जी अपनी जान जोखिम में डालने में नहीं हिचकिचाते थे।

सुन्दर नगर बेस कैम्प था, लिहाजा वहां मेहमान बहुत आया करते थे। उन दिनों बाजार में सूजी, मैदा, डालडा आदि उपलब्ध नहीं थे। सरदारजी हमेशा

चिन्तित रहते कि हम किस प्रकार अपना काम चलायेंगे। जब भी कहीं उन्हें ये दिखायी देतीं, तुरन्त खरीदकर गाड़ी में रख लेते।

1964 में इण्टरनेशनल जियोलॉजिकल कान्फ्रेन्स में तमाम विदेशी अतिथि आये हुए थे। रोज कहीं-न-कहीं जाने का कार्यक्रम रहता। उन दिनों उड़ीसा में सूजी, मैदा व शकर मिल रही थीं। जैसे ही सरदारजी को पता चला, तुरन्त लेने पहुंच गये। देर होने पर उन्हें 'साहब' से अच्छी-खासी डांट खाने को मिली; पर 'साहब' को यह नहीं बताया कि मेहमानों के भोजन-पानी के जुगाड़ के ही सामान लेने गये थे।

# गणेश : एक कर्मठ युवक

रक्षा शर्मा

गणेश से परिचय 4-5 वर्ष पुराना है। सबसे पहले श्रीमती मुकर्जी उसे मेरे पास लेकर आयी थीं। उन्होंने बताया : "यह अंध-विद्यालय का लड़का है। देख नहीं सकता। फिर भी यह देखने वालों से अच्छा काम करता है।" उसके पास कुछ सामान था तौलिये, चादर, थैलियां, आदि। ये सब चीजें अंध-विद्यालय के बच्चों द्वारा ही बनायी गयी थीं। मिसेज मुकर्जी ने बताया : "यह कुर्सियां भी बुन सकता है ; अंध-विद्यालय का सामान यह घर-घर जाकर देता है। वहां से इस कार्य का जितना प्रतिशत मिलता है उसमें से भी वह आधा अंध-विद्यालय के बच्चों को दे देता है। आंखों की रोशनी नहीं है। फिर भी वह कहीं भी चला जाता है और कितना ही काम करता है।

उससे बातें करने पर मालूम हुआ कि वह दसवीं कक्षा का विद्यार्थी है। उसे कोई पढ़कर सुनाने वाला या समझाने वाला नहीं मिल रहा था। पूछने पर उसने बताया कि वह मराठी, सामाजिक शिक्षा व अंग्रेजी पढ़ना चाहता है। मैंने उससे कहा कि वह अपनी पुस्तकें लेकर आये।

"मैं मराठी तो नहीं जानती, पर सामाजिक शिक्षा व अंग्रेजी में मुझसे जो सहायता हो सकेगी, वह अवश्य करूंगी।" मैंने कहा।

दूसरे दिन वह अपनी पुस्तकें लेकर आ गया। सामाजिक शिक्षा पर पुस्तक मराठी में थी, पर मैं उसे थोड़ा-थोड़ा पढ़ सकती थी। लिपि भी समझ में नहीं आ रही थी, एकदम तो नहीं, पर उसे मैं समझने की पूरी-पूरी कोशिश करने लगी। मराठी कविताओं को छोड़कर बाकी सब भी समझ में आने लगा।

अब बची अंग्रेजी। तो, मैंने उससे किताब ले ली। कुछ डिक्शनरी की सहायता से कुछ अपने बच्चों की सहायता से—दूसरे दिन से अंग्रेजी भी मैं उसे समझाने लगी। उसे सीखने की इतनी लगन थी कि जिस दिन मुझे कुछ काम होता, उस दिन मुझसे दूसरा समय लेकर आता, पर आता अवश्य।

अंग्रेजी के छोटे-छोटे वाक्य बोलता। मुझे लगता है, मैं भी इसके साथ अंग्रेजी

में बातें कर सकती हूं, पर वह सोचता कि मैं बहुत अच्छी अंग्रेजी जानती हूं। मैं उसे अंग्रेजी से हिन्दी में अनुवाद करके समझाती थी।

परीक्षा के समय उसे लिखवाने में किसी की सहायता की आवश्यकता थी। लिखने के लिए भी एक लड़का मिल गया। और उसने बोल-बोलकर परीक्षा दी। बोर्ड की परीक्षा में वह पास हो गया। उसके पास होने की सबसे अधिक प्रसन्नता मुझे हुई।

उसका सबसे बड़ा गुण यह है कि उसमें जरा-सी भी हीन भावना नहीं है। वह हाथ में हमेशा एक लकड़ी रखता है। उसके सहारे वह बस आदि में भी यात्रा कर सकता है। उसका कहना कि वह आहट से हर एक को पहचान सकता है। एक बार जिससे मिल लेता है, या जिससे बातें कर लेता है, उसे वह भूल नहीं सकता।

एक दिन मैंने उसे गुनागुनाते सुना, तो मैंने पूछा: "तुम गाना भी जानते हो?" उसने उत्तर दिया: "हां आन्टी, मैं संगीत सीख रहा हूं।" एक मराठी भजन उसने सुनाया। उसका आत्मविश्वास देखते ही बनता था। भजन सुनाते हुए वह टेबिल पर तबले की थाप दे रहा था। मैंने जब उसके तबले की तारीफ की, तो बोला: तबले की परीक्षा तो मैं बहुत पहले पास कर चुका हूं।"

मैं उसे लेडीज क्लब के कार्यक्रमों में बुलवाने लगी। जहां हम लोगों की मीटिंग होती, वह अवश्य पहुंचता—इसमें उसे चाहे जितना कष्ट हो! जब उसे रुपये दिये जाते, तो लेने से इनकार कर देता—"नहीं! आंटी ने मेरे लिए बहुत श्रम किया है!" पर मैं उसे जबरदस्ती पैसे दिलवाती। कहीं कुर्सी आदि बुनने का कार्य होता है तो मैं उसे ही भेजती जिससे उसे पैसे मिलें। उसे पैसे मिलते देख मुझे बड़ा आत्मसंतोष होता।

अंध-विद्यालय के कार्यक्रमों में हम लोग अवश्य जाते। वहां के मैनेजर श्री वीरकर जी पोस्ट व टेलिग्राफ के रिटायर्ड डायरेक्टर थे। उन्होंने गणेश को बच्चों को पढ़ाने के लिए टीचर नियुक्त किया। अब उसमें और भी आत्मविश्वास बढ़ा कि वह पढ़ा भी सकता है।

एक दिन बेचारा सड़क पार कर रहा था कि एक कार वाले ने टक्कर मारी। उसके साथ अंध-विद्यालय का एक और अध्यापक था। वह भी देख नहीं सकता था। दोनों ही की टांग की हड्डी टूटी थी। अंध-विद्यालय में फोन करने पर मालूम हुआ वह मेडिकल कालेज में भरती है। नम्बर पता लगाकर मैं उसे देखने गयी। टांग

में प्लास्टर था और उसकी टांग को ऊंचा करके लटकाया गया था। उसकी बराबर में ही दूसरा व्यक्ति था, जिसका उसी के साथ एक्सीडेंट हुआ था। इस व्यक्ति ने बताया कि एक्सीडेंट कार वाले की गलती से ही हुआ था; पर, उस कार वाले ने शराफत से उन लोगों को अस्पताल भी पहुंचा दिया था—और सहायतार्थ कुछ पैसा भी दिया था।

कुछ दिन में ठीक होकर वह अपनी शादी की पत्रिका लेकर आया।

उसका कहना था कि वह जिस लड़की से विवाह कर रहा है, उसके द्वारा ही वह संसार को देख सकेगा। कहने का मतलब है कि—वह ही उसकी आंख बनेगी। उस लड़की को देखने जाने के लिए मुझसे बहुत आग्रह करने लगा।

समय के अभाव के कारण दुर्भाग्य से मैं उसे देखने नहीं जा सकी थी। पर उसके विवाह में अपनी पड़ोस की मित्रों के साथ अवश्य गयी। उसके घर पहुंचने पर हम लोगों का जो स्वागत हुआ, वर्णनातीत है।

वह और उसके घर के लोग इतने प्रसन्न थे कि उनकी समझ में नहीं आ रहा कि क्या कर डालें! हम लोगों ने वहां मिठाई खायी। बहू को देखकर हम लोगों ने उसे कुछ दिया भी।

आजकल उसके एक लड़की भी है। अपनी पत्नी का वह बहुत ध्यान रखता है। अब वह अंध-विद्यालय की नौकरी छोड़कर सेन्ट्रल गवर्नमेन्ट की नौकरी में है।

वह आर्डिनेन्स फैक्टरी में काम कर रहा है। कभी-कभी आता है। उसकी पत्नी को मशीन मिल गयी है। और वह भी उसके साथ कन्धे से कन्धा मिलाकर आगे बढ़ रही है!

# मिट्ठू वाली दादी

**रक्षा शर्मा**

कई पीढ़ियों से इनके साथ हम लोगों का सम्बन्ध रहा है। हम सभी भाई-बहन इन्हें 'चाची' व इनके पति को 'चच्चा जी' कहते हैं। अब हमारे भतीजे-भतीजी इनको 'मिट्ठू वाली दादी' के नाम से पुकारते हैं। इनके एक पौत्र का नाम मिट्ठू है—इसलिए।

बचपन से ही हम देखते थे कि जब राखी व भाई दूज हो, तब चच्चा जी बुआ से टीका व राखी बंधवाने आते थे। एक त्योहार पर हम लोग उनके घर खाना खाते, दूसरे त्योहार पर वे लोग हमारे घर खाना खाते।

जब हमने होश सम्हाला तो चाची के एक पुत्र पहली चाची से था, दूसरा पुत्र उनका—जो स्कूल में अध्यापक का कार्य करता था। एक पुत्री, हमसे छोटी, थी। घर का नाम 'खन्नी', बाहर का नाम 'पद्मावती'।

तो चाची के पूरे 19 बच्चे हुए। उनमें से ये दो ही सन्तानें दिखायी देती थीं।

पहली चाची से जो पुत्र थे, उनका नाम था 'बटन'। उनको मिर्गी आती थी। कहीं भी गिर पड़ते थे। उनके कारण बेचारी चाची बड़ी दुखी रहती थीं। एक तो स्वयं की सन्तानें भी काल कवलित हो गयी थीं; दूसरे, पहली सन्तान की सेवा के बाद भी गाली ही खानी पड़ती थीं।

उनके अपने पुत्र शिव नारायण—जिन्हें वह 'श्योनारायण' कहकर पुकारती थीं—आठ बच्चों को जन्म देकर चल बसे। उनसे पहले ही 'बटन' चल बसे थे। अब मिठ्ठू और उनके भाई-बहन किसी प्रकार धीरे-धीरे बड़े होकर घर-गृहस्थी देख रहे हैं।

हमारी अम्मा व बुआ बताती हैं कि एक समय इनकी आर्थिक स्थिति इतनी अच्छी थी कि इनके पास सोना-ही-सोना था। कुछ तो इनके लड़के ने बर्बाद किया। कुछ दान-धर्म में चला गया।

चच्चा जी हाई कोर्ट के पास मिठाई की दुकान लगाते थे। फिर वह दूकान

छोड़कर पान की दुकान लगाने लगे।

चच्चा जी की मृत्यु के बाद, चाची अपना जीवन भजन-पूजन में ही बिताने लगीं। एक बार नाती-पोतों से झगड़ा हुआ, तो दो महीने हमारे ही घर आकर रहीं।

अब जब भी उनका जी करता है, रेल में बैठकर तीर्थ-यात्रा को निकल जाती हैं। कभी टिकट लेकर, तो कभी बिना टिकट। कहती हैं: "बाई, मोय तो वे भगवान ही इते-उते ले जावें हैं। मैंने तो अब उन्हईं पैं सब कछु छोड़ दओ।"

एक बार कुम्भ मेले में साधुओं की मंडली में भजन-कीर्त्तन करती शामिल हो गयीं। वहां उन्हें वस्त्र भी मिले; भोजन भी मिला। घूम-घाम कर आ गयीं।

अम्मा उन्हें जीजी और बुआ उन्हें भौजी कहती हैं। उनकी आयु करीब 80 वर्ष है। पर, अभी भी वह मन्दिर में पैदल और अकेली जाती हैं।

हम छोटे थे तो 'कल्याण' के अंकों से उन्हें कथाएं पढ़कर सुनाया करते थे। कोई त्योहार होता, तो उनके छोटे-से मन्दिर में बैठकर सब लोग कीर्त्तन करते थे।

अब भी वह यही कहती हैं: "भगवान ने मेरी सब तरफ से परीक्षा ले लई है, बाई! अब जो उसे करना है करे। मेरो तो जहां जी करै है, चल दऊ हूं। बाई, सब जगह वे भगवान मिल जावैं हैं।" इस प्रकार वह पूरी तीर्थ-यात्रा कर आयी हैं।

जब गुस्से में होती हैं तो भगवान को खूब आड़े हाथों लेती हैं। कहती हैं: "जे नास मिटे ठठरी बंधे ने मोय कितनो परेशान कर दओ! अब जे भी समझ लइयो कि तुम्हाये मइयो-बाप तक की मैं खबर ले डालूंगी!"

जब उनसे कुछ कहो तो कहती हैं: "ऐ मुन्नी बाई, तुम का भूल गयीं! धन्ना जाट और भक्तों की कहानी तुमई ने सुनाई थी न मोय! वे डंडा ले के बैठे, तभी आये भगवान। मोय भी जब गुस्सा आवै है, तो अच्छी तरह सुना दऊ हूं।"

अम्मा, बुआ और मिट्ठू वाली दादी सुख-दुख की साथी रही हैं। जब भी अम्मा, बुआ का मन होता है, बच्चों को भेज कर मिट्ठू वाली दादी को बुला लेती हैं। मिट्ठू वाली दादी बच्चों के लिए खरबूजे, या कुछ भी, प्रसाद के रूप में लेकर आती हैं।

एक बार मिट्ठू वाली दादी बिना टिकट ट्रेन में बैठ गयीं। उन्हें अयोध्या जाना था। जब टिकट चेकर ने टिकट मांगा तो उससे बड़ी जोर से बोलीं: जा

भइया ! वे दूसरे डिब्बे में 'राजाराम'—बैठे हैं मेरे बाप । बिन्हईं से मांग लइयो । मैंने बिन्हईं के पास अपनो टिकट धर दओ है ।" टिकट लेकर चेकर चला गया और मिट्ठू वाली दादी आराम से अयोध्या यात्रा करके लौट आयीं ।

भोपाल के पास एक जगह है बेगम गंज । वहां यह हमारे पास रहने के लिए आयीं । बड़े भाई साहब का गौना था । हम लोग बेगम गंज के थाने में सरकारी मकान में रहते थे ।

मर्द सब चले गये थे ; घर में औरतें-ही औरतें थीं, रात में सब सो रहे थे । मिट्ठू वाली दादी जोर से चिल्लायीं : "ऐ तो पै माता पड़ जाएं ! ऐ नास मिटे, तू इतैई चोरी करने आयो हतो ! लाओ, लाओ तो बन्दूक !" बंदूक वगैरा तो वहां कुछ नहीं थी; हां, सब लोग जाग जरूर गये ।

खपरैल का मकान था । सबने सुना कि पीछे खपरैल से किसी के उतरने की आवाज आयी । वहां किसी सिपाही को भेजा गया । उसने लौटकर बताया, "खपरैल से बिल्ली कूदी थी ।" मिट्ठू वाली दादी ने सोचा था कि यहां से सब मर्द गये हुए हैं, सो जरूर कोई चोर आया होगा ।

# आजी बाई

रक्षा शर्मा

यही कोई चार महीने पहले की बात है।

बर्तन साफ करते हुए काफी दिन हो गये थे। पड़ोस में काम करने वाली नौकरानी एक वृद्धा को, जिसकी अवस्था 60 वर्ष के ऊपर ही होगी, लेकर आयी।

पड़ोसिन नौकरानी का कहना था—"इसको आप रख लीजिए। सवेरे से शाम तक आपके घर में रहेगी। 30 रुपया वेतन और खाना दीजिए। आपके छोटे-मोटे कामों में भी आपकी सहायता करेगी। इसके बहू-बेटे ने इसे घर से निकाल दिया है। यह अलग एक कोठरी लेकर रहती है। कुछ काम करना चाहती है।"

वृद्धावस्था होते हुए भी वह स्वस्थ, सुन्दर, हृष्टपुष्ट। रंग गोरा। आधे दांत टूटे हुए। सात गज की साड़ी पहने हुए। बड़ी ही आत्मीयता से बोली—"बेटा! मैं सब काम कर सकती हूं। मैं अभी बूढ़ी थोड़े ही हूं।" मैंने पूछा—"तुम्हारा नाम क्या है?" तुरन्त उत्तर मिला, "नाम पूछ कर क्या करोगी? मुझे आजी बाई ही बोला करो।" मैंने कहा—"ठीक है, आजी बाई। आज से तुम यहीं रहो; अपने आपको नौकरानी समझ कर नहीं, मुझे अपनी बेटी समझ कर।"

तो यहां से आरम्भ हुआ आजी बाई का इतिहास।

खाना परोसा गया। मैंने रात की बची हुई सब्जी का थोड़ा अंश उनकी थाली में रखा। हम लोग भी उसमें से थोड़ा-थोड़ा खाकर खत्म कर रहे थे। आजी बाई तुरन्त बोलीं—"मैं ठंडा व बासी खाना नहीं खाती।"

इसके बाद यह हाल है कि ठंडा जितना भी होता है, हम लोग ही मिलकर खाते हैं। आजी बाई को गरम ही बना कर देते हैं।

आजी बाई को फ्रिज से बहुत चिढ़ है। उनका कहना है कि यह तो धूपकाले

(गरमी) की चीज है। इसमें से लोग ठंडा पानी पीते हैं। इसकी रखी हुई चीज अच्छी नहीं होती।

इन चार महीनों में आजी बाई सचमुच ही इस घर की आजी बाई बन गयी है।

मैं सबेरे जब मिनी को उठाती हूं तो उल्टा मुझे ही डाटती हैं। कहती हैं—"तुम्हें तो नींद आती नहीं हैं, तो लड़की को भी सोने नहीं देतीं।"

मेरे भतीजे जब होस्टल से आते हैं तो उनसे हाथ मिलाती हैं। घर की कोई वस्तु यदि बाहर पड़ी हो तो उसे तुरन्त उठाकर रख देती हैं।

खाना बनाते समय यदि मैं कोई गरम बर्तन जल्दी में उठाना चाहूं तो मेरा हाथ झटकते हुए कहती हैं—"कपड़ा नहीं है क्या ?"

दीवाली पर यहां सब के नौकरों को कपड़े दिये जाते हैं। मैं भी नागपुर हैण्डलूम की एक साड़ी लेकर आयी। मैंने सोचा आजी बाई बहुत खुश होंगी। पर आजी बाई उसे उलट-पलट कर देखती हुई बोलीं, "जब पैसा ही खर्च किया था तो जरी की साड़ी लानी थी !" मैंने कहा, "आजी बाई, अब तुम बूढ़ी हो गयी हो। जरी की साडी क्या अच्छी लगेगी ?" आजी बाई तुरन्त ही बोलीं, "कौन कहता है कि मैं बूढ़ी हो गयी हूं ? मेरा बेटा भी यही कहता है, मेरी बहू भी यही कहती है कि तुम बूढ़ी हो गयी हो। पर मैं अभी बूढ़ी कहां हो गयी हूं ?"

आजी बाई को शकर बहुत पसन्द है। मेरी बेटी मिनी जब चाय बनाती है तो शक्कर कम डालती है। उसके हाथ की चाय पीने से पहले ही आजी बाई कहती हैं—"बाई, थोड़ी शकर डालती लाओ।"

एक बार आजी बाई की कमर में दर्द हुआ। मैंने दवा दी और कहा—"कुछ दिन आराम करो। यहीं रह कर आराम करो।"

मैंने एक दूसरी लड़की को बुला कर बर्तन साफ करने को कहा। आजी बाई बिगड़ उठीं। बोली, "नहीं, मैं अपना काम किसी और को नहीं करने दूंगी।"

आजी बाई ने उस लड़की को डाट-डपट कर भगा दिया।

आजी बाई का एक महत्वपूर्ण काम है उनका 'स्नान'। सब काम से निपट कर आजी बाई को एक बड़ा बर्तन भर कर गरम पानी चाहिए। गरम पानी से स्नान—वह भी अन्दर स्नानगृह में नहीं, बाहर खुली हुई हवा में।

कपड़े धोने वाले ब्रश से वह अपने हाथ-पैर घिसती हैं।

आजी बाई जब घर से बाहर जाती हैं तो घर की साड़ी पहन कर नहीं; बढ़िया 9 गजी महाराष्ट्रियन—खन की ब्लाउज पहन कर।

वह तरह-तरह के व्यंजन बनाने की सलाह देती रहती हैं। पर दुर्भाग्य से उन्हें गैस जलाना नहीं आता ।

महाराष्ट्रियन कढ़ी उनका प्रिय भोजन है। एक दिन उन्होंने मिनी को वह कढ़ी बनाना सिखा दिया। जिस दिन मिनी वही कढ़ी बनाती है, उस दिन उसकी भूरि-भूरि प्रशंसा होती है।

एक दिन हम बच्चों को 'बाल रामायण' (सिनेमा) दिखाने ले जा रहे थे। आजी बाई बोली, "मैं भी चलूंगी।" मैंने कहा "आजी बाई तुम्हें कम दिखता है न?"

बोलो, "नहीं-नहीं। झाड़ू लगाते समय कचरा नहीं दिखता। सनीमा तो दिखेगा।"

मुझे उन्हें सिनेमा दिखाने भी ले जाना पड़ा।

एक दिन मैं मिसेज शास्त्री के घर जा रही थी। आजी बाई ने कहा, "मैं भी चलूंगी।"

मुझे पैदल ही जाना था। आजी बाई भी पैदल चलने को तैयार हो गयीं। मेरे साथ चलीं तो, पर थोड़ी दूर चल कर ही बैठ गयीं। बोलीं—"मैंने सोचा ज्यादा दूर नहीं होगा।" सौभाग्य से जान-पहचान के एक कैमिस्ट स्कूटर से जा रहे थे। रास्ते में मुझे देख कर बोले—"कहां जाना है? मैं पहुंचा दूं।" मैंने कहा—"कृपया आप आजी बाई को अमुक स्थान पर छोड़ दीजिए।"

आजी बाई तो स्कूटर पर ऐसे बैठीं, जैसे कई बार स्कूटर पर बैठ चुकी हों।

ऐसी हैं हमारी आजी बाई। घर का हर सदस्य है कि आजी बाई के रोषपूर्ण व्यवहार से कभी-कभी खीझ उठता है।

पर मुझे आजी बाई के रोष में भी कहीं-कहीं ममता की झलक मिलती है।

# भांड़ा नांव

**रक्षा शर्मा**

कई दिनों से रोज एक ही आवाज कानों में पड़ती थी।

समय होता था लगभग ग्यारह बजे का। बच्चे स्कूल चले जाते। ये ऑफिस चले जाते। नागपुर के तिलक नगर स्थित पार्क के सामने वाले मकान में कभी दूर से आवाज सुनायी देती, कभी पास से : "भांड़ा नांव ! भांड़ा नांव !"

समझ में नहीं आता कि वह आदमी क्या बोलता है। कई दिन उत्सुकता बनी रही। एक दिन उसे बहुत नजदीक से देखा।

आयु लगभग पैंसठ-सत्तर होगी। कन्धों पर थैला लटकाये, ऊंची धोती और फटी कमीज पहने, एक ही आवाज लगाते हुए घूमता वह। एक दिन पड़ोसी पटवर्धन के घर उसे बर्तनों पर नाम लिखते हुए देखा। उनसे पूछा : "यह क्या बोलता है ?" उन्होंने बताया : "मराठी में बर्तन को 'भांड़ा' कहते हैं। यह नाम लिखकर पैसे कमाता है।"

एक दिन मैंने भी उसे आवाज देकर बुलाया : "ऐ बाबा ! हमारे बर्तनों पर भी नाम लिख दो।" वह बाहर आकर बैठ गया। बोला : "एक अक्षर के पांच पैसे लूंगा।" मैंने कहा : "ठीक है।"

उस दिन मैंने केवल कटोरियों पर ही अंग्रेजी में आर. एस. एस. (रामशंकर शर्मा का लघु रूप—सं.) लिखवाया ! उसने बड़ी सफाई से सारी कटोरियों पर नाम लिखा। मैंने दूसरे दिन फिर उससे आने को कहा।

तीन दिन बाद वह फिर आया। उसे खांसी बहुत आ रही थी और वह हांफ रहा था। मैंने कहा : "दादा ! तुम्हारी तबियत ठीक नहीं है, तुम क्यों आये हो ?" बोला : "क्या करें, पेट तो भरना है। एक बेटा है, पर वह अपनी बहू के कहने में है। कोई मदद नहीं करता। मैं सुनार हूं। पहले धन्धा चलता था। अब कोई नहीं आता। कभी-कभी बेटी पूछ लेती हैं। पर वह बहुत दूर रहती है। मैं उसके पास रहना नहीं चाहता।"

इतनी सब बातें करते-करते वह बेहद हांफ गया था। मैंने उसे गरम पानी में बायोकैमिक की गोलियां डाल कर दीं और कहा : "आज नाम न लिखो। एक-दो दिन में ठीक होकर लिखना।" वह माना नहीं, जैसे बिना काम किये किसी का एहसान नहीं लेना चाहता हो। कुछ बड़े बर्तन मैंने लाकर रखे। उन पर उसने पहले ही की तरह बड़ी सफाई से नाम लिखा। जब पैसे का हिसाब किया तब उसने फी बर्तन बजाय 15 पैसे लेने के (जो मैं दे रही थी) दस पैसे ही लिए। मेरे लाख समझाने पर भी वह नहीं माना।

इस प्रकार वह हमारे घर आने लगा। कभी परात पर, कभी थाली पर नाम लिख जाने लगा! वह जब आता, मुझे दो-एक बर्तन ढूंढ़-ढाढ़कर निकालने ही पड़ते।

वह आता घर के सदस्य की भांति। कभी कुछ खाता, कभी कुछ पीता। दवा मांगता। अपने बेटे के किस्से सुनाता।

कुछ समय के बाद उसका आना एकदम बन्द हो गया। बरसों बीत गये। जब कोई नया बर्तन खरीदते, उसकी याद अवश्य आती। पर उसे ढूंढ़ते कहां?

एक दिन इन (पतिदेव—सं.) से पहले वाले चीफ जियोलॉजिस्ट की पत्नी ने हमको बताया कि एक अन्धा आदमी तिलक नगर के पार्क में पड़ा रहता है। कोई थाली में पैसे डाल जाता है, कोई खाना डाल जाता है।

हम ने पार्क के सामने वाला पुराना मकान छोड़ दिया था, इसलिए हमें पता नहीं चला। एक दिन जब उधर से निकले तो उस अन्धे व्यक्ति को देखने की उत्सुकता जागृत हुई। पास में जाकर देखा।

अरे, यह तो वही है। इस जर्जर अवस्था में! मेरे मुंह से 'दादा!' सुन कर वह पहचान गया और फूट-फूटकर रोने लगा। इतना स्वाभिमानी व्यक्ति और यह हाल! बोला : "मुझे गांव का एक पड़ोसी यहां बिठा गया है कि यहां लोग तुम्हारी मदद करेंगे। अब मैं आंखों से लाचार हूं। कुछ कर नहीं सकता। बेटे ने एक बार भी मेरी खबर नहीं ली।" मेरा मन इतना भर आया कि लगा मैं भी फूट-फूटकर रोऊं। किसी प्रकार अपने को संतुलित किया। मैंने मुहल्ले के एक समाज-सेवी सज्जन के घर जाकर कहा : "आप इतना कार्य करते हैं, उस वृद्ध अंधे को वृद्धाश्रम में रखवा दीजिए।"

उन्होंने कुछ व्यवस्था की, पर एक सप्ताह बाद ही बताया : "मिसेज शर्मा, आपने जो नेत्रहीन बूढ़ा बताया था, वह तो खांसते-खांसते ही चल बसा।"

उस वृद्ध 'भांड़ा नाव' वाले के हाथों का लिखा हुआ एक-एक अक्षर आज भी उसकी कर्मठता का प्रतीक है।

# 'सहोदर भाई' टाफी

**जितेन्द्र**

टाफी से मेरी पहली मुलाकात सन् 1958 की शरद ऋतु में हुई। उसका असली नाम टाफी नहीं था। वह वेल्स का रहने वाला था। और, टाफी जातिगत वेल्श नाम होता है। वह मुझसे सिर्फ दो इंच ज्यादा लम्बा था। शरीर गठीला। देखने में कुछ-कुछ उजड्ड। उसके बाल घुंघराले और लाल थे। छोटी-सी लाल घुंघराली दाढ़ी भी थी।

वह अंग्रेजों की ऊपरी नफासत व खोखली शिष्टाचारप्रियता से नफरत करता था और बहुत भावुक था। अभिनन्दन का उसका प्रिय तरीका था—कस कर बांहों में भर लेना और याद दिलाना : "जिमी (वह मुझे जिमी कहता था) मैं तुम्हारा सहोदर भाई हूं। जो तुम्हें नुकसान पहुचाने की कोशिश करेगा, मैं उसका कत्ल कर दूंगा।"

टाफी एक ग्लास-फरनेस का मिस्त्री था। वह संडलैंड में दो ग्लास फैक्टरियों में दो जगह फरनेस निर्माण के कार्य पर नियुक्त होकर आया था। हम दोनों, यानी मैं और टाफी, श्रीमती ब्राउन के मकान में दो अलग-अलग कमरे लेकर रहते थे।

यह मकान संडलैंड में 25 क्रोफ्ट एवेन्यू पर स्थित था।

एक शुक्रवार की रात टाफी ने मेरा दरवाजा खटखटाया। जून का महीना था। रात के लगभग दस बज रहे थे। टाफी करीब आठ बोतलें न्यूकैसल बीयर की लेकर आया था।

इस समय आने का उसका मकसद था—हिन्दी सीखना। और, मुझे अपनी मातृभाषा वेलश सिखाना चाहता था। जाहिर है कि इस दिशा में हम दोनों अधिक प्रगति नहीं कर सके। लगभग आधी रात के हम दोनों एक ही पलंग पर धुत हो गये।

सुबह नौ बजे टाफी ने घोषणा की कि वह चाहता है कि मैं उसके साथ मछली

पकड़ने चलूं। मैंने उसे समझाया कि मैं इस कला से बिल्कुल अनभिज्ञ हूं। उसने मुझे सीढ़ियों पर बैठा दिया और फिर एक घंटे तक मछली पकड़ने की कला और इसमें अन्तर्निहित गूढ़ विज्ञान पर लेक्चर देता रहा।

हम ग्यारह बजे घर से चले। शहर से उसने मछली पकड़ने की डोरी, 12 कांटे, बंसी तथा अन्य जरूरी सामान खरीदा। मछली पकड़ने के लिए उसने 'पुराना घाट' (Old Pier) स्थान चुना (यह सरासर गलती थी क्योंकि समुद्री किनारा यहां पथरीला था, मछलियां नहीं थीं और इस स्थान पर केंकड़े-ही-केंकड़े थे)। मुझे भी यह पहले मालूम नहीं था। ठंड बहुत थी। तेज हवा चल रही थी। टाफी लगातार बोलता ही जा रहा था। उसे बड़ी-बड़ी मछलियां पकड़ने की उम्मीदें थीं। और लीजिए—तीस सैकेंड के अन्दर ही मछली पकड़ने की डोरी व बंसी कस गये। टाफी का चेहरा खुशी व उत्तेजना से लाल हो रहा था और उसने मुझसे भी जोर लगाने को कहा। हम दोनों ही जोर लगा रहे थे। परन्तु डोरी खिंच नहीं रही थी।

मैंने उससे कहा कि लगता है कि कोई बड़ी भारी शार्क मछली फंस गयी है। उसने बड़ी जोर से खींचा और डोरी टूट गयी !

अब तक बंसी के सात कांटे टूट चुके थे। यही हाल दो सौ गज डोरी का हुआ था। हम शहर वापस लौटे। नयी डोरी, बंसी व कांटे खरीदे गये।

दूसरे लोगों से सुनकर मैं अब तक यह जानकारी प्राप्त कर चुका था कि उस घाट पर हम लोग व्यर्थ ही समय बरबाद कर रहे थे कि हमें 'नये घाट' (New Pier) पर जाना चाहिए था। मैंने टाफी से बात की। लेकिन वह तो सुनता ही न था।

उसकी दूसरी डोरी भी, पहले की भांति ही, व्यर्थ हो गयी, और फिर तीसरी भी। और अभी तक हम लोग सिर्फ तीन केकड़े फंसाने में सफल हो सके थे। तीनों केंकड़े छोटे-छोटे व जहरीले थे।

टाफी ने उन्हें वापस समुद्र में फेंक दिया।

अब तक शाम के सात बज चुके थे। मुझे ठंड लग रही थी और बहुत जोर से भूख भी लगी थी। मैंने एक कप गरम कॉफी पीने की इच्छा टाफी से जाहिर की।

आखिर समुद्र के किनारे (सी फ्रंट) पर—एक मील की दूरी पर स्थित—एक रेस्तरां में हम लोग पहुंचे और चाय का आर्डर दिया। टाफी ने रेस्तरां में अन्दर आने वाले दरवाजे की ओर देखा (वहां दो दरवाजे थे)। वह फुसफुसाया कि हम मुसीबत में हैं। मैंने भी देखा कि वहां छः छोकरों का एक गैंग खड़ा था (ये लोग बदनाम 'टेड्डी ब्वायज' थे !)।

उन दिनों ये टेड्डी ब्वायज विदेशियों को पीटा करते थे और समुद्री किनारों

के पिकनिक-स्थलों पर गुंडागर्दी किया करते थे !

रेस्तरां का मालिक घबरा गया था; वह पुलिस बुलाना चाहता था।

लेकिन अब पुलिस बुलाने का समय न था। टाफी धीरे से उठा और उसने दूसरे दरवाजे की कुंडी चढ़ा दी।

लेकिन टेड्डी छोकरे अन्दर घुस चुके थे और मेरी ओर बढ़ रहे थे।

बिजली की फुर्ती से टाफी ने आगे वाले लड़के को पकड़ लिया। उसकी गर्दन को अपनी एक बांह की गिरफ्त में कस लिया व दूसरी से मछली काटने के चाकू को उसकी गर्दन पर रख दिया। फिर बड़े ठंडे स्वर में ऐलान किया, "अगर दूसरे लड़के ने जिमी को या दूकान को कोई नुकसान पहुंचाने की कोशिश की तो यह लड़का मारा जायेगा।"

और, जो कुछ उसने कहा था, उसे वह कर भी सकता था। बाकी लड़के चुपचाप खिसक लिये।

उसकी बांह में फंसा लड़का दर्द से कुलबुला रहा था। टाफी उसे घसीटता हुआ ले चला। चलते-चलते उसने दो पैकेट नमकीन काजुओं के खरीदे और मुझे अपने पीछे बस स्टाप तक (जो कि नुक्कड़ पर ही था) आने का अदेश दिया।

यह एक अद्भुत नजारा था।

हम तीनों बस में सवार हुए। और, भाग्य से ड्राइवर ने तत्काल बस चला दी। तभी टाफी ने अपनी गिरफ्त ढीली की और उस लड़के को झट सड़क पर धकेल दिया।

मैं तो अपनी किस्मत पर विश्वास भी नहीं कर पा रहा था।

टाफी ने रास्ते में मुझे काजू खिलाये। रात नौ बजे तक हम घर पहुंच गये।

अगले दिन टाफी ने फिर मछली पकड़ने का प्रस्ताव रखा। इस बार उसका इरादा नाव पर सवार होकर चौदह-पन्द्रह मील दूर जाने का था। लेकिन मैंने बहाना बनाकर इन्कार कर दिया।

अगले शुक्रवार को रात में लगभग 11 बजे श्रीमती ब्राउन ने मेरा दरवाजा खटखटाया। वह घबराई हुई थीं। उन्होंने बताया की टाफी घर पर नहीं है।

मैंने उनसे जाकर सोने को कहा और स्वयं नीचे आकर टाफी का इन्तजार करने लगा।

करीब साढ़े ग्यारह बजे दरवाजे पर दस्तक हुई। इस बार पुलिस का एक आदमी बाहर खड़ा था।

मालूम हुआ कि उन्होंने टाफी को एक लेड-पाइप चुराने के जुर्म में गिरफ्तार कर लिया है।

पुलिस ने दस बजे टाफी को सड़क पर मछली और चिप्स खाते हुए देखा था और यह लेड-पाइप उसके पास था।

मैंने श्रीमती ब्राउन को बुलाया। उन्होंने बताया—"यह लेड-पाइप तो रसोई घर के लिए मंगवाया गया था!"

टाफी अच्छी तनख्वाह पाने वाला मिस्त्री था। उसके तौर-तरीके उजड्ड जरूर थे, लेकिन वह चोर नहीं था। पुलिस वाला हमारे बयान से सन्तुष्ट हो गया। कार के वायरलेस द्वारा उसने टाफी को पुलिस स्टेशन से छोड़ने का आदेश दिया। पुलिस स्टेशन से लौटते समय टाफी को दो बार फिर गिरफ्तार किया गया और वह फिर पुलिस स्टेशन ले जाया गया। आखिर रात दो बजे पुलिस उसे कार पर बैठाकर घर छोड़ गयी।

अगले महीने टाफी संडर्लैण्ड छोड़कर फिनलैण्ड चला गया—फरनेस बनाने के काम पर। जाते समय वह बहुत प्रसन्न था।

उसके जाने के बाद एक साल तक मुझे उसका कोई समाचार नहीं मिला।

एक दिन मेरे दरवाजे पर फिर दस्तक हुई।

दरवाजा खोलते ही मैं टाफी की भालू जैसी गिरफ्त में था। हमेशा की तरह उसने फौरन बोलना शुरू किया और बस—बोलता ही रहा। बातें करते-करते रात हो गयी—आधी रात। उसका वही पुराना—आठ बोतलों वाला—जश्न शुरू हो गया। और मेरे लिए वह एक तोहफा भी लाया था—दो बड़े तरबूज। प्रत्येक तरबूज का वजन होगा लगभग बीस किलो।

मुझे वह तोहफा स्वीकार करना ही पड़ा। टाफी 'नहीं' सुन ही नहीं सकता था।

उसने अपने फिनलैण्ड प्रवास का किस्सा सुनाया। उस 72 घंटे तक चलने वाले जश्न के बारे में बताया जो एक झील पर मनाया गया था। इसी झील का आधा भाग रूस में आता था और आधा फिनलैण्ड में। मध्य ग्रीष्म में सूर्य वहां 72 घंटों तक डूबता ही नहीं था।

उसने बहुत से फोटोग्राफ्स दिखाये जिनमें राष्ट्रीय पोशाक में सजी 'फिन' लड़कियों के साथ एक बड़ी नाव पर वह नाच-गा रहा था।

सुबह मैं श्रीमती ब्राउन से मिला। मैंने तरबूज उनके हवाले किये क्योंकि मैं 40 किलो तरबूज खाने में असमर्थ था। लेकिन श्रीमती ब्राउन ने मुझे बताया कि उन्हें भी टाफी द्वारा दो तरबूज भेंट में मिल चुके थे और...।

और न सिर्फ उन्हें, बल्कि उस मकान में रहने वाले प्रत्येक व्यक्ति को टाफी की ओर से यह भेंट मिल चुकी थी।

अगली शाम को टाफी चला गया। तब से दुबारा उससे कभी मुलाकात नहीं हुई।

# हमारी मम्मीजी

## शालिनी शर्मा (मिनी)

बचपन से ही 'सास' शब्द से मुझे डर लगता था। कुछ तो फिल्मों का असर, कुछ आसपास की बातें। मन में यही लगता था कि सास बहुत बुरी चीज होती है।

अपनी दादी को तो हमने देखा नहीं था, नहीं तो यह भ्रम अवश्य टूट जाता।

जब विवाह के योग्य हुए और पता चला कि हमारी शादी की बातचीत म. प्र. में ही चल रही है, तब तो और भी डर लगने लगा। मन को समझाया, 'जो होगा देखा जायेगा।'

शादी हुई। भोपाल पहुंचे। चाची (मां—सं) ने बहुत सारी हिदायतें दी थीं। जैसे यह कि सुबह जल्दी उठना, रोज सुबह जल्दी स्नान करना, रोजाना सुबह अपनी सास के चरण छूना, इत्यादि। इन हिदायतों का यह असर हुआ कि हम पहले ही दिन से अपना प्रभाव जमाने में लग गये। सवेरे पांच बजे उठ गये और कड़कड़ाती ठंड में भी नहा लिये।

शुरू में घर में मेहमान थे, इसलिए मुझे मम्मीजी (सासजी) से ज्यादा बात-चीत का अवसर नहीं मिला। पर धीरे-धीरे मुझे उनके बारे में पता चलने लगा कि वह मुझे तो चाची (मां) से भी ज्यादा प्यार करती हैं। कुछ छोटे-मोटे मेरे अनुभव हैं जिनसे उनके स्वभाव के बारे में सभी को पता चल सकता है।

शादी के बाद वह रोज सवेरे मुझे अपने पास बुलाकर सुला लेती थीं और कहती थीं कि इतने सुबह उठकर क्या करोगी? फिर, धीरे-धीरे कब उठ कर चली जाती थीं, मुझे पता ही नहीं चलता था। वह सारा काम स्वयं ही करती थीं। मुझे कोई काम नहीं करने देती थीं। खाना भी मुझे वह अपने हाथों से परोस कर खिलाती थीं, कभी हम लोगों से पहले खाना नहीं खाती थीं। उनका यह नियम आज भी वैसा ही चल रहा है। कभी मैं कहती भी हूं कि मम्मीजी आप खा लीजिए पहले, तो जवाब देती हैं : मां बच्चों से पहले खाना कैसे खा

सकती है ?

शादी के पूरे तीन महीने बाद उन्होंने खाना बनवाने वाला शगुन करवाया था ।

मुझे स्टोव जलाना नहीं आता था । यदि कोई मेहमान आता तो धीरे-से अन्दर आकर स्टोव जला जातीं, फिर मेहमानों के पास जा बैठतीं थीं और फिर मुझसे चाय बनाने को कहती थीं ।

मेरे बाल खूब लम्बे व घने थे । उनको मेरी चोटी करने का बड़ा शौक था। रोज मेरे सर में खूब तेल मालिश होती और मेरी चोटी बनायी जाती ।

हमारे पड़ोसियों को यह बड़ा अटपटा लगता कि इनके घर में न तो सास बहू की शिकायत करती है, न बहू सास की । सभी इसी मौके की तलाश में रहते थे कि कैसे दोनों को अलग-अलग भड़काया जाय ।

एक दिन हमारी सास ने बताया कि "ये सब हम लोगों से जलती हैं कि इन लोगों में इतना प्यार क्यों हैं ?" बाद में कहा : "तुम इनकी बातों पर ध्यान मत दिया करो। हमारी कोई बात तुम्हें बुरी लगे, तुम मुझे सीधे-साधे बता दिया करना, दूसरे से कभी न कहना ।"

उसके बाद जब चीकूजी होने वाले थे, तब मेरी तबीयत बहुत खराब रही । मुझे कई सप्ताह अस्पताल में भरती रहना पड़ा।

वहां मम्मीजी ने जो मेरी सेवा की, वह कोई सगी मां भी नहीं कर सकती थी । टट्टी-पेशाब तक उठाकर फेंक देती थीं । मुझे डा. ने बिस्तर पर से हिलने को भी मना किया था । यदि मुझे उल्टी आती, और कोई दाई नहीं आती, तो वह स्वयं अपने हाथ आगे कर देतीं और कहतीं, "कर लो इसी में । मैं तुम्हें उठने नहीं दूंगी ।"

चीकू के होने के बाद जब मैं भोपाल आयी तब भी तीन महीने उन्होंने मुझे कुछ भी नहीं करने दिया । सभी काम वे स्वयं करती थीं ।

चीकू जब दो साल के हुए तब मैंने B.Ed. का नियमित कोर्स ज्वाइन कर लिया । मम्मीजी ने मुझे इसमें सहयोग दिया ।

मैं जब कॉलेज का काम करती तब वह कालेज वालों को खूब कोसतीं । कहतीं, "अरे बच्चों और घर-गृहस्थी वालों को इतना काम थोड़े ही देना चाहिए। क्या उन टीचरों का कोई घर-द्वार नहीं है ?" उनकी ये बातें उनका स्नेह ही दर्शाती थीं ।

फिर, छोटू के होने के बाद, मैंने स्कूल में नौकरी कर ली। स्कूल से जब मैं आती, तो वह खाना बनाकर रखतीं। स्कूल में मैं कभी extra class लेने के लिए रुक जाती, तो गरम-गरम खाना टिफिन-बाक्स में भरकर स्कूल भेज देतीं। जिस दिन खाना नहीं भेज पातीं और मैं शाम को लौटकर आती, तो मुझे लिपटा कर रोने लगतीं और कहतीं : "आज हमारी बच्ची दिन-भर भूखी रह गयी।"

जब से उन्हें पता चला कि मुझे दही पसन्द है तो रोज वह एक कटोरी में मेरे लिए दही जमा देती हैं। कोई और मांगे तो तुरन्त मना कर देती हैं।

मेरा जन्म-दिन वह हमेशा याद रखती हैं और स्वयं ही मेरी पसन्द का खाना बनाती हैं और बहुत सारे आशीर्वाद देती हैं।

ऐसी कितनी ही घटनाएं हैं जो उनके प्यार को दर्शाती हैं। उन्होंने मुझे किसी भी बात पर कभी डाटा नहीं है। आजकल वह यहां नहीं हैं, हमारी जेठानी जी के पास हापुड़ में हैं। मुझे उनकी अनुपस्थिति बहुत खलती है।

हापुड़ से उन्होंने खूब लम्बे-लम्बे पत्र भी लिखे हैं। पत्रों को लिखने में उन्हें कितना श्रम करना पड़ा होगा, और कितना समय लगता होगा, मैं इसका अनुमान लगा सकती हूं।

अन्त में मैं इतना ही लिख सकती हूं कि उनके ऋण से मैं कभी उऋण नहीं हो सकती। इतने कम समय में भी उन्होंने मुझे मां से ज्यादा प्यार दिया है। वह धन्य हैं। ईश्वर से प्रार्थना है कि सभी को ऐसी ही सास मिलें।

# बैठक वाली उर्फ ताई जी

**स्वाति शर्मा**

गोकुलपुरा आगरा की नाले वाली गली। चौड़ी गली की सीध में संकरी गली; गली के अन्त में एक कच्चा-पक्का मकान—उसमें रहती थीं बैठक वाली। अम्मा के हर सुख-दुख में उन्हें साथ देखा। घर में कोई त्यौहार हो तो वह रसोई में अम्मा का हाथ बंटाती थीं और कोई बीमार अस्पताल में हो, तो भी उसी तन्मयता से ड्यूटी बजाती थीं। किसी के भी दुख को देख कर वह बहुत जल्दी भाव-विह्वल हो जाती थीं और ऐसा लगता था, पता नहीं क्या कर देंगी। उनका बस नहीं था, वर्ना दुखी का दुख स्वयं ले लेतीं। हमारे घर से उन्हें खास लगाव था।

मुझे वह मेरे घर के नाम ('पल्ला') से न पुकार कर, 'डाक्टर साब की लाड्डो' नाम से पुकारती थीं और इसके साथ ही अपना लाड़ भी जता देती थीं। मोहल्ले के बच्चों के साथ खेल में छिपने का अच्छा स्थान था, उनका घर। बैठक वाली को ठठेरों और अहीरों के चीखते-चिल्लाते बच्चों की टोली बिलकुल पसन्द न थी। इस टोली की मैं नेता थी। ज्यादातर बच्चे एक अदद कपड़ा शरीर पर धारण किये होते थे, फिर वह चाहे ऊपर का हो या नीचे का। डर के मारे बच्चे उनके दरवाजे से पहले ही लौट आते थे।

मेरी समझ में न आता था कि जो बैठक वाली मेरे प्रति इतनी नर्म और दयालु हैं, वह और बच्चों के लिए इतनी कठोर क्यों है। अब सोचती हूं तो लगता है, वह शायद जाति भेद को ज्यादा मानती होंगी। मेरे लिए कोई पाबन्दी न थी। बाहर से खुल जाने वाली कुंडी का प्रयोग करके मैं जब चाहूं, उनके घर में प्रवेश पा सकती थी।

बच्चे जब मुझे कहीं न पाते थे तो बैठक वाली के घर के जरा पहले इकट्ठे होकर चिल्लाते थे, "पल्ला यहीं छिपी है निकल बाहर।" मेरी जगह बैठक वाली की डाट सुनने को मिलती थी। जब पूरी टोली निराश होकर लौट रही होती, तो बैठक वाली मुस्करा कर मुझे इशारा करती कि पीछे से जाकर कस के 'बिद्या' की चुटिया खींचूं, शायद इसलिए कि उसकी मां बैठक वाली से अक्सर झगड़ती

थी। मैं भी इस भाव से दबे पांव जाती थी कि बैठक वाली खुश हो, लेकिन मैं विद्या की चुटिया न खींचकर उसके गले से झूल कर लटक जाती थी और जब वह गिरती, तो उसके साथ गिरने में मुझे आनन्द आता था—इसीलिए मैं चुटिया खींचने की बात हमेशा भूल जाती थी।

सफाई की बेहद शौकीन थीं बैठक वाली। दुबली-पतली काया। सांवले रंग की। अक्सर वह साफ-सुथरी, अपने हाथ से धुली, सफेद धोती पहनती थीं। उनके पतिदेव बहुत ही सीधे स्वभाव के थे, शायद किसी दफ्तर में बाबू थे (वह सी. ओ. डी. में काम करते थे—रा. वि.)। मैंने पति-पत्नी को आपस में बात करते बहुत कम देखा था; कभी बड़बड़ाते देखा भी, तो बैठक वाली को ही। बाबूजी हमेशा श्रोता बने ही दिखायी दिये। दोनों जने भगवान के भक्त थे। बैठक वाली को सत्यनारायण की कथा पर पूरा भरोसा था। नियम से करती थीं। नवरात्र में हमेशा देवी पूजन करती थीं।

मेरी और उनकी उम्र में फासला ही फासला था। पर बैठक वाली अपने मन को मेरे काफी नजदीक पाती थी; उनकी बातों से ऐसा ही लगता था (जो कि तब मेरी समझ में कम ही आती थीं)।

एक दिन मैंने उनसे बच्चों के बारे में पूछा, क्योंकि उस समय किसी के भी घर में आधा दरजन बच्चे होना तो आम बात थी और इस घर में एक अजीब शान्ति थी। बैठक वाली ने लम्बी सांस ले कर मुझे बताया, "बेटा, बच्चे तो एक दरजन हुए, पर एक ही बेटा बचा।"

मैंने मन में तब कहा, इसमें दुखी होने की क्या बात है; भला है, वर्ना इस घर में छिपने को जगह कहां मिलती।

चूंकि सत्यनारायण की कथा के प्रताप से ही उनका एक लड़का जीवित रहा था, इसलिए उसका नाम उन्होंने 'जै नारायण' रख दिया था। मुझे सत्यनारायण की इस प्रकार की महिमा पसन्द न आयी थी क्योंकि एक ही देते, एक दरजन की क्या जरूरत थी ?

खैर, इकलौते बेटे को बैठक वाली ने कैसे पाला होगा, यह बताने की आवश्यकता नहीं। सत्यनारायण की कथा जिस दिन होती, मैं भी प्रसाद पाने की इच्छा से, नहा-धो कर, जल्दी ही उनके घर पहुंच जाती थी। कथा क्या कहती थी, इस पर मेरा ध्यान कभी न जाता था।

बस जब वह कहती, "बोलो सत्यनारायण भगवान की जै," तो मैं जोर से बस "जै" बोलती थी। हर बार की "जै" पर बैठने की मुद्रा बदलती जाती थी—जैसे सबसे पहले आलती-पालथी; दूसरी "जै" पर पंजे जमीन पर, घुटने मुड़े हुए; तीसरी "जै" पर घुटने जमीन पर टिक जाते थे, यही समझ लें कि जैसे कोई धावक तमंचे की आवाज से पहले दौड़ने को तैयार होता है। प्रसाद लेकर उन्हीं

के छप्पर से होकर छत पर पहुंच जाती थी। प्रसाद खाकर, फ्राक से हाथ झाड़कर खेल की शुरूआत होती थी।

बैठक वाली को शायद पता था कि इस नियमित श्रोता को जल्दी रहती है, सो वह भी उठकर सवेरे ही सब तैयारी कर लेती थी। इस प्रातःकालीन जल्दी ने एक दिन गजब ही कर दिया।

उनकी गली के नुक्कड़ पर एक सार्वजनिक नल था जिस पर मोहल्ले की औरतें पंचायत से शुरू होकर, झगड़े पर होती हुई, गाली-गलौज पर समाप्त होती थीं। यह सभा तब और भी लम्बी हो जाती थी जब नल देर से आता था। मैंने बैठक वाली को बड़बड़ाते ही सुना था, कभी खुलकर उन औरतों से लड़ते नहीं देखा था जिसका मलाल शायद उस महिला मण्डली को भी था।

खाना वह काफी अच्छा बनाती थीं। इसीलिए बैठक वाली को यह हक़ मिला हुआ था कि अम्मा की रसोई में कुछ बनवा सकें। नवरात्र के आखिरी दिन वह बच्चों को खाना खिलाती थीं। मैं ही अपनी मंडली के सभ्य समाज में से कुछ को चुन कर उनके घर ले जाती थी। उस दिन बैठक वाली को हंसता देख कर भी बच्चे सहमे रहते थे। मुझे विशेष प्रसन्नता होती थी—क्योंकि खाने के साथ बैठकवाली अधन्ना भी देती थीं। बिना प्रयत्न के अधन्ना मिल जाय, तो फिर क्या बात!

उस दिन के भोजन की विशेष बात होती थी शुद्ध घी का बना हलवा जो कि, जहां तक मुझे याद है, आटे का होता था। उन्हें बनाते मैंने देखा था। मेरी फ्राक की झोली में सड़क की गिट्टी होती थी, जिनसे मैं गुट्टे खेलती थी, गुट्टे लेकर मैं उनकी रसोई में चूल्हे के पास बैठती थी। वह आटा कितनी देर से भून रही होती थीं, पता नहीं। पर मेरे आ जाने के बाद भी बहुत देर लगाती थीं। सारे समय मेरा गुट्टे उछालना जारी रहता था। एकाध चूल्हे में गिर जाता तो बैठक वाली उलाहना देतीं थीं "अरी लाड्डो हौले से।" पर उन्हें भी पता था लाडो ने, न सुनी है न सुनेगी। सारे बच्चों के खा चुकने के बाद भी वह मुझसे और खाने का आग्रह करती थीं। शाम के लिए हलवा बचा लेती थीं, जो कि सिर्फ मेरे लिए होता था।

उनका लड़का बाहर पढ़ने चला गया और बाद में सुना डी. सी. एम. में उसकी अच्छी नौकरी भी लग गयी। हम लोग अशोक नगर के मकान में चले गये। कभी-कभी स्कूल आते-जाते उनसे मिल आती थी। पूजा के दिनों पर मैं बराबर उनके घर जाती रही। थोड़ी समझ आयी तो सोचा, इतनी बड़ी हैं ये, 'बैठक वाली' भी कोई नाम हुआ। अम्मा से पूछा तो बोलीं, 'ताई जी' कहा करो। मैं अब उनसे नमस्ते करने लगी, पर 'ताई जी' मुंह से न निकलता था। काफी प्रयास के बाद कहना शुरू किया, तो ताई जी को अच्छा न लगा, पर मैंने भी कह

दिया कि अब 'बैठक वाली' नहीं कहूंगी। आखिरकार उन्हें 'ताई जी' सुनने की आदत पड़ गयी। हम लोग नये मकान न्यू राजा मंडी आ गये। गोकुलपुरा काफी दूर हो गया। ताई जी एक-दो बार आयीं, पर सांस उखड़ आयी। लगता था श्वास रोग हो गया है।

बेटे के ब्याह का बड़ा चाव था—यह करूंगी, वह करूंगी। गरीबी में भी कुछ बचाकर बहू के लिए जेवर बनवाती रही। कितना उत्साह था उनमें बहू लाने का। एक दिन पता चला, लड़के ने किसी गैर जाति की लड़की से ब्याह कर लिया है। यह खबर भी उन्हें किसी और ने दी। ताईजी ने फिर भी पत्र लिखवाया—"बेटा ! घर तो ले आ बहू, देख लूं !" पर बेटे को शायद शर्म आती थी कि उनकी पत्नी इस कच्चे-पक्के घर में कैसे रहेगी। ताई जी तरसती रहीं।

एक दिन अचानक कॉलेज से लौटते समय उनके घर गयी तो देखा ताई जी रसोई में पकवान बनाने में जुटी हैं। कमरे में कोई महिला किसी पत्रिका के पन्ने उलट रही थी। मेरा अन्दाज सही निकला; बहू आयी थी। मुझे देखते ही ताई जी खिल गयीं : "अरी लाड्डो, जैनारान की बहू आयी है। कल ही जा भी रही है, सो हलवा-पूड़ी बना रही हूं।" कड़ाही नीचे उतार कर, मेरा हाथ पकड़-चर, कमरे में ले गयीं : "बहू ये लाड्डो हैं, डाक्टर साब की लाड्डो, मेरी लाड्डो।" अब बहू, जो अपनी सास को ही ढंग से न जानती थी, क्या जाने डाक्टर साब और क्या जाने लाडो। पलंग पर पूर्ववत बैठी मेरा मुआयना करती रही। मैंने ही नमस्ते कर बात करनी शुरू की। ताई जी रसोई में चली गयीं।

उस समय जितनी समझ थी, मैंने बहू रानी से यही कहा कि कैसे ताई जी को बहू लाने का शौक था, क्या-क्या पकवान खिलायेंगी, क्या-क्या बनवा कर रखा है उनके लिए, बहुत आराम से रखेंगी, दस-पन्द्रह दिन उनके पास रहकर एक बार उनकी आस पूरी कर जाना।

पर नहीं, जो स्नेह सागर मुझे दूर-दूर से ताई जी के पास खींच लाता था, वह उनकी बहू को एक दिन भी ज्यादा न रोक सका। जो सामान लेना था उसने लिया, फिर बरसों न चिट्ठी, न पत्री। कई बार ताई जी बीमार पड़ीं। पर किसे बुलायें—न कोई पता न ठिकाना।

दस साल से मैं उनसे नहीं मिल पायी। एक-दो बार घर गयी भी तो, घर में ताला देखकर लौट आयी। आस-पास पूछने की हिम्मत न हुई। डर था, कहीं कोई ऐसी-वैसी खबर न सुना दे। कम से कम अभी एक आस तो है कि कहीं न कहीं, जरूर होंगी मेरी प्रिय बैठक वाली उर्फ पूजनीय ताई जी।

# साबला

**कादम्बरी शर्मा**

जौनसार के लाखामण्डल गांव में ब्राह्मण परिवारों में एक छोटा-सा परिवार था—साबला का।

बूढ़ा 65 वर्षीय साबला; और, एक बूढ़ी औरत। अक्सर वहां से गुजरते हुए मैं बूढ़ी को अनाज बीनते, साफ करते, देखती। लम्बी नुकीली नाक। झुर्रियोंदार चेहरा। डगर-डगर झूलती गर्दन। अपनी धंसी हुई आंखों से जब वह घूरती, तो डर लगता था।

साबला थोड़ा झुका हुआ तो था, लेकिन कभी गठरी उठाये दूसरे गांव से आता मिलता, तो कभी नर्स विमला के यहां पापड़ पहुंचाता हुआ।

तो उस दिन मैं साबला के घर पहुंच ही गयी। कोने में उकड़ूं बैठा साबला चिलम से कश खींच रहा था। आंखें लाल थीं और गर्दन झूम रही थी।

अपना डेटा-कलेक्शन सम्बन्धी फॉर्म व पेन निकाल कर मैंने नाम, उम्र, इत्यादि भरना शुरू किया।

नाम : "साबला।"

"उम्र ?"

"यही 60-65 होगी।"

"काम ?"

"खेती करता हूं।"

"तुम्हारे भाई-बहन ?"

"भाई था। मर गया।"

मैंने पूछा : "साबला ! तुम्हारी शादी हो गयी ?

साबला : "हां जी ! ये जो औरत बाहर बैठी है।"

"वह ?" मैंने बूढ़ी की ओर इशारा करके पूछा। अब तो साबला मुखर हो

गया : "बहन जी, यह औरत मेरे भाई की थी। भाई की मौत के बाद यहां के रिवाज के मुताबिक यह मेरी औरत हो गयी है। यह तो उम्र में भी मुझ से बड़ी है। मेरी खेती का बहुत काम है। कोई देखभाल वाला तो चाहिए।···मैं तो अभी और शादी करूंगा।"

"शादी करूंगा"—यह बात उसने खास जोर देकर कही।

बाद में मैंने साबला के बारे में लोगों से कुछ और जानकारी हासिल की, तो मालूम हुआ कि साबला अच्छा पैसे वाला है।

कई बार शादी कर चुका है। पिछले साल ही एक शादी की थी। लेकिन औरत भाग गयी। जौनसार में पति को लड़की के बाप को धन देना होता है। इसलिए साबला को लड़की आसानी से मिल जाती है। अच्छे धन के लिए पिता अपनी पुत्री ब्याहने को तैयार हो जाते हैं।

मुझे बताया गया : "इसकी बूढ़ी औरत 'दाग' है।" ('दाग' जौनसार में जादूगरनी को कहते हैं)। "वह दूसरी औरत पर कुछ टोटका कर देती है जिससे औरत या तो मर जाती है या भाग जाती है। यह बूढ़ी साबला के धन पर से अधिकार छोड़ना नहीं चाहती और बेचारे साबला के विवाह की सारी उम्मीदों पर पानी फेर देती है।"

लेकिन साबला 65 वर्ष की उम्र में भी निराश नहीं हुआ है। वह नयी शादी की कोशिशों में जुटा ही रहता है!

# गुल्ली

**कादम्बरी शर्मा**

गुल्ली 16 वर्ष की एक गोरी, दुबली-पतली, हरिजन लड़की है। वह कुछ ही महीने दिल्ली की जी. बी. रोड से मुक्त करवाकर लायी गयी थी।

अपने उस अभियान की कहानी कौशल जी बड़े नाटकीय ढंग से सुना रहे थे—कैसे भेस बदलकर कुछ पुलिस वालों के साथ वह दिल्ली गये और जान का खतरा होने पर भी कैसे उन्होंने उसे मुक्त कराया।

गुल्ली के पिता—कमला—को उन्होंने डांटा कि जो गाय उसे सोशल वेलफेयर की ओर से दी गयी थी, वह उसने बेच क्यों दी। कमला मिमियाता हुआ अपनी सफाई में कुछ बोल रहा था। गुल्ली को ग्रुप की लड़कियां अपने टेन्ट में ले गयीं और हम उससे सवाल पूछने लगे।

वह सिर झुकाये अपनी तरफ से हर सवाल का जवाब दे रही थी। जो उसने बताया वह मानो वहां की गरीब महिलाओं के सामाजिक जीवन की संक्षिप्त कहानी थी।

गुल्ली की शादी एक गढ़वाली से की गयी थी। वहां के रिवाज के अनुसार, गढ़वाली ने कुछ पैसा कमला को दिया।

गढ़वाली ने कुछ समय गुल्ली को अपने पास रखा, फिर दिल्ली घुमाने ले गया।

और, दिल्ली में वह उसे 'गांव की रिश्तेदार अपनी एक चाची' से मिलाने ले गया। फिर वह तो लौटकर चला गया, पर गुल्ली को इस 'चाची' के हवाले कर गया। गुल्ली वहां फंस गयी।

कैसे वह गांव वापस लायी गयी, यह उसे मालूम नहीं था।

बाद में गुल्ली को मैं अक्सर घास काटने जाते देखती। मेरे पूछने पर : "कोसी नौठी तू ?" उसका एक शब्द में उत्तर होता : 'घासौं !' (घास काटने)।

गुल्ली का घर गांव में सबसे ऊपर ब्राह्मणों, राजपूतों, हरिजनों की बस्ती से अलग था। कमला—गुल्ली का पिता—ब्राह्मण या राजपूत था। एक हरिजन स्त्री से शादी करने के कारण वह जात बाहर कर दिया गया था और अपने खेत-वेत सब खो बैठा था। गुल्ली की एक बड़ी बहन थी।

कहने को तो गुल्ली को वापस गांव में रिहैबिलिटेट कर दिया गया था, लेकिन असल स्थिति क्या थी—यह कहना बड़ा मुश्किल है।

इन गांवों से सड़कों को जोड़ना, वहां बिजली-पानी पहुंचाना, एक ओर जहां हित की या फायदे की बातें हैं, वहीं ये बुराइयों के लिए भी रास्ता खोलती हैं।

ब्रिटिश समय में चकराता के पास सैनिकों का कैण्टूनमेंट होने से बुराइयों की समस्या वहां पहली बार उभरी थी।

# शाहजी

**कादंबरी शर्मा**

लाखामण्डल गांव में पहुंचते ही नीचे के कोल्टा घरों को पार करके जब मन्दिर के चारों ओर वाले दालान में पहुंचते, तो कोने का घर शाहजी का था। शाहजी—यानी लाखामण्डल के पोस्टमैन।

यहीं हमें अपनी डाक मिलती थी। घर से आने वाली चिट्ठियों का बेसब्री से इन्तजार रहता था, इसलिए शाहजी के घर का चक्कर तो प्राय: रोज ही लगता। और, कभी-कभी तो दो बार भी।

देहरादून वाले दफ्तर से जब चले थे तो हमारे बॉस ने कहा था : "पहुंचते ही तार द्वारा सूचित कर देना।" इसलिए, पहुंचते ही तारघर के बारे में पूछा। और, यह जानकर तो दिल टूट ही गया कि यहां तारघर तो क्या, डाकघर भी नहीं है।

खैर, इनलैण्ड और लिफाफों का कोश तो काफी था। लाखामण्डल गांव से 16 मील दूर चकराता में डाकघर था। वहीं डाक आती थी और चार डाकियों द्वारा लाखामण्डल पहुंचती थी। एक डाकिया चार मील दूर के गांव में डाक छोड़ता, दूसरा उस गांव से अगले चार मील पर। इस प्रकार पहली चिट्ठी का जवाब हमें 10-15 दिन बाद मिला था—और यह काफी 'जल्दी' ही था।

शाहजी बूढ़े हो चुके थे। धुंधली आंखों से डाक टटोलते थे और चिट्ठियां हम खुद ही डाक के ढेर में से निकाल लेते थे।

लेकिन शाहजी बड़े ही दिलचस्प व्यक्ति थे। लाखामण्डल के बारे में अधिकतर सूचना उन्हीं से मिली।

शाहजी की पत्नी चुस्त और सुन्दर थीं हालांकि कुछ बूढ़ी हो चुकी थीं। कानों में बड़े-बड़े तुंगल लटकाये वह या तो घर का काम करती मिलतीं या गांव के नीचे चिलम गुड़गुड़ाती हुई।

शाहजी दमे के मरीज थे। डाक लाने ले जाने का काम उनका बेटा करता, जो अच्छा गायक भी था। सबसे अधिक दिलचस्पी से शाहजी अपनी शादी का किस्सा सुनाते थे।

वह कहते थे, "मैं टिहरी का हूं, जौनसारी नहीं हूं। सुनार हूं। पहले मैं लाखामण्डल आया, तो लोगों ने उखाड़ने की कोशिश की। लेकिन मैंने काम जमा लिया और कुछ सालों में खूब पैसा बना लिया। गांव के ब्राह्मण मुखिया की लड़की तारा तेरह साल की थी और उसकी शादी पक्की हो गयी थी। वह मेरी दुकान पर आया करती थी। जिस दिन तारा को ले जाना था शादी के लिए, उस दिन मैंने उसे मकान के तहखाने से छिपा लिया। पूरे गांव में बड़ी ढूंढ़ मची, लेकिन उसका पता-ठिकाना न मिल सका।"

बाद में यही तारा शाहजी की पत्नी बनी। शाहजी को जौनसारियों के कई रिवाज पसन्द नहीं थे। वह गांव की चौपाल में नहीं बैठते थे; या तो कमरे में बैठे रहते, या धूप सेंकने बाहर आ बैठते थे।

कोल्टाओं के घर जाने का रास्ता उधर से ही था। जब भी मैं उधर जाती, वह कहते, "हां-हां, नीचे जाओ। उन्हीं के लिए कुछ करो।"

# दौलती

## कादंबरी शर्मा

लाखामंडल के करीब आधे किलोमीटर दूर एक गांव था—धौरा। यह गांव हरिजनों, यानी कोल्टाओं का था।

एक बड़ा, पक्का, सीमेंट का मकान गांव के शुरू में ही था। हां, यह मकान दौलती का ही था। बाकी सब मकान लकड़ी के थे।

दौलती 60 वर्षीय, भारी शरीर की, गोरी-चिट्टी औरत थी। उसे देखकर कोई कह नहीं सकता था कि वह 60 वर्ष की है।

दौलती को भी मैंने पहली बार करतारी की दुकान में ही देखा था। काला ढांटू। बड़े-बड़े फूलों के छाप की कुर्ती। वह करतारी की कोई नौवेल वापस करने आयी थी।

उसके जाने के बाद करतारी ने बताया था : "दौलती शराब का धन्धा करती है।" वैसे तो, शराब वहां घर-घर में बनायी जाती थी, लेकिन विदेशी शराब दौलती के यहां ही उपलब्ध थी।

ज्यादातर शहरी लोग दौलती के यहां के खरीददार थे। वह लोगों की खूब खातिरदारी करती थी, खूब खिलाती-पिलाती थी। मेहमान खुश हो जाता था। लेकिन यदि चलते समय वह मुंहमांगा दाम न चुका सका, तो दौलती उसकी घड़ी या कपड़े उतरवा लेती थी।

करतारी ने मुझे बताया : "एक बार हम घूमते हुए उसके घर के पास से गुजरे। अन्दर पेड़ पर फल लगे थे। मैं और चौकीदार की लड़की फल तोड़ने लगे, तो दौलती ने डांटा, मेरे भाई से शिकायत की और हिदायत दी कि मैं उसके घर के आसपास न घूमूं क्योंकि वहां अच्छे लोग नहीं आते।"

कुछ अर्से बाद नवरात्रि के दिन थे। शाम को भी लाखामंडल के मन्दिर में घंटे बजने लगे।

मुझे मालूम हुआ कि दौलती पूजा लगवाती है। हरिजनों का मन्दिर में प्रवेश निषिद्ध था। अतः पूजा लगाता था केदराम मेरा फील्ड-गाइड, जो कि ब्राह्मण

था। मुझे पता चला कि यह पूजा आठ दिन लगेगी और आठ दिन पश्चात् अष्टमी पर दौलती दावत देगी।

एक दिन पहले दौलती लाखामंडल गांव में निमंत्रण देने आई। मुझे करतारी की बहन बुलाने आयी। करतारी से मिलने पर उसने कहा : "दौलती ने आपको भी बुलाया है।" मैं जिनके घर में रहती थी, उनसे पूछा। उन्होंने कहा : "हम तो नहीं जायेंगे।" लेकिन मेरे जाने को उन्होंने मना नहीं किया। बहरहाल, अष्टमी के दिन मैं, करतारी और नर्स विमला वहां गये।

बाहर लाखामंडल गांव के ब्राह्मण खाना बनाने में जुटे थे। नीचे सहरा गांव के होम्योपैथिक डाक्टर की बेटियां पूड़ियां बेल रही थीं।

दौलती सबको बैठाने के इन्तजाम में लगी थी। हम अन्दर कमरे में गये। वहां सोफे, टेबिल, इत्यादि लगे थे। दीवार पर एक लड़की की तस्वीर लगी थी। पता लगा वह दौलती की भतीजी है, देहरादून के कॉलेज में पढ़ती है और दौलती ही उसको पढ़ने के लिए पैसा भेजती है।

तो इस प्रकार हरिजन दौलती के घर लाखामंडल के ब्राह्मणों और राजपूतों का भोज देखा !

कौन थी वह दौलती ?

दौलती का असली नाम था कमला। वह हरिजन थी, लेकिन छोटी उम्र में ही बहुत खूबसूरत होने के कारण चर्चित हुई। वह जब 14-15 वर्ष की थी, तभी लाखामंडल गांव के ब्राह्मण चौकीदार के लड़के के साथ भाग गयी। लड़के के परिवार को जात बाहर कर दिया गया।

लड़का कुछ दंड-विधान के बाद जात में फिर शामिल कर लिया गया। यह अब भी उस गांव का चौकीदार था और अपने लड़कों-बच्चों के ब्याह भी कर चुका था। पर दौलती ?...वह सहारनपुर में एक बड़े सेठ के पास रहने लगी थी।

उस सेठ से उसने काफी धन कमाया। दो-चार वर्ष में वह गांव आती थी। और अपनी दौलत से गांव के लोगों को चकित करती थी। शायद इसीलिए उसका नाम दौलती पड़ा हो।

अब अधिक उम्र हो जाने के बाद, वह गांव में ही मकान बनाकर बस गई थी। अब वह सिर्फ शराब बेचने का 'इज्जतदार' धन्धा करती थी। काफी बड़े-बड़े लोगों से जान-पहचान होने के कारण वह 'सेफ' थी। और हां, अब तो वह पूजा-पाठ भी करने लगी थी और अपनी भतीजी को पढ़ाने का परोपकार भी कर रही थी।

गरीब, टूटे, ऋण के बोझ से दबे, अशिक्षित हरिजनों के लिए 'शहर का रास्ता' खोलने वाली दौलती ही थी। और इन पिछड़े गांवों में 'शहरी संस्कृति' की हवा भी पहली बार दौलती ही लाई थी, जिसका रंग अब दूर-दूर तक फैल रहा था।

# बिसला

**कादम्बरी शर्मा**

बिसला का परिचय 'नेहरू युवक केन्द्र' के संचालक कौशलजी ने यह कहकर करवाया था : "यह 'कोल्टा महिला उत्थान संगठन' की सेक्रेटरी हैं।"

बिसला 35 वर्षीया, कुछ बच्चों की मां, एक सौम्य स्त्री लगी। वह न तो अधिक चहक रही थी, न एकदम मौन साधे थी। कुछ समस्याएं उसने कौशलजी के सामने रखने की कोशिश की थी !

बिसला का मकान भी लाखामंडल गांव के शुरू में ही था। सीमेंट का सफेद पुता हुआ। मटमैले लकड़ी के मकानों से भिन्न सफेद दांत-सा अलग ही चमकता था।

जब भी मैं बिसला के घर गयी, यही सुना : "वह तो काम से देहरादून गयी हैं।"

हां, एक बार बिसला घर पर मिल गयी। मैं अपनी डेटा-शीट पूछ-पूछ कर भर रही थी और वह बड़ी तन्मयता से अपनी एक वर्षीय लड़की के चेहरे की फुन्सियां साफ करने में लगी थी। सिर्फ 'हां', 'ना' या एक-दो शब्दों में ही उत्तर दे रही थी।

बिसला की कहानी भी किशनी या दौलती की कहानी से भिन्न नहीं। वह तीन-चार हरिजन भाइयों की साझा पत्नी थी जो बाद में, ऋण चुकाने के उद्देश्य से बेच दी गयी थी।

उसे वहां से 'रेसक्यू' कराया गया, या अपनी इच्छा से लौटी, यह तो नहीं मालूम—लेकिन अब वह अपना अच्छा-बुरा समझ गयी थी।

एक बार वह करतारी की दुकान से अपनी रेहन रखी फुल्ली (नाक की नथ) छुड़ाने गयी थी और मुंह की खा कर लौटी थी। उसे जवाब मिला था : "अभी तो ब्याज के पैसे ही नहीं हुए हैं, फुल्ली कैसे वापस होगी ? दूसरी फुल्ली दे दे, तो यह

ले जा।"

एक बार बिसला ने मुझे भी आड़े हाथों लिया।

मैं कोल्टा बस्ती में घूम रही थी कि बिसला ने मुझे आवाज देकर बुलाया। कहा : "आप तो दिखायी ही नहीं देतीं। मैंने तो आपकी शिकायत कौशलजी से कर दी है !"

मेरे यह कहने का कि "मैं जब आयी तुम मिली ही नहीं"—उस पर कोई असर न हुआ।

बाद में कौशलजी से मालूम हुआ कि उसकी नाराजगी का कारण यह था कि उसे अब सेक्रेटरी के पद से हटाया जा रहा था और किसी दूसरे को वह काम सौंपा जा रहा था।

फिर भी, अन्य सभी कोल्टा महिलाओं से बिसला मुझे ज्यादा समझदार और जागरूक लगी।

# किशनी

**कादम्बरी शर्मा**

मैं जब पहली बार लाखामंडल गयी, मेरी मुलाकात एक लड़की से हुई जिसका नाम था—किशनी। काला लहंगा, हरे ढांटू में वह सांवली-सी, बड़ी पतली-दुबली लगी थी। 'नेहरू युवक केन्द्र' के संचालक कौशलजी ने उसे आदेश दिया था कि मुझे ऊपर गुरुबख्श की दुकान दिखा लाये।

किशनी बड़ी फुर्तीली थी। उसने ऊपर पहुंच दुकान के मालिक गुरुबख्श से कहा : "मुझे एक सिगरेट दे। कैपटन देना।" गुरुबख्श ने कहा : "चली आयी बड़ी ! निकाल पैसे !" "पैसे मांगता है ? ···दे, सिगरेट दे !"—किशनी ने रौब से कहा था और गुरुबख्श ने उसकी ओर एक बीड़ी फेंक दी थी। किशनी ने बीड़ी सुलगायी और फिर मुझे लेकर वापस लौट आयी।

मुझे वह बड़ी रौबीली और आत्मविश्वासी लगी। बातचीत में वह अक्सर ही कुछ अंग्रेजीके शब्द इस्तेमाल कर रही थी।

दूसरी बार जब मैंने किशनी को देखा तो मैं पहचान नहीं सकी, उन दिनों मैं देहरादून में 1/2 रेसकोर्स, हरिद्वार रोड पर रह रही थी। किसी काम से मैं सुबह के वक्त ऑफिस जाने से पहले ही 'नेहरू युवक केन्द्र' गयी थी। बाहर साड़ी ब्लाउज में एक औरत और उसके साथ भारी-भरकम डील-डौल का एक पुरुष खड़ा था। मुझे भी कौशलजी से दुबारा लाखामंडल में अपने रहने, इत्यादि की व्यवस्था के बारे में पूछना था। सो, तपाक से कौशलजी ने कहा : "अरे लाखामंडल से तो किशनी आयी है।"

और फिर मैं उससे मिली। अभी 10 बजने ही वाले थे। कौशल जी ने मुझसे कहा : "तुम किशनी के साथ अस्पताल चलो। मैं आता हूं स्कूटर से। इसका पर्चा बनवा देना और कुछ देर इन्तजार करना।"

पहाड़ों पर उछलने वाली फुर्तीली किशनी, सड़कों पर अधिक उम्र की, बुझी-

बुझी-सी, लग रही थी। पूरे वक्त उसके साथ का भारी-भरकम आदमी बिना कुछ कहे चलता रहा।

हम अस्पताल पहुंचे। पर्चा बनवाया। मैंने शायद पूरे रास्ते उसकी बीमारी के बारे में नहीं पूछा। लेकिन वह मुझ से कहती रही : "आप लाखामंडल आना। कोई तकलीफ नहीं होगी आपको। हम आपके लिए सब इन्तजाम करवा देंगे।"

कुछ ही देर बाद कौशलजी भी पहुंच गये। जब डॉक्टर सब मरीजों को देख चुके, तब हम लोग अन्दर गये। कौशलजी ने हाथ जोड़ कर बड़े ही विनम्र शब्दों में अपना परिचय दिया। फिर कहा कि समाज कल्याण-विभाग की ओर से इन शेड्यूल ट्राइब वालों को मुफ्त देखने की जो सुविधा है, वह दी जाय। पूछा भी : "पहले जो एक्स-रे हुआ था, उसकी क्या रिपोर्ट है?" डॉक्टर ने दुबारा एक्स-रे का सुझाव दिया। कहा : "हाल तो वही है ; case तो complicated है और फेफड़ा हटाने के अलावा कोई दूसरा इलाज नहीं।"

किशनी जब एक्स-रे करवाने अन्दर गयी हुई थी, तब कौशलजी ने मुझे बताया : "...किशनी का एक फेफड़ा पूरी तरह खराब हो चुका है। उसे दमा की थर्ड स्टेज है, दूसरे फेफड़े में भी असर आ चुका है।" फिर जरा गुस्से से बोले : "इस हाल में पहुंचते हैं ये लोग हमारे पास ! हम ऐसे में क्या कर सकते हैं? कुछ दवाएं दे दी जायेंगी। लेकिन उनसे कुछ फायदा होने वाला तो है नहीं ! हां, एक मानसिक संतोष जरूर मिलेगा।"

फिर मैंने किशनी को काउंटर पर से दवा दिलवायी। कुछ खाने की गोलियां थीं। लेकिन किशनी इनसे काफी सन्तुष्ट दिखायी दी।

इससे अगली मुलाकात फिर लाखामंडल में हुई। करतारी की रसोई में बैठकर मैं चाय पी रही थी कि वही भारी-भरकम आदमी आया और उसने करतारी से कुछ कहा। करतारी ने अनुवाद करके बताया कि वह कह रहा था कि किशनी मुझे याद कर रही है।

मैं टार्च लेकर नीचे उतरी। (लाखामंडल के किसी भी पहाड़ी गांव में प्राय: कोल्टा—जो एक नीची जाति समझी जाती है—लोगों के घर कुछ नीचाई पर होते हैं। ऊंची जाति वालों—जैसे ब्राह्मणों या राजपूतों—के घर पहाड़ की ऊंचाई को तरफ होते हैं)। जब हम नीचे पहुंचे तो देखा, किशनी फर्श पर लेटी थी। उसे तेज बुखार था। उसकी एक बूढ़ी मां भी वहीं पर थी और एक 7-8 साल की लड़की भी वहीं खेल रही थी। किशनी ने मां से मेरे लिए चाय बनवायी और कहा : "मुझे तो बड़ी खुशी है कि आप यहां पहुंच गयी हैं।"

मेरे पास बुखार की कुछ गोलियां थीं ; वह आदमी जब मुझे छोड़ने ऊपर

आया, तो मैंने उसे किशनी के लिए गोलियां दीं। बाद में, अपने लाखामंडल-प्रवास के दौरान मैं अक्सर उससे मिलती रही।

धीरे-धीरे करतारी व अन्य लोगों से मुझे किशनी का परिचय मालूम हुआ। कोल्टा जाति की किशनी गरीब थी। इन लोगों के पास प्रायः जमीन नहीं होती और इनमें अधिकांश लोग बंधुवा मजदूर होते हैं। बहुत-सी स्त्रियों को उसके परिवार के ही पिता या भाई, कर्ज उतारने के लिए, बेच देते हैं और इस प्रकार, ये मासूम लड़कियां सहारनपुर, कानपुर, दिल्ली के चकलों में पहुंच जाती हैं। तब पैसा और आराम इन लोगों की आदतें बिगाड़ देता है। 'नेहरू युवक केन्द्र' ने कुछ लड़कियों को इन चकलों से मुक्त करवाया था।

लेकिन दुबारा लौटने पर गांव की जी-तोड़ मेहनत से घबरा कर ये फिर भाग जाती हैं। और अगर भागती नहीं भी हैं, तो खेत में मेहनत के काम के बजाय कोई आसान काम करना अधिक उचित समझती हैं। किशनी तथा उसी प्रकार की अन्य स्त्रियों को रिहेबिलिटेट करने के लिए समाज कल्याण विभाग और 'नेहरू युवक केन्द्र' की ओर से इन्हें सिलाई की मशीनें दी गयी थीं।

बिस्सू मेले के दिन थे। मैं जब किशनी से मिलने गयी, तो उसी भारी-भरकम आदमी को मैंने सिलाई मशीन पर झुके लहंगे सीते देखा। किशनी उस दिन कुछ स्वस्थ थी। खुशी भरी वह मुझे तरह-तरह के छींटदार लहंगे दिखा रही थी : "बड़ी उम्र की स्त्रियां काली गोट का लहंगा लेती हैं जबकि लड़कियां छींट की गोट वाला लहंगा पसन्द करती हैं। ढांटू लेना हो तो मखमल का लेना चाहिए—काले रंग का, जो 10 रुपये का आता है और चकराता में मिलता है!"

हां, यह किशनी से मेरी आखिरी मुलाकात थी। काम करने के लिए पैसे वाली औरतें अक्सर कोई आदमी रख लेती हैं। और वह आदमी भी इसी प्रकार का था। बच्चे किशनी की बहन के थे।

•

एक बार मैं जब कोल्टा लोगों के टोले में (यानी उनकी बस्ती में) घूम रही थी, तो दो स्त्रियों से, जो दोनों ही कोल्टा थीं, कुछ बातें करने के इरादे से ठिठक गयी। एक औरत धान कूट रही थी। मैं पास ही रखे पत्थर पर बैठ गयी। मैंने उस औरत से भी कहा बैठने के लिए। लेकिन वह बोली : "बहन जी, हम तो बैठ नहीं सकते।" मैंने पूछा, "क्यों?" तो उसने मुझे अपनी कुहनियां व कमर दिखाई जो बड़ी-बड़ी काली फुंसियों से भरी थीं। फिर लहंगा उठा कर उसने मुझे अपनी पिंडलियां दिखायीं। वे भी मोटी-मोटी काली फुंसियों से भरी थीं। उसने मुझसे

कहा, "...ऊपर तो और भी बुरा हाल है।" इस तरह की बीमारी वहां पर न सिर्फ औरतों को, बल्कि मर्दों को भी थी—और वे इसे 'गर्मी' के नाम से जानते हैं। कुछ लोग तो लेट भी नहीं सकते। जिन अंगों में फुंसियां थीं, वे मानो घावों से पक गये थे और कपड़ा भी उन पर लगता था। यह बीमारी अधिकतर कोल्टा लोगों में तो थी ही, कुछ ऊंची जाति के लोगों में भी थी। पूरे लाखामंडल गांव के करीब 75% व्यक्ति इस तरह की बीमारी से पीड़ित लगे।

इसी तरह, बाद में जब मैं जौनपुर के 'नैन बाग' गांव में रही, तो जिस घर में मैं रहती थी वहां एक छोटी-सी 4 महीने की बच्ची को यह खुजली की बीमारी थी। उसके हाथ मानो पके हुए फोड़ों से भरे थे और उसे लोग गोदी में नहीं ले सकते थे। पूरी रात वह छोटी-सी लड़की चीखती रहती थी। मेरे पास खुजली की सफेद दवा थी। एक दिन दोपहर को मैंने उसे वह लगायी तो उसे आराम मिला। बाद में रोज दोपहर को मैं उसकी मां को वह देने लगी।

कुछ ठीक होने पर मैंने उस बच्ची को हसते-चहकते देखा। वह खुश थी और उसे खुश देखकर मुझे भी अपार प्रसन्नता हुई।

# पम्पी फ्रॉम पुरोला

**कादम्बरी शर्मा**

शीघ्र ही वह दिन आ पहुंचा जब मैं सामान सहित पुरोला आ गयी। मैं लाखा-मंडल में लंहगे, ढांटू वाली स्त्रियों के बीच रहती थी। यहां श्रीमती कमला उनियाल को साड़ी में देखकर अच्छा लगा।

थोड़े दिन बाद उनकी सत्रह वर्षीय बेटी पम्पी (प्रमिला) भी आ गयी।

प्रमिला लम्बी, खूबसूरत, स्मार्ट लड़की थी। आते ही मुझे एक नजर देखा। नमस्ते की। और, मां को डाटना शुरू कर कर दिया: "मां, यह तूने क्या कर रखा है कमरे का? मैं एक दिन भी बाहर रहूं, तो पीछे से घर का क्या होता है! दीदी, इस मां ने तो आपको ठीक से खाना भी नहीं खिलाया होगा।"

अब हम तो कमरे से बाहर आ गये, वह सफाई इत्यादि में जुट गयी। उसके साथ उनियाल की पत्नी व दो बच्चे भी देहरादून से आये थे।

थोड़ी देर बाद वह किचन में थी व वहां से उसके गाने की आवाज आ रही थी। आवाज खुली हुई थी व स्वर अच्छा था।

शीघ्र ही मेरी प्रमिला से दोस्ती हो गयी। अब हम प्रायः सुबह साथ-साथ नदी किनारे जाते थे। पत्थरों पर बैठकर हम कपड़े धोते थे। वह गाने गाती थी, मैं सुनती थी। उसने बताया—"मेरी सहेली जगतमा थी। उससे मैंने गाना सीखा।" मुझे उसने सिखाया—"गाते समय आवाज को खींचो मत, लोच होनी चाहिए। शास्त्रीय गाने गाने से स्वर अच्छा हो जाता है।"

लौटते समय झाड़ियों में से हम बेर, कसमोढ़, इत्यादि, तोड़ते और खाते थे। कभी-कभी देर हो जाती थी। मेरे कारण पम्मी को मां की डांट नहीं पड़ती थी।

इन लोगों के यहां एक कमरा व एक किचन था। प्रमिला के तीन भाई थे। बीच वाले भाई बस में टिकट चेकर थे। कभी-कभी ही घर आते थे। प्रायः वह उनियाल

की दूकान पर रहते थे। बड़े भाई कहीं पी. डब्लू. डी. में ड्राफ्टिंग करते थे। सबसे छोटे भाई आर्मी में थे।

इन लोगों का मकान थोड़ी नीचाई में था। ऊपर की तरफ एक इंजीनियर का मकान था। उनकी पत्नी व मां उन दिनों पुरोला में थे। प्रायः शाम को इंजीनियर साहब हमें मां के साथ सड़क पर घूमते मिल जाते थे। उनकी पत्नी की एक झलक भी मैं नहीं देख सकी। न जाने किस डर के कारण वह अपनी पत्नी को बाहर नहीं निकलने देते थे।

एक दिन पम्मी ने मुझे आवाज देकर ऊपर बुलाया। मेरे वहां पहुंचने पर उसने बताया कि अभी-अभी 'उसकी' (इंजीनियर साहब की) श्रीमती जी बाहर आयी थीं। थोड़े दिन बाद उनकी पत्नी व मां बाहर चली गयीं।

पम्मी इंजीनियर को 'कबूतर' कहती थी। वह इन्हें इनके घर के नाम 'गज्जू' से ही बुलाती थी। एक बार पम्पी उनके अहाते में लगे नल से पानी ले रही थी, वह बहुत से कपड़े भी वहां धोने के लिए ले गयी थी। अन्दर से गज्जू ने अपने नौकर द्वारा मना करवाया तो पम्मी ने खूब चुन-चुनकर सुनाना शुरू कर दिया— "बेवकूफ, हम तो यहां से लेंगे पानी। हमें मना करता है? बाहर आकर कहने की तो हिम्मत नहीं। अपनी बीवी को घर में घोंटकर रखता है!" इत्यादि।

पुरोला में 'लीला' महाभारत की शुरू होने वाली थी। पम्मी बहुत उत्सुक थी लीला देखने को। उनियाल ने व प्रमिला के भाई ने पहले दिन जाने के लिए मना किया था। लेकिन रात के दस बजे पम्मी पीछे पड़ी कि चलो। मैंने पहले तो समझाया व मना किया। लेकिन फिर, कोई उपाय न देख, चलना पड़ा।

हमारे पास टार्च थी। लाइट तो वैसे भी वहां नहीं थी; हां पी. डब्लू. डी. के कुछ अफसरों के घर बिजली थी। दो किलोमीटर के सुनसान रास्ते में हमें कोई नहीं मिला। सिर्फ नदी की कलकल सुनाई दे रही थी। बाजार के नजदीक पहुंचने पर भी मेले की कोई चहल-पहल नहीं थी। बड़े मायूस होकर हम लौटे।

रास्ते में पुल के पास पहुंचने पर सियारों की 'हुआ-हुआ' सुनाई दी। चारों तरफ सन्नाटा। हम लोग तेज चलने लगे।

तभी ऐसा लगा कि पीछे कोई भागा आ रहा है। हमने मुड़कर देखा। पीछे कोई नहीं था। अब प्रमिला ने टार्च मेरे हाथ से ले ली व बहुत तेज-तेज चलने लगी। प्रमिला घर पहुंच कर बोली :

"पीछे कोई भूत था। मैं शेर से, बघेरे से, सांप से नहीं डरती; लेकिन भूत से डरती हूं!"

मैंने कहा, "वह आवाज हमारे कपड़ों की रगड़ की आवाज थी ।"

मैं यहां से 15 जून को अपने फील्ड-वर्क का पहला फेज पूरा करके वापस देहरादून आ गयी।

बाद में मुझे पम्मी के पत्र मिलते रहे। ऊपर लिखा होता था : 'DearDidi' फिर फूल बने होते थे। फिर मामूली-सी इबारात। तब "Good Bay. Yours Pammi from Purola.'

उसे अंग्रेजी सीखने का शौक था। वह रात को इंगलिश स्पीकिंग कोर्स की मोटी-सी पुस्तक को बड़े ध्यान से पढ़ती थी व मुझसे पूछती रहती थी। इतना कष्ट उठाने का एकमात्र उद्देश्य था—"किसी प्रकार कबूतर (गज्जू) को अंग्रेजी में परास्त कर सकूं !"

# भाई शबीर

**सोना शर्मा**

दूकान अभी खुली भी न होती कि ग्राहक तीन-चार चक्कर लगा चुके होते । बन्द दरवाजे को देखकर बेचारे लौट-लौट जाते ।

नुक्कड़ पर, बड़ी-सी नाली के ठीक ऊपर स्थित इस दूकान पर भीड़ उसी तरह आती-जाती रहती थी जिस तरह आगरा में जमुना नदी के किनारे स्थित ताज को देखने देसी-परदेसी लोगों की भीड़ आती-जाती रहती है । ताज में मुगल-कालीन नक्काशी की बारीकियों के नमूने हैं तो इस दूकान में दुनिया की हर अजीबो-गरीब लेकिन इन्सानी जरूरत की चीज । इसीलिए तो यह एक आम नहीं, खास दूकान थी ।

सुबह जैसे ही गली में चहल-पहल कुछ बढ़ती, इस दूकान के पट धीरे-से खुल ही जाते । दूकान बाहर से देखने में ऐसे लगती जैसे कोई सुरंग हो । बाहर से चौड़ी और अन्दर से अंधेरी और पतली । हां, दूसरी सुरंगों की तरह नीचे को न जाकर ऊपर को जाती थी । इस सुरंग का दूसरा छोर कहां था, पता नहीं । कारण यह कि दूकान के बाहरी कुछ हिस्से तक तो रोशनी रहती, लेकिन अंदर के हिस्से पर अंधेरे का पर्दा-सा पड़ा होता । ग्राहक की खालिस निगाहें भला क्या देख पातीं ! बेचारे सूरज महाराज तक अपनी तेज किरणें वहां पहुंचा पाने में असमर्थ थे ।

हां, इस अंधेरी सुरंग में, दूकान के मालिक दूकान खोलने के बाद अन्तर्धान हो जाते । ग्राहक प्रतीक्षा में खड़े रहते कि वह अब दर्शन दें और अब दें, लेकिन अन्दर से लगातार खटर-पटर की तेज आवाज ही आती रहतीं। और फिर यकायक एक ग्राहक दूसरे को ढकेलता हुआ चिल्लाता, "हटियो, जरा बचियो यार" । और, ग्राहकों के हटने-बचने तक एक मोटी, भारी-सी चीज दनदनाती हुई अन्दर से आती और धमाके के साथ उनके बिलकुल करीब गिरती । देखने पर ज्ञात

होता है कि वह और कुछ नहीं एक मोटा-ताजा चूहा ही तो है—मरा हुआ।

फिर कुछ देर बाद इसी तरह कोई छोटी चुहिया भी आकर नाली में तैरने लगती। बाहर खड़े लोग समझ जाते कि दूकान का मालिक हर भले और समझदार दुकानदार की तरह सुबह-सुबह अपनी दूकान की सफाई कर रहा है!

अंत में प्रत्यक्ष होते वही जिनकी प्रतीक्षा में लोग इतनी देर से पलकें बिछाये खड़े होते। लगता मानो अंधेरे में से एक नरकंकाल हिलता-डुलता-सा चला आ रहा है।

दूकान की बगल में एक मजार थी जिसके पास पीपल का पेड़ था। यदि लोग दूकान के मालिक को दूकान के अन्दर जाते न देखकर उन्हें सिर्फ अन्दर से बाहर आते ही देखते तो उन्हें जरूर यही लगता कि पीपल पर रहने वाली आत्मा मनुष्य का रूप धारण कर सुरंग के रास्ते बाहर आ रही है। एक हाथ में दिया या मोमबत्ती; दूसरे में एक मोटे-तगड़े मूसे की पूंछ पकड़े वह खरामा-खरामा आते दीखते। किसी डिब्बे पर मोमबती टिकाते। दूकान के दरवाजे पर उनकी पूरी आकृति प्रकट होती तो पसीने से तर-बतर। बच्चे फटी-फटी आंखों से कभी मोटे मूसे की भारी लाश को नाली में धीरे-धीरे खिसकते देखते, कभी, नर-कंकाल की धंसी हुई, लेकिन जीत के गर्व में चमकती आंखों को।

दूकान की सफाई हो गयी।

दूकानदार के बैठते ही आवाजें शुरू हो जातीं: "भाई बशीर, फलां चीज देना," "भाई बशीर, फलां चीज।"

बाबा आदम के जमाने की इस दूकान की जो खासियत थी वह यह कि इस दूकान पर हर तरह की चीज मिल जाती थी। ऐसी चीज तक जिसका नाम सुनकर अन्य बड़े-बड़े दूकानदार या तो देर तक 'क्या?' 'क्या?' करते रहते, या बस अपनी खोपड़ी ही खुजाते रह जाते। लेकिन बशीर की दूकान पर जाकर आप उसी चीज का नाम जरा जोर से ले दीजिये। बशीर पहुंचे हुए फकीर की तरह आपकी झोली अवश्य भर देगा।

बशीर की दूकान पर पोस्टकार्ड-लिफाफों से लेकर पीने की तम्बाकू और चिलम तक मिल जाती थी। इतना ही नहीं। हर प्रकार की चीज जैसे रतन ज्योति, बाय बडंग, कुलंजन शीरी, काऊ कद्दू का तेल, अमलतास की फली, आदि, आपको और कहीं नहीं सिर्फ इसी दूकान पर मिल सकती थी। बशीर में बस एक ही नुक्स था। वह ऊंचा सुनता था। अतः लोग दूकान पर अक्सर चीखते-चिल्लाते नजर आते। बच्चे, बूढ़े, पहलवान, गधे वाले, पर्दानशीन, बुर्केवालियां ही नहीं, दूकान के सामने आरजूमद फैशन में लकदक, इतराती, पान चबाती, रह-रहकर आंखें व गरदन मटकाती यानी पल-पल, छिन-छिन अपनी नई-नई अदायें बिखेरतीं प्रतीक्षारत (गंधर्वकुमारियां तो नहीं, हां) तालियां बजाती

बड़ी और छोटी 'बी' यानी मुहल्ले की रौनक भी यहां उपस्थित होतीं जो अपनी भारी (मर्दानी) आवाज में 'बशीर भाई, बशीर भाई' की जब रट लगातीं तो उनकी असलियत खुल ही जाती।

लोग चीख-चीखकर अपनी जरूरत की चीज का नाम लेते रहते, लेकिन बशीर के मुंह से 'अच्छा' जैसा छोटा-सा शब्द भी न निकलता। बस, एक हल्की-सी हुंकार होती—'हूं'। इस 'हूं' में दुनिया की जाने कितनी चीजों की पहचान और उपलब्धि भरी होती।

मुंह में आधीजली बीड़ी दबाये भाई बशीर अपने काम में इतना तन्मय रहते कि उन्हें यह देखने की भी फुर्सत न होती कि ग्राहक नवाब है या फकीर, कोई अजीज है या अजनबी।

रुपये-पैसे, वह जिस बोरी पर बैठते थे, उसके नीचे किनारे की तरफ रखते थे। आधुनिक दुकानदारों की तरह उनके पास कोई 'सेफ' तो था नहीं। बस बोरी का किनारा उठाते, पैसे नीचे रखते, या बकाया ग्राहक को वापस दे देते।

पुरानी चीजें, पुरानी दुकान और वृद्ध दुकानदार की इस दुकान पर सबसे ज्यादा रौनक और भीड़ रहती। दुकान के खुले दरवाजे के सहारे एक बोर्ड रखा रहता था जिस पर किसी सनसनीखेज सिनेमा का पोस्टर चिपका होता। इस दुकान में बरसों तक और तो कुछ बदलता नहीं था, सिवा इन पोस्टरों के। कभी 'हातिमताई' सिनेमा का पोस्टर होता तो कभी 'अलख-निरंजन' का और कभी 'किस्सा गुलबकावली' का।

ग्राहक दुकान पर आता, सामान खरीदता, पोस्टर देखता और चीज मिलने की संतुष्टि व खुशी में पिक्चर का गाना गुनगुनाता चला जाता।

और भाई बशीर ?

किसी अन्य ग्राहक की मुराद पूरी करने के उद्देश्य से फिर अंधेरी सुरंग में खो जाते।...

# रंगप्पन

## मुकुल शर्मा

एर्नाकुलम के समीप के एक छोटे-से गांव से दिल्ली आ पहुंचे—श्रीयुत टी. रंगप्पन। बदन पर बुशर्ट और लुंगी डाले, सर पर संदूकची रखे, ग्रेटर कैलाश में, लाला जगन्नाथ कपूर की कोठी पर आये। कपूर साहब ने उन्हें अपनी कोठी के पीछे बने सर्वेन्ट्स क्वार्टर्स की कोठरी में टिकाया। उनके खाने-पीने के लिए कुछ रुपये दिये।

कुछ दिन तो श्रीयुत रंगप्पन कपूर साहब के घर के नौकर की तरह रहे। फिर उन्हें कपूर साहब ने अपने लड़के चन्दन कपूर की फैक्ट्री में काम पर लगा दिया। उन दिनों फैक्ट्री में काम अभी चूंकि चालू ही हुआ था, इसलिए रंगप्पनजी दिन-रात मेहनत करते थे। धीरे-धीरे फैक्ट्री अपने पैरों पर खड़ी हुई! काम बढ़ा। काम करने वाले बढ़े। रंगप्पनजी का रुतबा भी बढ़ा।

जो लड़का पहले मलयालम के अलावा दूसरी किसी भाषा का एक शब्द भी नहीं जानता था, वह अब हिन्दी में 'इंजीनियरों' और अकाउंट्स क्लर्कों से काम लेने लगा। क्या मजाल कि उसकी सहमति के बिना फैक्ट्री का पत्ता भी हिल जाय!

कपूर साहब के घर पर होने वाली पार्टियों में रंगप्पन उनकी फैक्ट्री को रिप्रेजेन्ट करता; चन्दन और वह, दोनों साथ शराब पीते; यह बात अलग है कि फैक्ट्री के रजिस्टर में उसके नाम के आगे अभी भी 'वर्कर' ही लिखा जाता था। फिर भी उसका परिचय कम्पनी के फोरमैन के रूप में कराया जाता।

और हां, उसके भाई के साले थॉमस का परिचय असिस्टेंट फोरमैन के रूप में! बाकी सब जो 'वर्कर' कहलाते थे, उनके नाम के आगे हेल्पर ही लिखा जाता।

सो, मेरे ओखला की फैक्ट्री ज्वाइन करने पर पहले दिन ही रंगप्पनजी से परिचय

होना स्वाभाविक था। काम चालू होते ही, उन्होंने मुझे टेस्टिग मशीन पर लगाया और 'समझाया' कि कैसे काम करना है।

शुरू-शुरू में मैंने उनका रौब सहा। फिर उनको कुछ समझा। कुछ उन्होंने भी मुझे समझा। और फिर, दोनों मित्रवत काम करने लगे।

मेरे टेस्टिग डिपार्टमेण्ट में कुछ अन्य इलैक्ट्रोनिक्स के डिप्लोमा होल्डर व बी. एस-सी. पास लड़के काम करने लगे। एक बार इन लोगों की इस शिकायत पर कि रंगप्पन—जो टेस्टिंग के यंत्रों के बारे में कतई कुछ जानता नहीं—उन्हें डांटता क्यों है, टेस्टिंग सेक्शन मेरे पास आ गया। दोस्ती हम दोनों में अब भी थी। लेकिन अब हम उतने नजदीक नहीं रह गये थे।

एक दिन डाई मशीन के नीचे रंगप्पन की उंगली आ गयी। उसे अस्पताल में दो महीने रहना पड़ा। फैक्ट्री थॉमस देखता था। परन्तु कुछ बातों को लेकर लोगों का उस पर से भी विश्वास उठ गया।

रंगप्पन अस्पताल से आकर फिर काम देखने लगा। पर एक दिन लाला जगन्नाथ कपूर मुझे फ्लोर पर ले गये और फैक्ट्री का सारा काम पूर्ण रूप से मुझे समझाया!

उसी दिन शाम को रंगप्पन दस-पन्द्रह लड़कों के ग्रुप के साथ कहीं जाता दिखायी दिया।

सो, गुपचुप यूनियन बन गयी। मैं जब फ्लोर पर जाता, तो दबी-दबी आवाजों में 'चमचा' 'चमचा' शब्द सुनायी देता।

परेशान होकर एक दिन शाम को फ्लोर पर ही मुझे रंगप्पन से कहना पड़ा: "अगर मुझे दुबारा यह शब्द सुनायी दिया तो तुम्हारे, और कहने वाले के, सारे दांत बाहर आ जायेंगे।"

आखिर एक दिन रंगप्पन के कमरे पर कपूर साहब के ड्राइवर ने छापा मार कर यूनियन के सारे कागजात हासिल कर लिए।

अगले दिन रंगप्पन मेरे पास आकर ड्राइवर के बारे में भले-बुरे शब्द कहने लगा। बोला: "यह कौन है मेरे कमरे में आने वाला? कपूर साहब मेरे बाप की तरह हैं। चन्दन मेरा भाई के माफिक है। मैं इसको कम्पनी से निकलवाये बगैर छोड़ेगा नहीं।"

खैर ड्राइवर तो नहीं निकला, श्रीयुत रंगप्पन को ही कम्पनी छोड़नी पड़ी। उसके फैक्ट्री छोड़ने पर स्ट्राइक हुई भी—और टूटी भी।

पिछले दिनों एक दिन अचानक वह मुझे मिल गया। बड़ी देर तक बातें होती रहीं। उसका आरोप था कि स्ट्राइक में उसको लोगों का साथ नहीं मिला। मैंने कहा : "तू रहता कपूर साहब के घर में था। उन्हें अपना बाप बताता था। और...लोगों से सपोर्ट भी मांगता था ? तेरा चक्कर ही अजीब था !"

चलते-चलते मैंने पूछ ही लिया : "अब तो कहीं किसी को अपना बाप नहीं बना रखा ?"

"नहीं, अब किराया देकर रहता हूं।" उसने कहा।

# तीन बॉस

**कादंबरी शर्मा**

अपने छोटे से जीवन काल (नौकरी के) में भिन्न-भिन्न बॉसों से सामना पड़ा।

अपने सबसे पहले बॉस की ही बात लें। वैसे वह बॉस नहीं थे। परन्तु असली बॉस ने—जो बाहर जा रहे थे—उन्हें अपने अधिकार सौंप दिये थे। सो यह उन अधिकारों का प्रयोग हम दो 'फेलोज' पर जी भर कर करते थे।

हम उनके सामने पहले से ही तैयारी से जाते थे।...पर जो सामग्री हम उनके सामने रखेंगे, वह उसे देखेंगे तक नहीं और सीधे हमें देखते हुए कहेंगे—अच्छा, यह जुर्रत कि काम पूरा कर लाये !

और फिर हमें जो उधेड़ने लगेंगे तो बस उधेड़ते ही चले जायेंगे।

हमने अपनी 'फील्ड-डायरी' इनके सामने रखी जिसमें प्रति-दिन के काम का लेखा-जोखा एक-एक लाइन में करना था।

जैसे, दिनांक, 15-6-1979 : "Arrival in the village"। ठीक है। अब अगले दिन हमने लिखा : "सामान खच्चर द्वारा गांव तक पहुंचाया।" तो हमारे बॉस इसे काम मानने को तैयार ही नहीं ! वह कहेंगे—"सामान तो खच्चर ले गया था, तुम क्या कर रही थीं ? इसमें डैटा-कलेक्शन क्या हुआ ?"

अगले दिन हमने लिखा था : "गांव का मेला—'बिंस्सू'—देखा !"

लीजिए, अब कहेंगे : "तुम मेला देखने गयी थीं या काम करने !"

और, इतना महत्वपूर्ण एन्थ्रोपॉलौजिकल आब्जर्वेशन काट दिया गया !

हमारे मित्र—'फेलो' सरदारजी—गूजरों के गांव में गये। रास्ते में जंगल था। अतः शेर भी थे। उन्होंने जगल व शेरों का जिक्र अपनी रिपोर्ट में कर दिया।

हो गयी खिंचाई : "तो आप शेर से डरते हैं ? क्या खा जाता तुम्हें ?...तो फिर गधे, गीदड़ और अन्य जानवरों का जिक्र क्यों नहीं किया ?" इत्यादि।

जब बॉस चले जाते तो हम जी भर कर उन्हें कोसते।

पहले हम पहले फ्लोर पर हॉल मे बैठते थे, जहां अन्य कुछ लोग भी बैठते थे।

आने-जाने वाले दिखायी देते थे और हम भी अपने हॉल से निकल कर सबके हालचाल पूछते घूमते थे।

पर अपना जीवन-काल शुरू होते ही, हमारे बॉस ने हमें सबसे ऊपर कोने के कमरे में पहुंचा दिया जहां से मसूरी की बर्फ के अलावा और कुछ नजर ही नहीं आता था।

हमारी दूसरी बॉस महिला थीं। हम कुछ देर से पहुंचे हैं। दरवाजा खोलते हैं। वह किताब में आंखें गड़ाये हैं। आप कहते हैं : "sorry madam"। वह कुछ नहीं कहतीं।

आप काम में लग जाते हैं। चौथे दिन किसी बात पर गुस्सा होंगी, तो चार दिन पहले का भी हिसाब करने बैठ जायेंगी।

हम चार-पांच दिन बाद दफ्तर गये—मेडीकल सर्टीफिकेट व लीव एप्लीकेशन से लैस होकर। आप ये उनकी टेबिल पर रख देंगी। वे उड़ती नजर से देख लेंगी।

थोड़ी देर बाद आपको अपनी लीव एप्लीकेशन अपनी टेबिल के नीचे उड़ती हुई मिलेगी।

हमसे कहा गया है : "कल फील्ड पर जाना है।" बॉट्ल्स धोकर सब तैयारी करके रखेंगे। वक्त से पहले दफ्तर पहुंचेंगे ! ग्यारह बजे फोन आयेगा : "मुझे डेंटल सर्जन के पास जाना है। फलां से फलां काम करा लो, ऊपर की लैब से यह सीख लेना। कल्चर कर लेना।" इत्यादि।

मैं ऊपर की लैब से आकर देखूंगी—शाम तक उनका कोई पता नहीं !

या फिर, सारे दिन का काम हो गया है। चार बज गये हैं। खिड़की से देखा, बाहर स्पेशल (डी. टी. सी.) बस खड़ी है, जिसका चलने का समय 4.30 बजे शाम है। हम चलने की तैयारी करते हैं।

दरवाजा खुलता है : "कादम्बरी ! जरा माइक्रोस्कोप में स्लाइड लगाना।" हम फटाफट लगाते हैं। फिर, "यह स्लाइड धोकर लाना।" हम धो लाते हैं। (अभी भी बस जाने में पांच मिनट बाकी हैं।)

अब उनकी आवाज आयेगी : "ये जरा डार्क स्टेन्स हैं। दो मिनट अल्कोहल में रखो...।" फिर "अरे इसे एक मिनट और रखो।" लो, बस की घरघराहट शुरू हो गयी—और इधर हमारी स्लाइड भी खराब हो गयी।

कभी-कभी जब मूड ऑफ होता, तो हमारे सामने की कुर्सी पर बैठ जातीं और जो काम हम कर रहे होते वह भी साथ कराने लगेंगी और लगे हाथ अपनी बॉस की बुराइयां शुरू करेंगी : "यह जो हैं—कौन है ? तूफान है ! यह तो हमारा

प्रोजेक्ट ही बन्द करवा देगी। आज मेरा मूड ऑफ है। आज जो काम करना था वह हो नहीं रहा है।"

अब आप जरूर कुछ हमदर्दी के शब्द कहिये !

तीसरे बॉस—सदा कुंआरे। सफेद दाढ़ी। बस मन्द-मन्द मुस्कुराते। आप बैठे हैं। वह ऊपर देखते रहेंगे, फिर कहेंगे : "उसे बुलाना फिलॉसफर को।" और अब दूसरी लड़की भी आ जाती है।

हमने रिपोर्ट दी। पूछा : "कैसी है ?" वह कहेंगे : "क्या है ? कैसा है ? बेकार है ! अरे क्या लिखता है तुम ! सारे दिन उस mafia gang से बात करता है।" 'mafia gang' दूसरे बाकी आफिसर हैं !...बाद में कहेंगे : "अच्छा रिपोर्ट है। पर, जैसा 'मफिया', वैसा ही तुम !"

# बल्का बस्ती की आत्मा : बौहरे अजुद्धी

**जितेन्द्र**

बौहरे जी का पूरा नाम अजुध्या प्रसाद है, लेकिन प्रेम का नाम 'अजुद्दी,' या 'मोटा उजद्दी' है। अजुद्धी का मकान पड़ोसी-मुहल्ला छिपैंटी में है। परन्तु उसका निवास बल्का बस्ती में स्थित मेरे पिताजी की दो दुकानें थीं, जिनके मूल किरायेदार उसके पिताजी स्व. गुट्टेमल और चाचा स्व. टुण्डामल थे। उनकी मृत्यु के पश्चात् अजुद्धी ने एक दुकान में मोदी की दुकान खोली, दूसरी में अपनी गद्दी स्थापित की।

उसे मोदी की दुकान चलाने में कभी रुचि नहीं रही क्योंकि उसकी असली आय दड़ा से होती थी। आप पूछेंगे, "यह दड़ा क्या बला है ?"

संक्षेप में। अगर आपको जुए का शौक हो तो आप किसी भी दिन शाम पांच बजे से पहले चाहे जितनी रकम अजुद्धी को अपने नाम की परची के साथ दे दीजिए। उस परची पर 1 और 100 के बीच कोई संख्या चुन कर लिख दीजिए। आपने अपना दांव उस 'लम्बर' (संख्या) पर लगाया है। ठीक पांच बजे अजुद्धी स्वयं 'लम्बर खोलता' था। अगर आपका नम्बर खुल गया, तो आपकी रकम 64 गुनी करके अजुद्धी वापस कर देगा। अगर आपका नम्बर नहीं खुला, तो आप दांव हार गये और आपकी रकम हजम।

दड़ा गैर-कानूनी था। लेकिन पुलिस वाले स्वयं दड़ा लगाते थे और अजुद्धी दड़ा-'निगम' का अध्यक्ष था। उसकी शाखाएं दूर-दूर तक फैली हुई थीं। इस कारण अजुद्धी की दुकान या मेरे पिताजी का शुभनाम दूर-दूर तक प्रसिद्ध हो गये थे।

अजुद्धी की आयु अब प्रायः 75 वर्ष है। मोटापा लगभग गायब हो गया है। वह प्रायः निरक्षर है। लेकिन शहंशाह अकबर भी तो निरक्षर थे !

अजुद्धी ने बहुत रुपया कमाया। वह हमेशा हमारी दुकानों को बहुत भाग्यशाली मानता रहा है और अधिकतर रात का सोना भी वहीं होता था।

इस परिचय के बाद अब बौहरे जी के असली गुण सुनिए।

बल्का बस्ती की लोक-कला के विकास और उसको चरम सीमा तक पहुंचाने का पूरा श्रेय बौहरे जी को है। किसी छोटे या बड़े आयोजन की कल्पना तक बौहरे

अजुद्धी के बिना असंभव थी। अजुद्धी का रुपया, अजुद्धी की प्लानिंग, आर्गनिजेशन, रिहर्सल, कमीशनिंग—सब कुछ उसी का किया होता था। पटेबाजी में उसका सानी नहीं था। ट्रेनिंग, रिहर्सल और फिर कोई भी धार्मिक जुलूस। चाहे रामलीला हो या गणगौर। पूरे रंग-रौनक और संगीत का जिम्मेदार अजुद्धी होता था। ऑरकेस्ट्रा का कंडक्टर ही नहीं; वह स्वयं उसमें भाग लेता था।

यही उत्साह और आर्गनिजेशन चौबोले, खयाल और हर वार्षिक होली, दशहरा, रामलीला, तैराकी, टेसू और पथर-चौथ पर दिखायी देता।

सन् 1940 की भगत (या चौवोले) के आयोजन में अजुद्धी ने बहुत काम किया। हजारों रुपये खर्च हुए थे। महीनों रिहर्सल। फिर 'पाड़' (दो-मंजिला स्टेज) का निर्माण। समाजियों के लिए वाद्ययंत्र और नगाड़ों का प्रबन्ध।

हर स्वांग (नाटक) प्रायः 8 घंटे लम्बा होता था—लेकिन बोरियत का नाम-निशान नहीं। अजुद्धी ने राजा हरिश्चन्द्र की रानी (शैव्या या तारामती) का पार्ट किया था। आज भी ये शब्द मेरे कानों में गूंजते हैं:

"कै रानीजी,
तेरे सुत को आज एक बिसधर ने खायौ।।"

भगत या चौबोलों के निमत्रण के लिए चूड़ीदार पैजामा, सुनहरी अचकन, रंगीन साफा बांधे 'नागे' बग्घियों में आगरे की गलियों में घूमते थे और नफीरी, नगाड़ों की ध्वनि के साथ-साथ ये शब्द कहते थे—

"...राजा की मंडी चौराहे से दक्षिण को,
बल्का की बस्ती पास भगत का ठिकाना है।
अगहन सुदी...स्वांग 'सपेरा' लगाना है।
इसी तरह करके तजबीज,
अगले दिन स्वांग 'हरिश्चन्द्र' सजाना है।
अर्ज है हमारी सभी भाइयों से कर जोड़,
भगत में आना, शोभा भगत की बढ़ाना है।
शोभा बढ़ जायेगी आगमन तुम्हारे से,
मुख दर्शन की चाहना, भगत का बहाना है।
दर्श-पर्श करने से पाप नास होते हैं,
हिन्दी सास्त्रकारों ने ऐसा ही माना है।
हम तो हैं गरीब, काम दालों का करते,
करके न बराबरी, किसी के संग गाना है।

शौक है पुराना, चाहा लड़कों ने चलाना,
कार्य सफल बनाना, मेहरवानों का आना है।"

हर 'शो' के लिए हजारों की भीड़ होती थी। सब चबूतरे, खिड़की, छज्जे, सड़क—खचाखच भर जाते थे। हर 'स्वांग' के प्राय: 3 शो होते थे।

बच्चों के शब्दों में "उजड्डी काट खाने को दोड़े है।" लेकिन फिर भी वे उससे बहुत प्रेम करते थे।

अगर मुहल्ले में किसी के घर आपद-विपद या मुर्दनी हो जाती, तो बिना बुलाये वहां सबसे पहले अजुद्धी पहुंचता। सारा प्रबन्ध अपने हाथों में ले लेता। स्त्रियों को ढाढ़स देने के लिए उसकी बहनें—सुरसती और तिरबैनी—वहां पहुंचतीं। एक बार मुझे एक ही दिन में तीन बार पांच मील दूर मरघट की यात्रा करनी पड़ी। हर बार मेरा सहयोगी अजुद्धी। उन तीन घरों में एक मेरे लिए अपरिचित था। बौहरे अजुद्धी के लिए तो तीनों ही घर अपरिचित थे।

इंगलैण्ड में शायद बौहरे अजुद्धी को नाइट-हुड (Knighthood) आसानी से मिल जाती।

लेकिन बल्का बस्ती की बाल-मण्डली ने निम्नलिखित टेसू के गीत द्वारा ही बौहरे अजुद्धी का नाम अमर कर दिया है:

"मेरे टेसू ने मारा डण्डा,
जिसमें से निकले गुट्टे टुण्डा।।
गुट्टे टुण्डा ने उड़ायी गुड्डी,
जिसमें से निकला मोटा उजड्डी।।..." आदि।

# हे प्रभु !...

**सोना शर्मा**

मोहल्ले में कितने मंदिर थे ? मुझे उनकी संख्या याद नहीं, पर इतना जरूर याद है कि उस पतली-सी गली के नुक्कड़ पर प्रभु का वास था; उसी प्रभु का जो दरिद्रनारायण कहलाता है । मोहल्ले की दीन-दरिद्र जनता का अपना 'पिरभू ...'

भोर होते ही सूर्य देवता धीरे से आकर गली के नुक्कड़ पर हल्की धूप की सफेद चादर बिछा देते । दिन चढ़ते ही हमारा प्रभु आता और इस चादर पर इत्मीनान से बैठ जाता । और बस आवाजें—नहीं, प्रा-र्थ-ना-एं—गूंजने लगतीं : "प्रभु, यार इसमें इधर एक कील ठोक दे !" "प्रभू-प्रभू, जरा एक हाथ तो मारियो इन पर कि चमक जायें !" आदि-आदि ।

अव्वल तो गली की अधिकांश जनता नंगे पैर रहती—जूती और चप्पल खरीदे या साग-भाजी ?—तो भी उस ऊपर वाले ने जिसकी किस्मत में कोई टूटी-फूटी, पुरानी चप्पल या जूती लिख दी होती, वह अपनी इस अमानत को बड़े एहतियात से इस्तेमाल करता । जिन्दगी के लम्बे सफर में साथ देने की दास्तान लिये कुछ चप्पलें और जूतियां घिस जाने, फट जाने के बाद नया जीवन पाने प्रभु के दरबार में आतीं । बड़ी-बड़ी दुकानों में बैठने वालों की तो ऐसे सीरियस केसेज देखकर रूह ही कांप जाय । एक घाव दूसरे घाव से बिल्कुल सट कर हुआ है । जो छेद पहले बंद किया गया था बिल्कुल उसके करीब नया छेद हो गया है । इतने पास-पास हुए घावों की सर्जरी प्रभु की अनुभवी उंगलियां इतनी बारीकी से करतीं कि मजाल क्या जो पहले वाले घाव को भूल से भी सुई या कोई दूसरा औजार छू जाय !

मोहल्ले के कुछ बाबू लोग जब प्रभु के हाथों से पॉलिश किये जूते अपने दफ्तर पहन जाते तो उनका 'बॉस' भी उनमें अपना चेहरा 'चमकता' देख दंग रह जाता । बड़े-से-बड़े 'साहब' के जूतों में वह चमक नहीं मिल सकती थी, जो हमारे मोहल्ले के आम आदमियों के जूतों में होती । और इसका राज किसी बड़ी कम्पनी की नामी

शू पॉलिश में नहीं बल्कि प्रभु के मजबूत हाथों की पॉलिश में निहित था। प्रभु के लिए पॉलिश का अर्थ था—मेहनत !

बचपन में, एक कील ठोंकवाने के बहाने मैं घंटों उसकी दुकान पर उकड़ूं बैठी रहती—उसकी कला को मन-ही-मन सराहती हुई।

लेकिन हमारे प्रभु की कुछ सीमाएं थीं। वह तब तक ही काम कर पाता जब तक प्राकृतिक प्रकाश रहता। हां, अब मंदिरों के घंटे बज उठते, पर गली वीरान हो जाती !

# उपेक्षा और अलगाव का शिकार

**सोना शर्मा**

तुर्कमान गेट की धुएं भरी, कालिख पुती गलियों और अपनेपन व मुहब्बत भरे दिलों से शायद आप पहले परिचित हो चुके हों। इन सबके अलावा एक और शख्सियत थी तुर्कमान गेट में, जो सबसे जुदा थी। नितांत अकेली और निहायत सम्वेदनशील।

यह था चार बहनों में इकलौता भाई, जिसे उसके हमउम्र बच्चे 'पागल' कहते थे—कहकर चिढ़ाते थे और उसे अपनी मंडली से दूर रखना पसंद करते थे।

फकत 9-10 साल की उम्र से ही पूरी तल्खी और गहराई से हर उपेक्षा को झेलने वाले इस लड़के का नाम था—प्रीतम। सुना था, जब प्रीतम पैदा हुआ, उसके एक हाथ में दो अंगूठे थे। एक अंगूठा काटने के लिए बेहोश करके जब उसका ऑपरेशन किया जा रहा था तभी अचानक प्रीतम को होश आ गया। तत्काल उसे फिर से बेहोश किया गया। इस घटना के बाद उसकी जबान कुछ इस तरह टेढ़ी हो गयी कि स्पष्ट बोल पाना उसके लिए मुश्किल हो गया।

दूसरे अंगूठे के स्थान पर अब भी बाहर को उभरा एक नाखून रह गया था।

प्रीतम को किस बात से दुःख पहुंचता है, यह कोई नहीं जान पाता था। लेकिन वह जब खुश होता, किसी काम को बहुत तन्मयता से करता, तो उसके मुंह से एक लय में बंधी ईऽऽईऽऽईऽऽ की आवाज निकलना शुरू हो जाती थी।

और यह आवाज उसके अनजाने ही निकला करती थी। प्रीतम में बालसुलभ जिज्ञासाएं और इच्छाएं थीं। बच्चे जब उसे अपने खेल में शामिल कर लेते, तो वह हर्ष से पुलकित हो उठता।

मान लीजिए, हम लुकाछिपी का खेल खेल रहे हैं। वह भी हमारा अनुकरण करता हुआ ठीक वहीं आ छिपा है। किसी दीवार की आड़ में, एक कोने में हम छिपे हैं। हम सांस साधे हैं। अपनी मौजूदगी की आहटों पर कड़ा नियन्त्रण किये हैं। और ढूंढ़ने वाला बच्चा ज्यों-ज्यों हमारी तरफ आ रहा है त्यों-त्यों हम और भी सतर्क होते जा रहे हैं। दीवार से और भी चिपक रहे हैं। तभी अचानक गहरी

खामोशी में उत्तेजनावश प्रीतम की ईऽऽईऽऽईऽऽ शुरू हो जाती !

लीजिए, हो गया न सारा खेल चौपट। जोर-जोर से चिल्लाते, खीझ और गुस्से से भन्नाये बच्चे प्रीतम को धक्के दे-देकर निष्कासित कर देते। बच्चों द्वारा खदेड़े जाते वक्त प्रीतम की आंखों का भोलापन, उसका खिसियाना चेहरा, साफ जाहिर कर देता कि वह समझ ही नहीं पा रहा कि उसका कसूर क्या है ! उसे दूर धकेला क्यों जा रहा है !

वह झगड़ा तो कर ही नहीं पाता था। अपमानित होने के बावजूद, वह कभी किसी से कोई शिकायत तक नहीं करता था। बाहर धकेल दिये जाने के बाद भी वह दूर से ही सही, खेल में पूरी रुचि लेता। एक तरफ बैठा खेल का जायजा लेता रहता और जब देखता कि ढूंढ़ने वाला बच्चा बहुत परेशान है तो इशारे से बता देता कि बच्चे कहां-कहां पर छिपे हैं।

भेद खुलते ही कि प्रीतम ने इशारा किया है—बच्चे फिर उस पर पिल पड़ते और जम कर उसकी पिटाई करते। वह सिर झुकाये, चुपचाप, पिटता रहता। जरा भी प्रतिरोध नहीं करता; न ही कर सकता था।

क्रिकेट के खेल में उसके शॉट्स सब पर भारी पड़ते। पास आती बॉल—उसे लगता— मानो बल्ले पर हमला करने आ रही हो। इसलिए वह पूरी ताकत लगा कर, दोनों हाथों से, इतनी जोर से बॉल को हिट करता कि दूर-दूर तक फिर बॉल का नामोनिशान न मिलता। हम देखते ही रह जाते .. बॉल आखिर गयी कहां ?

प्रीतम का माथा छोटा, मुंह गोलाकार, नैन-नक्श आकर्षक और शरीर जरा भारी था। वह खुद को हमेशा बिलकुल साफ-सुथरा रखता। पैर के तलुये बहुत देर तक रगड़-रगड़ कर साफ करता। नहा कर कंघी करता। कंघी करते समय, पूरे गौर से अपनी मांग का शीशे में कई-कई बार मुआयना करता कि ठीक निकली है या नहीं !

घर में पायजामा और पूरी बांहों की सफेद कमीज पहनता था। लेकिन घर से बाहर निकलता, तो पैंट-शर्ट और पॉलिश किये जूते डाट कर। सड़क पर वह अकड़ कर, बिलकुल सीधा चलता।

दूसरों से अलग, उसकी अपनी नितांत निजी दुनिया थी, जिसे वह खुद गढ़ता था। घोर उपेक्षा और अलगाव ही सम्भवतः उसे मजबूर करते थे कि वह अपनी दुनिया खुद रचे।

अपने पिताजी को साइकिल ठीक करते, या व्यायाम करते, वह बड़ी तन्मयता

से देखता। ऐसी तन्मयता के क्षणों में उसके मुंह से वही ई ऽ ऽ ई ऽ ऽ ई ऽ ऽ की आवाज निकलती रहती।

इतना ही नहीं। वह जो देखता, उसे अकेले में दोहराता भी। छत पर अगर वह अकेला होता, तो भी बेहद व्यस्त रहता। बड़ी भद्रता से 'किसी' से हाथ मिलाता तो किसी दूसरे को समझाता कि अमुक-अमुक सामान कहां-कहां रखवाना है।

ऐसे में ख़ुदा-न-खास्ता कभी मैं छत पर पहुंच जाती, तो मुझे देखते ही मेरी ओर लपकता और मुझे आदेश देता : "स स सोना ! जरा माताजी को पानी दे आओ।" मैं अदृश्य 'माता जी' को झूठमूठ का पानी देती। वह फटाफट दूसरा काम बताता : "स स सोना ! यहां से (छत के एक छोर से दूसरे छोर तक) वहां तक दरियां बिछवा दो।" इन आदेशों का पालन करते यह बात स्पष्ट हो जाती कि यहां किसी शादी की दावत की तैयारियां हो रही हैं। दावत में मेजबान प्रीतम जी हैं—और अतिथियों के स्वागत-सत्कार में इतने व्यस्त हैं कि इस समय उन्हें हम जैसों से बात करने तक की फ़ुरसत नहीं। बस, मेजबान के आदेशों का पालन ही हमारी भूमिका होती !

प्रीतम देखी हुई घटनाओं, स्थितियों व दृश्यों को गहराई से आत्मसात करता और फिर उसी तरह की गतिविधियों की नितान्त मौलिक किन्तु काल्पनिक निर्मिति करता।

नियम का वह बड़ा पक्का था। हर दिन शाम को—बिना नागा—वह हमारे घर आता। हम काम में व्यस्त हों तो एक कुर्सी पर चुपचाप बैठा रहता और कुछ समय बाद हाथ उठा कर घड़ी देखता, धीरे से कहता 'चलें', और बिना उत्तर की प्रतीक्षा किये, उठ कर चला जाता। यह 'चलें' वह साथ आये अपने अदृश्य मित्र से कहता था !

चाचा को वह 'भैया' कहता था और घर में चाचा के दिखाई न देने पर पूछ लेता : "भैया नहीं आये ?"

बच्चों में वह बच्चा और बड़ों में बड़ा था। अर्थात् उसके लिए उम्र के कोई मायने नहीं थे। अपने बड़प्पन की झोंक में वह मुझे अपनी 'सेक्रेटरी' बना लेता था। बड़ी संजीदगी व गम्भीरता से वह मुझे कुछ जरूरी कागज संभलवाता और बताता कि ये 'महत्त्वपूर्ण' पत्र हैं। बड़े साइज के टॉफी के डिब्बे में (जो संभवतः दीपक का ब्रीफकेस था) प्रीतम द्वारा दिये गये इन 'महत्त्वपूर्ण' कागजात व पत्रों को (यानी विज्ञापनों और कॉपी-किताबों से फाड़े गये कागजों को) मुझे पूरी एहतियात से रखना पड़ता।

क़भी-क़भी प्रीतम बड़ी सरगर्मी से टूंडला जाने की तैयारी में जुट जाता था।

उसके सिर पर जब टूंडला जाने का भूत सवार होता, तब दोपहर हो या शाम —किसी भी समय—अचानक जोर-जोर से पुकार पड़नी शुरू हो जाती : "स स सोना ! ऽ ऽ ऽ स स सोना ऽ ऽऽ !" मुझे हर काम छोड़कर, भाग कर, आंगन में आना पड़ता। छज्जे से वह मुझे ऊपर बुलाता और पास पहुंचने पर समझाता कि उसे तत्काल टूंडला जाने की तैयारी करनी है। टूंडला में वैसे तो प्रीतम की बड़ी बहन की ससुराल थी, लेकिन प्रीतम के लिए शायद टूंडला में उसका कोई 'हैड ऑफिस' था।

मुझे याद है कि प्रीतम की दूसरी बड़ी बहन को जब पुत्ररत्न की प्राप्ति हुई थी तो उसकी खुशी का ठिकाना नहीं था। खुशी से उमगते हुए वह मेरे पास आया और बोला : "स स सोना तू मौ-मौ-मौसी हो गयी।" वह खुद मामा बन गया है, इससे ज्यादा उसे इस बात की खुशी थी कि मैं मौसी हो गयी हूं !

दूसरे हमउम्र बच्चे प्रीतम का, स्वभावतः, जब-तब मजाक उड़ाया करते थे। उसे अपने से कमजोर, बेअकल और फिसड्डी मानकर दुत्कारते थे। अपने साथ होने वाले दुर्व्यवहार की कचोट उसके मन में देर तक समायी रहती। वह अक्सर मुझे समझाता कि मैं उन बच्चों से कुट्टी कर दूं, वे गन्दे बच्चे हैं, मेरा उनके साथ उठना-बैठना और बातें करना ठीक नहीं !

एक बार का किस्सा है। प्रीतम मुझे एक कोने में ले गया और बहुत संजीदगी से समझाया कि मैं अशोक (पड़ोसी के सुपुत्र) से बात करना बन्द कर दूं क्योंकि वह मेरी बुराई कर रहा था। मैंने पूछा : "मेरी क्या बुराई कर रहा था ?" वह पसो-पेश में पड़ गया। तत्काल कोई जवाब नहीं दे पाया। शून्य में ताकता रहा। उसके चेहरे पर आते-जाते स्याह-सफेद रंगों को पढ़कर मैं चिन्तित हो उठी कि बात जरूर बहुत गम्भीर है, इसीलिए बता नहीं पा रहा है। मैंने फिर जोर देकर पूछा : "अशोक कह क्या रहा था ? क्या बुराई कर रहा था मेरी ?" आप अपने से बहुत जद्दोजहद कर चुकने के बाद प्रीतम धीरे से बोला : "अशोक कह रहा था कि स स सोना शराब पीती है।"

छोटी-सी मैं—इतना बड़ा लांछन ! मैं गुस्से से तनतमा उठी। सीधी अशोक के पास पहुंची। अशोक सीढ़ियों पर बैठा कॉमिक्स पढ़ रहा था। उसके हाथ से किताब छीनकर मैंने गुस्से से कांपते हुए पूछा : "बता ! तूने मुझे शराब पीते कब देखा ?...बोल, कब देखा ?" अशोक भौंचक्का-सा, आंखें फाड़े, मेरी ओर देखता रहा। इस अप्रत्याशित प्रश्न के लिए वह कतई तैयार नहीं था ! अन्त में, वह इतना ही बोल सका : "नहीं, मैंने तो नहीं देखा।"

उसकी समझ में ही नहीं आ रहा था कि मैं क्यों यह सवाल उससे पूछ रही

हूं । खैर, काफी कहा-सुनी के बाद पता चला कि इस तरह का आरोप गढ़ना प्रीतम जी के ही दिमाग की उपज थी । आखिर महाशय पकड़े गये । उसे घेरकर हम बच्चों ने बहुत जानना चाहा कि उसने झूठ क्यों बोला ? क्यों कहा कि अशोक मेरी बुराई करता है और कहता है कि मैं शराब पीती हूं ? हमने उसे खूब झकझोरा, हिलाया-डुलाया, एकाध ठूंसे भी मारे । लेकिन वह गर्दन लटकाये ज्यों का त्यों बैठा रहा ! कभी उसकी ठोढ़ी पकड़कर, तो कभी बाल पकड़कर हमसे उसकी गरदन सीधी करने की लाख कोशिश की, लेकिन उसकी गरदन में तो जैसे स्प्रिंग लगा था । हमारा हाथ उठते ही वह फिर नीचे लटक जाती ।

बात वास्तव में यह थी कि अशोक की किसी बात से प्रीतम को गहरी ठेस लगी थी । वह चाहता था कि वह तो अब अशोक से बात करेगा ही नहीं, मैं भी किसी भी कीमत पर अशोक से बात न करूं । इसलिए अपनी सारी बुद्धि का जोर लगाकर, उसने यह तीखा आरोप गढ़ा था ।

सच तो यह है कि प्रीतम की घनीभूत संवेदनाओं और अनकही पीड़ाओं ने भी उसे दूसरों से अलग बना दिया था । कहने को भले ही लोग उसे 'मेन्टली रिटार्डेड' या 'पागल' कहते रहते—उसकी अपनी दुनिया थी और वह उसे अपने ही ढंग से चलाना चाहता था ।

# कमाऊ पूत

सोना शर्मा

दिल्ली की सड़कों पर भी कुछ फटेहाल लोग ऐसे हैं जिनमें कुछ ऐसी खासियत है जिसे पाने, अपना लेने, संजोकर रख लेने को जी चाहता है।

रीगल के पास मद्रास होटल नामक एक बस टर्मिनल है। यहां बसों के लिए थोड़ी-थोड़ी दूर पर लम्बी-लम्बी लाइनें लगी रहती हैं। इसी जगह एक 'परिवार' अपना 'धन्धा' करता है।

परिवार में एक स्त्री-पुरुष और उनके तीन बच्चे—दो लड़के व एक लड़की है। बड़का 12-13 साल का है, लड़की 7-8 साल की। और छुटकू जी? बस 2-3 साल के। बड़ा लड़का व बाप एक लाइन के सामने करतब करते हैं तो मां, लड़की और नन्हे मियां दूसरी लाइन के सामने।

करतबों में हैं: हाथों के बल कलाबाजी खाना (जैसे जिम्नेस्ट्स करते हैं); कलाई के नियंत्रण से डंडा घुमाना, सिर पीछे कर, उस पर कटोरी रखकर, एक पांव को पीछे की ओर से एक हाथ से पकड़कर इस तरह सिर के ऊपर से ले जाना कि कटोरी न गिरे; चार-पांच गेंदों को बिना गिराये एक साथ उछालना, और लोहे के एक छोटे छल्ले में से अपना पूरा धड़ निकालना इत्यादि।

मां कुछ करतब खुद दिखाती है, कुछ लड़की और कुछ उनके ये नन्हे से जमूरे।

दो-तीन साल के छुटकू मियां अभी से 'कमाऊ पूत' बन गये हैं। मां जैसे ही ताली बजाकर पुकारती है, "ला ऽ ऽ ऽ ली ऽ ऽ...!..."यह हाजिर हो जाते हैं। मां लोहे का छल्ला इनके पास फेंकती है। यह जमीन पर बैठकर छल्ला उठाते हैं और बैठे-बैठे ही छल्ले के एक ओर से अपने हाथ, पांव और सिर घुसाकर दूसरी ओर से निकल आते हैं। इस बीच उनकी नजर किसी पास से गुजरते कुत्ते पर पड़ जाती है तो वह छल्ले से निकलते ही 'हुश-हुश' करते उस कुत्ते के पीछे-पीछे चल देते हैं।...

उधर मां और बहन दो-तीन करतब दिखाती हैं। और फिर ताली बजती है

और पुकार पड़ती है—"ला ऽऽ ली ऽऽ !"...और लाली जी नन्हे-नन्हे पांवों से दौड़ते-भागते पुनः काम पर लौट आते हैं ! अब मां जमीन पर बिछे कपड़े के टुकड़े पर घुनू मनैयां करने वाली पोजीशन में लेट जाती है। लाली उनके पैरों पर बैठते हैं। मां शादी कराने और शहनाई बजाने वाले अंदाज में उन्हें ऊंचा उठाती है और वहीं से एक झटके से हवा में उन्हें कुछ इस तरह उछालती है कि वह कलाबाजी खाते हुए मां के हाथों के सहारे उसके सिर की ओर जमीन पर पहुंच जाते हैं। इतना बड़ा करतब दिखाने के बाद वह बड़ी बेफिक्री से जिधर को मन खिंचता है, उधर को चल देते हैं।

थोड़ी देर बाद फिर ताली बजती है, आवाज पड़ती है, और यह फिर घुटनों के नीचे लटकती अपनी कमीज को उठाये, मस्ताते चले आते हैं। हां, रास्ते में यदि कागज का कोई रंगीन टुकड़ा, चमकीला ढक्कन, मोमजामे का टुकड़ा, या इसी तरह की कोई आकर्षक चीज पड़ी होती है, तो जब तक वह रुककर उसे उठा नहीं लेते, आगे नहीं बढ़ पाते। एक बार एक लाइन के सामने कपड़ा बिछाकर उस पर कलाबाजी खाने के लिए इनका भाई थोड़ी दूर से दौड़कर आ रहा था। यह वहीं थे। इतने में ताली बजी तो यह भाई द्वारा बिछाया गया कपड़ा ही उठाकर चलते बने। (शायद यह भी तो अपनी जगह पहुंचकर कपड़ा बिछाकर ही करतब करना चाहते थे) !

मां इन के हाथ से चीज छीनकर फेंकती। इन्हें गोद में उठाकर अपने पेट पर टिकाती और फिर इनके ऊपरी धड़ को पीछे की ओर तीन-चार बार मोड़ती। करतब के साथ शायद बचपन से ही शरीर लचीला बनाये रखने की यह एक खास एक्सरसाइज भी थी। इन्हें गोद से उतारकर मां दर्शकों को सलाम करती और इसके साथ ही खेल खत्म होता। मां के साथ वह भी सलाम करते और मूड में होने पर सलाम करते ही चले जाते। मां दर्शकों से पांच-पांच दस-दस पैसे लेती और इन्हें गोद में उठाकर, लड़की व डंडे-कटोरी समेत दूसरी लाइन के सामने पहुंच जाती जहां फिर ताली बजती और आवाज पड़ती..."ला ऽऽ ली ऽऽऽ !..."

लाली का खेल और कमाई साथ-साथ चलते हैं।

दिल्ली में एक ओर जहां अपने बच्चों को बड़े-बड़े इंगलिश स्कूलों में पढ़ाने और इन स्कूलों की जायज-नाजायज फीस भरने के लिए मां-बाप जायज-नाजायज रास्तों से पैसा कमा रहे हैं, वहीं दूसरी ओर लाली जैसे बच्चे भी हैं जो रोटी-पानी जुटाने के लिए पैदा होते ही अपने मां-बाप के साथ ही मेहनत-मशक्कत में जुट जाते हैं।

# जीरो उर्फ हीरो

सोना शर्मा

"आपका नाम क्या है ? पता क्या है ?" यदि ऐसे कहा जाय तो लगेगा कि कोई पूछताछ वाला व्यक्ति नाम-पता पूछ रहा है ! वहां के रिवाज के अनुसार आत्मीयता से पूछा जाता था : "आपकी तारीफ ?" यह सच है कि पता-वता तो मुझे भी उनका नहीं पता था, हां तारीफ जरूर मालूम थी । एक छोटी सी, लेकिन जमीन से काफी उठी हुई पान की रंगीन दुकान के कुछ भोले, कुछ रंगीले मालिक का नाम था—मिस्टर जीरो ।

अजी नाम-वाम में क्या धरा है । गली का चूहा-बच्चा तो उन्हें हीरो ही मानता था । इन हीरो अर्थात् जीरो जी के दो किस्से पेश हैं ।

पहला : उस दिन कुछ ज्यादा पान लगवाने थे । सभी आम-खास ग्राहकों को निबटाने के बाद उनकी निगाहे-करम हमारी ओर हुई । जनाब ने पान लगाने क्या शुरू किये, गोया सारी दुकान के माल-असबाव का थोड़ा-थोड़ा नमूना पानों में उंडेलना शुरू कर दिया । कोई कसर न रहे—बस इसी साध में एक घंटा गुजर गया । जब पान सोलहों सिंगार करके तैयार हुए तो हमने खुदा को धन्यवाद दिया ।

अब आई बारी इनकी कागज में लपेटकर हमें देने की, तो उन्होंने बड़ा-सा कागज लिया, उसमें एक के ऊपर एक पान सजाये और बड़ी नफासत से लपेटकर एक नाजुक डोरी से उन्हें कसना चाहा । दो घण्टे की प्रतीक्षा के बाद पान हमारे हाथ में पहुंचने वाले थे, इस बात से दिल को कुछ सुकून मिल भी न पाया था कि—आह ! जो उन्होने डोरी को कसा तो—तड़ाक !! पान इधर-इधर बिखरे पड़े थे । एक उछलकर सीधा उनके मुंह पर लगा था और कत्थे की लाली उनके गाल को चूमता हुआ पोतकर जमीन पर पहुंच गया था । मुझे उन पर और खुद पर सिर्फ तरस आकर रह गया ।

दूसरा : दुकान के सामने बड़ा हो-हल्ला था। लोग परेशान थे—क्या करें? मुसीबत कोई मामूली नहीं थी। एक अजीबमुश्शान घोड़े के पेट में दर्द उठ रहा था। हाहाकार मच रहा था, तभी हीरो अर्थात् जीरो साहब ने नेक सलाह दी—"सायबान, घोड़े को सोडे की तीन-चार बोतलें पिलवाइये।" जी हां, आदमी पेट दर्द में एक बोतल सोडा पीता है, तो घोड़ा तीन-चार तो पियेगा ही। बस फिर किस बात की देरी! घोड़े के हाथ-पांव बांधकर उसे लेटाया गया, गरदन उठाकर मुंह खोला गया और 'फच्च' से बोतलें खोल-खोलकर उसके मुंह में उंडेली जाने लगीं। मुझे डर लगा कि घोड़ों को अगर बोतलों का चस्का लग गया तो जीरो जी की दुकान से मुहल्ले भर के घोड़ों के लिए सोडे की बोतलें ही नहीं, कोकाकोला भी मंगवाई जाने लगेंगी।

जी हां, यह वह मुहल्ला था जिसमें इन्सान की ही नहीं घोड़ों तक की कद्र की जाती थी। और इस मुहल्ले के हीरो का नाम था जीरो।

# कंस मामा

**उषा शर्मा**

बचपन तो कहीं पीछे अंधेरे में छूट गया था—जब होश संभाला, तो अपने को नानी की गोद में पाया। बचपन की जो भी थोड़ी यादें हैं, मेरठ में नानी के घर की हैं।

हम जब तीन साल के रहे होंगे, तो नानी हमें लाहौर से अपने साथ मेरठ ले आयी थीं। बचपन के शुरू के दिन सिर्फ नानी के साथ उनके संरक्षण में बीते। हमारा उठना-बैठना, खेलना, सब नानी के आसपास ही होता था। इसलिए उनके साथ बीते जीवन के अनमोल पल अभी भी मन में सजीव से हैं।

नानी का प्यार, लाड़-दुलार, हमारे लिए कुछ ज्यादा ही था। खाने की चीजें हमें पहले मिलें! बढ़िया कपड़ा हमारे लिए आये! मतलब, हमारी हर बात जल्दी ही सुनी जाती! सब फरमाइशें पलक झपकते पूरी होतीं! उस समय सिनेमा देखना तो दूर, घर से बाहर भी नहीं जाने दिया जाता था, पर हमारी जिद पूरी करने के लिए नानी हमें धार्मिक सिनेमा खूब दिखातीं! हर त्योहार पर हमारे सब शौक पूरे होते! नानी के डर से, घर में कोई ऊंचे स्वर में भी हमें नहीं पुकारता था!

नानी के प्यार की इस सीमा के परे हमें यह भी ज्ञात नहीं था कि हमारे पिता नहीं हैं; न ही हमें मां की याद आयी।

नानी के लाड़-दुलार का यदि कोई फायदा उठाता था, तो वह थे हमारे छोटे मामा—जो मुझसे पांच साल बड़े हैं। घर में मेरे आने से पहले वह ही लाड़ले थे। मेरे आने से उनकी पूछ कुछ कम हो गयी थी।

पर मामा कम न थे! अब उन्होंने हमें मोहरा बनाया। उन्हें जब कभी बाहर जाने या खेलने की इजाजत चाहिए होती, झट हमें पकड़ते; कभी छत से लटका देते, कभी मारते। हार कर नानी को उनकी बात माननी पड़ती।

पर एक दिन हद हो गयी।

उन्हें कुछ पैसे चाहिए थे। वह उस दिन सवेरे से नानी के पीछे घूम रहे थे,

पर कोई उनकी सुन ही नहीं रहा था। जैसे ही हम स्कूल से लौटे, उन्होंने हमें पकड़ा और अपने दोनों हाथों से हमारी गर्दन दबायी और जोर से कहने लगे : "अम्मा ! पैसे दो, वरना तुम्हारी चहेती गयी राम जी के यहां !" वह जोरों से हमारा टेंटुआ दबा रहे थे। मामा नहीं जानते थे कि हमारी जान जा सकती थी।

उस दिन की पीड़ा हमें अभी तक याद है। हमारी गर्दन पर उनकी उंगलियों के निशान देखकर उन्हें जो मार पड़ी, सो पड़ी ही ! पर उस दिन से हम उन्हें 'कंस मामा' कहने लगे !

और आज भी हम उन्हें कंस मामा ही कहते हैं।

# संस्मरण

# लपसा पहाड़ी के जंगल में

**रामशंकर शर्मा**

बात दिसम्बर 1953 की है। मैंने जी० एस० आई० ज्वाइन कर लिया था। हम लोगों का ट्रेनिंग कैम्प बिहार के सिंघभूम जिले के मुख्य नगर चाइबासा में लगा था।

बिहार का सिंघभूम जिला खनिज-भण्डारों के लिए काफी प्रसिद्ध है। यहां लोहा, तांबा, यूरेनियम, फॉस्फेट, सोना तथा कायनाइट के भण्डार पाये जाते हैं। इनमें कायनाइट एक रिफरेक्टरी—यानी अधिक तापमान सहन करने वाला—खनिज है, जिसे भट्टियों के अन्दर लगने वाली ईंटें बनाने के काम में लाया जाता है। यहां के कायनाइट-भण्डार विश्व प्रसिद्ध हैं।

यह कायनाइट लपसाबुरू की पहाड़ियों में पाया जाता है। इस खनिज के टुकड़े पहाड़ों की चट्टानों से टूट-टूट कर नीचे पहाड़ की ढलानों तथा नीचे खेतों में इकट्ठा हो जाते हैं, जिन्हें बाद में खोद-खोदकर निकाल लिया जाता है।

हमारी पार्टी भी इन्हीं जगत प्रसिद्ध कायनाइट-भण्डारों को देखने के लिए एक सुबह लपसा पहुंची थी। यहां काफी दिनों से कायनाइट निकालने का काम चल रहा था, अतएव यहां एक माइनिंग ऑफिस भी था। हमारी पार्टी में पन्द्रह ट्रेनीज, चार ट्रेनर तथा एक इंचार्ज थे।

एक ट्रेनर तथा माइन्स के एक आदमी के साथ हम कायनाइट एरिया देखने चल दिये। हमारे बाकी तीन ट्रेनर्स तथा इन्चार्ज पीछे रुक गये। बात कुछ समझ में न आयी। पूछे कौन ? नई-नई नौकरी थी।

हम लोग दोपहर में करीब एक बजे खदान देखकर लौटे, तो देखते क्या हैं कि तीनों ट्रेनर्स के कपड़े फटे हुए हैं, कहीं-कहीं खरोंचें हैं और उनसे खून निकल रहा है। चेहरों पर हवाइयां उड़ रही हैं। जाड़ों में पसीने से तर। माजरा क्या है ? समझ में नहीं आया !

हिम्मत करके इन्चार्ज से पूछा, तो पता लगा कि ये लोग 'मदर रॉक'—यानी वह चट्टान जिससे कायनाइट के टुकड़े टूट-टूटकर गिरते हैं—देखने लपसा

पहाड़ी के जंगल में गये थे। वहां एक भालू ने इन लोगों पर हमला कर दिया। ये बेचारे किसी प्रकार जान बचाकर यहां तक आ पाये हैं। कुछ टोपो शीट (यानी नक्शे) तथा एक कम्पास भागते समय जंगल में कहीं गिर गये! इन्चार्ज ने कहा कि यह सरकारी सामान हैं और इसे ढूंढ़ कर लाना बहुत जरूरी है।

खदान के मैनेजर ने वहां काम करने वाले कुछ आदिवासियों को बुलवाया तथा अन्दाज से बतायी गयी जगह पर जाकर कम्पास और नक्शों को खोजकर लाने का उन्हें आदेश दिया।

इस बीच हम लोगों को खाना खाकर वापस चलने के लिए तैयार रहने की हिदायत मिली। हम में से कुछ ने जो जरा एडवेन्चर पसन्द थे, इन्चार्ज से आदिवासियों के साथ जाकर जंगल से नक्शे ढूंढ़ लाने की परमीशन मांगी। पहले तो सर ने मना कर दिया। कहा: "डेन्जर है। भालू फिर हमला कर सकता है।" पर जब हम लोगों ने कहा कि हम सब पूरी तैयारी से, जलती मशालें लेकर ढोल-पीपे बजाते जायेंगे—तो उन्होंने परमीशन दे दी।

फिर क्या था! आधे घंटे के अन्दर, हम लोगों ने—एक फौजी टुकड़ी की तरह—ढोल-पीपे बजाते हुए जंगल की ओर मार्च कर दिया। पहाड़ी की तलहटी तक, जहां से जंगल शुरू होता था, हम सब अपनी-अपनी कल्पनानुसार एक-दूसरे को यह बताते रहे कि किस प्रकार भालू ने चार्ज किया होगा और किस प्रकार हमारे ट्रेनर्स जान बचा-बचा कर भागे होंगे। जंगल में घुसने से पहले मशालें और तेज कर ली गयीं। ढोल-पीपे और जोर से बजाये जाने लगे। जोरों के साथ शोर मचाते हुए हम लोग जंगल में घुस पड़े।

पहाड़ी पर थोड़ा चढ़ने पर घना जंगल शुरू हुआ, तो दृश्य देखने लायक था। जो लोग नीचे बड़ी-बड़ी डींगें मार रहे थे, अब झुण्ड के बीचों-बीच चलना चाहते थे—न तो आगे, न पीछे; न दायें, न बायें। जैसे ही कोई किनारे पड़ता, क्या फुर्ती से बीच में आ जाता! देखते ही बन रहा था!

आदिवासी लोग हमारी मानसिक दशा भांप गये थे। उन्होंने एक घेरा बना लिया और हम सबसे उसके बीच में रहने को कहा। फिर भी, यही लग रहा था कि भालू ने अब हमला किया, अब हमला किया।

थोड़ी देर में हमें एक बिना जली पूरी सिगरेट जमीन पर पड़ी दिखी। थोड़ा और चलने पर एक और सिगरेट मिली! फिर तो थोड़ी-थोड़ी दूर पर सिगरेटें पड़ी मिलने लगीं। और, हम सब जिधर सिगरेटें पड़ी मिल रही थीं, उसी दिशा में बढ़ने लगे।

तभी याद आया कि एक इन्सट्रक्टर ने अभी हाल ही में नया-नया सिगरेट का शौक शुरू किया था। सुबह उनके हाथ में सिगरेटों का एक टिन था जिसे वह अपने पैण्ट की हिप-पॉकिट में रखने का प्रयास कर रहे थे; हो-न-हो ये सिगरेटें

उसी टिन की हैं !

फिर क्या था ! सिगरेटों द्वारा दिखाये गये मार्ग पर हम आगे बढ़ने लगे। जैसे-जैसे हम लोग आगे ऊपर की ओर बढ़ रहे थे, साथ का शोर-शराबा भी बढ़ता जा रहा था।

सहसा कुछ दूर पर हमें नक्शे और कम्पास पड़े दिखायी दिये जिन्हें फौरन उठा लिया गया।

आदिवासियों ने अब हमें और ज्यादा सतर्क रहने का संकेत किया। कहा : "हो सकता है, यहीं कहीं भालू ने इन लोगों पर हमला किया हो !" सहसा एक मोटे तने के पेड़ के पास आकर आगे वाले आदिवासियों ने पेड़ को घेर लिया।

लोगों ने आगे बढ़कर देखा। पेड़ की जड़ के पास एक गढ़ा था। हम लोगों ने जैसे ही उसमें झांका तो देखते क्या हैं कि भालू के चार छोटे-छोटे बच्चे एक-दूसरे के ऊपर चढ़ रहे हैं। एक आदिवासी गढ़े में कूद गया और उसने बारी-बारी से ऊपर खड़े अपने साथी को चारों बच्चे पकड़ा दिये। इन बच्चों की अभी आंखें भी पूरी तरह नहीं खुलती थीं।

सब लोग डर रहे थे कि इन बच्चों की मां यहीं कहीं आसपास ही होगी। और, जिस प्रकार हमारे ट्रेनर्स के इस गढ़े के पास आते ही उसने चार्ज किया था हम पर भी चार्ज कर सकती है ! जंगली जानवर अपने बच्चों को बचाने के लिए कुछ भी कर सकते हैं !

हम लोगों में दो रायें थीं। कुछ लोगों का कहना था कि बच्चों को नीचे ले चला जाय। कुछ दूसरे लोग इस विचार के थे कि इन्हें वापस मांद में रख दिया जाय।

इससे पहले कि इस सम्बन्ध में कुछ निर्णय लिया जा सके, वहां एकदम से भगदड़ मच गयी। शायद किसी ने प्रत्यक्ष—अथवा मात्र कल्पना में—माता भालू को अपनी ओर बढ़ते देख लिया था ! फिर तो जहां एक भागा, सब भागे। इस बार कोई पीछे नहीं रहना चाहता था—सब तेजी से आगे ही आगे भाग रहे थे। कितनी जल्दी हम जंगल से बाहर मैदान में आ गये ! पता ही नहीं लगा।

हमने सोचा, जब हम इतने सारे लाठी-डंडों से लैस हैं, तब यह हाल है, तो फिर उन बेचारे निहत्थों का क्या हाल रहा होगा जिन्हें बिना किसी पूर्व-सूचना के भालू माता ने खदेड़ा होगा।

इस भगदड़ में भालू के बच्चों का, जिन्हें मांद से उठा लिया गया था, किसी को भी ध्यान न रहा था। सहसा हमने देखा कि चार आदिवासियों के हाथों में भालू का एक-एक बच्चा है।

खैर, अब हम सब भालू माता की चपेट के बाहर थे। कुछ शेखी आयी। बच्चों को अपने हाथों में लेकर माइन्स ऑफिस पहुंच गये। वहां सब लोग हमारा

इन्तजार कर रहे थे ।

अब तो सभी बढ़-बढ़कर बातें कर रहे थे—मैंने यह किया, मैंने वह किया । हमारे इन्चार्ज ने हम सबका भालू के बच्चों के साथ एक ग्रुप फोटोग्राफ लिया । इस सबमें शाम के चार बज गये ।

अब समस्या थी : भालू के बच्चों का क्या किया जाय ? इस समय जंगल में उनकी मांद में उनको छोड़ने तो कोई जायेगा नहीं । अब रात भर उनको यहीं कहीं रखना पड़ेगा । पता लगा कि एक कच्ची कोठरी खाली थी । मैनेजर ने कुछ आदिवासियों को आदेश दिया : "आज रात इन बच्चों को इसी कोठरी में रख कर कल सुबह इनको जहां से लाये हो, वहीं वापस छोड़ आना ।"

उधर आदिवासी उन बच्चों को लेकर चले और इधर हम लोग भी अपने कैम्प के लिए वापस चल दिये । इस घटना के करीब सात वर्ष बाद, मैं अपने काम के सिलसिले में एक दिन दुबारा लपसा कायनाइट खदान पर पहुंचा । अभी भी वही पुराने मैनेजर थे । मैंने बातों-बातों में इस घटना की याद दिलायी ।

वह बोले : "अरे आप लोग तो उस दिन चले गये । पर हम लोग उस रात सो नहीं सके । सारी रात मादा भालू उस कोठरी की दीवार तथा दरवाजे तोड़ने की कोशिश करती रही । कुछ आदमियों ने उसे भगाने की कोशिश भी की, पर उसने सबको भगा दिया । सुबह जगह-जगह नाखूनों के निशान मिले । दूसरे दिन मैंने ऑफिस आने पर पहला काम यह किया कि आठ-दस आदिवासियों को इकट्ठा कर भालू के उन बच्चों को वापिस जंगल उनकी मांद में छुड़वाया ।"

अन्त में उन्होंने एक फरमाइश रखी । बोले : "उस ग्रुफ फोटोग्राफ में मैं भी एक कोने में खड़ा था । अगर हो सके तो उसकी एक कॉपी भिजवाइयेगा । यादगार के तौर पर रखना चाहूंगा !

'मदर-रॉक' की छाया में बसी उस मादा भालू के बच्चे अब कितने बड़े हो गये होंगे...मैं सोच रहा था । क्या उनके साथ फोटो खिचवाना पसन्द करेंगे यह—'यादगार' के तौर पर !

# आबदा पीर की पहाड़ी पर

**राम शंकर शर्मा**

उन दिनों बुन्देलखण्ड में फील्ड-वर्क कर रहा था। जिला अधिकारियों ने वहां के लुटेरों के बारे में पहले ही सचेत कर दिया था।

हमारे एक सहयोगी अपनी बन्दूक साथ लाये थे। लेकिन उसे पहले ही सरकारी शस्त्रागार में जमा करा लिया गया, क्योंकि बन्दूक का पास होना डाकुओं के लिए खुला निमंत्रण होता है।

वैसे तो फील्ड-वर्क करते समय खाकी कमीज, पतलून तथा सोला हैट पहनते थे। इस इलाके में, अपनी वेशभूषा के कारण पुलिस के आदमी न समझ लिए जायें, इसलिए सफेद कमीज तथा पैंट के साथ क्रिकेट खेलते समय लगायी जाने वाली नीली काउण्टी-कैप पहन कर फील्ड-वर्क करते थे।

डाकुओं के किस्से तो काफी सुन रखे थे पर कभी आमना-सामना नहीं हुआ था। लिहाजा मन में एक प्रकार की जिज्ञासा भी थी कि आखिर वे होते कैसे हैं।

मऊरानीपुर से करीब 25 किलोमीटर दूर टीकमगढ़ जाने वाली सड़क के किनारे एक कस्बा है—जतारा। एक बार मैं यहीं कैम्प कर रहा था।

इस कस्बे से करीब पांच किलोमीटर पूर्व, एक ऊंची पहाड़ी है जिसे आबदा पीर की पहाड़ी के नाम से जाना जाता है। यहां साल में एक बार मेला लगता है। उस समय ही आसपास के गांवों के लोग यहां आते हैं; बाकी दिनों उस पहाड़ी पर कोई नहीं जाना चाहता।

मान्यता है : मेले के दिनों को छोड़कर यदि कोई उस पहाड़ी पर जाता है, तो पीर नाराज हो जाते हैं और उस व्यक्ति का कुछ-न-कुछ नुकसान हो जाता है।

मुझे तो अपने काम के सिलसिले में पहाड़ी पर जाना ही था। पर मेरा गाइड

कुली पहाड़ी पर चढ़ने के लिए तैयार नहीं था। मेरे साथ जो तहसील का चपरासी था—और जो मेरे साथ पिछले कई सालों से काम कर रहा था तथा मेरा शुभ-चिन्तक भी था—बार-बार पहाड़ी पर न जाने की सलाह दे रहा था। उसे खुश करने के लिए मैंने कह दिया : "अच्छा तुम कहते हो तो पहाड़ी पर नहीं चढ़ेंगे।"

काम करते-करते मैं जब उस पहाड़ी की तलहटी में पहुंचा तो पहाड़ी पर चढ़कर आसपास का दृश्य, तथा उस पर की चट्टानों को, नजदीक से देखने का लोभ न संवरण कर सका।

मुझे मालूम था कि मेरे साथ का गाइड-कुली निश्चय ही पहाड़ी पर नहीं चढ़ेगा, इसलिए मैंने उससे कहा : "तुम सीधे रास्ते आगे चलकर नाले के पास मेरा इन्तजार करना। मैं पहाड़ी घूमकर उधर से आता हूं।"

उसके जाते ही मैंने पहाड़ी पर चढ़ना शुरू कर दिया। पहाड़ी पर काफी कंटीली झाड़ियां तथा पेड़ थे। करीब आधे घण्टे के कठिन परिश्रम के बाद, मैं पहाड़ी के ऊपर पहुंच गया।

ऊपर पहुंचते ही, सारी थकान दूर हो गयी। दूर-दूर तक भूरी, छोटी-बड़ी टौरियों के बीच हरे-हरे लहलहाते खेत बहुत ही सुन्दर लग रहे थे। हवा के झोंकों के साथ खेतों पर लहरें उठने लगती थीं। काफी देर खड़े-खड़े प्रकृति का सौंदर्य निहारता रहा।

आगे बढ़ने पर पहाड़ी के ऊपर एक काफी चौड़ा पठार था। थोड़ी दूर पर कुछ खंडहर भी दिख रहे थे। समझ गया, मेला वहीं लगता होगा। तथा इन्हीं खंडहरों में कहीं पीर की समाधि होगी।

वैसे तो मैं फील्ड-वर्क में गांव, मकान, खंडहरों आदि से बचकर ही निकल जाया करता था, पर आज न जाने क्यों इन खंडहरों को देखने की उत्सुकता हो रही थी।

खंडहरों के पास आते ही कुछ अजीब-सी महक आने लगी थी। एक खंडहर से कुछ दूर खड़े होकर, हथौड़े से पास की चट्टान मे पत्थर का एक टुकड़ा तोड़कर, उसे हैंड-लेन्स से देखने लगा। पर असल में मेरी निगाह सामने वाले खंडहर के उस हिस्से पर थी, जहां कुछ लकड़ियां पड़ी थीं ; साथ ही, थोड़ी दूर पर, पानी भी फैला पड़ा हुआ था।

मैंने अपने निरीक्षण को यहीं तक सीमित रखना उचित समझा और उस खंड-हर की तरफ न जाकर सीधे आगे चला गया। पीछे मुड़ कर भी नहीं देखा। पहाड़ी की ढलान तक तो मैं धीरे-धीरे गया, पर ढाल पर तेजी से नीचे उतरने लगा। आधी पहाड़ी उतरने पर नीचे का रास्ता दिखायी पड़ने लगा।

थोड़ा और नीचे उतरने पर एक आदमी साइकिल पर आता दिखायी दिया। साइकिल के कैरियर पर एक बैग बंधा था। जैसे ही वह आदमी मेरी सीध में आया

मैंने जोर से आवाज देकर उससे रुकने को कहा ।

सुनसान जंगल में मेरी आवाज सुनकर वह सहम गया। इधर-उधर देखने लगा। मैंने सोचा, शायद उसने मुझे देखा नहीं है। तेजी से उतरते हुए, मैंने फिर से उसे आवाज दी। इस बार उसने मुझे देख लिया।

जैसे ही उसने मुझे तेजी से नीचे उतरते देखा, वह अपनी साइकिल फेंक जिधर से आया था, वापस भागने लगा।

नीचे जाकर पहले मैंने साइकिल उठाकर देखा कि कहीं टूटी तो नहीं है। वह ठीक थी। मुझको साइकिल उठाकर खड़े देख, वह रुक गया।

मैंने आवाज न देकर, हाथ के इशारे से उसे अपनी ओर बुलाया। वह फिर भी खड़ा रहा।

हार कर, मैं साइकिल लेकर उसकी ओर चलने लगा। पहले तो वह मुझसे दूर रहने के प्रयास में रहा, पर धीरे-धीरे फासला कम होने लगा। नजदीक आकर मैंने उसको साइकिल पकड़ा दी।

यह पूछने पर कि वह क्यों भागा था, उसने बताया : "इस पहाड़ी पर कभी-कभी 'वो' आ जाते हैं। मैंने आपको तेजी से उतरते देखकर समझा था कि 'वो' ही कोई आ रहा है; मुझे पकड़कर ले जायेगा और फिर 'फिरौती का रुपया' मांगेगा। यहां यह अक्सर होता है। आपके हाथ के हथौड़े को मैं हथियार समझ बैठा था।"

मैंने कहा, "खैर ! अब तो तुम्हें मालूम हो गया कि मैं 'वो' नहीं हूं, जो तुम समझ बैठे थे।" बातों-बातों में पता चला कि वह जानवरों के अस्पताल का कम्पाउण्डर है। काम के सिलसिले में रामनगर जा रहा था।

उसने बताया कि उसने सुन रखा था कि कोई पत्थरों वाले इन्जीनियर साहब आये हैं ; जतारा में कैम्प लगा है। बोला : "इस पहाड़ी पर मेले के दिनों के अलावा कोई जाता ही नहीं है, इसलिए आपके बारे में ध्यान ही नहीं गया।"

अब आबदा पीर की पहाड़ी पर कुछ देर पहले देखे खंडहर, लकड़ी, पानी तथा महक का रहस्य समझ में आने लगा।

मैं जब पत्थर तोड़ कर हैण्ड-लेन्स से उसे देख रहा था, तभी खंडहर की किसी दराज से बन्दूक की नली की साइट मेरे ऊपर ही सधी रही होगी। उस दिन यदि मैं खंडहर के भीतर झांकने की 'धृष्टता' कर बैठता, तो पता नहीं क्या होता !

# यहां पुलिस के चक्कर में कोई नहीं पड़ता

राम शंकर शर्मा

गर्मी के दिन थे। फसल कट चुकी थी। जगह-जगह खलिहान लगे थे। मड़नी-उसाई चल रही थी। ऐसे ही एक खलिहान के पास गांव से कुछ दूर महुए के कुछ पेड़ों के नीचे हमारा कैम्प लगा हुआ था।

सुबह तड़के निकल, दोपहर तक फील्ड-वर्क खत्म कर, कैम्प लौट आते थे। दोपहर की गर्मी के बावजूद थकान के कारण अच्छी नींद आ जाती थी। तम्बू के पीछे का पल्ला खोल झांखर, पत्ती तथा पुआल से बना टट्टर लगा दिया गया था जिस पर एक आदमी थोड़ी-थोड़ी देर में पानी डाल जाता था। यह हमारा 'खस का पर्दा' होता था।

शाम के समय थोड़ी दूर टहलने निकल जाते थे। लौटकर रात को, टेन्ट के सामने खुले आसमान के नीचे कैम्प-कॉट पर मच्छरदानी लगाकर सोते थे।

अभी कैम्प लगाये तीन दिन हुए थे। शाम को टहलते-टहलते पास के खलिहान के नजदीक से निकले। देखा, एक बीस-बाईस साल का गेंहुए रंग का हृष्ट-पुष्ट लड़का मड़नी करते बैलों को नियन्त्रित रख रहा है। कुछ लोग पास ही खाट पर बैठे थे।

मुझे पास से निकलते देख लड़के ने बैलों का चलना रोक दिया और मेरी तरफ आने लगा। पास आने पर 'जै रामजी की' की और बोला : "मैं अभी आपके पास आने वाला था। सुना है आप दवाई भी देते हैं। मेरे हाथ में एक घाव हो गया है। ठीक होने को ही नहीं आता।" बांये हाथ की कलाई में बंधी गन्दी पट्टी खोलकर उसने घाव दिखाया। काफी खराब हालत में था।

मैंने कहा : "तुम अभी मेरे साथ कैम्प चलो। वहां दवा लगा दूंगा।"

किसी को आवाज देकर बैलों को खोल देने के लिए कहकर, वह मेरे पीछे-पीछे कैम्प की ओर चलने लगा।

रास्ते में मैंने पूछा : "यह घाव कैसे हुआ ?" उसने बताया कि एक लकड़ी की गहरी फांस लग गयी थी। ऊपर की लकड़ी तो टूटकर निकल गयी, पर मांस के अन्दर फंसी लकड़ी न निकल सकी ! फिर घाव पकने लगा। एक दिन गांव के एक आदमी ने गरम चाकू से उसे दागा। किरच तो निकल गयी, पर घाव ठीक

होने के बजाय खराब ही होता गया। जो जिसने बताया, वह लगाया—पर कोई फायदा नहीं हुआ।

बात करते-करते हम लोग कैम्प पहुंच गये। मैंने अपने आदमी से एक कप में खूब गरम पानी लाने को कहा। पानी आने पर मैंने उसमें डिटौल डाल कर रुई से उसका घाव अच्छी तरह साफ किया, फिर एक कपड़े के गौज पर सल्फाडायजीन का मल्हम लगाकर उसके घाव पर रख दिया और एक साफ पट्टी से ड्रेसिंग कर दी। उससे कल शाम आकर दिखाने के लिए कहा।

चलते समय उसकी आंखों में एक विशेष प्रकार की प्रसन्नता मुझे दिखी। शायद उसे विश्वास हो रहा था कि अब उसका घाव जरूर ठीक हो जायेगा।

दूसरे दिन रोज की तरह जल्दी उठकर फील्ड-वर्क के लिए चला गया। दोपहर को कैम्प लौटने पर पास के उस खलिहान से औरतों के रोने की आवाज सुनायी पड़ी तो मैंने तहसील के चपरासी को बुलाकर पूछा—ये औरतें क्यों रो रही हैं?

उसने बताया कि कल जिस लड़के के हाथ में मैंने दवाई लगायी थी, रात उसी का कत्ल हो गया। इसी खलिहान में। अभी-अभी मिट्टी ले गये हैं। सो उसके घर की औरतें रो रही हैं।

मैं सुनकर स्तम्भित रह गया। मैंने कहा : "कल रात हम सब यहीं सो रहे थे। कुछ पता नहीं लगा!" उसने कहा : "लड़का यहीं खलिहान में सो रहा था। सोते में ही उसका कतल कर दिया गया। सबेरे जब घर वाले आये, तब पता चला।"

मैंने पूछा : "पुलिस में रिपोर्ट की गयी कि नहीं?"

उसने कहा : "पुलिस में रिपोर्ट से क्या होगा, साहब? जिसे जाना था, वह तो चला गया। पुलिस वाले इनको और तंग करेंगे। यह तो आपसी अदावट का मामला था। आज उन्होंने इनका आदमी मारा, कल ये लोग उनका आदमी मार लेंगे। यहां पुलिस-वुलिस के चक्कर में कोई नहीं पड़ता।"

रह-रहकर उस लड़के का चेहरा मेरे दिमाग में घूम जाता। कल शाम तक वह था, आज सुबह नहीं है। यह है हमारा ग्रामीण भारत। खलिहान से कुछ दूर ही कैम्प-कॉट पर मैं सो रहा था, कुछ पता ही नहीं चला और एक जीवन का अन्त हो गया!

मैंने तहसील के चपरासी से कहा : "फौरन गाड़ियों का इन्तजाम करो। अभी कैम्प शिफ्ट करना है। मैं अब यहां एक मिनट भी नहीं रुकना चाहता। मैं आगे चलता हूं, तुम पीछे से सामान लेकर आओ।" बिना खाना खाये मैं अपने दूसरे पड़ाव की ओर चल दिया।

रास्ते भर वह लड़का अदृश्य रूप में मेरे साथ-साथ चलता रहा जैसे उस शाम खलिहान से कैम्प तक मेरे पीछे-पीछे आया था।

# बाल-बाल बचे : 1

**राम शंकर शर्मा**

उन दिनों यूनिवर्सिटी में पढ़ता था। जिमनेजियम का कप्तान भी हो गया था। गर्मी के दिनों में अक्सर दोस्तों के साथ गोमती नदी में नहाने भी चला जाया करता था। लखनऊ में गोमती का पाट ज्यादा चौड़ा नहीं है। बिना रुके चार-छः बार नदी इधर से उधर तैरकर पार कर लेना हम लोगों के लिए कोई बड़ी बात न थी।

नदी के दक्षिणी किनारे पर 'मंकी ब्रिज' के नीचे मन्दिर के पास वाले घाट पर नहाते थे। इससे थोड़ी दूर, धार के ऊपर की ओर, छतर मंजिल के सामने नदी के उत्तरी किनारे पर लखनऊ यूनिवर्सिटी की 'रोइंग क्लब' का बोट-हाउस है, जहां लड़के सुबह-शाम 'रोइंग' की प्रैक्टिस के लिए आते थे। नदी के इस पार या उस पार इन लोगों से अक्सर मुलाकात हो जाती थी।

मकर संक्रान्ति के अवसर पर नदी या तालाब में नहाने की प्रथा है।

ऐसे ही एक बार मकर संक्रान्ति के दिन, जो जनवरी में पड़ता है, कुछ दोस्त आ गये और गोमती स्नान के लिए घसीट ले गये।

सुबह नौ-दस बजे का समय था। ठण्ड काफी थी। जो लोग लखनऊ में रहे हैं, उन्हें जनवरी के महीने में सुबह की ठण्ड का अन्दाज होगा। हम सब अपने पुराने घाट पर पहुंचे। कपड़े उतार, नहाने को तैयार हो ही रहे थे कि दो-एक लोगों ने—शायद ठण्ड से बचने के लिए—ताबड़-तोड़ पानी में छलांग लगा दी। उनकी देखा-देखी, मैं भी पानी में कूद पड़ा।

पानी के सम्पर्क में आते ही सारे शरीर में फुरहरी दौड़ गयी। पानी अनुमान से ज्यादा ठण्डा था। खैर अब तो कूद ही चुके थे! दूसरे किनारे की ओर तैरना शुरू कर दिया।

अभी आधी नदी भी पार नहीं की थी कि लगा हाथ-पांव जो हम चलाना चाहते हैं, चल नहीं रहे हैं। थोड़ी देर में तो मांसपेशियों ने काम करने से इन्कार कर दिया। सारा शरीर जकड़ गया। अब तो बीच धार में न इधर जा सकते थे, न उधर।

सहसा याद आया कि दौआ ने एक बार झांसी में जब वह हमें और नरेश को श्रीराम के टैंक में तैरना सिखा रहे थे, कहा था :

"कभी भी तैरने में हाथ-पैर फूल जायें, तो फौरन पीठ के बल उलटे लेटकर पानी में उतराने लगो और थोड़ी देर में जब हाथों-पैरों में बल आ जाये, तो फिर तैरकर पार लग जाओ।"

उन्होंने यह करके भी दिखाया था कि किस प्रकार धीरे-धीरे हाथ और पैर हिलाकर आदमी बहुत देर तक उतरा सकता है।

हमने फौरन उलट कर पीठ के बल पानी में उतराना शुरूकर दिया। पर थोड़ी देर में अपने आपको नदी की धार के साथ 'मंकी ब्रिज' की ओर बहते पाया। कोई बात नहीं! धीरे-धीरे मैंने नदी के उत्तरी किनारे की ओर बहना शुरू कर दिया और बहते-बहते पुल के नीचे से होकर दूसरी तरफ आ गया। जब किनारे से ज्यादा दूर नहीं था, तो धीरे से जमीन की थाह लेने के लिए पैर नीचे किये। पर पानी सर के ऊपर आ गया और जमीन न मिली। लिहाजा फिर उतराते हुए किनारे की ओर बहने लगे। थोड़ी देर में फिर जमीन टटोली, मिल गयी। खड़े हुए, तो पानी छाती तक था। जान में जान आयी।

जाड़े का मौसम। मुझे पसीना आ रहा था। पानी से निकल एक किनारे लेट गया। पता नहीं कितनी देर लेटा रहा। जब ठण्ड लगी, तो होश आया।

अब समस्या यह थी कि कपड़े, जो नदी के उस पार घाट पर हैं, उन तक कैसे पहुंचा जाये। दो तरीके थे—या तो नदी के किनारे-किनारे पुल तक पहुंचा जाये और फिर पुल पार कर घाट पर पहुंचें; या फिर, नदी के किनारे-किनारे चलकर घाट के सामने पहुंचें और फिर तैर कर नदी पार करें। दोनों में ही हिचक थी।

पहली दशा में पुल पर नंगे बदन, चड्ढी पहने जाते कोई जान-पहचान का मिल जाये तो क्या कहेगा! बड़ी बेइज्जती होगी, यूनिवर्सिटी के एक कैप्टेन की। दूसरी दशा में तो ठण्डे पानी में तैरने पर अभी जो कुछ हुआ था, वह प्रत्यक्ष ही था।

खैर, थोड़े सोच-विचार के बाद यह निश्चय किया कि दुबारा तैर कर ही नदी पार करेंगे। शायद पहली दफा एकदम से ठण्डे पानी में कूद पड़े थे, इसलिए मांस-पेशियां जकड़ गयी थीं। पर अब तो पानी से एक्लेमेटाइज हो चुके हैं—अब वह नहीं होना चाहिए। दूसरे, पानी का भय बैठ जाना आगे के लिए अच्छा न होगा।

थोड़ा और सुस्ताने के बाद, किनारे-किनारे घाट के सामने पहुंच धीरे-धीरे पानी में उतरे। कुछ देर पानी में खड़े रहे। फिर आराम से तैर कर उस पार पहुंच गये। यार-दोस्त इन्तजार कर रहे थे। कहने लगे : "आज तो तुम बहुत लम्बे निकल गये थे। हम लोगों ने तुम्हें उलटे तैरते ब्रिज की ओर जाते देखा था!"

अब इनको हम क्या बताते कि हम उलटे तैर रहे थे या नदी की धार में बह रहे थे!

उस दिन मुझे लगा : अगर दौआ ने उलटे लेट कर उतराना न सिखाया होता, तो पता नहीं क्या होता! एक बार बाल-बाल बचे।

# बाल-बाल बचे : 2

**रामशंकर शर्मा**

उन दिनों शायद एम. एस-सी. प्रीवियस में पढ़ता था। अपने पास उस समय की एक 'मशहूर' हिन्द साइकिल थी।

इसके अगले-पिछले ब्रेकों की रबर काफी घिस चुकी थी। काफी जोर से दबाने पर ब्रेक थोड़े-से लगते थे। कभी-कभी साइकिल रोकने के लिए अगले पहिये के टायर को पैर से भी दबाना पड़ जाता था।

काम तो चल ही जाता था, इसलिए ब्रेक ठीक कराने का महूरत नहीं आ रहा था।

एक दिन इसी साइकिल पर मैं अमीनाबाद से घर लौट रहा था। छुट्टी का दिन था। करीब ग्यारह बजे का समय रहा होगा। हनुमानजी के मदिर से आगे श्रीराम रोड की ओर जा रहा था।

मेरे आगे-आगे एक खाली रिक्शा धीरे-धीरे चल रहा था। मैंने दाहिने हाथ से रिक्शे के पीछे बन्द पड़े हुड के लकड़ी के फ्रेम को तथा बायें हाथ से साइकिल का हैंडल पकड़ रखा था।

लाटूश रोड पर, घर जाने के लिए, दाहिने मुड़ना पड़ता है। दाहिने मुड़ते ही बायीं तरफ पेड़ के नीचे एक साइकिल वाले की दुकान है तथा दाहिने हाथ को 'ड्यूक कम्पनी' और उसी से लगी 'गंगा पुस्तक माला' की दुकान।

मैं जो घटना सुनाने जा रहा हूं, वह इसी ड्यूक कम्पनी के सामने लाटूश रोड पर घटित हुई थी।

एक हाथ से रिक्शे का हुड पकड़े तथा दूसरे से साइकिल संभाले, 'वाहाब' की दुकान के सामने से निकल कर, पूजन भंडार वाली सड़क की ओर रिक्शा और मैं, दोनों, चले जा रहे थे।

रिक्शा पकड़ने का कारण यह था कि मैं जानता था कि मेरी साइकिल के ब्रेक ठीक नहीं हैं; और, आगे ढाल पर यदि ब्रेक नहीं लगे तो रिक्शे वाला तो ब्रेक लगायेगा ही; उसी के सहारे मैं भी रुक जाऊंगा। अस्तु।

पूजन भंडार के सामने आते-आते ढाल के कारण रिक्शे ने, और उसके साथ-साथ मेरी साइकिल ने भी, काफी स्पीड पकड़ ली। 'सण्डा म्यूजिकल्स' के सामने वाली सड़क आते ही हम दोनों बायें मुड़े। पर न तो रिक्शे की ही रफ्तार कम हुई, और न मेरी साइकिल की ही। नतीजा ?...यही कि लाटूश रोड आते-आते हम दोनों काफी तेजी पकड़ चुके थे।

सो, लाटूश रोड पर दाहिने मुड़े। और, साइकिल वाले की दुकान के सामने एक गाय को बचाने के लिए रिक्शे वाले ने फुर्ती से अपने दाहिने हाथ को कट मारा। मैं चूंकि रिक्शा पकड़े था, लिहाजा मैं भी रिक्शे के साथ दाहिनी ओर खिंच गया। इतने में ही सामने से एक मोटर साइकिल तेजी से आती दिखी। मैंने रिक्शा छोड़, दोनों हाथों से पूरे जोर के साथ आगे-पीछे के ब्रेक दबाये। पर साइकिल न रुकी, तो न रुकी। मेरी साइकिल ड्यूक कम्पनी के सामने सड़क के बीचों-बीच उसकी चौड़ाई के समानान्तर हो गयी। और, उधर से मोटर साइकिल भरपूर स्पीड में आ गयी। मोटर साइकिल वाले ने पूरे जोर से ब्रेक लगाये। पर टक्कर हो ही गयी !...

मैंने अपने आपको ड्यूक कम्पनी के दरवाजे के सामने पड़ा पाया। हाथ-पैर सलामत थे। होश संभालने पर थोड़ी दूर तिराहे के पास भीड़ लगी दिखी। लोग-बाग किसी चीज को तलाश रहे थे। एक को कहते सुना : "बड़ा बुरा एक्सीडेण्ट हुआ है। साइकिल का तो भुर्ता बन गया है।" एक दूसरा कह रहा था : "साइकिल तो है ..पर चलाने वाला कहीं दिखायी नहीं दे रहा है ?"

कुछ लोग मोटर साइकिल घेरे खड़े थे। इतने में न जाने कहां से एक पुलिस वाला आ गया। सबको हटाकर वह पूछताछ करने लगा।

उसने मोटर साइकिल वाले को अलग खड़े रहने को कहा। वह तत्काल उसका चालान करने को कह रहा था। पर उसे साइकिल वाला कहीं दिखायी नहीं दे रहा था !

इससे पहले कि मामला गम्भीर हो, मैंने पास जाकर धीरे से कहा : "यह साइकिल मेरी है।" दहशत के मारे मेरे मुंह से आवाज भी ठीक से नहीं निकल रही थी। पुलिस वाले ने कहा : "साइकिल तो यहां पड़ी है, और आप कहां थे ?" मैंने इशारे से बताया—मैं वहां पड़ा था !

लोगों ने टटोल-टटाल कर देखा कि मेरे कहीं चोट तो नहीं आयी।

अब रहा एक्सीडेण्ट-रिपोर्ट लिखाने का मामला—और उसके बाद पुलिस का लफड़ा ! मैंने कहा, "मैं ठीक हूं, मुझे रिपोर्ट नहीं लिखानी।" मोटर साइकिल वाले की जान में जान आयी।

उसने मेरी साइकिल उठायी, पेड़ के नीचे वाली साइकिल की दुकान पर ले जा पटकी और दुकानदार से उसे ठीक कर देने को कहा तथा कुछ पैसे भी दिये।

मुझसे उसने माफी मांगी तथा केस न रजिस्टर कराने के लिए धन्यवाद दिया।

जाने से पहले वह मेरे एकदम नजदीक आ खड़ा हुआ और फुसफुसा कर बड़े कौतूहल भरे अन्दाज में बोला : "भाई साहब, एक बात बताइए। इतने जोर की टक्कर के बाद भी आप बच कैसे गये? कहीं चोट भी नहीं आयी!" मुझे लगा, इतनी देर में पहली बार मेरे चेहरे पर मुस्कुराहट जैसी चीज आयी है। मैंने कहा : "मैं यूनिवर्सिटी का जिमनास्टिक्स चैम्पियन हूं।"

मेरे होश धीरे-धीरे संभल रहे थे और घटना साफ हो रही थी।

मेरे पूरे जोर से ब्रेक लगाने पर भी साइकिल जब न रुकी और यह निश्चित हो गया कि अब तो एक्सीडेण्ट होगा ही, तो—शायद बतौर रिफ्लेक्श ऐक्शन—मैंने साइकिल के हैंडल को दोनों हाथों से पैरललबार की तरह पकड़ पैर ऊपर फेंक एक 'समरसॉल्ट' लगायी और हवा में जाते ही हैण्डल छोड़ दिया। उसी समय मोटर साइकिल ने आकर साइकिल को टक्कर मारी और उसका भुर्ता बना दिया! नतीजा—मैं कहीं, और मेरी साइकिल कहीं!

इस तरह, फिर एक बार बाल-बाल बचे।

# बाल-बाल बचे : 3

**रामशंकर शर्मा**

सन् 1954 में मेरा तबादला कलकत्ता से लखनऊ हो गया था। लखनऊ आने पर मुझे बुन्देलखंड के एक हिस्से का भूगर्भीय मानचित्र बनाने का काम सौंपा गया था।

बुन्देलखंड में प्रमुख रूप से दो प्रकार की चट्टानें पायी जाती हैं। एक तो बारीक व मोटे दाने वाली लाल रंग की 'ग्रेनाइट' चट्टानें—जो छोटी-बड़ी टौरियां बनाती हैं; जैसे झांसी की कैमासन की टौरियां। इनसे अलग सफेद 'क्वार्टज्' पत्थर की जमीन से काफी ऊपर निकली कम चौड़ी—पर मीलों लम्बी—पहाड़ियां अलग ही दिखायी देती हैं। इन्हें हम 'रीफ' कहते हैं। ऐसी ही एक 'क्वार्टज् रीफ' की तलहटी में दिनारा कस्बा बसा हुआ है।

अपने काम के सिलसिले में मुझे इन छोटे-बड़े पहाड़ों पर चढ़कर उनकी चट्टानों का निरीक्षण करना, नक्शे में उनकी स्थिति अंकित करना तथा सैम्पल इकट्ठे करना आदि काम करने पड़ते थे।

ग्रेनाइट की चट्टानों वाले पहाड़ों पर प्रायः जंगल कम पाये जाते हैं; पर 'क्वार्ट्ज रीफ' में, उसके ढलानों पर, दोनों ओर टूटी चट्टानों के मलबे पर कहीं-कहीं अच्छा जंगल पाया जाता है। ये जंगल ज्यादातर कंटीली झाड़ियों तथा कांटों वाले करघई के पेड़ों के होते हैं। चढ़ते-उतरते समय कांटों से खरोंचें लगना मामूली बात थी। कभी-कभी तो कपड़े तक फट जाते थे। इन पहाड़ियों के ऊपर पहुंच जाने पर प्रायः पेड़ तथा झाड़ी-रहित चट्टानें मिल जाती थीं, जिन पर चलना आसान होता था। अक्सर मैं जब ऐसी पहाड़ी पर चढ़ जाता, तो उसके ऊपर ही ऊपर चलकर एक सिरे से दूसरे सिरे तक निरीक्षण कर लेता।

इन पहाड़ों पर अक्सर चट्टानों के हिस्से टूटकर नीचे गिरे पाये जाते हैं। फलस्वरूप चलते-चलते कोई चट्टान एकदम से खत्म हो जाती तथा दूसरी—थोड़ी नीचाई पर—फिर शुरू हो जाती। ऐसी स्थिति में, यदि नीचाई ज्यादा न हुई, तो मैं जम्प लगा लेता; और यदि नीचाई ज्यादा हुई, तो ढाल पर उतर कर या थोड़ा पीछे जाकर, किनारे से होकर अगली चट्टान पर पहुंच जाता।

अक्सर इन चट्टानों पर छोटे-बड़े, विभिन्न आकारोंके काले निशान—धब्बे—

पाये जाते। ये निशान बरसात में चट्टानों पर पानी जमा होने, बाद में काई पड़ने और उसके सूख जाने से बन जाते हैं।

एक बार मुझे मऊरानीपुर से करीब पच्चीस किलोमीटर दक्षिण जतारा कस्बे के पास ऐसी ही एक 'क्वार्टज् रीफ' का निरीक्षण करना था। जतारा मऊरानीपुर से टीकमगढ़ जाने वाली सड़क के पास बसा है।

जाड़े के दिन थे। दोपहर दो बजे का समय रहा होगा। सुबह आठ बजे कैम्प से निकला था। काफी थक गया था। मैंने पहाड़ी पर एक किनारे से चढ़ना शुरू किया। कंटीली झाड़ियां तथा पेड़ काफी थे। किसी प्रकार ऊपर पहुंच गया। चट्टानों का निरीक्षण किया। नोट्स लिखे। सैम्पल लिये। फिर, पहाड़ी के ऊपर-ऊपर हो आगे चलने लगा।

पहाड़ी काफी लम्बी थी। चलते-चलते एक जगह अचानक चट्टान समाप्त हो गयी। आगे झांक कर देखा। करीब दस फुट की नीचाई पर दूसरी चट्टान दिखी।

अब मेरे पास दो रास्ते थे; या तो बगल की ढलान पर से कंटीली झाड़ियां पार करते हुए दूसरी तरफ जाऊं; या फिर यहीं से कूद कर नीचे की चट्टान पर पहुंच जाऊं। सुबह से अभी तक कंटीली झाड़ियों से काफी तंग आ चुका था। दूसरा रास्ता अपनाने का निश्चय किया। अपना मैप, कम्पास, हैमर आदि झोले में रखकर कुली को दे दिया तथा उससे नीचे वाली चट्टान पर घूमकर आने को कहा। कुली के चले जाने के बाद मैंने चट्टान के किनारे खड़े हो नीचे का निरीक्षण किया। नीचे जहां दूसरी चट्टान थी, वहां एक चार-पांच फुट लम्बा तथा दो-तीन फुट चौड़ा काला धब्बा था। मैंने ऊपर खड़े-खड़े अन्दाज लगाया कि छलांग लगाने पर नीचे कहां लैंड करना ठीक होगा।

स्थान निश्चित कर, मैंने थोड़ा-सा पीछे जाकर, दौड़कर छलांग लगायी। नीचे चट्टान पर लैंड किया। पर...पर लैंडिंग अच्छी न थी। काले धब्बे से जरा-सा ही हटकर हुई थी। सोचा, काई पर गिरता और फिसल जाता तो? कुली के आने में देर थी, इसलिए पैर फैलाकर बैठ गया।

थोड़ी देर में कुली को आते देख मैं उठ खड़ा हुआ। चलने से पहले मैंने थोड़ा पीछे मुड़कर देखा—उसी 'काले धब्बे' की ओर। अचानक पसीना आ गया। मैं वहीं बैठ गया—या यों कहिये, गिर गया। हाथ-पांव कांप रहे थे।

ऊपर से देखने पर जिसको मैं काई का काला धब्बा समझे हुए था, वह वास्तव में चट्टान में एक चौड़ी और गहरी खाई—'क्रेविस'—थी। रोशनी की कमी के कारण ऊपर से वही 'काला धब्बा' लग रही थी।

उस दिन छलांग लगाने के बाद यदि मैं उस 'काले धब्बे' पर लैंड करता तो...!!

**एक बार फिर बाल-बाल बचे।**

# एक मुलाकात : 'कक्का जू' से !

## रामशंकर शर्मा

गर्मियों के दिनों में फील्ड-वर्क के लिए सुबह चार बजे कैम्प से निकलता और ब्रिस्क मॉर्निंग वाक करता हुआ करीब दस-ग्यारह किलोमीटर दूर निकल जाता। फिर वहां से, अपना काम करते हुए, ग्यारह-बारह बजे तक कैम्प लौट आता।

गर्मियों में प्यास भी ज्यादा ही लगती है। गाइड-कुली पानी से भरा एक छोटा घड़ा अपने सिर पर रखकर साथ चलता। लौटते समय घड़े का पानी तो खतम हो जाता, पर साथ का हैवर-सैक पत्थरों के नमूनों से भरा होता—यानी, आते-जाते भार एक-सा ही रहता।

इसी प्रकार एक बार मई के महीने में उत्तर प्रदेश तथा विन्ध्य प्रदेश (आजकल मध्य प्रदेश का भाग) के झांसी तथा टीकमगढ़ जिलों के बॉर्डर पर काम कर रहा था।

हमेशा की तरह आज भी कैम्प से सुबह जल्दी ही निकला था। लौटते समय, ग्यारह बजे के करीब, मैं जब कैम्प से प्रायः तीन किलोमीटर दूर था, आगे एक बड़ा गांव दिखायी पड़ा।

फील्ड-वर्क में रास्ते में गांव आने पर मैं उसके बीच से न जाकर, बाहर ही बाहर घूमकर निकल जाता था। वैसे थोड़ा चक्कर जरूर पड़ता था, पर पता नहीं क्यों गांव में से जाने में मुझे कुछ अजीब-सा लगता था ! जिसे देखो वही घूर रहा दीखता—कुछ आमने-सामने, कुछ दरवाजों-खिड़कियों की ओट से ! पीछे-पीछे चलते जिज्ञासु बच्चे हैमलिन के 'पाइड पाइपर' की याद दिला देते थे !

आदत के अनुसार गांव के बाहर ही बाहर घूमकर जाने लगा।

गांव से करीब आधा किलोमीटर की दूरी पर आम के पेड़ों का एक बाग दिखायी दिया।

यह सोच कर कि बाग में अवश्य कोई कुआं होगा, लिहाजा साथ का आदमी, जो प्यासा होगा, वहीं पानी पी लेगा—मैं बाग की ओर मुड़ गया।

बाग के नजदीक आया तो पेड़ों के बीच एक कच्चा मकान तथा उसके सामने एफ आदमी खाट पर, तथा दो जमीन पर, बैठे दिखायी दिये।

कतराकर निकल जाने के लिए मुड़ा ही था कि आवाज आयी : "आइए साहब, आइए ! कुछ पानी-वानी पी लीजिए ! काफी गरम है।" अब तो मेरे लिए कोई चारा ही न था। मुड़कर उसी ओर बढ़ने लगा, जहां वे लोग बैठे थे। पर, नजदीक आने पर, अब केवल एक आदमी ही खड़ा दिखायी दिया—बाकी दो गायब थे; खाट खाली थी।

पास पहुंचने पर उस आदमी की पर्सनैलिटी तथा फिजीक ने मुझे बहुत प्रभावित किया। उसके शरीर को ही देखता रह गया।

करीब पांच फुट नौ या दस इंच की ऊंचाई। बड़ी-बड़ी झबरी, खिचड़ी, गलमुच्छें। दाढ़ी साफ। माथा चौड़ा। सिर पर कुछ कम बाल—आधे सफेद, आधे काले। बलिष्ठ मांस-पेशियों वाली भुजायें। कसा हुआ सीना। लुंगी और बनियान में वह कुछ अलग ही दिख रहा था। जब उसने 'जै राम जी' की, तो मैं होश में आया।

बैठने के लिए आग्रह किया। कहने लगा : "थोड़ा पानी पीकर आराम कीजिए। खाने का प्रबन्ध तुरन्त हो जायेगा।"

धन्यवाद देते हुए मैंने कहा : "काफी देर हो गयी है। धूप भी तेज है। कैम्प में सब प्रबन्ध है। साथ में जल भी है। आप कष्ट न करें।"

उसने बात बदलते हुए कहा : "सुना है, आप बड़े तड़के काम पर निकल जाते हैं और बड़ी दूर-दूर जाकर इस प्रदेश की पहाड़ियों का मुआयना करते हैं। आप काफी दिन से इस इलाके में काम कर रहे हैं। कहीं कुछ सोना-ओना मिलने की संभावना है ?"

मैंने सहज भाव से बतला दिया कि सोने के विषय में तो मैं नहीं कह सकता, पर छतरपुर के दक्षिण में अनगौर के पास कुछ ऐसी चट्टानें पायी गयी हैं जिनमें हीरा पाया जा सकता है—ऐसा कुछ लोग कहते सुने गये हैं। पर, विशेषज्ञों की पूरी जांच पड़ताल के बिना, कुछ कहना कठिन है !

मैंने चलने के लिए अनुमति मांगी, तो उसने कमर से बटुआ निकाल सुपारी काटना शुरू कर दी। मेरे यह कहने पर कि मैं सुपारी नहीं खाता, उसने बटुये में से कुछ लौंग तथा इलायचियां निकाल, हथेली पर रख, हाथ मेरी ओर बढ़ा दिया।

लौंग-इलायची उठाते समय मेरे मन में उससे हाथ मिलाने तथा उसका 'कस' देखने की तीव्र इच्छा हो रही थी ! पर, इस इच्छा को रोकते हुए, मैं नमस्कार करके ही वहां से चल दिया।

बाग से बाहर आकर थोड़ी दूर चलने पर प्यास ने जोर मारा। सामने थोड़ी दूर पर एक टौरिया थी। सोचा, उसी की आड़ में पानी पियेंगे क्योंकि अभी-अभी बाग में पानी के लिए मना कर दिया है। कहीं उस आदमी ने देख लिया तो क्या सोचेगा !

टौरिया की आड़ में आते ही, मैंने अपने साथ के आदमी से, जो मेरे पीछे-पीछे ही चलता था, पानी देने के लिए कहा। परिचित 'हौं जू' उत्तर न पाकर, मैं मुड़ा—पर वहां तो कोई था ही नहीं।

मैंने सोचा, शायद बाग में पानी पीने रुक गया होगा, या फिर रास्ते में किसी से बातें करने लगा होगा—आ जायेगा।

थोड़ा इन्तजार करने पर भी जब वह न आया तो मैंने टौरिया पर चढ़कर ऊपर से देखने का निश्चय किया, सिर पर घड़ा रखे वह अलग ही दिख जायेगा। टौरिया के सबसे ऊंचे स्थान पर पहुंचकर मैंने चारों ओर नजर दौड़ायी। पर उसका कहीं नामो-निशान न था। पहाड़ी पर चढ़ने से प्यास और भी बढ़ गयी थी। गुस्सा भी आ रहा था! कहां गायब हो गया? ऐसी तो पहले कभी हुआ नहीं था। आज क्या बात हो गयी?...

उसकी खोज छोड़कर, मैं सीधे कैम्प की ओर चल पड़ा। कैम्प पहुंचने पर मैंने उस आदमी को वहां खड़े देखा। अब तो गुस्सा सातवें आसमान पर था। इसके पहले कि मैं कुछ कहूं, तहसील का मेरा चपरासी, जो पिछले तीन साल से मेरे साथ बड़ी ईमानदारी और लगन से काम कर रहा था, हाथ में पानी का गिलास लिये, सिर झुकाये, मेरी ओर आता दिखायी दिया। मेरे पास आते-आते उसका हाथ इस बुरी तरह कांपने लगा था। मैं सारा गुस्सा भूल गया; मुझे हंसी आने लगी।

मैंने जब गिलास हाथ में लिया, तो उसमें पानी आधा गिलास ही था। चपरासी हाथ जोड़े, सिर झुकाये, खड़ा था। कुछ कहना चाहता था, पर कह नहीं पा रहा था।

आखिरकार मैंने ही कहा: "क्या बात है? कुछ कहना चाहते हो? इतने घबड़ाये हुए क्यों हो? वह आदमी कहां गायब हो गया था?"

कुछ हिम्मत करके उसने कहा: "सरकार, बड़ी गलती हो गयी, माफ किया जाये। मैंने इस आदमी को बहुत कुछ कहा कि तुझको साहब को ऐसे में अकेले छोड़ कर नहीं जाना चाहिए था। सरकार, गांव का आदमी है। अकल नहीं है। माफ कर दिया जाये। अब मैं आदमी देख करके ही रखा करूंगा। कल से यह नहीं आयेगा।" मैंने पूछा: "पर यह आदमी गायब कहां हो गया था?"

तब उसने बताया: "आपको बाग में 'कक्का जू' से बातें करते देख यह बेहद घबड़ा गया। कैम्प में हमें खबर देने भागा आया। सरकार! आप तो पहचानते नहीं। पर इससे पहचान लिया था 'कक्का जू' को। इस इलाके में इनका गिरोह बड़ा नामी है।"

दूसरे दिन सुनने में आया, कल रात टीकमगढ़ जाने वाली आखिरी बस बड़े गांव की घाटी में रोककर लूट ली गयी।

# विचित्र सांप

**रामशंकर शर्मा**

उन दिनों मैं बुन्देलखण्ड में फील्ड-वर्क कर रहा था। जाड़े में तो कहीं भी खुले में तम्बू लगा लेता था, पर गर्मी में पेड़ के नीचे ही लगाना पड़ता। जाड़े में आठ बजे के करीब फील्ड-वर्क के लिए निकल जाता और दोपहर ढाई-तीन बजे तक वापस आ जाता। पर, गर्मी के दिनों में यह कार्यक्रम बदल जाता था।

गर्मी के दिनों में सुबह चार बजे अंधेरे में कुली के सर पर पानी का एक घड़ा लदाकर निकल पड़ता और तेजी से मॉर्निंग वॉक करता चल देता; सूरज के निकलने तक चलता रहता। इस प्रकार करीब ढाई घण्टे डेड वॉक करते निकल जाते। उन दिनों पन्द्रह मिनट में करीब एक मील चल लेता था। चलते-चलते कैम्प से करीब दस मील दूर निकल जाता और अपना काम करते हुए वहां से वापस कैम्प की ओर आता था। कैम्प पहुंचते-पहुंचते करीब ग्यारह बज जाते।

नहा-धोकर खाना खाता और फिर तम्बू में जमीन पर बिछी दरी पर एक गीली तौलिया बिछा, हाथ में एक पंखा ले, लेट जाता। पास में एक दूसरी तौलिया पसीना पोंछने के लिए रख लेता। रात नींद पूरी न होने तथा सुबह पैदल चलने की थकान के कारण पता नहीं कब नींद आ जाती। तीन-चार घण्टे की अच्छी नींद हो जाती।

रात को कैम्प कॉट—मच्छरदारी सहित—तम्बू के सामने, खुले में, लगा दी जाती। जैसे ही रेडियो पर रात के नौ बजे खबरें आना शुरू होतीं, मेरा रसोइया खाना लगा देता। रात को सोने से पहले कुछ पढ़ने की आदत-सी पड़ गयी थी। ग्यारह बजे तक कोई उपन्यास पढ़ा करता। अगर उपन्यास में कोई विशेष प्रसंग न हुआ, तो ग्यारह बजे लालटेन धीमी कर सो जाता। सुबह तीन बजे उठ, शौच आदि से निवृत्त हो, फिर चार बजे बाहर जाने के लिए तैयार हो जाता।

मेरा गाइड-कुली गांव में न सोकर, मेरे खेमे में ही सोता था ताकि सुबह उसे बुलाने न जाना पड़े।

उन दिनों मेरे पास एक थ्री पोल टेण्ट था। इसमें आगे एक छोटा बरामदा

होता है, बीच में एक कमरा—तथा पीछे एक छोटा-सा हिस्सा, जिसे मैंने बाथरूम बना रखा था। मैं यहीं हाथ-पैर धोता तथा नहाता था। जमीन पर पैरा डाल रखा था जिससे कीचड़ कम हो। नाली से पानी पीछे निकल जाता था।

ऐसा ही एक तम्बू एक बार गर्मी के दिनों में महुए के एक पेड़ के नीचे लगा था। एक दिन सुबह चार बजे शौच से आकर मैं हाथ धोने के लिए तम्बू के बाथरूम में बैठा, पास में लालटेन रखी थी।

सहसा घड़े के पीछे कोई चीज हिलती दिखायी दी। गौर से देखने पर एक सांप-सा पड़ा दिखायी दिया।

अपने फील्ड-वर्क के दौरान काफी सांप देख चुका था। इसलिए कोई भय नहीं लगा। पर आंख उसी पर थी। मैंने बैठे-बैठे ही अपने नौकर को आवाज दी और टॉर्च लाने को कहा।

टॉर्च आने पर स्पष्ट हो गया कि वह सांप ही था! अब क्या था! मेरा नौकर गाइड-कुली तथा तहसील का चपरासी, जो मेरे साथ ही रहता था—सब हाथों में लाठी-डण्डे लेकर आ गये। मैं तब तक तम्बू से बाहर आ गया था। सांप पर वार किया गया।

सांप पीछे की ओर निकल, पेड़ की जड़ के पास, बांबी में घुसने लगा। अभी सांप का आधा धड़ ही बांबी में घुस पाया था कि हमारे गाइड-कुली ने उसे पीछे से पकड़ लिया। अब आधा सांप बांबी में, और आधा कुली के हाथ में। न सांप बांबी छोड़े, और न हमारा कुली सांप को छोड़े।

मैंने कुली से कहा : "सांप ने जमीन पकड़ ली है, वह बाहर नहीं निकलेगा। तुम उसे छोड़ दो।" पर गाइड-कुली बोला : "सांप चोट खा चुका है। छूट गया तो बदला जरूर लेगा। पहला बार मैंने ही किया था। मैं तो इसे बिना मारे नहीं छोड़ूंगा।"

मैं समझ गया कि यह आदमी मानेगा नहीं। पर समस्या थी : अंधेरे में सांप को बिल में से निकाला कैसे जाये ?

मैंने उससे कहा : "अच्छा!...अगर तुम उसे छोड़ना नहीं चाहते, तो उजाला होने तक उसको इसी तरह पकड़े बैठे रहो।"

जब थोड़ी पौ फटी और उजाला होने लगा, तो मैंने अपने नौकर से सब्बल लाकर बिल खोदने को कहा और साथ ही तहसील के चपरासी से लाठी लेकर सांप को मारने के लिए तैयार रहने को।

थोड़ी देर में बिल खोदा जाने लगा। थोड़े प्रयास के बाद जैसे ही सांप की पकड़ ढीली हुई, कुली ने उसे खींचकर बाहर खेत में फेंक दिया। फिर क्या था!

वार पर वार होने लगे। थोड़ी देर में सांप निर्जीव हो गया। मैं दूर कुर्सी पर बैठा तमाशा देख रहा था। बड़ा जहरीला सांप था, जिसका आधा धड़ काला और आधा सफेद था।

मेरी जिज्ञासा जागी। खेत में जाकर उस मरे सांप को देखा।

सचमुच उसका आगे का आधा भाग काले रंग का और पिछला भाग कुछ सफेद-से रंग का तथा फिर काले रंग का था।

सहसा मैंने उस कुली से अपने हाथ दिखाने को कहा। उसके हाथ देखते ही 'मिस्ट्री' सॉल्व हो गयी। उसके हाथों में सांप की केंचुल चिपकी थी। जिस जगह उसने सांप को पकड़ रखा था, उस जगह की केंचुल छूटकर उसके हाथों में चिपक गयी थी।

इस विचित्र सांप को देखने गांव से भीड़ आ गयी। लोगों ने इस विचित्र सांप का लकड़ी और सूखे पत्तों में रख अग्नि-संस्कार किया।

पर, इस सबमें मेरा उस दिन का फील्ड-वर्क गोल हो गया।

# जमालपुर का रेलवे कारखाना

**अनुपम शर्मा**

आइए, अब मैं आपको जमालपुर ले चलता हूं। स्टेशन पर आप उतरे। एक पुरानी-सी इमारत, कहीं साफ कहीं गन्दी। स्टेशन के आगे जमालपुर शहर पहुंचे तो और भी निराशा होती है। भीड़-भड़क्का, छोटे-छोटे होटल, लॉटरी के स्टॉल, वगैरह-वगैरह। लेकिन घबराने की बात नहीं। मैं आपको नहीं छोड़ूंगा, क्योंकि मुझे आपको रेलवे कॉलोनी ले जाना है। वह कॉलोनी तो बेहतर है। सड़क कुछ खराब हैं, और कॉलोनी काफी पुरानी लगती है। लेकिन फिर भी जब मैं आपको यह बताता हूं कि यह 125 साल पुरानी है, आपको अचरज जरूर होता है।

जी हां, जमालपुर रेलवे कारखाना 1862 में शुरू हुआ था। रेलों को भारत में अभी केवल 8 वर्ष हुए थे। जरूरत थी एक ऐसे कारखाने की जहां रेल इंजनों की रियेयर हो सकती हो। 1925 तक यह कारखाना एशिया का सबसे बड़ा कारखाना बन गया था। 1933 में एक भयंकर भूकम्प से यह बिल्कुल नष्ट हो गया। लेकिन इसे फिर खड़ा किया गया। पिछले 10 साल तक यहां जोर-शोर से कोयले के लोको की मरम्मत होती थी। अब जब रेलवे अपनी इन 'ब्लैक-ब्यूटीज' को ही भुलाना चाहती है, तो कारखाने का काम कम होता जा रहा है। यह देखकर, अब यहां रेलवे डीजल क्रेन बनाने लगी है।

इस ऐतिहासिक और विशाल रेलवे कारखाने की रोमांचक कहानी से ही अभिन्न है जीमखाना का इतिहास।

आजादी के कई साल पहले ही महसूस किया गया कि तेज तरक्की करती रेलवे में जरूरत है निपुण यांत्रिक अभियंताओं की। ब्रिटिश सरकार को इतने अंग्रेज इस काम के लिए लाना काफी महंगा लग रहा था। 1927 में जमालपुर के ट्रेनिंग स्कूल में एक नई स्कीम की शुरुआत हुई। इसमें चुने हुए लड़कों को चार साल की जमालपुर कारखाने में ट्रेनिंग थी, फिर दो साल इंग्लैण्ड में प्रोबेशन और वापस भारत में रेलवे में क्लास-1 अफसरों की हैसियत से कैरियर शुरू। 58 साल बाद आज, इस ट्रेनिंग स्कूल का नाम इंडियन रेलवे इन्स्टीट्यूट ऑफ मैकेनिकल

एण्ड इलैक्ट्रीकल इंजीनियरिंग हो गया है । आजादी के बाद से इंग्लैण्ड में 2 साल का प्रशिक्षण समाप्त हो गया । लेकिन शेष सब कुछ बिल्कुल वही है । इस स्कीम में लड़कों को यू. पी. एस. सी. की एक परीक्षा में लिया जाता है और उनको स्पेशल क्लास रेलवे एपरेन्टिसेज कहा जाता है ।

और यह तो बात रही विशेष श्रेणी शिशिक्षुओं (SCRA)की ट्रेनिंग की । हम SCRA's के होस्टल का नाम है जमालपुर जीमखाना । जीमखाना एक विशाल और ठोस इमारत है जिसमें आप प्रवेश करते ही इसके ऊंचे और बड़े कमरों को देख आश्चर्य प्रकट करते हैं । और मैं आपको यह बताता हूं कि ऐसे 58 कमरों में 88 लड़के रहते हैं । (खैर अब तो पिछले साल से 87 लड़के और 1 लड़की) । इसी इमारत के अन्दर एक है बड़ा-सा डाइनिंग हॉल जिसमें कुछ पलों में डिनर लेंगे । और यहां 'जीमखाना क्लब' भी है । जी हां, क्लब ही जीमखाना की जान है । जब तक यहां के लोग आधा-एक घण्टा बिलियर्ड शाम को नहीं खेल लेते, नींद नहीं आती । लेकिन अगर बिलियर्ड टेबिल पर भीड़ है, तो कैरम खेलकर या मैगजीन पढ़कर ही दिल बहलाना पड़ता है ।

जीमखाना की जिन्दगी निराली है । पहली साल में तो कुछ न पूछिये । 'कम्पलसरी एन्टरटैनमेन्ट' से फुर्सत मिले तब तो । दूसरे साल में अपने जूनियर्स को सीख सिखाते हैं । तीसरे साल भर IIyr वालों को Iyr के एन्टरटैनमेन्ट के लिए ट्रिक्स बताते हैं । और IVyr इस सबसे अवकाश प्राप्त कर रेलवे की नौकरी के सपने देखने में निकल जाता है ।

# ज़िंदगी भर नहीं भूलेगी वह बरसात की चाय

**अनुपम शर्मा**

बारिश इतनी जल्दी तेज हुई कि अभी उठकर अन्दर की तरफ बढ़ ही नहीं पाये थे कि पूरे भीग गये। कलम और डायरी झट निकाल कर ड्राइवर के बक्स के अन्दर रखी।

लेकिन बारिश इतनी तेज कि पूरे स्टीम इंजन में एक स्थान ऐसा नहीं चुन सकते थे जहां भीगे नहीं। बाहर घोर अंधेरा। और, आगे स्टेशन आने वाला। अपनी तो हालत खराब। किस तरफ मुंह करें ? आंखें ? किस तरह खोलें ? तभी देखा, यह दिक्कत ड्राइवर व फायरमैन को नहीं।

उसी अंधड़ व आंधी-तूफान में वे लोग फुटप्लेट से लटके आगे आने वाले सिगनल को 'स्पॉट' कर रहे थे। ड्राइवर ब्रेक लगाकर गाड़ी धीमी कर रहा था। 'सिगनल वार्निंग बोर्ड' निकला—लेकिन कुछ दिख ही नहीं रहा था। मूसलाधार बारिश में लटके-लटके सिगनल देखा। 'आउटर सिगनल राइट ?' 'राइट।' अब गाड़ी में फिर स्टीम दी। 'होम सिगनल राइट ?' 'राइट।'

धीरे-धीरे स्टेशन में दाखिल हुए। बाहर तो बारिश और तेज हो गयी। 'बाहर' क्या ?...'बाहर' और 'अन्दर' में फर्क ही क्या था ? यही सोच रहे थे और स्टार्टिंग सिगनल का इंतजार कर रहे थे कि फायरमैन ने फायर-होल खोला।

"इधर आइए, साहब।" आहा। गर्मी में कुछ राहत मिली। लेकिन स्टार्टर झट हरा हुआ। और, कड़कती बिजली और आंधी-पानी में फिर आगे बढ़े !

केबिनमैन को हरी बत्ती वगैरा दिखायी। और, जब फायरमैन ने 60-70 किलो कोयला झोंक लिया, तो ड्राइवर भी बीच 'कैब' में आया। अभी तक बेचारा एक हाथ पर लटका, ट्रेन कण्ट्रोल कर रहा था।

फायर-होल खोला। "आइए साहब !" ऊपर से तो बारिश, पर सामने जलते 250 किलो कोयले की गर्मी। जहां ठण्डी हवा में ठिठुर रहे थे, अब सँभले। ड्राइवर, दोनों फायरमैन व मैं खुद। आग तापने लगे। आग की रोशनी में देखा, सभी ठिठुर रहे हैं।

अचानक मुझे लगा कि अस्सी की रफ्तार पर चल रहे हैं और कोई भी 'कंट्रोल' पर नहीं ! मैंने ड्राइवर से कहा : "अरे आप सिगनल तो देखिए।" आराम से उन्होंने कहा : "साहब, अभी दस मिनट तक कुछ नहीं आयेगा। तीस साल हो गये इस लाइन पर गाड़ी चलाते।"

आठ-दस मिनट बाद बरसते में फिर तीनों बाहर को लटक गये और सिगनल 'स्पॉट' करके गाड़ी स्टेशन पर 'कोस्ट' की। जहां फायर-बॉक्स बन्द होता, वहीं हवा से हालत खराब होने लगती।

गाड़ी खड़ी हुई। एक फायरमैन बोला : "साहब, आप आये तो यह धमाकेदार बारिश हुई।" मैंने सोचा—शायद मुझे कोस रहे हैं ! लेकिन वे लोग बेहद खुश थे। सामने कुछ दिख नहीं रहा था, खड़े नहीं हुआ जा रहा था, ठिठुरे जा रहे थे, लेकिन खुश थे—क्योंकि साल की यह पहली बारिश थी। मानसून के आगमन पर खुशी का वक्त सिर्फ स्कूल की किताबों में पढ़ा था, या रेडियो पर सुना था। आज—पहली बार—इन लोगों के साथ उस प्रसन्नता को महसूस किया।

बारिश कुछ कम हुई तो ड्राइवर ने फर्स्ट फायरमैन से कहा : "कुछ आग-वाग निकालो।" इस इशारे को पहले तो मैं समझा नहीं। लेकिन जब फायर-बॉक्स में से कुछ जलते हुए कोयले निकाले गये और उस पर पानी की केतली रखी गयी तो बस—मजा आ गया।

तेज तूफानी बारिश से लड़ने-जूझने व उसमें 50 कि० मी० गाड़ी चला लेने का इससे अच्छा और क्या उत्सव मनाया जा सकता था। चीनी कुछ ज्यादा थी ! लेकिन—"जिन्दगी भर नहीं भूलेगी वह बरसात की चाय !"

# डी. के. : मेरा दोस्त

**अनुपम शर्मा**

अक्सर जब खुशी की कोई बात होती है, तो लगता है डी. के. होता तो बड़ा खुश होता। कहता, 'वाह, साहब ! आपने खुश कर दिया।'

और साथ ही, कोई गलती हो जाय, तो भी उसकी याद खुद-ब-खुद आ जाती है। जैसे कह रहा हो : 'मुझे पता था साहब आप यह करेंगे।'

था तो केवल एक फोरमैन। शेड के अनेक फोरमैनों में से एक। लेकिन सबसे अलग। भीड़ में भी जैसे उससे कुछ वाइब्रेशन्स आ रहे हों। चुप भी बैठा रहता मीटिंग में तो हम लोग पूछते—"आज क्या तबियत खराब है ?"

वैसे, उसकी तबियत ही उसकी सबसे बड़ी दुश्मन थी। पचास की ही उम्र में उसकी दोनों किडनी खराब हो गयी थीं। सबको पता था वह बचेगा नहीं। लेकिन सिर्फ डी. के. यह मानने को तैयार नहीं था। बम्बई के टाटा मेमोरियल हॉस्पिटल के डॉक्टर से लड़ भी आया था।

आया क्या, उसे डॉक्टरों-कम्पाउण्डरों ने बाहर निकाल दिया था। डॉक्टर ने अपनी उंगलियों पर गिनते हुए उससे यह कहा कि आपको किडनी ट्रांसप्लांट की जरूरत है। डी. के. ने छूटते ही कहा : "डॉक्टर साहब, ये उंगलियों पर आप क्या गिन रहे थे ?' डॉक्टर ने कहा, "आपके जो टेस्ट परिणाम आये हैं, उन पर कुछ हिसाब लगा रहा था।" बस डी. के. तिलमिला उठा, "अरे साहब, मैं भी डीजल इंजिन का डॉक्टर हूं। सब समझता हूं कि क्या हिसाब हो रहा है—मैं जो 80,000 रुपये नई किडनी के दूंगा उसमें आपका कितना हिस्सा होगा।"

अब भला ऐसे मरीज का कौन इलाज करेगा।

फिर भी, अब वह होम्योपैथी का इलाज कराने लगा। बड़ा अटूट विश्वास था उसे अपने होम्योपैथ डॉक्टर पर।

अन्त में तो यह हाल था कि हर महीने उसकी डायलिसिस हो रही थी। लेकिन फिर भी, जब भी बम्बई से कटनी लौटता तो कहता : "साहब, अब मेरे रिजल्ट्स बहुत अच्छे हो गये हैं।"

मैं उसके घर पहुंचता तो देखता, वह सिगरेट के कश भी लगा लेता है। मिठाई मंगवाता, जो उसके लिए जहर थी, और मेरे साथ दो पीस खा लेता। जानता था, साहब के सामने कोई कुछ नहीं कहेगा। एक फुटबॉल टूर्नामेन्ट उस दिन हो रहा था; उसमें औपचारिक स्कोरर बन गया।

उसकी इन्हीं ज्यादतियों से सब परेशान थे। इसलिए जब उसके अन्त की खबर आयी तो मैंने अपने बॉस को बताते हुए कहा : "यह तो होना ही था, सर! उसको मरना ही था।" और यह कहते मेरा गला भर आया। वह पागल था, अक्खड़ था, किसीकी सुनता नहीं था, उल्टा सब पर रौब चलाता था। आज के दिन भी उस पर गुस्सा आ रहा है। क्या करते ! आखिर वह हम सबका—खास तौर पर मेरा—हरदिल अजीज दोस्त था।

डी के. भट्टाचार्या से मेरी जान-पहचान उन दिनों हुई जब मैं इटारसी से बदली के बाद कटनी लोको शेड में पोस्ट हुआ। शुरू के दिनों में ही लगा कि यह मेहनती आदमी है; अपने स्टाफ पर भी अच्छा दबदबा रखता है। सबको पहले नाम से बुलाता। उसका छोटा भाई पी. के. भी उसी शेड में था; लेकिन उससे सीनियर—एक अफसर।

पी. के. अपने बड़े भाई से बिल्कुल अलग था। शान्त स्वभाव का। ठण्डे दिमाग का। शेड में जरूर डी. के. का बॉस था लेकिन घर में (दोनों साथ ही रहते थे) हिसाब उल्टा था। और ब्रिज खेलने में तो उसकी डी. के. के सामने घिग्घी बंध जाती। समझिये कि उसने कसम खा रखी थी कि कभी डी. के. का पार्टनर नहीं बनेगा। अकेले में कहता : "यह डी. के. बहुत चिल्लाता है।"

ब्रिज खेलते में वाकई डी. के. पूरे फॉर्म में रहता था। बिल्कुल आक्रामक रवैया ऐसे बिडिंग करता कि खुद ही खेलता। अगर दो हाथ कम भी बनाता तो पार्टनर से कहता : "बचा लिया आपको नहीं तो ये लोग स्लैम बना लेते।" खेल के बाद खूब एनालिसिस करता—फिर यह नहीं देखता सामने कौन है।

एक बार मैं उसका पार्टनर था। मैंने गेम बिड किया और सफलतापूर्वक बना भी लिया। जैसे ही मैंने 'फिनिश' किया, डी. के. बोला : "साहब, आपने बना तो लिया लेकिन आप बहुत रद्दी खेले।" दो गलतियां बताते हुए कहा, "आपको अपने अपोनेन्ट को धन्यवाद देना चाहिए—(कि उन्होंने गेम बनने दिया)।"

कभी-कभी उसका यह रुख अखर जाता था। लेकिन अब बहुत याद आता है। जब कभी ताश खेलने बैठता हूं तो लगता है जैसे डी.के. सामने बैठा हो और कह रहा हो : "परसों अगर आप सही लीड दे देते, तो हम लोग चैम्पियनशिप जीत जाते।"

उन दिनों हम लोग बहुत ही ज्यादा ब्रिज खेला करते थे। खेलते-खेलते वह अक्सर कहता : "बस साहब, यह सब आपका खेल शादी तक। उसके बाद नहीं चलेगा।" मैं हमेशा कहता : "नहीं यार, सब चलता रहेगा।" वह जवाब देता :

"अगर चलेगा, तो आप अपनी मैरीड लाइफ को बरबाद कर लेंगे ।"

मुझसे पता नहीं उसको क्या खास लगाव था। जैसे पिछले जन्म का कोई नाता हो। कभी दोस्तों की तरह रहता, तो कभी बड़े भाई की तरह बन जाता।

इस सबके बावजूद ऑफिस में मिलता तो पूरे अदब के साथ। जैसे ही मुझे देखता तो अपनी सिगरेट छिपा लेता और बुझा देता।—जबकि ब्रिज टेबिल पर पैंक खत्म कर देता था।

वैसे जहां कोई तकनीकी बात छेड़ी गयी तो फिर अपना प्रचण्ड रूप धारण कर लेता। एक दिन सवेरे मीटिंग में कहने लगा कि पर्चेज ऑफिसर ने हालत खराब पूरा कर रखी है।

"अगर ऐसे ही सामान नहीं आया तो सारे इंजिन एक दिन खड़े जो जायेंगे।"

मुझे ताव आ गया। मैंने कहा : "जिस चीज के बारे में पता न हो, उस पर चुप रहा करिए।" खामोशी छा गयी। मीटिंग आगे बढ़ गयी।...बाद में मेरे कमरे में आया। कहता है : "साहब, वहां तो मैं चुप रहा। लेकिन बताये देता हूं, आप लोग मैटीरियल की तरफ ध्यान नहीं दे रहे हैं। एक दिन शेड कोलैप्स कर जायेगा।"

उसकी बातों का कड़वापन ही उसके जजबात का हवाला देता था। हम लोग सब सुन लेते थे क्योंकि यह सब वह सच्चे दिल से कहता था। इन कठोर शब्दों में ही उसके एक शुभचिंतक होने का सबूत छिपा था। उसके साफ-साफ शब्दों को ही हम लोग कभी भुला नहीं पायेंगे।

मैं उस दिन को कभी नहीं भूलूंगा जब पहली फरवरी 1991 को पिछले माह प्राप्त हुए सर्वाधिक टार्गेट्स को हम लोग मीटिंग हॉल में सभी सुपरवाइजर्स के साथ औपचारिक रूप में सेलिब्रेट कर रहे थे।

जैसा कि ऐसे मौकों पर होता है, बॉस ने अपने भाषण में कहीं कहा : "यह सब सही टार्गेट्स सेट करने के कारण व उन पर सभी अफसरों व सुपरवाइजर्स के अमल करने के कारण और नया वर्क कल्चर बन जाने के कारण हुआ है।" उनका इतना कहना था कि डी. के. अपनी कुर्सी से उठा और बीच में ही टोकते हुए बोला : "सर सब बातें गलत हैं। यह सब सिर्फ एक आदमी की मेहनत से हुआ है जिसने दिन-रात लगकर काम किया है। और वह हैं हमारे नए डी. एम. ई. अनुपम शर्मा साहब।"

सबके साथ मैं भी हक्का-बक्का रह गया।

बाद में मैंने कहा : "तुम भी खूब हो डी. के, मुझे मरवाओगे क्या ?" बोला, "नहीं सर, मुझे लगा ही रियली डजन्ट नो (He really does'nt know)." मैंने कहा : "अकेले में कह देते। तुम सबके बीच क्यों बोले ?" कहता है : "आपको पता नहीं है साहब, अकेले में वह सुनता नहीं।"

# आर. डी.

**अनुपम शर्मा**

एक धुंधली-सी याद—याद आर. डी. की जो कुछ दिनों के लिए मेरी जिन्दगी में आया।

नागपुर में मुझसे आधा साल सीनियर था। उन दिनों वह मेरा 'मेन्टर' बन गया था।

उसका संग-साथ भी मेरे लिए गर्व का विषय था, क्योंकि आर. डी. न केवल अपने बैच का 'टॉपर' था, बल्कि शायद ही कभी बकवास करता था। और, यह बात सभी जानते थे, अर्थात् वह काफी सम्मानित था।

ऐसे सीनियर का खुद बढ़कर मुझसे दोस्ती करना—अलबत्ता अच्छी-खासी रैगिंग के बाद—मुझे पढ़ाई व अन्य मामलों में मदद देना, मेरा रुतबा अपने साथ के छात्रों में बढ़ाता था।

मुझे याद है कि जब स्कॉलरशिप का टेस्ट हुआ था, तब आर. डी. ने अपनी किताबें मुझे दी थीं। उसी ने यह राय भी दी थी कि हालांकि कागज पर (बोर्ड इक्जामिनेशन रिजल्ट से) मैं सर्वोत्तम था, लेकिन मुझे इसे आसानी से नहीं लेना चाहिए।

फिर कभी-कभी घूमते-घामते आता और मेरी प्रोग्रेस देख जाता।

आर. डी. की यह भी खासियत थी कि वह न केवल खुद 'टॉपर' था, बल्कि पढ़ायी-लिखायी में अव्वल लोगों से ही उसकी दोस्ती थी। वह बार-बार मुझे याद दिलाता था कि अपने बैंच में मुझे ही टॉप करना है, "किताबों वगैरा की मदद की कोई कमी नहीं होगी।"

ऐसा लगता था कि वह कोई पुराना कर्ज, जो शायद किसी और पर हो, मेरे जरिये उतार रहा हो।

उसका अपनापन सबसे अधिक उस समय झलका जब उसने मुझे बिहार के छात्रों की एक पार्टी में न जाने पर डांटा। "मैं जानता हूं", उसने कहा, "तुम्हें उनकी कम्पनी पसन्द नहीं है। लेकिन वे तुम्हें एक्सपेक्ट करते हैं क्योंकि तुम

से आये हो।...तुम्हें उन्हें पग-पग पर एन्टागोनाइज करने का कोई हक नहीं है।"

घर से पहली बार होस्टल में आये थे। कॉलेज की विशाल सभा में लगा कि कोई अपना—बड़े भाई समान—मिल गया है।

कॉलेज में चार महीने बाद पीलिया हो जाने के कारण मैं बिस्तर से लग गया। कॉलेज की भी लम्बी छुट्टियां हुईं। वापस कॉलेज खुला, तो पहले ही दिन यू. पी. एस. सी. का एक पत्र मिला जिसमें SCRA में पास होने की खबर थी। कॉलेज में भी यह खबर आग की तरह फैली।

आर. डी. उन पहले व्यक्तियों में था, जिन्होंने मुझे मुबारकबाद दी।

उस जश्न के मौके पर, एक पल के लिए तो नागपुर कॉलेज छोड़ने का दुख हुआ क्योंकि आर. डी. ने जो आशाएं लगायी थीं, इतनी मदद की थी, उन्हें अधूरा ही छोड़कर जा रहा था।

आर. डी. ने कहा था : "इस कॉलेज से जमालपुर जाने वाले तुम दूसरे व्यक्ति हो, एक एचीवमैंट।"

जिस दिन मैं नागपुर छोड़कर जमालपुर जा रहा था, आर. डी. से मिलने व उसे धन्यवाद देने गया। घण्टे भर बाद ही उसका एक पेपर था। लेकिन वह मुझे नीचे मेस में ले गया। आधे घण्टे बैठकर हम लोगों ने चाय पी। आमलेट खाया।

उस समय भी वह रेलवे के बारे में बताता रहा। "वहां पर ढीले न पड़ना"—सलाह देता रहा। उसके पिता भी रेलवे में रह चुके थे; कोटा में।

छह साल बीत गये। दो साल बाद मैं फिर नागपुर गया था, लेकिन आर. डी. तब तक वहां से जा चुका था।

आज न जाने उसकी कैसे याद आयी—याद जो धुंधली पड़ती जा रही है। सोचा, आज जो मन में है लिख लूं। ऐसा न हो कि जीवन की हलचल और कशमकश में आर. डी. कहीं खो जाये!

# क्या पर्दा गिर चुका है ?...

**अनुपम शर्मा**

...अंतिम सीन खत्म हो गया। क्लाइमेक्स के पश्चात् कलाकार स्टेज के बाहर आ गये हैं। बाहर पर्दे के पार तालियां बज रही हैं।

चैन की सांस।

"खत्म हो गया।"

"यार तू वह लाइन भूल गया था।...खैर कोई फर्क नहीं पड़ा।"

"मेरी मूंछें ही निकल गई थीं। थैंक्स यार, तूने बढ़कर बातों-बातों में उन्हें ठीक कर दिया।"

"मैडम आपके सीक्वेंस में सबसे ज्यादा हंसी।"

"चलो यार, बाहर अगले आइटम्स, कव्वाली वगैरा, देखते हैं।"

"चलो-चलो।"

"चलो।"

बाहर निकलते ही जान-पहचान के लोगों की बधाई। उन्हें हालांकि खामियां दिखी होंगी लेकिन यह तो कह ही रहे हैं कि—"आप बहुत जबर्दस्त अभिनेता हैं।"

ऐसा लगेगा कि आप एक जंग लड़कर आ रहे हैं और एक ही झटके में शत्रु को चूर कर दिया। या फिर, जैसे कि इस लोक से दूर कोई चढ़ाई करके वापस अपनी दुनिया में लौटे हों। वास्तव में !

और फिर किसी अनजान सज्जन, या महिला का आकर सिर्फ "आपने अच्छी एक्टिंग की" कहकर चले जाना।...

सचमुच, देखने वालों की तालियां, बधाइयां जाने और अनजाने लोगों की—ये ही किसी ड्रामे में अभिनय करने के सही पुरस्कार हैं। बस ये ही। और कुछ नहीं।

और अगर आप इस क्षण का मजा खुद चख चुके हैं, तो फिर क्या ? आपको

नशा चढ़ जायेगा। स्टेज के आप 'एडिक्ट' बन जायेंगे।

पहला ड्रामा शायद तीसरी कक्षा में किया था। याद नहीं।

पर, अभी तक शुरू की अपनी हिचकिचाहट याद है। रिहर्सल से भागने की कोशिश। उस आखिरी दिन का डर।

लेकिन घर से प्रोत्साहन बड़ा तगड़ा। इसलिए नाटक किया। नाटक के बाद वही राहत। और, एचीवमेंट के क्षण !

पन्द्रह से ऊपर साल हो गये।

हर साल किसी-न-किसी बहाने ड्रामे में घुस ही लेते थे। कॉलेज में भी। हर साल। लेकिन आज भी सब वैसा ही है।....तीसरी कक्षा जैसा।

हां, तीसरी कक्षा में—वाहवाही के बावजूद—चैन की सांस लेते हुए कसम खायी थी : अब कभी ऐक्टिंग का झमेला ही नहीं लेंगे।

...वही कसम आज भी लेते हैं।

पिछले पन्द्रह सालों से ले रहे हैं। शायद लेते रहेंगे।

# झांसी की रामलीला : जादूगुडा में

राम नरेश शर्मा

बात बहुत पुरानी है, पर याद नहीं आता कि कितनी पुरानी ! हां, इतना जरूर है कि तब मेरे बच्चे पिण्टो, बिल्लू तथा भतीजा-भतीजी आशु, मिनी छोटे-छोटे थे।

कुछ लोगों को जोश चढ़ा कि जादूगुडा में दशहरा मनाया जाय। लोग मेरे पास भी आये और कहने लगे—क्यों न रामलीला करें !

कब, कैसे और क्यों हम इस चक्कर में आ गये, पता नहीं ! पर 'हां कर दी।

झांसी पत्र लिखा। अपने मित्र लल्लू से दौआ द्वारा लिखित रामलीला का 'धनुष यज्ञ' कॉपी करके मंगवा लिया।

अब समस्या आयी पात्रों के चयन की। सबसे पहले एक बुढ़ऊ मिले, परशुराम का पार्ट करने को। जब रिहर्सल में उनका उच्चारण सुना, तो दूसरे कलाकार की ढुंढ़ाई शुरू हुई। किस्मत से एक सज्जन—श्री आर. एन. प्रसाद—मिल गये।

लखनलाल के लिए नवीं कक्षा का एक गरीब (पर दबंग और प्रतिभाशाली) छात्र मिला।

राम जी के लिए हमारी कम्पनी के सेक्रेटरी के बड़े लड़के को, जो दसवीं में पढ़ता था, चुना गया।

सीता जी के लिए हमारे लेबर ऑफीसर का सुन्दर-सा लड़का मिला।

जनक जी के लिए पण्डित दुबे मिल गये।

रिहर्सल चालू हो गयी। पण्डित रामनरेश शर्मा (यानी इस लेख के लेखक—सं.) कभी लखनलाल, तो कभी परशुराम, तो कभी बन्दीजन, तो कभी राजा जनक की एक्टिंग करके बताते। उस समय हमारे यहां, सही मायनों में, एक ओपेन स्टेज था : गोया कि प्लेटफार्म के पीछे दीवार के सिवा कुछ नहीं ! फिर भी, कुछ गमले, कुछ कुरसियां और कुछ तख्तों की मदद से "सब मंचन से मंच एक सुन्दर विशद विशाल"

बना लिया गया। अब आवश्यकता थी समाजी चौपाई पढ़ने वालों की। उसके लिए बैठाया गया—श्रीमती रक्षा शर्मा, श्रीमती खण्डेलवालकर और अन्य महिलाओं को।

माइक का अच्छा इन्तजाम था।

उचित दिन, उचित समय पर, सब लोग स्टेज पर पहुंच गये। ड्रेसेज जमशेदपुर से मंगायी गयीं और मेकअप-मैन भी वहीं से बुलाया गया।

तभी अचानक खबर मिली कि सीता जी बिदक गयी हैं; वह पार्ट करने को तैयार नहीं।

मरता क्या न करता ! कुछ लोग खानदानी कलाकार होते हैं ! हमने कहा—कोई बात नहीं, हमारे भतीजे आशु को सीताजी बना लेंगे। मेकअप शुरू हो गया। आशु से कहा गया : "तुम्हें कहना कुछ नहीं है। संकेत मिलने पर सिर्फ राम जी के गले में माला डाल देनी है !" रक्षा भाभी ने थोड़ी रिहर्सल भी करा दी।

तभी 'ओरिजिनल' सीता जी को खबर मिली कि 'डुप्लीकेट' सीता जी तैयार हो गयी हैं। तो, ओरिजनल सीता जी और उसके पिता जी, दोनों दौड़े-दौड़े आये। पिता जी कहने लगे : "यह सीता का रोल करेगा !" आशु जी तब तक तैयार हो गये थे। हमने कहा, "कोई बात नहीं आशु सयानी सखी बन जायेंगे।"

दुनिया के जितने भी बड़े कलाकार हैं, छोटे-से-छोटे रोल को भी बड़ी गम्भीरता से निभाते हैं। और आशु ने बिना किसी गिला-शिकवे के सयानी सखी का पार्ट बड़ी कुशलता से अदा किया।

पाठकगण यहां पर ध्यान दें कि इस परिवार के महान दिग्गज कलाकारों ने कभी-न-कभी, कहीं-न-कहीं, स्त्री का पार्ट जरूर किया है—फिर वे चाहे 'सचेतक' के सम्पादक हों, मिस्टर यूनिवर्सिटी (अवस्थी—सं.) हों, या रेलवे में डी. एम. ई. के कोई अफसर (अनुपम शर्मा—सं.) हों, या उनके बाप (नरेश—सं.) हों !

भूल-चूक माफ हो। इनसे ऊपर वालों के नाम लिखने में संकोच हो रहा है। वे चाहें तो खुद ही इस लेख पर अपनी प्रतिक्रिया लिखते समय वास्तविक स्थिति पर प्रकाश डाल सकते हैं।

रामलीला हुई। धनुष टूटा। जयमाला पड़ी। और, परशुराम जी आ गये।

अब, समझ में नहीं आता कि एक्टर की तारीफ करूं या डाइरेक्टर की। पर लक्ष्मण का पार्ट इतना सुन्दर हुआ कि स्टेज पर नोटों की बौछार हो गयी। 'राम-लीला' खत्म हुई। लखनलाल की हमने पीठ ठोंकी। और, जैसे दौआ कहते थे,

"सज्जनो, आज की लीला यहीं समाप्त होती है," वैसे ही मैंने भी स्टेज पर हाथ उठाकर लीला समाप्त होने की घोषणा की।

तभी दर्शकों में से एक सज्जन अचानक मेरी तरफ बढ़े। मेरा हाथ अपने दोनों हाथों में पकड़ कर बोले : "ऐसी रामलीला तो मैंने झांसी में ही देखी थी!"

जीवन में पहली बार मैंने महसूस किया कि रोमांच क्या होता है! मेरे मुंह से निकला : "हे भगवान! आप यहां कहां जिन्होंने झांसी की रामलीला देखी और जादूगुडा पहुंचे!!" एक दफे तो मैंने अपने मुंह पर हाथ फेरा। पसीना पोंछा। फिर पूछा : "आप यहां कैसे?"

उन सज्जन ने जवाब दिया : "मैं झांसी से जमशेदपुर आया हुआ था। लाड़ली बाबू ड्रेस वालों की दूकान पर ऐसे ही बैठा था! तभी कुछ लोगों ने आकर उनसे रामलीला की ड्रेसेज के बारे में बातचीत की, मेरी जिज्ञासा जागृत हुई। मैंने पता लगाया कि रामलीला किस दिन होगी। सोचा, देखूं इस दूर-दराज देश में—बंगाल, बिहार और उड़ीसा की सीमा के निकट स्थित जादूगुडा जैसी जगह में—'रामलीला' करने वाला कौन पैदा हुआ है! उस ड्रेसवाले और मेकअप-मेन के साथ मैं भी यहां चला आया।"

मैंने उन सज्जन से कहा : "आपका जवाब नहीं! यह 'झांसी की रामलीला' ही है। वहीं से स्क्रिप्ट मंगायी है। मैंने स्वयं बहुत साल तक लक्ष्मण का पार्ट किया है तथा झांसी की रामलीला मेरे पिता जी की लिखी रामायण पर होती थी।"

वह दिन, वह समय, आज भी मेरी आंखों के सामने उतना ही स्पष्ट है—जितना उस समय था।

# प्रायः समापन्न विपत्तिकाले धियोपि पुंसा मलिना भवंति

**भगवान दीन शर्मा**

आपने ऐसा न किया होगा, पर मैंने किया। दास्तान जरा लम्बी है।

हाउसिंग सोसाइटी का मामला था। कचहरी जाना था।

कचहरी की पुरानी परिपाटी है कि बिना कुछ खर्चे के काम नहीं बनता। सो, मैं ता. 23 अप्रैल 83 को 12 बजे 'समापन्न विपत्तिकाले' के लिए चलने को उठ बैठा। एक बंगाली कर्मचारी सरकार से किराये की साइकिल लाने को कहा। सरकार ने सहकर्मी श्रीपाल से अपनी साइकिल देने को कहा। श्रीपाल ने हंसते हुए कहा : "बाबूजी को साइकिल चलाना आती है ?"

बहरहाल, साइकिल से कचहरी उन मुंशी जी के पास पहुंचा, जो लेन-देन की बिचवानी करने वाले थे। पर मुंशी जी अपने तख्त पर थे नहीं; सिर्फ एक बाहरी आदमी वहां बैठा था। मैंने पास ही रखी 8-10 साइकिलों के सहारे अपनी साइकिल टिकायी तो सब साइकिलें दूसरी तरफ को झुक गयीं और उनके साथ मेरी भी साइकिल अधलेटी हो गयी।

खैर! मैं मुड़कर दो कदम चल, उस आदमी से मुंशी जी के बारे में पूछने लगा। अब कानों की हालत यह है कि बिना दो-तीन बार कहे बात समझ में आती ही नहीं। उस आदमी से भी दो-एक बार में जान सका कि मुंशी जी आज तो आये नहीं, शायद सोमवार को ही आयेंगे।

अस्तु, मैंने मुड़कर जो साइकिल उठायी तो देखा कि सरकते में साइकिल की सीट के नीचे ताला लग गया है। साइकिल वही लगी, चेन-कवर वैसा ही। माइज भी वही—22"। श्रीपाल ने जंजीर ताला रख लिया था। हमें जरूरत न थी। सोचा यह ताला काम न करता होगा, पर आज जोर पड़ने से कुछ टेढ़ा-सा लग गया है। मैंने कोशिश की। ताला इधर-उधर सरक कर रह गया; खुला नहीं।

खीझ। मुंशी जी मिले नहीं। परेशानी यह कि साइकिल बिना रिक्शे के कैसे जायेगी ?

कोई और चारा न देख उस तख्तों, टेबिलों, टाइपराइटरों, वकीलों-मुवक्किलों

के जंगल से उस साइकिल को घसीटता हुआ चल दिया। दो-चार ने घूरकर देखा भी। सोच रहा था—लोग कह रहे होंगे, इतने बूढ़े होकर साइकिल चुरा रहे हैं !

कचहरी पार कर सड़क पर आया। सोचा, ताला खुल जाये तो अच्छा रहेगा; रिक्शे के पैसे बच जायेंगे। सो मैं कभी दाहिने, कभी बायें से साइकिल कुछ उठाये, कुछ घसीटते हुए, दोपहर को ठीक 12 बजे पसीना-पसीना, साइकिल मरम्मत की की दुकान की तलाश में चलने लगा।

साइकिल पैरों में लग रही थी। सोचा—छोड़ो इस झंझट को, रिक्शा कर लो। एक से पूछा तो दो-तीन बार में जाना कि कह रहा है: "रास्ता साफ कीजिए।" मुसलमान। लखनऊ दिमाग में घूम गया। फिर कुछ आगे दूसरे से पूछा तो उसने डेढ़ रुपया मांगा; मैंने एक कहा। बात पटी नहीं। फिर घसीटने लगा। करीब एक किलोमीटर घसीटने के बाद साइकिल की दो-तीन दुकानें मिलीं तो पर सबका एक ही उत्तर था: "ताला नहीं खुल सकता।"

लाचार, डेढ़ रुपये में रिक्शा किया। पायदान पर साइकिल रखी। किसी तरह बैठा। रिक्शा चला। पर साइकिल एक तरफ को सरक कर जमीन से टकराने लगी। रिक्शा वाले ने बेमन उसे पीछे रख दिया। अब सड़क की तेज रफ्तार; भीड़ का सामना। लग रहा था—किसी स्कूटर वाले का मुंह न टूट जाय, कोई जीप वाला साइकिल के साथ मुझे भी न जमीन पर पहुंचा दे ! क्या जमाना आ गया है !! वह भीड़ कि इस गर्मी में एक बजे भी कैसरबाग में साइकिल चलाना कठिन !!

किसी तरह यथास्थान पहुंचे। सोचा—देखेगा तो श्रीपाल घबड़ा जायेगा। सरकार से कहेगा: "तू तो कहता था बाबूजी खूब साइकिल चलाना जानते हैं !"

पर देखा, सब अपने-अपने काम में व्यस्त। सो मैंने श्रीपाल से शिकायत की: "तुमने चाभी नहीं दी ! साइकिल का ताला लग गया, परेशानी हुई।" श्रीपाल ने कुछ परेशान होकर बाहर झांका। बोला: "यह तो मेरी साइकिल नहीं है।"

अब यह अगर कहानी होती तो इसको यहीं समाप्त कर देना उचित होता। परन्तु यह तो है सत्यकथा। इसके आगे का हाल भी लिखना आवश्यक है।

संस्कार। प्रत्युत्पन्न मति। सरकार ने तुरन्त श्रीपाल से कहा, "मेरी साइकिल ले लो। जाओ तुम्हारी साइकिल अभी रखी न हो।" श्रीपाल फौरन भागा। सरकार ने बताया: "उसने साइकिल में अभी ही नये रिम, टायर-ट्यूब लगवाये हैं।"

मैं छाया में भी पसीने से तर।

अगर इस साइकिल वाला श्रीपाल की साइकिल उठा ले गया होगा तो? और कहीं दूसरे ने ही उस भीड़ में श्रीपाल की साइकिल चम्पत कर दी हो तो? और कहीं इस साइकिल वाले ने ही पुलिस में रिपोर्ट कर दी हो तो? क्या अकलमन्दी की कि 2-4 रुपये की बचत के लिए सैंकड़ों का बवाल खड़ा कर लिया।

मन को फेरने के लिए सोचा : कुछ काम करूं। पर काम में चित्त लगा नहीं। हिसाब लगाने लगा—श्रीपाल कितनी देर में लौट सकता है। खैर। श्रीपाल दोनों साइकिलें लेकर आ गया। जान में जान आयी।

पर तभी बालकृष्ण नामक सज्जन ने श्रीपाल से पूछा : "वहां इस साइकिल वाला मिला नहीं? आयेगा तो परेशान होगा। वहां किसी से कह ही दिया होता कि साइकिल यहां रखी है।"

मैंने भी सोचा : अभी पुलिस की रिपोर्ट का खतरा कहां टला? फिर रिक्शे पर लाद कर वहीं पहुंचा दी जाय तो ठीक रहेगा!

और तभी थोड़ी देर में जाना कि सरकार उस साइकिल का ताला खोल साइकिल देने चला गया। लौटा तो पूछा : "साइकिल वाला मिला?"

"हां, एक लड़का मुंह लटकाये रुआंसा-सा तख्त पर बैठा था।"

तब से रह-रह कर लड़का, तख्त, भीड़ के चित्र मेरे दिमाग में आते रहते हैं और न जाने कब तक आते रहेंगे!

# मैं जो भूल न सका : 1

**भगवानदीन शर्मा**

बात बहुत पुरानी है, पर आज भी बिल्कुल ताजा है।

होंगे राम विलास कोई 8-9 बरस के और मैं कोई 14-15 का। मेरी पहली सुसराल बेहटा में, मेरे चचेरे साले की शादी थी। बाबा ने हम दोनों को जरूरी हिदायतें देकर बारात में भेजा था। शादी संभवत: जून के अन्त में थी, या जुलाई के शुरू में।

चचिया ससुर कलकत्ते में रहते थे। ठेकेदारी करते थे। गांव में रुतबा था। बारात धूमधाम से गयी थी। उस समय के अनुसार, एक नहीं, दो डेरा पतुरियों के थे।

शादी होकर बारात वापस घर आ गयी। मेहमान अपने-अपने घरों को जाने लगे। मैंने दो-तीन दिन बाद विदाई के लिए कहा। शिष्टाचारवश रोका गया। दूसरे दिन फिर जाने का आग्रह किया। निश्चय हुआ : "अच्छा, कल चले जाना।" कल भी आया। तैयारी हुई।

साथ को, ढाई-तीन कोस लालगंज स्टेशन तक पहुंचाने के लिए, चचिया ससुर ने अपने अर्दली खां साहब को आज्ञा दी। खां साहब 6 फुट के जितने लम्बे जवान थे, उतने ही सिधाई में भी कम न थे। शायद वहां के जन समुदाय में सब से ज्यादा सीधे। फिर वह कलकत्ते के रहने वाले, यहां की देहात से नितांत अपरिचित। कहना चाहिए, मात्र 'शो ब्वाय'। हम लोग चलने वाले ही थे कि इतने में पानी आ गया।

मुझ में न जाने कहां से यह गुण-अवगुण शुरू से ही आया है कि एक निश्चय हो जाने पर उससे हटने पर बड़ा कष्ट होता है। कुछ देर बरसने के बाद जब पानी रुका, तो मैंने चलने के लिए कहा। लोगों ने रोका—"आज नहीं कल चले जाना।" पर बाबा की हिदायत और चलने का निश्चय।

अन्तत: हम तीनों सायं 4 बजे के आसपास घर से चल दिये। आगे-आगे खां साहब। पीछे हम। हमारे पीछे राम विलास। खां साहब का कदम तो लम्बा पड़ता

था, परन्तु उठता बहुत धीरे था। फिर पानी बरस चुका था। रास्ता वैसे ही रपटहर हो गया था। साधारण दशा में उजेले-उजेले लालगंज पहुंचना कठिन नहीं था, पर परिस्थितियों के कारण रफ्तार बहुत धीमी थी। लोन नदी तो हम लोगों ने धन्नई (मटकों पर टट्टर की नाव) पर पार कर ली, परन्तु लालगंज कोई डेढ़ मील रहा होगा कि शाम हो गयी।

प्रायः सभी जगह गांवों के चारों तरफ खेत होते हैं। जैसा बड़ा गांव, वैसा ही खेतों का विस्तार। कुछ ऐसा भी लगा कि इधर पानी अधिक बरसा था। लालगंज के खेत आते ही सामने दूर तक पानी ही पानी दिखायी दे रहा था। खेतों की मेड़ें अधिकतर डूबी हुई थीं।

ऐसे में रास्ते-रास्ते चलना, अथवा रास्ता ढूंढ़ना, असंभव था। अंधेरा होने लगा था। हम से अधिक खां साहब घबड़ा रहे थे। मुझे डर लग रहा था कि अंधेरे में कहीं खां साहब किसी कुएं, खड्ड, में न चले जायें। मात्र लाठी का सहारा था।

लाठी से इधर-उधर टटोल कर ही कदम बढ़ाया जाता। बहुत दूर स्टेशन का अनुमान हो रहा था। उसकी आधी दूर पर एक चिराग जलता हुआ दिखायी दे रहा था। सोचा गया, वहां कोई गांव-घर होगा ही। वहां से किसी को साथ लेकर स्टेशन पहुंचा जा सकेगा। हम लोग उसी रफ्तार से थाह लेते, चिराग की तरफ चले।

चिराग पास आ रहा था और हम लोगों का साहस बढ़ रहा था। तभी खां साहब 'या अल्लाह' कहकर जांघ तक एक गड्ढे में समा गये। उसी समय मेरा भी पैर उसमें जाने लगा। पर मैं दूसरे पैर के सहारे संभल गया।

उस जगह की बजबजाहट से लगा कि यह इस गांव का घूर है। 'तोबा-तोबा' कर खां साहब बाहर निकले और संभल कर चलने लगे। छानी-छप्परों वाला गांव आया।

अंधेरे में ही एक आदमी सिर पर झौआ लिए जाता दिखायी दिया। खां साहब ने उससे मिन्नत की कि वह हम लोगों को स्टेशन पहुंचा दे। परन्तु उसने चलते-चलते ही उत्तर दिया, "अरे वहु इस्टेसनै तो आय देखि परत है। वैसी बायें ते ह्वै कै चले जाव!" और आगे बढ़ गया।

कुछ देर के इन्तजार के बाद और किसी को आता न देख, लाचार हम लोग बायें को मुड़, फिर अन्दाज से स्टेशन की तरफ चल पड़े।

हम लोग कुछ दूर आगे बढ़े ही थे कि एक मेंड़ के बाद पानी गांठों से ऊपर आ गया। वैसे हम लोग करीब एक घण्टे से गांठों तक पानी में धीरे-धीरे चल रहे थे।

परन्तु अब हम लोग नीचे उतर रहे थे और पानी चढ़ रहा था। निश्चय किया गया कि हम राम विलास को कंधे पर बिठा लें, वरना आगे बढ़ना असंभव होगा। यहां से लौटने का तो प्रश्न ही नहीं था। लौटते भी तो जाते कहां ?

तो हमारे एक कंधे पर कपड़ों की गठरी। और दूसरे कंधे पर राम विलास को लेकर हम धीरे-धीरे खां साहब के पीछे चलने लगे। खां साहब बहुत संभल कर हर कदम आगे बढ़ाते और पूछते जाते कि पानी कहां तक पहुंचा। कारण कि हर कदम पर हम नीचे उतर रहे थे और पानी की धार तेज होती जा रही थी।

स्पष्ट था कि यह कोई नाला था, और सोच रहे थे कि इसको पार करके ही हमारा पार लगेगा। तो उस अंधेरी रात में हम लोग बहुत धीरे-धीरे बढ़ते रहे।

यहां तक कि पानी मेरे गले तक आ गया और, ऐसा लगने लगा कि मेरे पैर तेज धार में किसी भी समय उखड़ सकते हैं। मैं कुछ सोच यकायक रुक गया—यह देखने को कि आगे कितनी और गहराई में जाना है। खां साहब तीन-चार कदम जाकर रुक गये और उत्साह से बोले, "यहां जमीन कुछ ऊंची है।" उन्होंने हमें रुका देख अपनी लाठी लम्बी की और कहा, "इसे पकड़ कर चले आओ।" मैं लाठी के सहारे आगे बढ़ा। पर पानी दाढ़ी छूने लगा। परन्तु मैंने आगे ऊंचाई की आशा में दो कदम और बढ़ा दिये। और, खां साहब के पास पहुंच गया।

इसके आगे तो हम लोग चढ़ते ही गये। पानी भी खत्म हो गया और सड़क आ गयी। पर सभी बुरी तरह भीग गये थे।

स्टेशन का बहुत छोटा-सा मुसाफिरखाना।

एक ने बीड़ी पीने को माचिस जलाई तो देखा 8-10 यात्री इधर-उधर लेटे हैं। एक कोने में जगह देखी थी, वहीं हम तीनों भी जा बैठे। धीरे-धीरे वैसे ही लेटे-बैठे रात काटी। जब सबेरा हुआ, तो जान में जान आयी। शरीर की गर्मी से रात भर में कपड़े कुछ तो सूख ही गये थे। करीब साढ़े छः-सात के उन्नाव को जाने वाली गाड़ी आयी और हमने खां साहब से विदा ली।

दुबारा हम जब बेहटा गये, तो उस जानलेवा स्थान को कैसे भूलते ! देखा कि जहां हम लोगों ने नाला पार किया था, वहीं दाहिने हाथ पर पुलिया थी जिस पर होकर सड़क जाती थी। परन्तु उस दिन एक तो अंधेरा था, दूसरे सड़क वगैरा सब पानी में डूबी थीं।

सो हम लोग नाले में उतर गये थे। संयोग की ही बात तो है। परन्तु वह सब 65 बरस बाद, आज भी ताजा है।

# मै जो भूल न सका : 2

## भगवानदीन शर्मा

मैंने जब भी वर्ड्सबर्थ की 'डैफोडिल्स' कविता पढ़ी तो उनके झूमने का दिमाग में चित्र बनाते समय सदैव ही गांव के आट के किनारे वाले हरे-पीले सरसों के हवा में झूमते हुए खेत ही अन्तर्दृष्टि में आये। ऐसा लगा मानो मैं आट की ऊंचाई पर खड़े हुए उन चतुर्दिक फैले हरे-पीले खेतों को निहार रहा हूं। उस दृश्य से मुझे आज भी मोह है। उसका कारण है।

मेरी याददाश्त में, बाबा आदि से अन्त तक उन्हीं खेतों को लिए रहे। मैं भी उनकी मिट्टी में खेलता रहा। उन खेतों की बाली, छियां, भुट्टे खाता रहा। और, पास ही लगे ऊसर में बैल-भैंसें चराता रहा। कुछेक घटनायें तो ऐसी हो गयीं, जो मेरे दिमाग पर अमिट छाप छोड़ गयीं। उन्हीं में से, एक है, आट के किनारे की दुर्घटना—जो आज भी याद है।

आट के चारों ही तरफ खेत हैं और उसके तीन तरफ नीचाई में 8-10 कुएं हैं जिन से खेतों की सिंचाई होती है। चौथी तरफ गलियारा होने के कारण कुएं नहीं बनाये गये।

आट प्राय: गांव से लगा हुआ ही है। परन्तु जिस मात्रा में आट के किनारे वाले कुओं में पानी होता है, गांव के कुओं में नहीं होता। इन कुओं के पास वाले खेतों में जिस क्रम से बोआई होती है, उसी क्रम से किसान लोग अपने खेतों की सिंचाई भी निर्धारित कर लेते हैं। इन दिनों प्राय: सभी खेतों में सिंचाई होती है, इसलिए समय पर मजदूर मिलना बड़ा कठिन हो जाता है। सिंचाई कई दिनों तक चलती है। फलत: अपने टर्न को खोने का मतलब अपने खेतों को सुखाना होता है।

तो बाबा ने मजदूर न मिलने पर भी सिंचाई का काम शुरू कर दिया। सिंचाई में तीन आदमियों का होना आवश्यक है। बाबा ने सोचा वह स्वयं, आजी और

कुलहा से आये हुए उनके मित्र गुलाब सिंह चौहान के लड़के से काम चल जायेगा। बाकी रिलीव्हिग ड्यूटी के लिए तो मैं था ही।

रिलीव्हिंग ड्यूटी इसलिए कि जब तक अजिया को कुछ देर के लिए छुट्टी न दी जाती, तब तक घर से दोपहर का खाना न आता। वैसे, गांव की स्त्रियां खेतों पर जाती हैं और काम भी करती हैं। परन्तु संभ्रान्त परिवारों में ऐसा नहीं होता। सिर्फ बूढ़ी ही बिना चादर ओढ़े घरों से बाहर निकलती और खेतों में छोटा-मोटा काम करती हैं।

इसी आधार पर अम्मा का बाहर आना-जाना वर्जित था। मैं 9-10 बजे तक भगवान हनवा (नहला—सं०) कर चला जाता। और अम्मा, जब खाना बन जाता, तो भोग लगाकर अजिया को दौरी में पक्का खाना दे देतीं। जाड़ों के दिन होते। मुझे धूप में आट की ऊंचाई पर बैठकर खाने में बड़ा मजा आता।

उस दुर्घटना के दिन भी ऐसा ही हुआ। अजिया खेतों में पानी लगा रही थीं। बाबा ने खेत पर जाकर उनको उस कार्य से मुक्त किया, और मैंने बैल हांकने का बाबा का कार्य अपने हाथ में लिया।

ऐसी सिंचाई कार्य के लिए जब कुआं खोदा जाता है, तब उसकी मिट्टी सुविधानुसार कुछ लम्बा ढाल बनाते हुए कुएं के पास ही डालने लगते हैं जिससे एक ऊंचा भींट बन जाता है। और, ढाल तैयार हो जाने पर इसको 'मूढ़ा' कहते हैं। काम चालू करने के लिए इसमें एक लम्बी लकड़ी चीर कर गाड़ दी जाती है जो 'चिआर' कहलाती है। इसी में खांचा बनाकर गर्री, या गरारी, रख दी जाती है। इसी के द्वारा बहुत मोटी रस्सी, यानी 'बरेत', से एक जानवर के बने चमड़े के पुर से—जिसमे 10-12 बाल्टी पानी तो आता ही होगा—दो बैल अपनी गर्दनों में फसी मांची से कुएं से पानी खींचते हैं।

इस ढाल की लम्बाई कुएं की गहराई के बराबर होती है। इस ढाल को पूरा इकसार करने के लिए अन्तिम सीमा में कुछ ढलवां जमीन भी खोद दी जाती है, जो 'पैंढी' कहलाती है और यहां कुछ चारा—बैलों का खाद्य—भी रख दिया जाता है। इसके लालच में, और कुछ ढाल के कारण भी, बैल पैंढी की तरफ तेजी से चले जाते हैं और एक मुंह चारे में मार, खाते हुए वापस लौट लेते हैं। इधर उसी समय कुएं की जगत यानी लकड़ी की मोटी धन्नी जो थूनियों द्वारा चिआर और गर्री को साधे रहती है—पटिहर—पर खड़ा आदमी पुर को खींच उसको खाली कर, फिर उसे कुएं में डाल देता है। और पानी नाली—'बरहा'—द्वारा खेत में पहुंच जाता है।

मैं जब बैल हांकता तो उस मूढ़ापैंढी के चढ़ने-उतरने में बड़ा मजा आता। हर बार मूढ़े पर आकर आट के किनारे फैले हरे खेतों को देखकर आंखों को बड़ा सुख मिलता। और फिर उस दिन तो भूप (गुलाब सिंह चौहान के लड़के) से

आल्हा की चर्चा शुरू हो गयी थी।

भूपसिंह 18-19 वर्षीय इतिहास प्रसिद्ध पृथ्वीराज चौहान की बिरादरी के थे और मुझे भी वीरता की बात करने-सुनाने से अगाध प्रेम था—और अब भी है तो मैं हर बार मूढ़े पर आकर आल्हा-ऊदल की कुछ-न-कुछ बात कहता-सुनता। बड़ा मजा आ रहा था। समय कैसे कट गया, जान ही न सका।

अजिया खाना ले आयीं और उसे ऊंचाई पर रख बाबा को मुक्त करने खेत पर चली गयीं। बाबा वहां से लौटे, तो थका हुआ समझ उन्होंने हमें नहाने के लिए मुक्त कर दिया और वह पुर चलाने लगे।

इधर हमारी आल्हा-ऊदल, मलखे-सुलेखे की चर्चा जारी थी ही। सो हम भूप के पास आकर बातें करने लगे। भूप भी चर्चा में गद्‌गद्‌ हो रहे थे, और साथ ही पुर भी 'धरते' (खींचते) जा रहे थे।

इतने में ही एक बार ऐसा हुआ कि वह बातों में दुचित्ते होने के कारण, समय से पुर खींचने में चूक गये। और—पुर पटिहर के बराबर आ गया; यानी, पानी भरा हुआ पुर आधा कुएं में लटक गया। उसे ऊपर खींचने में भूप ने और मैंने भी जोर तो लगाया, परन्तु उस पानी भरे हुए पुर को खींच लेना हम दोनों के बस की बात नहीं थी और न ही हम लोग अपनी गलती के कारण बाबा को इस बात से आगाह कर सके।

इतने में ही भूप ने एक गलती और की।

उन्होंने पुर की गोंड़िया (लकड़ियां जिनमें पुर बंधा रहता है) छोड़, पानी से भीगी चिकनी बरेत पकड़ ली। फिर क्या था ! वह चिकनी बरेत हाथों से सरकने लगी। और, भरा पुर तेजी से नीचे जाने लगा।

उधर बैल पैढ़ी पर लौट कर भूढ़े पर आने को खड़े थे। बरेत फालतू ढीली थी ही। पुर पानी के साथ बड़े बेग से नीचे गया। उसी के साथ फालतू बरेत खत्म होते ही मांची में एक ऐसा करारा झटका लगा कि वह खटाक से टूट कर बरेत के साथ कुएं की तरफ भागी। स्वभावतः, उतनी भारी गर्री बेतहाशा घूमी और उछलकर पीछे सरकते हुए भूप के पैर पर गिरी और टूटी मांची चिआरे में आ फंसी—जिसकी एक खपच्ची टूटकर मेरे सिर में भी लगी। यह सब कुछ पल भर में हो गया। कहने की आवश्यकता नहीं कि बाबा बिना बताये ही जान गये कि—पुर 'अबरिगा' (हाथ से छूट गया)।

मैंने कुएं से जरा हट कर देखा; दोनों बैल परेशान-से इधर-उधर जा रहे हैं। मुझे लगा कि इनकी गर्दन और मुंह में कितने जोर का झटका लगा होगा—कि इतनी मोटी मांची ही टूट गयी। बाबा ने मुझे एक विचित्र खिन्न मुद्रा में गौर से देखा।

वह कुयें के सास आये। देखा कि भूप एक पैर पकड़े दर्द के मारे आड़े-तिरछे हो रहे हैं।

बाबा ने उनके पंजे के ऊपर का भाग मलना शुरू किया तो एक मोटी चुहिया-सी बतौरी (बटिया—सं०) उस पर फूल आयी। दर्द बेबर्दाश्त देख, बाबा ने उनका पैर मलना बन्द कर दिया।

आंखों में आंसू। अपने सिर पर हाथ रखे, भरे गले से उन्होंने कहा : "भगवान कलंकते बचायते लीन्हेनि। का बताई, लालच मा परिगयन !" और इतने में ही उनकी आंखों से आंसू गिर पड़े।

इसके बाद तो खेत में पानी देना बन्द हो ही गया। भूप लंगड़ाते, लाठी के सहारे, घर आये। हम भी साथ आये। बाबा, सब वैसे ही छोड़, बैल घर ले आये।

गांव की घरेलू दवाई। हम दोनों को ही हल्दी-चूना लगाया गया। आगे की सिंचाई बन्द हो गयी।

कुलहा खबर भेजी गयी। गुलाब सिंह आये। भूप को गाड़ी पर ले गये। मैंने सुना, कह रहे थे : "ह्लैगा होई। लरिकै तो अंही। न ध्यान रहा होई !"

बहुत दिनों बाद सुना कि भूप फौज में भर्ती हो गये थे। परन्तु पैर की चोट के कारण नहीं लिये गये।

मेरे दिमाग में यह चित्र आज 65 बरस बाद भी उतना ही ताजा है, जितना उस समय था।

# मैं जो भूल न सका : 3

**भगवानदीन शर्मा**

बैसवाड़े के गांवों में 'जिता' देने की एक प्रथा है। अर्थात्, एक ने दूसरे के खेत जोतने में हल-बैल से मदद देकर एक जिता चढ़ा दिया, तो दूसरे का भी फर्ज हो जाता है कि दूसरा हल-बैल से मदद देकर जिता उतार दे। इसी प्रकार शादी-ब्याहों में जाकर लोग एक-दूसरे पर जिता चढ़ाते-उतारते हैं।

हमारे बहनोई के ननिहाल और हमारा रिश्ता तो बहुत दूर का होता था, परन्तु उनका ननिहाल उनके गांव में ही था। इसलिए हमारे बाबा ने किसी काम में उनको भी न्योता दे दिया और वहां से कोई आया भी। इसलिए जब बहनोई के एक ममेरे भाई की शादी पड़ी, तो उन्होंने भी न्योता दिया। और, यह एक 'जिता' लौटाने की बात थी, इसलिए बाबा ने हम को शादी में भेजा।

भारतीय शादियां आमतौर से लगनों में ही होती हैं और लगनों में पानी बरसना भी साधारण बात है। बारात को 5-6 कोस ही जाना था, इसलिए घर से दोपहर बाद खाना वगैरा खाकर निकासी हुई।

बारात की निकासी ! कुछ समय लगना स्वाभाविक ही था। रास्ता भी किसी का देखा हुआ नहीं था। गाड़ियां चल रही थीं। हम अपने बहनोई की गाड़ी पर उनके बाबा के साथ थे। यह रघुबर बाबा अपने समय के जमींदार और जाने-माने पुरुष थे, जिनके सामने किसी की चलती नहीं थी। जो करें, वही ठीक। बारात में उनकी ही गाड़ी सबसे आगे थी। गांव का कोस भी—4 नहीं, तो—3 मील का होता है।

अनजान रास्ता। एक बियाबान लम्बे ऊसर में शाम हो गयी। कुछ दूरी पर दो आदमी जाते दिखे। बाबा ने आवाज देकर रास्ता पूछा। उत्तर आया : "ऐसे ही चले आव।" बाबा बड़बड़ाये "सारि हमका सिखावति हैं !" गाड़ीवान से कहा : "सीधे चले चलौ।"

चिराग जल चुके होंगे। आगे एक झील-सी पड़ी। गाड़ीवान ने पूछा : "अब ?" बाबा ने कहा : "हां, हां ! हांके चलु। बसहा (नीची जमीन) आय।"

गाड़ी धीरे-धीरे गहराई में जाने लगी। मैं आधा शहरी, आधा देहाती। घबड़ा रहा था कि कहीं गाड़ी डूब न जाय। पर उसे तो डूबना ही था। और, वह अगले चार कदम पर डूब गयी।

बैल तैरने लगे। गाड़ी भी उतराती हुई आगे बढ़ने लगी। बाबा के मुंह से निकला : "अल्यो लियो। यहु द्याखौ !" और उन्होंने पीछे आने वालों को आवाज दी : "एठांय गहरि है। देखि कै आयौ।"

खैर। कुछ दूरी पर फिर जमीन पर बैलों के पैर लगे। गाड़ी सूखे में आकर निचुड़ने लगी और दूसरी गाड़ियों का इन्तजार करने लगी। बाबा ने मुझसे कहा : "भीजि गयो ? सबुई भीजिगा। चलौ। गर्मी तो अही। सब सुखि जायी।" हम चुप।

राम-राम करके काफी रात गये गांव आया और एक चौपाल में जनवासा मिला, जिसमें एक तरफ कच्ची ईंटें सुची हुई थीं। बाबा ने जल्दी से हमारी गठरी के सारे कपड़े निकाल ईंटों पर सूखने को फेंक दिये और हम बराती लोग द्वाराचार की तैयारी करने लगे।

अब जो याद है वह यह कि सारे मजमे में दो-एक लालटेनें भर थीं और पण्डित जी आंध्रवासियों की तरह हिन्दी को संस्कृत बना रहे थे : "पानम्, सुपारीम्, ग्रहतिम्।" रात को शायद एक पूड़ी खाकर सो गये।

पर सबेरे जब ईंटों पर कपड़े उठाये, तो बिना जोर लगाये उन्होंने मुड़ने से इन्कार कर दिया। कारण कि ईंटों पर जो धूल-मिट्टी जमा थी, उसको इन कपड़ों ने अपनी विपत्ति में बुरी तरह अपना लिया था और फिर वह भी ऐसे प्रेमी को पाकर क्यों आसानी से छोड़ने लगी—जब तक ऊंचगांव आकर टिल्ली बाबा (धोबी) ने उन्हें उठा-उठा कर न पटका।

सो साहब ऐसे दिया गया यह 'जिता'।

# मैं जो भूल न सका : 4

**भगवान दीन शर्मा**

वह गांधी की आंधी। सन् 20-21 का जमाना था। मैं छठे दर्जे में पढ़ता था। हमारा मान्यता-प्राप्त स्कूल झांसी का सरस्वती पाठशाला, राष्ट्रीय सरस्वती पाठशाला हो गया था।

सरकारी तथा मान्यता-प्राप्त स्कूलों का बहिष्कार हो रहा था। विद्यार्थी मैक्डानेल हाई स्कूल, तथा मिशन स्कूलों को छोड़, हमारी पाठशाला में भर गये थे। बैठने को जगह नहीं थी। पढ़ाई का भी व्यतिक्रम होने लगा था। एक चलतू लीक को छोड़ नई लीक बनाना, एक बहती नदी को मोड़ देना, सरल कार्य नहीं है। मान्यता-प्राप्त स्कूलों तथा इस नई राष्ट्रीय पाठशाला में कुछ अन्तर तो होना ही चाहिए था। तो प्रथमतः यह निश्चय हुआ कि सारे विषय हिन्दी में पढ़ाये जाने चाहिए। ड्राइंग के स्थान पर चित्र बनाना, क्ले माडलिंग, फोटोग्राफी हो। गांधी जी के अनुसार सूत कातना, कपड़ा बुनना, खद्दर पहनना तो आवश्यक था ही।

परन्तु यह नाटक के सीन का पर्दा उठने के समान तो था नहीं। इसके लिए भी नाटक की तैयारी की तरह कुछ समय की आवश्यकता थी। कुछ आर्थिक आवश्यकताएं भी थीं। इन्हीं अस्थिरताओं को देख पहले कुछ अंग्रेजियत भक्त शिक्षक पाठशाला छोड़ दूसरे स्कूलों में चले गये और इसके बाद धीरे-धीरे विद्यार्थी भी अन्य स्कूलों में जाने लगे। अब केवल दृढ़ राष्ट्रीय विचार वाले विद्यार्थी ही रह गये। जिनके पढ़ने के लिए अनुभवहीन देशभक्त नये-नये शिक्षक आने लगे। इनमें अनेक तो खद्दरधारी, नक्शेबाज नेता बनने वाले आये और चले गये।

परन्तु, कुछ देशभक्त ऐसे भी आये, जो स्वार्थ-त्यागी, परिश्रमी तथा अच्छे शिक्षक साबित हुए और अन्त तक अच्छी शिक्षा प्रदान की। मेरे सातवें में आने तक अच्छी शिक्षा व्यवस्था हो गयी। मैंने दो साल सातवें, आठवें की शिक्षा वहीं पायी। सूत काता, कपड़ा बुना, चित्र बनाये और कलाई-पंजा लड़ाने के साथ-साथ कुश्ती लड़ी।

परन्तु दूरदर्शी पिता को इस सबसे सन्तोष नहीं था। वहां के सर्टिफिकेट से

सरकारी नौकरी नहीं मिलेगी—ऐसा सोच, उन्होंने मुझे मैक्डानेल हाई स्कूल में नवें दर्जे में भरती करा दिया।

उस समय के अनुसार, हाई स्कूल की पढ़ाई हिन्दी को छोड़ सभी विषयों की अंग्रेजी में होती थी, यहां तक कि संस्कृति की भी (यद्यपि शास्त्री जी अंग्रजी नहीं जानते थे, परन्तु परीक्षा अंग्रेजी में ही होती थी)। कोई शिक्षक हिन्दी बोलता ही न था। और हमारी राष्ट्रीय पाठशाला में अंग्रेजी (वह भी हिन्दी में) को छोड़ सभी विषय हिन्दी में पढ़ाये जाते थे। मैं जब दर्जे में पहुंचा तो मुझे पहली कठिनाई यह हुई कि यहां के कमरे कुछ बड़े थे और कमरों में एक तरफ हॉल था और दूसरी तरफ बराण्डा।

मास्टर भूपेन्द्र कुमार दत्त जब पहले दो घंटे अंग्रेजी पढ़ाते, तो उनकी आवाज बहुत गूंजती हुई मालूम पड़ती। शब्द साफ-साफ कानों में न जाते। कुछ पल्ले पड़ता, कुछ नहीं। दूसरे, घर पर सबेरे खाना बनता नहीं था। मैं, दौआ, राम विलास और परमेश्वर दीन यही चार आदमी थे।

रात को मैं या दौआ (पिताजी-स्व सं.) खाना बनाते। और रात को खाकर सवेरे के लिए रख देते। दौआ तो मेरे सामने सदैव से ही एक बार भोजन करते आये थे। अतः मैं बासी खाना खाकर धूप में तेज चाल जाता, तो दर्जे में खूब पेट फूलता, नींद आती और बहुधा मैं झपकियां भी ले लेता। पर, बस भर यही प्रयत्न करता कि आंखें खुली रहें।

मास्टर दत्त कॉलेज की तरह दर्जे में आते, लेक्चर देते और चले जाते। कभी कोई विशेष पूछताछ या सवाल-जवाब न होते।

इसके बाद होते दो घण्टे मैथमैटिक्स के। इनमें बोर्ड पर सवाल लिख दिये जाते, अथवा उन्हें करके समझाया जाता। परन्तु मुझे था माइओपिया। बोर्ड पर लिखा कुछ भी दिखाई नहीं देता। पाठशाला में मानीटर था, नम्बर 1 पर कोने में बैठता और वहीं कोने में बोर्ड रहता तो काम चल जाता; परन्तु यहां एक तो बोर्ड दीवाल में बने थे, दूसरे मुझे सामने बैठना पड़ता। तो, बोर्ड, बहुत दूर पड़ जाता। मैं बहुधा प्रसिद्ध शशिधर मुकर्जी (प्रसिद्ध अभिनेता अशोक कुमार गंगोली के बहनोई) के पास बैठता और उसकी कापी से सवाल, क्रिया, उत्तर आदि नकल कर लेता। समझ में न आने पर समझ भी लेता।

इसके आगे फिर इतिहास, भूगोल के लेक्चर होते और हिन्दी व संस्कृत में तो कोई कठिनाई थी ही नहीं।

इस तरह धीरे-धीरे समय कटता रहा और परीक्षा का समय आ गया। मैंने प्रयत्न करके थोड़ा-बहुत अंग्रेजी लिखने का अभ्यास तो कर लिया था, परन्तु मेरी मैथमैटिक्स, विशेषकर बीजगणित और रेखागणित, बहुत कमजोर थी। और यही हाल भूगोल का भी था।

डूबते हुए को तिनके का सहारा ही बहुत मालूम होता है। तो मुझे मिल गये मेरे पड़ोसी स्थानीय नाटक कलाकार प० चतुर्भुज पाण्डे। यह दूसरे सेक्शन में थे। मुझे इनकी योग्यता का कोई ज्ञान न था। मैं इनसे सलाह लेने लगा। परन्तु जैसा कहा है, "संगति को गुणदोष सदा ही।" इन्होंने अपने अनेक सम्पर्क बताकर पर्चे आउट करने का आश्वासन दिया और जैसे स्वयं थे मुझे भी बना दिया।

भगवान न करे, ऐसा समय किसी पर आये। पाण्डे जी रात को मुझे अपने मन्दिर (उनके पिता मन्दिर के पुजारी थे) में बैठाकर स्वयं पर्चे आउट करने के चक्कर में निकल जाते। मैं रात को घण्टों उनका इन्तजार किया करता। वह सूखे मुंह आकर कह देते, "कुछ डौल नहीं लगा।" जब कभी एक-दो सवालों का पता लगाकर भी लाते, तो उनके हल करने की समस्या सामने आ खड़ी होती। बीज गणित के सवाल न वह कर पाते और न मैं। भूगोल में नक्शे में भरने के स्थानों को न वह ढूंढ़ पाते और न मैं। सरस्वती पाठशाला में मैं एक प्रतिष्ठित विद्यार्थी था। यहां इस प्रकार अपने को असहाय पाकर चित्त में बड़ी ग्लानि होती।

पर कोई चारा न था। योग्यता, स्थान बनाने में परिश्रम तथा समय लगता है। मार्ग अपना-अपना। पाण्डे निराश नहीं हुए। जोड़-तोड़ में लगे रहे। एक मिशन स्कूल के मास्टर को फांसा। उसने सेकेण्ड मास्टर चक्रवर्ती के पौत्र को ढूंढ़ा हमसे भी तीन रुपये लिये, जो हमने दौआ से लेकर दिये। और वह मास्टर किसी प्रकार हम लोगों की बीजगणित-रेखागणित की कॉपियां सेकेण्ड मास्टर के घर से निकलवा लाये।

अब पड़ोसी लच्छी बाबू (राय बहादुर लाला गंगा सहाय जिनके यहां पिताजी नौकरी करते थे, के नाती) के घर बैठक हुई। परन्तु पर्चे में कुछ सवाल तो वहां भी किसी को नहीं आ रहे थे। आखिर मास्टर जी कहीं जाकर वह सवाल हल करा लाये (वह मास्टर किसी और विषय के थे)।

अब उठा सवाल उनके नकल करने का। इधर कॉपियों को वापस यथास्थान पहुंचाने का समय भी समाप्त हो रहा था। ऐसी परेशानी में मेरा हाथ ही नहीं चल रहा था। तो खीझकर मास्टर जी ने एक सवाल स्वयं ही घसीट डाला और कॉपियां लेकर चले गये।

मेरा इतिहास अच्छा था, सो भूगोल की कमी उससे पूरी हो गयी होगी। जब रिजल्ट सुनाया गया, तो मैं पास था। सुना 35% नम्बर मिले थे। कैसे भी हो, नवां दर्जा पास हो गये। जान में जान आयी। नकल करने वालों का यही हाल होता है।

मैं इस स्कूल में साल भर रहने के बाद यहां के वातावरण में घुल-मिल गया था। संयोग से उसी वर्ष—1924—यहां के बाद को प्रसिद्ध शिक्षक श्री प्रफुल्ल कुमार चटर्जी का शुभागमन हुआ। वह दसवें दर्जे 'ए' सेक्शन को अंग्रेजी तथा

इतिहास पढ़ाने लगे।

उनकी पढ़ाई की जितनी प्रशंसा की जाये थोड़ी है। उनका उच्चारण बहुत स्पष्ट होता। वह लेक्चर देने में पाती नहीं चरते और न ही बेगार काटते। सभी विषय बहुत रस लेकर पढ़ाते। हमारे अंग्रेजी की प्रोज की किताब में, न जाने क्या, टामस ग्रे की प्रसिद्ध कविता 'एलीजी रिटिन इन कन्ट्री चर्च यार्ड' जोड़ दी गयी थी, कोर्स में न होते हुए भी। परन्तु अपनी रसिकता के कारण, उन्होंने हम लोगों को पढ़ायी और समझायी। वह कविता तभी से मुझे इतनी भायी कि आज भी वह मेरे सिरहाने रखी है और बहुधा मैं उसे अब भी पढ़ा करता हूं। अनुमान है, ग्रे निश्चय ही गरीब अथवा किसान परिवार से रहा होगा।

अस्तु मेरा जीवन दसवें दर्जे में अच्छा कट रहा था। फिर भी बीजगणित तथा रेखागणित से संघर्ष जारी था। कारण कि उसके टीचर फॉणी भूषण राय चटर्जी मास्टर से ठीक उल्टे थे। नक्शेबाज व टालू, चालू। न विषयों में रस और न विद्यार्थियों से सहानुभूति। फिर भी, मैं इनमें परिश्रम कर रहा था। वह कुछ काबू में भी आये थे। परन्तु संयोग, छमाही इम्तहान में न जाने क्यों इतनी नर्वसनेस आयी कि कुछ सवाल तो आये ही नहीं और कुछ गलत हो गये—जो मैंने स्वयं ही काट दिये।

उन दिनों उत्तर के लिये कागज स्वयं ही लाने होते थे। तो मैंने सोचा बेकार के लिए ये कटे-पिटे पन्ने क्यों जोड़ जायें! मैंने वे सब पन्ने निकाल लिये।

फॉणी मास्टर ने समय के अन्त में जब मेरा पर्चा उठाया, तो उनको वह कुछ हल्का लगा। उन्होंने उसके पन्ने उलटे, तो कुल जमा तीन ही निकले। इस पर मैंने भी ध्यान नहीं दिया था।

फिर क्या था! उन्होंने पहला पन्ना चुटकी में दाब, हाथ ऊंचा किया और अपनी चिर परिचित बुलन्द आवाज में बोले : "यह देखिए, तीन पन्ने हैं। पहले में नाम और तीसरे में नाम और बीच के पन्ने में एक सवाल है।" और फिर मेरी तरफ देखकर बोले : "काहे को हाई स्कूल में कलंक का टीका लगाने जा रहे हो। इम्तहान में बैठे बिना कौन-सी शान घटी जा रही है! क्या जागीर छिनी जा रही है?"

परीक्षा बीच के लम्बे बड़े हॉल में हो रही थी। फॉणी मास्टर की आवाज सुनकर सभी लड़के मुझे देखने लगे। मुझे मारे शर्म के पसीना आ गया। आंखों में आंसू आ गये और सब धुंधला दिखायी देने लगा। फॉणी मास्टर के हटते ही मैं कागज-कलम समेटकर धीरे-धीरे चलता हॉल के बाहर आ गया, और बिना इधर-उधर देखे घर की तरफ जाने लगा। रास्ते भर सोचता रहा—अब परीक्षा की फीस तो जा ही चुकी है। इम्तहान में बैठना ही होगा। फेल होने की संभावना ही अधिक है। परन्तु अब मैं इस स्कूल में फॉणी मास्टर को न तो अपनी शकल

दिखाऊंगा और न उनकी देखूंगा।

इस छमाही में तो फेल होना ही है—ऐसा सोच, मैंने स्कूल जाना बन्द कर दिया और घर ही पढ़ना शुरू कर दिया! सदर बाजार के सहपाठियों ने पूछा: "आजकल स्कूल नहीं जा रहे हो। इम्पॉर्टेंट बताया जा रहा है।" मैंने कहा, "मेरे लिए सभी इम्पॉर्टेंट है। आयेगा तो कोर्स में से ही!" फिर भी उनके जोर देने पर मैं एक दिन औरों के साथ रात को हेड मास्टर राय साहब विपिन बिहारी बनर्जी के घर गया। वह अंग्रेजी पढ़ा रहे थे। उस दिन उन्होंने किताब कम पढ़ाई और रिचॉर्ड और क्रुसेडर्स के किस्से अधिक सुनाये। मुझे यह सब समय की बरबादी ही लगी, और आगे जाना बन्द कर दिया।

दौआ ने हमारे पढ़ने के लिए कमरे में एक कोने में 6 फीट लम्बा एक पत्थर का पटिया इधर-उधर ईंटों पर रखवा दिया था, जिस पर लालटेन के सहारे बोरे या दरी पर बैठ रात को पढ़ा करते थे।

वहीं हमारे साथ बैठने लगे थे, स्वर्गीय श्री हरी नाथ तिवारी! हम लोगों ने आदि से प्रत्येक विषय को पढ़ना शुरू कर दिया। जब नींद आती, तो वहीं लुढ़क जाते और जो पहले जागता वह दूसरे को जगा लेता। हरी नाथ बहुधा इम्पॉर्टेण्ट के चक्कर स्कूल जाते और आधा दिन बर्बाद करके घर आ जाते। परन्तु मैं कभी नहीं गया और उतने समय में कुछ-न-कुछ जमकर पढ़ डालता। कभी-कभी थककर नजदीक ही नगीना पाण्डे के घर तफरीह भी कर आते और देख आते कि वह कितने पानी में हैं। इस पढ़ाई में कुछ खामियां भी थीं—जैसे ट्रांसलेशन, ग्रामर, ऐसे प्रायः अछूते ही रहे।

पर इस चार महीने की जमकर पढ़ाई से यह लाभ हुआ कि अंग्रेजी भाषा का पर्याप्त अभ्यास हो गया। मैंने परीक्षा में देखा कि किसी भी वर्णन के लिए शब्द, वाक्य, स्वयं ही, बिना रुके, कलम से निकलते चले आ रहे हैं। मुझे स्वयं ही अपनी क्षमता पर आश्चर्य हो रहा था। नकल वगैरा का गुमान ही नहीं था। मास्टर लोग तो हॉल में निरन्तर टहलते ही रहते थे। हेड मास्टर की टेबिल ठीक मेरे सामने थी। पर्चों के पैकेट खोलने का रोज ही नाटक देखता।

अस्तु उस स्कूल को अन्तिम नमस्कार कर, मैं गांव चला गया। रिजल्ट की कोई चिन्ता थी ही नहीं। सदर बाजार में शायद एकाध को छोड़ अब तक कोई पास नहीं हुआ, तो अब कैसे होगा! अतः मैं निर्द्वन्द्व छुट्टी मना रहा था।

तभी दौआ का पत्र तथा अखबार पहुंचा कि सिर्फ 'तुम' सेकिण्ड डिवीजन पास हो। हरी नाथ थर्ड डिवीजन पास हुआ है। बाकी सदर के सब फेल हैं। लोगों को ताज्जुब हो रहा था कि मैं कैसे पास हो गया।

उन्हें बैसवाड़े की संस्कृति और परिश्रम के फल का क्या पता होगा!

# मैं जो भूल न सका : 5

**भगवान दीन शर्मा**

कहते हैं, "नादान दोस्त से दाना दुश्मन अच्छा।" अंग्रेजों ने भारत पर कब्जा किया, लूटा, राज्य किया। परन्तु उनमें सराहनीय गुण भी थे। सुन्दर स्थान चुनने और उन्हें विकसित करने में उनका सानी नहीं था। इन सुन्दर स्थानों में एक नौगांव भी है जहां उन्होंने मिलिट्री आफीसर्स ट्रेनिंग के लिए किचनर कालेज खोला। आस-पास के पन्ना, बिजावर, छतरपुर, टीकमगढ़ (ओरछा) जैसे छोटे-छोटे राज्यों की देखभाल के लिए वहां पोलिटिकल एजेन्ट की सीट रखी। यह सन् 1937 की बात है।

संयोगवश मैं नौगांव डाकखाने भेजा गया। पहली बार झांसी-इलाहाबाद लाइन पर स्थित हरपालपुर स्टेशन पर उतर, बस द्वारा 18-20 मील दूर नौगांव के पास पहुंचा, तो ऐसा लगा मानो मैं किसी बाग में घुस रहा हूं। ऐसा लगा मानो कोई कस्बा किसी बाग में बसाया गया हो।

सुन्दर साफ सड़कें। दूर-दूर पेड़ों की झुरमुट में इधर-उधर बंगले। नपे-तुले धन ( + ) चिन्ह जैसे चौराहे। ये सब मन को मोहने वाले लगे।

छोटी जगह, कम आबादी होते हुए भी वहां सारी सुविधायें उपलब्ध थीं। सबसे सुन्दर बात यह थी कि पढ़े-लिखे सभ्य लोगों का समाज था। कुछ नौकर-चाकर, निम्न श्रेणी के लोग अवश्य थे। परन्तु उनका मोहल्ला कस्बे से प्रायः एक मील दूर, अलग ही था। मेरे वहां पहुंचने के थोडे दिन बाद ही पोलिटिकल एजेन्ट कर्नल बार्टन का तबादला हुआ और उनकी जगह मेजर कैम्पबेल आये।

मेजर कैम्पबेल दुबले-पतले, नाटे-से, अंग्रेज थे। परन्तु थे बड़े चैतन्य। क्या ऑफिस का काम और क्या खेलकूद, सभी में बहुत तेज। लोग अक्सर उन्हें 'क्विक सिलवर' कहा करते, जिसको उन्होंने सार्थक भी कर दिखाया।

थोड़े समय के बाद उन्होंने 'नौगांव वीक' की परम्परा डाली। आसपास छोटी-

छोटी रियासतों, जागीरों की कमी थी नहीं। सभी शासक तथा उनके बच्चे डेली कालेज इन्दौर के पढ़े, अंग्रेजी खेलकूद में माहिर थे। साथ ही, पोलिटिकल एजेन्ट से बिगाड़ न करना, उसको प्रसन्न रखना, अपने राज्य को स्थिर रखने के लिए भी आवश्यक था। तो सुझाव तथा निमंत्रण पाते ही सभी तैयार हो गये। उनके अपने निजी बंगले तो नौगांव में थे ही और दूसरी सुविधाओं के लिए उनके वकील भी वहां स्थायी तौर पर रहते थे। निमंत्रण के साथ खेलों के प्रोग्राम भी थे, जैसे क्रिकेट, हॉकी, टेनिस, बालीबाल, स्काउटों के खेल, इत्यादि। पूर्व इसके कि वास्तविक न भूलने वाली बात कहूं, एक छोटी, किन्तु अति महत्त्वपूर्ण बात कह देना चाहूंगा।

निश्चित दिन खेल मैदान में शामियाना वगैरा पड़ गया। पहले दिन टीकमगढ़ (ओरछा) से नौगांव का क्रिकेट मैच होना था। दर्शकगण तथा खिलाड़ी प्रायः सभी साढ़े नौ बजे आकर जमा हो गये। परन्तु टीकमगढ़ की टीम का कहीं पता नहीं। साढ़े नौ बजे भी टीम नहीं पहुंची। मेजर कैम्पबेल बहुत परेशान। उनके तेजी से इसके-उसके पास जाने तथा बार-बार घड़ी देखने से ही यह स्पष्ट झलक रहा था। 10 बजे से खेल प्रारम्भ होना था। एक-एक मिनट भारी हो रहा था। लोगों ने मान लिया कि कोई विशेष कारण होगा—तभी टीम नहीं आयी। परन्तु 9·55 पर यकायक खुशी की लहर दौड़ गयी। टीकमगढ़ के महाराज वीरसिंह देव अपनी क्रिकेट पोशाक में 11-12 खिलाड़ियों के साथ 3-4 मोटरों से शामियाने के पास आ उतरे। मेजर कैम्पबेल लपके हुए उधर गये, और वीरसिंह से हाथ मिलाते हुए कहा : "यू आर मेरी लेट, आई हैड बीन वेरी मच वरीड।" वीरसिंह तो इसके लिए तैयार थे ही। घड़ी देखकर बोले : "हाउ ? स्टिल फाइव मिनिट्स टु टेन !" और झट से कैम्पबेल का हाथ पकड़ उनकी घड़ी देखी। बेचारे कैम्पबेल के पास सिवा दांत दिखाने के कोई चारा न था।

वीरसिंह तेजी से शामियाने के सामने आये। तभी पन्ना महाराज आगे बढ़कर उनसे गले मिले। फिर तो, उनके पैर छूने की होड़-सी लग गयी। ऐसा लगा मानो भरत-मिलाप हो रहा हो।

मुझे आज भी याद है। पन्ना महाराज लम्बे-चौड़े, करीब 6 फीट के, भव्य पुरुष थे, जबकि वीरसिंह उनके कंधे तक भी नहीं पहुंचते थे; ऊपर से कुछ पेट भी निकला। परन्तु सुना था कि राजाओं में वह अकेले ही ग्रेजुएट थे। हिन्दी साहित्य प्रेमी तो थे ही; क्रिकेट, हॉकी के भी बड़े प्रेमी थे।

उन्होंने इधर-उधर से हॉकी के खिलाड़ी बटोर कर अपने यहां 'भगवन्त क्लब' की स्थापना की थी और यह क्लब एक या दो बार ऑल इण्डिया हॉकी टूर्नामेंट जीत चुकी थी। क्रिकेट तो महाराज स्वयं और उनके भाई, भतीजे अच्छा खेलते ही थे।

अब यहां मैं उस फाइनल हॉकी मैच की चर्चा करूंगा जो ऑल इण्डिया विजेता भगवन्त क्लब और किचनर कालेज के विद्यार्थी-आफीसरों के बीच हुआ था।

इसके पूर्व कि मैं हॉकी की बात कहूं, कुछ शब्द किचनर कॉलेज के कमान्डेन्ट कर्नल ऐम्पसन के बारे में है।

मैंने देखा है, जैसा सही प्रमोशन मिलट्री में होता है, वैसा अन्यत्र नहीं। प्रत्येक आफीसर अपने नीचे वाले आफीसर से 21 ही मिलेगा, 19 नहीं।

कर्नल ऐम्पसन के दर्शन यों ही एक दिन पोस्ट-ऑफिस में हो गये। देख, एक लम्बे-चौड़े ऑफीसर ने अपना घोड़ा बाहर खंभे से अटकाया और मेरी खिड़की पर आकर फौरन एक सवाल मेरी तरफ फेंका : "हाउ मैनी पोस्ट-ऑफिसेज आर देयर इन बुन्देलखण्ड ?" मैं हैरान ! यह एक ऐसा सवाल था जिसके बारे में कभी सोचा भी न था। बुन्देलखण्ड में दो हेड-ऑफिस हैं : झांसी और बांदा। फिर, उनमें सब-ऑफिसों में अनेकों ब्रांच ऑफिस ! मैं उसकी शक्ल देखता रह गया। तब तक वह दूसरे काउण्टर पर पहुंचा और वहां भी कुछ उत्तर न पाकर, बड़बड़ाता हुआ घोड़े पर बैठ लम्बा हो गया। 2-4 दिन बाद कॉलेज का एक सूबेदार आया, तो मैंने उससे इस बात की चर्चा की। वह बोला : "अरे साहब, उसकी कुछ न पूछिए। वह ऐसे ही एंड़े-बेंड़े सवाल हम लोगों से करता है। और, हम लोग भी जो मुंह में आया फौरन उत्तर दे दिया करते हैं। सही-गलत की तरफ ध्यान ही नहीं देते। एक दिन बरसते में सड़क पर दौड़ रहा था। किसी ने दौड़ने का कारण पूछा तो बोला : "एक पाउन्ड वजन बढ़ गया है !"

तो वह हॉकी मैच सबेरे होते हुए भी, उसे देखने सारा नौगांव उमड़ पड़ा। झांसी की ही तरह फील्ड के चारों तरफ दर्शकों की 3-4 कतारों की दीवाल बन गयी थी। एक तरफ, जहां ऑफीसर बैठे थे, मैं भी बीरसिंह देव की कुर्सी के पीछे जाकर खड़ा हो गया। उनके दाहिने कर्नल ऐम्पसन बैठे थे और इधर-उधर अनेक गण्य मान्य व्यक्ति तथा किचनर कॉलेज के ऑफीसर व स्टाफ। टॉस हुआ और मैच शुरू हो गया।

वह युग भारत की हॉकी का युग था। दोनों ही टीमें अपनी-अपनी कला दिखा रही थीं। लग रहा था मानो झांसी की 'स्टार क्लब' अथवा 'हीरोज' से 'जीमखाना' या 'लाल कुर्ती' का मैच हो रहा हो। बॉल जिस गोल की तरफ पहुंच जाती लगता अब गोल हुआ। परन्तु गोल बाल-बाल बच जाता।

आखिर, कोई 15 मिनट गुजरे होंगे कि भगवन्त क्लब ने एक गोल कर दिया। क्लब के खिलाड़ी आज की तरह बिना उछले-कूदे, बिना एक-दूसरे को

गले लगाये, सेन्टर की तरफ दौड़ते हुए आये, मानो कह रहे हों—अभी क्या, अभी एक और लो। उनकी प्रसन्नता तो जाहिर होती थी, पर ऐसा नहीं लग रहा था कि उनको गर्व हो। ऐसा लगता था मानो यह तो होना ही था।

और था भी ऐसा ही ! कहां ऑल इण्डिया विजेता और कहां एक कोने के किचनर कॉलेज के खिलाड़ी !

परन्तु इस समय मुझे वीरसिंह देव तथा कर्नल ऐम्पसन की भाव-भंगिमा में अधिक आनन्द आ रहा था। वीरसिंह देव कुर्सी पर पीछे सरक, इतमीनान से बैठे और सिगरेट निकाल, उसे सुलगा, धुआं कुछ ऊंचाई की तरफ छोड़ने लगे। परन्तु कर्नल ऐम्पसन की बेचैनी देखने ही लायक थी ! एकदम से उठकर खड़े हो गये और अपनी टीम की फील्ड के कोने तक लम्बे-लम्बे डग भरते हुए गये और कुछ सेकेण्ड वहां खड़े होकर फिर अपनी कुर्सी तक लौट आये। मुझे 'इन्सीडेन्ट इन दि फ्रेन्च कैम्प' अंग्रेजी कविता की याद आ रही थी। नेपोलियन को इसी तरह की बेचैनी रही होगी। और, यहां तो मानो कर्नल ऐम्पसन एक मोर्चा ही हार गये थे !

तो कॉलेज वाले कर्नल ऐम्पसन का स्वभाव जानते हुए कि कल ही से वह दौड़ा-दौड़ा कर जान ले लेगा, भगवन्त क्लब पर ऐसे टूटे, जैसे नेपोलियन का सेनापति—अदम्य मूरा—दुश्मन पर अपने 40 सवारों के साथ टूटता था ! क्लब को अपने डिफेंस में सांस लेना मुश्किल हो गया !

इतने में एक शॉर्ट कार्नर हुआ। सभी दर्शक सांस साधे देख रहे थे। शॉर्ट कार्नर की हिट लगी। पर, क्लब भी जान की बाजी लगाये हुए थी। सो, कार्नर से गोल तो बचा, पर कॉलेज ने फिर हमला किया। और, एक गोल कर दिया।

बस फिर क्या था। कर्नल ऐम्पसन ने एक बार वीरसिंह की तरफ देखा और प्रसन्नचित्त फील्ड के कोने तक हो आये। इधर, वीरसिंह का चेहरा उतर गया। सिगरेट पीना भूल गये।

कॉलेज वालों का दिल बढ़ गया था। उन्होंने हमला उसी तरह बरकरार रखा। और, थोड़ी देर में एक शार्ट कार्नर क्लब पर हुआ। और, बचते-बचते क्लब पर एक गोल चढ़ गया !

अब तो वीरसिंह मारे बेचैनी के आगे सरक कुर्सी के डण्डे पर आ गये। इतने में ही हाफ-टाइम की सीटी बज गयी। मैंने देखा, क्लब के सेन्टर फारवर्ड महाराज के प्राइवेट सेक्रेट्री मि० जुत्सी आगे बढ़ रहे वीरसिंह की तरफ दौड़े आ रहे हैं—यह कहते हुए कि, "नहीं महाराज, हम जीतेंगे ! अभी तो आधा टाइम बाकी है।"

कुछ पलों में ही इधर वीरसिंह और उधर कर्नल ऐम्पसन फील्ड में प्लेयर्स से घिर गये।

हाफ-टाइम समाप्त हुआ। खेल ने फिर से जोर पकड़ा। इस बार भगवन्त क्लब की नमक आदयगी की बारी थी। क्लब अपना कला-कौशल, बिना एक सेकेण्ड खोये, हमले पर हमला बोल कर दिखा रही थी। और एक गोल मिस करने के बाद, एक गोल कर दिया।

अब वीरसिंह के चेहरे का तनाव कुछ कम हुआ। पर उनकी निगाह अब भी गेंद के साथ-साथ भाग रही थी। और, जहां क्लब पर दबाव बढ़ता, वह इधर-उधर मुड़कर, झुककर, देखने लगते।

पर उन्होंने मानो आगाह कर दिया था कि जीत कर ही जाना है। क्लब लगातार हमले पर हमला कर रही थी और कॉलेज की 'डी' की तरफ से गेंद हट ही नहीं रही थी और जब तक क्लब ने एक गोल नहीं चढ़ा दिया, सांस नहीं ली।

अब मैच प्रायः समाप्ति की ओर था।

वीरसिंह ने सिगरेट जलायी और इत्मीनान से पीने लगे। परन्तु कर्नल ऐम्पसन की बेचैनी देखने लायक थी। वह कभी फील्ड के नुक्कड़ तक जाकर वहां 1-2 मिनट खड़े रहते और फिर लौट कर कुर्सी पर दो क्षण को बैठते, तो कभी उठकर फील्ड के किनारे चल देते, और रास्ते में खड़े किसी अफसर से घड़ी देखकर बात करने लगते।

धीरे-धीरे समय चुक रहा था और यह निश्चय था कि कॉलेज एक गोल से हार जायेगा। क्लब भी गेंद को इधर-उधर हिट मार कर, समय काट रही थी।

पर संयोग! क्लब के खिलाड़ी कुछ इधर-उधर बिखरे थे कि तभी राइट विन्गर को गेंद मिली और वह कोने की तरफ उसे लेकर दौड़ा जहां पहुंच उसने अन्दर को हिट मारी। पर बैक ने उसे रोक, बीच फील्ड में मार दी। तभी दूसरे आते हुए ने उसे रोक कर, बायें को पास दिया। और, बायें वाले ने बिना चूके उसमें हिट मारी। गेंद पोल के पास से होती हुई, गोल में चली गयी।

कॉलेज खुशी-खुशी बुली के लिए सेन्टर की तरफ दौड़ा। तभी लम्बी सीटी बज गयी।

कर्नल ऐम्पसन मुस्कराते हुए लम्बे कदमों वीरसिंह के पास पहुंचे और उनसे शेक-हैण्ड को हाथ बढ़ा दिया। वीरसिंह ने भी 'वेल डन' कहकर हाथ बढ़ा दिया।

हम डाकखाने लौटे, तो दफ्तर के पैंकर धनीराम ने मुझ से कहा : "काय बाबू जी! दोऊ जने जीत गये। बिन्ने तीन गोल करे और बिन्नेउ तीन गोल करे! ऐन भई!"

# मैं जो भूल न सका : 6

**भगवान दीन शर्मा**

इतिहास में अलाउद्दीन के समय के बाजार भाव पढ़कर आश्चर्य चकित था। परन्तु समय ने कुछ ऐसा पलटा खाया कि मैं अपने ही समय की दशा देखकर हैरान हूं।

जरा सोचिये तो ! अभी जून 1941 की बात ही तो है। लाहौर से जम्मू तक का रेल भाड़ा, जम्मू से श्रीनगर तक 200 मील का बस किराया, और श्रीनगर से रावलपिण्डी, करीब 200 मील का बस किराया, और रावलपिण्डी से लाहौर तक रेल भाड़ा—यह कुल यात्रा साढ़े सात सौ रुपये में। सोचता हूं तो सिर धुनता हूं। है न, 'न भूलने वाली बात।'

पर यह तो मात्र सम्बन्धित है। हम चार आदमी सबेरे का चाय-नाश्ता कर, आठ बजे, श्रीनगर के लिए बस में रवाना हो गये। नियम के अनुसार हमारी बस ने शाम की बनिहाल पास में पड़ाव डाला। रात होटल में कटी। सवेरा हुआ। चाय-नाश्ता कर हम लोग जल्दी ही तैयार हो गये। बस भी चलने की तैयारी में थी। परन्तु उसमें अभी कुछ देर देख, हमने ड्राइवर से कहा, "हम लोग पैदल टहलते हुए आगे चल रहे हैं। रास्ते में हमें पिकअप कर लेना।" उसने कहा, "ठीक है !"

हम लोग गपशप करते चल दिये। कुछ दूर पर सड़क के किनारे ही हमें डाकखाना मिल गया।

महकमे का मोह ! हम चारों उसमें घुस गये और अकेले पोस्टमास्टर को अपना परिचय दे, बातें करने लगे। अब तो कोई महकमे की बातें करता है तो चिढ़ मालूम होती है, परन्तु उस समय ऐसा नहीं था। वहां हम एक नहीं, चार आदमी बात करने वाले थे। अपनी समझ से थोड़ी देर में हम लोग डाकखाने से निकलकर फिर सड़क पर चलने लगे।

कुछ देर में सड़क ऊपर चढ़ने लगी। बनिहाल पास की चढ़ाई मसूरी जैसीही है। पास, दस हजार फीट की ऊंचाई पर है (अथवा था)। सड़क सामने पहाड़ पर चक्कर खाती, ऊपर चढ़ती ही चली गयी है। परन्तु अब तो परेशानी होने लगी।

मोटर का समय तो हो गया—अब तक तो उसे आ ही जाना चाहिए था !

इतना आगे चले जाने के बाद, लौटने की तो कोई तुक ही नहीं थी।

हम लोग हैरान। मुड़-मुड़कर देखते हुए, कभी कदम बढ़ाते और कभी आगे की चढ़ाई देख फिर ढीले पड़ जाते। पैर भरने लगे और पसीना आने लगा। कोई किसी से बात नहीं कर रहा था।

तभी सामने से आते हुए एक सरदार जी ने अपनी कार हम लोगों के पास रोकी और अंग्रेजी में पूछा : "आप लोगों की बस छूट गयी है ?" हमने कहा : "हां, हम लोग शायद डाकखाने में थे तभी वह निकल गई।" सरदार जी ने कहा : "आपलोगों को बस नहीं छोड़नी चाहिए थी। हमने उससे लौटने को कह दिया है।" और वह—"दैट्स वैरी बैंड," कहकर आगे बढ़ गये।

पर हमारे लिए वह 'बेरी गुड' था।

बस लौटती हुई मिली। हम लोग बैठे और चल दिये। कुछ देर के सन्नाटे के बाद एक सहयात्री ने पूछा : "कहां चले गये थे ?" हमने कहा : "गये कहां थे, सिर्फ दो मिनट को डाकखाने गये थे।"

उसने कहा : "हां ! तभी शायद हम लोग निकल आये। ड्राइवर न वस चला सकता था और न उसे रोक सकता था। तभी 'ट्राफिक इन्स्पेक्टर' सरदारजी आ गये। ड्राइवर को डांटा और कहा—"आगे चार आदमी कोई नहीं गये ! गाड़ी वापिस करो।"

इसको कहते हैं संयोग, जो आज भी सब ताजा है !

# तरीका अपना-अपना

रामस्वरूप शर्मा

## 1

लगभग पचास वर्ष पहले की बात है। उन दिनों प्याज घर में इस्तेमाल न होता था। बाजार जाने वाले हम। न लाते, न खाया जाता! न होगा बांस, न बजेगी बांसुरी।

यह वह जमाना था जब टमाटर का प्रयोग केवल इसलिए न किया जाता था क्योंकि उसका रंग किसी अन्य चीज से मिलता था। तब न यह प्रचारित था कि गांधी जी दूध के साथ लहसुन का प्रयोग करते हैं और न पण्डित हजारी प्रसाद द्विवेदी ने ही इसके गुणों का बखान किया था। 'गॉलिक पर्ल्स्' तो कल की ईजाद हैं!

झांसी में पिता जी के साथ हम तीन लोग रहते थे। पिताजी अथवा बड़े भाई खाना बनाते और सब भाई साथ बैठकर खाते। इधर-इधर की बातें होतीं, बड़ा आनन्द आता। होते-करते न जाने किस प्रकार प्याज ने घर में प्रवेश पा लिया। सम्भवत: अपने गुणों के कारण क्योंकि भोजन के समय विभिन्न खाद्य पदार्थों के गुण-अवगुण की चर्चा होती रहती।

तो इस प्रकार बांस आया, और जब आया तो बांसुरी बजनी ही थी। मगर उसके साथ हम सुर मिलाने को तैयार न हुए। एक तो नयी चीज, कच्ची। उसमें कुछ विशेष आकर्षण दिखायी न पड़ा। नतीजा यह कि जितना हमसे खाने के लिए आग्रह किया जाता, उतना ही हम प्रतिरोध करते। हाई स्कूल पास करने तक, जब तक झांसी में रहे, हमने उसे हाथ न लगाया।

आगे पढ़ने के लिए लखनऊ राम विलास भैया के पास आ गये। किराये के मकान तब आसानी से मिल जाते और 'टू लेट' की तख्ती तो अनेक पर लटकती रहती। 112, मकबूल गंज वाले मकान के ठीक बगल में, गली के दूसरी ओर जो मकान है, उसमें आठ रुपये प्रति माह पर हम दो ही लोग रहते। भैया खाना बनाते

और हम ऊपर के काम में हाथ बंटाते ! गृहस्थी तो थी नहीं जो सब चीजों का इन्तजाम होता !

रोटी हाथ से—और एक तत्काल निर्मित चूल्हे पर—बनायी जाती, जो दो-दो ईंटें तीन तरफ रखकर तैयार किया गया था। उसमें बनी रोटियां ! वाह, क्या तारीफ की जाये ! ऐसी कि मुगल होटल का चेफ भी पानी मांगे। हाथ से पोई; ताजी रोटियां। फूली-फूली, करारी सिंकी। बीच में छेद किया और घी भर दिया।

यह क्रम 58, नारियल वाली गली में भी चलता रहा, जहां हम लोग निराला जी के साथ रहते थे। कभी-कभी निराला जी के मन में आता, तो अपने कमरे से ही आवाज लगाते—"डॉक्टर, एक टुकड़ा इधर भी देना !" और एक रोटी खाकर उनके नाश्ते का काम तो चल ही जाता।

रोटियां बनाने के बाद भाई ने एक नियम और बना रखा था। वह यह कि प्याज को बारीक लच्छों में काटकर तवे में घी डालकर हल्की आंच में भून लेते। वह अपने रंग के कारण ही देखने में बहुत अच्छा लगता। अब खाने के साथ, वह उसे इत्मीनान से खाते—पर हमें न पूछते। शायद इसकी आवश्यकता भी उन्होंने न समझी क्योंकि झांसी से वह जानते थे कि हम उसे देखकर ही नाक-भौं सिकोड़ते हैं।

किन्तु यह तो नित्य का ही नियम बन रहा था। इसलिए हम कई दिनों तक चुप रहे।

फिर हसरतभरी निगाहों से देखा—और अन्त में एक दिन पूछ ही लिया : "क्या उसमें से कुछ मिल सकता है ?" निर्विकार भाव से उन्होंने सहमति में सिर हिलाया। और, जो चीज हमें अत्यन्त ही त्याज्य थी—वह बिना किसी आग्रह के हठात् प्रिय हो गयी।

तरीका अपना-अपना।

## 2

अगर भूल नहीं रहे हैं, तो बात सन् 37 की है।

स्वर्गीय रामप्रसाद यादव (लल्लू जी) के 112, मकबूल गंज वाले मकान में हम और भैया साथ-साथ रहते थे। चूंकि थोड़े दिन बाद इण्टर के इम्तहान होने वाले थे इसलिए अपने मित्र स्व० टी०पी० मुकर्जी के यहां शाम को पढ़ने चले जाते, जहां लाइट आदि की सुविधा थी। भैया यूनीवर्सिटी जाते जहां सम्भवतः किसी ड्रामे की रिहर्सल चल रही थी।

हम लोग मकान के ऊपर के हिस्से में रहते थे। जाने के लिए जीना; एक के बाद एक दो बड़े कमरे; चौका, बराण्डा—यही सब कुछ था।

नित्य प्रति ही शाम को तीन-चार घण्टे के लिए मकान में ताला लगाना पड़ता और उसकी दैहिक निगरानी न हो पाती। इसी ज्ञान का लाभ उठाकर एक चोर महाशय ने ताला तोड़ दिया और ऊपर पहुच गये। समय लगभग आठ-नौ बजे का होगा।

उसे कहीं से भेद लग गया था कि दो दिन पूर्व ही बड़े भाई साहब का मनी-आर्डर आया है। उसी नकद लाभ के फेर में उसने यह हिमाकत की।

ऊपर पहुंचने पर उसने देखा कि दरवाजे से लगी लालटेन हल्की रोशनी में जल रही है। दूसरे कमरे में एक दरी बिछी है, जिसके किनारे बिना ताले का एक बक्स रखा है। बगल की अलमारी में अंग्रेजी पोर्टेबिल टाइपराइटर तथा जाज की टाइम पीस रखी हुई है। उस सूनसान कमरे को पाकर चोर बहुत आनन्दित हुआ। उसने लालटेन तेज कर उजाले में बक्स खोला और पैसों की तलाश करने लगा।

बक्स के अन्दर ऊपर कुछ कपड़े, एक-दो पैण्ट और एक-दो कमीजें थीं। उसके नीचे कुछ खुली चिट्ठियां और कुछ चिट्ठियों के बण्डल रखे थे। बक्स की पॉकेट अथवा ऊपर कहीं नोट न पाकर उसने कपड़े उठाकर एक तरफ रखे तथा चिट्ठियों के बण्डल खोल-खोलकर देखने लगा; किन्तु वह शीघ्र ही समाप्त होने वाला कार्य न था।

जब पैसे न मिले तो अगला कदम उठाने से पूर्व उसने उचित समझा कि नीचे अपने साथी से परामर्श कर ले। अतः जलती लालटेन, खुला बक्सा, बाहर पड़े कपड़े—सब वैसे ही छोड़कर नीचे उतर गया।

लल्लू जी के भाई शिवप्रसाद, जो बगल के मकान में रहते थे और जिनकी आयु आठ-दस वर्ष की थी, अनायास घर से बाहर निकले और जीना खुला देखकर ऊपर चले गये। पहुंचने पर वहां का जो अस्वाभाविक नजारा देखा, तो दिमाग चकरा गया। घर में कोई है नहीं और ये बेतरतीब चीजें! भैया और मुझे कई बार आवाज लगायी। फिर यह विचार करके कि शायद किसी काम से हम लोग नीचे गये हों, वापस जीने से उतरने लगे। मगर क्या देखते हैं कि जीना चढ़कर कोई अजनबी ऊपर की ओर आ रहा है।

जोर से पूछा—"कौन"। वह 'कौन' भी प्रश्नकर्ता को देखकर पूछने वाला था "तुम कौन ?" क्योंकि अभी-अभी जब वह इस जगह से गया था तब वहां कोई नहीं था, पर अब कहां से प्रकट हो गया! कुछ जवाब देने के बजाय, वह घूमकर तेज कदमों से सीढ़ियां उतरने लगा।

अब शिवप्रसाद को यह समझने में देर न लगी कि एक अनधिकृत व्यक्ति ऊपर जाने का प्रयास कर रहा था। उन्होंने उसका बहादुरी से पीछा करना शुरू किया।

जीने से उतरकर वह बायीं ओर भागा। शिवप्रसाद ने जब उसे अपनी गिरफ्त से दूर पाया, तो जोर से 'चोर-चोर' चिल्लाना शुरू कर दिया। आवाज सुनकर पड़ोसी और मित्रगण भी बाहर निकल आये और चोर का पीछा करना शुरू कर दिया।

चोर रास्तों से परिचित न था। अतः गली में कुछ दूर दौड़कर वह बायीं ओर मुड़ा और गली छोड़ एबट रोड की चौड़ी सड़क पर आ गया। नतीजा यह हुआ कि जहां लोग अभी पीछे आ रहे थे, अब सामने भी रुकावट आ गयी। शीघ्र ही दोनों ओर से घिर जाने के कारण वह गिरफ्त में आ गया।

शिवप्रसाद अब हमें सूचना देने सदर बाग पहुंचे। उनका अकस्मात आना देखकर कुछ अजीब लगा। छूटते ही उन्होंने कहा—"चौबे जी, आपके यहां चोरी हो गयी।"

सुनते ही संज्ञाशून्य हो गये मानो काठ मार गया हो। मस्तिष्क में ऐसा चित्र उभरा कि मानो सब सामान साफ हो गया और कमरे में झाड़ू फिरी है। मेरे और पूछने पर उन्होंने बताया कि सामान अभी नहीं देखा, पर चोर पकड़ लिया। अब हमने दौड़ लगाना शुरू किया, पर दौड़ा ही न जाये। पैर मानो मन-मन भर के हो गये हों और जल्दी उठने का नाम न लेते हों। यह मुहावरा क्योंकर प्रचलन में आया, इसका प्रत्यक्ष अनुभव उसी समय हुआ।

आगे चलने पर देखा कि मोहल्ले के कुछ पड़ोसी चोर को पकड़े हुए आ रहे हैं। आते ही उन्होंने उसे हमारे हवाले किया और हमने उसकी कमीज गले से पकड़ी और साथ-साथ ले चले।

जब घर पहुंचे तो वहां पहले ही काफी भीड़ इकट्ठी थी। चोर को देखते ही लोग उस पर पिल पड़े। जिन लोगों ने उसे भागते देखा था, उनकी 'यही है' 'यही है' आवाजें आयीं। गालियों की बौछार और लात-घूंसों की मार। मार और मार। इस भीड़ में कोई अकेला पड़ गया था, तो वह थे हम।

लोगों के निषेध पर—कि ऊपर सामान को बिल्कुल न छुआ जाये—सरसरी निगाह से सामान देखकर हम लोग नीचे उतर आये और भैया का इन्तजार करने लगे।

कालान्तर में वह आये और मैंने सब हाल उन्हें बताया। कहा, "वैसे सब ठीक मालूम होता है, पर पैसों का पता नहीं।" वह कुछ नहीं बोले। धीरे से जीना चढ़कर ऊपर गये—बक्स के पास, जहां कपड़े पड़े थे। एक पैण्ट उठायी। टांग की एक मोहरी को उघाड़कर देखा। वह पर्स, जिसमें पैसे उन्होंने रखे थे, वैसा-का-वैसा ही सही-सलामत था!

पैसे रखने का तरीका अपना-अपना।

# हॉकी-जादूगर के भाई

**राम स्वरूप शर्मा**

काफी समय से आगरे में हर साल जनवरी-फरवरी के महीने में अखिल भारतीय ध्यानचन्द टूर्नामेंट होता है। जब हॉकी के जादूगर ध्यानचन्द जिन्दा थे, तब अक्सर आते। आगे चलकर, आंखों में तकलीफ होने के कारण, उनका आना-जाना जब कम हो गया, तो कभी-कभी उनकी जगह उनके छोटे भाई रूपसिंह आ जाते।

हॉकी से अपने आरम्भिक लगाव के कारण, और इसलिए भी कि नौकरी में आने-जाने की पूरी छूट थी, हम भी मौका निकाल कर पहुंच जाते। ऐसे ही एक मैच के अन्त में जब लोग स्टेडियम से बाहर जाने लगे, तो सोचा—चलो, खिलाड़ियों को पास से देखें। वे लोग धीरे-धीरे मुख्य द्वार की ओर आ रहे थे और हम चबूतरे पर एक उपयुक्त स्थान से उन्हें एक-एक कर पहचान रहे थे।

देखा इसी भीड में एक जाना-पहचाना चेहरा, लोगों से घिरा, हमारी ही ओर आ रहा है। ऐसा लगा कि शायद ध्यानचन्द हों ! कुछ शर्म-सी महसूस हुई कि जो चेहरे इतने जाने-पहचाने थे, उनको पहचानने में भी मन में सन्देह हो रहा है ! इस बीच वह और पास आ गये और मुख्य द्वार के पास वाले कमरे में चले गये। हमने संशय को दूर करने हेतु एक अधिकारी से पूछ ही लिया कि वह कौन हैं ?

मालूम हुआ कि वह ध्यानचन्द नहीं, बल्कि उनके छोटे भाई रूपसिंह हैं।

इन लोगों को देखे हुए भी तो कई दशक गुजर चुके थे। समय के इस लम्बे अन्तराल से पहले का रौब-दाब, दमखम, अब कहां ? शक्ल-सूरत, चाल-ढाल, सभी में काफी परिवर्तन आ गया था। उस समय का उगता सूर्य, अब अस्ताचल को जा रहा था।

हम अपने उत्साह को भला कैसे रोक पाते ? उनके पीछे-पीछे कमरे में दाखिल ! वहां पड़ी कुर्सियों में से एक को खींचकर वह वहां बैठ गये; कुछ और लोग भी बैठे या इधर-उधर खड़े थे।

मैंने अपना परिचय दिया और कहा : "मैं यहां कस्टम एण्ड सेण्ट्रल एक्साइज डिपार्टमेंट में अधीक्षक हूं और बचपन में झांसी में रहा हूं । आपका खेल मैंने तब देखा है जब वह पूरी बुलन्दी पर था । आप लोग अक्सर सदर के जीमखाना मैदान पर मैच खेलने के बाद हमारे पड़ोसी लक्ष्मी नारायण अरोड़ा 'लच्छो बाबू' के यहां आते थे जिनका सीपरी बाजार में पेट्रोल पम्प था ।"

रूपसिंह ने एक बार ऊपर से नीचे तक मुझे गौर से देखा और एक धुरपटकी जड़ी—"हां, आपको कहीं देखा तो है ।"

इस बात में कितनी सच्चाई थी इसको मुझ से ज्यादा कौन जान सकता था ! सफेद झूठ की सुपरलेटिव डिग्री !

आगे बोले : "झांसी, ग्वालियर, आगरा सब एक ही क्षेत्र हैं। यहां पर हॉकी का उचित प्रोत्साहन मिलने से अच्छे खिलाड़ी आगे आ सकते हैं और खेल को काफी आगे बढ़ा सकते हैं ।"

इस चर्चा में और लोगों ने भी भाग लिया । कुछ लोगों ने सुझाव भी दिये । जब बात कुछ थमी, तो मैंने सहज भाव से कहा : "वैसे शायद आप मेरे बड़े भाई डॉ० रामविलास शर्मा को जानते हों । वह गवर्नमेंट इण्टर कॉलेज, झांसी, में उस समय पढ़े हैं जब आप पढ़ते थे ।"

'राम विलास' नाम लेते ही, बातचीत के स्तर में एकदम परिवर्तन आ गया । जो वार्तालाप औपचारिक स्तर पर था, अब मेलजोल का हो गया । बोले : "अरे-ऽऽ राम विलास ! उनके क्या कहने ! अब तो वह बहुत बड़े आदमी हो गये हैं । काफी नाम है । लिखा-पढ़ा भी बहुत है । कभी उनको यहां लाओ !" मैंने कहा : "अवश्य लाऊंगा । आप से मिलकर उन्हें बहुत खुशी होगी ।"

बातचीत समाप्त कर हमने विदा ली क्योंकि अन्य लोग भी अपनी-अपनी कहने को आतुर थे ।

हॉकी के प्रति राम विलास भैया का लगाव भी काफी रहा है ।

झांसी में शुरू में उन्होंने हॉकी ही खेली । उनकी सबसे पहली तस्वीर भी वह है जिसमें वह हॉकी लिए बैठे हैं । सन् 1936 में ध्यानचन्द की कप्तानी में जब भारत ने ओलम्पिक जीता तो खबर सुन चुकने के बाद भी उन्होंने बड़े भैया व हमारे साथ गंगा मेमोरियल लाइब्रेरी अमीनाबाद, लखनऊ में उस समाचार को बड़े चाव से अखबार में पढ़ा ।

और तो और, उस दिन 30 न्यू राजमण्डी में दिल्ली भेजने के लिए कुछ किताबें ढूंढ़ते समय एक नोटबुक मिली जिसमें अखबार से काटी गयी कुछ तस्वीरें, कार्टून आदि चिपकाये गए थे । इनमें से एक चित्र मेजर ध्यानचन्द व कर्नल दारा का—टिप्पणी सहित—था ।

अवश्य ही रूपसिंह उनकी इस हॉकी रुचि से अनभिज्ञ रहे होंगे !

# जन-जीवन के अमर चितेरे : नागर जी

**रामस्वरूप शर्मा**

जीवन में यह दूसरा अवसर था जब भोजन करते समय किसी विशिष्ट प्रिय व्यक्ति के निधन का समाचार रेडियो या टी० वी० पर सुनकर खाना दूभर हो गया हो। पहला मौका 30 जनवरी सन 48 को आया जब गांधी जी की हत्या कर दी गयी थी और दूसरा 23 फरवरी 90 को ठीक शिवरात्रि के दिन जब नागर जी ने सबको दुखी कर इस संसार से विदा ले ली।

सदा की भांति सब लोग साथ बैठ कर खाना खा रहे थे। सामने टी० वी० पर खबरें आ रही थीं। वाचक कह रहा था—हिन्दी के प्रतिष्ठित साहित्यकार...। इतना सुनते ही विचार कौंधा कि किसी का नम्बर आ गया। कौन हो सकता है? जब तक किसी निष्कर्ष पर पहुंचें, वाक्य पूरा हो चुका था और सामने थी नागर जी की चिरनिद्रा में लीन तस्वीर।

एकदम सकते में आ गये। ऊपर की सांस ऊपर, नीचे की नीचे। इसकी कल्पना भी न थी।

ठीक याद नहीं पड़ता कि पहले पहल उन्हें कहां देखा। निश्चय ही यह बात सन् 36-37 के आसपास की रही होगी जब हम और राम विलास भैया निराला जी के साथ 58 नारियल वाली गली में रहते थे। पन्त जी लखनऊ छोड़ चुके थे किन्तु निराला जी, भगवती बाबू, पण्डित श्रीनारायण चतुर्वेदी सहित अनेक साहित्यकार उस समय वहीं पर थे। अनेकों बाहर से भी आते-जाते रहते—जैसे पण्डित बेचन शर्मा 'उग्र', जगदम्बा प्रसाद मिश्र 'हितैषी', वाचस्पति पाठक, कुंवर चन्द्रप्रकाश सिंह, आदि।

लखनऊ का साहित्यिक वातावरण ओज पर था। आर्थिक कठिनाइयों के बावजूद हरेक धुन में मस्त और कुछ-न-कुछ नया करने को उतावला।

नारियल वाली गली में नागर जी का आना यदाकदा होता। निराला जी भी

कभी-कभी कहते—आज चौक जा रहे हैं। और यह स्पष्ट हो जाता कि नागर जी के यहां बैठक जमेगी।

कुछ समय बाद जब 'चकल्लस' निकलना शुरू हुआ, तब साहित्यिक-मण्डली की गहमा-गहमी बढ़ ही नहीं गयी बल्कि पराकाष्ठा पर पहुंच गयी। स्व० बलभद्र प्रसाद दीक्षित (पढ़ीस जी सं०) भी इस पत्र प्रकाशन मण्डली के सदस्य थे और इसका नामकरण उनकी इसी नाम की पुस्तक को ध्यान में रख कर किया गया।

निराला जी अब 112, मकबूल गंज वाले मकान में आ गये थे। नागर जी कभी-कभी सब कागज-पत्तर लेकर वहीं आ जाते और घंटों नये अंक की रूपरेखा की चर्चा होती। नयी सज-धज से अंक निकालने की योजनाए बनतीं। भाग लेने वालों में नागर जी के अतिरिक्त भैया और दूसरे नागर—श्री नरोत्तम प्रसाद—प्रमुख रूप से होते। जब बातें होती रहतीं, तो निराला जी प्राय: टहलते रहते। बोलते कुछ नहीं। कोई हंसी की बात कान में पड़ती, तो केवल ओठों में मुस्करा देते।

अभूतपूर्व उत्साह होते हुए भी कुछ कठिनाइयों के कारण आगे पत्र न चल सका।

नागर जी पहले से ही लिख रहे थे। कालान्तर में उन्होंने बहुत कुछ लिखा। लेकिन शरत् बाबू की उस बात को उन्होंने सदैव गांठ बांध कर रखा कि जो लिखो अनुभव से लिखो ; कमरे में बैठ कर केवल अपनी कल्पना से ही ताना-बाना मत बुनो।

नागर जी ने इस हेतु अथक परिश्रम किया और जगह-जगह की खाक छानी। वह जनता के व्यक्ति थे और सदैव जनसाधारण से जुड़े रहे। उनकी लोकप्रियता का यह विशेष कारण रहा। अभिव्यक्ति के अनेक माध्यमों से वह गुजरे—फिल्म, ड्रामा, आकाशवाणी, पत्रकारिता, आदि। और, हरेक जगह उन्होंने अपनी छाप छोड़ी।

उनके साथ बात करने बैठ जाइये तो उठने का मन न हो; लेखन हो या बातचीत—उसमें तरह-तरह के शब्दों का प्रयोग करेंगे। लोगों के तरह-तरह के नाम गढ़ने में भी न चूकते।

एक बार किसी स्वनामधन्य साहित्यिक का नाम इच्छानुसार गढ़ रहे थे। मैंने टोका। कहा—आप इनका नाम ऐसे क्यों लेते हैं ? अति सहज भाव से बोले—अरे, उनको सब यही कहते हैं !

काफी अरसे से मन में इच्छा थी कि नागर जी कुश्ती-कसरत के विषय में लिखें। चौक में कई अखाड़े थे और वहीं के सादिक पहलवान और उनका शिष्य सुनारा मशहूर थे। बड़े दंगल भी विक्टोरिया पार्क में आयोजित होते थे। सोचता, यदि नागर जी की कलम चल जाय तो अपूर्व आनन्द की सृष्टि हो।

यह विचार लखनऊ में उनके सामने रखने का अवसर भी आया। नागर जी 65 सुन्दर बाग आये थे। भैया व अन्य लोगों से बातचीत हो रही थी। तभी नागर जी के सम्मुख मैंने यह प्रस्ताव रख दिया। किन्तु इसके पूर्व कि वह कुछ कहें, भैया ने यह कह कर कि 'तुम क्यों नहीं लिखते' बात वहीं समाप्त कर दी।

भले ही उन्होंने मुझे सुप्तावस्था से जागृति में लाने का प्रयास किया हो। किन्तु हमारी अभिलाषा मन की मन में ही रह गयी। अब नागर जी हैं भी नहीं जिनसे व्यथा-कथा कही जा सके।

इतिहास व पुरातत्व नागर जी के प्रिय विषय रहे हैं। इसके प्रमाण उनकी बैठक में प्रत्यक्ष ही दिखायी पड़ते हैं। गदर से सम्बन्धित जानकारी के लिए उन्होंने लम्बी यात्राएं कीं तथा अनेक लोगों से साक्षात्कार किया। प्राचीन इतिहास तथा पुरातत्व के विषय में लखनऊ विश्वविद्यालय के श्री डी० सी० चटर्जी से भी उन्होंने काफी विचार-विनिमय किया। संयोगवश श्री चटर्जी बी० ए० में हमारे भी गुरु रह चुके थे। वे विद्वान व सज्जन पुरुष थे।

# पितामह मां से बढ़कर

**रामस्वरूप शर्मा**

शीर्षक शायद अतिशयोक्तिपूर्ण लगे, किन्तु हमारे बाबा कुछ थे ही ऐसे। मां की ममता न जाने कैसे उनमें इतनी समा गयी थी! पिता का अनुशासनात्मक अंश तो नजर ही न आता। बच्चों को वह नहलाते-धुलाते, नाश्ता स्वयं बनाकर कराते, पढ़ाते और जब साथ सुलाते तो तरह-तरह के कवित्त, सवैये व आल्हा; आदि, सुनाते। छोटे बच्चे किताबों के साथ खेलते, उन्हें फाड़ते भी; पर वह निर्लिप्त भाव से देखा करते।

हाथ से हवा करते समय यदि उनींदे में पंखा हाथ से गिर जाता, या हम कृतघ्न उसे कुतूहलवश उनके हाथ से खींच लेते, तो भी उनका हाथ पूर्ववत् चलता रहता।

शायद जीवन की सबसे पहली याद निश्चित रूप से बता पाना सभी के लिए कठिन हो। जब मैं जोर देकर अपने विषय में सोचता हूं, तो दो घटनाएं याद आती हैं।

पहली में आपको मैं उन्हीं की गोद में पाता हूं। गांव में धोबियों के मोहल्ले में आग लग गयी है। छप्पर छाये मकानों में आग की एक चिनगारी ही काफी होती है। धुआं उठ रहा है, लपटें दिखायी दे रही हैं। धोबी चीख-पुकार मचाते, गधों पर सामान लादे, खेतों की ओर भागे जा रहे हैं। हम बाबा की गोद में छत पर से यह दृश्य विस्फारित नेत्रों से देख रहे हैं।

दूसरी घटना का जिक्र राम विलास भैया ने भी किया है, जिसमें अम्मा को ढूंढ़ने के लिए खेतों की ओर हम अकेले निकल गये हैं जहां भेड़िये, आदि प्रायः आ जाया करते थे।

इन दो घटनाओं में से मेरे विचार से पहली वाली घटना पहले की होनी चाहिए क्योंकि बाद की घटना में हम निश्चित रूप से चलने योग्य हो गये थे। इस प्रकार, पहली याद उन्हीं के सान्निध्य की है।

राम विलास भैया की शादी होने वाली थी। बारात तैयार। किन्तु हमारे

चेचक निकली हुई थी। ललई पण्डित शाम के समय आंगन में जब पूजा-पाठ करा रहे थे, तो हम साथ जाने के लिए मचल गये। रोना-धोना और पैर पटकना शुरू कर दिया। बाबा और पिता जी आपस में एक-दूसरे से घर पर रह जाने की बात करते। अन्त में, बाबा ने कहा—हम ही घर पर रहेंगे, बारात के साथ तुम जाओ।

ऐसा ही हुआ। बाबा ने उस बीमारी में बड़ी एहतियात से मेरी देख-भाल की।

जब से उन्हें हमने देखा—वह फौज से रिटायर्ड हो चुके थे। घर पर ही रहते। किन्तु सुबह से शाम तक बिना काम के न बैठते। उन्होंने चारों दिशाओं में बाग या पेड़ ले रखे थे, जो मुख्यतः आम के थे। कहते—हमारे नाती किसी तरफ जायें तो उन्हें आमों की तकलीफ न हो। भैंसें पाल रखी थीं, जिनका अधिकतर घी तैयार करवाते। भोजन के समय मां के घी डालने से सन्तुष्ट न होते तथा अधिक डालने को कहते। नतीजा यह होता कि पेट पर हाथ फेरते छत पर जब हम सोने जाते तो वह कभी-कभी बाहर आ जाता और घी के कुल्ले करने की बात चरितार्थ हो जाती।

उस समय घर भरा-पूरा था, भीतर-बाहर चहल-पहल रहती। आने-जाने वाले प्रायः बने रहते। ब्याह-शादियों में लोग पाखरी, जाजिम, मुर्छल, गुलाबदान आदि मांग ले जाते। कभी-कभी गहने भी—पर इसमें बेईमानी होते कभी न सुनी। छोटी-मोटी दवा-दारू भी कर लेते, किन्तु मुफ्त—पैसों के लिए नहीं।

उनका बचपन विमाता के कारण कष्टमय बीता था और मजबूरन उन्हें अपने पिता के पास, जो स्वयं फौज में थे, भाग जाना पड़ा था। मेरे दोनों बड़े भाइयों के अनुरोध पर उन्होंने एक दिन आप बीती, बाहर चबूतरे पर बैठकर सुनायी। संयोगवश मुझे भी उस व्यथा-कथा को सुनने का मौका मिला।

उन दिनों रेलगाड़ी इतनी सुलभ न थी। उन्हें काफी रास्ता पैदल ही चलकर तय करना पड़ा था। बीच में जब भोजन समाप्त हो गया और पीने का पानी भी न मिला, तो एक जगह पोखर में आम के पत्तों से सड़ा पानी पीने को बाध्य होना पड़ा। स्वाभाविक रूप से, यह सब बताते हुए उनका गला भर आया था और हम सब के नेत्र भी सजल हो गये थे।

निजी रूप से, पानी के मामले में मुझे ज्यादा नानुच अच्छी नहीं लगती। सामने आने पर पी ही लेता हूं उस घटना की याद करके—शायद प्रतिशोधवश भी।

हम लोग छः वर्ष तक गांव में रहते और उसके बाद पिता जी के पास भेज दिये जाते, जहां वह सर्विस करते थे। इस प्रकार, शुरू की पढ़ाई बाबा के द्वारा होती।

हमारे आदि-गुरु वही थे। बागवानी का उन्हें शौक था। हमारी ज्यादातर पढ़ाई बाग में ही होती। सुबह का नाश्ता कर, वहीं चले जाते। काम भी करते रहते और पढ़ते भी।

एक बार उन्होंने बरसात के पूर्व कई तरह के पेड़—थहले बना कर—लगाये। बाद में जब बरसात हुई और उन्हें देखने गये, तो देखा पेड़ काफी रफ्तार से बढ़ रहे हैं। बड़ा अच्छा लगा।

बाग में आमों के अलावा, कैथे व बेल के भी एक-एक पेड़ थे। बेल तो कोई न खाता, पर कैथे की चटनी सबको पसन्द आती। बेल के गुण तो बाद में मालूम हुए। उस समय या तो ये भैंसों को खिला दिये जाते, या गेंद खेलने के काम आते।

बाबा ने जितने दिन नौकरी की उससे ज्यादा दिन पेन्शन ली—यह बात वह बड़े फख्र से कहते। पेन्शन लेने या किसी मुकदमे के सिलसिले में उन्हें उन्नाव जब-तब जाना पड़ता। कई बार भाइयों में विचार-विमर्श हुआ कि वह अपनी एक फोटो खिचवा लायें। किन्तु जैसा होता है, बात टलती गयी—और हम उनकी एक यादगार रखने से वञ्चित रह गये।

# छह भाइयों में एक बहन

**रामस्वरूप शर्मा**

## 1

छह भाइयों के बीच एक बहन और वह भी अब नहीं रहीं । दुर्भाग्य ही तो है । 28 जनवरी 1990 को उन्होंने इस संसार से विदा ले ली । अब केवल उनकी स्मृति शेष है ।

बड़े भैया के बाद उनका जन्म हुआ इसलिए हमसे काफी बड़ी थीं । बचपन से ही उनकी शादी हो गयी थी ।

उनकी पहली याद लगभग 65 वर्ष पुरानी ऊंचगांव में सुभद्रा भाभी के साथ की है । वह उनकी हमजोली भी थीं और उनकी आपस में खूब पटती थी । उस दिन कोई त्योहार था और ननद-भौजाई मेला देखकर आयी थीं । वहां उन्होंने छोटी-मोटी चीजें खरीदी थीं—चूड़ी, बिन्दी, बिछिया, बच्चों के खिलौने आदि । और उन्हें एकान्त में बैठकर देख रही थीं । बिसाती से किस प्रकार मोल-भाव किया और सफल रहीं, उसकी चर्चा करतीं और उतना ही हंसतीं ।

दूसरी याद भी गांव की है । किसी बच्चे का मुंडन था । घर की तथा टोला-पड़ोस की स्त्रियां एक साथ गाती हुई बाराह देवी के मन्दिर गयीं । वहीं बालक का मुंडन हुआ ।

बाद में सबने मिलकर देवी के सामने गीत गाये और बारी-बारी से नाचीं । बहन के नाच का क्या कहना, उसकी छवि अभी तक मन पर अंकित है । वह घूम-घूमकर और हाथों से तरह-तरह की भंगिमाएं बनाकर जोरों से नाच रही थीं । स्त्रियां गोल घेरे में खड़ी हुई नाच देखकर खुशी प्रकट कर रही थीं । अन्य की अपेक्षा उनका नाच अधिक ओजपूर्ण था ।

आगे चलकर अपने झांसी प्रवास के कारण उनसे भेंट बहुत कम हो पाती । गर्मियों

में जब ऊंचगांव जाते तो प्राय: यह सम्भव न हो पाता कि वह भी उसी समय वहीं पर आ पायें। उनकी ससुराल नबीनगर, हमारे लिए अदृश्य लोक की परिकल्पना के समान थी।

हाई स्कूल पास कर जब लखनऊ आये, तो दूरी बहुत कम हो गयी। नबीनगर पास लगने लगा। उसी गांव के पण्डित चन्द्रदत्त लखनऊ की 'स्वदेशी भण्डार' दुकान में काम करते थे जिनसे वहां के हालचाल मिल जाते। धीरे-धीरे ट्रेन से जब-तब आना-जाना होने लगा और एक बार तो उनके साथ साइकिल से भी हो आये। मेरा ख्याल है कि लखनऊ से यह फासला लगभग 20 मील का रहा होगा।

नबीनगर जाने में एक और लालच रहता। इनके (दिदिया और जीजा के—सं०) यहां खेती भी होती थी। सब काम तो कर पाना आसान न था, किन्तु खेतों में पानी लगाने के लिए बेड़ी उलीचने में बड़ा आनन्द आता था। ऐसे ही एक मौके पर साथ में कैमरा ले गये और वहां पर सभी लोगों के फोटो लिये। सम्भवत: वह बहन व परिवार के पहले फोटो थे।

सरकारी नौकरी में आने के पश्चात् यह आना-जाना प्राय: बहुत कम हो गया और पत्र-व्यवहार ही क्षेम-कुशल जानने का एक माध्यम रह गया।

हां, यह एक बात अवश्य रही कि रक्षा-बंधन और भैया-दूज के अवसर पर उन्हें हम अवश्य याद करते और यह ईश्वर की कृपा रही कि इसमें कभी व्यतिक्रम न हुआ।

इधर कुछ अपनी समस्याओं के कारण उनका प्रत्येक शादी-ब्याह में सम्मिलित होना कठिन हो गया। किन्तु चि. अविनाश के विवाह में अस्वस्थ बड़े भैया के साथ वह भी आगरा आयीं और विवाहोपरान्त कुछ दिन रुकीं भी।

मैंने ऊपर उनके देवी मन्दिर में नाचने का जिक्र किया है। अभी कुछ दिन पूर्व बेटी इन्दु का उनके निधन पर एक पत्र आया—अपनी बुआ जी को याद किया तथा लिखा कि ब्याह के अवसर पर उनका नाच याद रहेगा। पढ़कर सुखद आश्चर्य हुआ कि उन्होंने उस अवस्था में भी अपना उल्लास प्रकाशित किया।

खेद इस बात का रहा कि उस अवसर पर हम कहीं अन्यत्र में तथा उस दृश्य को देखने से वंचित रह गये। और अब पटाक्षेप हो गया!

## 2

छुटपन में एक दिन ऊंचगांव में देखा, घर में कुछ लोग बाहर से आये हैं। बड़ा रोना-धोना मचा है। समझ में नहीं आ रहा था कि बात क्या है। इतने में किसी

ने आकर मुझे पकड़ लिया। मैं घबड़ाकर अपने को छुड़ाकर अम्मा के पास भागा और उनसे चिपट गया।

अम्मा ने कहा : "डेराव न। ई तुम्हारी दिदिया आंय।"

यह 'दिदिया' क्या होती हैं, यह तो बाद में समझ में आया, पर ज्यादातर मैं उनसे कतराता ही रहा !

गांव के पहले झांसी, फिर नौगांव (बुन्देलखण्ड) होता हुआ जब मैं लखनऊ आ गया, तब तो दिदिया की ससुराल नबीनगर, जो लखनऊ के पास ही थी, आना-जाना बढ़ गया। दिदिया भी कभी-कभी लखनऊ आ जाया करती थीं। हम लोगो के उनके घर पहुंचने पर उनकी प्रसन्नता देखने लायक होती थी।

पर उनका हम लोगों को पकड़कर वह रोना न बन्द हुआ। मैंने कई बार उनको समझाया : "समय बदल गया है। हम लोग इतने नजदीक हैं, आ ही जाते हैं—तो फिर किस बात के लिए रोना ?" पर शायद गांव-देहात के संस्कार ! न रोने से आस-पड़ोस वाले जाने क्या सोचें—शायद यही भावना रही हो।

दिदिया शरीर से काफी मजबूत थीं। घर-गृहस्थी के काम के अतिरिक्त उन्हें किसानी के कामों में हाथ बंटाते देखा था। पैदल चलने में वह किसी से कम न थीं। नबीनगर से जैतीपुर रेलवे-स्टेशन के बीच का करीब पांच किलोमीटर का रास्ता उन्होंने कई बार मेरे साथ पार किया।

वृद्धा अवस्था में भी आगरा में अविनाश की शादी में बारात के साथ वह काफी दूर पैदल चली थीं।

परिवार के लोगों से मिलकर वह अति प्रसन्न होती थीं। शादी-ब्याह में सबसे मिलकर उनकी प्रसन्नता देखने लायक होती थी।

इसी वर्ष 8 अप्रैल को जब मैंने अपनी कार उनके घर के दरवाजे के पास जाकर खड़ी की, तो बार-बार मन में यही विचार आता रहा—काश कि आज वह जीवित होतीं तो कितती प्रसन्न होतीं !

कहते हैं साले-बहनोई का रिश्ता कुछ अलग ही होता है। पर जिस बहनोई का लड़का साले से उम्र में बड़ा हो, उस साले-बहनोई में कैसा रिश्ता हो सकता है, यह आप खुद ही सोच सकते हैं। मेरे बहनोई, यानी जीजा, के पुत्र जगदम्बा मुझसे पहले इस संसार में आ चुके थे। वह उम्र में मुझसे काफी बड़े थे। शुरू-शुरू में जब उन्हें अपने गांव में देखा, तो दूर ही दूर रहा।

लखनऊ आ जाने पर दिदिया के गांव नबीनगर आना-जाना बढ़ गया। जीजा को नजदीक से देखने का अवसर मिला। दूरी कुछ कम हुई और फिर ज्यों-ज्यों मेरी उम्र बढ़ी, हम दोनों में मैत्री बढ़ती गयी।

औसत कद। गठा कसरती बदन। गेहुंआ रंग। सिर पर छोटे बाल। चेहरे पर छोटी-छोटी मूंछें। सफेद कुर्ता, धोती और टोपी पहन जब वह तेल से सिजोई-बंधाई लाठी लेकर निकलते थे, तो देखते ही बनता था!

उन दिनों गांवों का जैसा माहौल था, उसके अनुसार लाठी का बड़ा महत्त्व था। 'जिसकी लाठी उसकी भैंस' वाली कहावत चरितार्थ होती थी। गांव के लोग अक्सर उन्हें सिपाही या कप्तान कहकर सम्बोधित करते थे।

जीजा हमारे मान्य थे, पर उन्होंने कभी दामाद या मान्य के रूप में कोई हठ नहीं की। मुझे अपनी शादी का किस्सा याद है।

बारात के भोपाल पहुंचने पर, हम लोगों ने कच्चा खाना, यानी दाल-रोटी-चावल, खिलाने का आग्रह किया था। उस समय की परम्परा के अनुसार भांवरों से पहले सब पक्का खाना, यानी पूड़ी-कचौड़ी आदि ही खाते हैं। भांवरों के बाद वधू-पक्ष वाले, बारातियों को मण्डप के नीचे बैठाकर कुछ भेंट देकर उन्हें कच्चा खाना खिलाते हैं। वर पक्ष वाले जब वधू पक्ष के यहां कच्चा खाना खा लेते हैं, तो इसका अर्थ यह लगाया जाता है कि वे इनकी बिरादरी में मिल गये हैं।

इस प्रथा का वर तथा उसके मान्य अक्सर अनुचित लाभ उठाते थे। किसी चीज के लिए हठ कर बैठते और वधू पक्ष द्वारा उसे पूरा करने का आश्वासन न मिलने तक खाना न खाते।

जनवासे पहुंचने पर हाथ-मुंह धोकर हम लोग कपड़े पहने हुए टेबिल-कुर्सी पर कच्चा खाना खाने बैठ गये। बड़े भैया ने सूर्जबली भैया (हमारी बुआ के लड़के) तथा जीजा की ओर देखते हुए—जो कुछ दूर पर बैठे हुए थे—कहा: "जिन लोगों को कच्चा खाने में आपत्ति हो, उनके लिए पक्के खाने का भी इन्तजाम है।" सूर्जबली भैया ने जीजा की ओर देखते हुए पूछा: "काहे परमेसुर (जीजा का नाम परमेश्वर था—सं.), का विचार है?" जीजा कुछ सोचकर बोले: "अरे जब जिसकी शादी है वही कच्चा खा रहा है, तो हम कोऊ कोदुआ (बीच में कूदनेवाले—सं.) आहिन जो अलग बैठिकै पक्का खइबे? हम भी वही खायेंगे जो दूल्हा खायेगा।" फिर क्या था! सूर्जबली भैया और जीजा जी ने रीति-रिवाज के सब बन्धन तोड़कर जनता का साथ दिया। यह घटना आज तैंतीस साल पहले के माहौल को ध्यान में रखते हुए विशेष महत्त्व रखती है। कहना न होगा कि हमारे जीजा में उस समय तक प्रगतिशील विचारधारा का श्रीगणेश हो चुका था।

एक बार खबर मिली कि जीजा की तबियत खराब है. वह काफी दिनों से बिस्तर पड़े हैं। उन दिनों मैं शायद बी. एस-सी. में पढ़ता था। मौका मिलते ही नबीनगर पहुंचा। देखा, इनके पैर में पीछे की ओर जांघ में बड़ा-सा फोड़ा है जिसका मुंह

बन्द है। काफी दिनों से झाड़-फूंक, देहाती जड़ी-बूटी का उपचार आदि चल रहा था। पर कोई फायदा नहीं हो रहा था। मैंने फौरन लखनऊ चलने की सलाह दी।

पहले बैलगाड़ी से जैतीपुर तक फिर रेल से किसी प्रकार लखनऊ तक लाकर बलरामपुर अस्पताल में दिखाया। डॉक्टर ने बताया : " 'एबसेस' हो गया है। तुरन्त ऑपरेशन करना होगा। भर्ती करा दो।" दिदिया को खबर भेजी। पर उनके आने से पहले ही ऑपरेशन हो गया। सर्जिकल वार्ड के बाहर बरांडे में बेड मिला। रात को मैं उनके पास नीचे जमीन पर सोता। दिन को दूसरा कोई-न-कोई आ जाता। इनको पूरी तरह स्वस्थ होने में करीब महीने भर का समय लग गया। अस्पताल में उन दिनों हम लोगों में कभी इधर-उधर की बातें होती थीं।

एक दिन पता नहीं वह किस मूड में थे। कहने लगे : "जरूर हमारा-तुम्हारा पिछले जनम का भी कोई सम्बन्ध रहा होगा, नहीं तो हमको क्यों यह बीमारी होती और तुमको इतनी सेवा करनी पड़ती! हम तुम्हारे ऋण से कभी उऋण न पायेंगे।" मैंने उत्तर में केवल इतना ही कहा : "आज यदि जगदम्बा होते, तो वह आपकी सेवा करते, मैं तो केवल उनकी एवजी कर रहा हूं।" (कुछ साल पहले ही उनके जवान बेटे जगदम्बा का निधन हुआ था)।

लखनऊ से करीब चालीस किलोमीटर दक्षिण-पश्चिम में अजगैन से मोहान को जोड़ने वाली सड़क के किनारे बसे नई सराय कस्बे से करीब दो किलोमीटर दक्षिण-पूर्व नबीनगर नाम का एक गांव बसा है। यहीं हमारी बहन की ससुराल है। यहां पहुंचने का सबसे सुविधाजनक उपाय यह है कि लखनऊ से रेल से चलकर लखनऊ-कानपुर लाइन पर जैतीपुर नामक रेलवे स्टेशन पर उतरकर सरइयां, देउरा, गौरी से होते हुए, पांच किलोमीटर पैदल चलकर नबीनगर पहुंच जाया जाये। हम लोग इसी रास्ते आया-जाया करते थे। जाड़े-गर्मी में तो यह रास्ता ठीक है, पर बरसात में इस रास्ते में जगह-जगह पानी भर जाता है और छोटी-छोटी झीलें-सी ही बन जाती हैं।

एक बार दशहरे की छुट्टियों में मैं इसी रास्ते नबीनगर जा रहा था। बीच में जहां-जहां पानी पड़ा किसी प्रकार पार कर लिया। पर नबीनगर से पहले पानी कुछ ज्यादा ही इकट्ठा हो गया था। रास्ता किधर से होकर है, यह भी नहीं मालूम था। ऊपर से देखने पर पानी की गहराई का कोई अन्दाज नहीं लगता था।

पानी के उस पार, कुछ दूरी पर, एक आदमी खेत में हल चलाता दिखायी दे रहा था। मैंने अपने पूरे जोर से आवाज लगायी : "ए भाई, इधर कितना पानी है? पार किया जा सकता है?" हल चलाना रोकते हुए उसने हाथ से रुकने का इशारा किया। हल-बैल वहीं छोड़, वह भला आदमी पानी के दूसरे किनारे पर

आकर जोर से बोला : "हमरी सूध में चले आव। पानी कमर से ऊपर न जाई।" मैंने पैण्ट और कमीज उतारकर कन्धे पर रख लीं; अण्डरवियर और बनियान पहने, हाथ के झोले को ऊपर उठाये, पानी में उतर धीरे-धीरे आगे बढ़ने लगा। पाट काफी चौड़ा था। बीच में एक-दो जगह कमर के पास तक आया, वरना ज्यादातर घुटनों के आसपास ही रहा। जैसे ही मैं पानी के बाहर निकला, सामने खड़े आदमी को देखकर चौंक पड़ा। सामने हमारे जीजा खड़े मुस्करा रहे थे। मैंने पैर छुये। कहने लगे—मैंने दूर से ही अन्दाजा लगाया था कि पैण्ट-कमीज पहने, हो-न-हो कोई अपने घर का ही आदमी है; इसीलिए जोताई बन्द करके इधर रास्ता बताने आ गया, गांव-ज्वार के आदमी तो आते-जाते ही रहते हैं; वे रास्ता क्यों पूछने लगे।

बहन के इसी गांव से एक बार मैं और जगदम्बा करीब पैंतीस किलोमीटर पैदल चलकर अपने गांव—ऊंचगांव—पहुंचे थे।

सुबह के चले शाम से पहले ऊंचगांव पहुंच गये थे।

नबीनगर से कुछ दूर निकल आने पर रास्ते में जगदम्बा ने तमाखू मली थी और एक चुटकी मुझे देते हुए कहा था : "यहिका होंठे तरे दबाय लेव मामा ! फिर द्याखौ, कैसे पांव अपने-आप उठत जात हैं !!" तब तक तमाखू खाने का कोई अनुभव न था। कुछ हिचकिचाहट के बाद मैंने जरा-सी तमाखू होंठ के नीचे दबा ली। फिर क्या था। कुछ देर में इतने जोर का सन्नाटा आया कि मैं गिरते-गिरते बचा। तमाखू फौरन थूक दी। एक कुएं पर हाथ-मुंह धोया, पानी पिया, तब कहीं जान में जान आयी। जगदम्बा बोले : "तुमका पीक थूकि देक रहै। पीक जहां गरे मैं गै समझौ उहैं अनर्थ भा !" जाडे के दिन थे, जल्दी सन्तुलन वापस आ गया। पर तब से आज तक कभी तमाखू नहीं खायी।

नबीनगर में मैंने एक बार छोटे तालाब में सनई की धुलायी करायी थी। कुएं पर अच्छी तरह नहा लेने के बाद भी, दो दिन तक मेरे बदन में खुजली मचती रही। छुटपन में मुझे गाड़ी हांकने का बड़ा शौक था। इसी गांव में जब घूरे से पास गाडी में लादकर खेत तक ले जायी जा रही थी, तब मैंने भी कई खेपें खेत में पहुंचायी थीं।

मौसम के हिसाब से जीजा कभी ऊख, कभी भुट्टे, कभी कचेलियां, कभी फूट आदि हम लोगों के लिए लाते थे। जब हम लोग इनके गांव में रहते थे, तो यह कटहल भी अक्सर लाया करते थे।

इस गांव से जुड़ी जो सबसे दुखद घटना है, वह है सुशीला (भानजी) के ब्याह में दौआ (पिताजी) का मन्दिर के चबूतरे से गिरना, चोट लगे में ही कन्यादान करना तथा दूसरे दिन उनका देहावसान होना। छः भाइयों में उनके अन्तिम समय में मैं ही अकेला उनके पास था। परिवार के किसी सदस्य की मृत्यु अपने सामने होते देखने का यह मेरा पहला अनुभव था।

# एक दिन की दास्तान

राम स्वरूप शर्मा

आगरा आये हुए अभी अधिक समय न हुआ था कि एक दिन मथुरा—'रेड' में—जाना पड़ा। सर्राफे के कुछ दूकानदारों पर चांदी की आड़ में सोने का अवैध धन्धा करने का आरोप था।

तीन टैक्सियों में हम—दस निरीक्षक, एक अधीक्षक सादे कपड़ों में व दो सिपाही वर्दी में—रवाना हुए। टैक्सियां मथुरा में तिलक द्वार से कुछ पहले रोक दी गयीं।

हम लोग चार पार्टियों में बँटकर निर्दिष्ट दूकानों में पहुंचे। साढ़े ग्यारह बजे बाजार खुल गया था। ग्राहक दूकानों में आ-जा रहे थे तथा खरीद-फरोख्त चल रही थी। कुछ ग्राहक दूकानदार के फुर्सत में होने का इन्तजार कर रहे थे। जाकर पहले उनसे ही पूछताछ की और उन्हें चलता कर दिया। फिर लाला जी की गद्दी के इधर-उधर पड़े कागजों की अच्छी तरह देख-भाल की। कोई गम्भीर अपराध न होने के कारण, उनकी भी छुट्टी कर दी गयी।

अब इत्मीन से चाय पीते हुए इधर-उधर की बातें होने लगीं।

इसमें अपवाद केवल हमारे सामने वाली दूकान थी—जिसकी जांच एक अन्य पार्टी कर रही थी। उसमें न कार्य ही हो रहा था और न कोई चाय आदि ही ले रहा था। जड़ थी सामने रखी तिजोरी, जिसकी चाभी दूकानदार का लड़का चुपचाप लेकर चला गया था और काफी देर हो जाने पर भी, अभी नहीं आया था। अन्ततः पिता उसे खोजने निकला। किन्तु वह भी—गया सो गया। अब वहां दूकानदार के दो नाबालिग लड़के, तीन अधिकारी और एक तिजोरी रह गयी !

इन लोगों के इस तरह गायब होने से तिजोरी के विषय में सन्देह और पक्का हो गया। लगा, अवश्य ही इसमें कोई खास चीज रखी होगी।

कई बार खबर भेजवाने के बाद जब घण्टे-दो-घण्टे बीत गये, तो यह शक पक्का होने लगा कि इन लोगों ने जानबूझ कर चाभी गायब की है।

इस पार्टी के इन्चार्ज अधीक्षक श्री एम. डी. ओ. थे। बिना तिजोरी देखे और पूरी लिखा-पढ़ी किये इस जगह को तैयार नहीं थे। उधर, अन्य पार्टियों के सदस्य घर जाने को आतुर थे। उनका कहना था कि उन्हें जितना काम करना था, वह उन्होंने निबटा लिया। सोना मिलना या न मिलना, उनके बस की बात नहीं थी।

'श्री ओ०' से अन्य लोगों ने फिर इसरार किया कि वह इस काम को किसी तरह समाप्त कर लें और सभी को परेशानी से उबारें। पर वह इसके लिए तैयार न थे। चूंकि अपने अन्य सहयोगियों के साथ वह उस दूकान पर काफी देर से बैठे थे, इसलिए आसपास के दूकानदारों की 'निगाहें भी उसी दूकान पर गड़ी थीं। उत्सुकता थी--देखें, आगे क्या होता है, और यह गुत्थी कैसे सुलझती है; लुहार बुलवाकर तिजोरी तुड़वाई जाती है, अथवा अधिकारी उसे बिना देखे ही चले जाते हैं !

इसी सोच-विचार में शाम होने लगी, किन्तु कोई नतीजा नहीं निकला। अब उस एक खन वाली दूकान में मात्र वे दो बालक रह गये। रात को क्या होगा, समझ में नहीं आ रहा था। कोई उपद्रव भी हो सकता था, अथवा जानबूझकर खड़ा किया जा सकता था। यह सब सोच कर अपना भी धीरज छूटने लगा। सोचा, बिना कुछ किये काम न चलेगा। अतः, सामने वाली दूकान में जाकर 'श्री ओ०' से मैंने कहा—यहां अब कोई आने वाला नहीं; जो कुछ करना है स्वयं ही करना है; अच्छा हो कि आप दूकान को सील करवा कर रात को निगरानी के लिए पुलिस तथा अपने आदमियों की ड्यूटी लगवा दें।

कुछ विचार करने के बाद उन्होंने कहा—ठीक है हम लोग ऐसा ही करेंगे।

जब सील करने के लिए कागज तैयार होने लगे। उधर, जब उन लड़कों को इस विषय में मालूम हुआ, तो पहले तो और भी इन्तजार करने के लिए कहा, बाद में उस स्थान को छोड़ने से ही इन्कार कर दिया। बाजार के के अन्य दूकानदार अपने यहां बैठ-बैठे यह तमाशा देख रहे थे।

'श्री ओ०' की अनुनय-विनय जब उन बच्चों को वहां से उठाने में नाकाम रही, तो मैंने डाट कर लड़कों से कहा—"आप लोग दूकान खाली करते हैं या नहीं ? इतना वक्त हो गया, क्या रात भर हम लोग इसी तरह बैठे इन्तजार करते रहेंगे ?" इसी के साथ मैंने बांह पकड़ कर बड़े लड़के को जबरन वहां से बाहर कर दिया। छोटा भी उठकर पीछे चलने लगा।

किन्तु देखते क्या हैं कि बात-की-बात में वहां तमाम भीड़ इकट्ठी हो गयी।

हम लोगों से तरह-तरह के सवाल-जवाब होने लगे । "आप इन्हें अपनी ही दूकान से निकाल रहे हैं ?" "इनके पिता नहीं आये, तो भला इसमें इनका क्या कसूर ?" "आप यह बेकायदा काम बिल्कुल नहीं कर सकते ! दूकान इनकी है, चाहे जब तक बैठें ।" अब यहां पर सवाल करने वाले पच्चीसों और जवाब देने वाले बस हम दो-तीन । स्थिति गम्भीर होती जा रही थी । डर था कि कहीं सड़क के लोग दूकान में न घुस आयें, और बाद में हमारे ऊपर इल्जाम लगे कि हम लोगों ने ही दूकान लुटवायी है ।

अन्य पार्टियों के लोगों को भी बुलाया गया । किन्तु, ज्यादातर अपना काम खत्म करके इधर-उधर चले गये थे । एक निरीक्षक, जो हमेशा रिवाल्वर डाले रहते थे—उनकी खोज की गयी । देखा, दूर एकदम विपरीत दिशा में—आराम से—टहलते चले जा रहे हैं ।

इतनी भीड़ में हमारे दो सिपाहियों की क्या बिसात । पुलिस के भी एक-दो ही आदमी थे ।

किन्तु उनमें से एक दीवान था । उसने तुरंत-बुद्धि का प्रयोग किया । दूकान के अन्दर धीरे से लेट कर, उसने कोतवाली को और अधिक फोर्स भेजने के लिए टेलीफोन कर दिया । आनन-फानन में एक जीप भर कर पुलिस डंडा फटा-कारती आ पहुंची । उसके डाट-डपट करते ही, वह उग्र भीड़ कुछ ही क्षणों में तितर-बितर हो गयी । दोनों लड़कों ने स्वयं दूकान छोड़ दी ।

अब उस दूकान को बन्द कर हम लोगों ने उसे सील किया और पुलिस के साथ रात में अपने आदमियों की बारी-बारी से ड्यूटी लगा दी ।

इस काम के समाप्त होते ही सब लोग रात्रि-विश्राम के लिए बसेरा खोज अपनी-अपनी जगहों के लिए विदा हुए । जिनके यहां मेरा स्वयं ठहरने का विचार था, वहां कई लोग पहले से ही बुक हो चुके थे । काम करते रात्रि के ग्यारह बज गये थे । अत: सोचा, पास के ही किसी होटल में रात काट ली जाय ।

मैनेजर से मिल कर उसे अपनी आवश्यकता बतायी । चूंकि उसे इन सब घटनाओं की पहले से ही जानकारी थी, इसलिए उसने पूरा इन्तजाम कर दिया । खाना खा कर लेटे । दिन में घटी सारी घटनाएं मस्तिष्क में चक्कर लगाती रहीं । तभी न जाने कब नींद ने आ दबोचा ।

सुबह सोकर उठ भी नहीं पाये थे कि किसी ने दरवाजे पर दस्तक दी । देखा, एक सहयोगी खबर लाये हैं कि दूकान का मालिक मिल गया है और वह चाहता है कि तिजोरी की अभी देखभाल कर ली जाय ।

मैंने कहा—"यह न होगा; दूकान की सील समय पर, दस बजे ही खुलेगी,

और सबके सामने खुलेगी।" थोड़ा ऊंच-नीच समझाने पर, वह सन्तुष्ट होकर चले गये।

अब आराम से नहाये-धोये, नाश्ता किया और दूकान पर पहुंचे।

बाजार में वही, कल वाली, चहल-पहल थी। सहयोगी भी सब आ गये थे। गवाहों को दिखाकर सील खोली। अन्दर सब पूर्ववत् था। दूकान मालिक पहले ही आ चुके थे। उनसे तिजोरी खोलने को कहा। उन्होंने, बिना किसी हील-हुज्जत के तिजोरी खोल दी।

अधिकारियों तथा गवाहों की आंखों में तीव्र उत्सुकता थी कि इससे क्या निकलता है! किन्तु मुख्य दरवाजा खोलने पर कुछ विशेष दिखायी नहीं दिया। तलाशी लेने पर कुछ चांदी की चीजें, एक बही और एक कॉपी के अतिरिक्त कुछ न मिला। तिजोरी के गुप्त खाने भी खोले गये। पर असफलता ही हाथ लगी। इस सबके लिए ही तूफ़ान करवाया? खैर, जो सामने था, सो था ही। कई अधिकारी बारी-बारी उस तिजोरी को देख चुके थे।

अन्त में एक निरीक्षक—श्री बन्टेजो—से कहा गया कि वह भी जरा देख लें! उन्होंने सामने से देखा। अन्दर सिर डालकर देखा। इधर-उधर हाथ फेरकर देखा। पर कुछ न मिला।

तभी अचानक उन्होंने तिजोरी के दरवाजे के ऊपर, अन्दर की ओर, हाथ डाला तो कई गिन्नियां छन्न से आवाज करती नीचे गिरीं। चारों तरफ उत्सुकता से झांक रहे लोगों ने देखा—यह क्या हो गया! अब जगह पता लग गयी थी।

हाथ अच्छी तरह फेरने से और भी गिन्नियां गिरीं जो पच्चीस से कम न थीं। दूकान के मालिक की शक्ल देखने लायक थी। बही और कॉपी में सोने के लेन-देन का छद्म नाम से विवरण था, जो उसके अवैध काम की पुष्टि करता था।

तमाशबीन अब छट गये थे व आसपास के दूकानदार अब अपने-अपने काम पर लग गये थे। अधिकारियों ने इत्मीनान से पंचनामा बनाया। गिन्नियों और बही आदि को अलग-अलग सील किया और अपनी सफलता पर खुशी मनाते वापिस हुए।

# हम तेरे गांवै जाब

**राम शरण शर्मा**

लेकिन के० सी० डं० लेन से पहले झांसी भी तो थी।

कहां पथरोली ऊबड़-खाबड़' अजनबी झांसी; कहां प्यारा-प्यारा, तीन बागों और लोधी ताल वाला अपना गांव।

गांव में भोर भी कितने सुरीले ढंग से होता; अम्मा चक्की पीसती हुई गीत गातीं और उनके कोंछे में पड़ा हुआ मैं हल्के झूले का आनन्द लेता हुआ उनके स्तनों से नैसर्गिक अमृत पान करता। 5-6 साल की आयु तक मां का दूध और निस्पृह दिगंबर विचरण। कोई कृत्रिमता नहीं, कोई छल-प्रपंच नहीं। मिट्टी में खेलना, मिट्टी में लोटना, मिट्टी के घर बनाना और कभी मौका लगे तो थोड़ी-सी खा भी लेना।...अहा!

शाम को झुटपुटे में खेतों की तरफ निकल जाना—प्रायः बाबा के साथ।

सांझ की श्याम आभा का धीरे-धीरे गहराते जाना, हल्के अंधियारे में भुरभुरी माटी की उजियारी चमक, बाबा के अगम्य ऊर्ध्व-स्तर से रिसती हुई आती मेरे मन को आलोकित करने वाली बातें। धीरे-धीरे घर को लौटना। दरवाजे पर हम दोनों का स्वागत करता—आगे बढ़ते आने के लिए सतत बुलाता—छोटा-सा दीया। फिर, 'बैठके' में उनका पाठ, भगवान का पूजन। 'सिंहासन' लिये हुए चौके तक जाना, चौके के भीतर घूंघट काढ़े बैठी अम्मा का थाली परस कर हम लोगों की ओर बढ़ाना। अरहर की दाल में अपनी ही भैंसों के घी की अनूठी महक। भगवान को भोग लगाने के बाद छोटा-सा कौर पहले मेरे मुंह की ओर बढ़ाना...।

भोजन के बाद बाबा के साथ अटारी पर जाना। सफेद, चमचमाती, कथरी पर बाबा के साथ लेटना। ऊपर खूब बड़ा आसमान—लोधी ताल से भी बड़ा—जिसमें बादल भी; और, बादलों के बीच से चांद का भागते जाना; कभी छिप जाना और कभी प्रकट हो जाना। बाबा का वह गाना—"झुकवनु ड्वालैं बहु-बबुरियां बन ऊपर बंस पतिय फहराय" मेरे सिर के नीचे बाबा की अपराजेय बांह का पुष्ट सिरहाना। पेशाब के लिए उठने के बहाने दीवार से सोंधी मिट्टी की छोटी

सी पपड़ी उपेर लाना, कथरी के नीचे छिपाना, बाबा का गाना सुनते-सुनते बबुरी बन में पहुंच जाना और मादक-मन्थर 'झुकवन' की लहरों का आनन्द लेते हुए न जाने कब सो जाना।...

गांव, बाबा, अम्मा, बुआ, भौजी, काका, काकी...छोटे, बड़े, सभी अपने।

बाप क्या होता है, कौन होता है, यह मैंने झांसी में प्रथम बार जाना।

झांसी में सभी कुछ पराया था। मेरे छोटे-से शरीर को ताये बलिष्ट लोग झकर-झकर भागती रेलगाड़ी पर जबरन अनजानी जगह घसीट लाये थे, लेकिन मेरा वीतराग मन अपनी जानी-पहचानी जगह पर ही था। मेरी नस-नस में गांव की मिट्टी की सोंधी सुगंध, गांव के सांझ और सवेरे, गांव के प्यारे-प्यारे बोल बसे हुए थे। यहां वाले तो बोलते ही न जाने किस भाषा में थे।

भाषा से मेरा तात्पर्य अवधी और बुंदेलखंडी से नहीं है। जी नहीं यहां तो सगे भाई भी अजीबोगरीब 'भाषा' बोलते थे।

"हम तो गांवैं जाब"—मैं यह सीधी-सी बात नितांत विनम्रता ने निवेदन करता।

"काहे?"···यह थी उनकी भाषा?

जी हां, यह भाषा सुनने को मिलती अपने सबसे बड़े भाई साहब से!

उनके पास बैठकर या खड़े होकर (प्राय: खड़े होकर ही, क्योंकि बैठकर तो उतने ऊंचे, उनके कानों तक, कोई बात पहुंचाना असंभव होता) मैं अपने अन्तर-तम को खोलता। गांव की मिठास का रस उनके हृदय तक पहुंचाने का भरसक प्रयास करता। लेकिन ये लोग अपने तो थे नहीं। मेरे मर्म को समझना तो दूर, उल्टे ऊटपटांग तर्क-वितर्क करने लगते।

"कैसे जै हौ?"

"चले जाब।"

"पैसा कहां ते ले हौ?"

"ल लेबे!"

"पढ़िहौ न?"

"नाहीं!" —यह उत्तर देते समय कभी-कभी अम्मा की एक उक्ति याद आ जाती। गांव से विदा करते समय उन्होंने कहा था: "बच्चा, ज्यू लगाया कै पढ्यौ। पढ़ि हौ ना, तौ भाईं अपनी मेहरियन कै धोती तुमते ध्ववावा करि हैं।" मैं सोचता वे तो लहंगा पहनती हैं। धोती तो 'बरगदहाई' या ऐसे ही एक-आध त्यौहार पर पहन लेती हैं। फिर वे तो मेरा इतना प्यार करती हैं। ये लोग क्यों उनकी धोती मुझसे धुलवायेंगे?

हां, दूसरे नम्बर के भाई साहब कुछ हमदर्दी दिखाते। मेरी बात ज्यादा ध्यान से सुनते। मुझे लगता कि कुछ-कुछ ये मेरी भाषा समझ लेते हैं। लेकिन या तो पूरी

गहराई से, एकाग्रचित्त होकर उस अनुभूति में वह पैठने की कोशिश न करते जिसका विराट दिग्दर्शन मैं उन्हें करा रहा होता; या फिर कोई सहायता कर सकने में किसी कारण असमर्थ थे। बहरहाल, मेरे लाख प्रयत्न करने पर भी कोई बात बनती नहीं।

तीसरे भाई साहब की चर्चा तो इस प्रसंग से दूर रखना ही, उचित होगा।

खैर ! मेरी उस दुनिया में सभी बेगाने थे।

लेकिन मैं तो अज्ञानी था नहीं। 'तत्-त्वम्-असि' का ज्ञान भले ही ब्रह्मज्ञानियों को बाद में हुआ हो, 'हम तौ गांवै जाब' के ज्ञान-सूत्र से मुझे च्युत करना असंभव था।

ऐसे ही समय की बात है।

झांसी की वह शाम। कितनी अजीबोगरीब।

ऐसी अनहोनी बात हुई कि दौआ मुझे गोद में लेकर बैठे—बड़े प्यार से। तखत पर। सबके सामने। मतलब यह कि तीनों भाई भी वहीं। प्रसंग ?

"गांवै जैहौ ?" दौआ ने पूछा।

स्वभावत: अब सफलता दूर नहीं थी। आज निश्चय ही मामला तय हो जायगा—मैंने सोचा। टिकट के पैसों का सवाल सबसे बड़े भाई साहब ने अपने हथियार खाने से आखिरी हरबे के तौर पर निकाला था : पर उसके जवाब में मैंने कहा था—"दौआ की जेब ते निकारि लेबे।" तब उन्होंने एक वाक्य कहकर मेरी जबान बन्द कर दी थी। वाक्य था : "दौआ मरिहैं तौ ?"

सो, आज खुशी-खुशी वह मामला भी निबट जायगा।

लेकिन यह क्या ? दौआ ने मुझे झांसी के सब्जबाग दिखाने शुरू किये। मैं पढ़-लिख जाऊंगा। अच्छे कपड़े पहनूंगा। भले आदमियों में उठूं-बैठूंगा। पहले स्कूल जाऊंगा, फिर कॉलेज। स्कूल में खेल भी होते हैं। मेरे लिए हॉकी भी ला दी जायेगी। मैं दूसरों से अंग्रेजी में बातें कर सकूंगा; अपनी मनपसन्द चीजें पढ़-लिख सकूंगा। और हां, झांसी की मिठाइयां भी खाऊंगा। गांव में कहीं ऐसी मिठाई हैं ? बस, बताशे। सारा गांव ढूंढ़ डालो, कहीं ऐसी गुलाब जामुन नहीं मिलेंगी जैसी पिछले दिनों सबको खिलाई गयी थीं ! गांव में जो 'खोटिया' खाने को मिलती है, वे तक पांसखेरे के दूर वाले बाजार से लानी पड़ती हैं। यहां तो बाजार इतने पास हैं। फिर, यहां कितने भले लोग हैं। गांव में हैं कहीं ऐसे लोग !

दौआ बहुत देर तक यह चमचमाता तरल भौतिकवाद मेरे ब्रह्मलीन छोटे-से मनःसम्पुट में उंडेलते रहे। यह जानने के लिए कि कहीं मैं सो तो नहीं गया और उनका प्रयास व्यर्थ तो तो नहीं हो रहा, वह पूछते—"सुनति हौ ?" और मैं, उनके मन की बात—या कहिये मनः-स्थिति—समझ कर, हुंकारी भरता जाता। और, अब उन्होंने बड़े स्नेहसिक्त भाव से मेरे सिर पर हाथ फेरा और उससे भी अधिक

आश्वस्त स्वर में मधुर कंठ से पूछा :

"अब तौ गांवै न जै हौ ?"

पता नहीं क्या हुआ, कैसे हुआ। 'हम तौ जाब' कह कर उन्हें आगे समझाने के लिए मैंने मुंह खोला ही था कि उनके हाथ मुझ समेत कुछ ऊपर को उठे और झूले।

"जाओ !"

एक क्षण को मेरी आंखों के सामने आकाश के चांद और तारे झूमे और दूसरे हो क्षण मैं झांसी वाले आंगन की उस यथार्थ, पथरीली, कठोर भूमि पर था— धच्च !

पिता द्वारा दिखायी गयी, यथार्थ की कठोर भूमि को धीरे-धीरे मुझे अपनाना ही पड़ा। खैर।

# जादू

**राम शरण शर्मा**

शहर का जादू अभी सिर पर चढ़ कर नहीं बोला था।...

झांसी में जो नीतियां सामने आयीं, वे गांव में कभी सामने चुन आयी थीं। पथरीली झांसी के अनुरूप मुझे भी अपने को पथरीला बनाना था।

गांव में सब कुछ स्वाभाविक था। गांव की परिधि में ही बराय देविन का मंदिर, मंदिर के पास कनेर के पेड़, मदिर के पीछे की दीवार पर गदा-पर्वतधारी सेंदुर-रंजे विशालकाय महावीर, उस प्रान्तर की रक्षा के लिए सदा सन्नद्ध। जब-तब वहां मेले होते। कभी-कभी इन मेलों में अम्मा और बुआ भी जातीं। मेले में ले जाने के लिए मुझे तैयार किया जाता, यानी मेरे हाथ-पैर रगड़-रगड़ कर धोये जाते। मेरा मुंह तो अम्मा इतने जोर से रगड़तीं कि मुझे सन्देह हो उठता कि मेरी नाक और आंखें बचेंगी भी या नहीं। फिर धराऊं कपड़े पहना कर, बालों और मुंह में तेल चुपड़, कजरौटे से दो उंगलियों में कज्जल भर, मेरी दोनों आंखों में जबरन धंसा, माथे पर दो बड़े-बड़े अनखन लगा, पिछले किसी मेले से लायी चमकीली कामदार टोपी मेरे सिर पर सजा, मुझे गोद में उठा वे आट की तरफ चल देतीं। गांव की अन्य स्त्रियां भी छोटे-छोटे दल बना, गीत गाती हुई रंग-बिरंगे लहंगे-ओढ़नी पहने, राह में मिलतीं। प्रायः सभी के हाथों में देबो पर चढ़ाने के लिए लोटे में जल होता। आट की एक चढ़ाई पार करते ही मंदिर के पास मेले की भीड़ दिखायी देती। मंदिर के निकट पहुंच अम्मा जब मुझ समेत अपना माथा सीढ़ी से छुलातीं तो प्रायः ही मेरे पेट का सारा दूध निकल पड़ता जिसे पुनः सीधा होने पर, वह आंचल के छोर से जोर से रगड़कर पोंछतीं। मुझे लगता कि मेरे मुंह और होंठों को निश्चित रूप से यह किसी दिन कनेर के किसी झुरमुट के पीछे फेंक घर चली आयेंगी। देवी के सामने पहुंच फिर माथा जमीन से टेका जाता और, श्वास अवरुद्ध हो जाने तथा सारा रक्त-प्रवाह मस्तिष्क की ओर होने से, मैं लगभग संज्ञा-हीन हो जाता। सीधा किये जाने पर कुछ जान में जान आती। तब अम्मा के कंधे से लग, मैं चारों तरफ की दुनिया

टुकुर-टुकुर देखता और अपने को सप्राण पा आश्वस्त होता।

फिर तो सब कुछ सुखमय ही होता। गीत गाती हुई महिलाएं टोलियों में लौटतीं। घर पहुंच कर मैं दौड़ कर बाबा से लिपट जाता। अब मुझे कोई भय न रहता—न अम्मा का, न बराय देविन का। बाबा सभी से मेरी रक्षा कर सकने में समर्थ थे।...

मेरे कुछ और बड़े हो जाने पर भी मेरे मुंह की रगड़ाई और सजावट की इस प्रक्रिया की पुनरावृत्ति, प्रायः अधिक बड़े पैमाने पर, तब होती जब मुझे अल्वापन के मंदिर ले जाया जाता। यह मंदिर निश्चय ही दूर था। और बराय देविन के मंदिर से कहीं ज्यादा बड़ा और भव्य था—सफेद पत्थर का बना। वहां का मेला भी ज्यादा बड़ा होता, जिसमें खेल, तमाशे और कभी-कभी दंगल भी होते। यह मंदिर हम सबके ममाने—मगड़ाहेर—के लगभग आधे रास्ते पर था। अतः मंदिर होकर, मेला देख कर, ममाने हो आने का कभी-कभी कार्यक्रम बन जाता, जिसकी, मंदिर के लिए प्रस्थान के समय, मुझे कोई जानकारी न दी जाती। हां, सांझ के धुंधलके में अपने गांव के सुपरिचित चिह्न न पा मैं घबरा जाता और मुझे विश्वास हो जाता कि मेरे साथ छल किया गया है।

मगड़ाहेर में छानी छाये एक विशाल मकान के सामने पहुंच अम्मा मुझे गोदी से उतार देतीं। "आओ, बिटिया आओ"—चबूतरे पर बैठे करबी काट रहे, बड़ी-बड़ी मूंछों और कर्कश कंठ स्वर वाले कई हृष्ट-पुष्ट लोग, उठ खड़े होते और अम्मा का स्वागत करते। मैं, स्वभावतः, भय से अम्मा के पीछे छिपने की कोशिश करता। लेकिन उनमें से कोई न कोई 'दैत्य' मुझे देख ही लेता। "अरे, झौवा मुंदनवौ आवा है?..." वह गरज कर सोल्लास सब को बताता। "आओ, आओ झौबा मुंदनऊ! आजै गंड़ासा म धार धरावा है।" और मेरी नजर अनायास ही उनकी बलिष्ट बाँहों और उनके हाथ में लटके गंड़ासे पर जाती जिसकी पैनी धार मानो बार-बार मुझे चिढ़ा रही होती। "डेराब न बच्चा, तुम्हार मामा आहीं"—कहती हुई अम्मा मुझे निर्दयता से उनकी ओर ठेलने लगतीं। "हां, आओ, आओ, तुम्हरी ही राह देखित रहै," यह वाक्यांश कुछ आश्वस्त करता। किन्तु दूसरे ही क्षण शब्द सुनायी देते, "बड़ी भूख लागि रहै।" और मेरे प्राण फिर सूख जाते। इतने में ही मकान के विशाल द्वार से कुछ महिलाएं प्रकट होतीं, अम्मा से गले मिलतीं और मुझे गोदी में उठा अन्दर ले जातीं। अन्दर, कुछ नीचे को, बीच में चौकोर बड़ा-सा आंगन था जिसमें कुछ बकरियां बंधी रहतीं। और कुछ बड़े-बड़े झौवे उलटा कर रखे होते जिनके नीचे रात को बकरियों के बच्चे बन्द कर दिये जाते थे। इसी आंगन में किसी समय, जब मैं बैयां-बैयां चलता था, बकरियों के अन्य बच्चों के साथ धोखे से मुझे भी झौवे के नीचे बन्द कर दिया गया था। बाद में मेरी खोज हुई। मुझे झौवे के नीचे से निकाला गया,

मामाओं ने खूब ठहाके लगाये। और ममाने में मेरा नाम 'झौवामुंदनऊ' पेटेन्ट हो गया। दाहिनी तरफ को हरदेव मामा, हमारे सगे मामा, का हिस्सा था जो सभी मामाओं में सबसे मजबूत और टंकार भरे स्वर वाले थे। लेकिन माई इतनी स्नेहशील थीं कि कुछ कहना नहीं। और, मामा के पुत्र सालिक राम—जिनके साथ बड़े होने और ममाने जाने पर अक्सर गांव के मित्रों के साथ कटहल और आम के बागों में मैं कवित्त-गोष्ठियां रचता था—सगे भाई से कम न थे।

अपने गांव लौट कर मैं बैठक में लगी तस्वीरों को देखता, तो देवताओं और राक्षसों में मन-ही-मन विभाजन करता; मामाओं से उनका मिलान करता। मेरे मामा बलिष्ठ थे, कर्कश कंठ स्वर वाले थे, लेकिन विनोद-प्रिय थे—बड़ी मूंछें होने के बावजूद स्निग्ध हृदय वाले थे। मैं मन-ही-मन उनका मिलान देवताओं से करता।

गांव के मंदिरों, मेलों और देवी-देवताओं की इस सहज-सरल दुनिया का वासी मेरा मन झांसी की ऊबड़-खाबड़ और पथरीली दुनिया से रह-रह कर उखड़ता। झांसी में न गांव का बैठका था, न बाग थे, न बाबा थे। यहां मुझे जिस मंदिर के दर्शन कराये गये वह था मैकडॉनल हाई स्कूल। वह लाल पत्थर का बना था और एक ऊंचे पथरीले टीले पर स्थित था। इसमें प्रवेश करते ही जो लम्बा गर्भगृह मिलता, उसमें अक्सर देवता हाथ में संटी और बेंत लिये घूमते दिखायी देते। इसके घंटों की ध्वनि बहुत दूर तक सुनायी पड़ती और मेरे कान उनके आदी हो गये थे। अनिवार्यतः रोज ही यहां आना होता और देवताओं का आशीर्वाद !
—एक नया गुण मुझ में धीरे-धीरे विकसित हो चला : शरारतीपन !

घर से मैकडॉनल स्कूल जाने के रास्ते में ही, आधी दूर पर, गोरे फौजी चांदमारी करते दिखायी देते। कृत्रिम निशाने सामने रख, पेट के बल लेट, वे न जाने किन पर बन्दूकों के निशाने साधा करते। उनके संरक्षण के लिए इर्द-गिर्द कुछ दूसरे गोरे टॉमी पहरे पर रहते। सिर पर ऊंचे टोप, चुस्त वर्दी, पैरों में चमकीले भारी काले फौजी बूट। सदर बाजार, जहां हमारा घर था, फौजी छावनी का बाजार था। वहां सूरज भी सुबह गोरों का बिगुल बजने पर ही निकलता था।

चांदमारी देखते हम लड़कों की जल्द ही छोटी-मोटी भीड़ जमा हो जाती। तब कोई गोरा टॉमी हाथ में काला रॉड लिये, भारी बूट पहने खटखट दौड़ता आता, हम पर झपटता। हम सब सिर पर पैर रखकर भागते। यदि हम में से कोई उस टॉमी की पकड़ में आ जाता तो डंडे और बूटों की मार से लहूलुहान हुए बिना न लौटता। मामाओं को देख अम्मा के पीछे छिप जाने वाला बालक

अब मैं नहीं था। मामाओं के हाथ में तो केवल डराने के लिए गंड़ासे थे—पर उनके हृदय स्निग्ध थे; टॉमियों के हाथ में सभी हथियार थे—इस्तेमाल के लिए; और उनके हृदय विषाक्त थे। भागते-भागते भी हम लोग दो-चार पत्थर वापस लौटते टॉमी पर चला ही देते और तिड़ी हो जाते।

स्कूल पहुंचकर, खाने की छुट्टी में, हम लोग टोलियां बना बड़े-बड़े पत्थरों के पीछे छिप एक-दूसरे पर कंकड़ों से चांदमारी का खेल खेलते। इसमें कभी-कभी चोट भी लग जाती। घर पहुंच कर कोई कहानी गढ़ कर बता देते और डांट-फटकार से बच जाते।

इस तरह झांसी ने गांव के बालक का भोलापन दूर करना शुरू किया। नये प्रयोगों का क्रम अनायास ही शुरू हो गया। मेरे बड़े भाई साहब, चौबे भैया भी नये प्रयोग करने में पीछे नहीं थे। वह और उनके मित्र राधे प्राय: ही नये करिश्मों के फार्मूले लाते और उन्हें प्रयोग में उतारते। मैं चौबे भैया का मुरीद इसलिए भी था क्योंकि उनके पास वह छोटी-सी डायरी थी जिसके गीत अद्‌भुतरूप से ओजस्वी थे; बिस्मिल आदि के गीत।

एक दिन चौबे भैया व राधे भैया दोनों ने मुझे कमरे में बुलाया; दरवाजे उढ़का कर कमरे में अंधेरा किया, एक चमकता रुपया चौबे भैया ने जेब से निकाला और बायें हाथ की अपनी हथेली पर रखा। बोले : "देखो, यह मेरी बांह पर मेरे इशारे से चलेगा।" दाहिने हाथ की उंगली उन्होंने अपनी बांह पर रखी और ऊपर की ओर सरकानी शुरू की। सचमुच रुपया भी पीछे-पीछे चलने लगा। मैं चमत्कृत।

दो बार तो रुपया उनके जादू के काबू में रहा। पर तीसरी बार खनखना कर जमीन पर जा गिरा। मैं जैसे ही उठाने को झुका, उन्होंने मुझे एक ओर धक्का दे दिया। अब वह और राधे भैया रुपए को न उठा कर जमीन पर कुछ टटोल रहे थे। थोड़ी देर में उन्होंने वह 'कुछ' उठाया और रुपया भी उसके साथ टंगा चला आया। मैंने देखा कि एक लम्बे बाल से वह रुपया लटका है। उनका जादू समझते मुझे देर न लगी। पर पूर्व प्रथानुसार, मुझे डांटते हुए चौबे भैया ने कहा—"खबरदार जो किसी को बताया!" मेरी क्या शामत आयी थी जो किसी को बताता!

अस्तु, जादू की कला से अब मेरा भी लगाव हो चला था। मैंने भी कुछ साधना की। एक दिन दौआ जब कचहरी गये हुए थे और भाइयों में से किसी के अचानक आ जाने की आशंका नहीं थी, मैंने एक-एक पैसे का टिकट लगा, घर पर जादू का खेल दिखाने की व्यवस्था की। दर्शक मंडली आ गयी। कमरे के बीच में खाट खड़ी करके जादूगरी की व्यवस्था की गयी थी।

आज के खेल का मुख्य आकर्षण था—तौलिया सामने फटकारना और हथेली

पर लपलपाती ज्वालाओं वाला कटोरा ले आना। सहायता के लिए विश्वासपात्र —जमूरे को सब कुछ समझा दिया था।

मकान के दरवाजे की कुंडी बन्द कर दी गयी। दर्शकों को यथास्थान बैठे रहने और खड़े न होने की ताकीद कर दी गयी। खाट के पीछे से कटोरा टनटना कर खेल शुरू होने की सूचना दी गयी। जादूगर सामने आया। जमूरे की आंखों में घूरते हुए, मेस्मेरिज्मि के जोर से उसे वेहोश किया। लड़कों के नाम पूछे। अमुक की जेब में क्या है आदि प्रश्नों के उत्तर पाकर जमूरे को पुनः होश में ले आया। अब जमूरे को खाट के पीछे भेज दिया गया। जादूगर ने मुंह में कागज रख कर बाद में लम्बा डोरा निकालने का खेल दिखाया। दो-एक छोटे-मोटे अन्य करतबों के बाद मुख्य आइटम का समय आ पहुंचा।

मैंने सावधान होकर एक गमछा हाथ में लिया। उसे दोहरा किया। खाट की ओर पीठ की; पोजीशन ली। थोड़ी देर एकाग्रचित खड़े रह कर सौम्यता का वातावरण निर्मित किया। दोहरे गमछे को दो बार जोर से फटकारा, दाहिना हाथ पीछे फेंका, मेरे हाथ पर लपलपाती लौ बाला कटोरा आ गया, मैंने सामने किया—लेकिन...

कटोरा बेहद गरम हो चुका था। हथेली के जलते ही कांसे का कटोरा जमीन पर गिरा। जलते कपूर ने चारपाई पर गिरकर बानों को पकड़ लिया। चारपाई जल रही थी। सामने बैठे लड़कों ने आग लगी देख भागना शुरू किया। दरवाजे की कुंडी खुली। लड़के एक-एक कर गायब। मैंने विश्वासपात्र जमूरे को खोजना शुरू किया। उसका कहीं कोई पता नहीं। चारपाई के बानों में आग बढ़ती जा रही थी। बदहवास मैं पानी की बाल्टी लेकर दौड़ा। चारपाई किसी तरह बुझायी।...

अब घर में अकेला मैं, पानी से तर गोबर का फर्श, और आधी जली चारपाई—बाहर का दरवाजा खुला हुआ!...

दौड़ कर मैंने दरवाजा बन्द किया। कमरा सुखा पाना मेरे बस की बात नहीं थी। चारपाई को ठीक कर पाना मेरे तो क्या किसी भी जादूगर के बूते के बाहर था।

शाम को दौआ आये। पूछा—"खाट किसने जलाई?"

"मुझसे जल गयी"—स्पष्टोक्ति के सिवा कोई चारा नहीं था।

"कैसे?"

यही तो सबसे भयानक प्रश्न था। इसके अनेक उत्तर हो सकते थे—कोई जलती वस्तु जब किसी ऐसी वस्तु के सम्पर्क में आये, जो आग पकड़ सकती हो तो वह जले बिना नहीं रह सकती; जलेगी ही; इसी तरह जब जलता कपूर... आदि-आदि। पर मेरे मुंह से जो बोल फूटने थे वही फूटे :

"मैं जादू कर रहा था।"

"जादू ?..." दौआ का कंठ मुखर हुआ।

और फिर मेरी कनपटी कब तक झनझनाती रही, याद नहीं

दो-एक दिन बाद ही एक अन्य मकान में चौबे भैया और राधे भैया ने जादू का आयोजन किया। दोनों कहीं से कोई हरी पत्ती लाये थे। मेरी गदोरी पर दोनों ने वह खूब रगड़ी। बोले, आग रख दो तो कोई असर नहीं होता।"

दर्शकों में मुझे भी बैठा दिया गया था।

समय पर आवाज पड़ी—"कोई लड़का आ जाये।" मुझे बुलाने के ये कोड-वर्ड्स थे। मैं पहुंचा।

राधे भैया बोले ; "भाइयो ! अभी मन्त्र पढ़ कर इसके हाथ पर मारते हैं, आग का कोई असर नहीं होगा।

वह कुछ बुदबुदाये। मेरी हथेली पर फूंक मारी। इतने में ही देखता क्या हूं कि चौबे भैया चिमटे में एक बड़ा-सा अंगारा दबाये चले आ रहे हैं। मैं समझ गया कि क्या होगा। अंगारा गदोरी के निकट आ रहा था, मेरा झुलस रहा हाथ, जिसे उन्होंने अपने बायें हाथ से कस कर जकड़ रखा था, स्वत: पीछे खिंच रहा था। उन्होंने क्रोध से मेरी आंखों में घूरा। बुदबुदाये : "रखवा ले। कुछ नहीं होगा।"

लेकिन मैं रखवाना भी चाहता, तो हाथ मेरे बस में न था। आंच से जला जा रहा था। अन्ततः उन्होंने अंगारे को हाथ पर जब रख ही देना चाहा तो मैं चीख पड़ा और हाथ छुड़ा कर भागा।

अब चौबे भैया थे और चिमटे में दबा अंगारा—मेरे पीछे-पीछे।

आग से खेल अच्छा नहीं होता, यह बात मैं पहले ही गांठ बांध चुका था; अब भी बांधे हूं। गांव के बालक का भोलापन छूट चुका था।

# पतंग की डोर

**रामशरण शर्मा**

गांव में जाना कि आक्रोश क्या है और झांसी में जाना कि घृणा क्या होती है। झांसी में और भी कुछ जाना।

बाबा की छत्रछाया, तो मुझसे बड़ा कौन?

उम्र होगी यही कोई तीन साल। अम्मा मुझे बैठके में सुलाकर कहीं चली गयी थीं। आंख खुली, तो उन्हें पास न पाकर मैंने जोर-जोर से 'अम्मा'-'अम्मा' चिल्लाना शुरू किया। मैं अम्मा को पुकारूं और वह न आयें! उनकी यह हिम्मत, यह मजाल? बुआ ने आकर समझाया, फुसलाया, बहलाया। लेकिन मुझे तो तलब लगी थी; अम्मा की; सुप्तावस्था से जागृत होने पर भूख लग आना कोई असंगत बात नहीं थी। बुआ वह तलब पूरी कर नहीं सकती थीं। उन्होंने कटोरे में दूध लाकर दिया। लेकिन मुझे वह दूध तो चाहिए नहीं था—वरना अम्मा को इतनी आवाजें क्यों देता। कटोरे के दूध का जो हश्र होना था, हुआ; उसमें मेरी लात लगी और कटोरा झनझनाता हुआ दूर जा गिरा। बुआ में वह ताब कहां कि मुझे काबू में ला सकें। बाबा घर में थे नहीं ··।

अन्ततः अम्मा, जो बाहर गयी थीं, आयीं और मेरे पास लेटीं। मेरा आक्रोश शब्द ढूंढ़ रहा था। उनके पेट और शरीर पर लातें मारना, इस आक्रोश का एक पक्ष था; लेकिन दूसरा पक्ष अभी पूरी तरह बांध नहीं तोड़ पाया था।

बहेलिये के तीर से घायल क्रौंच पक्षी को देख महाकवि बाल्मीकि की करुणा मुखर हो उठी थी। लोग उन्हें आदि कवि कहने लगे। बात सिर्फ इतनी-सी थी कि उनकी घनीभूत अनुभूति बांध तोड़कर शब्द ढूंढ़ने निकल पड़ी थी, और जो शब्द सामने आये उन्हें पकड़ लिया। मेरा आक्रोश भी बांध तोड़ने को हुमस रहा था।

मैंने बैल देखे थे। हिंस्र पशु 'भेड़हा' का नाम सुना था और उसकी काल्पनिक आकृति मन में बना रखी थी। मैं सहसा उठ बैठा। दो क्षणों तक अम्मा की आंखों में आंखें डाले घूरता रहा। मैं क्या कहने जा रहा हूं, यह सोच भी न पाया था कि

अनायास मेरा कंठ फूटा :

"अरी, बैजन की पियासी।
अरी, भेड़हन की खवासी ।।
कहां गयी रहै ?"

पता नहीं अम्मा ने क्या समझा। अचकचा गयीं। बोलीं—

"आंय ?..."

और दो थप्पड़ मेरे मुंह पर जड़ दिये।

यह था मेरी मौलिक काव्य-रचना का प्रथम उत्साहवर्धक पुरस्कार।

आक्रोश का एक दूसरा रूप भी कुछ ही दिनों बाद सामने आया।

गांव के हमारे मकान से दाहिने दो मकान छोड़, अपने ही कुटुम्बियों का एक और मकान है। इसकी प्रधान थीं कैलासा अजिया, जिन्हें—बाबा की चचेरी बहन होने के नाते—हम लोग कैलासा बुआ भी कहा करते थे। माथे पर, ठीक भृकुटियों के बीच, जहां सधवा स्त्रियां सिन्दूर की बिन्दी लगाती हैं, एक छोटा-सा गुम्मड़ था—उनकी विशेषता की पहचान! उम्र में बाबा से काफी कम। कुछ दबंग भी।

उस दिन प्रायः बाबा के साथ महुआ बीनने मैं भी निकल पड़ा था। रतन पंडित के मकान से कुछ आगे खेतों के बीच से निकल, बायें हाथ को एक जोहड़ था। इस जोहड़ के किनारे कुछ महुए के पेड़ थे, जिनमें एक हमारा था। दूसरा कैलासा अजिया का।

हलका झुटपुटा। आसपास प्रायः नीरवता। महुआ के पेड़ों के नीचे अनूठी सुगन्ध। अपने पेड़ के पास मैं और बाबा झुके-झुके महुआ बीन रहे थे और अपने-अपने कोंछ में भर रहे थे। आकाश से पराग बरस रहा था। एक ओर से कान में स्वर सुनायी पड़ता, 'पुट' और हम उधर महुआ उठाने दौड़ते कि अगले ही क्षण दूसरे कई कोनों से एक साथ 'पुट'-'पुट'-'पुट' का स्वर 'गूंज' उठता। किधर-किधर दौड़ें, समझ न में आता। पीले रसीले फूल कभी शरीर पर गिरते, कभी धरती पर। सूरज की किरणों के पूरी तरह नीचे उतर आने तक बाबा तथा मैं हंसते, मुस्कराते, एक-दूसरे को कनखियों से देखते खूब खेलते रहे।

और अब गमकते महुओं को अपने-अपने कोंछ में संभाले, हुलास भरे, हम लोग घर लौट रहे थे। बाबा एक हाथ से अपना कोंछ संभाले थे, दूसरे हाथ से लाठी का सहारा लिये थे क्योंकि उनका एक पैर थोड़ा-सा—बहुत ही मामूली—झोंका खाकर जमीन पर पड़ता था। मैं बाबा की बगल में चल रहा था।

हम लोग अभी गलियारे में ही थे कि सामने से कैलासा अजिया आती दिखायी दीं। स्पष्ट ही वह देर से उठी थीं और हड़बड़ाती हुई अपने महुए बीनने

जा रही थीं। लेकिन बगल से निकल जाने के बजाय वह अचानक कुछ बड़बड़ाती हुई रास्ता रोककर खड़ी हो गयीं।

"हमारे बिरवा के महुआ ! काहे ?..."

उनका चेहरा विकृत हो उठा था और वह पागलों की तरह हाथ नचा-नचाकर कुछ कहे जा रही थीं। मेरी समझ में न आ रहा था कि यह क्या हो रहा है। बाबा बड़े धीरज से उन्हें कुछ समझा रहे थे। अचानक कैलासा अजिया ने जोर से मेरे कोंछ पर हाथ मारा और मेरे महुए गलियारे की माटी में बिखेर दिये। मैं अभी कुछ समझ ही न पाया था कि वह बाबा के कोंछ पर झपटीं। बाबा कोंछ को संभालने को उद्यत हुए तो लाठी पर उनका हाथ ढीला हुआ और कैलासा अजिया ने, महुए हाथ में न आते देख, बाबा के हाथ से लाठी छीन ली। और . । मुझे लगा कि वह बाबा को लाठी मारेंगी। मेरे बाबा को लाठी ?...मेरा कपार झनझना उठा। गलियारा, मकान, बायें हाथ का कुआं, त्रिवेदी का घर—सभी अचानक मेरे चारों तरफ नाच उठे; बड़ी तेजी से। वे नाचे ही जा रहे थे। मैं अपने को जितना ही संयत करने की कोशिश करता उतना ही उनका चक्रिल वेग बढ़ता जाता। अचानक मेरे पैर धरती से उठ गये; मेरा शरीर कैलासा अजिया के हाथों पर टंगा था और दांत लाठी वाली मुट्ठी पर गड़े थे। लाठी तो उनके हाथ से छूट गिरनी ही थी। पीड़ा और विक्षोभ से कराहते हुए स्वयं को मुझसे मुक्त करने के लिए घबराकर अपने शरीर को झटका दिया, तो मैं गलियारे की धूल में गिरा। लेकिन अब कैलासा अजिया के पैर मेरी जकड़ में थे और दांत उनकी पिंडलियों पर। वह बुरी तरह पैर झटक रही थीं—और मेरा शरीर मिट्टी में लिथड़ रहा था।

वह कब वहां से भागीं, मुझे पता नहीं। थोड़ी देर में मैं और बाबा घर में थे।

"यत्ता गुस्सा न कीन करौ," बाबा ने मुस्कराते हुए कहा। मेरे आक्रोश पर यही थी बाबा की टिप्पणी।

वर्षों बाद, जब बाबा नहीं रहे, कैलासा अजिया को रोते-रोते पश्चातापवश सरशाम-सा हो जाता और वह छाती पीटती हुई कहतीं : "दैया-दैया ! कैसि मति मारी गै रहै कि हम अपने भाई पर महुअन की चोरी का दोसु लगावा...?"

झांसी में हर पहली जनवरी को फौजों की परेड होती। एकदम सवेरे ही परेड-मैदान की तरफ सबके पैर बढ़ चलते।

परेड मैदान में सफेद, कत्थई और आबनूसी रंग के घोड़ों की कतारें देखते ही बनती। ऐसा लगता मानो घोड़ों की त्वचा को चिकनाई से संवारा गया हो और

उनकी पूछों के बाल धोये और कंधी किये गये हों। और, उन पर सवार गोरी चमड़ी वाले वे पुतले ! रंग-बिरंगी वर्दियों में सजे। बगल की म्यान में लटकी तलवारों की मजबूत मूठें। दमकते चेहरे। एक-एक कर कतारें आगे बढ़तीं और घोड़ों की टापों से जमीन हिल उठती !

परेड मैदान के एक तरफ दर्शकों की अर्धचन्द्राकार भीड़ होती ! पीछे से रेला आने पर आगे के दर्शकों का, जिनमें हम भी होते, कुछ और आगे बढ़ जाना स्वाभाविक होता। तभी कोई मिलिटरी-पुलिस का घुड़सवार अपना घोड़ा दौड़ाता हंटर घुमाता हम लोगों की तरफ लपकता। हंटर का चमड़ा किसी की पीठ पर, किसी की कनपटी पर, किसी के मुंह पर चटाका मारता। रेले की लहर अब पीछे को मुड़ती और कभी कोई बच्चा, तो कभी कोई बूढ़ा, पैरों के नीचे दबकर बुरी तरह चीख उठता। घंटों यही क्रम चलता। दोपहर 12-1 बजे झांसी के नागरिक सम्राट जार्ज पंचम के प्रताप का कुछ-न-कुछ प्रसाद साथ लिये अपने-अपने घरों को लौटते।

लेकिन सांझ होते ही इस प्रताप का रूप और भी 'प्रखर' हो उठता। शराब में धुत गोरे टॉमी सदर की सड़कों पर निकल पड़ते—कभी तांगों पर, कभी पैदल; कभी इक्के-दुक्के, कभी गिरोहों में। वे दूकानों में घुस जाते। कभी मोल-तोल करते और कभी यूं ही सामान उठाकर चल देते। दुकानदार बेचारा "साहब !... साहब ..." चिल्लाता पीछे दौड़ता तो उसे ठोकर या लात-घूंसे मिलते। प्रायः गोरे टॉमियों के समूह के साथ-साथ गोरी चमड़ी वाली कोई औरत भी होती। तब वे और भी रंग में होते। बांहों में बांहें डाले, औरत को साथ लिये, वे सारी सड़क को घेरे, कतार बांधकर चलते। ऐसे में उनके पैर बुरी तरह लड़खड़ाते होते, कुछ तो गिर तक जाते, जिन्हें दूसरे टॉमी कंधों का सहारा देकर साथ ले चलते...।

ऐसे ही एक शाम, जब अंधेरा हो गया था, मैं, चतरे पंडित का लड़का मोहनी (जो कुछ दिन बाद जीवित नहीं रहा) तथा एक और लड़का जिसका नाम अब याद नहीं, एक मित्र के घर से लौट रहे थे। शराब के नशे में चूर तीन टॉमी हमें सड़क पर मिले। स्वभावतः, उन्हें नहीं मालूम था कि वे कहां हैं। उनमें से एक गोरे ने हम लड़कों को इशारे से पास बुलाया। वह हिन्दी के एक-दो टूटे-फूटे लफ्ज जानता था। बोला :

"..................................।"

इसके पहले कि कोई उसे जवाब दे, हम लड़कों ने उस पर थूका और सिर पर पैर रखकर भागे। टॉमी हमारे पीछे दौड़े; लेकिन वे शराब पिये हुए थे, अपने काबू में नहीं थे, और सदर बाजार की गलियां तो हमारी गलियां थीं। हम लोग गलियों में गायब हो चुके थे।

अगले दिन लाला मुसद्दीलाल की दुकान पर अनायास ही मेरी नज़र जार्ज

पंचम के राजसी परिवार के आदमकद चित्र पर पर पहुंची। (हमारे घर में ऐसे चित्रों के लिए कोई स्थान नहीं था)। और, पहली बार मेरी समझ में आया कि घृणा, आंतरिक घृणा, भाव कैसा होता है।

जार्ज पंचम का यह प्रतिनिधि कल हम लड़कों से कुछ मांग रहा था। उसके शब्द थे :

"औरट...हम औरट मांगता ..।"

उन दिनों चौबे भैया की गीतों वाली डायरी का एक गीत बार-बार मन में गूंजा करता रहा : "नहीं रखनी सरकार जालिम, नहीं रखनी...।"

झांसी में हम लोगों के लिए तीन खेल खेलना वर्जित थे—ताश खेलना, कंचे खेलना, पतंग उड़ाना। तो भी, कभी-कभी किसी अच्छे पतंगबाज की चर्खी हम लोग पकड़ ही लेते थे। लंगड़ लड़ाना आम बात थी। लंगड़ के लिए मंजा लूटना तो परम धर्म। चौबे भैया कभी-कभी पतंग तक छिपाकर रखते थे।

सो एक दिन जब चौबे भैया और मैं ही घर पर थे, एक कटी पतंग मटकती, बल खाती, ठीक हमारे आंगन के ऊपर से गुजरी। चौबे भैया की पारखी दृष्टि को भांपते देर न लगी—हो-न-हो, यह अपने साथ लम्बा मंजा भी लिए होगी। उन्होंने झट मुझे आवाज दी : "मुंशी .." और लपककर बाहर का दरवाजा बंद किया, ताकि दौआ न आ जायें।

आंगन में आकर बोले : "चढ़ जा !"

"कहां ?" मैंने पूछा।

"बेवकूफ !...पूछता है कहां...!"

मुझे कुछ समझाने की फुरसत चौबे भैया को कहां। आंखें आसमान पर टंगी थीं। अन्दाज से टटोलकर बोरे की तरह मुझे उठाया और घनौची वाली बायीं तरफ की खपरैल पर फेंका। मैं संभलूं-संभलूं कि वह गरजे :

"इधर-उधर क्या कर रहा है ? मंजा खींच ! .."

मैंने अध-खड़े होकर सामने से लहराते आते मंजे को खींचना शुरू किया।

लेकिन मंजा खपरैल पर इकट्ठा होने के बजाय गायब होता जा रहा था। पीछे वाले किसी मकान से कोई मंजा खींच रहा था। उसे रोकने के इरादे से मैंने मंजे के पिछले हिस्से को पैर के अंगूठे से लपेटना शुरू किया ही था कि मुझे कुछ और करते देख चौबे भैया फिर गरज उठे : "अरे यह क्या कर रहा है ?"

मैं उन्हें समझाने लगा। पर वह तो जल्दी में थे। बोले : "उसे छोड़। मंजा खींच मंजा, उल्लू !...जल्दी-जल्दी।"

मैंने उनके आदेशानुसार पीछे का मंजा छोड़ दिया और आगे का खींचने लगा।

"और तेजी से।" वह कहे जा रहे थे।

मैं दनादन खींच मारे जा रहा था कि—अचानक मंजे का आखिरी सिरा हाथ में आया और उंगलियों के बीच से सुठ्...

बोले : "दे इधर।"

"क्या ?" मैंने पूछा।

"मंजा ! बेवकूफ, मंजा !..."

मंजा वहां होता तो मैं देता। मैंने हाथ हिला दिये।

वह आपे से बाहर थे : "कहां गया मंजा ?"

"तुम्हीं ने तो कहा था छोड़ दो उसे।"

"इधर आओ।"

अब मेरे शरीर का पूरा वजन मेरे एक कान पर था—यानी उस कान पर जिसे अपनी दो उंगलियों में दबाये वह मुझे खपरैल पर से उतार रहे थे।

थोड़ी देर में मैं आटा माड़ने बैठा तो देखा कि आटा कुछ लाल है; लगा इसमें खून की बूंद गिरी है। इतने में कनपटी पर खुजली उठी। मैंने खुजलाया तो देखा उंगलियां खून से तर। मैं दौड़ा-दौड़ा आईने के सामने पहुंचा। देखा, कान के पास से कनपटी पर खून की धार बह रही है।

अब मुझमें ठंडा आक्रोश उमड़ा। मैं सीधा चौबे भैया के पास पहुंचा—"यह क्या किया तुमने ?"

बोले : "चलो।" वह मुझे दूसरे कमरे में ले गए। रुई से सारा खून पोंछा। सफाई की। फिर मेरी मुंडी इधर-उधर घुमाकर मुआयना किया कि खून का कोई चिन्ह शेष तो नहीं है। अन्त में मानो स्वयं को ही आश्वस्त करते हुए बड़े धीमे, मगर संयत स्वर में बोले :

"याद रखो। दौआ से कहा तो बाकी कान जो बचा है न, उसे भी उतारकर हाथ पर रख दूंगा !"

मैंने याद रखा। उनके संयत स्वर में अजीब गम्भीरता थी।...

# पथर चौथ

**रामशरण शर्मा**

गणित और गांव का बैठका। आप कहेंगे, इनमें भला क्या सम्बन्ध ! आप नहीं जानते। इस बैठके में ही मैंने गिनती सीखी—बाबा से।

बाबा का वह बैठका। मैंने देश में और विदेश में एक-से-एक भव्य प्रासाद देखे हैं। पर गांव का अपना बैठका ! मन से नहीं उतरा।

तो गिनती पीछे। पहले बैठका देखिए ...।

जीवन में आंखें खुलीं तो बैठके की छत पर तनी श्वेत चांदनी में चांद-सितारों की तरह टंके रंग-बिरंगे लट्टू दिखायी दिये। हरे, पीले, नीले, बैंगनी, लाल। बीच में सफेद चमकीला बड़ा-सा लट्टू रात में इधर-उधर टिमटिमाते तारों के बीच पूनम के चांद की तरह। आकाश के इस प्रतिरूप से जरा नीचे उतर, दीवार में एक-से-एक सुन्दर चित्रों की कतारें। लगभग एक-चौथाई दीवार इनसे मढ़ी हुई। जटा-जूटधारी शिव, धनुर्धारी राम, लावण्यपूर्ण कृष्ण, पौराणिक कथाओं पर आधारित अनेकानेक अन्य चित्रों की कतारें। इन्हीं के बीच, उठते-उभरते गयादीन-परिवार के एक-दो सामयिक फोटू। बैठके की दीवार घोटाई किये गये चूने से चिकनी, सफेद, और शीतल। एक छोर पर वैद्यक की बाबा की पुस्तकों और दवाओं की आलमारी। इसमें ही वैद्यक के कुछ ग्रन्थ तथा रामायण व महाभारत। उसी के पास तखत। जरा हटकर, तहखानेनुमा दूसरी आलमारी, जिस में रखाऊ (शादी-ब्याह के उपयोग के) ढेरों बर्तन। लेकिन आलमारी ऐसी बनी कि किसी को मालूम ही न पड़े कि यहां आलमारी है। बैठके की लम्बाई मामूली नहीं थी। इसी लंबाई में मकान के भीतर से आने का दरवाजा। सामने की दीवार में, आगे, काफी ऊंचाई पर, कटाई करके, हनुमान जी की क्लासिकी मूर्ति का स्थान; देवताओं के सिंहासन। ठीक सामने, दाहिने हाथ की दीवार में फिर कटाव—नीचे की ओर ! इसमें वह बक्सा रहता था जिसमें मुरछल, धराऊं कपड़े, मसनद और—जी हां—कुछ जेवर, आदि। आगे, बैठके से मिला हुआ—बैठके का ही अंग—एक छोटा-सा कमरा, जिसके तखत पर बैठकर हवलदार बाबा लालता प्रसाद ज़ोर-ज़ोर से

पाठ करते थे। इस छोटे कमरे की छोटी खिड़की खोलते ही—यह ठीक गलियारे की तरफ खुलती थी—आट पर से इठलाती, नाचती आती शीतल हवा हमारे बैठके में प्रवेश करती। छोटे कमरे का दरवाजा मकान के चबूतरे पर खुलता। दरवाजे के किवाड़ों पर पेन्सिल के बने रेखा-चित्र तथा कुछ अन्य रंगीन चित्र।

लम्बे बैठके का फर्श गोबर से लीपा जाता था। इस पर बड़ी दरी बिछाकर सफेद चादरें डाल दी जातीं—और तब हमारा यह बैठका स्वर्ग से होड़ लेने लगता था। झांसी से आने पर सब भाई लोग दोपहर के भोजन के पश्चात् यहीं लोट लगाते और कला, साहित्य तथा इतिहास की चर्चा करते। नन्हा-सा मैं, इन विद्वज्जनों के दर्शन से ही अपने को धन्य मानता। हां, मैं अभी गिनती ही सीख रहा था—बाबा से।

बाबा का गिनती सिखाने का तरीका भी अनूठा था। वह मेरे नन्हे-से हाथ की एक-एक उंगली पकड़ कर कहते, "यह हमारि, यह दादी कै, यह अम्मा कै, यह बुआ कै, यह रमसन्ना कै। कै जने भे?" मैं गिनकर बताता—पांच। फिर दूसरे हाथ की एक-एक उंगली से वह भाई-बहन गिनाते, "यह भगवानदीन कै, यह रमपियारा कै, यह रामविलास कै, यह रामस्वरूप कै।" और तब पूछते—"अब केत्ते भे?" मैं सही उत्तर देता। उंगलियों के साथ उंगलियों के पोरों से भी सहायता ली जाती। इस तरह परिवार के निकटस्थ सभी सम्बन्धी गिना डाले थे उन्होंने।

बैठके में लेटे-लेटे कभी वह कहते : "दौरि के गिनौ तौ केत्ते लाल लट्टू लटके हैं ऊपर, बच्चा।" और मैं, पहुंटियां पहने, आंखें चांदनी पर गड़ाये, छमछम करता लाल लटटुओं को दौड़-दौड़कर खोजता और गिनता। बड़ा मजा आता। बाबा मुझे गणित की सीढ़ी पर चढ़ा रहे हैं इसका मुझे स्वप्न में भी आभास न था।

और कुछ सीढ़ियां चढ़ने के बाद ही मुझे झांसी घसीट ले जाया गया...।

लेकिन झांसी...झांसी में गर्मी की छुट्टियों का क्या महत्त्व था, खासकर मेरे लिए, यह कोई भुक्तभोगी ही समझ सकता है। गर्मियों की छुट्टियों का मतलब था चक्रवर्ती गणित के चौखटे और सवालों के सही या गलत होने की सांसत से मुक्ति।...

स्कूल में मुझे गणित पढ़ाते थे : मास्टर शशिभूषण और फणिभूषण; घर पर—कभी-कभी—घर वाले। मास्टर शशिभूषण का खुला मुंह मुझे पर्वत की खोह जैसा लगता जिसमें इधर-उधर के दो बडे दांत शीघ्र ही ढहने वाले, कंदरा के भीतर के, ढूह जैसे लगते। फणिभूषण मास्टर पढ़ाते कम गरजते ज्यादा थे।

फलतः उनका आतंक ज्यादा गालिब था; समझदारी पनाह मांगती थी। सवाल होते—

राम ने श्याम को 436 रुपये 5 फीसदी ब्याज पर दिये; तीन साल बाद उसने मूल राशि में से 138 रुपये श्याम को लौटा दिये; पांच साल के अन्त में कितना ब्याज श्याम को देना होगा ? या फिर, 3 फीट लम्बी, 4 फीट चौड़ी और 2 फीट ऊंची एक हौदी 4 नल एक साथ चलाने से डेढ़ घंटे में भरती है; आधे घंटे बाद दो नल बन्द कर दिये गये । बताओ हौदी कितने समय में भरेगी ?

किसी की मूल राशि पर ब्याज बढ़ रहा है और पसीना मुझे आ रहा है ! पहली बात, न मैं राम को जानूं और न श्याम को; दूसरी बात, उस मूर्ख ने इतने रुपये लिए ही क्यों उधार; फिर, ब्याज क्या बला होती है यह मैं क्या जानूं— लेन-देन करने की कभी नौबत आयी ही नहीं थी; अन्त में, रुपयों की श्याम को जरूरत थी तो एक दिन लेकर दूसरे दिन वापस कर देता ! पांच साल के लिए फंसा दिया अपने को—और मुझे !

रही हौदी की बात, सो कुएं पर नहाते थे हम लोग । हौदी थी वहां भी। लेकिन उसका छेद गीली कमीज से बन्द कर हम लोग उसे बाल्टियों से भरते थे और फिर चुभुक-चुभुक डुबकियां लगाते थे । नल उन दिनों हमारे आसपास कहीं थे ही नहीं । स्कूल के पानी-पाण्डे भी कुएं से ही पानी भर कर लाते और पिलाते थे । "आधे घंटे बाद दो नल बन्द कर दिये गये...।" आखिर क्यों ? फिर हौदी के छेद में जो डाट लगायी गयी थी, उससे पानी रिस-रिस कर निकलता गया तो ?

खैर, गणित पर काबू पाया किसी तरह । लेकिन...

गणित की बात रुपये, आने, पाई तक ही सीमित रहती तो भी गनीमत थी। सवाल पाउण्ड, शिलिंग, पेंस के भी थे । न तो मैंने पाउण्ड देखे थे, न मेरे मास्टरों ने ही।

पाउण्ड को £ के चिन्ह से पहचान लेना कठिन न था। पर यह चिन्ह मुझे फन उठाये नाग जैसा लगता, हूबहू काले नाग जैसा—गणित के नाम पर मुझे डसने के लिए किताबों के पन्नों में छिपा बैठा। वह मुझे ही नहीं, पूरे भारत को डस रहा था—इसका ज्ञान मुझे बाद में हुआ !

दौआ की डांट से हम सब भाई परिचित हैं।

उन दिनों मैं शायद चौथी या पांचवीं कक्षा में था। एक दिन शाम को कुएं वाले मैदान में खेलते-खेलते काफी अंधेरा हो गया। इतने में चतरे पंडित का लड़का मोहनी (जो अब नहीं रहा) बोला—"वह देखो, चांद भी निकल आया। अब अपने-अपने घर भागो।" मैंने देखा—सचमुच चांद निकल आया था; पतला,

सफेद हंसिये का टुकड़ा जैसा—आकाश के एक कोने में शरारत से मुस्करा रहा था।

मैं घर को रवाना हो रहा था, तभी मोहनी दौड़ता-दौड़ता आया। पूछा : "तुमने चांद देख लिया क्या ?" 'हां'—मैंने कहा। "पाप चढ़ेगा !" 'क्यों ?' मैंने पूछा। बोला : "मालूम नहीं ?...आज चांद देखने से पाप चढ़ता है ! आज तो पथर-चौथ है !" पंडित-पुत्र; तिथि-त्यौहारों की विशेषज्ञता स्वाभाविक !

मेरा मन आशंका से भर उठा। पाप तो चढ़ ही गया। न जाने क्या हो जाय घर में।

मोहनी बोला : "अब तुम्हें कोई गाली देगा, तभी सिर से पाप उतर सकेगा। वैसे नहीं।"

यह भी एक समस्या थी। कोई हमें गाली देगा ही क्यों। वैसे भी हम लोग—पं० गयादीन के सभी लड़के—अच्छे स्वभाव के, कुशाग्र बुद्धि वाले माने जाते थे। हम लोग कहीं भी जाते, सभी स्नेह और प्यार से हमारा स्वागत करते।

मोहनी ने सुझाया, "एक शर्तिया तरीका है।...चलो, किसी के मकान में पत्थर फेंकें। वह जरूर गाली देगा।"

बस, मेरे सामने रास्ता साफ हो गया। मैंने भी जानबूझ कर दो-तीन लड़कों को चांद दिखाया। (अकेले पाप करने में क्या मजा !) और, अपनी मंडली को साथ लेकर पत्थर फेंकने निकल पड़ा।

झांसी में ज्यादातर मकान खपरैलों के हैं। पत्थरों की भी वहां कोई कमी नहीं। हम लोगों ने जेबों में पत्थर भर लिये। खपरैलों पर पत्थर बरसाते और भाग चलते। खूब खपरैलें तोड़ीं उस दिन। लोग दरवाजों पर निकलते और बुन्देलखंडी में गालियां देते : "नासपीटे...दारी के...!" कहीं-कहीं हम लोगों का पीछा भी किया गया।

एक स्थान पर खड़ा होकर मैं सामने के मकान पर निशाना साधने के लिए हाथ उठा ही रहा था कि किसी ने पीछे से हाथ पकड़ लिया। मैं समझा कोई लड़का होगा। पलट कर देखा तो गली का बूढ़ा चमार था। मैंने झट हाथ छुड़ाया और नौ-दो-ग्यारह हो लिया—इस डर से कि कहीं वह पहचान न ले !

पत्थर बरसा चुकने के बाद मैं घर पहुंचा। नहाया-धोया। पढ़ने बैठ गया।

थोड़ी देर में दरवाजे की कुण्डी खड़की। बाहर निकला तो देखा दुकान का चौकीदार खड़ा है। बोला : "दौआ ने दुकान पर बुलाया है।"

"कह दो आते हैं।"

थोड़ी देर में मैं दुकान पहुंचा तो देखा वही बूढ़ा चमार एक ओर दूर पर बैठा है। मुझे सांप सूंघ गया। धीरे-धीरे दौआ के सामने पहुंचा। खड़े-खड़े ही धीरे से पूछा : "बुलाया है ?"

दौआ ने सामने के कागजों पर से नजर उठायी। मुझ पर नजर पड़ते ही उनका अजस्र आक्रोश जो बरसना शुरू हुआ मुझ पर, तो थमने को ही न आता था। "शर्म नहीं आती ?...दूसरों का नुकसान करते फिरते हो ?...तुम्हें इसीलिए पढ़ाता-लिखाता हूं ?...चुल्लू भर पानी नहीं मिला डूब मरने को ?...कल को चोरी-चपाटी करोगे !!!..." मैं थरथर कांप रहा था।

"बस मुनीम जी बस, बहुत हो गया...।" बूढ़ा चमार बीच में बोला।

पर दौआ का क्रोध कहां रुकने वाला था। "नाम कटा दूंगा कल से स्कूल में।...जाओ गांव में, भाड़ झोंको वहां।...जिस लायक हो वही तो काम करोगे...!"

"अब कभी नहीं पत्थर फेंकूंगा...।" मैंने रुद्ध कण्ठ से कहा।...

"अब नहीं फेंकूंगा'...बड़ा एहसान करोगे न मेरे ऊपर...!"

इतने में ही उस चौकीदार ने, जो मुझे बुलाकर लाया था, हाथ से इशारा किया चुपचाप खिसकने का। और यही मैंने किया भी। चुपचाप खिसक लिया।

घर लौटते समय रास्ते में मैं मन-ही-मन कभी उस बूढ़े चमार को कोसता, कभी मोहनी को, तो कभी चांद को। मैं अपनी मूर्खता पर पछता रहा था कि पत्थर फेंकते समय पीछे मुड़कर देखा क्यों नहीं।

घर पहुंच कर मन मार कर पढ़ने बैठ गया। भय था कि दौआ के घर आने पर नये सिरे से फटकार शुरू हो सकती है। और, दो-चार थप्पड़ पड़ जाना कोई असामान्य बात तो थी नहीं !

अन्ततः कुण्डी खड़की। डरते-डरते मैंने दरवाजा खोला और मुंडी झुकाये चुपचाप जाकर अपने कमरे में पढ़ने लगा। दौआ रोज की तरह अपने कमरे में पहुंचे। साफा उतारा। फिर, मेरे कानों में आवाज पड़ी : "रामसरन।"

मैं गर्दन झुकाये बलि के बकरे की तरह जाकर सामने खड़ा हो गया।

"आज बहुत डाट पड़ गयी..." वह बोले।

यह अप्रत्याशित बात हो रही थी। मैं एकदम अचकचा गया। कौन जाने, यह किसी कठिन त्रासदी की मीठी पूर्व-पीठिका हो !

"पथर चौथ थी, यह मुझे बाद में मालूम हुआ।" वह विनोद-भरे स्वर में बोले। "चांद देखने का असर अब तो बिलकुल ही हट गया होगा तुम पर से...।"

अब वह हंस रहे थे। हां, अब उनके हंसते हुए मुखमण्डल को देखने का साहस मुझ में आ गया था।...

आश्चर्य ! अब हम दोनों हंस रहे थे।

# चुंगल चिड़िया

**रामशरण शर्मा**

सो झांसी में मुझे पढ़ाया जाने लगा...।

सबसे पहली, रौबीली, किताब जो मेरे हाथ में थमायी गई वह थी, 'किंग रीडर'—अंग्रेजी के विशाल, भव्य किले का प्रथम प्रवेश द्वार।

आर. ए. टी....रैट, मैं समझ गया था; बहुत देखे थे। एफ. ए. टी.—फैट, समझना कतई मुश्किल नहीं था; पिताजी के 'मालिक' लालाजी को देख चुका था। एम. ए. एन—मैन, हमारे पिताजी ही थे; दूसरे भी सब, हम लोगों जैसे।

लेकिन सी. ए. एन—कैन...?

मैंने दौआ से पूछा। बोले, 'कैन माने सकना।' जिरह करने की मेरी हिम्मत नहीं हुई।

सबसे बड़े भाई साहब से पूछा। बोले : "सकना नहीं जानते हो ?' मैं चुप हो गया। गांव से आया ही नया-नया था। दूसरे नम्बर भाई साहब से पूछा! उन्होंने कुछ समझाने की कोशिश की। लेकिन उन्होंने जो समझाया उससे सकना का साफ चित्र मेरे मन पर नहीं उभर सका। तीसरे भाई साहब से पूछने की हिम्मत ही न होती थी। तो भी, एक बार रिस्क ले ही बैठा। डरते-डरते कहा : "सी. ए. एन. —कैन माने सकना तो जानता हूं। लेकिन यह होता कैसा है ?" बोले : "बेवकूफ! पूछता है 'सकना होता कैसा है ?' अरे, यह होता कहां है ? यह तो सकना है सकना...।" और इससे पहले कि उनके दोनों हाथ—जो मेरे कर्णलोलकों को देख अनायास ही खुजला-से रहे थे—पूर्णतः तुष्टि प्राप्त करें, मैं जोर से बोल उठा—"हां, हां सकना, सकना; समझ गया—सकना...।" अवश्य ही मेरी मुख-मुद्रा से उन्हें विश्वास हो गया होगा कि मेरे ज्ञान-कपाट खुल गये हैं, इसीलिए उनके ऊपर उठे हाथ कुछ ढीले पड़ने लगे थे। मैं अविलम्ब खिसक लिया।

अंग्रेजी का किला रहस्यपूर्ण होता जा रहा था। न जाने इसमें कितने 'सकना' हों!

इस तरह झांसी और अंग्रेजी मेरे लिए एकाकार हो गये। दोनों की संयुक्त

आकृति—'सकना'। एक अनबूझ पहेली। अजीब पढ़ाई थी यह भी। "बेवकूफ ! पूछता है, 'सकना होता कैसा है ?'..."

मैं समझ गया। मुझे अपनी नाव स्वयं खेनी है। मेरे कल्पनाशील मन में रूप और आकार धारण करके शब्द अब तक जिस तरह उतरते रहे थे, उससे झांसी की यह पढ़ाई भिन्न थी। एकदम भिन्न। और फिर, गांव से मैं एकदम अनपढ़ तो आया नहीं था। गांव में तो मेरी साख दूसरी ही थी...।

मैं पढ़ा-लिखा मां के पेट से आया था, यह मेरी मां ने मुझसे कभी कहा नहीं। लेकिन मुझे अक्षर ज्ञान कब कराया गया, यह भी उन्होंने कभी नहीं बताया। हां, पिता ने अक्षर ज्ञान नहीं कराया यह तथ्य स्वयसिद्ध है क्योंकि वह शहर में रहते थे—और मैं पनप रहा था। बाबा की गोद में।

बाबा की अवर्णनीय, अविस्मरणीय, प्यारी गोद। गांव के मकान का दाहिनी तरफ वाला ऊंचा चबूतरा। सांझ होने में अभी देर है। तो भी, धूप उतार पर है। एक-एक कर लोग आ रहे हैं और चबूतरे पर बैठते जा रहे हैं। दादी, अम्मा, बुआ वगैरा दहलीज में, बड़े दरवाजे को थोड़ा ओढ़का कर, बैठी हैं। मेरे और बाबा के सामने छोटी-सी चौकी पर विशालकाय, 'सुखसागर' खुली हुई है। मैं पंक्तियों के नीचे दाहिने हाथ की उंगली फिराता हुआ 'बकासुर बध' प्रसंग पढ़कर सुना रहा हूं; बाबा मेरी उंगली को अपने विश्वस्त हाथ का सहारा दिये हैं—मैं कहीं लाइनसे बेलाइन न हो जाऊं; हुआ भी नहीं कभी। बकासुर बध का दृश्य मेरे कल्पना पटल पर साकार होता जा रहा है। कृष्ण एक पैर से बकासुर की चोंच का हिस्सा दबाये हैं और दूसरा पैर थोडा ऊपर उठाये ताकि दोनों हाथों में भरपूर बल पहुंच सके, ऊपर का हिस्सा चीरते जा रहे हैं। बकासुर का शरीर निढाल होता जा रहा है। अन्ततः दैत्य मारा जाता है।...'अब बसि करौ', बाबा का स्वर सुनायी देता है; 'थकिगे व्है हो।' पालथी मारे हुए बाबा की गोद में बैठा मैं अपनी पतली बांहें उठा कर अंगड़ाई लेता हुआ—ये बांहें मुश्किल से ही अभी बाबा के मुंह तक पहुंचतीं हैं—उनकी आंखों में देखता हूं, मानो बकासुर को मारते-मारते मैं खुद थक गया हूं। उनकी आंखों से प्रसन्नता मिश्रित संतोष बरसता देख मैं निहाल हो जाता हूं। मुझ में नई ताजगी आ जाती है। 'आगे पढ़ी ?' 'नाहीं। बसि करो।'

"अब कबै पढ़ब, बाबा ?" मैं पूछता हूं।

"आज बहुत पढ़ि लीन्हौ है। जाव अब ख्यालौ। जब पढ़ै क होई तब हम बताय देबे।"

आगन्तुक बैठे रहते हैं—कभी वर्णित प्रसंग की चर्चा करते हुए; कभी हेवलदार लालता प्रसाद के नातियों की कुशाग्रबुद्धि की प्रशंसा करते हुए।

"हेवलदार के सबै नाती बड़े लायक हैं..." दौड़कर दहलीज में अम्मा के पास पहुंचते-पहुंचते उक्त शब्द मेरे कानों में पड़ते हैं।

'सुखसागर' और 'रामायण' प्रायः ही मैं बाबा की गोद में बैठकर बांचता और चबूतरे पर बैठकर सुनने वालों की कमी न रहती। कभी कोई कठिन शब्द आया,यह मुझे लगा ही नहीं। चबूतरे से ही लगे 'बैठके' में पुस्तकें रखी रहती थीं। कभी 'सुखसागर' कभी 'रामायण', कभी 'महाभारत' मैं अकेला भी, अपनी इच्छा-नुसार, पढ़ता। गर्मी की छुट्टियों में मुझसे बड़े तीनों भाई जब गांव आते, तब तो घर में चहल-पहल और प्रसन्नता का कहना ही क्या। गांव में रहते हुए मुझे गर्मी के मौसम की बड़ी प्रतीक्षा रहती, क्योंकि दूसरे नम्बर के भाई साहब मेरे लिए छोटी-छोटी किताबें लाते। ये रंग-बिरंगी होतीं और इनमें कहानियां भी पौराणिक नहीं सामाजिक होतीं। इनके चित्र मुझे बड़े अच्छे लगते। बैठके की उस छोटी-सी खिड़की के पास, जो सामने गलियारे की ओर खुलती थी, तखत पर एकांत में बैठा मैं ये कहानियां पढ़ता रहता। ये खत्म हो जातीं, तो फिर 'सुखसागर'—और, उसमें ऐसा डूबता कि मेरे सामने केवल वर्णित दृश्य ही एकमात्र यथार्थ होता; अन्य सब कुछ वायवी।

हां गांव की पढ़ाई में मुझे 'सकना' कभी नहीं मिला था।

बहरहाल झांसी की पढ़ाई की अनबूझ राहों पर चलता, मैं तीसरा-चौथा दर्जा चढ़ चुका था। पांचवें या छठें में था। बड़ी भाभी आ गयी थीं। रोटियां अब हम लोग नहीं बनाते थे; बनी-बनायी मिल जाती थीं। बड़े भाई साहब की डाकखाने की ड्यूटी कभी रात की होती, कभी तड़के सुबह की।

बात उन दिनों की है जब धूप के खपरैल पर से नीचे आंगन में उतरने से पहले ही सबसे बड़े भाई साहब दफ्तर चले जाया करते थे—साइकिल से।

उन्होंने मुझे बुलाया। कहा—"दौड़ते हुए टण्डन के यहां चले जाओ। उनसे कहना..." और उन्होंने सन्देशे के शब्द मुझे बता दिये। 'देर न करना।' उन्होंने फिर कहा।

मैंने झट किरमिच के जूते पहने—हाफपैंट में कमीज खोंसे हुए ही था—और कहा : 'दौड़ता हुआ ही जाऊंगा।' और दरवाजे की कुंडी खोल दौड़ चला।

हां दौड़ता हुआ ही जा रहा था। कुएं वाला मैदान दाहिने छोड़ा। दुकान वाली पुलिया पार कर दाहिने मुड़ा। बायें हाथ चतरे पंडित वाला मन्दिर छोड़ा और चौराहे पर आ लगा—उसी चौराहे पर जिसके दाहिने नुक्कड़ पर शाम को चाट वाला बैठता है। अहा, पालक की पकौड़ी क्या बढ़िया बनाता है; और पापड़ी! जिसने उसकी चाट न खायी, वह चाट का स्वाद क्या जाने! तभी तो चौबे भैया चुपके से उसके यहां से चाट मंगवाते हैं मुझसे। कहते हैं, "दोना कमीज के नीचे छिपा कर लाना। दौआ को पता न चले।" ठीक। छिपा लिया। अब कमीज थोड़ा दही तो पियेगी ही। घर पहुंचो तो पूछते हैं, 'दही कहां गया?' कमीज दिखाओ, तो कान लाल! 'बेवकूफ! संभाल कर नहीं लाते बनता।' मतलब यह

कि हवा खाओ, तुम्हें कुछ नहीं मिलने का; खैर मनाओ जो चांटा नहीं पड़ा।

मैं बायें मुड़ा ही था कि एक दुकान पर कई लड़कों और प्रौढ़ जनों को खड़े देखा। यहां क्या हो रहा है? वे एक आदमी को घेरे खड़े थे, जो एक किताब पढ़ कर सुना रहा था। "फिर राजकुमार को चुंगल चिड़िया ने चोंच के बीच दबाया"—मेरे पैर अनायास ही रुक गये। "और उड़ चली। राजकुमार ने तलवार निकाली। लेकिन उस चोंच के मुकाबले वह तलवार इतनी छोटी थी कि राजकुमार चिड़िया का बाल भी बांका नहीं कर पाया। चुंगल चिड़िया उसको लिये हुए उड़ती गयी; उड़ती गयी...।" बकासुर जैसा मामला। कौन जाने बकासुर की बहिन ही हो। मेरा दिमाग भी दौड़ने लगा—आखिर कोई तरकीब तो होनी ही चाहिए चुंगल चिड़िया की चोंच से निकलने की। मेरा दिमाग दौड़ रहा था, या कहिए उड़ रहा था—रामकुमार की मुक्ति के उपायों की तलाश में; कान पुस्तक का विवरण सुन रहे थे और वस्तुस्थिति का विश्लेषण अन्तश्चेतन में जारी था। मेरे पैर जाम हो गये थे! समय जैसे रुक गया हो। अब मैं ही राजकुमार था।

कितने घंटे बीत गये, कौन जाने!

अंततः, चुंगल चिड़िया का किस्सा खत्म हुआ। तुर्तबुद्धि के अभाव में राजकुमार ने मुक्त होने में निश्चय ही बहुत देर लगा दी थी। सहसा मुझे ख्याल आया कि मैं कहीं जा रहा था।...और अब मेरे पैरों में पर उग आये थे। मैं दौड़ चला। कभी चुंगल चिड़िया की खतरनाक चोंच दिखायी देती कभी बड़े भाई साहब की क्रोधपूर्ण आंखें—चश्मे के पीछे वाली। मैं लगभग उड़ता हुआ श्री टण्डन जी के यहां पहुंचा। वह बोले: "अब ड्यूटी कैसे बदली जायेगी? अब तो बहुत देर हो गयी है...।"

और मैं उड़ता हुआ ही लौटा। रास्ते में वही दुकान फिर पड़ी—अब एकदम सुनसान। न वहां अब चुंगल चिड़िया थी, न राजकुमार—न उनके युद्ध की कठिनाइयों को समझने वाले प्रेमी श्रोता। एक अजीब सूनापन था दुकान पर; मूर्तिमान नीरवता। मैंने बड़ी हिकारत से देखा उस ओर और...।

मुझे अपने ऊपर बड़ा क्रोध आ रहा था। मानसिक खीझ यह सोच-सोचकर बढ़ रही थी कि इतना विलम्ब होने का कारण बड़े भाई साहब को क्या बताऊंगा। उन्हें कितनी असुविधा हुई है!

घर पहुंच कर दरवाजे की कुंडी नहीं खटखटाई, अन्धड़ की तरह बस भीतर धंसता चला गया।

धूप आंगन में उतर ही नहीं आयी थी, पूरी निर्लज्जता से पसरी हुई थी, भाई साहब मेरी प्रतीक्षा में बीच आंगन में खड़े थे—मौन। मैं हड़बड़ा कर बोला—"टण्डन भैया ने कहा है अब तो बड़ी देर...।"

"हूं : ! वह तो मैं भुगत ही रहा हूं। लेकिन तुम थे कहां...?"

"मैं—मैं—चुंगल...।"

"क्या ऽऽऽ ?" वह गर्जे।

"मैं चुंगल चिडिया का किस्सा...।"

"कौन-सी चिड़िया का किस्सा...?" और मैं अधर में उनके मुंह के ठीक समांतर लटका था, जी हां; मानो वह उस ढीठ चिड़िया का नाम साफ-साफ सुनने पर आमादा हों। मेरे मुंह से स्पष्टीकरण में "चुं-ग-ल...चुं-ग-ल...।" शब्द निकल रहे थे। मेरी आंखों के सामने था एक चश्मा और उसके पीछे दो आंखें—लेसर किरण जैसी पैनी ! अपने दोनों हाथों से मेरी कनपटियां दबाये मुझे ऊपर उठाये हुए थे।

"चुंगल चिड़िया...? कौन-सी चुंगल चिड़िया...?" वह पूछे जा रहे थे।

मैं उन्हें कौन-सी चुंगल चिड़िया बताता। राजकुमार की स्थिति निश्चय ही इससे अधिक संकटपूर्ण नहीं रही होगी।

# किस्सा एक ऊनी कम्बल का !

रामशंकर शर्मा

देहरादून के पास हिमालय की पहाड़ियों के बीच चकराता बसा है। पहले वहां एक कैण्टुनमेन्ट हुआ करता था। पता नहीं अब है कि नहीं। एम० एस-सी० के विद्यार्थियों के साथ एक बार वहां की चट्टानों के अध्ययन के उद्देश्य से मुझे भी वहां जाना पड़ा था।

देहरादून और मसूरी का आनन्द लेने के बाद हम लोग जब वहां पहुंचे, तो एक पुराने वीरान—जिसको बरसों से प्रयोग में न लाया गया हो—ऑफिसर्स मेस में हम लोगों को चार-पांच दिन काटने पड़े। कमरे कई थे। पर दो कमरों की सफाई कर, हम लोगों ने उन्हें रहने योग्य बना लिया। जमीन पर अपने-अपने होल्डॉल फैला कर बिस्तर लगा दिये गये।

सुबह उठकर हम लोग फील्ड-वर्क के लिए निकल जाते थे। दोपहर में प्राय: दो बजे तक लौटते थे। नहाने-खाने के बाद, थके होने के कारण, सभी लोग थोड़ा विश्राम करते।

पहाड़ों पर सर्दी तो होती ही है। अत: सब लोग ऊनी कपड़ों तथा कम्बलों आदि से लैस होकर आये थे।

हमारे सहपाठी श्री सुखबीरसिंह के पास एक ऐसा कम्बल था, जिसके एक तरफ रीछ के बालों की तरह की लम्बी-लम्बी ऊन लटकती थी, पर दूसरी तरफ सतह सपाट थी। ऐसे कम्बल खूब गरम भी होते हैं। सुखबीर का बिस्तर मेरे बिस्तर के बगल में ही लगा था।

एक दिन फील्ड से आकर खाना खाने के बाद, सुखबीर अपने बिस्तर में कम्बल ओढ़कर लेट गये। मेरे यह सहपाठी प्राय: कुछ काम सबसे अलग ही करते थे।

मसलन, नॉर्मल आदमी इस प्रकार के कम्बलों को ओढ़ते समय बालों वाले हिस्से को ऊपर रखते हैं; पर सुखबीर बालों वाले हिस्सेको अन्दर की तरफ रखकर ओढ़ते थे ! उनके विचार से इस प्रकार कम्बल ओढ़ने से शरीर की गर्मी बाहर नहीं

जाती और अच्छी नींद आती है। पर मैंने उनको इस प्रकार कम्बल ओढ़ने पर अक्सर शरीर को खुजलाते देखा था !

उस दिन जब वह अपने ढंग से कम्बल ओढ़े लेटे थे, तो उनको कई बार कर-वटें बदलते तथा शरीर खुजाते पाया। मेरे लिए यह कोई नई बात न थी।

पर थोड़ी देर में जब यह क्रिया सामान्य से कुछ अधिक बढ़ गयी, तो मैंने पूछा : "क्या बात है ?" बोले : "कम्बल के बाल कुछ ज्यादा तंग कर रहे हैं।" मैंने पूछा : "स्लीपिंग सूट नहीं पहने हो ?" बोले : "आज आलस में बनियान पहने ही लेट गया।" मैंने कहा : "भले आदमी, जब कम्बल के बाल गड़ रहे हैं तो सीधा करके क्यों नहीं ओढ़ लेते ?" बोले : "अच्छा, तुम कहते हो तो किये लेता हूं। वैसे इस समय अन्दर गर्मी अच्छी है।" यह कहकर सुखबीर ने कम्बल उलटने के इरादे से पैरों की तरफ फेंका।

जैसे ही मेरी नजर कम्बल के बालों पर पड़ी, सुखबीर के खुजली का रहस्य खुल गया। मैंने एक झटके से सुखबीर के पास से कम्बल अलग फेंका और साथ के दूसरे लड़कों को आवाज दी।

कम्बल एक तरफ पड़ा था। उसके लम्बे ऊनी बालों में एक बड़े काले पहाड़ी बिच्छू का डंक फंसा था और वह बिच्छू उसे छुड़ाने का भरसक प्रयास कर रहा था।

उस दिन यदि उस काले बिच्छू का डंक कम्बल के बालों में न फंस गया होता तो सोचिए क्या होता !

# महाभृंगराज अचरहा तेल

**रामशंकर शर्मा**

बी. एस-सी. में पढ़ता था। यूनीवर्सिटी (जो घर से चार किलोमीटर दूर थी) पैदल ही जाता था। समय से क्लास में पहुंचने के लिए घर से नौ बजे चल देना पड़ता था।

एक दिन नहा कर सर में लगाने के लिए तेल ढूंढ़ रहा था (उन दिनों सरसों का तेल ही लगाते थे)। काफी प्रयास के बाद जब शीशी मिली तो खाली। उधर यूनीवर्सिटी के लिए देर हो रही थी।

सहसा चौके में अचार की बरनी दिखी जिसमें आम की फांकें सरसों के तेल में डूबी हुई थीं। झट बरनी खोल हाथ की उंगलियां डुबो कर सर में तेल लगा लिया और कंघा करके यूनीवर्सिटी चल दिये।

गोमती के मंकी-ब्रिज के पास पीछे से आकर एक साइकिल रुक गयी। देखा हमारे एक सहपाठी श्री जायसवाल खड़े हैं। कहने लगे, "आओ, आगे डंडे पर बैठ जाओ।"

मैं साइकिल के डंडे पर बैठ गया। वह चलाने लगे।

श्री जायसवाल किसी रईस घराने से संबंधित थे। बड़े टिपटॉप रहते थे। अक्सर बताया करते थे—यह जूता इतने का है, यह पैंट इस कपड़े की है, मैं यह ब्लेड इस्तेमाल करता हूं, मैं यह तेल लगाता हूं, आदि-आदि। कुछ दूर चलने के बाद जायसवालजी ने पूछा, "यार तुम तेल कौन-सा लगाते हो?"

शायद मेरा सर उनकी नाक से ज्यादा दूर नहीं था तथा सर में लगे तेल से जो 'सुगंध' निकल रही थी, उसी ने उन्हें यह प्रश्न पूछने के लिए प्रेरित किया होगा।

मैंने भी उस समय के प्रचलित दो-चार तेलों के नाम सुन रखे थे। अतः फौरन जवाब दिया—"महाभृंगराज आंवला लगाता हूं।"

बोले, "सरऊ! अचरहा तेल लगाये हो, औ' कहत हौ महाभृंगराज लगाइत है!"

मैंने कहा, "वैसे लगाता मैं महाभृंगराज आंवला ही हूं। पर आज खत्म हो गया, सो यह विशेष महाभृंगराज अचरहा लगाया है—एकदम नयी ब्रैंड है!"

इतने में यूनीवर्सिटी आ गयी और हम लोग उतर कर क्लास में चले गये।

# अब कभी नकल नहीं करवाऊंगा

**रामशंकर शर्मा**

बात सन् 1946 की है। इण्टरमीडियट बोर्ड की परीक्षा दे रहा था। सेण्टर लखनऊ का कान्यकुब्ज कॉलेज था, जहां का मैं विद्यार्थी भी था।

नीचे के बड़े हॉल में मेरी सीट थी। सीटें इस प्रकार लगायी गयी थीं कि एक लाइन में एक हाई स्कूल के विद्यार्थी उसके बाद इण्टर के विद्यार्थी के बैठने की व्यवस्था थी। इसी प्रकार दायें-बायें भी सीटें आगे-पीछे कर दी गयी थीं ताकि आपस में नकल न हो सके। इस योजना के अनुसार, मेरे आगे, पीछे, दायें तथा बायें हाई स्कूल के विद्यार्थियों की सीटें थीं। इसी प्रकार हाई स्कूल के विद्यार्थियों के आगे-पीछे दांये-बांयें इण्टर वाले विद्यार्थियों की सीटें थीं।

दरवाजे से घुसते ही सामने गैलरी, आने-जाने का रास्ता। इसके अन्त में दो-तीन टेबिलें तथा कुछ कुर्सियां इनविजिलेटर्स के बैठने के लिए पड़ी थीं। इस गैलरी के दायें-बायें करीब सौ-सौ विद्यार्थियों के बैठने की व्यवस्था थी।

मेरी सीट दायें तरफ वाले खण्ड में दरवाजे के पास किनारे से दूसरी कतार में थी। मेरे पीछे दो और आगे सात सीटें थीं। हम लोगों को जो डेस्क मिली थी, वह भी पुराने टाइप की थीं। ऊपर से नीचे को ढलाऊ। ऊपर का तख्ता कीलों से जड़ा, जिसके नीचे बिना दरवाजे का कपबोर्ड था।

हमारे बायीं ओर के हाई स्कूल के विद्यार्थी के आगे वाली सीट पर मेरे एक क्लास-फेलो की सीट थी। इनके बाप डॉक्टर थे और किसी तरह इन्हें भी डॉक्टर बनाना चाहते थे। बायलौजी विशेषकर जूलौजी, इनको अच्छी नहीं लगती थी यादादाश्त से डायग्राम बनाना इनके लिए एक बड़ी समस्या थी। अक्सर प्रैक्टिकल्स कॉपी में डायग्राम मुझ से ही बनवा ले जाते थे।

इम्तिहान शुरू होने के पहले से ही यह मेरे पीछे पड़े थे कि बताओ अब की बार क्या-क्या आने वाला है; कौन-कौन से डायग्रामों की प्रैक्टिस कर ली जाय। मैंने भी अपनी समझ के अनुसार इम्पौटेंट बता दिये थे।

जिस दिन जूलौजी का पर्चा था उस दिन, पर्चा बंट जाने के थोड़ी देर बाद

ही, इन्होंने जूता घिसना और मुड़-मुड़ कर मेरी ओर देखना शुरू कर दिया था क्योंकि पर्चे में मेरे बताये कुल दो ही सवाल थे।

खैर, मैंने तो अपनी तैयारी के अनुसार पर्चा करना शुरू कर दिया। एक सवाल का उत्तर लिख लेने के बाद, मैंने नजर उठा कर अपने सहपाठी की ओर देखा। बड़े मायूस से बैठे थे।

जैसे ही नजरें चार हुईं वह बुदबुदाये: "जो बताया उसमें से तो दो ही आये। अब यह अर्थवर्म का क्रॉस-सेक्शन कैसे बनायेंगे? ब्लॉटिंग पर बना कर नीचे फेंको।"

मैंने सुनी-अनसुनी कर दी और बाकी सवालों का उत्तर लिखने लगा। जब केवल एक सवाल करने को बचा, तो मैंने फिर इनकी ओर देखा। ऐसे घूर रहे थे...मानो मुझे कच्चा ही चबा जायेंगे। घुन्ना कर फिर बुदबुदाये: "अब क्या जब घण्टी बज जायेगी तब फेंकोगे? जल्दी फेंको।" मैंने सोचा, अभी करीब आधा घण्टा बाकी है और सिर्फ एक सवाल ही और करना है। क्यों न बेचारे की मदद कर दी जाय। वह भी क्या याद करेगा!

मैंने ब्लॉटिंग पेपर पर डायग्राम बना कर बायें हाथ में ले लिया। इधर-उधर नजर दौड़ा कर देखा कहीं कोई इनविजिलेटर देख तो नहीं रहा। सोचा, कहीं नकल कराते पकड़ गये तो बड़ी बेइज्जती होगी।

ज्यादातर इनविजिलेटर्स कुर्सियों पर बैठे थे। केवल एक—छंगालाल मालवीय जी—ही दूर पर खड़े थे।

मालवीय जी मुहल्ले में ही रहते थे। सब भाइयों को अच्छी तरह जानते थे। मैं मालवीय जी के हटने का इन्तजार करने लगा। जैसे ही उन्होंने अपना मुंह दूसरी ओर मोड़ा, मैंने धीरे से ब्लॉटिंग पेपर (जिस पर डायग्राम बना था) अपने मित्र की ओर फेंक दिया। ब्लॉटिंग पेपर जमीन पर ऐसे पड़ा था जैसे कहीं कुछ हुआ ही नहीं। मैं सोच रहा था, किस प्रकार अपने मित्र का ध्यान आकर्षित करूं कि मैंने अपना काम कर दिया है, अब तुम जानो और तुम्हारा काम जाने।

थोड़ी देर में देखा, एक रूमाल ब्लॉटिंग पेपर पर पड़ा है। वह कब और कहां से आया, पता नहीं चला। कुछ देर में मेरे मित्र ने झुककर दाहिने हाथ से रूमाल उठा लिया। मेरा फेंका ब्लॉटिंग पेपर गायब था। समझ में आया कि रूमाल के साथ ब्लॉटिंग पेपर भी उनकी डेस्क पर पहुंच गया है।

मैंने इत्मीनान की सांस ली और आखिरी सवाल का जवाब लिखने में जुट गया। उत्तर पूरा होने वाला ही था कि हाथ को थोड़ा विश्राम देने के इरादे से कलम डेस्क पर रखते हुए मैंने अपने मित्र की ओर देखा। बड़ी तन्मयता से वह डायग्राम बनाने में जुटे थे।

अपनी नजर उन पर से हटा कर जब मैंने हॉल में घुमायी तो देखा कि

मालवीय जी दूर खड़े गौर से मेरी ओर देख रहे हैं ! लगा, पकड़े गये। शायद उन्होंने मुझे ब्लॉटिंग पेपर फेंकते देख लिया था, तभी मेरी ओर इतना घूर रहे थे। गिल्टी कांशन्स ! हाथ-पांव फूलने लगे। अब क्या होगा ! कितनी बदनामी होगी। कहां के परोपकार के चक्कर में पड़े। भैया सुनेंगे तो क्या कहेंगे। पसीना छूटने लगा। पानी मांगने की भी हिम्मत न हो रही थी। डेस्क पर नजरें गड़ा लीं। थोड़ी देर में हिम्मत करके फिर नजर उठायी तो मालवीय जी को अब भी अपनी ही ओर घूरते पाया !

समय बीत रहा था। अधूरा सवाल भी पूरा करना था। पर कलम पकड़ने की हिम्मत न हो रही थी। कुछ देर में किसी के चलने की आहट आयी। आंखें उठाकर देखा, तो मालवीय जी इसी ओर चले आ रहे थे। अब तो जान ही सूख गयी पसीने की बूदें डेस्क पर गिरने लगीं। जैसे-जैसे उनके पैरों की आहट नजदीक आती जा रही थी वैसे-वैसे दिल की धड़कन तेज होती जा रही थी। मैंने डर के मारे आंखें बन्द कर लीं।

सहसा चलने की आहट बन्द हो गयी। आवाज आयी : "खड़े होइए।" बस दिल और जोर-जोर से धड़कने लगा। हिम्मत करके मैंने धीरे से आंखें खोलीं तो सामने वाले लड़के की डेस्क के पास मालवीय जी के पैर दिखाई दिये।

मैं उठने ही वाला था कि मालवीय जी को सामने बैठे लड़के की डेस्क में हाथ डालते देखा। हाथ निकालने पर उनके हाथ में एक किताब थी। उस लड़के से वह अपने साथ चलने को कह रहे थे। मेरी जान में जान आयी।

सो, इतनी देर से मुझे नहीं, मेरे सामने बैठे हाई स्कूल के विद्यार्थी को ताड़ रहे थे जो पता नहीं कितनी देर से किताब से नकल कर रहा होगा।

मैंने जल्दी-जल्दी अधूरा सवाल पूरा किया, पर कॉपी रिवाइज करने का समय न मिला। उस दिन मैंने कसम खायी : "अब कभी किसी को नकल नहीं करवाऊंगा।"

# होली पर : कुन्दे की चोरी

**रामशंकर शर्मा**

[प्रसन्नता की बात है कि अवस्थी ने इस अंक में एक संस्मरण लिखा है। इससे भी अधिक प्रसन्नता की बात है कि उन्होंने अकस्मात् (प्रसंगवश) के. सी. डे. लेन, लखनऊ, के 'स्टूडेन्ट्स आर्गनिजेशन' की याद ताजा कर दी है। उस 'स्टूडेन्ट्स आर्गनिजेशन' की हममें से कुछ के विकास में कितनी जबर्दस्त भूमिका रही है, इसका नयी पीढ़ी को लगभग कुछ भी पता नहीं। क्यों उस मोहल्ले में उन दिनों कभी चोरी-चकारी (होली जैसे अवसर पर सुनियोजित चुहल के रूप में 'चोरी' को छोड़ कर) नहीं हुई, क्यों कभी उस मोहल्ले के इर्द-गिर्द दूर-दूर तक हिन्दू-मुस्लिम दंगे नहीं हुए, क्यों वहां कभी संक्रामक रोगों का प्रकोप नही हुआ क्यों स्वस्थ शारीरिक, मानसिक और सांस्कृतिक विकास की प्रवृत्ति ने दृढ़ता पकड़ी, आदि-आदि, ऐसे प्रश्न हैं, जिन पर 'स्टूडेन्ट्स आर्गनिजेशन' संबंधी अवस्थी की सीरीज समुचित प्रकाश डाल सकती है। कोई कारण नहीं कि अवस्थी 'सचेतक' के पाठकों को, हममें से कुछ के जीवन के उस अनूठे अध्याय से, अपरिचित रखें। आशा है, अवस्थी इस सीरीज को लिखने की अपील की उपेक्षा नहीं करेंगे।—सं.]

आज से करीब चालीस साल पहले की बात है।

हम लोग बसन्त पंचमी मना चुके थे और अब होली की तैयारियां करनी थीं। गली के एक सिरे पर, हर साल की तरह, इस साल भी होली जलाई जायेगी। होली के चन्दे से जो लकड़ी लायी जायेगी वह काफी न होगी। और फिर, जितनी बड़ी होली हो उतना ही अच्छा !

इसलिए तय हुआ कि 'स्टूडेन्ट्स आरगनिजेशन' के वालन्टियर होली के लिए लकड़ी जुटायेंगे।

गली के नुक्कड़ पर लकड़ी की एक टाल है जिसमें चैलियों से लेकर बड़े-बड़े लकड़ी के कुन्दे तक बिकते हैं। टाल के मालिक एक बुजुर्ग थे जिनको लोग 'लाला'

कहा करते थे। यह रात में टाल में ही रहते थे। इनको वैसे भी बहुत कम नींद आती थी। और फिर, होली के आस-पास लकड़ी की चोरी के डर से तो और भी नहीं सोते थे! वह अक्सर उठकर टाल के पीछे वाली गली का मुआइना कर लिया करते थे कि कहीं कोई लकड़ी तो नहीं चुरा रहा।

लड़कों ने सोचा, कहीं दूर क्यों जायें, लाला की टाल से ही कुछ लकड़ी के कुन्दे क्यों न लाये जायें!

पर समस्या यह थी कि लाला के जागते कुन्दे हटाना संभव न होगा और लाला को सुलाना या टाल से दूर करना उससे भी मुश्किल होगा। दिन में यह काम हो नहीं सकता था।

काफी सोच-विचार के बाद एक तरकीब समझ में आयी। किसी तरह लाला को बातों में लगाकर उनका ध्यान बंटाया जाय और इसी बीच पीछे वाली गली से कुन्दे गायब किये जायें।

अब समस्या यह थी कि लाला को बातों में लगाये तो कौन लगाये। लड़के-लफाड़ियो ने बात करना शुरू की तो लाला सनक जायेंगे। सो, कोई ऐसा शख्स हो जो देखने में सीधा सज्जन हो, जिस पर लाला को शक भी न हो, और वह लाला को इतने समय के लिए बातों में लगाये रखे कि कम-से-कम दो कुन्दे तो पार हो ही जायें।

हममें से एक ऐसे भी थे जो रोज सुबह-शाम लाला की टाल के सामने से निकलते थे तथा कभी-कभी उनका हालचाल भी पूछ लिया करते थे। इसलिए लाला को बातों में लगाये रखने का काम इन्हीं सज्जन को सौंपा गया। तय यह हुआ कि होली से एक दिन पहले, रात को साढ़े बारह और पौने एक बजे के बीच यह काम होना चाहिए।

साढ़े बारह का समय इसलिए चुना गया कि यह सज्जन उस समय सेकेण्ड शो अंग्रेजी सिनेमा देखकर लौटेंगे और घर जाते समय लाला के हाल-चाल पूछेंगे तथा उन्हें बातों में लगाये रखेंगे।

निश्चित तारीख के दो दिन पहले पीछे वाली गली का निरीक्षण किया गया। वे कुन्दे चुने गये जो सबसे आसानी से हटाये जा सकते थे।

कुन्दे गली की सतह से करीब दस फीट की ऊंचाई तक, एक के ऊपर एक, गरे हुए थे। ऊपर वाले कुन्दों तक पहुंचना भी एक समस्या थी।

तय किया गया कि चार लड़के घुटनों पर हाथ रखकर उकड़ूं खड़े होंगे और उनकी पीठ पर दो लम्बे लड़के खड़े होकर एक-एक कुन्दा—बिना आवाज किये—खिसकायेंगे तथा नीचे अलग खड़े चार लड़के कुन्दों को गली के एक मकान में

पहुंचा देंगे जिसके दरवाजे पहले से ही खुले रखे जायेंगे।

आखिरकार वह रात भी आ गयी जब यह स्कीम कारगर करनी थी। सभी 'टेंस' थे।

निश्चित समय पर 'सज्जन' सेकेण्ड शो सिनेमा देखकर आने की एक्टिंग करते हुए टाल पर आकर लाला से बातें करने लगे। इधर हर टीम अपना-अपना काम करने लगी। पर जब पीठ पर चढ़े लड़कों ने इशारे से बताया कि कुन्दा बहुत भारी है, दो लड़कों से संभलेगा नहीं—तो फौरन ही एक और टोली तैयार की गयी और पहली टोली का साथ देने लगी।

कुन्दा सचमुच ही भारी था, यह मैं निश्चय से कह सकता हूं क्योंकि झुके हुए लड़कों में, जिनकी पीठ पर कुन्दा उतारने वाले खड़े थे, मैं भी था। जैसे ही इन लोगों ने कुन्दा उठाया, लगा कि घुटने मुड़ जायेंगे और सब गिर पड़ेंगे। पर डर यह था कि कहीं कुन्दा हाथों से फिसला तो हम लोगों के तो हाथ-पैर ही सही-सलामत नहीं बचेंगे। सब पसीने-पसीने हो रहे थे।

आखिर एक कुन्दा किसी तरह पार किया गया और दूसरे को हटाने की तैयारी की गयी। पर ऊपर चढ़े लड़कों ने जैसे ही दूसरे कुन्दे में हाथ लगाया कि कुन्दों के उस ढेर का संतुलन बिगड़ गया और दो-तीन कुन्दे धमाके के साथ लाला की टाल में ही गिर पड़े।

फिर क्या था ! इधर भगदड़ पड़ गयी थी, उधर लाला हाथ में लाठी लेकर गली की तरफ भाग रहे थे। और वह 'सज्जन' व्यक्ति, जो अभी तक लाला को 'पेरिस के कुबड़े' की कहानी सुना रहे थे, उन्हें रोकते हुए जोर-जोर से समझा रहे थे :

"लाला ! कुन्दे गिराकर आप को दुकान से हटाने की यह चोरों की साजिश है। आप यहां से हटे नहीं कि वे टाल में घुस कर सामने से ही लकड़ी चुरा ले जायेंगे, हां ! ..."

लाला जमाने को गालियां देते टाल में लौट आये और कुन्दों के ढेर को देखने लगे।

पर चूंकि कुन्दों के गिर जाने से ढेर बिगड़ गया था, इसलिए वह यह न भांप पाये कि इसमें से एक बड़ा कुन्दा गायब हो चुका है !

इसके पहले कि लाला को, शक हो यह सज्जन व्यक्ति भी, लाला को सांत्वना देते हुए वहां से खिसक लिये।

आपकी सूचना के लिए यह सज्जन व्यक्ति, जिन्होंने कभी होली की लकड़ी की चोरी में हाथ बंटाया था, आजकल 'सचेतक' की सम्पादकी करते हैं। वैसे यदि आप उनसे इस घटना के बारे में कुछ पूछेंगे तो उन्हें याद नहीं होगा क्योंकि बात काफी पुरानी है।

# हैट-ट्रिक

**रामशंकर शर्मा**

बिहार में रांची के पठार से निकल दक्षिण-पूर्व की ओर बहती सुवर्ण-रेखा नदी बंगाल की खाड़ी में मिल जाती है। इस नदी का नाम सुवर्ण-रेखा इसलिए पड़ा क्योंकि इसकी रेत में सुवर्ण कण पाये जाते हैं। आज भी कुछ स्थानों पर इसकी रेती में सुवर्ण कण निकालते लोग दिख जाते हैं।

इसी नदी के किनारे जमशेदपुर से करीब 30 किलोमीटर दूर पूर्व की ओर घाटशिला नामक एक छोटा-सा शहर है। कहते हैं कि विभूति बाबू ने अपने प्रसिद्ध उपन्यास 'पाथेर पांचाली' की रचना यहीं के शांत वातावरण में बैठकर की थी।

इसके अतिरिक्त, भारतीय भूगर्भशास्त्रियों के लिए यह स्थान विशेष महत्त्व का है क्योंकि यहां से प्रायः तीन किलोमीटर दूर पश्चिम की ओर माउभंडार नामक स्थान पर भारत का प्रथम तांबा निकालने का कारखाना स्थापित किया गया था जो आज भी हिन्दुस्तान कॉपर कॉरपोरेशन के संरक्षण में सक्रिय है।

इस कारखाने में काम करने वालों के मनोरंजन के लिए फुटबॉल खेलने का एक मैदान तैयार किया गया था। इसी फुटबॉल ग्राउण्ड पर दिसम्बर 1953 में जी. एस. आई. (जियौलॉजिकल सर्वे ऑफ इण्डिया) के ट्रेनिंग कैम्प के तम्बू लगे हुए थे।

इस कैम्प मैं भी एक ट्रेनी था। हमारे कैम्प में बीस ऑफीसर ट्रेनीज, चार ट्रेनर्स, एक कैम्प इन्चार्ज तथा अन्य स्टाफ था। इन बीस ट्रेनीज में जी. एस. आई. के नये लिए गये अफसरों के अतिरिक्त स्टेट गवर्नमेण्ट तथा विश्वविद्यालयों से आये ट्रेनीज भी थे।

हमारे ट्रेनर्स में एक राव साहब थे। काफी अनुभवी। बिहार-उड़ीसा के खनिज-प्रधान प्रदेश में काफी दिनों से काम कर रहे थे। बड़े ही स्ट्रिक्ट डिसिप्लिन वाले। ट्रेनीज को अक्सर इनकी डांट सहनी पड़ती थी।

इनके पास एक बहुत ही पुराना सोला हैट था जिसकी छत धंस गयी थी तथा छज्जा कई जगहों से आगे को झुक चुका था।

इनके सर में इफरात से लगाये गये नारियल के तेल को इतने दिनों से उसने काफी सोखा था जिसके फलस्वरूप ऐसा लगता था जैसे हैट में कोई रिबन बंधा हो। शायद जब से उन्होंने सर्विस की थी, तब से इसी हैट को इस्तेमाल कर रहे थे।

आ बैल मुझे मार ! एक दिन एक ट्रेनी ने सहज भाव से इनसे कह ही तो दिया कि आपका हैट बहुत पुराना हो गया है दूसरा ले लीजिए।

फिर क्या था ! पड़ने लगी झाड़—कुछ इस प्रकार : "तुम्हें मालूम नहीं मुझे इस हैट से कितना लगाव है ? इसने कितने बीहड़ जंगलों में मेरा साथ दिया है ? काला हांडी के जंगलों में जहां नरभक्षी बाघ घूमते थे मैंने इसी हैट को लगाकर काम किया था ; इससे मुझे सेण्टीमेण्टल अटैचमेण्ट हो गया है। मैं इसे किसी कीमत पर नहीं छोड़ सकता।"

ट्रेनी मौका पाते ही जान बचाकर भागा। बात आयी-गयी हो गयी।

माउभण्डार का यह कैम्प हम लोगों का तीसरा और अन्तिम कैम्प था जिसके बाद हेडक्वार्टर कलकत्ता वापस लौट जाना था। इससे पहले चसनाला (झरिया कोल फील्ड) तथा चाईबासा (सिंहभूमि जिले के हैडक्वार्टर) में कैम्प लग चुके थे। हर कैम्प खत्म होने के पहले एक छोटी-मोटी कैम्प-फायर करने की प्रथा-सी बन गयी थी। इस बार सबकी इच्छा थी कि बढ़िया-सा कैम्प-फायर किया जाय, ऐसा जिसे सब याद रखें; पता नहीं फिर कौन किससे कब मिले—विशेषकर बाहर के आये ट्रेनीज। कैम्प-फायर के लिए प्रोग्राम बनने लगे। कुछ लोगों का कहना था कि राव ने बहुत झाड़ पिलायी है, उन्हें कुछ ऐसा 'देना' चाहिए जो उन्हें बहुत दिनों तक हम लोगों की याद दिलाता रहे।

एक आइडिया आया। क्यों न राव के हैट को कैम्प-फायर के हवाले किया जाय और उसके बदले एक नया हैट उन्हें प्रेजेण्ट किया जाय क्योंकि यूं तो वह उस हैट का पीछा छोड़ेंगे नहीं। कुछ लोगों ने इस योजना पर आपत्ति की। उनका कहना था, "ये यूनीवर्सिटी और स्टेट वाले तो अपने-अपने घर चले जायेंगे, इसलिए इनका कोई कुछ नहीं बिगाड़ सकेगा। पर हमें तो जी. एस. आई. में आगे नौकरी करना है ! खुदा न खास्ता राव कहीं हमारे एस. जी. (सुपरिण्टेण्डिग जियौलॉजिस्ट) बन गये तो शर्तिया हमारी सी. आर. (कान्फीडैन्शियल रिपोर्ट) खराब कर देंगे। ने बाबा न ! पानी में रहकर मगर से बैर करना ठीक नहीं।"

सारी स्कीम फेल होती नजर आने लगी। लोग-बाग राव का हैट जलाने का जोखिम उठाने को तैयार नहीं थे। सोचा, क्यों न उस हैट की जगह उसी तरह का एक दूसरा हैट आग में डाल दिया जाये। लोगो को लगेगा, राव का हैट ही जलाया गया है ! राव थोड़े लाल-पीले होंगे, बाद में उनका वास्तविक हैट उन्हें

वापस कर दिया जायेगा। सांप भी मर जायेगा, लाठी भी नहीं टूटेगी। इस स्कीम से सब सहमत हो गये।

अब दो समस्याएं थीं। एक तो यह कि राव के हैट से मिलता-जुलता दूसरा हैट कहां से लाया जाय। दूसरी यह कि राव का ओरिजिनल हैट कैसे पार किया जाय। पहली समस्या के समाधान के लिए जिन-जिन के पास पुराने हैट थे, लाने को कहा गया।

जब पुराने हैट आ गये तो उनमें से एक हैट चुना गया। फिर उसकी छत दबायी गयी। छज्जा टेढ़ा किया गया। एक ट्रेनी की ड्यूटी लगायी गयी कि उसके छज्जे और दीवार के जोड़ पर खूब तेल लगाओ और मिट्टी डालो। जब तक वह राव के हैट से मिलता-जुलता न लगने लगे, ऐसा ही करते रहो।

अभी कैम्प-फायर होने में एक सप्ताह बाकी था। काफी टाइम है।

लेकिन दूसरी समस्या ? यानी राव का हैट चुराने की। राव तो उसी हैट को लेकर फील्ड वर्क पर जाते। दिन को तम्बू में रहते। केवल शाम को बॉलीबाल खेलने आते। पर उस समय भी उनका नौकर तम्बू की निगरानी करता था।

काफी सोच-विचार के बाद अन्त में यह फैसला हुआ कि हैट कैम्प-फायर वाले दिन शाम को अंधेरे में पार किया जाय—अर्थात्, जब सब लोग कैम्प-फायर के लिए बैठ चुके हों नौकर को किसी बहाने वहां से हटा दिया जायेगा। पर सवाल था : हैट राव के तम्बू से लायेगा कौन ?

इसके लिए कैम्प के सबसे सीधे और डरपोक ट्रेनी को चुना गया। वह राव का चहेता भी था। अक्सर उनके तम्बू में कुछ पूछने-पाछने जाता रहता था।

सोचा गया, वैसे तो कहने से वह मानेगा नहीं। कुछ डराना-धमकाना पड़ेगा। पर, उसने कहीं इन्चार्ज से शिकायत कर दी, तो लेने के देने पड़ जायेंगे।

अब सोचा गया : क्यों न इन्चार्ज को बताकर ही सब काम किया जाय, ताकि बाद में कोई बखेड़ा न खड़ा हो !

समय देख, यानी जब इन्चार्ज़ अपने तम्बू में अकेले थे, दो-तीन ट्रेनीज उनके पास पहुंचे। उन्हें अपनी स्कीम बतायी। सुनकर कुछ देर तो वह सोचते रहे, फिर मुस्कराये। बोले : "गो एहेड ! आई एम विद यू।" फिर क्या था ! कैम्प-फायर की तैयारियां पूरे जोर-शोर से होने लगीं।

और अब आयी कैम्प-फायर वाली शाम। राव के चहेते को चुपचाप अलग बुलाकर एक ट्रेनी ने समझाया : "जो कुछ कहा जाय उसे चुपचाप करना, वरना हाथ-

पैर तोड़ दिये जायेंगे।"

पहले तो वह नहीं माना। इन्चार्ज से शिकायत करने को कहने लगा। पर जब उसे बताया गया कि इन्चार्ज को पहले ही सब बता दिया गया है, कोई डरने की बात नहीं—तो बड़े अनमने भाव से वह हैट लाने को तैयार हो गया।

मौका देख, एक सज्जन ने राव के नौकर को पास की पान की दुकान से सिगरेट लाने के लिए भेज दिया—इस शर्त पर कि उसके लौट आने तक वह खुद वहीं खड़े रहकर तम्बू की रखवाली करते रहेंगे।

नौकर के जाने के थोड़ी देर बाद वह सीधा-सादा दब्बू ट्रेनी राव के टेण्ट में घुसा और कुछ ही क्षणों में हैट लेकर बाहर आ गया।

कैम्प-फायर का प्रोग्राम शुरू हुआ। सब ट्रेनर्स तथा ट्रेनीज जमीन पर बिछी दरियों पर बैठे थे। राव की बगल में इन्चार्ज बैठे थे। आग जलायी गयी। कुछ गाने, कव्वाली तथा नकल-नबीसी के आइटम हुए। इसके बाद प्रोग्राम के संचालक ने घोषणा की : "अब आप लोगों के सामने एक विशेष आइटम 'जादू का खेल' प्रस्तुत किया जायेगा।"

जादूगर के रूप में काला चोगा पहने, कंधे पर एक बड़ा-सा झोला लटकाये, एक सज्जन आकर खड़े हो गये।

आग काफी धीमी पड़ चुकी थी। पैट्रोमैक्स भी दूर पर रखे हुए थे। इस धुंधलके में दूर से किसी चीज को ठीक से पहचान पाना कठिन था।

जादूगर ने कहना शुरू किया : "कुछ लोगों को पुरानी चीजों से खास लगाव होता है। वे उनसे किसी कीमत पर अलग नहीं होना चाहते। ऐसे ही हमारे एक ट्रेनर हैं जिनको अपने पुराने हैट से बड़ा लगाव है। जब तक वह उनके पास रहेगा वह नया हैट नहीं खरीदेंगे। यहां बैठे कुछ लोगों ने मुझसे कहा है कि मैं उस पुराने हैट को गायब कर दूं तथा उसकी जगह एक नया हैट बुला दूं जिसे ये लोग अपने ट्रेनर को प्रजेण्ट करें। मैंने इनकी दरख्वास्त मंजूर कर ली है। अब मैं जादू के जोर से पुराने हैट को ट्रेनर के तम्बू से यहां बुलाऊंगा ताकि आप सब उसे ठीक से पहचान सकें। उसके बाद मैं क्या करूंगा, आप खुद देखते जाइए।"

जादूगर ने कुछ 'गिली-गिली', 'विली-विली' किया कुछ अगड़म-बगड़म कहा और फिर अपने झोले से एक हैट निकाला। सबको दिखाया। पूछा : "है न यह मिस्टर राव का ही हैट?" सबने कहा : "हां!" हैट, कैम्प इन्चार्ज को भी दिखाया गया।

जैसे ही पास बैठे राव ने हैट देखा, वह आग-बबूला हो उठे : "हाउ इट हैज कम हियर! आई विस सी दि पर्सन हु हैज रिमूव्ड इट फ्रॉम माई टेण्ट।"

इन्चार्ज ने उनको समझाते हुए कहा, "ठीक है, माना कि यह तुम्हारा ही हैट

है, पर देखें तो यह जादूगर क्या करता है" कहकर उन्होंने हैट जादूगर को वापस कर दिया ।

जादूगर हैट लेकर आग के पास आ गया। हैट उसने अपने झोले में डाल लिया। फिर आंखें बन्द करके कुछ मंत्र पढ़ने लगा। थोड़ी देर में उसने झोले से हैट निकाला और सबको दिखाते हुए बोला: "अब मैं इसे आब में जलाकर राख कर दूंगा और फिर जादू के जोर से जैसा का तैसा वापस बुला लूंगा ।"

उसका इतना कहना था कि राव उचककर जादूगर की ओर लपके, पर पेश्तर इसके कि वह उसके पास पहुंच पायें, जादूगर ने हैट को आग में फेंक दिया।

अब क्या था ! इन्चार्ज और ट्रेनर्स राव को पकड़ने की कोशिश कर रहे थे। पर वह थे कि किसी के काबू में नहीं आ रहे थे। मारे गुस्से के मुंह लाल। कुछ बोल भी नहीं पा रहे थे। इस समय वह जादूगर अगर उनकी पकड़ में आ जाता, तो निश्चय ही उसकी हड्डी-पसली एक हो जाती।

खैर, किसी तरह उनको काबू में किया गया। चारों तरफ सन्नाटा छा गया। जादूगर छिपकर प्रोग्राम के संचालक के पीछे खड़ा हो गया।

कुछ देर में जब थोड़ी शान्ति हुई, तो इन्चार्ज ने कहा: "व्हियर इज दि हैट-मैंजीशियन ? आस्क हिम टु कमलीट दि शो।"

डरते-डरते जादूगर सामने आया। पर वह राव के ठीक सामने, आग के दूसरी ओर, खड़ा हुआ। डरते-डरते उसने कहना शुरू किया : "जैसा मैंने पहले कहा था, अब मैं जादू के जोर से उस हैट को वापस बुलाऊंगा।" कुछ अगड़म-बगड़म बकने के बाद उसने झोले से फिर एक हैट निकाला । पर यह क्या ! यह हैट तो बिल्कुल वैसा ही था जैसा उसने अभी-अभी आग में जलाकर खाक कर दिया था। सब लोग आश्चर्य से उस हैट को देखने लगे। जादूगर ने हैट, प्रोग्राम-संचालक को दिया। उन्होंने उसे इन्चार्ज को दे दिया। जादूगर की हिम्मत खुद जाकर इन्चार्ज को हैट दिखाने की नहीं हो रही थी क्योंकि उनकी बगल में ही राव बैठे हुए थे। इन्चार्ज ने हैट उलट-पलटकर देखा फिर राव की ओर बढ़ा दिया। राव देखी-अनदेखी करते हुए दूसरी ओर देखने लगे।

इन्चार्ज ने राव से कहा : "प्लीज सी इफ इट इज योर हैट ?" राव ने गुस्से में कहा : "हाउ कैन इट बि माई हैट ? दैट हैज बीन थ्रोन इन दि फायर !" इन्चार्ज ने कहा: "स्टिल यू सी इट !" बड़े बेमन से राव ने हैट पर नजर डाली। अरे, यह तो उन्हीं का हैट था ! उन्होंने इन्चार्ज के हाथ से हैट छीन लिया। उलट-पलटकर देखा। चेहरे पर का तनाव कुछ कम हुआ। हैट लेकर उठने लगे, पर इन्चार्ज ने हाथ पकड़कर बैठा लिया।

प्रोग्राम का समापन करते हुए संचालक ने कहा: "सर से रिक्वेस्ट है कि जिन

सज्जन का हैट आग में फेंका गया था, उन्हें एक नया हैट प्रेजेण्ट करें।" यह कह कर उन्होंने सर के हाथ में एक नया हैट दे दिया। बड़े जोर से तालियां बजीं। और, तनाव का वातावरण हंसी-खुशी में बदल गया।

दरअसल रोशनी की कमी की वजह से ओरिजिनल और डुप्लीकेट हैटों को पहचानना सचमुच कठिन हो गया था। अन्त में राव को उनका लाड़ला हैट मिल गया और एक ट्रेनी को नया हैट।

कहना न होगा कि सारे प्रोग्राम का संचालन मैं ही कर रहा था। और इस प्रकार पूरी हुई हमारी हैट-ट्रिक !

# हमारी भाभो

धनवंत कुमारी शर्मा

भाभो की युवावस्था की तस्वीर आज भी बिलकुल ताजा है। रंग गोरा, कुछ लाली लिये हुए। लम्बा स्वस्थ शरीर, बड़ी-बड़ी आंखें, चौड़े माथे पर रोली की लाल बिन्दी। नाक में सोने की लौंग, कानों में नगों के टॉप्स और गले में सोने की एक चेन। सोने की चेन उन्हें परेशान करती थी। वह चौके में और घर के बाहर भी गरमी-सरदी में चेन से गले में दिक्कत महसूस करती थीं। जब-तब चेन को उतारकर अपने तकिये के नीचे रख लेती थीं।

भाभो का नाम सरस्वती था। उनके चाचा उन्हें सुरती कहते थे तथा भाई बीबी कहते थे। ससुराल में बड़े—ससुर, सास, जेठ—उन्हें 'बैजो की बहू' कह कर सम्बोधित करते थे। उनकी ननदें, देवर व हम बच्चे उन्हें 'भाभो' तथा नौकर, ड्राइवर, कोचवान 'बहूजी' कहते थे। सरस्वती नाम था, किन्तु वह पढ़ी-लिखी नहीं थीं जबकि हमारी बुआएं, मामी और यहां तक कि पिताजी की बुआ भी पढ़ी-लिखी थीं। रामायण, गीता, भागवत, आदि, पिताजी की बुआ रोज पढ़ती थीं। बुआएं चिट्ठी-पत्री खूब लिखती थीं। भाभो हिन्दी अक्षर-ज्ञान न होने पर भी अच्छे-अच्छे पढ़े-लिखों से ज्यादा ज्ञान रखती थीं। अपने हस्ताक्षर जरूरी कागजों पर एक जैसे ही करती थीं। पिताजी की बुआ से दोपहर में रामायण सुनती थीं। पम्मो बहनजी से दिन में अखबार पढ़वा कर सुनती थीं तथा रात को सोने से पहले 'कालाचोर', 'गुलाबकावली', 'चन्द्रकान्ता सन्तति', 'हंस', 'सरस्वती', 'चांद' 'मतवाला' (जी हां, 'मतवाला' हमारे घर आता था) आदि पुस्तकों-पत्रिकाओं को पढ़वा कर सुनती थीं।

हां, जब हमारे 'पोस्टर' बनते तो वह हमारे पोस्टरों की लाइनें देख-देख कर नकल कर देती थीं!

उनको ड्राइंग का सहज-ज्ञान था। बूंदें-बूंदें बना कर फिर उन्हें मिलाकर अच्छे फूल-पत्ते व जानवरों की आकृतियां बना लेती थीं। दीवाली पर दीवार पर 'होई माता' का रंगों से सजा चित्र हर वर्ष बनाती थीं। सलूनों पर दरवाजों

के इधर-उधर चिड़ियां, तोते, हाथी, घोड़े बना देती थीं । बिना परकार की सहायता के धोती के छोर को केन्द्र-बिन्दु की तरह दीवार पर रख, धोती के उसी पल्लू को एक निश्चित दूरी तक पकड़ कर उस छोर या बिन्दु के चारों ओर इस तरह घुमाती थीं कि वृत्त बन जाता था । वृत्त का विभाजन करके विभिन्न आकृतियां बनाती थीं ।

जब भाभो ब्याह कर आयी थीं, तब घर में सिलाई मशीन न थी । भाभो हाथ से ही मरदों की कमीजें-कुर्ते तथा पैंजामे सीती थीं । धातु की चेन में बटन लगी पूरी बांह की कमीज भी बनाती थीं । हरीनगर के घर में मुझे क्या सूझी कि मैंने भाभो से फरमाइश की कि कदम के लिए एक पूरी बांह की कमीज और चूड़ीदार पैंजामा बना दें । भाभो ने दुखी होकर कहा : "अरे अब कह रही है जब मैं भूल-सा गयी हूं । अब तो न कैंची चले है, न सुई पिरे है । जब तो तूने सीखा नहीं ।" खैर, उन्होंने मशीन पर कमीज सी और उसमें जजीर लगे मेटल के बटन लगाये । मुझे वह बड़ी ही अच्छी लगी ।

कुसुम को जब एक बार भारत से इंग्लैण्ड अकेले ही जाना पड़ा, तो भाभो उसे बिदा करने दिल्ली आयी थीं । उनके साथ एक बिस्तरबन्द था जो उन्होंने खुद ही बनाया था । और, वह देखने लायक था । आपने 'शक्ति भोग' आटे के थैले तो देखे ही होंगे । भाभो ने उन थैलों को जोड़-जोड़ कर बिलकुल कैन्वास के बिस्तरबन्द की तरह का ही अपना बिस्तरबन्द बना लिया था; उसके बाहर की तरफ पॉकेट भी थी तथा पेटी में बकसुये भी लगे थे ।

हमारे घर में बड़े-बड़े दो पलंग थे । एक बार भाभो ने पलंग की पूरी निवाड़ खुद बुनी । हमारा घरेलू बढ़ई दुलीराम था । उससे बुनने का अड्डा, हत्था, आदि, बनवा लिया । चरखे पर कते सूत की पौनी और बुनने की डोरी को गौख से कमरों में, कमरों से हॉल में, और बाहर बनी बालकनी तक पूर डाला । उन्हीं दिनों कृपो भाई की ससुराल से कुछ मेहमान, मिलने आये । उन्होंने देखा—घर में सुन्दर व साफ कालीन भी बिछा है और ऊपर से निवाड़ का ताना-बाना भी पुरा हुआ है । यह ताना-बाना महीनों पड़ा रहा । दोपहर के खाली समय में भाभो इसे बुनतीं । हम भी कभी-कभी हाथ मार देते ।

बाबूजी के जेल जाने पर तो भाभो को और भी सक्रिय देखा । दोपहर में चरखा चलातीं । सूत की पोनियां एक खटीक औरत, जिसका नाम 'धन्नो' था, ले जाती थी और दरियां बुनकर दे जाती थी ।

दुबली-पतली और चुस्त वह 'धन्नो' लहंगा, फरिया और गुरगाबी जूते पहनती थी । सर पर सूत की गठरी उठाकर अपने निवासस्थान खटीक पाड़े ले जाती और फिर नयी दरी बुनकर, किनारों पर लाल-नीली धारियां डाल कर दे जाती थी ।

भाभो को पेड़-पौधे लगाने का भी जबर्दस्त शोक था। अक्सर बाबूजी से चर्चा करतीं : "एक मैदान ले लो। एक ओर आम, अमरूद, नींबू, आदि के पेड़ लगाऊंगी और दूसरी ओर फूल लगाऊंगी।" घूमने जाते समय मोटर से ज्यादा घोड़ा-गाड़ी उन्हें पसन्द थी। तरह-तरह की फलियां, पत्तियां इकट्ठी कर लेतीं तथा खूब घूमतीं। पीपल के पत्तों से सोंटी बनाकर हमें दे देतीं। आम की गुठली को घिसकर बाजा बनातीं। बाबूजी कहते : "तुम तो जंगल की रानी हो।"

इन्हीं दिनों (आगरे के) दिल्ली गेट के पास गड्ढों में बसे लोगों के घर तबाह हो गये थे। वहां के काफी लोगों को बागमुजफ्फर खां वाले हमारे नये मकान में सुरक्षा देने के लिए ठहराया गया। भाभो बड़े-बड़े परांठे बनाती, सूखी सब्जी बनातीं और एक बड़ी डलिया में भर कर शरणार्थियों को देकर आतीं।

आंगन के बाद जो चबूतरा था उस पर चढ़ने के लिए आंगन व चबूतरे के बीच सीढ़ियां थीं। सीढ़ियों पर भाभो ने तरह-तरह के फूलों के गमले सजाये थे। हमारे घर में फूलों के अलावा कुछ ऐसे पौधे भी थे जिनकी पत्तियों का इस्तेमाल दवाई के रूप में किया जा सकता था। फोड़े-फुन्सी होने पर चटरपट्टे के पत्तों को बांध लेते थे। कान में दर्द होने पर ग्वार पट्ठा के पत्ते का रस काम में लाया जाता था। अजवाइन के पत्ते भी थे। अदरक एक गमले में दबा दी जाती थी और वह खराब नहीं होती थी। अरबी के पत्ते पतोड़ बनाने के काम आते थे। एक अंजीर का पेड़ भी था। कचनार का पेड़ इतना लम्बा हो गया था कि तीन मंजिल तक जा पहुंचा।

एक पेड़ आंगन के बीच में था। इस पेड़ से जुड़ा एक किस्सा कभी नहीं भूलता। बात तब की है, जब बाबूजी का देहान्त हो चुका था। घर की जिम्मेदारी भाभो संभाले थीं। एक दिन भाभो बहनजी के घर राजामण्डी गयी थीं। गर्मियों के दिन थे! हम सब लोग उस रात छत पर थे। रात के लगभग नौ-दस बजे थे। अचानक आंगन से पानी बहने और बाल्टी की खट-खट की आवाज आने लगी। मामाजी ने आवाज दी : "कौन है नीचे ?" कोई जवाब नहीं आया। सब हैरान कि कौन घुस आया घर में। डण्डा लेकर छत से नीचें आये। टार्च जलाकर घर का कोना-कोना छान डाला। कहीं कोई न मिला। सभी ने कुछ देर पहले नीचे से आती आवाज साफ सुनी थी, लेकिन अब नीचे कोई दिखायी नहीं दिया। पानी से फर्श भी गीला था। फाटक अन्दर से बन्द था। सब परेशान और घबराये हुए! भाभो को याद करने लगे कि आज ही वह नहीं हैं घर में, और यह मुसीबत सामने खड़ी है। वह होतीं तो इतनी चिन्ता न रहती क्योंकि ऐसी स्थितियों से निबटना वह खूब जानती थीं। उनके रहते मजाल क्या जो कोई घर में घुसे और ऐसे दुबक जाय।

थोड़ी देर में देखा क्या कि पेड़ पर से भाभो आंगन में कूद पड़ीं। सब को

डांट पिलायी कि फाटक खुला छोड़ सब छत पर ठण्डी हवा में सोने चले गये। यदि कोई चोर-उचक्का बड़े आराम से घर में घुस आता तो ! ऐसी लापरवाही पर हम सब शर्मिन्दा थे। डांटने से पहले उन्होंने नहा कर पेड़ पर छिपने का जो नाटक किया, उसने हमें अच्छा सबक सिखाया।

हमारी परेशानी और बदहवासी देखने लायक थी। और भाभो थीं कि पेड़ पर बैठी स्थिति का मजा लेती रही थीं।

एक बार काशी की कोहनी की हड्डी टूट गयी। कोहनी में ऑपरेशन करके टूटी हड्डी को जोड़ना था। आगरा में अच्छे इलाज की गुंजाइश न देख, बाबूजी—भाभो, कृपो भाई व काशी को लेकर—दिल्ली आये। दिल्ली के सुप्रसिद्ध डॉ. सेन के नर्सिंग होम में काशी का ऑपरेशन हुआ।

ऑपरेशन के तुरन्त बाद किसी केस के सिलसिले में बाबूजी को आगरा वापस जाना पड़ा। काशी के पास कृपो भाई व भाभो रह गये।

एक दिन काशी की तबियत बहुत खराब हो गयी। डॉ सेन भी परेशान हो गये। काशी के पास बैठकर वह काशी का निरीक्षण करते और किताब खोलकर काशी के लक्षणों को देख कुछ स्टडी करने लगते।

भाभो कृपो भाई के साथ दूसरे कमरे में थीं। उन्होंने झांककर देखा कि डॉक्टर बहुत परेशान हैं। कृपो भाई से बोलीं : "अरे, यह डॉक्टर इतना भी नहीं समझ रहे कि काशी को मलेरिया है। मैं जाकर बताती हूं।" कृपो भाई ने भाभो को रोका : "इतने बड़े डॉक्टर हैं। तुम उन्हें क्या बताओगी ? उन्हें पढ़ने दो।" मगर भाभो कब मानने वाली थीं। घुस गयीं डॉक्टर के कमरे में और बड़ी निडरता से से बोलीं : "आप इसको मलेरिया की दवा दो।" डॉक्टर सेन चौंक पड़े। बोले : "अरे, आपने सही कहा। मैं न जाने क्या-क्या पढ़ रहा हू ! मलेरिया की तरफ ध्यान ही न गया !" यह किस्सा बाद में डॉ. सेन ने बाबूजी को बताया और कहा : "माताजी तो बहुत अनुभवी हैं।"

पढ़ाई-लिखाई से ही सम्बन्धित हिसाब-किताब के विषय में बता दूं कि घर के लम्बे-चौड़े खर्चे भाभो द्वारा ही होते थे। बाबूजी का सरोकार तो बैंकों तक ही था। कभी कोई खरीदारी उनके द्वारा नहीं होती थी। हां, जब बहनें ससुराल जातीं तो भाभो से पूछते : "क्या-क्या लाना है ?" भाभो का जवाब होता : "सब कुछ आ गया है।" बाबूजी को कुछ नहीं सूझता तो कहते : "जूते-चप्पल व मौजे ही खरीद देता हूं।" दालमोठ-पेठा, गन्धक बटी, हलुआसोहन, पहलवान का दाल मसाला ही बाबूजी विदा वाले दिन खरीद कर लाते। कपड़ा-लत्ता सब भाभो तैयार रखती थीं।

हम खर्चा लिखकर फिर जोड़ करते थे—जबकि भाभो का जोड़ उंगलियों पर, और हमसे पहले होता था। सवा, ढाई, पौने का हिसाब बिना लिखे ही वह ठीक लगा लेती थीं। कपड़े को गज के स्थान पर हाथों से नापती थीं; बालिश्त का भी इस्तेमाल करती थीं। उनकी माप ठीक ही बैठती थी। पिताजी अक्सर उन्हें 'इंजीनियर की बेटी' भी कहा करते थे।

मकान बनवाने से बाबू जी को बड़ी चिढ़ थी। वह भाभो को खूब डांटते थे। भाभो धोती लपेटे चुपचाप बाबूजी को पंखा करती रहतीं। (यह डांट-डपट केवल खाना खाते समय ही होती थी क्योंकि घर की ओर ध्यान देने का बाबूजी को कोई दूसरा समय मिल ही नहीं पाता था।) बाबूजी कहते : "कल से एक भी मजदूर घर में दिखा तो मैं घर छोड़ दूंगा। सारे दिन का थका-हारा घर आता हूं, तो यहां सारा घर मिट्टी-ईंटों से भरा मिलता है। तुम्हारे वह बढ़ई दुलीराम व मिस्त्री रेवती मुझे जरा भी अच्छे नहीं लगते। मुझे इनकी सूरत से नफरत है। कोई आलीशान मकान मुझे नहीं चाहिए। मेरे लिए बाहर का कमरा और चबूतरा ही बहुत है। तुम तीन मंजिल का जो ताजिया उठवा रही हो, किसी दिन सब भरभरा कर बैठ जाएगा।" भाभो उनकी खरी-खोटी चुपचाप सुनती रहतीं और पंखा झलती रहतीं। फिर धीरे से कहतीं : "तुमसे मैं कुछ करने को थोड़े ही कहती हूं। तुम गर्मी में एक महीने को मन्सूरी चले जाओ, सब काम पूरा हो जायेगा।"

घर में शौचालय के पास से घुमावदार जीना निकलता था। शौचालय पुराने जमाने का था। भाभो के दिमाग में इसी जगह टाइल्स वाला बड़ा शौचालय बनवाने की बात आयी। जीना चौड़ा भी हो और कम घुमाव वाला भी। बाबूजी को वह उसका नक्शा बना कर समझाने की कोशिश करती रहीं। पर बाबूजी का गुस्सा बढ़ता गया। झल्लाकर बोले : "तुम टाइल्स वाला शौचालय इतना छोटा बनवाओगी कि मेरे जैसा मोटा आदमी उसमें घुटकर मर जायेगा। मैं यह नहीं होने दूंगा!" भाभो ने समझाया : "देखो इसमें सीढ़ियां नहीं चढ़नी होंगी। खिड़की होगी और दरवाजा बड़ा होगा। नल भी होगा।" पर बाबूजी का गुस्सा शान्त नहीं हुआ। बोले : "मैं गरमी में मसूरी जा रहा हूं। जो तुम्हारे जी में आये, करो।"

भाभो का काम चालू हो गया। शौचालय इतना सुन्दर बना कि लोग उसे देखकर दंग रह जाते। बाबूजी मसूरी से आये।

शौचालय देखा तो बोले : "इसमें बस एक बिजली का पंखा लगवाने की कसर रह गयी। वह तो तुमने कमाल कर दिया भई। सचमुच पूरी इन्जीनियर हो।"

बाबूजी का लक्ष्य था : भारत की स्वतन्त्रता। घरेलू सुविधा-असुविधा, फल-फूल, पेड़-पौधे, सब उनके लिए गौण थे। बीवी-बच्चे, घर-गृहस्थी, उन्हें बहुत प्यारे थे, मगर देशप्रेम उससे भी ज्यादा गहरा था। देशप्रेम के उस दौर में, वह सच्चाई से अपने काम में ऐसे डूबे थे कि अपने बहुमूल्य स्वास्थ्य को गवां कर भी दिन-रात अंग्रेजों के खिलाफ मुकदमों में लगे रहते।

बाबू जी की पीठ पर बड़े-बड़े कारबंकल के फोड़े हो गये थे जिन्हें वह बिना उफ किये, घुटनों में सिर दबा कर, चिरवाते थे। सर्जनों व डॉक्टरों तक की आंखें छलछला आती थीं।

बाबूजी जब जेल जाते, तो बच्चों से विदा लेते समय उनकी आंखें भर आती थीं। जेल में उन्हें इस बात की चिन्ता रहती थी कि उनके बच्चे अच्छे कॉलेज में दाखिल हों। उनकी अनुपस्थिति में मुझे उनके कुछ मित्रों ने दयालबाग के महिला कॉलेज—प्रेम महाविद्यालय—में भर्ती करा दिया था, जिसे बाबूजी प्रतिक्रिया-वादियों की संस्था मानते थे। जेल से उन्होंने नाराजगी जाहिर की उनके आने पर मैं बी. ए. में सेण्टजॉन्स कॉलेज में भर्ती हुई। अस्पताल में सरकार द्वारा पहरेदार तैनात रहते थे, क्योंकि बाबूजी को पैरोल पर छोड़ा जाता था। कठोर दिल पहरे-दार तक उनकी दर्दनाक अवस्था देखकर रो उठते थे।

बात उन दिनों की है, जब भाभो ब्याह कर आयी थीं। बाबूजी तब पढ़ते थे। घर में और भी कई लोग रहते थे। भाभो रात को गौख में बैठ कर बाबूजी के घर आने की प्रतीक्षा करती रहती थीं क्योंकि बाबूजी कहीं दूर सड़क की लालटेन की रोशनी में अपनी पढ़ाई देर रात तक करते थे। सारा मोहल्ला सो जाता था और सड़क सूनी हो जाती थी।

एक दिन भाभो बाबूजी की प्रतीक्षा कर रही थीं उनकी निगाहें सड़क पर टिकी थीं। तभी उन्होंने देखा कि कुछ आदमी चुपके-चुपके सामने वाली गली में घुस-कर पड़ोसी नित्ती बाबू के पिछबाड़े गये हैं। थोड़ी देर में कुछ खोदने की-सी आवाज आने लगी। भाभो समझ गयीं कि आज नित्ती बाबू के घर में सेंध लग रही है। वह चुपचाप आड में बैठी रहीं। बाबूजी जब घर आये तो भाभो ने अपनी शंका उन्हें बतायी और नित्ती बाबू को आगाह करने की सलाह दी। बाबूजी छत पर गये और वहां से नित्ती बाबू को आवाज लगाकर कहा कि घर के पिछवाड़े, देखें कुछ खट-पट हो रही है। नित्ती बाबू अपने बेटों व नौकरों के साथ लालटेन व डंडे लेकर पिछवाड़े गये। चोर आवाज सुनकर तब तक भाग चुके थे, मगर दीवार में बड़ा छेद कर गये थे।

मोहल्ले में जगार हो गयी और भाभो की सतर्कता की चर्चा होने लगी : "ब्रैंजो की बहू ने पड़ोसी नित्ती बाबू का घर लुटने से बचा लिया !"

बाबूजी जाति-बिरादरी से दूर अपनी दुनिया में बढ़ रहे थे। उनकी दुनिया में गरीब-अमीर, हिन्दू-मुसलमान, लड़के-लड़की—सब बराबर थे। भाभो भी उनके कदम से कदम मिलाने में पीछे न थीं।

भाभो दिल्ली अपने भाइयों के पास आती रहती थीं। एक बार जब वह वापस आगरा आयीं तो उन्होंने बताया कि वह गांधीजी से मिलकर आ रही हैं। गांधीजी की पुरोहिताइन एक गुजराती महिला थीं जो हमारे मामाजी के पड़ोस में रहती थीं। सूत कातकर गांधीजी को देकर आती थीं। वहां मीरा बेन लोगों का दिया हुआ सूत इकट्ठा करती थीं। भाभो को वह पुरोहिताइन अपने साथ गांधीजी के निवास स्थान पर ले गयी थीं। गांधीजी ने तब गुजराती में बातें की थीं।

बाबू जी जब आगरा जेल में होते, तब भाभो हमें हमेशा अपने साथ ले जातीं और हम जेल में बाबू जी से मिल आते। हमें याद है कि वहां कैदी लोग हमें इमली के कतारे खाने को देते थे।

बाबूजी के अनेक मित्रों में एक घनिष्ठ मित्र थे—जुबैरी साहब। बाबूजी भाभो के साथ मसूरी गये। जुबैरी साहब भी साथ थे। मसूरी के एक मन्दिर में बाबूजी, भाभो व जुबैरी साहब दर्शन करने गये। पुजारी बाबूजी से परिचित था, बाबूजी ने उसे जुबैरी साहब का नाम रामलाल बताकर कहा : "यह मेरे मित्र हैं और मसूरी घूमने आये हैं।" हिन्दू-मुसलमान के भेदभाव का भाभो की नजर में कोई महत्त्व नहीं था। बताती थीं कि उनके पिता भी बचपन में उन्हें मुसलमानों के यहां दावत में ले जाते थे; ऐसे-ऐसे मुसलमान उनकी जान-पहचान के थे जो हिन्दुओं द्वारा अपने हिन्दू मित्रों की रसोई बनवाते थे।

भाभो की इस मानसिकता का असर हम बच्चों पर भी हुआ। काशी ने बाबू जी के गुजर जाने के बाद हाजरा-बेगम को अपने घर ठहराया। मैं फिरोजाबाद के मुसलमान कारीगरों को अपने घर खाना खिलाने लायी और यह सब किया सबकी जानकारी में, एकदम खुले तौर पर !

भाभो ने हमारे इस तरह के कार्यक्रमों का जरा भी विरोध नहीं किया।

भाभो को कांग्रेस पर विश्वास था, पर अन्य पार्टियों से—जो अच्छा काम करें—विरोध न था। इसीलिए कम्युनिस्टों को भी सम्मान व प्यार देती थीं, उनके काम

को समझने पर उनका साथ देती थीं जैसे काशी का, हमारा और हमारे साथ अन्य लोगों का साथ दिया ।

घर का वातावरण खुला था । एक बार मैंने व काशी ने शेड्यूल कास्ट के एक उम्मीदवार को वोट दिया तो बाबू जी व भाभो ने नो एतराज नहीं किया, हां कुछ अन्य लोगों को जरूर अच्छा न लगा ।

सन् 1954 में एंग्लो-बंगाली गर्ल्स हाई स्कूल में अध्यापिका के लिए मेरा इण्टरव्यू हुआ । इण्टरव्यू लेने वालों में आगरा के सुप्रसिद्ध डॉक्टर सरकार, जो आगरा विश्वविद्यालय के वाइसचांसलर भी थे, विराजमान थे । उन्होंने देखा कि मैं, पण्डित बैजनाथ की बेटी, इण्टरव्यू में आयी हूं तो गद्गद हो गये । इण्टरव्यू तो एक तरफ रह गया लगे लोगों से भाभो की हरकतों का बयान करने : "अरे इनकी मां को मैं खूब जानता हूं । इनकी मां के पेट में दर्द के सिलसिले में बैजनाथ जी परेशान थे । बम्बई ले गये । वहां उनके पेट का ऑपरेशन करने को कहा गया । मगर वह कहती थीं कि ऑपरेशन नहीं करवाऊंगी; पहले बड़े लड़के को शादी करके घर बहू के हवाले कर दूं तब ऑपरेशन करवाऊंगी ।

"आखिर इनके पिताजी एक दिन उन्हें मेरे पास लाये । मैं उनकी बीमारी समझ गया । मैंने कहा, इनको सुबह-सुबह नहाना नहीं चाहिए; आराम करें तथा खाने में गरम-गरम छोटी-छोटी पूरियां व आलू की सब्जी पेट भर खायें । दवाई लगातार करें । खाली पेट होने से तथा देर तक पूजा-पाठ, घर का काम-धन्धा करने के बाद खाना खाने से पेट में गैस बनती है । वकील साहब ने इनकी मां से खाना बनाना छुड़वा दिया, मगर नहाना और पूजापाठ न छुड़ा सके । खैर, मेरी दवाई उन पर पूरा असर नहीं कर रही थी । एक दिन जब मैं उन्हें देखने इनके घर गया तो वकील साहब ने पूछा : 'क्या यह मिट्टी खाती हैं ?' वकील साहब ठहरे सीधे-सादे आदमी । बोले : 'इनसे ही पूछो ।' इनकी मां बोलीं : 'नहीं, मैं तो मिट्टी नहीं खाती ।' मैंने उनका तकिया उठाया, फिर गद्दा उठाया । बात साफ हो गयी । कुल्हड़ के टुकड़े पड़े थे । मैंने वकील साहब को दिखाये । मां का झूठ साबित हो गया । बस अब वकील साहब ने खुद मां की इस आदत की तरफ ध्यान दिया, उसे छुड़ाना शुरू किया और इनकी मां धीरे-धीरे स्वस्थ हो गयीं । अब वकील साहब तो नहीं रहे, पर इनकी मां अक्सर पेट के मरीजों को मेरे पास लाती हैं । मैं उनसे जरूर पूछता हूं : 'कहिये मिट्टी खानी तो नहीं शुरू कर दी ?'" और ठहाका मारकर हंस पड़े ।

**बाबूजी की बीमारी के दिनों में भाभो, बाबूजी के साथ अस्पताल में भी रहती थीं । पैरोल पर छोड़े जाने के कारण उन पर अस्पताल में पुलिस का पहरा**

रहता था। भाभो के लिये उनके पास रहने पर कोई पाबन्दी नहीं थी। भाभो उन्हें हिम्मत बंधातीं जिसे देखकर बाबू जी कह उठते—"तुम अपने जीते-जी मुझे न जाने दोगी।"

मगर क्या कहा जाय उस कठोर नियति को जिसने हमारे सबके सिर से इतना विशाल साया उठा लिया। हम सब अब बिल्कुल निस्सहाय थे।

और, भाभो के पास थे हम पांच भाई-बहन; अनब्याहे! विरासत में—दरियादिली, अव्यावहारिकता, सीधा-सरल निश्छल स्वभाव और कठोर श्रम!

भाभो अपना मन बहलाने को चौपड़ खेलती थीं। चौपड़ यह बाबूजी के सामने भी यदाकदा फुरसत के क्षणों में खेलती थीं, पर दीपावली, होली आदि पर्वों पर ही। किन्तु अब तो जैसे उन्हें नशा-सा हो गया था।

रात को घर के कामों से निबटकर या तो छतों पर टहलतीं या फिर चौपड़ खेलने बैठ जातीं। घर के अन्य लोग—मामा, मामी, बेटे-बेटियां आदि—रात 12-1 बजे तक उनका साथ देते, फिर थककर सो जाते।

यदि कोई मुकाबले पर नहीं होता, तो वह दोनों पक्षों की ओर से अकेली ही दांव फेंकतीं, गोटियां चलतीं तथा हारती-जीततीं। सुबह उठते तो उनसे पूछते, "रात कितनी देर चौपड़ खेलती रहीं?" उनका उत्तर होता, "यही तीन-चार बजे तक।"

चौपड़ वह दिल्ली के दरीबा कलां से ले गयी थीं। सुन्दर सुनहरी गोट लगी। चौपड़, कौड़ियां, गोटियां—सब एक डिब्बे में बन्द करके रखती थीं।

उन्हें चौपड़ का विशेष चस्का था। विपक्षी—बेटा-बेटी, भाई, भौजाई, नन्द, पोता, पोती कोई भी हो, अड़ोसी-पड़ोसी भी, जो चाहे आ जाये। उन्हें किसी के साथ खेलने में एतराज न था। उन्हें खेलना है, तो खेलेंगी अवश्य। पूरे मनोयोग से।

मजे की बात तो यह कि वह हारें चाहे जीतें, उन्हें कोई अन्तर नहीं पड़ता था। यहां तक कि यदि विपक्षी की चाल नहीं सूझ रही होती और वास्तव में वह भाभो की गोटी को आसानी से पीट सकने की स्थिति में होता, तो भाभो उसे बता देतीं कि यूं चलो; और इस तरह अपनी गोटी आप ही पिटवा लेतीं।

वह इतनी अभ्यस्त थीं कि सारे घर (खाने) उन्हें बिना गिने ही अच्छी तरह ज्ञात थे। 10 अंक यहां तक होंगे, 25 अंक यहां तक, 30 अंक यहां तक—वह खटाखट बता देतीं। बेशक, बेईमानी वह कभी नहीं करती थीं।

कैरम भी यदाकदा खेलतीं, पर ताश वह कभी नहीं खेलती थीं।

पैदल चलने में वह लाजवाब थीं। वृद्धावस्था में भी, शीतला गली से नन्दो बहन जी के घर के लिए, जो राजामण्डी में था, अक्सर पैदल चल पड़तीं। साथ में

चलने वाली युवा मामी, आदि से वह आगे-आगे जातीं। कोशिश यही करतीं कि सबको पीछे छोड़ आगे चलें।

हां, रास्ते में गड़बड़ जरूर करतीं। अगर कोई वाहन दाहिनी तरफ से आ रहा होता तो सड़क क्रास करके वाहन के ठीक सामने से निकलकर बाईं तरफ चली जातीं, और कोई बाईं तरफ से आता देखतीं तो दाहिनी तरफ जल्दी-जल्दी चली जातीं। मतलब यह कि वाहन चलाने वाले को असमंजस में डाल देतीं कि वह उन्हें बचाकर कैसे वाहन निकाले। उनकी इस हरकत पर साथ चलने वालों को बड़ा गुस्सा आता, पर बाद में हंसी भी आती।

उनकी एक आदत-सी बन गयी थी कि सबको पीछे छोड़, तेज कदम बढ़ाती सदा आगे चलें।

एक बार भाभो तुर्कमान गेट वाले घर में आयी हुई थीं। एक दिन उन्हें तेज बुखार चढ़ आया। उनके नहाने पर थोड़ी पाबन्दी लगा दी गयी : स्वभावतः इसमें मुंशीजी का भी हाथ था। उनके नहाने पर (भले ही बुखार क्यों न चढ़ा हो) पाबन्दी लगायी जाये, भाभो को यह कैसे बरदाश्त होता ? बस, उनका मन हमारे घर से उचट गया और अपने भतीजे मुकुट के घर जाने को रट लगाने लगीं। मुकुट हरिनगर घण्टाघर में अपनी मां, बीवी-बच्चों, भाइयों-भौजाइयों के साथ रहते थे। भाभो का मुकुट के घर बड़ा मान-सम्मान था तथा उनकी हर बात को सारा परिवार वेदवाक्य की तरह मानता था। हमारी मामी के इशारे पर खुद मुकुट व हर बहू भाभो की हर तरह सेवा करते तथा जरा भी हुकुम अदूली न होने देते।

उस दिन मुंशी जी दफ्तर जाते समय भाभो से कह गये : "आज आप कहीं नहीं जाइये। मैं दफ्तर से आकर बुखार देखूंगा। फिर, जब बुखार उतर जायेगा, आपको हरिनगर मुकुट भाई के घर ले चलूंगा।"

मुंशी जी तो दफ्तर चले गये। पर भाभो अपनी एक-दो साड़ियां थैले में डालकर तथा अपना बेंत लेकर मुझसे बोलीं : "मैं तो आज हरिनगर जरूर जाऊंगी। मुझे वहां काम है।"

मैंने उन्हें समझाया : "बुखार उतर जाय तब जाना ! हरिनगर बहुत दूर है, भाभो। दिल्ली की बसों में चढ़ना-उतरना तुम्हारे बस का काम नहीं।" वह बोलीं : "अरे, मुझे सब लोग रास्ता बता देंगे। मैं पूछती-पाछती चली जाऊंगी। दिल्ली के लोग मैंने देखे हैं। वे तो बड़े भले हैं। बसों में चढ़ा देंगे।"

लाचार होकर मैं तैयार हुई। एक स्कूटर करके उन्हें हरिनगर मामी के पास ले गयी। मैंने मामी को स्पष्ट बता दिया कि यह जिद करके आयी हैं; इन्हें बुखार है; आप ध्यान रखना।

लौटकर मैं घर तो आ गयी, पर मन चिन्तित। शाम को मुंशी जी आये। उन्हें सब बताया। वह भी चिन्तित हो उठे। बोले : "कल तुम हरिनगर फिर जाओ। उन्हें देखकर आओ कि तबियत कैसी है ?"

मैं दूसरे दिन फिर हरिनगर आयी। यहां आकर देखा, भाभो कुएं के पानी से नहायी हैं। बुखार तो तेज होना ही था। बेशक, मामी पर व मामी की बहुओं पर उन्होंने रौब जमा रखा था कि नहाकर ही मेरा बुखार उतरेगा !

मुझे बहुत गुस्सा आया। भाभो ने कहा : "तुम्हारी शिकायत मैं काशी से करने जा रही हूं। वह तुम्हें आगरे ले जायेंगे। तुम केवल उनके कण्ट्रोल में ही ठीक रहोगी।" बोलीं : "मैं किसी काशी से नहीं डरती।"

अब मैं घर आयी। मुंशी जी के आसफअली रोड वाले दफ्तर में काशी को फोन किया। काशी और नन्दो बहन जी फौरन टैक्सी लेकर दिल्ली के लिए रवाना हो गये।

वे लोग तुर्कमान गेट आये। वहां से मैं, काशी और बहन जी हरिनगर आये। भाभो को समझा-बुझाकर काशी और बहन जी उसी टैक्सी से उन्हें आगरा ले गये।

भाभो का कहना था : "तुम लोग जरा से बुखार में डर जाते हो मुझे कुछ नहीं होता।"

शाम को करीब सात बजे थे। झुटपुटा हो रहा था। बाहर चबूतरे पर भाभो बैठी थीं। तभी हरिनगर चौक पर एक बस आकर खड़ी हुई। उसकी सब सवारियां उतर गयीं, केवल दो सवारियां अन्दर बैठी रहीं।

भाभो ने देखा कि उनमें से एक सवारी कागज पेंसिल लिये कुछ लिख रही रही है। भाभो टकटकी लगाये उस सवारी को देखे जा रही थीं तथा कुछ सोच रही थीं।

सोना ने भाभो को इस तरह देर तक बस की तरफ टकटकी लगाये देखा, तो भाभो से कहा : "नानी जी, अंधेरा हो रहा है। अब अन्दर आ जाइए।" भाभो ने कहा : "अरी देख ! तेरे चाचा बस में बैठे अब भी लिखाई-पढ़ाई कर रहे हैं। उनकी कविता शायद पूरी नहीं हुई होगी, सो उसे पूरी कर रहे हैं। घर में नहीं आ रहे। मैं उन्हीं को देख रही हूं।" सोना ने कहा : "अरे चाचा होते, तो घर आ जाते। वह बस में बैठकर कविता क्यों करेंगे ? आप बेकार परेशान हो रही हैं।" भाभो बोलीं : "वह घर में डर के मारे नहीं आ रहे।" सोना ने पूछा : "वह डरेंगे क्यों ? घर में किस का डर है ? ?" भाभो का उत्तर था : "और किस का डर होगा ?...मेरा ही डर है !"

"वह आप से क्यों डरेंगे भला ?"

"मैं उनसे पूछूंगी न, कि इतनी देर में क्यों आये हो ? मैं डाटूंगी, इतना काम मत किया करो । कुछ खा-पी लो ।...तू जा उन्हें बुला ला । कहना, नानी जी कुछ नहीं कहेंगी । घर में आकर अपनी कविता पूरी कर लो ।"

सोना बड़ी मुश्किल से उन्हें समझा पायी कि बस में बैठा एक आदमी बस का ड्राइवर हरपाल है तथा दूसरा कण्डक्टर है; दोनों बैठे टिकटों का हिसाब लगा रहे हैं; चाचा अभी दफ्तर से नहीं आये हैं (हरपाल कद-काठी में मुंशी जी से ही मिलता-जुलता था); उनके आने में देर है, जब आयें तो डांट देना कि इतनी देर से मत आया करो ।

आंगन में दरवाजों व खिड़कियों की बची-खुची लकड़ी, पुरानी खाटों के पाये-पाटी, आदि, पड़े रहते थे । निश्चय ही यह बचा-खुचा काठ-कवाड़ ऊपर दुछत्ती में डाला जाना था । भाभो को चिन्ता थी कि बरसात आने पर यह सब लकड़ी भीग कर बरबाद हो जायेगी । वह यदा-कदा हमारा ध्यान इस ओर दिलाती रहती थीं । मगर अन्य कामों में व्यस्तता के कारण हम उनकी बात सुनी-अनसुनी कर देते थे । सोचते जरूर थे, किसी छुट्टी के दिन सब मिल कर सामान दुछत्ती में डाल देंगे; लेकिन वह घड़ी नहीं आ पा रही थी ।

एक दिन सब की आंख बचाकर भाभो पुरानी अलमारी खींच कर दुछत्ती के दरवाजे के ठीक नीचे ले आयीं । उस पर उन्होंने एक कुर्सी रखी और पता नहीं कैसे खिड़की की ग्रिल पकड़ पहले अलमारी पर फिर कुर्सी पर चढ़कर दुछत्ती में प्रवेश कर गयीं । वहां से आवाज देने लगीं : "अरे पाये-पाटी पकड़ा दो मुझे । मैं दुछत्ती में रख दूंगी ।" मुंशी जी दफ्तर जा रहे थे, मैं उन्हें बस के किराये के पैसे दे रही थी । भाभो को दुछत्ती पर चढ़े देखा तो सब दंग !

उनके दुस्साहस पर आश्चर्य तो हुआ ही, सब को बहुत गुस्सा भी आया । सोचा, इस समय तो हम लोग घर में हैं, मान लो यह घर में अकेले होतीं ? इस तरह चढ़ने में कहीं गिर जातीं तो ! बिना किसी को बताये जोखिम मोल ले लेती हैं । खैर, जैसे-तैसे उन्हें ऊपर से उतारा ।

और, उसी दिन शाम को मुकुल वगैरा के घर आ जाने पर, सारा काठ-कवाड़ दुछत्ती में डलवा दिया ।

हरिनगर के घर में हमारा खाना, सोना, रहना शुरू हो चुका था, मगर तुर्कमान गेट के घर का मोह छूटा नहीं था । किताबें, कपड़े-लत्ते, खाटें आदि वहीं थे ।

अन्ततः एक दिन मुकुल तुर्कमान गेट गये। पुस्तकें बोरों में बांधीं, सन्दूक, खाटें वगैरा बटोरीं और एक ट्रक में लाद कर हरिनगर के घर की तरफ रवाना हो गये।

यकायक मूसलाधार वर्षा शुरू हो गयी। बुरी तरह भीगते हुए हरिनगर आये। सामान उतरवा कर कमरों में डाल दिया। सोचा कि फुरसत मिलने पर सामान खोल कर यथास्थान लगा देंगे। बोरे, सन्दूकें, ऊपर से सूखे नजर आ रहे थे।

भाभो ने ध्यान दिलाया—सामान खोलकर देखो, भीग कर खराब तो नहीं हो गया। हमें भी फिक्र थी कि, हां सब चीजों को धूप लगानी है। मगर फुरसत किसी को न थी।

एक दिन भाभो ने अकेले ही बोरे खोल डाले। देखा, किताबें, मैगजीनें, आदि तो गीले थे ही, पत्रों से भरे थैले भी बुरी तरह भीगे थे। उन्होंने आंगन में सब को फैलाया। पत्रों को खोल-खोल कर सुखाया। बिलकुल खराब हुए कागज अलग किये।

शाम को जब सब घर आये तो खुश होने के बजाय, भाभो पर नाराज हुए। सभी का कहना था : "यह आपने क्या कर दिया? सारे जरूरी कागज इधर-उधर कर दिये हैं।" भाभो अपनी सफाई दे रही थीं : "मैंने तुम्हारा एक भी कागज नहीं फेंका है। सब सुखा-सुखा कर अलग रख दिये हैं। पर सुनने वाले क्यों सुनते? कुछ देर तनाव रहा। अन्ततः देखा गया, भाभो ही सही थीं। अगर वह ये बोरे न खोलतीं तो जब तक हमें 'फुरसत' मिलती, तब तक तो वह तमाम सामग्री गल कर नष्ट हो गयी होती। सन्दूक भी खोले गये। कपड़े सील गये थे। उनमें जंग के धब्बे लगने और उनके चिन्दी-चिन्दी हो जाने में ज्यादा समय न लगता। भाभो की सूझबूझ तथा तात्कालिक सक्रियता न होती तो जो भी हमारी छोटी-सी जमा-पूंजी थी, नष्ट हो गयी होती।

हरिनगर का घर बड़ा था, तब आंगन की क्यारी में मजदूर ईंटें व चूना आदि समेट कर डाल गये थे। हम लोगों के दफ्तर, स्कूल, कॉलेज आदि चले जाने के बाद दोपहर में भाभो ने वह क्यारी साफ की। गहरी गड़ी ईंटें निकालीं।

वह अपने साथ एक रूमाल में कुछ बीज बांध कर लायी थीं। इन बीजों के साथ एक-आध बटन और मोती भी बंधे थे, जिन्हें वे बीज समझ कर ही सावधानी से संजोये रखती थीं। (उनकी आंखें कमजोर हो गयी थीं)। बच्चे विनोद करते : "नानी जी, आप तो अब मोतियों और बटनों के पेड़-पौधे भी उगायेंगी।',

भाभो ने अपने हाथ से साफ की क्यारी में कुछ बीज उगाने को डाले। इस

कार्य में कदम ने जुट कर उनको सहयोग दिया; सड़क पर पड़े गोबर को लाकर उसकी खाद भी डाली।

भाभो आगरा चली गयीं। हम उस क्यारी में पानी डालने लगे। देखा कि कुछ पौधे उगने लगे हैं! पौधों का उगना, उनका धीरे-धीरे पनपना, बच्चों के लिए एक नया अनुभब था।

भाभो अक्सर कहा करती थीं, "कम खाओ, गम खाओ," या फिर "एक चुप सौ को हराये।" सदा शान्तचित रहने वाली भाभो ने अपने ऊपर आये सभी तरह के कष्ट अपने शील-सौजन्य, शान्त, निष्कपट व्यवहार तथा कर्मठता के बूते पर सहे। पस्तहिम्मती तो जानी ही नहीं, न ही अपने आत्मसम्मान पर आंच आने दी।

पैसा, मान-मर्यादा, सुख-सुविधा—सब जुटाया। पर किसी को भोगा नहीं। इसीलिए सब छूट जाने पर भी वह टिकी रहीं। टूटी नहीं।

बच्चे पटरों पर बैठे हैं। थाली की निचली साइड में गरम-गरम दाल परसी है। थाली के ऊंची तरफ, भाभो की गरम-गरम घी चुपड़ी रोटियां एक के बाद एक चूल्हे से निकल कर गिरती जाती हैं। पेट भर जाता है, मगर भाभो की रोटियों का आना बन्द नहीं होता। हार कर बच्चे थाली को हाथ से ढंक लेते हैं। "नानी जी! कह दिया, अब नहीं चलेगा।" पर रोटी तो इतनी तेजी से भाभो के हाथ से उछलती है कि गरम घी टपकाती बच्चों के हाथ पर आकर गिरतीं है। कस कर एक मीठी झड़प बच्चों व भाभो में। तब जाकर भाभो के हाथ रोटी उछालने की हरकतत बन्द करते हैं।

हां, यह खाना सदा ही अमृत लगा। सम्पन्नता के दिनों में मेहमान कहते: "खाना तो भाभो के हाथ का ही है। पेट भर जाय पर मन न भरे।" तंगी के दिनों में लोग कहते: "भाभो चाहे पानी भी छौंक कर दे दें, वह भी स्वादिष्ट हो जाता है।"

इतना सब लिखा है भाभो के बारे में। सोचा था, मन शायद कुछ हल्का हो जायगा। पर अब लगता है मन कभी हल्का नहीं होगा। वह तो ऐसे ही उमड़ता रहेगा। भाभो की छवि उतार पाना मेरे बूते की बात नहीं।

एक बात और कह दूं, फिर बस करूं।

मैं करीब पांच-छः बरस की थी। बाबू जी व भाभो के साथ हम लोग मसूरी गये थे। मेरा छोटा भाई, (दया) भाभो की गोद में था। रमेश, कुसुम अभी हुए ही नहीं थे। वहां अक्सर बाबूजी हमें अंग्रेजी फिल्में दिखाने ले जाते। ये फिल्में कार्टून फिल्में होतीं या दुस्साहसभरी बाल-कथाएं।

एक बार एक फिल्म दिखायी गयी। उसका नाम तो याद नहीं। उसमें एक स्वस्थ काठी की लम्बी महिला के बहुत से बच्चे थे।

यह महिला पत्तों की झालर कमर पर बांधे तथा वक्ष पर एक वस्त्र लपेटे, पेड़ों की डालें पकड़-पकड़ झूलती हुई, नदियां, नाले पार करती हुई, जंगल के इस छोर से उस छोर तक भागती फिरती। अपने बच्चों को भी अपने पीछे-पीछे इसी तरह दौड़ाती। जंगली जानवरों से बचाने तथा खाने-पीने की व्यवस्था करने में अनेक बाधाओं से लड़ती। सतत चिन्तित। सतत क्रियाशील।

अक्सर मेरा मन; भाभो की तुलना इसी महिला से करता रहा है; सतत चिंतित, सतत-क्रियाशील। बाधाओं की चट्टानों को अपनी कर्मठता से दूर सरकाती हुई। अजस्र प्रेरणा स्रोत।

# नौकरी और फील्ड-वर्क की शुरुआत : अनाड़ीपन

**रामनरेश शर्मा**

सन् 1953 । नौकरी मिलने पर मैं पहली बार दिल्ली पहुंचा। देवनगर में एक कायस्था जी के यहां 'पेयिंग गेस्ट' के रूप में रहने लगा।

शर्त यह थी कि कमरे में ताला नहीं लगेगा, और उसके बदले में हमारा कमरा झाड़ा-पोंछा, साफ-सुथरा रखा जायेगा। जाहिर है, सरकारी क्वार्टर में 'पेयिंग गेस्ट' नहीं रखा जा सकता था, इसलिए मोहल्ले-पड़ोस के लोगों को बताया गया : "यह हमारे दोस्त के लड़के हैं, अभी नौकरी मिली है। मकान मिलने पर चले जायेंगे।"

हम शाम को घर आते, चाय पीते और फिर घूमने निकल जाते। रात को आकर खाना खाते और सो जाते। पहले तो खाना कमरे में मिलता था, पर बाद में उन्होंने चौके में बुलाकर खाना खिलाना शुरू किया। श्रीमती कायस्था जी को हम चाची जी कहते थे, कारण यह कि उनकी तीनों बेटियां उन्हें चाची जी ही कहती थीं। उनके कोई पुत्र नहीं था। घर में लड़के की कमी मानो हमने पूरा कर दी हो।

बाद में तो उनके छोटे-मोटे झगड़ों का हम ही निपटारा करते थे। और, कुछ सीरियस झगड़ों में तो हमारा फैसला ही सबको मानना पड़ता।

दिल्ली, जैसा कि ऊपर कहा है, मैं पहली बार आया था। अब तक का जीवन विद्यार्थी जीवन रहा था। जो मिला पहन लिया, जो पाया खा लिया।

अब लगा कि हम 'अफसर' हो गये हैं। लोगों को देखा था—रात को स्लीपिंग सूट पहनते हैं। सो, हमने भी एक गहरे नीले रंग का धारीदार स्लीपिंग सूट सिलवा लिया। जाड़ा आने पर, नीले रंग का 'पिनहेड' स्टाइल के कपड़े का, एक कोट

सिलवाया। बहुत-सी टाइयां खरीदीं। हाथ में ब्रीफ-केस लेकर जब एन. पी. एल. जाते तो महसूस करते—अरे, अब तो हम भी अफसर हैं।

तकनीकी किताबें पढ़ने का शौक तब भी था। विद्यार्थी जीवन में जो किताबों की कमी महसूस की थी, उसे 'विद वेंजिएन्स' पूरा किया। हर महीने कोई न कोई किताब खरीद लाते। पढ़ते भी थे। दिन उसी प्रकार कटते रहे।

मैं उस समय एटोमिक एनर्जी की 'रेयर मिनरल सर्वे यूनिट' के फिजिक्स डिपार्टमेण्ट में था।

एक दिन खबर मिली कि मुझे फील्ड पर जाना है। अवस्थी भैया 'राम शंकर शर्मा' जियीलौजिकल टूर्स पर जाते थे। सो पता था कि ये लोग जंगल में टेन्ट्स में रहते हैं, वहीं से आस-पास के इलाके का सर्वे करते हैं—इसी को 'फील्ड-वर्क' भी कहते हैं। खैर।

कुछ सीनियर्स से सलाह-मशविरा किया। उन्होंने शिक्षा दी : जियोलौजिस्टों के साथ रहने के लिए तुम्हें अपनी रिजिडिटी थोड़ी छोड़नी पड़ेगी। हमने कहा—'क्या ?' उन्होंने पूछा : 'अण्डा खाते हो ?' 'नहीं।' 'सिगरेट पीते हो ?' 'नहीं।' 'ड्रिंक किया है ?' 'नहीं।' कहने लगे—'पता नहीं कैसे फील्ड में काम करोगे तुम !'

अपना हाल यह कि कॉफी भी पहली बार दिल्ली में ही पी थी। वह भी, बिना चीनी की। हम समझते थे—घर में चीनी पड़ी जैसी चाय मिलती है, वैसी ही यह कॉफी भी होगी। लेकिन...राम-राम। इतनी कड़वी ! तभी हमारे साथी ने हमारा मुंह देखा और चीनी की तरफ इशारा किया। तब जाकर कुछ स्वाद आया !

अब हाल सुनिए इडली का। दोस्त ने इडली मंगायी। लगा, यह तो चावल का बड़ा है। पर बिलकुल निस्वाद ! तभी से मैंने एक फ्रेज गढ़ डाला है और बराबर उसका प्रयोग करता हूं : "...की इडली बना दी।"

तो जनाब, इतने सीधे-सादे 'पण्डित जी' एक दिन अहमदाबाद मेल में बैठ कर अजमेर के लिए रवाना हो गये। तब हम केवल बाईस साल के थे। रेल के डिब्बे से बाहर काले, भूरे, पत्थरों को और पहाड़ों को देखते और कल्पना करते—इन्हीं काले पत्थरों में कहीं यूरेनियम होगा।

शाम को अजमेर पहुंचे। स्टेशन के पास ही 'एडवर्ड मेमोरियल होटल' था। नॉर्थ राजस्थान फील्ड पार्टी के हर अफसर का एक कमरा यहां स्थायी रूप से 'बुक' रहता था। किराया था : केवल एक रुपया प्रति दिन। हमने भी एक कमरा 'बुक' कर लिया।

नहाने-धोने के बाद होटल के लॉन में जाकर अन्य साथियों को अपना परिचय दिया। हमारे सीनियर श्री अनन्तरामन अपनी शादी के लिए छुट्टी पर जा रहे थे। मैं उन्हें ही रिलीव करने आया था। शादी की पूर्व-बेला में एक हल्की-फुल्की 'पार्टी' चल रही थी। हमसे पूछा गया : 'ड्रिंक करते हो?' हमने कहा : 'हां!' उन्होंने बियर का एक गिलास हमें भी दे दिया। औपचारिकता के बाद जो मैंने पहला घूंट लिया तो—हे राम! लगा; इसे ही पीने के लिए ये लोग पैसे खर्च करते हैं? 'बियर—वैरी बिटर!' थोड़ी देर बाद एक सिप और। और फिर हिम्मत करके गिलास खाली कर दिया। जब उन्होंने और लेने को कहा, तो हमने हाथ जोड़ लिये।

वे समझ गये—अनाड़ी है!

# किस्सा कुत्ता काटे का

**राम स्वरूप शर्मा**

हमें जब कुत्ते ने काटा तो इलाज के लिए किसी ने कुछ, किसी ने कुछ बताया। पर आखीर में अस्पताल के 'एण्टी-रैबीज' डिपार्टमेंट में शरण लेनी पड़ी।

डॉक्टर ने पूछा—कुत्ता कैसा था ? मैंने कहा—जाहिर है, शरीफ न था।

अब उसका हुलिया क्या बताता ? ख्याल आया—तड़के, झुटपुटे में, घूमने जाने के बजाय दोपहर को जाना चाहिए जिसमें उसके हुलिये की स्थायी छाप दिमाग में बन जाय और ऐसे वख्त जरूरत पर काम आये !

वह वार्ड क्या था ? राशन की दुकान पर भी उतनी भीड़ न होगी होती। राज बाद में समझ में आया। जो आदमी 'रजिस्टर' हो जाता वह 14 दिन बराबर आता ; तो इस तरह यहां कभी कम भीड़ दिखायी न पड़ती।

एक छोटा-सा कमरा 'इञ्जेक्शन रूम' था जहां सब धक्का-मुक्की कर घुसने की कोशिश करते। बाबू कभी-कभी नाराज होता तो लोगों की गर्दन पकड़कर पीछे धकेलता। और अधिक नहीं तो कुछ समय के लिए ही, उस दरवाजे से अन्दर जाने का रास्ता साफ हो जाता। बारी-बारी से नाम बुलाये जाते : 'बंसीधर—उमर 25 साल', 'राजकुमार—5 साल' और 'आर. एस. शर्मा—70 साल' और बारी-बारी से बंसीधर, राजकुमार और आर. एस. शर्मा अन्दर जाते और सुई लगवा कर पेट मलते बाहर आते।

वहां लेटने के लिए मेज पड़ी थी। कुर्सी डाले इंजेक्शन बाबू बैठा था। एक कम्पाउण्डर धड़ाधड़ शीशी में से इंजेक्शन भरता जाता। आप लेटे नहीं कि सुई आपके पेट में पहुंची नहीं ! लेटो, उठो ; लेटो, उठो—यही लगा रहता। लोग पेट मलते बाहर आते जैसे मदारी पेट पर हाथ फेरते कहता है—पापी पेट के लिए !!

दो-तीन दिन बाद शकल-सूरत जानी-पहचानी हो गयी। जाने के पांच-सात मिनट बाद ही—"आइए शर्मा जी, अब आपका नम्बर है।"

जाते-जाते कई मरीजों से दोस्ती हो गयी, राजनीतिक गुटबाजी की तरह केवल कुत्ता काटने वालों से !

हां, एक को चीता उठा ले गया था। उसके भी इंजेक्शन लग रहे थे। ऐसे को हमें अपना प्रधान चुनना चाहिए था, लेकिन वह बच्चा था। जितना बड़ा जानवर काटे, उतनी ही बड़ी हैसियत !

खैर, 14 इंजेक्शन 2-2-88 को समाप्त हो गये : प्रथम आहुति 9-2 को दे दी गयी। अन्तिम आहुति 23-2 को है। फिर समझो, हमारी मुक्ति हो गयी।

मगर है बड़ी मुश्किल। जहां जाओ, वहीं कुत्ते। राजनीति, न्यायालय, दफ्तर, गली-कूचों में—सभी जगह। खास तौर से बाद वालों से इनकी नीति कुछ विचित्र है, टेरेरिस्टों की तरह। पहले भाग गये, फिर एकदम पीछे से हमला कर दिया। आगे आने वाले को तो देख सकते हैं। पीछे आने वाले को कैसे देखें ? सुन्दरवन की कुछ आदिवासी जातियां सिर के पीछे मुखौटा बांध कर चलती हैं और पीछा करने वाला बाघ समझता है कि आदमी देख रहा है और हमला नहीं करता।

बहरहाल, अब हर कुत्ता हमें वी. आई. पी. मालूम होता है। कितना समय, कितनी तकलीफ और व्यर्थ का खर्चा करवाया इन्होंने ! मगर यह सब होते हुए भी हम इनका क्या बिगाड़ सकते हैं—सिवा एक गाली निकालने के : 'कुत्ता कहीं का !''

# बचपन की जिज्ञासाएं

**राम स्वरूप शर्मा**

कभी-कभी ऐसा होता है कि सामने कोई समस्या आ जाय या पेंच पड़ गया हो, तो उसका समाधान दीखता ही नहीं। जितना ही प्रयास कीजिए, समस्या उतनी ही उलझती जाती है और लाख सर खपाने पर भी हल नहीं निकलता। फिर, इसके ठीक विपरीत, एक दिन अचानक, अनचाहे, बगैर प्रयास किये, समय-कुसमय, समस्या अपने आप हल हो जाती है। आश्चर्य होता है इस अकस्मात ज्ञान प्राप्ति पर।

प्राय: सभी के साथ ऐसा होता है।

गावस्कर ने 'सनी डेज' में एक जगह लिखा है कि अमुक बात का निर्णय मैंने उस समय लिया जब मैं होटल की दीवार फांद कर जा रहा था।

हमारे बाबा फौज में। जितने दिनों उन्होंने नौकरी की उससे अधिक दिनों तक पेन्शन ली। तमाम जगह घूमे-फिरे, किन्तु अपने नेम-धर्म में पक्के रहे। पूजा-पाठ करना, चौके में बैठ कर खाना, भोजन के पहले भगवान को भोग लगाना कभी न भूलते।

भोग लगाते समय वह कुछ ग्रास तोड़ कर अन्य वस्तुओं में मिलाते। लोटे से जल लेकर थाली के चारों ओर घुमाते। कुछ अस्पष्ट धीमे से उच्चारण करते। लोटे को उंगलियों से बजाकर हाथ जोड़ते। तत्पश्चात् वह और हम खाना खाते।

वह क्या उच्चारण करते, समझ में न आता ..किन्तु कु 'तु दिंग विंग', आदि की तरह कहते। पूछने की हिमाकत नहीं कर सकते थे, यद्यपि ऐसा भी नहीं कि वह बताते नहीं। किन्तु कुछ हिम्मत की कमी और कुछ विशेष आवश्यकता भी न महसूस की। इसलिए बात ज्यों की त्यों रही, केवल उसकी ध्वनि-रेखा ही जब-तब मस्तिष्क में कौंधती। जिज्ञासा बनी रही कि वह क्या कहते थे।

फिर एक दिन अनायास ही एक धार्मिक अनुष्ठान की पुस्तक पढ़ते समय

इसका हल मिल गया। वही ध्वनि, वैसे ही शब्द। वास्तव में वह भोजन से पूर्व का एक मन्त्र था जो इस प्रकार है—

"त्वदीयम् वस्तु गोविन्दं तुभ्यमेतत् समर्पयेत् ।
ग्राह्य संमुखो भूत्वा प्रसीद परमेश्वरः ॥"

रात को बाबा हमें अपने पास सुलाते। कुछ अपने मनोरंजन के लिए और कुछ हमारे सुख के लिए, अनेक प्रकार के कवित्त, सवैये, आल्हा आदि कहते। सुनने-सुनते वे कण्ठस्थ भी हो गये थे। किन्तु इतना समय बीत जाने के कारण बहुत कुछ बिसर भी गये। आल्हा जो सुनाते थे, उसकी कुछ पंक्तियां इस प्रकार थीं :

झुकवन ड्वालैं यहु बबुरी बन ऊपर बंसपतिय फहरांय ।
चन्दनु ड्वालैं यहु मलियागिरि उड़ि-उड़ि शेषनाग लपट्यांय ॥
गया न कीन्हा जिन कलयुग मां काशी ध्वाड़ दान नहिं दीन ।
सन्मुख बैरी जिन मारा ना, काहे का जन्म विधातैं दीन ॥

और इसी में आता है—

सात सोहागिल मिलि नत कीन्ह, न दिया सोनभद्र के तीर ।
ठढ़े बिसूरैं गढ़ लंका मां मोरि सुधि छांड़ि दीन्ह रघुबीर ॥

पाठ में सम्भवतः कुछ भेद हो। किन्तु सोनभद्र की महत्ता अपनी जगह महत्त्वपूर्ण रही, क्योंकि तप करने के लिए उसी के किनारे स्थान चुना गया।

नदी कहां है, कैसी हैं, मालूम न था। रहस्यमय नदी मालूम पड़ती। कभी-कभी उसके काल्पनिक होने का भी विचार आता। किन्तु अभी अचानक इसका हल निकल आया।

कुछ दिन पूर्व ही उत्तर प्रदेश शासन ने फिरोजाबाद के साथ ही एक नये जिले के जन्म की घोषणा की—वह है सोनभद्र, जो मिर्जापुर जिले को काट कर बनाया गया है।

छुटपन में सभी बच्चों को खेल में ज्यादा आनन्द आता है। अपना भी हाल हाल ऐसा ही था।

मां बुलातीं तो ध्यान न देते, इधर-उधर खेलते रहते, खाना खाने का भी ध्यान न रहता। कभी भूले-भटके सामने पड़ जाते तो मां कहतीं :

"दिन भरि मकुना हाथी अस घूमते रहते हैं, घर मां बइठैं का नांव नाहीं लेत !"

झिड़की सुनते। मगर इस कान सुन, उस कान से निकाल देते। बाद में पढ़ने के लिए पिता जी के पास झांसी चले गये और वह झिड़की-उलाहना सुनने से बच गये।

किन्तु मन में बात बनी रही कि मकुना हाथी क्या होता है ? होता भी है कि नहीं ? बिना मूंछ का आदमी तो मकुना कहलाता है, किन्तु हाथी के मूंछ का सवाल ही पैदा नहीं होता। मां से पूछकर जिज्ञासा शान्त हो सकती थी, किन्तु जो जज सजा दे रहा हो उसी से कहिए—जनाब, जरा कठोर कारावास को समझा कर बताइए। तो न पूछा, न मालूम हुआ।

शिकार की पुस्तकों में भी रुचि होने के कारण जब कोई मिली, पढ़ ली !

किन्तु शंका का समाधान तब तक न हुआ था—जब तक श्री एम. कृष्णन की 'दि इण्डियन एलीफैंट' पुस्तक हाथ न लगी। उसमें लिखा था : मकुना उस हाथी को कहते हैं, जिसके आगे के दोनों बड़े दांत नहीं होते। मजबूत सूंड़ उनकी कमी को पूरा करती है। यह लंका में अधिक पाया जाता है।

तो इस प्रकार अकस्मात ही इस जिज्ञासा का समाधान हो गया।

बच्चों के छींक आने पर मां एक शब्द का अवश्य उच्चारण करतीं। वह था : 'छतन्जू।'

छींक लेना समाप्त भी न हो पाता कि उनका 'छतन्जू' पूरा हो जाता। पता न पड़ता कि ये छतन कौन महाशय थे और आदरसूचक जू उनके सामने क्यों लगाया जा रहा है ! क्या वीरसिंह देवजू की तरह यह कोई विशिष्ट व्यक्ति थे ?

हमेशा की भांति पूछा नहीं और जिज्ञासा बनी रही।

वह तो राम विलास भैया की भाषा विज्ञान सम्बन्धी किताब पढ़ते हुए मालूम हुआ कि वे तो वास्तव में 'शतं जीवि' शब्द उच्चारित कर बालक के सौ वर्ष जीने की कामना करती थीं !

# बाल-बाल बचे

**उषा शर्मा**

25 दिसम्बर '85। सबेरे करीब 11 बजे का समय था। अपने बगीचे में हरी-हरी पालक निकली थी। सोचा, आज पालक-पनीर बनायी जाये।

यही सोचकर प्रेशर कुकर में 1 किलो के लगभग पालक उबलने को चढ़ा दी। दूसरे बर्नर पर रसम बनाने का मसाला भूनने लगी, 11 बजने वाले थे। दवाई खाने का समय था। सोचा, पहले दवाई खा लें; कहीं भूल न जायें। यह सोच, मसाले की ओर की गैस बन्द करके हम दवाई खाने को निकले।

अभी पैर रसोई की देहली पर ही थे कि जोरदार धमाका हुआ। रसोई में नजर नहीं गयी—ऐसा लगा, जैसे बाहर किसी ट्रक का टायर बर्स्ट हो गया हो। पर, मीना (मेरी नौकरानी) दौड़कर आयी और हीटर बन्द किया। वह चिल्लाई : "ये क्या हुआ !"

तब हम दौड़े और समझ में आया कि धमाका अपने ही घर में हुआ था : प्रेशर कुकर बर्स्ट कर गया ! देखकर हम घबड़ाये। सबसे पहले गैस बन्द की। बर्नर—जो टूट कर लटक गया था, उसमें से पाइप को खींचा और सिलिंडर अलग किया।

हुआ यह था कि कुकर के सेफ्टी वाल्व में पालक फंस गया था। ढक्कन पूरे प्रेशर के साथ ऊपर उठकर रसोई की छत पर लगा और नीचे के बर्तन पर इतने जोर का धक्का लगा कि उसने बर्नर को चकनाचूर कर दिया।

पालक से सारे किचिन की दीवारों में चित्रकारी हो गयी। जहां-जहां बर्नर के टुकड़े गिरे, उनसे फर्श पर गडढे हो गये। जहां बर्नर रखा रहता था, वहां भी गड्ढा हो गया। रसोई की दशा देखी नहीं जाती थी ! बदबू के मारे वैसे ही बुरा हाल था। आसपास के दो मकानों वाले लोग आवाज सुनकर दौड़े आये। बर्नर चकनाचूर होने की घटना सबने पहली बार देखी ! यदि उस समय हम दवाई खाने बाहर न गये होते, तो हमारी भी धज्जियां उड़ गयी होतीं !

भला हो दवाई का, जिसने हमें बचा लिया।

# ध्यानचन्द के पुत्र

**अजय शर्मा**

बात सन् 81 की है। आगरा स्टेडियम पर काफी सालों से अ. भा. ध्यानचन्द मेमोरियल टूर्नामेंट होता आ रहा है। मैं भी सेमी-फाइनल हर साल देखने जाता था।

बात उस दिन की है जब इण्डियन एयरलाइन्स और सी. आर. पी. एफ. नीमच का मैच था।

एयरलाइन्स के कप्तान अशोक कुमार (ध्यानचन्द जी के सुपुत्र) थे। वह मास्को ओलम्पिक में स्वर्ण पदक प्राप्त कर लौटे थे।

मैच शुरू हुआ। स्टेडियम भरा हुआ था। एयरलाइन्स जीती। दूसरा मैच भी होना था।

यों तो अशोक कुमार के साथ काफी लोग अन्दर थे। परन्तु स्टेडियम के गेट तक आते-आते उनके साथ कोई न रहा।

बेचारे परेशान। हाथ में किट-बैग और हाकी। उन्हें जाना था आगरा क्लब जहां वह ठहरे थे।

यद्यपि आगरा क्लब दूर न था, पर पैदल जा न सकते थे—स्टेटस का सवाल था। अब बाहर धूप में खड़े-खड़े दस-पन्द्रह मिनट हो गये। रिक्शा करने पर कोई तीन रुपये से कम न ले।

हम खड़े नजारा देख रहे थे। उनकी परेशानी समझ रहे थे और उसका मजा ले रहे थे। बहरहाल हम साईकिल लेकर आगे बढ़े और नोटबुक आगे बढ़ाकर बोले, 'ऑटोग्राफ प्लीज।'

उन्होंने फटाक से नोटबुक ली और ऑटोग्राफ दिया और कमेन्ट लिख दी। बोले : "ये आगरे के रिक्शे वाले बदमाश हैं।"

मैंने धीरे से कहा : "मैं आपको साईकिल से छोड़ दूं।"

'ओह श्योर' उन्होंने कहा। और उचक कर साईकिल पर बैठ गये।

# बुरे फंसे

**विजय मोहन शर्मा**

बात उन दिनों की है, जब जन-जीवन में त्योहारों का महत्त्व था। नौकरी के लिए परदेस में बसे लोग, लौटकर 'घर' आ जाया करते थे। विवाहित महिलाएं दीवाली पर ससुराल की शोभा बढ़ाती थीं, तो होली पर मायके को रंग से सराबोर करती थीं। वातावरण में उल्लास और उमंग छलकने लगते थे। त्योहार आने के काफी दिन पहले से ही तैयारियां होने लगती थीं।

खास तौर से बच्चों के लिए बड़े मजे के दिन होते थे। बांस की पिचकारियां ठीक करने से लेकर टेसू के फूल इकट्ठा करना और होली के दिन किसको कैसे भूत बनाना है—इसकी प्लानिंग चलती रहती। इम्तहानों के आने में अभी समय होता था; बड़े भाई लोग प्रसन्न दिखते थे—डांट-डपट कम हो जाती थी।

उन दिनों, घरों में पकवान बनाने का रिवाज था, खास तौर से होली पर। पन्द्रह-बीस दिन पहले से ही यह कार्यक्रम शुरू हो जाता था। मिठाइयों में जोर रहता था, खोये की गुजियों पर। दूध को पकाते-पकाते खोया बनाने का काम जहां उबाऊ था, वहीं सेहतमन्द भी। एक बड़ी कड़ाही में दूध भरकर आंच पर चढ़ा दिया जाता था। धीमी आंच में गर्म होते समय दूध को लगातार चलाते रहना पड़ता था, ताकि नीचे से लग न जाये।

अक्सर यह काम मेरे जिम्मे पड़ता था। धीरे-धीरे दूध का घनत्व बढ़ता जाता था और दो-तीन घंटे के उपक्रम के बाद वह काफी गाढ़ा हो जाता था। उस समय उसे जल्दी-जल्दी चलाना होता था और जैसे ही वह कुछ भूरा होने लगे, उसे आंच पर से नीचे उतार लिया जाता था। खोया बनाते समय उसे खाना बहुत मुश्किल होता था क्योंकि वह बहुत गर्म होता था। हां, पूरा काम खत्म करके, उसे दूसरे बर्तन में निकालने के बाद कड़ाही में बची हुई खुर्चन चाटने में सारी मेहनत वसूल हो जाती थी, खास तौर से अगर कड़ाही में जानबूझकर कुछ माल छोड़ दिया गया हो।

मुझे खोये का अपना स्वाभाविक स्वाद अधिक पसंद था। सोचता था, लोग

चीनी डालकर बेकार इसका स्वाद बिगाड़ देते हैं !

खोये की गुझिया के अलावा आलू के चिप्स, चावल की कचरी आदि भी बनायी जाती थीं। बाजार में उन दिनों तक नया आलू आ चुका होता था। थोक के भाव में खरीदकर आलू को हल्का-सा उबाल लिया जाता था। आलू छीलकर बारीक-बारीक चिप्स बनाकर धूप में सुखा लिये जाते थे। इसी प्रकार चावल को पीसकर, उवालकर, मंगौड़ी या कचरी बनायी जाती थीं। ये चीजें कपड़ों पर रख-कर सुखायी जाती थीं। इस सारे काम में बच्चे बड़े उत्साह से हाथ बंटाते थे। बहुत छोटे आकार के आलुओं की, बिना छीले हुए, सब्जी बनाती थी, चावल की पिट्ठी लगाकर, तो वह बहुत स्वादिष्ट होती थी।

जैसे-जैसे त्योहार का दिन पास आता-जाता था, इस काम की रफ्तार बढ़ती जाती थी और दो-तीन रोज पहले ही सब चीजें बनकर तैयार हो जाती थीं। इन बनी हुई—रेडी टु ईट—चीजों को कहां और कैसे रखा जाये ताकि चूहों और घर के छोटे साइज के सदस्यों की पहुंच से दूर रहें, यह एक समस्या थी।

इसके लिए हम लोगों और अम्मा में लगातार आंख-मिचौनी होती रहती थी। अम्मा चाहती थीं पकवान अगर ज्यादा दिनों तक नहीं, कम-से-कम होली तक तो चलें। हम लोग सोचते थे कि जिस समय पकवान मिल गये, उसी समय होली है !

इन चीजों को छिपाने के लिए अम्मा नई-से-नई जगह ढूंढ़ती थीं और हम लोग थे कि थोड़ी-सी देर में ही अपनी घ्राण-शक्ति का सहारा लेकर तुरन्त पता कर लेते थे। खाने की इन चीजों में शुद्ध शक्कर भी शामिल थी। चीनी पहले शीशी, या ढक्कनदार डिब्बे में रखी जाती थी जिसे इधर-उधर से आकर फांकना कुछ मुश्किल न था। तंग आकर तेल की एक चौकोर कनस्तरिया को कटवाकर उसमें ढक्कन और कुण्डी लगवायी गयी ताकि उसमें ताला लगाया जा सके।

घर के जहीन बच्चों की अक्लमंदी का गलत अंदाज लगाया गया था। शीघ्र ही यह पता चल गया कि उस कनस्तरिया को अखबार के एक कागज पर दो-चार बार हिलाने से लगभग एक मुट्ठी चीनी बाहर आ जाती थी।

चीनी, मिठाइयां और नमकीन चुराकर खाने में हमारा और भुवन भाई का संयुक्त मोर्चा था। वैसे हम दोनों जने अलग अलग-अलग, स्वतंत्र रूप से भी, यह कार्य कर लिया करते थे।

अम्मा के शिकायत करने पर हमें 'कुछ पता नहीं' जवाब होता था। एक-दो बार ऐसा भी हुआ कि जब एक भाई स्वतंत्र रूप से कार्यरत था, उसी समय दूसरा भाई भी पहुंच गया। शिकायत के डर से फौरन कम्प्रोमाइज हो गया। जब चोर-

चोर मौसेरे भाई हो सकते हैं, तो सगे भाइयों का क्या कहना !

एक बार इसी चोरी के चक्कर में हम बुरे फंसे ।

बात उन दिनों की है जब हम लोग आगरे की नाले वाली गली में रहते थे। यह मकान श्री अमृतलाल नागर की सासु जी का था। इस पुरानी हवेली में नीचे कई कमरे थे। लेकिन अत्यधिक सीलन होने के कारण उनका उपयोग सिर्फ सामान रखने में, या गर्मियों में दोपहर को आराम करने के लिए होता था। आजकल की जेन्ट्री को बताने के लिए उस मकान का संक्षिप्त विवरण देना आवश्यक है।

घर में घुसते ही एक बन्द बरामदा था, जिसके बाद एक चौकोर कमरा, जिसे हम लोग हॉल कहते थे। इस हॉल के एक ओर लम्बा कमरा था जिसमें हम लोग क्रिकेट खेलते थे, और दूसरी ओर एक पतली-सी गली पाखाने की ओर जाती थी। इसके बाद—और अन्दर घुसने पर—एक बरामदा और आंगन पड़ता था। आंगन के ऊपर लोहे का जाल या टट्टर पड़ा हुआ था। आंगन के एक ओर रसोई, एक ओर ऊपर जाने के लिए जीना, बाकी दोनों ओर बरामदे थे। घर में सबसे पीछे भी एक कमरा था जो अक्सर बन्द रहता था। इस कमरे में सबसे अधिक सीलन रहती थी, इसलिए इसमें ईंधन का स्टॉक रखा जाता था। इसमें अन्दर जाने के लिए एक ही दरवाजा था और दरवाजे की बगल में थी एक खिड़की। क्रौस वेन्टीलेशन न होने के कारण खिड़की का होना न होना बराबर ही था।

ऊपर के कमरे हवादार थे, लेकिन फर्श कच्चे थे जिन्हें गोबर से लीपा जाता था। मकान में बिजली नहीं थी, इसलिए रात की पढ़ाई-लिखाई लालटेन या लैम्प की रोशनी में होती थी। गली में ज्यादातर रहने वाले ग्वाले या ठठेरे। पानी के निकास की कोई अच्छी व्यवस्था न थी, इसलिए मच्छरों का प्रकोप रहता था। घर में सीलन होने से बिच्छू भी थे, जिन्होंने मुझे चार-पांच बार काटा भी।

बहरहाल, इस बार अम्मा ने मिठाई कहां छिपाई थी, इसका पता नहीं चल पा रहा था। तमाम ठिकानों पर तलाश करने के बाद हम लोग इस निष्कर्ष पर पहुंचे कि हो न हो, माल सबसे भीतर वाले कमरे में ही बन्द है। एक प्रमाण यह भी था कि जहां उस कमरे का दरवाजा हमेशा खुली रहता था, वह अब बन्द ही नहीं रहता था—उसमें ताला भी लगा रहता था।

हम लोग चाभी की तलाश में जुट गये। सभी संभावित स्थान देख डाले गये। घर की दूसरी चाभियों से ताला खोलने की कोशिशें की गयीं। लेकिन सब बेकार !

एक दिन घर में कोई मेहमान आये। बन्द कमरे का ताला खुला। मिठाई और नमकीन एक प्लेट में सजाकर प्रस्तुत किये गये।

गलती से ताला-चाभी कमरे के बाहर आले पर ही रखे रह गये। दरवाजा उढ़का हुआ था। मौका देखकर हम अन्दर घुस गये और दरवाजा फिर उढ़का लिया। इस बीच अम्मा किसी काम से आयीं और बिना जाने कि अन्दर भी कोई है, कमरा बन्द करके ताला लगाकर पड़ोस में चली गयीं। हमने सोचा, चलो पहले खा तो लें फिर देखी जायेगी।

धीरे-धीरे बाहर कैसे निकलेंगे, यह ख्याल जोर मारने लगा। लेकिन इतने में ही कोई और मेहमान आये, जिनके जलपान के लिए कमरा फिर से खुलवाना पड़ा।

इस कमरे में इतना अन्धेरा रहता था कि खुलते ही हम सुट्ट से बाहर हो गये और खोलने वाले को पता ही न चला।

कुछ दिनों बाद हम लोगों का अम्मा से पकवान वितरण को लेकर समझौता हो गया ! और, इस प्रकार यह आंख-मिचौनी का खेल समाप्त हुआ !!

# प्रेम जी : एक प्यारा-सा जीवन

**सोना शर्मा**

किसी व्यक्ति के जीवन में नयनों का क्या महत्त्व होता है, यह सभी जानते हैं। कहा जाता है कि नयन मन का दर्पण होते हैं, इन्सान जो बात मुंह से नहीं कह पाता, वह उसके नयन कह देते हैं। साहित्य में नायिकाओं के तिरछे नयनों के वाणों ने न जाने कितनों का कत्लेआम किया है। सुना है, नयन हंसते हैं तो समझो दिल की कली खिली है; और नयन रोते हैं तो दिल को भिगो-भिगो जाते हैं।

खैर—नयनों के गुणों का वर्णन करना हमारा उद्देश्य नहीं है। हम तो बस इतना ही कहना चाहते हैं कि व्यक्ति आंखों से इस जगत को देखता जरूर है लेकिन उसकी जीवन-दृष्टि, या कहिए जिन्दगी के प्रति दृष्टिकोण ही उसके जीवन को रोशन करता है। और अगर किसी को खुदा ने खूबसूरत नयनों की नियामत न बख्शी हो तो उसके लिए आप क्या कहेंगे ? शायद साधारण व्यक्ति यही कहेगा कि जिसके पास खूबसूरत नयनों की दौलत नहीं, उसकी किस्मत पर समझो पत्थर पड़ गये हैं।

अब मैं उस लड़की का जिक्र करूंगी जिसने अपनी किस्मत पर फेंके गये पत्थर को अपनी एक आंख की पलकों में उठा रखा है। जी हां, दो पलकों के बीच की उनकी एक आंख पत्थर की ही तो है।

एक सम्पन्न घराने की सौम्य, सुसंस्कृत, शोख और नटखट लड़की।...आदर्शों और नैतिकता की धूप में निखरी, प्यार और दुलार के पानी से सिंची, स्वस्थ हवाओं में झूमती-खिलखिलाती लड़की के बारे में आप कुछ सुनना चाहेंगे ?

तो सुनिए। मैं उनके रूप-गुण का वर्णन करने की कोशिश कर रही हूं।

हल्के बालों में जीवन के कटु अनुभवों की छिटकी सफेदी; दूसरे के दुख-दर्द को देख सकनेवाली एक आंख पत्थर की; गाल हमेशा धुले-धुले (आंसुओं से); होंठ और दांत भी उभरे हुए। लेकिन इन पर निखरती बच्चों की-सी हंसी और छोटी-छोटी बातों पर गूंजता खिलखिलाहट का स्वर !

और, श्रृंगार !! कानों में सोने के बुन्दे, गले में सोने की चैन, उंगली में सोने की अंगूठी। इनमें झिलमिलाती आत्मविश्वास, अधिकार, स्वाभिमान और सम्पन्नता की खरी चमक। जी हां, ये जेवरात प्रमाण हैं इस भावना के कि—"हमें ईश्वर ने सुन्दर नहीं बनाया तो क्या ! हममें अपने गुणों का सौन्दर्य तो है और हम किसी से कम नहीं। हम क्यों किसी से दबें, झिझकें, या मायूस हों ?"

सुना है, औरतों को हमेशा अपने से ज्यादा अपने जेवरों से प्रेम रहा है, क्योंकि जेवर उनका श्रृंगार होते हैं, उनके सौन्दर्य को बढ़ाते हैं। इसीलिए जेवरों को एक पेटी में रखकर औरतें उस पर अपने दिल का ताला लटका देती हैं। लेकिन हमारी प्रेम जी जब अपने असली जेवरों की पेटी खोलतीं, तो देखनेवाले की आंखें चौंधिया जातीं।

आप क्या-क्या देखेंगे ?

देखना चाहते हैं तो देखिए। ये हैं : एम. ए. में फर्स्ट डिवीजन, एम. एड. में फर्स्ट डिवीजन ही नहीं, फर्स्ट पोजीशन भी। और यह रहा Best Hostler का प्रमाण-पत्र, इत्यादि।

उनके तो सिर्फ एक आंख है, लेकिन हमको इस सबको देखने के लिए शायद चार आंखें चाहिए।

और अब वह शोध कार्य कर रही हैं—संस्कृत में। विषय है : 'कालिदास की सौन्दर्य-दृष्टि"। विषय से सम्बन्धित अध्ययन में वह सौन्दर्यशास्त्र का गहरा अध्ययन कर रही हैं।

ऐसे में उन्हें देखकर ये ही पंक्तियां याद आ जाती हैं—"लाली देखन मैं गयी, मैं भी हो गयी लाल।" अर्थात् सौन्दर्यशास्त्र का अध्ययन करने यह क्या गयीं, स्वयं ही सौन्दर्यमयी हो गयीं ! कभी पक्षियों के सौन्दर्य पर रीझ रही हैं, तो कभी किताबें बन्द करके प्रकृति के सौन्दर्य को निहार रही हैं।

यदि कभी अंधेरे में जलती मोमबत्ती पर आ-आकर जलते पतंगों की पीड़ा का आभास उन्हें पढ़ने नहीं देता तो कभी रात में हर तरफ छिटकी चांदनी का सौंदर्य उन्हें सोने नहीं देता। इतनी सौन्दर्यमयी कि उन्हें असुन्दरता शायद अब बर्दाश्त नहीं है। इसीलिए जब कोई रेडियो गायक गाने में कुछ गड़बड़ी कर देता है, कहीं स्वर को जरूरत से ज्यादा खींच देता है, या शब्द का उच्चारण ठीक नहीं करता, तो हमारी प्रेम जी को बहुत कष्ट होता है। कोई गाना बेकार शब्दावली वाला है, तो वह ऐसा मजाक बनाती हैं कि लोग सुनना भूलकर पेट पकड़कर लोट-पोट हो जायें। अगर अच्छा गाना है, तो आप उन्हें तन्मय भाव से झूमते और गाने के अन्दाज में हाथ उठाते देख सकते हैं।

उनके खुद के गाने के विषय में इतना ही कहूंगी कि यदि समूह में बैठी हों, कोई कहे कि अब प्रेम जी गाना सुनायेंगी तो आप तालियों की गडगड़ाहट तुरन्त सुनेंगे। और, एक बार गाना सुन लें तो फुर्सत के समय में उनसे गाना सुनने के लिए हमेशा बेताब रहेंगे। खुद संगीत में एम. ए. करने वाली लड़कियों को शक था कि प्रेम जी ने जरूर संगीत में भी एम. ए. किया होगा। नहाते समय अगर वह गाने लगें तो संगीत वाली लड़कियां अपने-अपने काम छोड़कर किसी-न-किसी बहाने गुसलखाने के बाहर एकत्रित हो जातीं। वैसे तो कोई बरतन धोने, कोई मुंह धोने और कोई मटका भरने आयी होती, लेकिन वास्तव में सब उनकी आवाज के जादू से खिंची चली जाती थीं।

उन्हें लड़ते-झगड़ते भी देखा जा सकता था। बस, उन्हें जो गलत नजर आ रहा है, उसी से लड़ रही हैं, आज वार्डन से लड़कियों की तरफ से लड़ रही हैं, तो कल वार्डन की तरफ से चौकीदार से लड़ रही हैं, और परसों चौकीदार की तरफ से दूध वाले से लड़ रही हैं।

वनस्थली में स्ट्राइक होने पर, स्वयं सबसे सीनियर छात्रा होने के बावजूद. प्रेम जी लड़कियों की तरफ से संस्था वालों से लड़ रही थीं और नित नये नारे ईजाद कर रहीं थी; होस्टल का गेट बन्द होने पर कुछ लड़कियों के साथ जंगल की तरफ उतरकर दूसरे होस्टल की लड़कियों को इशारे से बाहर निकलने (छत से कूदने) को कह रही थीं; और फिर मुंह पर चुन्नी ढंककर जुलूस बनाकर संस्था वालों के घरों के बाहर नारे लगा रही थीं।

शादी हो गयी है। पति डॉक्टर हैं। उन्होंने पत्र जल्दी नहीं डाला—इस गलती पर उनसे भी लड़ी हैं; हफ्तों उन्हें पत्र ही नहीं लिख रही हैं।

राजनीति और खेलों से दूर का भी रिश्ता नहीं था। बाद में हमारे साथ, कमेन्ट्री सुन-सुनकर, ऐसा शौक चढ़ा कि एक बार भारत के जीतने पर बाकायदा नाचना शुरू कर दिया था। यह कपिल देव को 'कपिलू' 'कपिलू' कहने लगी थीं। मजाल क्या जो कोई उनके 'कपिलू' की थोड़ी-सी बुराई उनके सामने कर दे!

किसी बुरी लड़की को एक अच्छाई ही उनके लिए उस लड़की को अच्छा बना देती थी और अच्छी लड़की की एक बुराई उस लड़की को उनकी नजर में गिरा देती थी। जिसे चाहती थीं, उस पर अपना स्वयं ही इतना अधिकार समझ लेती थीं कि वह यदि किसी दूसरी लड़की से ज्यादा हंसे-बोले तो उन्हें गुस्सा आ जाता था।

यह सब कमजोरियां होने के बावजूद, उनमें एक अजीब-सी चमक थी—जिन्दगी की चमक। निराश या मायूस वह अपने लिए ही होती थीं। दूसरे के लिए हमेशा उत्साह से भरी, हंसती-बोलती और मस्त रहती थीं। उनकी तरफ सहारे के लिए कोई भी व्यक्ति हाथ बढ़ा सकता था। वह सिर्फ प्रेम जी ही नहीं थीं, हमारे लिए एक 'प्यारा-सा जीवन' थीं।

# मेरा स्कूल

सन्तोष शर्मा

स्कूल में प्रिंसिपल चाहे कोई भी आ जाये, सबमें बुराई मिल जाती है। मेरे साढ़े सात साल इस स्कूल में रहने की अवधि में यह चौथे प्रिंसिपल हैं—श्रीगोपालजी।

जैसे ही इन्होंने स्कूल ज्वाइन किया, मोर्चे बनने लगे। सारे टीचर्स के मन में शंका रहती कि कहीं हमसे ज्यादा काम न कराया जाये—और वह भी बिना भुगतान; हमारी इज्जत में कमी न आ जाये।

अपनी प्रेस्टीज के लिए सभी सतर्क रहते हैं। किसी भी बात को प्रेस्टीज प्वाइण्ट बना लेना इनके लिए सरल काम है।

स्कूल में सभी तरह के लोग हैं: मेहनती भी और बातें ज्यादा तथा काम कम करने वाले भी; दूसरों में कमियां ढूंढ़ने वाले भी और अगर आपस में मित्रता ज्यादा है, तो अपने मित्र का अनुचित पक्ष लेने वाले भी !

स्कूल में अध्यापकों के ग्रुप भी हैं। अंग्रेजी प्रधान—तथाकथित 'अधिक सभ्य'। हिन्दी प्रधान जिनकी शिक्षा हिन्दी स्कूलों में हुई है—इंगलिश 'कल्चर' को अधिक महत्त्व नहीं देते।

तो पहले ग्रुप की प्रतिक्रिया थी : "यह भी कोई प्रिंसिपल है ! कोई पर्सनैलिटी ही नहीं। पब्लिक स्कूल के प्रिंसिपल तो बिल्कुल लगते ही नहीं। प्रोनन्सियेशन तो देखो ! कहीं लगता है इंगलिश में एम. ए. किया है ? अब स्कूल का स्टैण्डर्ड गिरेगा। मिस्टर एच. थे, मिस्टर डी. थे—बोलते थे तो लगता था, कुछ दम है आवाज में। मिस्टर एच. में स्कूल के बच्चों के मां-बाप से काम लेने की और उनसे मदद लेने की क्षमता थी। कोई भी स्कूल में समारोह हो, खुलकर खर्च करते थे। यह गोपालजी कुछ नहीं कर सकता। बस, सब जगह अपने आदमी ही भरेगा।"

लेकिन मुझे तो यह प्रिंसिपल अन्य सभी से अधिक ईमानदार लगे। कमियां

सभी में होती हैं। सबसे अच्छी आदत है—चमचे नहीं पालते। चमचागिरी पर जीने वालों को यह भारी पड़ते हैं।

हमारे स्कूल में टीचर्स को आदर मिलता है। टीचर्स से प्रिंसिपल को सोच-समझकर बात करनी पड़ती है। प्रिंसिपल की कमियां उसके मुंह पर और पूरी सभा में कह देना (किसी मीटिंग में) अध्यापक के लिए मुश्किल नहीं। स्कूल के समय के बाद किसी अध्यापक से अधिक काम नहीं लिया जा सकता। ऐसे समय में सब अध्यापक एक साथ प्रिंसिपल को निरुत्तर कर देते हैं। इसका श्रेय पुरुष अध्यापकों को ही जाना चाहिए !

श्रीमान एच. ने एक टीचर को पत्र लिखा, 'आपका काम संतोषजनक नहीं है।' उसने प्रिंसिपल की प्रत्येक गतिविधि का लेखा-जोखा तैयार कर लिया—किस समय कितने पीरियड प्रिंसिपल ने नहीं लिये; प्रिंसिपल को हफ्ते में कितने पीरियड लेने जरूरी हैं, आदि। यह लड़ाई चलती रही। और आखिर प्रिंसिपल व अध्यापक दोनों को ही स्कूल छोड़ना पड़ा।

अब स्कूल में काम करने पर लगता है कि अपनी इच्छा से काम कर रहे हैं; अनुचित दबाव से नहीं। स्कूल को चलाने का तरीका ही ऐसा है कि आप बिना काम किये रह नहीं सकते। टीचर्स को इन्चार्ज बनाया जाता है और उन्हें अन्य टीचर्स से सूझबूझ से काम कराना होता है।

जिस तरह अध्यापक प्रिंसिपल से कुछ भी कह सकने के लिए स्वतंत्र हैं, बच्चे भी अध्यापक से उसी तरह वादविवाद करते हैं। यहां भी अध्यापक का बिना पढ़ाये काम नहीं चल सकता। यही कारण है कि स्कूल की प्रतिष्ठा है।

# अम्मा की कुछ यादें

**दया शर्मा**

['अम्मा' शब्द से यहां आशय राम विलास भैया की धर्म पत्नी स्व. पूज्य मालकिन भाभी से है। 'घर की बात' पुस्तक जिन लोगों ने पढ़ी है वे ऊंचगांव में उस समय के हम लोगों के जीवन से परिचित हैं। स्वभावतः, दया जब ब्याह कर आगरा आयीं, तो पूज्य भाभी जी उन्हें गांव के जीवन की कहानियां सुनाती होंगी। उन्हीं पर आधारित हैं, दया की ये यादें—**मुंशी**]

एक दिन ससुराल में अम्मा की दिनचर्या पर जब चर्चा चली तो उन्होंने बताया—शुरू-शुरू में बड़ी अजिया, छोटी अजिया ही खाना बनाती थीं। परन्तु अम्मा को काम करने का बड़ा शौक था। अतः वह दौड़-दौड़ कर सब काम करतीं; यहां तक कि नौकरों के उठने के पूर्व ही भैंसों का चारा (करबी) काट कर, चक्की से आटा भी पीस लेतीं। अम्मा के अनुसार, जैसे-जैसे वह काम करने लगीं, छोटी अजिया यानी दादी, बड़ी अजिया यानी परदादी, कुछ वृद्धावस्था और कुछ घर में दो-दो बहुएं आ जाने से, घर के काम से फ्री होती गयीं।

अम्मा दिन में रोटी से निबट कर डलिया, पंखें, आदि बनाने के लिए कांस-मूंज, चावल के सूखे तने अलग-अलग रँगों में रंग कर सुखातीं। डलिया—छोटी-से-छोटी और बड़ी से बड़ी—सामान रखने के लिए स्वयं बनातीं।

डलिया को सुंदर बनाने के लिए कपड़े रँगने के रंग से चावल के सूखे तनों को पानी में भिगो कर फिर रंगों के घोल में रँगा जाता था।

अम्मा के हाथ की एक-दो रंगीन छोटी डलियां तथा पंखे मैंने आगरे में देखे, जो सोनू के मुण्डन के समय तक, यानी 1977 तक, उनके पास बर्तनों के बक्से में रखे थे।

अम्मा ने बताया कि वह तीलियों से पंखे बुनती थीं। इन्हें सिगरेट की डिब्बी की पन्नी तथा रंगीन धागों में मोती लगाकर सजाया जाता था। आस-पास की

बहुओं और लड़कियों में इस सम्बन्ध में होड़ रहती। अम्मा भी होड़ लगा कर बुनतीं।

परबाबा अम्मा को बहुत चाहते थे। एक दिन परदादी से बोले : 'दिन भर बंदरिया की तना लगी रहति है।' अम्मा समझीं, कोई बंदरिया कहीं से आ गयी है, सो परदादी ने पूछा : 'बंदरिया कहां है ?' इस पर बाबा ने हंसकर कहा : 'अरी तुझे कह रहा हूं, तुझे। दिन भर बंदरिया की तना काम करति रहति है।'

मंगोड़ी बनाने के दिनों में अम्मा मंगोड़ी बनातीं। साधारण नहीं : कई प्रकार की। मूंग की, उड़द की, आदि। उड़द की दाल खमीर उठाकर खट्टी की जाती। केवल हाथ से ही नहीं, अम्मा सींक का प्रयोग करके भी बारीक-बारीक मंगोड़ी बनातीं। वह पापड़ भी—पोले पापड़—सूजी-मैदा, साबूदाने, मूंग, उड़द के बनातीं।

अम्मा के हाथ की मंगोड़ी मैंने भी खायी हैं, और उनके साथ बनायी भी हैं। जहां मेरी, शोभा, सेवा, सभी की मंगोड़ी आकार में छोटी-बड़ी हो जातीं, वहां अम्मा के हाथ की एक से आकार की होतीं, मानो सांचे से ढलकर निकली हों। अनेक बार मैं दाल पीसती और अम्मा मंगोड़ी तोड़तीं। उनके हाथ की गति भी इतनी तेज रहती कि हम तीनों एक तरफ और वह अकेली एक तरफ !

मंगोड़ी तोड़ने का यह मजा भुवन भइया की शादी पर अधिक आया था। मेरे यह पूछने पर कि सींक से मंगोड़ी कैसे तोड़ते हैं, अम्मा ने कहा : "अरे, गांव की औरतें जिनके पास काम न धाम फालतू कुछ तो करें।" मैंने मंगोड़ी तोड़ते समय फिर यही बात पूछी तो उन्होंने एक सींक(चाचा के लिए दांत खोदने के लिए कुछ अलग सींकें रखी हुई थीं उन्हीं में से) मंगायी। फिर कुछ सींक-मंगोड़ी तोड़ कर मुझे दिखायीं तथा वही पुरानी बात दुहरा दी : "ये सब फालतू के धंधे हैं।" जब कभी मैं कहती, "अम्मा आपकी मंगोड़ी सांचे में ढली लगती है।" तो तुरंत कहतीं : "तुम तो अब तोड़ने लगी हो। फरक नहीं होगा ? तुम वैसे ही ऊपर का बहुत करती रहीं और करती हो—जो हमारे बस का नहीं है।" इस तरह मेरे उदास मन को भी वह काम करने का प्रोत्साहन देतीं। कभी कहतीं—"ललित को मंगोड़ियों का बहुत शौक है, अब बनाया करो। तुम भी ऐसी बनाने लगोगी।"

जब नया मकान बना (राजामण्डी में), तो घर में तीन-चार नई रजाइयां भी बनीं। मुझे रजाई सीना तो आता था पर उसमें गोट लगाकर उसका कोना मोड़ना नहीं आता था। रजाइयां सीनी होंगी, इस बात की सूचना अम्मा ने गर्मियों में ही दे दी थी। मेरी हवा खराब। रजाई तो सिल दूंगी, गोट कैसे लगाऊंगी ? खैर, गर्मियों की छुट्टी में जब वापस जयपुर लौटी, तो मकान मालकिन बुआ से एक दिन कपड़ा

और सुई-धागा लेकर रजाई का कोना मोड़ना सीखा। सिलाई तो आती है और गोट लगाना नहीं आता—यह बात मन में स्वयं को बड़ी अपमानजनक लगी। पर रजाई में धागा डालना तब भी सीखना रह गया। कारण, ताजा नई रुई भरा कर उस समय कोई रजाई नहीं आई हुई थी और न उस समय ऐसा मौसम ही था कि भराकर अभ्यास करती। अतः यह काम टल गया।

दशहरा-दिवाली आने पर ये रजाइयां जब रुई भरकर आयीं, तो शोभा को खाने पर बिठा हमें अम्मा के साथ रजाई में डोरे डालने को भेजा गया।

अम्मा तो खटाखट बिना कोई लाइन या डिजाइन (औपचारिक) बनाये डोरे डालती चली जायें, और हम से सुई भी न निकले। फिर शुरू में एक सीध में जो एक रजाई में डोरे डाले, तो वे बड़े-छोटे हो गये। इन्होंने (ललित ने—सं.) और सेवा ने आकर देखा तो मेरी बड़ा मजाक उड़ाया। फिर भी, सेवा ने आदत के अनुसार (सदैव ही) हमें सुरक्षा प्रदान की है। इन्हें (ललित को) ज्यादा गुस्सा होते देखा तो सेवा ने तुरंत एक कैंची लेकर एक डोरा काटकर निकाल दिया और खुद वह डोरा डालकर चली गयीं। मुझसे बोलीं—"कहना मत, मैंने ठीक कर दिया है। तुमने कभी डोरे नहीं डाले रजाई में? अच्छा चलो, एक रजाई में हम तुम्हें डोरे डालना सिखायें।"

सेवा की गुरुआई में तो आ गये पर पल्ले नहीं पड़ा कुछ भी उस समय। फिर अम्मा से कहा, "हमने कभी रजाई में डोरे नहीं डाले हैं। हां, रजाई पर डोरे डालने को डिजाइन तो कई बार खींचा है—लाइनें, सकरपारे, लहरें; पर सुई से रजाई में कभी डोरा डालने का काम किया ही नहीं।" हम कुछ रुआंसे हो गये थे। फिर क्या था। अम्मा की ट्रेनिंग शुरू। अम्मा ने बताया :

"टांकों की सीध देखते जाओ, और आगे बढ़ते जाओ। सुई जब रुई में घोंपो तो इधर तिरछी निकालो। सीधी सुई रुई में से कभी न निकालो, क्योंकि रुई का रेशा पींदने के बाद आपस में मिलकर गच्छ यानी घुट जाता है और उसमें से सुई निकल नहीं पाती।"

इतना बतलाकर दो-तीन टांके निकाल कर, हमसे भी उसी विधि से निकल-वाये और फिर एक और नई रजाई का पहला डोरा हमारे पास बैठकर हमसे ही डलवाया।

बस फिर क्या था, हम मैदान में डट गये और हमने अम्मा के साथ उस साल चार रजाइयों में डोरे डलवाये। सेवा ने हमारी पीठ ठोंकी; अपने भइया की खबर ली। बड़ा मजा आया इस बार क्योंकि अबकी बार हमारी बारी थी। डांट सुनकर खिसिया कर इन्होंने (ललित ने) कहा : "डोरे डाल लिए तो क्या हुआ। अम्मा जैसे तो अब भी नहीं हैं, और न उनका जैसा हाथ ही चलता है।" इस बार अम्मा ने इन्हें घुड़क दिया : "बिना बात ही पीछे पड़ जाते हो।"

श्रीमानजी की बोलती बंद और हम खुश।

# यादें

## आशुतोष शर्मा

यह तो पता नहीं कि बचपन में मैं कितना भोला था, पर नाम पड़ा था भोलू ! मुझे यह नाम देने वाले थे—बाबू स्व. भगवान दीन शर्मा ।

बाबू की पहली याद मुझे सुन्दर नगर की है । मेरी उम्र रही होगी छः या सात वर्ष । उनके सारे पत्र मुझे भोलू के नाम पर ही आते थे । पढ़ने में बड़ा मजा आता । पर कुछ डर-सा भी लगता, क्योंकि हर पत्र में मेरी लिखी हुई चिट्ठी की त्रुटियों का सुधार होता था और मेरी लिखाई पर आलोचना ।

'a' को थोड़ा गोल बनाओ, 'b' को लम्बा खींच कर पूरा करो, 'c' से पहले एक लकीर बनाओ, अक्षरों को एक जैसा रखो, इत्यादि । लिखाई पर हमेशा उनका विशेष ध्यान रहा है ।

मुझे याद है, हमें वह तीन लाइनों वाली कॉपियों पर अक्षर लिखकर देते और हम उन्हीं अक्षरों को देख-देखकर नीचे लिखते । और, आज इसी की बदौलत मैं बहुत सुन्दर तो नहीं, परन्तु पढ़ने लायक अक्षर लिख लेता हूं ।

खिलाड़ी जीव था बचपन से ही । थोड़ा और ध्यान देता, तो शायद आज मैं भी बाबू के मोतियों जैसे अक्षर लिख पाता ।

खिलाड़ी जीव ! मैं अकेला ही थोड़े था । बाबू क्या कम थे ?

मुझे याद है, सुन्दर नगर में कैरम का क्रेज चढ़ा था हम लोगों को । उसमें बाबू भी शरीक थे । सुबह-शाम कैरम के दौर चलते ।

बाबू का कांपते हाथों से स्ट्राइकर को मारना और गोटी पॉकेट में जाने पर हाथ उठाकर 'ओ ग्रैंड' चिल्लाना ! मैं कभी नहीं भूल सकता । उनके सुन्दर नगर छोड़ने पर, मैं भी हाथ कंपाते हुए स्ट्राइकर मारकर उनकी नकल करता । साथ में 'ओ ग्रैंड' भी चिल्लाता ।

खेल में रुचि आज भी उनकी उतनी ही नजर आती है । आप किसी भी खेल पर उनसे बात कर सकते हैं ।

खेल के साथ-साथ, उन्हें सैर-सपाटे का शौक तो रहा ही है । इसके साथ ही

पैदल घूमने की भी आदत उनकी पुरानी है।

सुन्दर नगर में रामचन्द पहाड़ था। मैं और बाबू उस पर रोज घूमने जाया करते थे। दोनों के हाथ में एक-एक लकड़ी होती थी।

लकड़ी क्यों रखते थे, उस समय यह तो मुझे पता नहीं था। लेकिन चूंकि बाबू रखते थे, इसलिए मैं भी हाथ में एक लकड़ी ले लेता।

एक बार रामचन्द पहाड़ पर ऐसे ही घूमते हुए हम दोनों चोटी पर पहुंच गये। उतरते समय सोचा, जिस रास्ते से चढ़े हैं उससे न उतर कर, क्यों न किसी दूसरे रास्ते से उतरें!

पहाड़ के ऊपर थोड़ी देर बैठे। सुस्ताये। ठंडी हवा का आनन्द लिया। फिर उतरना शुरू किया।

शायद सुस्ता कुछ ज्यादा लिये थे, क्योंकि अब शाम ढलना शुरू हो गयी थी। परन्तु, अपने निश्चय से न हटकर हम लोगों ने उतरने के लिए दूसरे रास्ते पर कदम रखा। थोड़ी देर उतरने के बाद देखा—'डेड एन्ड'। आगे ऐसी ढलान थी जहां से उतरना मुश्किल। दायें-बायें जंगल की झाड़ियां, जिस कारण उधर न जा सकते थे।

वापस ऊपर चले पहाड़ पर। लेकिन जहां से उतरे थे, वह जगह छोड़ किसी दूसरी जगह पहुंच गये!

अंधेरा काफी हो चला था। हम लोग जंगल में रास्ता भटक गये। मैं शेर तो बहुत बनता था बचपन में, लेकिन अब थोड़ा डर लगना शुरू हुआ। शायद बाबू भी थोड़ा घबड़ा गये थे। जंगल के अंधरे में हम लोग अकेले!

रामचन्द पहाड़ से लगी हुई एक कच्ची सड़क थी, जो कुछ कैम्पों को जाती थी। सड़क पार कर कुछ खेत थे—और इन खेतों को पार कर सुन्दर नगर बसा हुआ था। खेतों के बीच में एक ड्रिलिंग मशीन लगी थी जहां ड्रिलिंग चल रही थी।

पहाड़ के ऊपर से हम लोगों को बस ड्रिलिंग मशीन की लाइट दिख रही थी। सुन्दर नगर सचमुच काफी दूर था।

सड़क पर गुजरती हुई किसी गाड़ी की 'हेड लाइट' दिखायी दी; फिर लाल 'टेल लाइट'। फिर सब गायब।

अब अंधेरे में उतरना शुरू किया। सोचा सड़क की तरफ उतरते हैं। किसी तरह पहुंच जायेंगे।

पर हम लोग तो अभी जगल में ही थे। पापा (रामशंकर शर्मा) ने कुछ दिन पहले ही जंगल में जंगली हाथी दिखाये थे। मन में बार-बार इन्हीं का खयाल आ रहा था। सियार और सांप भी यहां खूब होते।

अंधेरे में हम लोग बस उतरते गये। रास्ते का कुछ पता नहीं था...बस

उतरते गये। किसी तरह जाकर हमें सड़क मिली। सड़क मिलने से ही जंगली जानवरों का भय फरार हो गया और मेरा आत्मविश्वास जाग उठा! बाबू से मैंने कहा, "अब मैं आपको घर पहुंचा दूंगा।" खेतों की पगडंडियां मेरे दिमाग में अच्छी तरह से चित्रित थीं।

पहले हम लोग ड्रिलिंग मशीन तक पहुंचे। वे लोग हमें आंखें फाड़-फाड़ कर देख रहे थे कि इतनी अंधेरी रात में ये लोग कहां से आ रहे हैं!

उनको अपना हाल बताकर आगे बढ़े। खेतों की पगडंडियों पर चलते गये। आगे-आगे मैं और पीछे-पीछे बाबू। आखिर सुन्दरनगर पहुंचे।

उस समय मुझे सुन्दरनगर जैसा अच्छा लगा वैसा कभी नहीं लगा। दूध वाले का घर। बैडमिंटन कोर्ट। एटौमिक एनर्जी का ऑफिस। केमिकल लैब। गाड़ियों के गेराज। ये सभी पार कर, घर पहुंचे।

सभी लोग घबराये हुए घर पर इंतजार कर रहे थे। घर पहुंचते ही पापा ने पूछा : "कहां रह गये थे?" बाबू से उत्तर मिला—"अरे-ए-ए-ए-ए। कुछ न पूछो!"

यह एडवेन्चर मैं आज तक न भूला हूं और न ही भूलूंगा। मुझे लगता है मेरे अन्दर यह 'सेन्स ऑफ एडवेन्चर' लाने का श्रेय बाबू को ही है। बाबू की ये मेरी पहली यादें सुन्दरनगर से जुड़ी हुई हैं। बड़ी मीठी हैं ये यादें।

# हमारे ताऊजी

उषा शर्मा

जब मैं चार साल की थी, मेरे पिताजी सबको छोड़कर चल बसे। उनकी अचानक मृत्यु ने हम सबको तोड़ दिया। बचपन, जो जीवन का सबसे सुन्दर समय होता है, हम सब भाई-बहनों से बिछुड़ गया, हमारा बचपन बिखर गया।

मैं अपनी नानी के पास मेरठ आ गयी। मेरी छोटी बहन दादी-बाबा के पास संगरूर चली गयी। मेरी मां व छोटा भाई मेरे ताऊजी के पास पटियाला में रह गये। इस तरह हम सबका हंसता, किलकारी मारता, बचपन कहीं दूर, बहुत दूर, रह गया।

मां, भाई को लेकर, कुछ समय बाद मेरठ आ गयी थी, पर उस समय तक मेरा अस्तित्व ही बदल गया था।...जब मैंने होश संभाला तो एक व्यक्तित्व जिसने हमें भरपूर प्यार दिया, अपनापन दिया, हमें जीने का मकसद दिया और रोशनी का एहसास कराया, वह थे हमारे ताऊजी।

जब हम अपनी नानी के पास मेरठ में थे, तब ताऊजी हर महीने आते और हमें समझाते, "अपने घर चलो, हमारे साथ रहो।" पर मेरी मां के लिए यह संभव न था। हां, गर्मी की छुट्टियों में हम सब उनके पास जाते थे। जितने दिन हम उनके साथ रहते, वह बहुत खुश नजर आते। उनकी उस खुशी का अहसास मुझे आज भी होता है। उनका मुस्कराता, प्यार से ओतप्रोत चेहरा आज भी मेरी आंखों के सामने घूमने लगता है।

हम तीनों भाई-बहनों ने अपने पिताजी को नहीं देखा। मुझे उनकी सिर्फ धुंधली-सी याद है। पर हमारे ताऊजी ने हमें उनकी कभी कमी महसूस न होने दी। हम अपने ताऊजी को 'पापाजी' कहते थे।

ताऊजी ने हमें कभी अनुभव न होने दिया कि हमारे पिताजी नहीं हैं। हम सब उनकी गोद में, उनकी प्यार की छाया में ही, पले। हमारी छोटी-सी जरूरत,

थोड़ी-सी तकलीफ का भी, उन्हें ध्यान रहता। हमारे बिना बताये ही वह हमारी जरूरतें पूरी करते। हमारे खाने, कपड़ों, किताबों, सबका उन्हें ध्यान रहता।

उस समय मैं हाईस्कूल की परीक्षा देकर पटियाला छुट्टियों में गयी थी। उन दिनों हमें इतवार का व्रत रखने का भूत सवार था। इतवार को ताऊजी घर पर होते, उन्हें अच्छा न लगता कि हम व्रत करें और भूखे-प्यासे रहें। सूरज छिपने के काफी देर पहिले ही वह शोर मचाने लगते : "खाना बनाओ।"

मेरे लिए बाजार से वह बर्फ लाते। ठंडा पानी बनाते। बार-बार याद दिलाते कि सूरज छिपने वाला है पानी पी लो (इतवार के व्रत में सूरज ढलने पर हम न तो कुछ खाते, न पानी पीते)। पर हम खेलने में, या गप्पों में या कभी पढ़ने में व्यस्त रहते। लेकिन जैसे ही अंधेरा शुरू होता, वह मेरे पीछे पानी का लोटा लेकर दौड़ते और आवाजें लगाते : "कुड़िये, पानी पी ले, नेरां हो जऊं, राती प्यास लगू।" जब मैं न सुनती, तो बार-बार कहते, मनाते, "पूत, पानी पी ले। सूरज जाने वाला है।"

उनके उस प्यार की याद करती हूं तो आज दिल भर आता है। हमारे कष्ट के दिनों में उन्होंने जो हमें सहारा दिया, उसे शब्दों से बांधा नहीं जा सकता।

ताऊजी त्याग और ममता की मूर्ति थे। उनमें सेवा भाव तो जैसे कूट-कूट कर भरा था। अपने बच्चों व अपने परिवार का ख्याल तो वह रखते ही, अपने दूर के रिश्तेदारों, पास-पड़ोस के लोगों, साथ काम करने वालों का भी उतना ही ख्याल रखते। सब के दुख-दर्द का बराबर ध्यान रखते। तन, मन, धन से लोगों की सेवा करते। उन्होंने कभी छोटा-बड़ा नहीं जाना। घर में, ऑफिस में, चपरासी जमादार जैसे लोगों के प्रति प्यार रखते; उनके काम करने में भी कभी संकोच न करते।

ताऊ जी की आदत थी कि बैंक जाने के लिए समय से आधा घंटा पहिले घर से निकलते, गली-मोहल्ले वालों के दुख-दर्द सुनते; किसी की दवाई लानी हो, किसी का बैंक का कोई काम हो—सबकी फेहरिस्त बनाकर ले जाते, फिर लौटते में सबके काम निबटाकर घर आते। घर आकर घर के एक-एक सदस्य की समस्या सुनते। घर में सबके साथ बैठकर हंसते। बच्चों के साथ खूब बातें करते। उनके चेहरों पर सदा मुस्कुराहट रहती, संतोष का भाव रहता।

हमें याद है कि वह जब संगरूर आते (संगरूर में मेरी दादी, बाबा व छोटी बहन रहते थे), तो गली-मोहल्ले वालों, दुकानदारों, सबको दुआ-सलाम करते आते। उनके घर पहुंचने के पहले ही हमारे बाबा के पास खबर आ जाती;

'तुम्हारा बेटा आ रहा है ।"

ताऊजी का नियम था कि वह हर पहली तारीख को अपने माता-पिता के पास संगरूर जरूर आते । आंधी आये, तूफान आये, तबियत खराब हो...वह अपना नियम कभी न तोड़ते । उन्हें अपनी मां की, अपने पिता की छोटी-से-छोटी जरूरत का भी अहसास रहता ।

उनके पास अपने सिर्फ चार कपड़े होते । पर उनके मन में दूसरों के लिए जो प्यार, ममता, आदर का भाव था, वह विरले लोगों में ही होता है ।

आज मेरे ताऊजी हमारे बीच नहीं हैं । पर उनकी दिखाई रोशनी से उनके बच्चों के जीवन में चमक है । उन्होंने जो संस्कार अपने बच्चों को दिये, उन्हीं से उनका नाम आज रोशन है । उनका मुस्कराता चेहरा आज भी मेरी आंखों के सामने है ।

# हमारे बाबा जी

**कमलेश शर्मा**

हमारे बाबा का नाम होतीलाल शर्मा था। वह रोज सुबह 4 बजे हमारे लिए दूध लेने दो मील चलकर जाते थे। चाहे बारिश हो या जितनी भी जोर से ठण्ड पड़े, उनका नियम था सुबह दूध लाना।

एक दिन उनकी तबियत ठीक नहीं थी। मम्मी ने कहा: "कल दूध नहीं आयेगा।" यह सुनकर बाबा ने बर्तन रात में ही खाट के नीचे रख लिया। इस बात का किसी को पता नहीं चला और वह सुबह दूध लेकर आ गये।

हमारा घर सड़क की नीचाई पर था जहां बारिश का पानी भर जाता था। एक बार बहुत बारिश हुई। फिर भी वह ग्वाले के घर पहुंच गये।

ग्वाले ने कहा: "बाबा जी, आपको तो दूध की बहुत चिन्ता होती है...?" बाबा ने कहा: "मेरे देर से आने से बच्चों को स्कूल जाने में देर हो जायेगी।"

घर आये, तो मम्मी ने पूछा: "इतनी बारिश में आप क्यों गये? जरा रुक कर चले जाते। क्या जल्दी जाने से प्योर दूध मिलता है और बाद में जाते तो टोण्ड?" बाबा बोले: "क्या पता वह पानी मिला देता! अपने सामने दूध निकालता है तो तसल्ली हो जाती है कि बच्चों के लिए अच्छा दूध लाया हूं।"

बाबा 65 वर्ष के हो चुके थे। वह दूध लेने चले तो जाते थे, परन्तु उनकी सांस फूलती थी। घर के पास ही डी. एम. एस. की डेरी थी। अतः हमारे पापा ने उन्हें इतनी दूर दूध लेने जाने से रोकने के लिए कहा: "ग्वाले का दूध बहुत महंगा होता जा रहा है, इसलिए अब हम डी. एम. एस. का दूध लेंगे।"

बाबा ने डी. एम. एस. का दूध लेने भी सुबह 4 बजे जाना शुरू कर दिया। वहां सबसे पहले जाकर अपनी बोतलें रख देते जब कि डिपो साढ़े पांच बजे खुलता

था। बोतलें रख कर पास ही चाय की दुकान में जाकर चाय पीते और दूकान में बैठ कर राजनीति, क्रिकेट व हर तरह के खेलों के बारे में बातचीत करते रहते।

हमारी कॉलोनी का छोटे से लेकर बड़ा तक हर व्यक्ति, उन्हें 'बाबा जी' कहता था। बाजार में निकल जायें तो चारों तरफ से लोग 'बाबा जी'—'बाबा जी' पुकारते थे। वह हर व्यक्ति से, चाहे उसे जानते हों या नहीं, 'राम-राम' कहते—भले ही वह गली का जमादार ही क्यों न हो!

कभी हम उनके साथ जाते, तो पूछते, "यह कौन है जिससे आपने 'राम-राम' कहा ?" वह जबाव देते, "कोई भी हो, 'राम-राम' ही तो कहा है। हमारा क्या गया ?".. लेकिन वह कभी पूजा नहीं करते थे। मन्दिर नहीं जाते थे।

हमारे बाबा को हम लड़कियों के मेंहदी लगाने का बहुत शौक था। हर त्यौहार पर हम दोनों बहनों (कमलेश और रेणु—सं०) के हाथों पर मेंहदी जरूर लगाते थे और मम्मी हमारे लिए फ्राक सीती थीं। रात को मेंहदी लगाने के बाद बाबा हमारी मुट्ठी बन्द करके अपनी धोती का कपड़ा बांध देते थे।

सुबह उठ कर वह हमें अपने हाथ पानी में डालने से मना करते। पहले हाथों पर सरसों का तेल लगाते। फिर, हमारे हाथ देखते। हमारे छोटे-छोटे हाथों पर सुन्दर मेंहदी रची होती थी। मेंहदी जिसके हाथ में ज्यादा रची होती, उससे कहते : "तुम्हारी सास तुम्हें ज्यादा प्यार करेगी।" दूसरी बहन मम्मी से शिकायत करती, "मेरी सास मुझे प्यार नहीं करेगी...?" मम्मी उसे समझातीं, "तुम्हें भी प्यार करेगो।"

अगले त्यौहार पर बहन कहती : "इस बार मैं ज्यादा देर तक मेंहदी लगाये रहूंगी, जिससे ज्यादा गहरी हो जाय। फिर मेरी सास तेरी सास से भी ज्यादा मुझे प्यार करेगी।"

# नागपुर : अविस्मरणीय स्मृतियां

रक्षा शर्मा

तुलसीदास जी की पंक्तियां हैं :

"बिछुरत एक प्राण हरि लेहीं !"

तो नागपुर छोड़ने का दुःख ऐसा ही हुआ है। वहां की याद करके अभी भी आंखें गीली हो जाती हैं। कितनी ही स्मृतियां नागपुर से जुड़ी हुई हैं। एक साल, दो साल नहीं—पूरे सवा सत्रह साल रहे वहां।

जब नागपुर आये थे, तब सिंहभूम में भी पूरे तेरह वर्ष बिताकर आये थे। तब ऐसा लगता था कि नागपुर में कैसे रहेंगे ? पर धीरे-धीरे एक ऐसा परिवेश मिल गया, जिसमें हर समय व्यस्त रहना पड़ता।

"आफिसर्स वाइव्ज एसोसिएशन" की श्रीमती गोदावरी दीक्षितालू आन्ध्र की तेलुगु-भाषी महिला थीं। वह इस एसोसिएशन की सेक्रेटरी थीं। नौ या दस वर्ष पहिले उन्होंने यह एसोसिएशन बनाया था। घर के पास ही रहती थीं। उसकी उन्होंने एक एक्जीक्यूटिव कमेटी बनायी जिसमें हमारा नाम भी रख दिया।

पूरे वर्ष का कार्यक्रम बनाया गया : एक महीने फैंसी ड्रेस प्रतियोगिता, फिर रांगोली, फिर खाद्य-पदार्थ, सिलाई-बुनाई, आदि की प्रतियोगिताएं रखी गयीं।

उसके बाद, वार्षिक समारोह के लिए श्रीमती सुनीति आफले से मराठी ड्रामा 'कैक्टस' का हिन्दी में अनुवाद करवाया गया।

इस ड्रामे में हमको 80 वर्ष की अमीर बुढ़िया का पार्ट करना था। श्रीमती सन्त के निर्देशन में ड्रामे की तैयारी शुरू हुई। ड्रामा रंगमन्दिर में होना था।

डर भी लग रहा था कि कहीं कोई डायलॉग भूल गये, तो ड्रामा ही बेकार हो जायेगा।

किसी प्रकार डायलॉग याद हुआ। फिर अमीर बुढ़िया 'चाची' के लिए अमीरों वाली साड़ी चाहिए थी—जो हमारे पास नहीं मिली। उसका प्रबन्ध हुआ। रिहर्सल के लिए धनवटे रंगमन्दिर ले जाया गया। वहां डायलॉग बोलने में हमारे तो हाथ-पैर ठंडे हो गये ; उसी समय 'ग्लकोज' मंगाकर हमें पिलाया गया।

पहला ड्रामा था। लगता था यदि सामने कोई पहचान वाला दिख गया, तो सभी डायलॉग भूल जायेंगे ! घर आकर जब इन्हें (पतिदेव को—सं.) बताया तो इन्होंने कहा : "तुम्हें स्टेज पर से कोई दिखेगा ही नहीं। इतना प्रकाश होता है कि कोई वहां से दिखता ही नहीं। तुम ऐसे डायलॉग बोलना जैसे तुम किसी को देख ही नहीं रही हो।" यह बात कुछ समझ में आयी।

दूसरे दिन जब स्टेज के लिए मेकअप हुआ, तो हमारे बालों में खूब सफेद चूना लगाया गया। जाने कैसे झुर्रियां बनायी गयीं। उस मेकअप से ही हमारा जी मिचलाने लगा। पर "मरता क्या न करता !" पहले से ही हमें 'कालीफॉस' दी गयी व 'ग्लूकोज' पिलाया गया।

ड्रामे में हमारे लिए बहू जब पानी लेकर आती है, तो वहां भी पानी की जगह 'ग्लूकोज' ही दिया गया था।

ड्रामे का आखिरी दृश्य हमारी एक देवरानी थी, जो हम से कुछ कम बूढ़ी थी। उसको एक जगह अपना माथा पीटना था। जैसे ही उसने माथा पीटना शुरू किया, उसके बालों से खूब पाउडर उड़ने लगा। हमें बड़े जोर की हंसी आयी, पर किसी तरह हंसी को रोके रखा !

हमारे डायलॉग बहुत महत्त्वपूर्ण थे जो ईश्वर की कृपा से हमें याद रहे। ड्रामा समाप्त होने पर बड़ी तालियां सुनने को मिलीं। कुछ पहचान वालों ने तो ग्रीन-रूम में घुस कर कहा : "अब समझ में आया कि आप आशु की ही मां हैं !" ड्रामे की सफलता के साथ-साथ 'चाची' भी बच्चों की जबान पर चढ़ गया—"यह ड्रामे वाली 'चाची' हैं।" जिनको कभी देखा भी नहीं था, वे भी कभी किसी दुकान या किसी दूसरी जगह मिलतीं, तो कहतीं—"आपने ही ड्रामे में 'चाची' का पार्ट किया था !"

इस तरह मैं 'चाची' प्रसिद्ध हो गयी।

अब तो हर साल हमारे लिए ड्रामे की एक सीट बुक हो गयी। उसके बाद हर वर्ष जो श्रीमती आफले लिखतीं, उसमें काम किया, जैसे "नाटक होने वाला है," "चले हैं सोशल वर्क करने," "रात के बारह बजे," "मेरे सामने वाली खिड़की में," आदि में।

पिछले वर्ष हम ड्रामा नहीं करना चाहते थे। तीन साल से सेक्रेटरी भी थे। सेक्रेटरी के काम के साथ-साथ ड्रामे के लिए काम करना कठिन था। पर, बहुत मना करने पर भी, उन्होंने 'बेरंग' ड्रामे में हमारा दादी-मां का पार्ट रख ही दिया।

रिजर्व बैंक वालों ने हिन्दी ड्रामा प्रतियोगिता रखी थी। उसमें, इस नाटक

को भेजने पर, हमको महिला कलाकारों में प्रथम पुरस्कार और हमारे साथ जिस लड़की ने काम किया था, उसे बाल-कलाकारों में प्रथम पुरस्कार मिला।

शुरू के एक-दो ड्रामों के बाद, हमारा डर काफी कम हो गया था। अब तो हम दूसरों को पार्ट करना सिखाने लगे थे !

जिस वर्ष हमने 'बेरंग' ड्रामा किया, उस वर्ष ड्रामे में कोई भी भाग लेने को तैयार नहीं हो रहा था। सब कहते थे : "ड्रामा सीरियस है। बड़ा बोर है।" सब को मनाया गया, पर कोई तैयार नहीं हुआ।

बड़ी मुश्किल से दो दक्षिण भारतीय महिलायें तैयार हुईं जिनमें एक तेलुगु-भाषी थीं जो हमारी पड़ोसिन बनी थीं, दूसरी तमिल-भाषी थी, जो हमारी बहू बनी थीं। दोनों ही भूमिकाएं इन दोनों ने बड़ी सफलता से निभायीं। इस वर्ष पूरे कार्य-क्रम का वी. डी. ओ. कैसेट भी बना। तब तो सबको बड़ा पश्चात्ताप हुआ—काश हम भी भाग लेते !

जिस साल यह ड्रामा हुआ, उस साल बच्चों का भी कार्यक्रम था जिसमें नीलू व पीलू (स्व. बड़े भैया की द्वितीय सुपुत्री श्रीमती विभा शर्मा की सुपुत्रियां—सं.) का भी सहयोग था। नीलू को धोती-कुर्ता व पगड़ी बांधी गयी। पीलू को लहंगा-दुपट्टा व चुन्नी पहनायी गयी।

तीन बजे दिन से तैयार पीलू ने पांच बजे तक गुस्से में आकर अपना टीका वगैरा खींच लिया ; उनका आधा श्रृंगार गुस्से की ही भेंट हो गया ! रिहर्सल में उनको जो 'साथी' मिला, वह उनसे लम्बा था—इसलिए डांस करने में उन्हें अपना हाथ बहुत ऊंचा उठाना पड़ता था, जिससे उनके हाथ में दर्द होने लगता था। एक दिन गुस्से में बोलीं : "हम नहीं करेंगे। हम जया के साथ कर सकते हैं; रितु के साथ करने में हमारा हाथ दुखता है !"

इस प्रकार, बच्चों के कार्यक्रम में बच्चों के तरह-तरह के रूप देखने को मिलते थे।

इस वर्ष तो हमारी दोनों आंखों का ऑपरेशन हुआ था, इसलिए हम पार्ट करने से किसी प्रकार छूट गये। फिर भी, सारे लोग पीछे पड़े थे : "चलते-चलते, एक छोटी-सी भूमिका आप अवश्य करें !" हमने कहा : "आज तक हमको दर्शकों में बैठने का अवसर नहीं मिला। इस वर्ष हम दर्शकों में ही बैठेंगे।"

डॉक्टर की अनुमति लेकर ही हम वहां गये थे। सब ने हमें चीफ-गेस्ट के पास ही बैठाया। श्रीमती मीनाक्षी सरवटे, जो गूंगे व बहरे बच्चों के स्कूल की प्रिंसिपल हैं और समाज सेविका भी हैं, चीफ-गेस्ट थीं। प्रोग्राम शुरू होने पर चीफ-गेस्ट मंच पर गयीं। प्रेसीडेण्ट, वाइस-प्रेसीडेण्ट व सेक्रेटरी—सभी मंच पर थीं।

श्रीमती रेखा सुरेश कुमार, जो चीफ माइनिंग इंजीनियर की पत्नी हैं, तीन वर्ष से कार्यक्रम की संचालिका हैं। वह शेरो-शायरी व कविता के द्वारा कार्यक्रम को बहुत सुन्दर बना देती हैं। जितनी योग्य हैं, उतनी ही मृदुभाषिणी व सुदर्शना भी हैं। प्रोग्राम के बीच में ही बोलीं : "अब हम आपको एक ऐसी हस्ती से मिलवाते हैं, जो वर्षों से हमारे प्रोग्राम में सक्रिय रही हैं—हमारी सबकी 'चाची' श्रीमती रक्षा शर्मा ! ..अब मैं श्रीमती उमा विग को 'चाची' को ले आने के लिए आमंत्रित करती हूं।" 'चाची' यानी मैं तो इस बात के लिए तैयार नहीं थी। श्रीमती उमा विग के पीछे-पीछे चली। मंच पर जाते समय तार में पैर उलझते-उलझते बचा। मंच पर पहुंचकर चीफ-गेस्ट के हाथ जोड़े। उन्होंने एक मोटी-सी माला पहनायी। मैंने माला उतारी तो प्रेसीडेण्ट यानी सी. एम. डी. की पत्नी ने फिर से पहना दी और कहा—"अरे चाची, पहने रहिए !...अब आप भी कृपया दो शब्द बोलिए।" अब चाची माइक के सामने रोनी शकल लेकर खड़ी हुई। जिस चाची ने इतने ड्रामों में अभिनय किया था, वह माइक के सामने अपनी रोनी-सी आवाज में क्या बोली, कुछ याद नहीं। उपस्थित भीड़ से तालियों की आवाज आ रही थी और हम नागपुर वासियों के इतने प्रेम में हृदय को और आंसुओं को रोक नहीं पा रहे थे !

बाद में हमने इन लोगों से कहा : "आप लोगों ने हमें बताया क्यों नहीं; पहले से मालूम होता, तो हम कुछ बोल तो पाते।" तब उन लोगों ने उत्तर दिया : "यदि हम आपको बता देते, तो आप प्रोग्राम में ही नहीं आतीं।"

यह तो हुआ महिला मण्डल का हाल।

हां, अप्रैल सन् 87 से अप्रैल सन् 89 तक हम 'खनिज निकेतन' में रहे। इस खनिज निकेतन में 21 फ्लैट थे। सामने अमरावती रोड पर 14 फ्लैट और पीछे के भाग में डिवीजनल हेड्स के लिए 7 फ्लैट। डी-1 गेस्ट-हाउस था। बाकी में सब ऑफिसर्स थे।

वैसे तो वहां सभी मिलते रहते थे, पर हमने सबसे कहा कि हर मंगल को घर के कामों से निबटकर, हम लोग डेढ़ घण्टे सुन्दरकांड का पाठ करेंगे, उसके बाद सब लोग मिलकर कुछ भजन, गीत, आदि गायेंगे। इस प्रस्ताव को सबने स्वीकार कर लिया। शुरूआत हमने ही घर से की। पूरी बिल्डिंग की महिलाएं जमा होकर रामायण लेकर बैठतीं।

कुछ दिनों के बाद हमने देखा कि तैलुगु-भाषी, तमिल-भाषी, मराठी-भाषी व बंगला-भाषी—सभी भाषाओं की महिलाएं बड़ी ही तन्मयता व लय से सुन्दरकाण्ड का पाठ कर रही हैं। हर मंगल को यह कार्यक्रम अवश्य होता। सबने बारी-बारी

से अपने यहां रामायण रखी। 'खनिज निकेतन' में गणेश पूजा, जन्माष्टमी आदि, सभी त्यौहार सामूहिक रूप से मनाये जाते।

इन सभी सहृदय महिलाओं को हमसे इतना प्रेम हो गया कि यदि हमारी कुछ तबियत खराब होती, तो उनके बच्चे हमारी चाय तक बना देते। 'खनिज निकेतन' के बच्चे अधिकतर हमारे ही घर बैठते, खेलते, ड्रामे की प्रैक्टिस करते या डिक्टेशन आदि लिखते।

बच्चों को हमसे इतना प्यार हो गया कि हम नीचे से सब्जी, आदि का थैला लेकर लिफ्ट से भी आ रहे होते तो हमारे हाथ से थैला ले लेते। बड़े-बड़े बच्चे हमारे लिए बाजार से सब्जी ला देते। कभी हमको किसी काम के लिए अटकना नहीं पड़ा।

एक दिन हम डॉक्टर के यहां से आये। तबियत ठीक नहीं थी। बाथरूम का नल बन्द करना भूल गये थे। जब लौटे, तो दो कमरों में पानी भरा था। एक तो तबियत खराब, दूसरे पानी का सैलाब। ...क्या करें? सामने जो महिला रहती थीं, वह पहाड़ी थीं। उन्होंने हमारे हाथ से झाड़ू लेकर हमको बिस्तर पर लिटा दिया, और दोनों कमरों का पानी निकाला। जब तक सारा पानी नहीं निकल गया, बेचारी लगी रहीं! क्या इतना अन्य कहीं कोई किसी के लिए कर सकता है!

तो, नागपुर छोड़ना बड़ा महंगा पड़ा। सभी तो वहां शुभचिन्तक थे! किस-किस का नाम गिनाया जाय? सोनाकिया, झा साहब, नारंग साहब, गायकवाड़ डॉ. निखिलेश त्रिवेदी, सक्सेना साहब, और तो और, इनके चेयरमैन-कम-मैनेजिंग डायरेक्टर श्री महापात्रा, आदि-आदि!

ये लोग तो ऑफिस वाले थे, पर इनकी पत्नियों की हम 'चाची' थे। हमारे छोटे-छोटे से कामों के लिए अपनी गाड़ी में हमें ले जातीं। इतना आदर! इतना प्रेम! हमको कभी ऐसा लगा ही नहीं कि ये बॉस की पत्नियां हैं, क्योंकि ये सब हमारी रसोई में घुसकर हमारा काम करवाती थीं।

जिस दिन से पुत्र आशु की शादी पक्की हुई, उस दिन से ही बिल्डिंग के लोग इकट्ठे हो जाते और हमारे घर में खूब गाना-बजाना करते थे।

हम जिस दिन पुत्र आशु व पुत्रवधू बाला को लेकर नागपुर आये और 'खनिज निकेतन' में प्रविष्ट हुए, तो घर के द्वार पर बहुत सुन्दर रांगोली बनी थी। तोरण व बन्दनवार बंधे हुए थे। आरती का थाल सजा था। मिठाई व खाना बना रखा था। चौक पर चने की दालभर कर रखी गयी थी कि आशु उस पर पैर मारकर ही अन्दर प्रविष्ट होंगे, बाला उसको भरेंगी। इतना प्यार व अपनापन कहां देखने

को मिलेगा ! द्वार पर आरती व जलपान हुआ, कुछ फोटो हुए।

नागपुर के ऐसे प्रेमी लोगों को छोड़ने में कितना कष्ट हुआ होगा, यह पाठक समझ सकते हैं। 'खनिज निकेतन' वालों ने हम दोनों को विदाई-भोज दिया। सब महिलाओं ने मिलकर एक चांदी के 'हनुमान जी' दिये।

छोटे-छोटे बच्चों ने हम लोगों के ऊपर एक कविता बनायी :

"प्यारे हमारे चाचा-चाची
हम सब उनके प्यारे बच्चे !"

यह उन्हीं के हाथों की लिखी हुई मिली थी।

श्रीमती सुनीति आफले द्वारा लिखी हुई मर्मस्पर्शी कविता भी मिली :

"जिन्दगी में जुदाई की घड़ी क्यों आयी ?..."

दस तारीख को हम लोग चलने वाले थे। पर, एक-एक दिन सबका प्यार व अनुरोध टाल नहीं पाये। तब सोचा—पन्द्रह अप्रैल को सवेरे जल्दी ही चुपचाप निकल जायेंगे, क्योंकि हम इतने भावुक हो गये थे कि बात करते ही रो पड़ते थे।

हां, सोच रहे थे कि 'चुपचाप' निकल जायेंगे। लेकिन देखा, 15 अप्रैल को नीचे पहले से ही सारी जनता खड़ी है।

किसी के हाथ में आंध्र का अचार है, किसी के हाथ में नारियल, तो किसी के हाथ में पूजा की अगरबत्ती। सभी की आंखें भरी हुई। हम लाख प्रयत्न करने पर भी अपनी रुलाई रोक ही नहीं पा रहे थे। एक दिन पहले छोटे-छोटे बच्चे कह रहे थे—"अरे ! चाची तो हमारे रिजल्ट से पहले ही जा रही हैं। अब हम लोगों को एक-एक रुपया कौन देगा ?"

तो नागपुर छूट गया, पर वहां की स्मृतियां तो हटती ही नहीं। जीवन में रुपया-पैसा तो सबको मिल सकता है, पर प्यार मिलना बहुत कठिन है ! मेरे जीवन में जो पूंजी मैंने जमा की है, वह यही है !

# बीमारी : खट्टे-मीठे अनुभव

**रक्षा शर्मा**

बीमार पड़ने का भी अपना एक अलग ही 'आनन्द' है ! बीमारी में नये-नये अनुभव होते हैं।

तो साहब, अपने अनुभव तो आज के नहीं, बड़े पुराने हैं !

कलकत्ता शहर हमारे लिए बड़ा ही बुरा प्रमाणित हुआ। मेरी इस बीमारी का श्रीगणेश वहीं से हुआ। बीमारी भी कोई ऐसी-वैसी नहीं ! साधारण सर्दी-खांसी-बुखार नहीं। दमा। दमा—यानी 'दम फूलना !' किसी तरह भी राहत नहीं ! ऐसा लगता मानो प्राण कंठ में हैं, पर निकल नहीं रहे।

पहली बार जब कलकत्ते में मैं बीमार हुई, तो अड़ोसी-पड़ोसी नयी-नयी बीमारियों के नाम लेते सुनायी देते। तरह-तरह की सलाह भी देते। कोई आयुर्वेदिक इलाज कराने को कहता, कोई होम्योपैथिक, कोई एलोपैथिक। रातभर का जागरण। किसी को मेरे टी. बी. होने का शक होता, तो कोई अन्य खतरनाक बीमारी बताता।

सारे इलाज हो चुकने के बाद फायदा तब हुआ जब भाभी को पूरा हाल लिख कर भेजा गया। लखनऊ से उन्होंने दवा लिखकर भेजी : 'अमोनियाकार्ब', 'काली सल्फ।' दो महीने भुगतने के बाद, एक सप्ताह में ही आराम हो गया।

सन् '59 में मिनी के जन्म के समय पुनः इस बीमारी का आक्रमण हुआ। उस समय बड़ी भाभी जी व बड़े भैया कलकत्ते में ही थे। हम जैसे शाकाहारी जीव भी इस बीमारी के कारण भ्रष्ट हुए। स्कॉट्स एमलशन केप्लर्स माल्ट भाभी जी हमको जबरदस्ती खिलातीं। वह समय भी किसी प्रकार निकल गया।

एक बार टाटा नगर में—शायद '69 में—बड़ा भयंकर दौरा पड़ा। बड़े भैया भी वहीं थे। बड़े भैया बेचारे बायोकैमिक साल्ट अपने हाथों से देते। यह अपने ऑफिस में काम करते रहते।

सहानुभूति प्रदर्शन करने वाली स्त्रियां आतीं और हमसे अजीब-अजीब तरह की बातें कह जातीं ! कोई कहता : "अरे, शर्मा जी बड़े कठोर व्यक्ति हैं ! हमारे

'वो' तो—जब हम को कुछ होता है तो—एक मिनट के लिए भी नहीं हटते ।" कोई कहता : "इतना पैसा जोड़कर क्या करना है। किसी अच्छे डॉक्टर को क्यों नहीं दिखातीं ?"

मैं कहती : "हमारे घर में किसी को दिखावा नहीं आता है। बड़े भैया जब हमें देख रहे हैं, तो इनकी क्या जरूरत ?" फिर भी स्त्रियों की बातों से हमारे मन में थोड़ी कड़वाहट आ ही जाती। पर भैया के सामने 'इनसे' लड़ते भी कैसे ?

इस प्रकार, प्राय: अटैक आये-गये होते रहे। 16 नम्बर 1971 में जब इनका ट्रांसफर नागपुर का हुआ और यह चार्ज लेने नागपुर गये हुए थे—उस समय सुन्दर-नगर में बीमारी का बड़े जोर का अटैक आया। मेरे दोनों बच्चे आशु-मिनी और देवर जी के बच्चे पिण्टो-बिल्लू—चारों बच्चे सुन्दरनगर में ही थे। सुन्दरनगर वालों ने तुरन्त ही डॉक्टर दासगुप्ता को बुलाया और वह बराबर 2-3 घण्टे बैठे रहे। इंजैक्शन आदि देते रहे। जब तक हमें थोड़ा आराम नहीं मिला, तब तक डॉक्टर वहीं रहे।

अब तो साहब जगह-जगह बच्चों की खातिर होने लगी। आज रामाराव आंटी के घर खाना है, तो कल शास्त्री आंटी के घर नाश्ता। बच्चों की रोज दावतें हो रही हैं ! इन लोगों को हमारी बीमारी से खूब खुशी हो रही है ! सब के घर के नये-नये व्यंजन खाने को मिल रहे हैं !

जादूगुड़ा से दुग्गल साहब की गाड़ी आयी। उन्होंने कहा, "सब बच्चे जादूगुड़ा चलो। यहां भाभी बीमार हैं।" सब बच्चों ने जाने से एकदम इन्कार कर दिया : "अंकल ! अभी तो हम लोग नहीं जायेंगे। यहां तो रोज हमारी दावतें हो रही हैं !"

तो अब यह कहानी भी पुरानी पड़ गयी। नागपुर आये। नागपुर आने के बाद भी हर वर्ष एक बार अवश्य बीमारी आती और अपनी एक नई स्मृति छोड़ जाती। आशु-मिनी समझदार हो गये थे। इसलिए किसी प्रकार घर संभल ही जाता था।

बीमारी को हम लगभग भूल ही गये थे क्योंकि 4-5 साल से यह बीमारी नहीं आयी थी। लेकिन अभी पिछले दिनों जब कलकत्ता गये थे, तो कलकत्ते से चलते समय ऐसा आभास हुआ कि श्वास में कुछ कष्ट हो रहा है। और, नागपुर आते-आते तो बीमारी ने उग्र रूप धारण कर लिया। यह पहला अवसर था कि इस बीमारी का सारा बोझ इन्हें ही ढोना पड़ा। अकेले।

पर, जैसे ही धीरे-धीरे लोगों को पता चला, सहानुभूति में लोगों का तांता लग गया। दो दिन तो इन्होंने छुट्टी की, पर फिर तो दिन-भर के लिए कोई न कोई तैयार है !

अपने परिवार से अलग भी यह एक ऐसा विशाल परिवार है, जो अपना

अमूल्य समय हमारे लिए दे रहा है । इन पंक्तियों को लिखते समय आज मुझे पूरे चौदह दिन हो गये हैं। पर अड़ोसी-पड़ोसी, और इनके विभाग के चैयरमैन से लेकर समस्त अधिकारी वर्ग की पत्नियां तक, सवेरे-शाम मेरी देख-भाल और खाने-पीने तक की व्यवस्था कर रही हैं ।

अब बिस्तर पर पड़े-पड़े ही समय कैसे निकल जाता है—पता ही नहीं चलता । साथ ही विविध प्रकार के व्यंजन : जैसे, किसी के घर से रसम, किसी के घर से सांभर, इडली, उपमा जैसी चीजें ! यह सब देखकर ऐसा लगता है कि बीमार ही पड़े रहें तो कितना 'आनन्द' है । न घर-गृहस्थी की चिन्ता, न खाने-पीने की ।

लेकिन जीवन का नाम बीमारी नहीं । इसलिए मुझे शीघ्र ही ठीक होना है ।

और, अब मैं हूं पहले से ठीक ।

# हमारी बुआ

**रक्षा शर्मा**

[प्राय: भावज और ननद में लाग-डाट रही है। किन्तु बहुत-कुछ व्यक्तियों के अपने-अपने स्वभाव पर भी निर्भर करता है। ताल-मेल और समन्वय की भावना से काम करने पर कलह और क्लेश काफूर हो जाते हैं। और तब, पारस्परिक संबंधों में अनूठी सरसता आ जाती है। लेखिका ने यहां अपनी बुआजी का जो चित्र पेश किया है, वह यथार्थपरक होने के साथ ही शिक्षात्मक भी है? क्यों? और कैसे...? यह स्वयं पढ़कर देखिये। —सं.]

कृष्ण भगवान के दो माताएं थीं। एक जन्म देने वाली, दूसरी पालने वाली। हमारे घर में भी कुछ ऐसा ही था।

अम्मा ने हमें जन्म दिया, बुआ ने पाला। हम छोटे-छोटे ही थे, तब से अम्मा बुआ को साथ देखा। अम्मा यदि हमको डांटतीं, तो बुआ की हमें पुचकार मिलती।

जब हम कुछ समझदार हुए तो देखा कि अम्मा गोविन्द भैया को जिन्हें हम 'छोटे भैया' कहते थे—त्यौहारों पर कुछ दान-दक्षिणा देतीं। श्राद्धों के समय सबसे पहले उन्हें भोजन करातीं, उनकी पसन्द की वस्तु देतीं। हमारे बाल-सुलभ मन को यह बात बहुत बुरी लगती कि हम लोग साथ पढ़ते हैं, साथ खेलते हैं, फिर छोटे भैया की ही इतनी खातिर क्यों होती है? कुछ पूछने पर अम्मा टाल जातीं। एक बार हमारे बहुत जिद करने पर अम्मा ने बताया, "गोविन्द मेरा भांजा है और भांजा सौ ब्राह्मणों के बराबर होता है। इसलिए हम सारा दान-पुण्य भांजे को ही करते रहते हैं।"

अब प्रश्न यह हुआ कि भांजे साहब यहां क्यों रहते हैं, तो अम्मा ने बताया कि बाबूजी बुआ को ससुराल से यहां ले आये थे।

उन दिनों विधवाओं के साथ बहुत अत्याचार होते थे। फूफाजी की मृत्यु के बाद गर्भवती बुआ को बाबूजी अपने साथ घर ले आये, तब से बुआ ने अपनी

ससुराल का मुंह भी नहीं देखा। बुआ की सास बहुत तेज थीं। विस्तृत विवरण हमने कभी पूछा नहीं। ये सारी बातें भी अम्मा ने हमें बहुत चुपचाप बतायी थीं और कह दिया था कि कभी किसी के सामने मैं कुछ न कहूं। अम्मा व बाबू जी समान ही हर एक से यही कहते थे कि हमारे पांच बच्चे हैं, गोविन्द भैया को हम लोगों के मानते थे।

अम्मा व बुआ का आपस में इतना प्यार था कि सन् 86 में अम्मा की आंख का ऑपरेशन हुआ और बुआ बहुत बीमार हुईं, तो अम्मा सोते-सोते उठकर बैठ जातीं और कहतीं, "जीजी मुझे बुला रही हैं।"

हमेशा ही जैसे टेलीपैथी हो जाती। दूसरे दिन ही पता चलता कि बुआ की हालत खराब है।

मैंने जब से होश संभाला घर में दोनों को साथ काम करते देखा। गेहूं-चावल बीनना होता, दोनों साथ बैठ कर बीनतीं। कभी-कभी दोनों पुराने गाने (लोक-गीत) भी गातीं। बाबू जी की बीमारी में डॉक्टर ने हाथ की चक्की का पिसा हुआ आटा खाने को बताया था। अम्मा और बुआ, दोनों साथ मिलकर थोड़ा आटा पीस लेतीं, साथ-साथ गीत भी गातीं। अम्मा रसोई का काम देखतीं, तो बुआ हम लोगों को तैयार करतीं। समय से पढ़ने को कहतीं।

अम्मा को पूजा आदि में देर होती तो बुआ कहतीं : "अरे भौजी। अपना पूजा-पाठ जल्दी निपटाओ भाई। हमें बड़ी भूख लगी है।" और अम्मा झटपट पूजा करके आ जातीं।

घर में कोई अच्छी चीज बनती, तो दोनों एक-दूसरे को खिलाने का प्रयत्न करतीं। उस समय 'तुम्हें मेरी कसम', आदि, मनुहार करके एक-दूसरे को जरूर खिलातीं।

बाबू जी घर में उन्हें 'बिटिया' कहकर बुलाते थे। घर में जो खास बातें या काम होते, 'बिटिया' की ही सलाह से होते थे। घर की सारी बागडोर व व्यवस्था बुआ के हाथ में थी। उनका अनुशासन बहुत कड़ा था, लेकिन उनकी बात मान लेने पर वह अपने प्यार का पूरा टोकरा भी उड़ेल देती थीं।

घर में हम लोग पांच भाई-बहन थे। सबसे बड़े भाई साहब हमारी पहली मां से थे। दूसरे नम्बर पर गोविन्द भैया थे। काफी बड़े होने तक हमको यह पता नहीं चला कि यह बुआ के लड़के हैं क्योंकि हम लोगों की तरह ही वह भी हमारी मां को 'अम्मा' और अपनी मां को 'बुआ' ही कहते रहे। गोविन्द भैया के बाद मैं थी और मुझसे दो वर्ष छोटा मुन्ना था। मुझसे पूरे दस वर्ष छोटी मेरी बहन मनोरमा (मन्नो) थी। इस प्रकार हमारा भरा-पूरा परिवार था जिसमें हमने एकता व

प्यार से रहने का पाठ पढ़ा।

हमारी बुआ एकदम तीखे नयन-नक्श वाली थीं। रंग एकदम गोरा। बाल रेशम से मुलायम और सफेद; एक भी बाल काला नहीं। उनके मुख पर तेजस्विता दमकती थी। वह सदा साफ-सुथरी रहती थीं और दूसरों को भी सफाई से रहना सिखाती थीं।

हम लोगों के कपड़े वे स्वयं धोतीं। हम धोते तो कहतीं : "सारा साबुन ही बरबाद कर दिया। इतनी बड़ी हो गयी, अभी तक लक्षण नहीं आये।" घर को सदा सुव्यवस्थित रखतीं। नौकर-चाकर भी उनका रौब मानते थे। अम्मा उनसे पूछे बिना कोई काम नहीं करती थीं।

अम्मा को अस्थमा की बीमारी थी, इसलिए बुआ उन्हें सबेरे जल्दी नहीं उठने देती थीं।

बड़े भाई साहब पर उनकी विशेष कृपा थी। बुआ को लगता कि उनकी मां नहीं हैं, इसलिए उनकी हर इच्छा पूरी की जाती। अम्मा सौतेली मां होने के कारण कुछ बोलती नहीं। बुआ भाई साहब की गलतियों तक को बाबू जी से छिपातीं।

उनके लाड़-प्यार का यह फल हुआ कि बड़े भाई साहब उन्हें खूब धमकी देते। जरा-जरा-सी बात पर बुआ से कहते : "घर से चला जाऊंगा।...भाग जाऊंगा।" सुनकर बुआ एकदम डर जातीं और तुरन्त ही बडे भाई साहब की इच्छानुसार कार्य करतीं। हम सब भाई-बहनों से ज्यादा, घर में बड़े भाई साहब का आदर होता। हम लोग भी उनसे डरते थे।

भोपाल में कॉलेज नहीं था उस समय। इन्दौर जाकर भाई साहब जितना पैसा मंगवाते, बुआ उतना ही पैसा भेजवाने का प्रयत्न करतीं, चाहे उसके लिए जेवर तक क्यों न गिरवी रखना पड़े। अम्मा अपना मुंह बंद रखतीं।

भाई साहब फेल होने पर भी पास होने का झूठा बहाना करते। घर में सत्य-नारायण की कथा तक हो जाती कि सब बच्चे पास हो गये हैं। बाद में जब कॉलेज की रिपोर्ट बाबू जी के हाथ लगती, तब उन्हें असलियत का पता चलता।

बुआ के इस प्यार ने भाई साहब का बहुत नुकसान भी किया।

बुआ हमें भी सजाती-संवारती थीं। जो बात अम्मा नहीं सुनती थीं, वह हम लोग बुआ से मनवा लेते थे।

अम्मा को सिनेमा का शौक नहीं था। बुआ ही हम लोगों को सिनेमा ले जातीं। जब हम भाई-बहन बुआ के बिना चले जाते, तो वह अकारण ही हम लोगों पर नाराजगी दिखातीं।

बाबू जी हमें सिखाते : "कहो, 'इम्मू बुआ' यानी अम्मू बुआ" (शायद बुआ का नाम अमृत बाई या इमरत बाई था।) बुआ बुरा-सा मुंह बनाकर कहतीं। "भैया ! यह सब बच्चों को न सिखाओ।"

बुआ खूब किताबें, नॉवेल्स, पढ़तीं। हमको उन्होंने 'जासूसी कुत्ता' और 'सती बेहला' नामक दो नॉवेल्स पढ़ने को दिये थे जो हमें बहुत अच्छे लगे थे। एक किताब 'छोटी बहू' जो उन्होंने कलकत्ते से मंगवाई थी, वह भी पढ़ने को दी थी। भोपाल में सबने उर्दू ले रखी थी। लेकिन हिन्दी सबको उन्होंने ही पढ़ायी।

बुआ को पूजा-पाठ से एकदम लगाव नहीं था। अम्मा उनसे कहतीं : "जीजी, थोड़ी देर यह गीता पाठ कर लिया करो।" अम्मा के पास भाषा वाली 'गीता' थी। बुआ जब नहा-धोकर पढ़ने बैठतीं, तो अक्सर उनका ध्यान घर के कामों की ओर बंट जाता। वह आवाज लगाकर कहतीं : 'मुन्नी, दाल चूल्हे से उतार लो।' या 'दरवाजा बंद कर देना' या '...को नाश्ता दे देना', आदि। अम्मा कहतीं : 'अरे जीजी, हम लोग तो हैं। तुम थोड़ा ध्यान लगाकर पढ़ो।'

बाहर जाते समय मुझे सिर खुला रखने की छूट नहीं थी। बुआ सिर खुला हुआ देखतीं तो कहतीं : "मुन्नी। तेरे सिर में कील ठोंक दूंगी।"

मेरे बाल बहुत घने थे। बुआ मेरे कंघी करतीं तो कहतीं : "इनकी तो दो झाड़ू बन जायेंगी। अरे बाप रे ! कितने उलझते हैं इस लड़की के बाल। यह बहुत ही उलझेटी निकलेगी।"

ऊपर से तो वह सबको डाटती रहतीं, पर अन्दर से बहुत कोमल थीं। किसी का दुख नहीं देख सकती थीं।

बुआ की कर्मठता घर में उदाहरण थी। आलस्य नाम की चीज तो उनमें कभी देखी नहीं गयी। खुद भी काम करतीं और हम लोगों से भी करवातीं।

गेहूं बीनने बैठतीं, तो हम सब बच्चों के हाथ में एक-एक थाली दे देतीं और अपने-अपने बिने गेहूं अलग-अलग रखने को कहतीं। इस होड़ में सारे गेहूं बिन जाते।

घर में हलुवा बनता, तो गोविन्द भैया व मुन्ना कहते : "इनका ज्यादा है, हमारा कम है।" बुआ तब तराजू से तौलकर हलुवा बांटतीं।

कठिनाइयों के दिनों में, यानी जब घर की आर्थिक स्थिति डथी, ंवाडोल;बुआ ने अनाश्राश्रम में निरीक्षिका का पद संभाला जिससे कुछ मासिक आय होने लगी। वहां के सब बच्चों के सामान व कपड़ों आदि का हिसाब वह खुद रखतीं। वहां भी

उनकी सुव्यवस्था से मैनेजर बहुत प्रसन्न थे।

अतिथि सत्कार में तो बुआ का जवाब नहीं था। उनको लगता था—वह क्या-क्या बनाकर हम लोगों को न खिला दें।

शादी के बाद मैं व मेरे पति भोपाल जाते, तब दामाद की पसंद-नापसंद का बुआ विशेष ध्यान रखतीं।

सबके शादी-ब्याह में सारी व्यवस्था बुआ स्वयं करती थीं। 1983 में मिनी की शादी से एक सप्ताह पहले ही वह भोपाल से आ गयीं। और तो और, अपने साथ वह मंडप का खंभ तक बनवा कर ले आयी थीं। उनको लगा था—घर में पहली शादी है और मुन्नी (यानी रक्षा—सं.) को कुछ मालूम नहीं है।

सबसे महत्त्वपूर्ण बात यह कि मिनी के विवाह में जो पारिवारिक गोष्ठी हुई, उसका श्रेय उन्हीं को है। लड़की के विवाह में काम ही काम दिखायी देते हैं। पर उन्होंने मेरी भाभी व बहन से कह दिया था : "जब तक गोष्ठी हो रही है, तुम्हीं लोगों को सारा काम संभालना होगा।"

8 सितम्बर 1986 को लगभग 80 वर्ष की आयु में वह स्वर्गवासी हुईं। उस समय तक उनकी आंखों पर कोई चश्मा नहीं लगा था। कोई पुस्तक या मैगजीन वह बिना चश्मे के ही पढ़ती थीं।

मिनी का कहना है कि जब उनको ले जाया जा रहा था, तब उनका तेजस्वी मुखमंडल दमक रहा था और ऐसा लग रहा था कि वह अपनी चिरपरिचित मुस्कान सहित जबरदस्ती सोने का प्रयत्न कर रही हैं। मिनी उन्हें 'गोरी नानी' कहा करती थी।

आज बुआ हमारे बीच में नहीं हैं, पर घर में प्रविष्ट होते ही ऐसा लगता है जैसे कह रही हों : "मुन्नी तुम आ गयीं ! अब हमसे बनता नहीं है...तुम्हें क्या बना कर खिलायें ?" उनको जो प्रसन्नता हम लोगों के पहुंचने पर होती थी, लिखी नहीं जा सकती।

कमरे में लगा हुआ उनका चित्र हमेशा हमें आशीर्वाद देता हुआ प्रतीत होता है।

# बड़ी याद : एक छोटे बरामदे की

**स्वाति शर्मा**

पुरानी यादों में खो जाने का भी अपना एक अलग ही आनन्द है। इन्हीं यादों में से एक याद है : आगरा; उसमें हमारा अपना घर और उस घर का बाहर वाला बरामदा।

जैसे किसी बच्चे को अपनी मां की गोद याद आये, उसी तरह मुझे भी यह प्यारा बरामदा अक्सर याद आता है। मैंने तेरह साल इसी बरामदे में खेलते, खाते, पढ़ते बिताये हैं। मेरे सुख-दुख का यह मूक साथी, अब अक्सर यादों में दर्शन देता है क्योंकि मैं अब आगरा से काफी दूर हूं।

1961 की 5 अप्रैल को हम लोग आधे बने, अपने मकान में आ गये थे। तब मेरी उम्र थी बारह वर्ष। बाहर का बरामदा बना नहीं था और सीढ़ियों की जगह ईंटों का एक छोटा-सा चट्टा जमा दिया गया था। पहले ही दिन मैंने लुढ़ककर चोट खायी और मन में कहा : "भगवान इस बरामदे को जल्दी बनवा दे!"

कॉलोनी में और मकानों के नक्शे के हिसाब से इस बरामदे का निर्माण सही दिशा में नहीं हुआ था। यही गलत निर्माण हम लोगों के लिए वरदान सिद्ध हुआ। सर्दियों में जहां औरों के बरामदे में धूप जाते हुए डरती थी, वहीं लगता, हमारा बरामदा मानो कह रहा हो, 'आओ सूर्यदेव, स्वागत है।' जब तक सूर्यास्त नहीं होता था, बरामदा धूप से गुनगुना रहता। इसके विपरीत मई-जून में जब औरों के यहां धूप बरामदा पार करके, कमरों के दरवाजों पर दस्तक दे रही होती, तब हमारा बरामदा मानो कह उठता था, 'खबरदार, सीढ़ी से ऊपर चढ़ी तो।' और धूप आज्ञाकारी बालक के समान सहमी-सी सूर्यास्त का इन्तजार करती, सीढ़ी पर एक पग भी ऊपर रखे बिना, वापस लौट जाती थी।

जब दो मौसम बताये तो वर्षा भी क्यों छोड़ूं? इस बरामदे में दोनों ओर से चूंकि दीवाल थी, इसलिए बौछार नहीं आती थी। बारिश में जब लोग घरों की खिड़कियों से वर्षा का आनन्द ले रहे होते, तब हम लोग इसी बबामदे में बैठकर वर्षा के साथ-साथ पकौड़ियों का आनन्द लेते थे। वर्षा में भीगने वालों को भी

शरण-स्थल के रूप में इस बरामदे का प्रयोग करते देखा गया था।

मानव जाति ने ही इस बरामदे का आनन्द लिया हो, ऐसी बात नहीं। 1961 में जब बरामदा कच्चा था, इसमें एक श्वान दम्पति आकर रहे और उन्होंने कई नवीन संस्करण हम लोगों को खेलने को दिये। इस क्षेत्र में चूहे भी पीछे नहीं रहे। पक्का बन जाने पर जानवरों के लिए सुविधा समाप्त हो गयी।

इसी बरामदे में बहुत-से मिलन हुए और विदाई भी। जहां एक तरफ दो बहुओं का गृह प्रवेश सर्वप्रथम इसी बरामदे में हुआ, वहीं हम तीनों बहनों ने विवाहोपरान्त विदा यहीं से ली। मुझे अपनी विदा ध्यान आती है। मन ने बार-बार कहा—'सब मिलेंगे, पर ऐसा बरामदा कहां नसीब होगा।'

नये आने वालों के स्वागत में सबसे आगे खड़ा है यह बरामदा। मेरे भतीजे-भतीजी ने संसार में आने के बाद, नयी आंखों से, सबसे पहले इसी बरामदे को पहचाना है। इसके फर्श पर पड़ी धूल का स्वाद अक्सर इन बच्चों ने चखा है। मेरे बच्चों ने तो इस पर खूब लोट लगायी है।

बरामदे को सहारा देते, दो मजबूत चौकोर खम्भे हैं। और ये ही रहे हैं मेरे सुख-दुख के साथी।

सर्दी में जब धूप सारे बरामदे में रहती थी, तो खम्भों की छाया में कुर्सी डाल कर, धूप में पैर पसार कर, पढ़ने में मुझे बड़ा आनन्द आता था। पढ़ते-पढ़ते थक जायें और शरीर को आराम देना हो, तो दूर जाने की जरूरत नहीं; खम्भों के बीच की झिरी से सामने देखिये, सड़क का काफी नजारा आपको आनन्द देगा। मजे की बात यह कि आपको कोई नहीं देख सकता। इसी आड़ का सहारा लेकर कई बार हमने चोर पकड़े थे—फूल चोर! कंपाउंड में घूमने वाले को पता भी नहीं चलता था कि उस पर नजर रखी जा रही है।

हमारी पढ़ाई 1970 में समाप्त हुई, और हम पेंटिंग बनाते, उपन्यास पढ़ते, मस्ती मार रहे थे।

चाचा (रामविलास शर्मा, पिता) अपना लेखन कार्य सर्दियों में इसी बरामदे में करते थे। मैंने उनके पीछे बैठकर कई रेखाचित्र बनाये, खासकर उनके सिर के। ऐसा एकान्त और शान्त वातावरण कहां मिल सकता था? मिल भी जाय तो ऐसा स्थिर मॉडेल कहां? भला किसकी हिम्मत है जो बिना हिले-डुले इतनी देर बैठा रह सके?

तो सरस्वती का ही आदेश होता था जो चाचा को घंटों उठने न देती थीं। ऐसे मौकों का अक्सर मैंने लाभ उठाया।

इस बरामदे से हमें ही प्यार हो, ऐसा नहीं। सड़क पर लगे गुलमोहर के पेड़ की डालियां कटवा देने के बावजूद भी हमारे बरामदे की तरफ ही जल्दी-जल्दी बढ़ती थीं। चिड़ियों ने भी खूब घोंसले बनाये, नया परिवार बसाया, फिर बच्चों

को लेकर उड़ गयीं ।

पढ़ाई करने के बाद मेरी सगाई हुई और इसी बरामदे में बैठकर मैंने डेढ़ वर्ष प्रेम पत्र लिखे। खम्भों की आड़ में खूब उपन्यास पढ़े और डाकिये का इन्तजार किया। उपन्यास इसलिए कि खाली बैठें तो अम्मा कहें, क्यों बैठी हो ? जबकि असलियत में होता था—पत्रों का इन्तजार !

शादी के बाद श्रीमान का एक्सीडेण्ट हुआ और हम लोग डेढ़ महीना आगरा रहे। वह चलने-फिरने से लाचार। हमने अपने पतिदेव को सलाह दी कि सर्दी के दिन हैं, कब तक कमरे में रहेंगे, बाहर बरामदे में खाट निकाल दें। बोले : 'यहीं पड़ा रहूंगा।' मैंने मन में सोचा—बरामदा क्या चीज है, क्या जानो !

मैं गयी और एक पहियेदार ट्रॉली बनवा लायी। बरामदे में खाट बिछायी और ट्रॉली के माध्यम से पतिदेव को गुनगुनी धूप में पहुंचा दिया।

फिर तो रोज का यह क्रम हो गया कि सूर्यास्त तक बरामदे में ही समय बीतता था। दिन भर शतरंज, गप्पें और उपन्यास। कठिन समय आसान बनकर निकल गया।

इसी बरामदे में जाने-माने कवियों की रचनाएं सुनी हैं : डॉ. शिवमंगल सिंह 'सुमन', श्री वीरेन्द्र मिश्र, श्री सोम ठाकुर, श्री चतुर्वेदी, आदि की यहां साहित्यिक गोष्ठियां हुई हैं। कई विद्वानों से परिचय हुआ—स्व. वृन्दावन लाल वर्मा, स्व. डॉ. हजारीप्रसाद द्विवेदी, श्री अमृतलाल नागर, डॉ. हरिशंकर शर्मा, स्व. बालकृष्ण राव, डॉ. भगवान दास माहौर, श्री केदार नाथ अग्रवाल, अन्य बहुत से वरिष्ठ विद्वानों से ।

हमारी अम्मा को भी यह बरामदा बहुत प्यारा था । मूढ़ा डालकर, खम्भे के सहारे गेट की तरफ रुख करके बैठ जातीं । हथेली पर होते थे चन्द मूंगफली के दाने, मूंग की दाल या अन्य कोई कुटकने वाली चीज। उनके सिर की ऊंचाई तक खम्भे पर बना चिकनाई का निशान इस बात की पुष्टि करता था कि बैठनेवाला काफी नियमित है ।

शादी के बाद आगरा छूटा, घर छूटा और बरामदा भी दूर रह गया। मन के एक कोने में घर बनाने की दबी इच्छा है और उस कल्पना में जो घर है, उसमें सर्वोच्च स्थान है इसी तरह के बरामदे का।

अब कभी आगरा जाती हूं तो बड़ा खामोश और उदास लगता है यह बरामदा—जैसे वह भी अपना अतीत याद कर रहा हो !

# मेरी पढ़ाई

स्वाति शर्मा

आजकल बच्चों को घर पर इतनी मेहनत से पढ़ते हुए देखती हूं तो तरस आता है इन छोटे बच्चों पर।

मुझे कभी याद ही नहीं आता कि मेरी स्कूली पढ़ाई में कभी मेहनत करने का समय भी आया हो। याद आती है तो सिर्फ मस्ती से बिताये दिनों की, जिनके बीच मैंने कब दसवीं कक्षा पास कर ली, पता ही नहीं चला।

यह तो सभी को पता है कि मुझे जबर्दस्ती अम्मा ने पढ़ने बैठाया था क्योंकि मैं उन्हें बहुत तंग करती थी।

प्राइमरी स्कूल में, शुरू के पन्द्रह दिन तो स्कूल गोल करती रही।

स्कूल के पास ही रहने वाली, अपनी सहेली के घर चली जाती थी (जो कि एक दूध वाली की लड़की थी)। पन्द्रह दिन तक, समय से तैयार होकर स्कूल को प्रस्थान होता और सहेली के साथ गुट्टे खेलने बैठ जाती।

घर से लाया गया अधन्ना दो भागों में बंटता रहा। एक पैसा उसका, एक मेरा।

झोली भरकर बेर, चने दिन भर चबाते और छुट्टी का घंटा बजते ही स्वाति शर्मा, बस्ता टांग घर पहुंच जातीं।

वह तो बुरा हो उस दिन का, जब कुबड़ी बहन जी अम्मा को बाजार में मिल गयीं और मेरी गैरहाजिरी पकड़ी गयी।

तब से भुवन भाई की ड्यूटी लगी कि मेरी पतली कलाई को, बड़ी बहन जी के भारी-भरकम पंजे में थमाकर ही लौटें।

मेरी हालत वही जैसे कसाई के हाथ बकरा। रो-धोकर मैं अपनी बड़ी बहन सेवा की कक्षा में जा बैठती थी।

उनको गणित पढ़ाने वाली बहन जी, लड़कियों से जरा-सी भी गलती होने पर खड़ा स्केल उंगलियों पर मारती थीं। उस समय छात्राओं का बिलबिलाना आज भी याद है। एक बार सेवा को भी अंगूठे पर ऐसा मारा कि नाखून नीला पड़ गया।

गणित के प्रति मेरे विरक्ति-भाव का जन्म यहीं से हुआ।

काफी दिनों बाद हम मन मारकर अपनी कक्षा में बैठने लगे। पढ़ने में मन तो लगता ही नहीं था। लेकिन, पता नहीं कैसे, पहली और दूसरी कक्षा मैंने प्रथम श्रेणी में पास कर ली।

एक कॉपी, स्याही की दवात, कलम आदि इनाम पाया, तो लगा कि पढ़ना इतनी खराब बात नहीं जितनी हम समझ रहे थे।

तीसरी कक्षा में स्कूल बदला। 'आर्य समाज पाठशाला' छोड़ 'मुरारीलाल स्कूल' में प्रवेश पाया। यहां भी गणित छोड़ सभी विषयों में रुचि पढ़ने की तरफ हुई।

गणित पढ़ाने वाली बहन जी छात्राओं से कहतीं : 'मैदान में से कागज बीन लाओ।' जो जितने कागज लाये, उसे उसी हिसाब से नम्बर। कागजों से वह कक्षा में ही अंगीठी जलातीं और उस पर चाय बनातीं।

गणित का पूरा घंटा इसी प्रकार निकल जाता और हम जैसों को खेलने को एक और घंटा मिल जाता। कुछ छात्राएं कागज बीन कर नहीं लाती थीं जिनमें से एक हम भी थे। नम्बर देते समय हमारी बुद्धि पर तरस खाकर कुछ अच्छे नम्बर टिका दिये जाते।

अब सातवीं-आठवीं कक्षा में एक अच्छी अध्यापिका मिलीं। पर क्या हो जब नींव ही इतनी कमजोर!

हमें कुछ घबराहट हुई। सेवा हमें बड़े धैर्य से गणित बतातीं। पर कुछ सवाल समझ में नहीं आये, तो चाचा के पास गये। उन्होंने पहले हल किये सवालों को देखा और समझाने की कोशिश की। कुछ देर 'हूं-हां' करने के बाद हमने घोषणा कर दी : "आपकी समझ में नहीं आयेगा। हल किये सवाल देखकर गणित नहीं समझा सकते!"

अब कुछ दिन बाद विजय भाई का आना हुआ। हम उनके पास गणित का रोना लेकर गये। भाई ने पिछला पूछना शुरू किया। हमने कहा : "तुम्हें पिछले से क्या? जो हम पूछ रहे हैं बता दो।"

पर भाई नहीं पसीजे। बोले, "जब पिछला नहीं आता तो आगे का बताने से क्या फायदा?" हारकर हमने सोचा इन लोगों से तो सेवा भली। कम-से-कम समझ में न आये, तो बिना आगा-पीछा किये जो पूछो बता तो देती है।

गाड़ी ऐसे ही चलती रही। आखिरकार वह शुभ दिन भी आया जब बोर्ड के परीक्षा फार्म भरे जाने थे। घोषणा हुई—सिर्फ पांच विषय लेने हैं, जबकि पढ़ाई 6 विषयों की हो रही थी। हमने आंख मूंदकर गणित विषय छोड़ दिया।

और, ऐसा लगा जैसे गंगा नहाये !

बोर्ड की परीक्षा में हम इस बात से बेखबर रहे कि यह नम्बर कभी काम भी आ सकते हैं।

सुबह अम्मा जगातीं : 'रिक्शा आ गया'। हम उठकर—कम-से-कम पानी का प्रयोग करते हुए—मुंह धोते, तैयार होते। अम्मा जो भी खाने को देतीं, सारा खाते और समय न होता, तो पुड़िया बांधकर ले जाते।

हमारी बहनें इस इन्तजार में रहतीं कि हम परीक्षा की घबराहट में उनकी तरह सब छोड़कर जायें और पीछे से वह हमारी तरह मिष्टान्न पर हाथ साफ करें उनकी आशाओं पर पानी फिर जाता, जब हमारी पुड़िया बंधती। शोभा की घड़ी हमारी कलाई पर सजती। पहली बार घड़ी बांधने का चाव। हर कोण से हम अपनी कलाई को निहारते और रिक्शे में जा बैठते।

चाचा हमें छोड़ने जाते और तीन घंटे वह बैठे रहते। लौटकर साथ लाते। चाचा के यह पूछने पर कि 'पर्चा कैसा हुआ ?' हमारा एकमात्र उत्तर होता : 'बहुत अच्छा।' रास्ते भर पढ़ाई छोड़ अन्य विषयों पर चर्चा होती।

पढ़ाई के लिए कभी याद नहीं पड़ता कि देर रात तक पढ़े हों। जो स्कूल में पढ़ लिया सो ही काफी। कुछ अधिक पढ़ना हुआ तो स्कूल से लौटकर दिन में ही घोंट डालते थे। यही तैयारी पूरे साल होती, परीक्षा कभी भी हो जाय।

जब दसवीं का परीक्षाफल निकलने वाला था, तो सभी ने जब कहा, "बोर्ड ! बोर्ड का रिजल्ट है !" तो कुछ भय व्याप्त हुआ कि इस परीक्षाफल में ऐसी क्या बात है, जो सभी इतनी उत्सुकता से पूछ रहे हैं।

मैं दिल्ली में, गली डकोतान में गर्मी की छुट्टी बिता रही थी। एक शाम मैंने देखा—विजय भाई हाथ में रसगुल्लों की हांडी लेकर चले आ रहे हैं। पता चला—हमने—अपने भाई-बहनों की श्रृंखला के आखिरी सदस्य होने के नाते—हाईस्कूल बोर्ड को हरी झण्डी दिखा दी है।

सच मानिए, रसगुल्ले इतने स्वादिष्ट कभी न लगे थे।

# चैटर्जी मास्टर

**स्वाति शर्मा**

आज से चौदह-पन्द्रह बरस पहले की बात है। जाड़ों की एक रात दस बजे हमारे घर की घंटी बजी।

मैं बाहर के कमरे में ही पढ़ रही थी। अम्मा अस्वस्थ थीं। यह बात अधिकतर मिलने आनेवालों को पता थी। इसलिए इतनी रात को कोई आता नहीं था।

घर के सभी भाई-बहन बाहर थे। अतः दरवाजा मुझे ही खोलना था। खैर, कुछ डरे और अनमने मन से मैंने दरवाजा खोला। जब तक आने वाले की सूरत ढंग से देखूं तब तक तो प्रश्न भी पूछ लिया गया : "रामबिलास हय।"

मुझे बड़ी हैरानी हुई। 'डॉ. साहब', 'तुम्हारे पिताजी', या 'तुम्हारे चाचा' हैं की जगह यह नाम लेकर पूछने वाला कौन है ? मैंने नमस्ते की। हाथ आशीर्वाद की मुद्रा में उठ चुका था : "तुम डॉक्टर का बेटा हय ?"

मैंने स्वीकार किया। और जब तक कहूं-कहूं कि 'बैठिये' तब तक वह स्वयं सोफे पर आराम फरमा चुके थे।

मुझे लगा, वह कहना चाहते थे—'अपने घर में संकोच कैसा ! तुम भी बैठो।'

मेरी परेशानी समझते हुए कि मैं जानना चाहती हूं कि वह कौन हैं, स्वयं बोले : "रामबिलास को बोलो—चैटर्जी मास्टर आया है।"

नाम सुनते ही मैं भागकर अन्दर गयी।

चाचा ने जब सुना तो उनकी फुर्ती देखने लायक थी ! जाकर चरणस्पर्श किया और बैठ गये। बातें होने लगीं।

चैटर्जी मास्टर साहब चाचा के गुरु थे जिन्होंने चाचा को हाईस्कूल में पढ़ाया था।

मास्टर साहब जी. टी. गाड़ी से झांसी जा रहे थे। कुछ समय था, सो अपने पुराने 'छात्र' से मिलने चले आये थे।

मेरे बनाये स्केच उन्होंने देखे !

उन दिनों मैंने अपनी पहली ऑयल पेन्टिग बनायी थी। उसे देखा। मुस्कराए। तारीफ भी की, लौर कमियां भी बताते गये।

इसके बाद चाचा की ओर मुड़कर बोले : "हूं डॉक्टर ! क्या करता हय ? इसका आर्ट बौहत अच्छा हय। तुम सिखाता क्यों नहीं ? भेजो ना कहीं सीखेगा। अच्छा बनायेगा।"

कला की कुछ बारीकियां, जो उन्होंने मुझे बतायीं—आज भी याद हैं। मुझे मालूम है कि मेरी वह पेन्टिग बिल्कुल बेकार बनी थी। पर मास्टर साहब ने जो उस दिन मेरा हौसला बढ़ाया, शायद उसी का फल है कि आज भी रंग सूखे नहीं हैं और मेरा पेन्टिग करना चालू है।

# अमृत चाचा जी

स्वाति शर्मा

सड़क पर से ही 'भइयों' को आवाज के लगते ही मैं दौड़कर फाटक खोलने पहुंच जाती थी, और जोर से आवाज लगाती : "चा, चाचा जी आ गये।" पान से मुंह खचाखच भरा रहता और मुंह ऊपर करके जब चाचा जी कहते—'हूं, तो बॉट-निस्ट भी हय", तो मुझे बड़ा मजा आता।

उन दिनों की बात है जब मैं आठवीं कक्षा में पढ़ती थी। एक दिन बरामदे में गेंदे के फूलों से खेल रही थी कि चाचा जी आकर चुपचाप पीछे खड़े हो गये। और, जब मैंने देखा तो उसी तरह पान गुलगुलाकर बोले, "तो बिटिया रानी बॉटनिस्ट बनेगी।" मुझे तब बिल्कुल पता नहीं था कि आगे चलकर बॉटनी ही मेरा प्रिय विषय रहेगा। लखनऊ से जब भी चाचा जी पत्र लिखते, पते पर 'बॉट-निस्ट' लिखना ना भूलते।

चाचा जी जब भी घर आते तो एक दिन चाचा (पिता जी) से बात करते, दूसरे दिन हम बच्चों को किस्से सुनाते।

वह हम लोगों से जब बात करते तो मुझे उनका चश्मा माथे पर चढ़ाकर, ऊपर मुंह करके, बोलने का स्टाइल बड़ा पसन्द आता। पान की पीक जब हद से ज्यादा बढ़ जाती और 'ओवरफ्लो' होने लगती, तो चाचा जी धोती संभालते उठते और बाहर थूक आते। जब वे कहानी-किस्से कह रहे होते, तो हम लोग हंसते। पर खुलकर हंसना मैंने चाचा जी से ही सीखा। कई बार मेरी सहेलियां भी कहतीं, "तेरे चाचा जी आयें तो हमें भी बताना। हंसते कितने मजे से हैं।"

चाचा से जब उनका वार्तालाप होता, तो मैं उसी कमरे में अक्सर मौजूद रहती। 'फाक्स' 'डबल फाक्स' की आवाजें जब एक-दूसरे पर कसी जातीं तो बड़ा मजा आता। लगता कि सेठ बांकेमल के मोहल्ले में ही बैठे हैं।

चाचा जी पान का स्टॉक अपने छोटे-से बटुए में रखकर लाते। नई-नई छड़ियां इकट्ठी करने का भी उन्हें खूब शौक है।

छड़ी का ध्यान आते ही मुझे वह बात याद आ गयी। मैं एक बार लखनऊ

गयी थी। चौक में कोई जुलूस निकल रहा था। हम लोग भी एक तरफ खड़े हो गये और देखने लगे। एकदम से मुझे झटका लगा। किसी ने कोई मुड़ी-सी सख्त चीज गले पर कसी। पलटकर देखा तो चाचा जी छड़ी के मुड़े सिरे से मुझे चौंका चुके थे। मेरा सारा डर हंसी में बदल गया।

चाचा जी के आशीर्वाद ! क्या कहूं, मुझे उनके आशीष लेने में कितना आनन्द आता है।

हमारी कॉलोनी में एक मेहता जी आकर रहने लगे। उनकी शक्ल-सूरत, चाल-ढाल, बिल्कुल अमृत चाचा जी से मिलती थी। सो मैंने चाचा जी को पत्र लिखा। जवाब में जो आसीस से भरपूर पत्र आया, वह इस प्रकार है।

जुलाई 17, 1965

स्वाति बेटी,

तुम सब भाई-बहन जुल-जुल बुड्ढे हो, आजीवन खूब स्वस्थ और तगड़े बने रहो, खूब काम करो, खूब नाम करो और मगन मस्त बने रहो।

तुम्हारी चिट्ठी पाकर हम बड़ी चिन्ता में पड़ गये—नकली घी, नकली मसाले, नकली नेता और तरह-तरह की नकली चीजों की भीड़ में अगर तुमने एक नकली चाचा जी को भी खड़ा कर दिया, तो फिर मैं, यानी असली चाचा, कहां रहेंगे। हमारी यह राय है कि तुम अपने पड़ोसी मेहता जी को फस्ली चाचा बना लो। नकली चाचा—अंकल साम—अमेरिका में रहते हैं; हिन्दुस्तान में जिन-जिन वस्तुओं पर उनकी परछाईं पड़ जाती है, वे नकली हो जाते हैं। मेरे ऊपर तो बजरंगबली की कृपा है ही, तुम्हारे 'चा' (पिताजी) पर भी है; पर बाकी चा-चा-ओं को नकली होने से बचाना।

तुम सबको बड़ी-बड़ी आसीस, तुम्हारी भाभियों को भी।

आशीर्वाद

अमृत चाचा

बजरंग बली के चाचा जी परम भक्त हैं और चूंकि बजरंग बली के भक्त हैं, इसलिए राम भक्त भी हैं। आगरा में काफी दिनों रहे, इसलिए उनकी रचनाओं से आगरा की बोली जहां भी आयी है, बहुत अच्छी लगी है जैसे 'सेठ बांकेमल' में। उस पुस्तक को पढ़ते समय लगता है कि हम आगरे की किसी गली में खड़े हैं।

वह कोई उपन्यास लिख रहे थे। मैंने उन्हें दो पत्र डाले। पर चाचा जी ने उत्तर नहीं दिया। मैं भी शान्त होकर बैठ गयी। तब अचानक उनका 10-7-68 का लिखा पत्र आया।

परमप्रिय भा. बॉटनिस्ट,

तुम्हारे 'चा' को चिट्ठी लिखने के फेर में तुम्हें भी उत्तर न दे सका। मुंह मत फुलाना, अपने चाचा जी को माफ कर देना। तुम सबकी मुझे बड़ी याद आती है—कभी-कभी तुम लोगों को भी हुचकियां जरूर आती होंगी। परन्तु अभी आने से मजबूर हूं। आजकल जो किताब लिख रहा हूं, उसका हर अध्याय मेरे लिए पहाड़ की सीधी चढ़ाई के समान होता है। एक पॉकेट बुक लिखकर मैंने इस किताब को लिखने के लिए 4-5 महीने का अर्थावकाश कमाया है। इसलिए कंजूस की कौड़ी की तरह उसका एक-एक क्षण बचा रहा हूं। तुम्हारे 'चा' को एक चिट्ठी मैंने 20-22 दिन पहले लिखना आरम्भ की थी, वह अटक गयी है। इसके अटकने के कारण उपन्यास भी लटका हुआ है। वह चिट्ठी अब नये सिरे से लिखूंगा, शायद दो-तीन दिनों के भीतर ही। निराला जी पर पुस्तक लिखने के बाद तुम्हारे 'चा' अब तो मौजें मार रहे होंगे। सौ. भाभी को और 'चा' को राम-राम। तुम सबको बड़ी-बड़ी आसीसें और प्यार।

तुम्हारा—

चाचा जी

इधर चाचा जी से काफी समय से मुलाकात नहीं हुई। पता नहीं वह आजकल क्या लिख रहे हैं। मुझे उनके प्रत्येक उपन्यास की बड़ी प्रतीक्षा रहती है। राम जी के बजरंग बली कृपा करें और शीघ्र ही चाचा जी का नया उपन्यास पढ़ने को मिले, ऐसी इच्छा है।

# हमारे अमृत चाचा जी

**शोभा जेटली**

सन् 1950 के लगभग की बात है। खिन्नी वाली गली के मकान में रहते थे। गली कुछ संकरी और मकान कुछ छोटा। तभी एक दिन सुनने में आया कि हम लोग यह मकान बदलकर अमृत चाचा जी की सास के मकान में जा रहे हैं।

यह मकान नाले वाली गली (गोकुलपुरा) में था। मकान काफी बड़ा था। उसमें 7-8 कमरे थे, जिनमें से कुछ के फर्श कच्चे और कुछ के पक्के। गली के नुक्कड़ पर ही चाचा जी की सास का—जिन्हें सब गली वाले 'बाई' के नाम से सम्बोधित करते थे—मकान था।

घर का किराया 27 रुपये था। 'बाई' के घरों से किराया वसूल करने का काम संचित करते थे। हमारे घर में बत्ती (बिजली—सं.) नहीं थी। गर्मियों में कच्ची छत पर पानी छिड़क दिया जाता और सरकण्डे के मूढ़े रख दिये जाते। चाचा (पिता डॉ. राम विलास शर्मा—सं.) से जो भी मित्र मिलने आते, वे सब इसी छत पर बैठते।

एक दिन अम्मा ने बताया : "तुम्हारे चाचा के पास ऊपर जो बैठे हैं, यह उनका ही मकान है।" कुछ जिज्ञासा हुई। खेलते हुए ऊपर गये। नमस्ते की और लौट आये।

इसके बाद अचला दीदी (नागर जी की बड़ी सुपुत्री—सं.) की शादी में नागर चाचा जी को कुछ और करीब से देखा।

बाई वाले मकान को छोड़ना पड़ा क्योंकि उसमें बत्ती का अभाव था। सामने ही कृष्णा बुआ के मकान में चले गये। उसके बाद मदियाकटरा, अशोक नगर और आखीर में—अपने मकान—30, नई राजामण्डी में आ गये।

अमृत चाचा जी के प्रति आकर्षण उस समय बढ़ा जब हमें चाचा (पिताजी) ने 'गदर के फूल', 'बूंद और समुद्र' के कुछ हिस्से पढ़कर सुनाये। छोटे चाचा (अर्थात्

मुंशी चाचा) से तुर्कमान गेट पर 'सेठ बांकेमल' सुना। सुनने के बाद बड़ा आनन्द आया।

"ताई छू ताई छू।"...ताई का चरित्र चित्रण तो बहुत ही अच्छा लगा।

अमृत चाचाजी जब भी आगरा आते, तो नियमपूर्वक चाचा (पिताजी) से मिलने आते। शायद ही कोई ऐसा दिन होता होगा जब वह घर न आयें या चाचा उनसे मिलने न जायें।

राजामण्डी में एक बार घर आये तो बोले : "शोभा, कौन-सी क्लास में पढ़ रही हो?" मैंने कहा : "चाचाजी, एम. एस-सी. कर रही हूं।" बोले : "किस विषय में?" मैंने कहा : "बौटनी में!" बोले : "अच्छा, घास-शास्त्र में!!"

चाचाजी को हम बच्चों से भी उतना ही प्यार था जितना कि शायद वह पिताजी को करते थे।

मुझे अम्मा के साथ एक बार उनके घर चौक (लखनऊ) में जाने का सौभाग्य भी मिला। घर के अन्दर गये तो देखा एक बड़ा-सा आंगन है। चाचा जी एक बराण्डे-नुमा कमरे में बैठे थे, जिसमें एक तरफ चिकें लगी हुई थीं।

कमरे में पुरानी वस्तुओं तथा पुस्तकों का अच्छा संग्रह था। चाचाजी ने कुछ मिट्टी के बर्तनों के टुकड़ों को हमें बड़े प्यार से दिखाया जिन्हें उन्होंने बहुत संभालकर रखा हुआ था।

आखिरी बार वह हम सभी से विकासपुरी में मिले। चाचा का हाथ अपने हाथ में कसकर पकड़कर बोले : "हमारी दोस्ती 54 वर्ष पुरानी है, आज तबियत प्रसन्न हो गयी। शोभा मिल गयी, उनके बच्चे देख लिये। अगली बार आऊंगा तो स्वाति को भी लिख देना वह भी मिल लेगी।" उनका मन उस दिन बैठे रहने के लिए कर रहा था, पर समय का अभाव होने की वजह से उन्हें जल्दी ही जाना था। आरती बीच-बीच में याद करा देती थीं—"बाबूजी चलना है।"

परसों जब टी. वी. पर हिन्दी समाचारों में उनके पार्थिव शरीर को देखा, तो बड़ा धक्का-सा लगा।

अपने आपको रोक न पायी और आंखों से आंसू गिरने लगे। सारी यादें एक-एक कर आंखों के सामने घूम गयीं। यहां पर आकर मनुष्य अपने को लाचार समझकर चुप हो जाता है, या कुछ आंसू बहा लेता है।

यह जानते हुए भी कि शरीर नश्वर है, मनुष्य अपनी भावनाओं को रोक नहीं पाता।

# ऐसा क्यों होता है ?

**स्वाति शर्मा**

23 फरवरी की रात। हिन्दी समाचार (टी. वी.) में ऐसा कुछ देखना पड़ा जिसकी कल्पना भी न की थी। मन हुआ आंखें बन्द कर लूं—पर ऐसे में आंखों ने अधिक दूरी से भी साफ देखा और कानों ने उससे भी अधिक तीव्रता से सुना, वह सब, जो बहुत कष्टकर था। अंग्रेजी समाचार। और फिर बार-बार समाचार। यहां तक कि दूसरे दिन भी बराबर सुनती, देखती रही! कोई तो कहे कि ऐसा नहीं हुआ! परन्तु सारे प्रयास विफल। शायद अमृत चाचाजी अब नहीं हैं, अखबारों में बार-बार पढ़कर ऐसा लगता है। पर मन नहीं मानता।

मेरा बचपन मेरे सामने हैं। श्रीमती सुभद्रा कुमारी चौहान की जो पंक्तियां मुझे बड़ी प्रिय रही हैं, आज बदली-सी जान पड़ती हैं—"बार-बार आती है दुखद याद बचपन तेरी"। आज बचपन की ऐसी ही कष्टप्रद याद ने मुझे आ घेरा है।

मेरे अमृत चाचाजी! पान से मुंह में गुलगुल करते चाचाजी!! नकल करके हंसाते चाचा जी!! सफेद वस्त्रों में चमकते चाचाजी!! कैसे भुलाई जा सकती है उनकी हंसी! उनका स्नेह! आशीर्वाद में उठा उनका हाथ! सब-कुछ एक-एक कर आखों में घूमते लगता है। मेरा बचपन—चाचाजी को आता देखकर जान-बूझकर दरवाजे के पीछे छुप जाया करती। यह सब उनकी जानकारी में होता था। फिर भी अनजान बनकर छड़ी से उसी दरवाजे पर ठक-ठक करते—"कहां है ऽऽ मेरी बिटिया ??" और मैं ताली बजाकर झट से उनके सामने आ खड़ी होती थी। चाचाजी खूब जोर से खिलखिलाते और मेरे सिर को अपने हाथ से थप-थपाते। उसके बाद मेरी नमस्ते होती : "चाचाजी नमस्ते ऽऽ!" और फिर, वही हाथ ऊंचा उठाकर खूब आशीष देते।

कई बार उनकी स्वयं की पुस्तकों के अंश हम लोगों ने स्वयं उन्हीं के मुंह से सुने। 'सेठ बांकेमल' सुनाते समय लाटनी के बाल की नकल करते समय उनकी नाक ऊंची होती और फिर हमारी हंसी देखते ही बनती थी! चाचाजी इन्तजार करते कि हम कितनी देर हंसते हैं...? फिर माथे पर चश्मा चढ़ाकर कोई बात ऐसी

कहते कि हम फिर लोटपोट...।

इस बीच चाचाजी का पान का बटुआ निकलता, पान खाया जाता। जब पान की पीक थूकने उठते तो मेरा अक्सर आग्रह होता, "अभी नहीं थूकिए।" और चाचाजी खूब मुंह भर जाता, तो मुस्कराते उठते। बोला जाता नहीं। और मैं प्रश्न करती, "अभी बताइए, अभी!" तब छड़ी उठाकर "ठहर जा शैतान" जैसे भाव से मेरी ओर देखते!

चाचाजी सुनाया करते :

बत-बम भोले नाथ कि जिनके कौड़ी नहीं खजाने में!
तीन लोक धरती पै बसाये आप बसे बीराने में!

कैसी विचित्र बात है। महाशिवरात्रि को चाचाजी भोलानाथ नगरी इस धरती को छोड़ गये!

इधर चाचाजी को पत्र लिखने में कष्ट होने लगा था। मेरे पास उनका अंतिम पत्र काफी पहले आया था। मैंने उन्हें पड़दादा बनने की बधाई भेजी थी। उत्तर में पत्र यहां प्रस्तुत है :

11-8-85

सौ० बाटनिस्ट,

बहुत-बहुत प्यार और असीसें।

तेरा पत्र बहुत दिन पहले मिला था। तूने पता नहीं लिखा सो उत्तर रह गया।

हां, पड़दादा बन गया। पड़दादी अपने पड़पोते को खिलाकर स्वर्ग चली गयी। पड़पोता होने पर सरग-नसैनी पर पड़दादी चढ़ती है। पहले के समय में ऐसे अवसर पर सोने की सीढ़ी बनवायी जाती थी। पड़दादी उस पर पैर रखती, फिर वह सीढ़ी ब्राह्मण को दान दी जाती थी। सगे-सम्बन्धियों की जेवनार होती थी। खैर!

तेरी चाची के अचानक देहावसान होने से ही पत्र लिखने में विलम्ब हुआ।

तुझे, चि. जवाहर और चि. बच्चों को हार्दिक आशीर्वाद!

यह पत्र तेरे 'चा' को भेज रहा हूं। वही पता लिखकर इसे पोस्ट करेंगे।

मंगलाकांक्षी चाचा
अमृतलाल नागर

लिखने को बहुत कुछ है, स्मृतियां ही स्मृतियां। बीच-बीच में एक प्रश्न-दंश बार-बार अवरोध उत्पन्न करता है—क्या चाचाजी से कभी भेंट न होगी? ऐसा क्यों होता है? ऐसा क्यों होता है?

# आइलीन का फ्यूनरल

**कुसुम**

उसकी उम्र 47 साल की थी। बदन कुछ गदराया, ढीला-सा। रंग स्वच्छ-सफेद, लाली लिये। बाल घुंघराले-काले। ऊंचाई करीब 5 फीट 5 इंच। उससे मेरी-मुलाकात अस्पताल के सर्जिकल वार्ड में हुई जहां उसको भर्ती किया गया था।

पेट में दर्द और उलटियां। लिवर बायोप्सी की। नतीजा आया। पेट में कैंसर था। और, जीवन के दिन केवल कुछ हफ्ते या चन्द महीने।

इस स्थिति का पता आइलीन शो को तब तक नहीं था। उसे काफी आर्थिक चिन्ताएं भी थीं। घर में अकेली थी। पति से तलाक होने वाला था। कारण कि वह उसे कष्ट देता था और उसका कमाया रुपया-पैसा लुटा देता था।

उसका काम भी—बार मेड का छूट गया था, क्योंकि पिछले कुछमहीनों से उसकी तबियत खराब चल रही थी। डॉक्टर भी अच्छा नहीं मिला था और उसका इलाज ठीक से नहीं कर रहा था।

आइलीन के एक मित्र ने घर संभाल रखा था। वह भी एक बेकार और घर-बारविहीन साथी था, जिसको तरस खाकर आइलीन अपने घर से ले आयी थी। आशा थी वह कुछ सहारा देगा किराये आदि में, पर इसका भी कोई खास भरोसा नहीं था।

दो दिन बाद डॉक्टरों ने आइलीन को अपना निर्णय सुनाया। उनका कहना था : इलाज 'चेनोथिरैपी' का हो सकता है, पर उससे सफलता की आशा कम है। आइलीन पर जैसे गाज गिरी। बहुत रोयी। फिर कुछ प्रार्थना की (कैथोलिक थी)।

उसे निश्चय ही सहारे की जरूरत थी। भाई-बहनों से बिछुड़ चुकी थी—बचपन में ही। जब वह तीन साल की थी, मां की मृत्यु हो गई थी। पिता शराब पीता था; उसका भी प्रेम उसे नहीं मिला। तीन बहनें और चार भाई थे।

आइलीन छोटी थी, अतः पहले एक आंट ने शरण दी थी। फिर एक चिल्ड्रेन्स होम ने। भाई दूसरी जगह चले गये थे और एक बहन भर रह गयी थी।

फिर भी, आइलीन को जानकारी थी सबकी। सो तैयारी में लग गयी। सबको फोन से सूचना दी। बहन बर्मिंघम में थी; भाई ऑस्ट्रेलिया, मैंनेचेस्टर, और आयरलैंड में। आशा थी, कोई पुकार सुन लेगा।

आइलीन ने अस्पताल छोड़कर घर जाने की मांग की। मैंने कहा : "अकेली रहोगी?"...पर वह न मानी उसे आशा थी कि उसकी पुकार का असर होगा।

इसके बाद मैं कई बार उससे उसके घर पर मिली। उसकी बहन कुछ घंटों के लिए आयी...और, चली गयी। मकान का जो साथी था, उसने भी साथ छोड़ दिया। पर एक पड़ोस की हमदर्द और उसकी लड़की के साथ दिया और मदद की।

आइलीन ने अपने बचपन की और बीती हुई बातें सुनायीं। उस समय उसे काफी दर्द था। हमने भी उसकी मदद की। कुछ आर्थिक चिन्ताएं दूर कीं। नर्स और डॉक्टर का इन्तजाम भी किया।

उसे पता था कि उसके पास समय कम है। अतः उसने सॉलिसिटर से बात-चीत की। अपने गहने और सामान के सिलसिले में 'will' आदि, तैयार की : उसके घर में सजावट थी, फोन था, अच्छा फर्नीचर था।

भाई-बहनों से भी फोन पर पुराने बचपन के समाचारों और यादगारों को ताजा किया। इसमें दो हफ्ते गुजर गये।

इस बीच उसके पैरों में सूजन बढ़ गयी थी। पेट भी फूल गया था। खाना हजम नहीं हो रहा था। बीमारी बढ़ गयी थी।

अतः दुबारा अस्पताल में एडमिशन हुआ—इतवार को। और, सोमवार दोपहर को उसकी मृत्यु हो गयी।

उसकी बहन बर्मिंघम से आयी। मैं उसकी बहन से मिली। उम्र में वह आइलीन से करीब 10 साल बड़ी थी। देखने में पतली-दुबली, मगर तेज।

उसकी आंखों में आंसू थे। उसे खबर मिल चुकी थी। मैंने सहानुभूति आदि के बाद पूछा कि क्या वह आइलीन के फ्यूनरल की जिम्मेदारी लेगी। कहने लगी : "वह तो मुझसे नजदीक नहीं थी। सालों से देखा भी नहीं था। मुझे यह

भी नहीं पता था कि उसका पति से तलाक हो गया है।" फ्यूनरल की जिम्मेदारी उसे नामंजूर लगी।

फ्यूनरल का खर्च करीब 300-400 पाउंड पड़ता। आइलीन के कोई बाल-बच्चा नहीं था। मैंने सॉलसिटर से बातचीत की।

उसने कहा : "आइलीन ने 'will' तैयार की थी—एक ही हफ्ते पहले। उसने खुद ही अपने फ्यूनरल आदि का भी पूरा इन्तजाम कर दिया है। इसमें कुछ अड़चन न होगी।"

इस बीच उसकी बहन मेरे पास आधे घंटे में फिर आयी। पूछ रही थी : "आइलीन जो सोने की जंजीर पहन रही थी, उसका क्या होगा ?" मुझे उससे घृणा हो चली थी। बहन के प्रेम का यही मूल्य था ?

एक हफ्ते बाद आइलीन का फ्यूनरल हुआ—उसकी इच्छा के अनुसार। कैथोलिक थी। अतः उसकी इच्छा थी कि उसका अंतिम संस्कार उसी के घर से हो : रात भर रतजगा हो, फिर दूसरे दिन उसे दफन किया जाय। उसकी पड़ोसिन ने सब किया।

कब्रिस्तान में करीब 100 से ऊपर लोग थे जो उसके अपने ही मित्र और परिचित थे। (मुझे यह सब बाद में खबर मिली)। कितनी आत्मसम्मानी थी वह महिला।

# सच्चा सैनिक : एक स्मृति चित्र

**कुसुम**

हां, उसका नाम था जोसेफ आर्मस्ट्रांग। उम्र 57 वर्ष। अविवाहित। रंग गोरा। कद लम्बा। दुबला-पतला। चेहरे पर घाव का लम्बा निशान जो कई साल पहले हुए रोड एक्सीडेंट के कारण था। घाव भर चुका था। उसका चेहरा भद्दा नहीं लगता था, केवल एक लकीर-सी थी।

उसका परिवार केवल नाम मात्र को था। मां-बाप कई साल पहले मर चुके थे। तीन भाइयों में एक का देहान्त एक वर्ष पहले टी. बी. और लंग कैंसर से हो गया था। दूसरा भाई (54 वर्ष का) विवाहित था, पर उसे भी टी. बी. का पुराना रोग था। उसके एक ही फेफड़ा था। उसकी पत्नी भी पोलियो के कारण अपंग थी, उसके एक ही टांग थी। वह बेरोजगार था। युद्ध से लौटने पर कुछ निर्माण-स्थलों पर मजदूरी का काम पहले किया था, पर सड़क दुर्घटना के बाद से वह बेरोजगार ही रहा।

उससे मेरा पहला परिचय 14 मई 1980 को हुआ था, वह मेरी सर्जिकल यूनिट का एक मरीज था। उसके पेट का ऑपरेशन हुआ था—कैंसर के कारण। उसकी तंदुरुस्ती अच्छी नहीं थी। 6 फुट लम्बा होते हुए भी उसका वजन केवल साढ़े सात स्टोन था।

उसे व्यवस्थित जीवन की जरूरत थी। भाई के पास जाना कठिन था क्योंकि उसके पास केवल एक ही बेडरूम था और फिर भाई की बीमार पत्नी।

उसका अपना घर कई बार चोरी का शिकार हो चुका था। घर में बिजली भी कट गयी थी। यह बस्ती भी बहुत पुरानी और गंदी थी। अतः उसने वहां से अन्यत्र कहीं जाने की इच्छा प्रकट की। अतः मैंने मेडिकल आधार पर उसे दूसरा मकान दिलाने के लिए एप्लाई कर दिया। इस बीच वह नियमित इलाज के लिये भी तैयार हो गया—केवल दो हफ्ते के लिए।

दो हफ्ते इलाज करवाने के बाद लौट गया। इस बीच मैंने उसकी 'भाभो' से भी बातचीत की और मदद का वायदा किया। कुछ आर्थिक सहायता भी की। बिजली के बिल चुकाने के लिये भी प्रयास किया जो उसने नहीं चुकता किया था—और अंधेरे में ही रहना पसन्द किया था, कारण यह था कि नये मकान के जल्दी मिलने की आशा थी।

नये मकान की अर्जी नामंजूर हो गयी। कारण, वह इतना बुरा केस नहीं था। उसे जो पैसा मिला, उससे उसने कुछ नये कपड़े और जूते खरीद लिये। वह कमर कस कर ठंडे पानी से ही पुराना घर रोज साफ करता। घर की उसने नई सूरत बना दी।

अपने आराम के लिये न तो आंच जलाता और न ही कभी बैठता ही। मेरे हर हफ्ते या हर दो हफ्ते में जाने पर खूब बातें करता और बताता कि वह क्या-क्या करता रहा था। सलाह सुनता और सोचता। पर अन्त में निर्णय यही करता कि वह ठीक है। और अधिक सहायता वह कभी स्वीकार नहीं करता।

कभी मुझे उस पर हल्का गुस्सा और झुंझलाहट भी होती उसका भाई और भाभी दोनों समझाते। पर वही हल्की-सी मुस्कान और बस।

पानी में काम करने के कारण उसे कुछ ठंड लग गयी और वह डॉक्टर के पास गया। कुछ हफ्ते बाद स्वयं ही एक्स-रे के लिये गया। यह करीब जुलाई 80 के मध्य की बात है। वहां एक हफ्ते के बाद उसे फिर बुलाया गया—चेस्ट क्लिनिक में। उसे पता चला कि उसके फेफड़ों में कुछ 'छाया' है।

मेरे भारत जाने से दो दिन पहले मैंने उसे मेडिकल यूनिट में देखा। कुछ और जांच हुई। पता चला उसके फेफड़े में कैंसर है। यह बात तब तक उसे खोल कर नहीं बताई गयी थी और दो ही दिन बाद वह घर लौट गया। अभी भी सहायता की उसने जरूरत नहीं समझी। इतवार को भाई के घर जाता और कभी-कभी उससे फोन पर बात कर लेता। भाई करीव 5-6 मील दूर रहता था।

मैंने भारत से लौटने पर फिर उसकी खोज-खबर ली। इस बीच डॉक्टरों ने उसे फेफड़ों के ऑपरेशन की सलाह दी थी। सितम्बर के मध्य में वह एक दूसरे अस्पताल में भर्ती हुआ—कुछ और छानबीन के लिए। इस समय मेरा भी बीमारी का कुछ चक्कर चल रहा था। कभी सोचती, किसी दूसरी सोशल वर्कर को उसका परिचय करवा दूं। पर वह ऐसा नहीं था कि हर एक से जल्दी खुल सके। अतः, मैंने स्वयं ही उसका साथ देने का निर्णय किया। मेरी बीमारी के कारण, और उसके दूसरे अस्पताल में होने के कारण, उससे मुलाकात तो नहीं हो पायी; फिर भी, फोन पर अस्पताल के डॉक्टरों और नर्सों के द्वारा सत्य का ज्ञान हुआ। उसने ऑपरेशग कराने से इनकार कर दिया था—यह जानते हुए भी कि उसे कैंसर का रोग है जो काफी खतरनाक होता है; खतरा ऑपरेशन के बाद भी काफी रहता

है, पर शायद जीवन कुछ लम्बा हो जाय।

मैंने, और उसके भाई-भावज ने भी, उसे समझाया; पर उसका निर्णय नहीं बदला और एक हफ्ते बाद ही वह अस्पताल से फिर घर आ गया।

मकान की उसकी अर्जी तीसरी बार नामंजूर हो गयी। बिजली का दुबारा कनेक्शन भी उसने नहीं लिया और न ही कमरे को गर्म कर, तापने का कोई इन्तजाम किया।

वह इस ओर से अज्ञात लगता था कि उसके दिन गिनती के हैं।

खैर, मेरी कोशिशों का कुछ नतीजा निकला। 25 नवम्बर को उसे पता लगा कि एक नया फ्लैट, जिसमें काम अभी ही समाप्त हुआ था और सेन्ट्रल हीटिंग आदि भी थी, उसे मिल सकता था—अगर उसे पसन्द हो तो। प्रकाश की यह किरण भाग्य से ही आयी थी। मैं उसे नया मकान दिखाने ले गयी। फिर हाउसिंग डिपार्टमेंट को उसकी स्वीकृति बताने गयी। 4 दिसम्बर को उसने नये मकान में प्रवेश कर लिया।

मकान उसे बहुत पसन्द आया। साफ-सुथरा। अस्पताल और बाजार निकट। मैंने भी प्रयत्न करके स्वास्थ्य और सामाजिक सुरक्षा विभाग के द्वारा उसकी अधिक से अधिक सहायता करवायी—गलीचा, फर्नीचर तथा पर्दों के लिए। और, अन्य कई पेमेंट भी उसे दिलवा दिये। इन सबके कारण उसका जीवन कुछ सुखमय हुआ, उसे कृतज्ञता भी महसूस हुई। मेरे कहने-सुनने के प्रभाव से उसने हफ्ते में एक दिन होम-हेल्प भी स्वीकार कर ली; साथ ही हफ्ते में पांच दिन दोपहर का खाना 'मील ऑन व्हील्स' लेने को तैयार हो गया।

फिर भी उसके जीवन में सुस्ती नहीं आयी। वही सुबह, तड़के उठना। तैयार होकर जूतों में पालिश करना। बिजली का और सेंट्रल हीटिंग का भी प्रयोग अधिक नहीं करता। उसने अपना पुराना फर्नीचर लिया, उस पर पेंटिंग की, पालिश की, और उसकी नयी शक्ल बना दी। वही उसने पुराने कुकर के साथ किया। इन घरेलू कामों में उसे नया उत्साह मिलने लगा, जिसके कारण वह अपना दुःख और दर्द भूलने लगा। जीवन की आशा जागृत होने लगी। कभी-कभी वह सोचता कि शायद आपरेशन करवा लेने से उसे लाभ होता!

पर फिर वह यह सब भूल कर, दिन-व-दिन नये-नये कामों में अपने को व्यस्त बनाये रखता।

इधर बीमारी भी धीरे-धीरे अपना प्रभाव बढ़ाने लगी थी, जिससे वह कभी-

कभी हारा और थका लगता। कभी-कभी दर्द की भी शिकायत करता। पर आराम फिर भी नहीं करता।

इस बीच मैंने उससे फिर बातचीत की। तय यह हुआ कि मैं उसकी आर्थिक सहायता करूंगी। उसकी 'हॉलिडे' का इन्तजाम उसकी इच्छानुसार किसी पास की जगह हो जायेगा—एक या दो हफ्ते के लिए; जरूरत समझी गयी तो उसका भाई भी उसके साथ चला जायेगा। नये मकान को छोड़कर जाने में उसे कुछ संकोच था, फिर भी वह इस पर विचार करने के लिए तैयार हो गया। एक-दो दिन बाद ही मैंने कैंसर रिलीफ सोसाइटी को आर्थिक सहायता के लिए लिखा। यह बात 27 जनवरी 81 की है।

15 फरवरी 81 को इतवार था। उसकी भाभी ने मुझे घर पर फोन किया। जोसेफ की तबियत पिछले बुधवार से कुछ ठीक नहीं थी। दर्द कुछ बढ़ गया था। पर डॉक्टर उसका अपना—जनरल प्रैक्टीशनर—करीब रोज उसे देखने जा रहा था, अतः कोई खास चिन्ता की बात नहीं समझी गयी थी। आज के दिन वह भाई के घर जाने वाला था; पर उसका उन्हें फोन मिला था जो कि बड़ा घबड़ाहट का था।

जब वे उसके घर गये, तो उसे बहुत बेहाल पाया; करीब-करीब बेसुध। डॉक्टर को बुलाया। पर उसने भी कोई सलाह नहीं दी; केवल यह कहा कि उसे सेवा की जरूरत है।

भाई के पास अपनी गाड़ी भी नहीं थी, पर वह उसका इन्तजाम किसी मित्र या रिश्तेदार से करवा कर उसे अपने घर ले आया और मुझे फोन किया। खैर इसके बाद मेरी सलाह से उन्होंने अपने डॉक्टर को बुलाया। और, उसी दिन शाम को वह हमारे अस्पताल के जनरल वार्ड में दाखिल हो गया—एमर्जेंसी एडमिशन के नाते। भाभी ने दूसरे फोन द्वारा यह सूचना भी मुझे घर पर ही दी।

दूसरे दिन मैंने उसे वार्ड नं. 2 में देखा। वह मुझे पहचान भी नहीं पा रहा था। दर्द के मारे वह बेचैन था। शायद आंखों की रोशनी भी चली गयी थी। पर मेरी आवाज से वह कुछ पहचान गया। मैंने डॉक्टरों और नर्सों से बातचीत की तो मालूम हुआ—उसकी बीमारी की यह आखिरी स्टेज थी।

कैंसर उसके दिमाग में पहुंच गया था। उसका विष पूरे शरीर में व्याप्त था। यह स्थिति शायद कुछ दिन रहे, या हफ्तों!

खैर, तय हुआ कि वह अस्पताल में ही रहेगा; आगे विचार उसकी स्थिति को देखकर होगा। इस बीच उसके भाई और भावज से दिन में अनेक बार बातें हुईं; उन्हें बहुत चिन्ता थी उसकी ओर से। कुछ राहत उन्हें यह जानकर मिली कि मैंने

उसकी देख-रेख की जिम्मेदारी अपने ऊपर ले ली थी। पर, दूसरे दिन, यानी मंगलवार को उसकी हालत और भी गिर गयी ! अगला दिन बुधवार (18 फरवरी 1981) उसके जीवन का अंतिम दिन था।

उसकी मृत्यु के कई हफ्ते बाद तक मैंने उसके भाई-भाभी की भी सहायता की।

इससे उनका कुछ भार हल्का हुआ और किसी से दुःख कहकर उनका दिल भी कुछ हल्का हुआ।

इसे लिखने से करीब-करीब दो हफ्ते पहले मैं उनसे मिली थी। भाई और भाभी का प्रेम अभी वेदना से भरा था। उसकी एक तस्वीर भी उन्होंने मुझे दी। उन्हें उसकी बीमारी के सब तथ्य ज्ञात थे; फिर भी उन्हें आशा थी कि वह कुछ समय सुख भोग सकेगा।

पर, उसकी बीमारी भयंकर थी। अगर उसे हफ्तों या महीनों बिस्तर पर लेटे रहकर छटपटाना पड़ता, तो उसे मानसिक शांति नहीं मिलती। वह सैनिक था, —जीवन का; और उसके लिए लड़ते-लड़ते ही उसने प्राण दिये।

# वह महिपाल नहीं थे

**शरद नागर**

बात 1 अथवा 2 जून 1958 की हैं।

27 मई '58 को अचला की शादी हो चुकी थी। 26 मई को आयी बारात 30 मई को विदा हो गई थी। मेहमान भी सब जा चुके थे। काफी धूमधाम से सब कार्य सम्पन्न हो गया था।

1958 में 5 दिन तक एक बड़ी बारात का रुकना भी एक बड़ी बात थी। हमारे परिवार में बाबूजी की बुआ की शादी के शायद पचासेक साल बाद घर में किसी बिटिया की यह शादी थी।

बाबूजी (स्व. नागर जी—सं.) जैसे अपने लेखन में सिस्टमेटिक थे, वैसे ही किसी आयोजन की तैयारी में भी। आयोजन के पहले अलग-अलग विषय की नोटबुकें तैयार हो जातीं। शादी के मामले में भी महीनों पहले से पारिवारिक बैठकों में जनवासे के प्रबन्ध, खान-पान के मीनू, यातायात व्यवस्था, निमन्त्रण-सूची, आदि के विषय में लिये गये निर्णय नोटबुकों में दर्ज थे।

प्रबन्ध का खासा टेंशन उन पर रहा। भागादौड़ी का मुख्य भार तो बा (मां—सं.) पर ही था। भट्टी-खाने और भोजनादि की व्यवस्था के कार्यान्वियन की जिम्मेदारी मेरी थी। जनवासा प्रबन्ध का भार लटरू चाचा जी (मदन चाचा जी के मित्र) का था। यातायात प्रबन्ध टी. एन. नागर चाचा का। साजसज्जा—कला पक्ष—मदन चाचाजी और भाई साहब (कुमुद भैया) देख रहे थे।

सब काम ठीक-ठाक होने के बावजूद कुछ छुटपुट खामियां रह ही गयी थीं। कुछ तो उनकी खीझ और कुछ विवाह के बाद के व्यय-भार की आर्थिक चिन्ताओं के कारण बाबूजी का तरन्नुम उखड़ा हुआ था। किसी बात पर बाबू जी का क्रोध भड़क उठा। यहां तक कि वह पाजामा, कुर्ता और छड़ी लिये घर से निकल पड़े।

मैंने जो उन्हें घर से निकलते देखा तो किसी अनहोनी की कल्पना मात्र से ऊपर से नीचे तक सिहर उठा।

आव देखा न ताव, नंगे पैर मैं पीछे लपका। सपाट पैर और भारी शरीर के कारण दौड़ने में तो बचपन से ही कमजोर रहा हूं ; हां, चलने से नहीं घबराता था।

गली मिर्जामण्डी से निकल कर देखा कि बाबू जी कम्पनी बाग की ओर जा रहे हैं। मैं पीछे लग लिया। बहुत तेज चलने के बावजूद, करीब 70-75 कदम का एक ऐसा फासला हम दोनों के बीच कायम हो गया, जिसे मैं लांघ नहीं पा रहा था। इमामबाड़ा, छतर मंजिल, होते हुए बटलर पैलेस की तरफ से उन्होंने भैंसा-कुण्डा की राह पकड़ी।

अब मैं दहशत के मारे कांप उठा। मेरे सामने चले जा रहे थे बाबू जी, लेकिन मुझे दीख रहा था उनके 'बूंद और समुद्र' का महिपाल। मुझे लगा आज कुछ बहुत अप्रिय घटने वाला है।

जेठ की दुपहरिया में नंगे पैर कोलतार की लिजलिजा-पिघलती सड़क पर चलते-चलते मेरे तलवे भुरता हो गये थे। मैं दौड़ भी नहीं पा रहा था। शालीनतावश पीछे से आवाज देने में भी संकोच हो रहा था।

मन में उठने वाली भयावह कल्पना से रुलाई-सी आ रही थी। लेकिन उस रुलाई को भी भद्रतावश पी रहा था। शायद बाबूजी को यह पता नहीं था कि मैं इसका पीछा कर रहा हूं।

उन्हें सम्भवतः प्यास लग आयी थी। रास्ते में बम्बा देखकर वह ठिठके। मैंने देखा—उनका चेहरा क्रोध और धूप से लाल अंगारे की तरह दहक रहा था।

जितना समय उन्होंने पानी पीने में लगाया, उतने में मैंने फासला लांघ लिया था। काफी नजदीक पहुंच चुका था। आवाज लगायी : "बाबूजी।"

बाबूजी ठिठके; रुके रहे। पास पहुंचा तो उखड़े स्वर में बोले : "तुम क्यों आये?... जाओ!"

मैंने भरे गले से कहा : "घर चलिए।"

"तुम जाओ!...रिक्शा कर लेना। पैसे घर पर दे देना।...और सुनो, उस सीताराम पान वाले को आठ आने देने हैं, दे देना।...जाओ।"

मेरे आंसू शालीनता की सारी मर्यादा लांघकर फूट पड़े।

"आप घर चलिए", मैंने कहा; "नहीं तो मैं भी नहीं जाऊंगा।"

बाबूजी क्षणभर के लिए मौन खड़े रहे, मुझे देखते हुए। फिर बोले : "पानी-वानी पीना है?...पी लो!"

मैंने बम्बे से पानी पिया और अगले आदेश की प्रतीक्षा में सांस साधे खड़ा रहा।

वह बोले : "चलो!...थक गये होगे। रिक्शा देखो।"

रिक्शा देखा, तय किया और चौक के लिए रवाना हुए। रास्ते भर हम दोनों मौन रहे। घर पहुंचे। बाबूजी बिल्कुल शांत।...सीधे अपने कमरे में जाकर बैठे। फिर लेट गये।

सम्पूर्ण प्रसंग में लगभग दो-ढाई घण्टे व्यतीत हो गये थे। हम दोनों ही इतनी देर के लिए घर से अदृश्य हो गये थे। लिहाजा, सभी सकते की-सी हालत में बैठे थे।

बा के चेहरे पर उड़ती हवाइयों की जगह सन्तोष का रंग आते देखा। अपनी इस सफलता पर मन-ही-मन मुझे बड़ा सन्तोष हुआ। पूरी दास्तां सिर्फ बा को सुनायी। बा किस्सा सुनकर इतना नहीं सिहरीं, जितना मेरे पैरों के तलवों की दशा देखकर : "अरे नंगे पैर ही चला गया था रे? पैरों में कुछ लगा दूं!"

मैंने कहा : "अब कोई चिन्ता नहीं!"

मेरे मन में फिर प्रतीति हुई कि बाबूजी महिपाल नहीं हैं; मुझे गलतफहमी हो गयी थी।

बत्तीस वर्ष गुजर जाने के बाद आज तक इस घटना लो लेकर बाबूजी से कोई बात नहीं की। उस दिन सीताराम पान वाले को पैसे दे आने के बाद मैंने सिर्फ इतना कहा था : "सीताराम को पैसे दे आया हूं।"

# दादू—हैप्पी बर्थ डे

**ऋचा नागर**

[ऋचा नागर डॉ. शरद नागर की बड़ी सुपुत्री हैं। वह अमरीका में अध्ययन कर रही हैं; जब-तब भारत आती रहती हैं। अपने दादा जी पं. अमृतलाल नागर के निधन के समय वह भारत में नहीं मिनियापोलिस (अमरीका) में थीं। ...उनके दादा जी के निधन के समाचार के बाद उनकी जो मनोदशा हुई उसका हृदयस्थली वर्णन ऋचा के ही शब्दों में।—मुंशी]

सुबह-सुबह दादा जी (पण्डित अमृतलाल नागर—सं.) की डांट से नींद टूटी—वही सालों से चली आ रही डांट : "इतनी ठण्डक है ऋचू, और तू फैशन के मारे कुछ भी गरम नहीं पहनती। आ तो सही, तुझे लगाऊं बड़े-डंडे...!" परसों सुबह भी इस तरह दादा जी मुझसे फोन पर कह रहे थे। "बिटिया, मैं जाने वाला हूं। अभी तो तेरी गर्मियों की छुट्टियां चल रही हैं न ! फट से मिलने आ जा अपने दादा से।"

और, मैं अपने प्रोफेसर्स से छुट्टी मांग रही हूं, एक के बाद एक एयरलाइन्स को फोन करके अगली फ्लाइट पकड़ने की कोशिश कर रही हूं। मन में डर समाया है। एक बार दादू बिना बताये चले गये थे, इस बार भी कहीं मिलने से चूक न जाऊं। अजीब-सा तनाव, आंसू और सिसकियां। आंख खुलने पर चेहरा आंसुओं से गीला और बदन पसीने से लथपथ पाती हूं। खुद का कमरा भी विदेशी और पराया बनकर चुभता है। स्वप्न में यथार्थ तक आने का साहस नहीं रहता मुझमें। वही चार महीनों पुरानी कचोट, छटपटाहट, शिकायतें— अपने आपसे, परिस्थितियों से और दादा जी से, जो जाने से पहले एक मुझसे ही नहीं मिले।

मिनियापोलिस (अमरीका)। मंगलवार 27 फरवरी 1990। रात के डेढ़ बजे मेरी हाउसमेट जूली की आवाज मुझे जगाती है : "ऋचा, फोन !" फोन भारत से है। आवाज परिचित होते हुए भी किसी घर वाले की नहीं है। मेरा पहला सवाल—

"दादा जी कैसे हैं ?" मन में जाने क्यों डर समाया है !..."चिन्ता न करो। बस होल्ड किये रहो बेटा। फोन न रखना।" फोन, टेलीफोन एक्सचेन्ज से सूरी चाचा के थ्रू आ रहा है।

बीस मिनट मैं फोन को थामे रहती हूं। लखनऊ से आवाज साफ नहीं आ रही। फिर बाबू जी (डॉ. शरद नागर—सं.) और सिद्धी भाई की बारीक आवाजें पर मुझे प्रश्न का उत्तर नहीं मिलता। डर बढ़ रहा है, आवाज सुनायी नहीं दे रही। फिर दीक्षा (छोटी बहन—सं.)फोन लेती है। मैं तीसरी बार चिल्लाकर वही प्रश्न दोहराती हूं : "बबली दादू कैसे हैं ?" और दीक्षा का शान्त, सन्तुलित स्वर : "जीजी, दादा जी नहीं हैं।"

मन की उथल-पुथल एकदम रुक गयी। शब्द सुनती हूं, पर महसूस नहीं कर पाती। "बबली, दादा जी गये ?" "हां जीजी।" दो-चार मिनट, फिर हिचकियां, आंसू—ढेरों आंसू . । कल्पना करने की कोशिश करती हूं—वह बड़ी हवेली, खाली पड़ा वह तखत, बेजान आंगन और उनके हाथों के स्पर्श से अब सदैव वंचित रहने वाली किताबें ..इस दृश्य मात्र को कल्पना की कोशिश। पांच दिन हो गये दादू को गये और मैं रो भी न सकी सही वक्त पर।

मेरी आवाज और आंसुओं में मेरी अमेरिकनाइज्ड-इण्डोनेशियन रूममेट बन्जू विस्तर से उठ बैठो : "वॉट्स रौंग ?" "माय ग्रैण्ड फादर डाइड।"

दादा जी के लिए 'ग्रेण्ड फादर' शब्द निहायत खोखला, नकली, अपरिचित और निर्जीव जान पड़ा।

"ओह, योर ग्रैण्ड फादर ? द वे यू वर क्राइंग ! ..मैं समझी कि तुम्हारे माता या पिता को कुछ हो गया।"

पहले-पहले बहे आंसू तुरन्त सूखने लगे और फिर सूखते चले गये। अगले रोज भूगोल विभाग में मेरी ऑफिस-मेट बोली : "तुम सचमुच अपने ग्रैण्ड फादर की वजह से अपसेट जान पड़ती हो ! क्या वह तुम्हारे साथ रहते थे ?"

"नहीं, हम उनके साथ रहते थे। ही वाज अ वेरी इम्पौर्टेण्ट पर्सन एन एक्स्ट्रा आर्डिनरी राइटर एण्ड ह्यूमन बीइंग।"

मन में आया आगे कहतीं जाऊं कि वैसे ही हमारे यहां 'ग्रैण्ड्स' अधिकतर परिवारों के साथ ही रहते हैं, ईश्वर की कृपा से 'ओल्ड फोक्स होम' जैसे चोंचले हमारे यहां प्रचलित नहीं हैं जहां आप लोग अपने बड़ों को 'डिस्कार्ड' कर दिया करते हैं।

यूनिवर्सिटी ऑफ मिनिसोटा की 'एम्स लाइब्रेरी ऑफ साउथ एशिया' दुनिया की सबसे बड़ी दक्षिण-एशियाई लाइब्रेरी है। यहां दादा जी की 17 पुस्तकें हैं। शायद

इस लाइब्रेरी के कारण ही मैं अपने अकेलेपन को 'मानस का हंस' और 'करवट' के साथ ही बांट पायी। यहां के लाइब्रेरियन डॉन जॉनसन मेरे मित्र बन गये हैं। जाबा और सुमात्रा तक की सैर कर चुके हैं। घर की सारी दीवारें गुजराती 'टैक्सटाइल्स' से ढकी हैं, घर भारतीय संगीत से गुंजित रहता है। मुझे दादाजी के उपन्यासों से घिरा देखकर चिढ़ाते थे कि मैंने ऐन फाइनल्स के समय भूगोल पढ़ना क्यों छोड़ दिया।

"डॉन, दादाजी नहीं रहे।"

डॉन शान्त स्वर में कहते हैं—"आय एम सॉरी।"

मिनियापोलिस में जिस दिन मैंने पहला कदम रखा था उस दिन से ही डॉन को पता चल गया था कि जिन अमृतलाल नागर की 17 किताबें उनके पुस्तकालय में हैं, मैं उनकी ही पोती हूं। मेरे मन का सारा गुबार डॉन के सामने उबल पड़ने को तैयार था। मैं बराबर बोलती जाती हूं—कितना कुछ थे मेरे दादाजी! इमने सालों से उनकी शख्सियत की धुरी पर जिस घर में मैंने सबकी जिन्दगियों को नाचते देखा, क्या होगा इस समय उस घर का नजारा? क्या होगी गली चलते लोगों की प्रतिक्रिया? और दादाजी के चहेते मोहल्ले के बच्चे? दादाजी के पात्रों को अपने भीतर समेटे पड़ा वह उदास 'चौक'?

डॉन पूछते हैं : "क्या तुम्हारी फैमिली के पास वी. सी. आर. है?"

"नहीं! क्यों?"

"अगर होता तो कम-से-कम तुम घर जाने पर लास्ट राइट्स और सेरेमोनीज तो देख लेतीं!"

लगता है जैसे किसी ने थप्पड़ मार दिया मेरे गाल पर।

"डॉन, मैं 'लास्ट राइट्स' की परवाह नहीं करती। मैंने अपने दादाजी को खो दिया है और हिन्दी साहित्य ने अमृतलाल नागर को—दैट इज वॉट मैटर्स।"

क्या इन अमरीकियों के लिए हम भारतीय महज 'ओरिण्टयल राइट्स' और 'रिचुअल्स' से भरे 'फैसिनेशन' के पात्र बनकर रह जाते हैं? क्या व्यक्तिगत दुःख और सेन्सिविटी सिर्फ पश्चिमी सभ्यता की धरोहर हैं?

हम भारतीय हमेशा इसी भ्रम में रहते हैं कि अमरीका के लोग हमारी संस्कृति को पूजते हैं, जबकि यहां सिर्फ हमारी सभ्यता को 'तथाकथित सभ्यता' या पुरातन—प्रिमिटिव—संस्कृति के रूप में 'ऑब्जेक्टिफाइ' करके इसका विश्लेषण किया जाता है—वह भी कुछ यूनिवर्सिटीज के कुछ विभागों के बहुत थोड़े लोगों द्वारा। आम स्तर पर हम भारतीय नहीं रह जाते; मात्र 'पीपुल ऑफ कलर' भूरी चमड़ी वाले, पिछड़ी हुई तीसरी दुनिया के लोग, बनकर रह जाते हैं। यहां के आम लोगों की दृष्टि में हमारी कलायें, साहित्य, जनमानस—सब पिछड़े हुए हैं। और, तीसरी दुनिया की पश्चिमी मूल्यों के पीछे अन्धी दौड़ इस विचारधारा को

निरन्तर मजबूत करती जाती है ।

इसका मतलब यह नहीं है कि यहां वालों की तरह हम भी एथनोसेण्ट्रिक हो जायें । भिन्न परिवेश में जाने वाला वहां के मूल्य यदि नकारे, तो वह मूर्ख कहलायेगा । मिनियापोलिस के लिए लखनऊ से रवाना होने से पहले दादाजी से हुई लम्बी वार्ता को टेप करके अपने साथ ले आयी थी । दादू को अपने इर्द-गिर्द महसूस कर सकूं इसलिए। अब उनके मायने बदल गये हैं । दादाजी ने तब कहा था—"मैं तेरे घर आऊं, तो तेरे घर के कायदे तो मुझे लेने ही पड़ेंगे न ! तेरी आत्मा भारतीय रहेगी, पर अमरीकी वाचा और विचार, वहां की रीति, रस्म, रिवाज तो तुझे ग्रहण करने ही होंगे । यदि उनके स्वभाव से परिचित होकर तू उनकी ही तरह बात नहीं करेगी, तो उनके मन में प्रवेश कैसे करेगी—वहां के जनमानस को कैसे टटोलेगी ?...

"मिनियापोलिस में सात माह बर्फ गिरती है। यदि वहां की सर्दी से 'एडजस्ट' करेगी तो 'समाज' में भी तो 'एडजस्ट' करना होगा । देख, वातावरण तो भिन्न होगा ही, पर इंसान का मन हर जगह एक है—उसे तो देखना ही होगा । उस मन की रक्षा तो करनी ही होगी। बिना उसे माइन्यूटली आबजर्व किये, तुझे मन की थाह कैसे मिलेगी ?"

दादू का स्वर, वे शब्द—इतने परिचित कि अपने ही लगते हैं ! कैसे मान लूं कि 31 अगस्त 1989 की रात की जिन दादू से घंटों बतियाती बैठी थी, उनसे मिठाई छोड़ देने की जिद के कारण मीठी झिड़क खायी थी—उनकी आवाज बस टेपरिकार्डर पर ही सुन सकूंगी ?

"बताइये दादाजी कि मेरे जाने के बाद आप मिठाइयां कितनी खायेंगे । ?"

"मिठाई तो मैं अब कम ही खाता हूं, बहुत तो खाता ही नहीं ।"

"दादाजी, आप हम सबसे ज्यादा मिठाई खाते हैं ।"

"तुम लोग तो मिठाई खाते ही नहीं हो ।"

"वाह, खूब खाते हैं हम लोग मिठाई ।"

"अरे हां ऽ ऽ, तुम लोग तो कभी-कभी होली-दिवाली खाते हो ।"

"हां, और आप तो रोज खाते हैं ।"

"मीठा तो मुझे रोज चाहिए ही ।"

"अच्छा, आप दूध और चाय में शक्कर बिल्कुल छोड़ दीजिए ।"

"ये छोड़ने की क्या रट है ? कौन-सा मैं बोरा भर चीनी डालता हूं चाय में ? बेकार की बातें ।"

"अच्छा जैसी आपकी इच्छा । आज लड़ाई नहीं करेंगे । अगस्त 1990 में झगड़ा करेंगे दोबारा ।'

दादाजी जीत गये । अब झगड़ा दोबारा नहीं होगा ।

27 फरवरी से वह खटपटी की आवाज बराबर कानों में गूंजा करती है। सफेद बुर्राक धोती-कुर्ता और छड़ी की ठक-ठक। दादाजी का तखत खाली पड़ा होगा, कल्पना करते ही सिहरन होने लगती है। जब तक किसी यन्त्रचालित जीव या टेपरिकार्डर की भांति स्वयं को बताते रहो, दुनिया के समक्ष कहते रहो, "मेरे दादा जी ऐसे थे, वैसे थे"—पता नहीं चलता क्या खो दिया है मैंने। फिर घर की कल्पना करने बैठती हूं, उस हवेली में समाये खालीपन को महसूस करती हूं, तो दादाजी की नेमप्लेट लगे उस भारी-भरकम फाटक को पार करके दहलीज पर ही ठिठककर रह जाती हूं। मैं खाली घर में आ भी रही हूं, तो कितनी देर से...।

घर छोड़े मुझे तीन साल हो गये। पहले दो साल पूना में और तीसरा अमरीका में। पर दादा जी के जाने के बाद धुर बचपन की एक-एक याद इतनी साफ दिमाग की स्क्रीन पर उभरती है कि मैं उन यादों पर उंगलियां फ़िराकर उनको बहुत गहरे तक महसूस कर सकती हूं, उनको पुनः जी सकती हूं।

गर्मियों की छुट्टियों में तारों जड़े आसमान के नीचे दादा जी के बिस्तर पर उनकी बांहों पर लेटे और उनके इर्द-गिर्द बैठे हम ढेर सारे बच्चे दादाजी के रचे पात्रों और तस्वीरों के सहारे अपना कल्पना-लोक रचते हैं; झाड़ पर बैठी जादूगरनी यागा, बेर के पेड़ के नीचे सोया मुन्ना खरगोश, बजरंगी पहलवान, नौरंगी स्वामी, चील महारानी और हमारे जैसे बच्चे . ; जिस जगह पर दादाजी भांग घोटते थे वहां से आती दादाजी के बदन, पान, चन्दन और गुलकन्द की मिली-जुली खुशबू और सिल पर भांग घोटते वक्त मेरा उनकी पीठ की 'घुड़इयां' पर लदकर सवारी करना;...दादाजी की वे लम्बी, पतली, उंगलियां जो उनके शब्दों की की तरह ही बोलती थीं; और, उनकी उंगली पकड़कर कम्पनी बाग, मेले या रवीन्द्रालय जाना;...और फिर वह हाथ जो तीन-चार बरस से आंख की कमजोरी के कारण सड़क पार करते वक्त दादाजी मेरे हाथ में दे दिया करते थे;...छोटी-छोटी यादें। तेल ठोंकते समय दादाजी के बालों में हाथ फिराना;...रात को दादाजी के दूध पी चकने के बाद गीले हाथ से उनका मुंह पोंछकर उनकी रूखी दाढ़ी वाले गाल पर दी गयी पप्पी : "दादू, गुड नाइट।"

1985 में दादी की मृत्यु के बाद इलाहाबाद विश्वविद्यालय में 'जीरो सेशन' हो जाने के कारण एक साल तक घर ही मेरी यूनिवर्सिटी बन गया था। मैं दादा जी की पोती-कम-रिसर्च-असिस्टेण्ट-कम-चीफ-सेक्रेटरी बन गयी थी। उनकी एस्कोर्ट बनकर महीने भर की बम्बई यात्रा की। दो बार दिल्ली गयी। समाज के विभिन्न वर्गों से उनको तरह-तरह से जुड़ते देखा, उनसे बराबरी से चर्चायें कीं, उन्हें लेखक, कलाकार और विद्यार्थी, प्यार से सराबोर दादू और ढीठ बच्चे की

तरह मिठाई की जिद करते, या दवा छोड़ देने के लिए मचलते, साथ-साथ देखा, 1985 में 'सारिका' के कथा पर्व के समय दादाजी गुलाबदास ब्रोकर से बोले थे; "यह है ऋचा। मेरी पोती और मेरी मां!..."

अक्तूबर 1988 में मेरी माताजी और दीक्षा जब पुणे आये तो मेरे लिए एक अनमोल उपहार लाये—घर की आवाजों से भरा कैसेट-टेप। और उन आवाजों में सबसे कीमती थी दादाजी की आवाज।

उनका भावनात्मक स्वर, रुंधा गला और भर्राई आवाज मैंने शायद पहले भी सुनी है। पर इस बार वह मुझे याद करके, केवल मुझसे बात कर रहे थे।

"सूर्यास्त के समय आसमान जैसे रंग से भर जाता है, वैसे ही मेरा मन भी इस समय रंगीन है। कितनी तरह-तरह की बातें। जब भी कभी खाली बैठता हूं तो पुरानी यादें, पुरानी बातें, मुझे घेर लेती हैं और मेरा मन रुखी भी होता है, रंगीन भी होता है—तरह-तरह से लहराता है।...तू जरा-सी थी कीड़ी कहूं या (हंसकर) जूं बराबर छोटी-सी। तुझे बा खूब लाड़ से ले जाती थीं। और भाई के बाद तू पहली लड़की आई थी न घर में!—तो तेरी बड़ी कीमत थी। बा और मैं तुझसे बड़े लाड़ लड़ाया करते थे—वह मेरी ऋचा अब एम. ए. में है, पूना में पढ़ रही है।...इतनी दूर! इतनी दूर कभी भेज सकते थे हम लोग? आज तू कितनी दूर हैं हम लोगों से! फिर भी बराबर याद आती है तू। कोई दिन ऐसा नहीं जाता ऋचा, जिस दिन याद न करता हूं। कभी-कभी तो आंखों में आंसू भर आते हैं। 24 घण्टे सुनायी देने वाली तेरी वह चहल-पहल, तेरी आवाज, अब सुनायी नहीं देती। अब तो एम. ए. करके अप्रैल में ही आयेगी न, बिटिया!... मेरा मन प्रतिक्षण तुम लोगों के लिए शुभकामनाओं से भरा रहता है, कि मेरे बच्चे तरक्की करें, अच्छे रहें, खूब उन्नति करें। मैं चाहे देख सकूं या न देख सकूं बा चाहे देख सकी या न देख सकी—यह सन्तोष रहेगा कि मेरे बच्चे खूब उन्नति कर रहे हैं। तू खूब उन्नति कर, ऋचा।"

पुणे और लखनऊ की दूरी के कारण मुझे याद करके दादा जी को आंसू बहाये डेढ़ साल हो गया। मैं पुणे से भी बहुत दूर मिनियापोलिस चली आयी। स्वयं से बराबर यही कहती रही कि शारीरिक दूरी से क्या होता है, जब चाहूं मन पर पंख लगाकर कभी भी भारत जा सकती हूं। पर दादा जी के न रहने पर अहसास हुआ, कितना झूठा था यह आश्वासन!

मेरे दादू तो इतनी दूर चले गये कि मन के पंख लाख फड़फड़ाने पर भी उनके

पास कभी नहीं पहुंच सकती। कैसे माफ करूं इस तीन साल की दूरी को जिसने दादा जी के निरन्तर सान्निध्य को टुकड़ा-टुकड़ा यादों में बांट दिया, जिसने अन्त समय में भी मुझे उनके पास फटकने न दिया; जिसने अपने दादू के लिए जी भर रो लेने की भड़ास को आंसुओं के निकलते ही कुचलकर रख दिया।

पर सच, कोई रात ऐसी नहीं जाती जब दादा जी के गले में हाथ डालकर उनसे बातें नहीं होती हों। इतने सारे दृश्य, इतने सारे क्षण, इतनी असली और जीवन्त उनकी छुअन, आंखों, ठहाकों और आवाजों से भरे। कैसे जा सकते हैं वह कभी दूर...?

हर साल दादा जी अपना जन्मदिन लखनऊ में मनाते थे। इस साल 17 अगस्त को वह लखनऊ में ही नहीं, मिनियापोलिस में भी होंगे, मेरे साथ, ताकि मैं सुबह-सुबह उनके मुंह से अमरीकी मलाई की गिलोरी भरकर उनके गाल पर प्यार कर सकूं: "दादू हैप्पी बर्थ डे!" 1-7-90

# मेरी पीड़ा का आईना और मेरे दादाजी

दीक्षा नागर

25 जून सन 83 की रात। प्रूडेंशियल कप में भारत की जीत के बाद प्रच्चू, मैं और जीजी कूदे जा रहे थे, कूदे जा रहे थे। भारत ने वेस्ट इन्डीज को हरा दिया था।

और इस समय इंग्लैंड में कपिलदेव, रोजरबिन्नी, मदनलाल कैसे-कैसे जश्न मना रहे होंगे, यह कल्पना मात्र हमें खुशी से सराबोर करने के लिए काफी थी।

रात के दो बज रहे थे और जीजी और मेरी आंखों में नींद नहीं थी।

चारपाई पर मेरे पास लेटी जीजी (ऋचा नागर—सं.) उत्साहवश एकाएक अचकचा कर बैठ गयीं। बोलीं, "ओह अगले वर्ल्ड कप में तो अभी पूरे पाच साल हैं; 1987 में होगा। सत्तासी तो अभी कितना दूर है न बल्बू ?"

"और उसके बाद 1992 में," मैंने गिनती की।

"और फिर 1997 में···"

"और फिर दो हजार...में..."

वाक्य पूरा नहीं हुआ, एकाएक खुशी के ज्वार को सालों ने, समय की खाई ने, हमारे उन्मुक्त स्वरों को, सुरों को बांध दिया। क्रिकेट के उत्साह में मिल गया अपने बड़े हो जाने का अहसास।

नजरें फिरीं। 40-50 फुट के बड़े-से आंगन में बिछी 8-8 चारपाइयों की दो कतारें। उस पर सोये लोग। और हर कतार के आगे घरघराता एक टेबिल फैन।

आसमान में तारे-ही-तारे। घर की 22-22 फुट ऊंची दीवारें मानो आसमान को बांधे हुए थीं। एक आयताकार स्क्रीन की तरह। गर्मी में सात साढ़े सात बजे उसमें सप्तर्षि मंडल आता था और रात डेढ़ बजे उसका आखिरी तारा भी गुजर जाता था।

बीचोंबीच होता वह सितारा जो ढलती शाम को अमित के घर की छत पर

चमकता था।

बचपन से ही आसमान का यह सीमित टुकड़ा हमारे लिए एक स्क्रीन-सा था जिसमें हमें केवल तारे ही नहीं बल्कि दादाजी की कहानियों के पात्र—झाड़ू पर उड़ती आ रही जादूगरनी यागा या फिर सात समुन्दर, सात पहाड़ और डरावने जंगल पार करता आ रहा नन्हा राजकुमार—नजर आते। फिलहाल अभी तक स्क्रीन पर हमें जहां हर्षोन्माद से भरे भारतीय टीम के जश्न मनाते चेहरे दीख रहे थे, वहां सालों की इस गिनती ने आसानी से हमें बड़े हो जाने का अहसास करा दिया।

सत्तानबे में नहीं बानवे के वर्ल्ड कप के बाद हम सब क्या इसी परिवेश में होंगे, इसी तरह, जहां अभी इस समय हैं? हम अभी होंगे भी या नहीं? मैं और जीजी, दोनों ही खाट पर लेटे चुप थे।

शायद दोनों का मन यही हाला मथ रहा था।

मन के किसी कोने से आवाज आयी: हम, जीजी, प्रच्चू भाई, सिद्धि भाई, हम सब तो होंगे ही। पर क्या बा, दादीजी और बाकी सब...?

एकाएक बड़े होने की कटुता से मन ने ठोकर खायी। हमारे बड़े होने का अर्थ है हमारे बड़ों का न होना; उनका बूढ़े होकर गुजर जाना। फिर हम क्यों बड़े होना चाहते हैं, अपने सपने अपने बड़े होने में क्यों संजोते हैं? हम बड़े होंगे तो ऐसा करेंगे, वैसा करेंगे—आखिर क्यों? हम बड़े होंगे तो ये लोग निस्संदेह नहीं होंगे जिनको हम अपने 'बड़ेपन' के कारनामों से खुशी देना चाहते हैं।

सहसा दिमाग ने फिर पलटा खाया—"ओह अभी कितना कुछ देखने को बाकी है। बा हमेशा कहतीं—तुम लोग कितने भाग्यशाली हो जो तुम्हारे घर में दादीजी है, दादी हैं, ताऊ हैं, ताई हैं वरना मैंने तो अपने पिता तक को नहीं देखा।"

पहली बार भरे-पूरे घर में पैदा होना दुर्भाग्य लगा। पैदा इन सबके बीच हुए, पर इन सब अपनों की मृत्यु भी तो हमें देखनी पड़ेगी। कैसे रहेंगे इन सबके बिना? सभी हमसे बड़े हैं। तार्किक दृष्टि से इसका अर्थ हुआ···असंख्य मृत्युओं को देखना, अपनों से बिछुड़ना।

"नहीं हम बड़े होना नहीं चाहते", मन ने एकाएक तय किया। आगे से हम अपने बड़े होने का विचार दिमाग में नहीं लायेंगे।

पर मन के किसी कोने में धूर्त भाव छिपा बैठा ही रहा कि 'नहीं, हम बड़े होना चाहते हैं; उसी में सद्गति है; सुहावनापन है।' बार-बार यह विचार सर हिलाता ही रहा उस कुएं के गिरगिट की तरह जिसमें मुहम्मद साहब छुपे थे।

मृत्यु और उसके विचार से मेरा यह पहला सबसे नजदीकी टकराव था। मैंने अब तक अपने होश में कभी मृत्यु नहीं देखी थी।

सन 89 में मैंने पांच महीने की पिकनिक लखनवी और बंबइया अस्पतालों में मनायी। तब नये-नये मेडिकल कॉलेज में दाखिल हुए थे। मेरा अजब नया केस था। शाम से ही एम.डी. के दो स्टूडेंट्स घेरे हुए थे। बाबूजी जीना चढ़ सकते नहीं थे, ऑफिस से आकर 'गांधी वार्ड' के नीचे इन्तजार कर रहे थे डॉ. दासगुप्ता का। कब वे नीचे आयें और बतायें मेरा हाल।

एम.डी. के दोनों स्टूडेंट्स। नवीन चंद्रा, जो लामार्टिनियर गर्ल्स में कक्षा ढ तक पढ़े थे, मुझसे पुराने टीचरों के बारे में सवाल कर रहे थे। दूसरी लंबी स्मार्ट लड़की, मेरी आंख का 'फन्डस' चेक करते हुए, जूनियर रेजीडेंट डा. दासगुप्ता को चिढ़ा-चिढ़ा कर लाइन मार रही थी। डॉ. दासगुप्ता रीझी नजर से दांत फाड़े खड़े थे। उनकी बगल में खड़ी नर्स बार-बार उनकी बांह हिला कर उनका ध्यान उस स्मार्ट लड़की की ओर से हटाने की कोशिश कर रही थी : "डॉ. साहब डेथ बुक में साइन कर दीजिये।"

मेरे बेड नं. 5 से मुझे बेड नं. 6 पर इसलिए लाया गया था क्योंकि मेरी बीम पर टंगा पंखा और ट्यूब, दोनों ही खराब थे। "कौन मरा ? कहीं वह लड़की तो नहीं जो मेरे बेड के सामने थी और जिसको आज सबसे सुन्दर वाली नर्स इन्जेक्शन दे रही थी।"

उस रात मेरे पास घर में अरसे से काम करने वाली बूढ़ी 'रामप्यारी' की बेटी निर्मल रुकी। मुझे रात में बहुत तेज गर्मी लगी। निर्मल ने सलाह दी कि मैं सामने खाली बड़े बिस्तर पर सो जाऊ, बेड नं० 9 पर। उसमें गद्दा बिछा था। कुछ दाग भी थे उस पर। हां उस बेड पर औंधे मुंह लेट कर उस लड़की की मर्मान्तिक पीड़ा झेल कर मरने की कोशिश की मैंने। मुझे देर तक लगता रहा, मैं डूब रही हूं। मेरा दिमाग, चेतना, कहीं डूब रही है, उस गद्दे में ही।

गद्दे पर हाथ फेर-फेरकर मैंने उस मृत लड़की का स्पर्श पाने की कोशिश की। और पहली बार रोई उस लड़की के लिए जिसकी मृत्यु पर पता नहीं— कोई रोया क्यों नहीं, जिसकी डेथ-बुक पर डॉ. दासगुप्ता ने हंसते-हंसते साइन कर दिये थे और जिसके परिवार वाले इत्मीनान से उसका शव ढोते हुए चले गये बगैर आंसू या चीत्कार के !

तब मुझे वह सब बेहद अटपटा लगा था। इसलिए मैं रोयी, खूब रोयी, वही लड़की बन कर रोयी अपने आप पर।

मुझसे चार विस्तरों की दूरी पर पड़ी थी एक मुसलमान बुढ़िया मां। तीन-

चार रोज बाद गुजर गयी। उसके तीमारदार उसके सिरहाने बैठे ही रह गये अगले सूर्योदय व सूर्यास्त देखने। उससे मिलने वाले ढेरों लोग रोजाना आया करते और आश्वासन देते कि वह ठीक हो जायेगी। बदले में वह हमेशा अपनी अस्फुट घरघराती आवाज में जरूर कुछ कहती जो मुझ तक पहुंच न पाता।

अप्रैल की 5 या 6 तारीख को एक मुसलमान बुढ़िया मेरे बगल वाले बिस्तर पर दाखिल हुई थी। सलेटी रंग का गरारा पहने वह तीन दिन मेरे पास पड़ी रही। पहले दिन वह बिस्तर पर पड़े-पड़े 'गर्मी-गर्मी-पंखा' चिल्लाती रही। उसके बेटे अपने घर से एक टेबिल फैन उठा कर लाये और किसी तरह तार-वार जोड़ कर उसे हवा पहुंचायी।

दूसरे दिन की मुझे याद नहीं, पर तीसरे दिन सुबह-सुबह से ही वह ठंडा पानी, ठंडा पानी' बुदबुदाती रही। उसकी बहू अपनी बूढ़ी 'अम्मा' को पानी देने के लिए तड़प रही थी। पर डॉक्टरों की पानी न देने की हिदायत की वजह से वह हाथ रोके थी। तीन-चार बजे के लगभग, जब बूढ़ी चुपचाप पड़ी थी, तब 'इनटर्न' ने उसकी नाक में नली डालकर सिरिंज से पेट का गदला पानी निकालना शुरू किया। लाल रंग के गाढ़े खून से तसला भरता जा रहा था।

मुझे बा की याद आयी। 27 मई 1985 की वह शाम। बा भी इस दौर से गुजर रही थीं। दूसरे दिन सुबह उनका निधन हो गया था।—तो क्या इस प्रक्रिया का मायने है—इस औरत की मृत्यु भी निकट है? दूसरे ही क्षण मेडिकल ऐथिक्स ने मन को झकझोरा। न-न, डॉक्टर तो बीमारी दूर करने के लिए होते हैं—यह औरत बच जायेगी; इसको बच जाना चाहिए। मैंने उसकी बहू को सांत्वना दी जो अपनी मैली चादर की कोरों से आंखें पोंछ रही थी।

शाम 7-8 बजे जूनियर रेजिडेन्ट डॉ. बिजय आते ही उस बुढ़िया के पास पहुंचे जिसको टकटकी बांधे मैं घण्टों से निहार रही थी। बहू को वार्ड से बाहर करके उन्होंने बूढ़ी का दिल कई बार दबाया, फिर ड्रिप बद कर दी। उसके बिस्तर के बगल में रखे apparatus में अभी भी बुलबुले उठ रहे थे। मैंने पास जाकर उसका चेहरा देखा। उसका मुंह खुला था, वह जीवित लग रही थी। मैं आश्वस्त हो अपने बिस्तर पर जा लेटी। और प्रचेता जब खाना लेकर आया तो मैं उससे बतियाने में मशगूल हो गयी। प्रचेता जब नीचे जाने लगा तब मैंने अचानक वार्ड के बाहर देखा। उस बुढ़िया के घर वाले रो रहे थे। मैंने सोचा, अरे यह बूढ़ी ठीक हो जायेगी...apparatus में अभी भी बुलबुले उठ रहे थे।

तभी वार्डबॉय बलबीर दांत निकाले स्ट्रेचर लेकर आया और बूढ़ी को बिस्तर से खिसकाने की तैयारी करने लगा। पता चला, वह बुढ़िया कब की मर चुकी

थी। मेरे सामने ही उसने आखिरी सांस ली होगी। कहां चली गयी वह ? अरे मेरे बाद आयी थी वह तो इस वार्ड में ! कहां उड़ गयी उसकी आत्मा ?

मैं तब यही सोचती थी कि आत्मा कहां आसमान में उड़ जाती है।

खिड़की के पास आकर मैं तारों को ताकने लगी। बचपन में मिले सपने, सांत्वनाएं, कितने सुहावने, सहज और मासूम होते हैं। बिल्कुल बचपन की तरह। मर कर सब तारे बन जाते हैं। न तारों को कोई गिन सकता है, न मरे हुए आदमियों को। मैं अब इस बात पर क्यों यकीन नहीं कर सकती कि वह बुढ़िया तारा बन गयी, 'बा' तारा बन गयीं ? क्यों अनुभूति हो रही है मुझे आत्मा रूपी एक हल्की पारदर्शी परत की शरीर से अलग जाते, खिड़की से आती हवा के झोंकों में इधर-उधर कपास के बीज की तरह बहते हुए ?

उस बूढ़ी का शरीर यहां है, पर वह आत्मा रूपी 'पांखा', उस औरत का पूरा जीवन, बचपन, जवानी, बुढ़ांपा, अपने आप में समेटे उड़ा जा रहा है अनंत में।

सहसा मुझे लगा मैं तो इस औरत का कष्ट इतनी देर से अपनी अनुभूति में समेटने की चेष्टा कर रही थी, यह कैसे हुआ कि वह मर गई और मुझे पता ही नहीं चला।

मुझे मेडिकल कॉलेज से घर लाया गया 30 अप्रैल को। 2 मई को फिर से हालत बिगड़ने के बाद जब 8 तारीख को तबीयत संभली, तो मैंने मिस कार्निलियस से कहा कि पिछली बार जब-जब मुझे दर्द के दौरे पड़े तब मैं कितनी बार चीखी, चिल्लाई, कराही हूं—पर इस बार तड़पती हुई हालत में भी बार-बार मैंने स्वयं से यही पूछा कि क्या यह दर्द, ये कराहें, मेरी 'आत्मा' को कष्ट पहुंचा रही हैं। पर मैंने हमेशा पाया कि पीड़ा मेरे अंगों को तो जर्जर कर रही है, पर मेरे actions (कृत्यों) को तो प्रभावित कर रही है, पर मुझे तोड़ नहीं रही। कोई अंश तो मुझमें अवश्य है जिस पर पीड़ा का असर नहीं है।

इसके बाद मेरा यह अटल विश्वास बना कि केवल दूसरों के शब्द ही मन को, आत्मा को, जोड़-तोड़ सकते हैं; शारीरिक पीड़ा कभी नहीं। इसी वजह से शायद, बिस्तर पर तमाम असह्य दर्द के बावजूद, मैं दिन भर में जाने कितने हवाई क़िले बना लेती थी।

पर जब 15 मई को पी. जी. आई. में दाखिल हुई तब हालत कुछ और थी। पीड़ा और मैं, मैं और मेरी पीड़ा। इसके अतिरिक्त मैं कुछ नहीं।

पीड़ा मुझ में समाहित तो थी, पर मैं पीड़ा नहीं थी।

मुझे लगता, यह कैसा रहस्य है मेरा शरीर है, मैं झेल रही हूं और मुझे

ही नहीं पता क्यों, कैसे हो रहा है मेरे अंदर ? दवाई की गोली मैंने निगली, उसका असर कैसे-कैसे बिखर रहा है मेरे भीतर ! अपने शरीर के बारे में कुछ नहीं पता है दूसरे कितने विश्वास के साथ मेरे बारे में, मेरे शरीर के बारे में, बात कर रहे हैं और मैं सुन रही हूं जैसे मेज के कान हों।

तब से अपनी एक्स-रे रिपोर्ट, अल्ट्रा साउंड स्क्रीन पर उभरते चित्र, यहां तक कि सिरिंज से निकाला जा रहा अपना खून, सब पराया-सा लगता। अपनी ही नजर में एक 'ऑब्जेक्ट' बन गयी मैं।

और, हर दर्दनाक दौर पर मैं पूछती, क्या यही 'परम पीड़ा' थी ? पर हर बार लगता—नहीं अभी तो मुझमें और दर्द झेलने की गुंजाइश थी, इतने में मैं थोड़े ही मर सकती हूं।

मेरे ख्याल से 'अहम्' स्वयं का बोध ही हमें जिलाता है जिसमें अपने कष्टों का बोध शामिल है।

तबियत और बिगड़ी। डॉक्टरों ने जवाब दे दिया। लगा मर जाऊंगी इस बार। जीना चाहती हूं मैं, पर जीना इस शरीर पर निर्भर है।

मैं भूल नहीं सकती वे दिन जब लंबे अंतराल के बाद यह अहसास होता, "अरे मैं तो देख रही हूं खिड़की के बाहर बादलों से घिरा आसमान।" फिर धीरे-धीरे याद आती सुबह··· और मां-बाबूजी की सिसकियां। पीड़ा, मर्मांतक पीड़ा, और कमजोरी बेपनाह। तब आस-पास की हलचल, नर्सों की भीड़भाड़, डॉक्टरों की आहट से होने वाला यह ज्ञान : "मुझे अब होश आ गया है।..."

मुझे लगता है जैसे गहन पीड़ा विचार शृंखला को बाधित, प्रभावित करते-करते उस हद तक पहुंच जाती है जब वह 'अहम् बोध' को प्रभावित करने लगती हैं। पीड़ा और 'अहम बोध' का एक स्केल-सा होता है। जब दोनों बराबर होते हैं, तब खाली 'मैं और मेरी पीड़ा' का अहसास रह जाता है। पर इस balancing point को पार करने के बाद जब पीड़ा बढ़ती है, तब level of self consciousness गिरने लगता है; जब 'अहम्' का बोध पीड़ा में खो जाता है तब हम बेहोश हो जाते हैं। और जैसे-जैसे दर्द हमारी level of consciousness पर हावी होता जाता है, हम मरते जाते हैं, शरीर होते जाते हैं। दर्द का अहसास भी मिट जाता है हमारी चेतना के लुप्त हो जाने के साथ ही। बेहोशी सारी टीस, पीड़ा और कमजोरी को हर लेती है। हरकत जो होती है वह दर्द से नहीं, जीवन से, सांस रूपी instinct से होती है। उस स्केल पर, जब पीड़ा 'अहम् बोध' से कम होती है, शायद हम छद्म तत्त्वज्ञानियों जैसे सवाल करने लगते हैं : क्या यह थी 'परम पीड़ा' ? क्या यह पीड़ा मन को जर्जर कर रही है···आत्मा तक पहुंच कर उसे तोड़ रही है ?

दादाजी की मृत्यु देखकर मेरा मृत्यु भय खत्म हो गया। दादाजी, मेरे अपने सबसे अच्छे दोस्त, जिनकी मृत्यु की कल्पना से ही मैं सिहर उठती थी। कैसे मैं रहूंगी उनके बिना ! और, वह मेरी बांहों में गये। अंतिम सांस तक मैंने उन्हें ग्रहण किया, आत्मसात किया। मैंने शिव को शव बनते देखा। कैसे शरीर से व्यक्ति और व्यक्ति से शरीर बनता है, उसके साक्षात दर्शन किये।

अगर सांस ही जीवन है तो उनके सिरहाने, उनके बालों में हाथ फेरते-फेरते, कितनी-कितनो देर मैंने उनकी सांसों की लय से अपनी सांसें मिलाने की कोशिश की। कितनी-कितनी देर अपनी विचार तरंगें उनमें पहुंचाने की कोशिश की। टेलीपैथी और टेलीपैथिक कम्यूनिकेशन का केवल मुझे शाब्दिक अनुभव था; प्रामाणिक तो केवल इतना ही कि कितनी बार जब मैंने दादाजी से कुछ कहने की कोशिश की, मुझसे पहले उन्होंने मेरे शब्द दोहरा दिये। दादाजी और मेरी दोस्ती का बीज रूपी आधार हम दोनों का दो अलग-अलग छोरों पर ब्याप्त एकाकीपन था। आश्चर्य है, दादाजी की मृत्यु के बाद यह सत्य जान पायी।

हां, अस्पताल के उस केबिन न. 2 में पड़े दादाजी के शरीर से मैंने पूरी ताकत से जीने के लिए कहा। पर बार-बार लगा मेरे शब्द उन तक पहुंच नहीं रहे। टकरा-टकरा कर लौट रहे हैं।

फिर पैरों को, पेट को, ठंडा पड़ते देखा। सांस अब कठिनाई से छाती तक आ रही थी…। अब गले तक। अब गले का केवल ऊपरी भाग हिल रहा था। अभी तेज, अब कम और कम, मंद और मंद। नाक से काला-पीला-सा पानी निकला। 4.57 पर दादाजी ने आखिरी सास ली।

बाहर आकर मैंने ताजी हवा में देखने की कोशिश की दादाजी की आत्मा को उड़ते हुए, अनंत में विलीन होते हुए ! पर दादाजी की आत्मा-वात्मा-कहीं कुछ उड़ा होगा, या डूबा होगा—झूठा-सा लगा। सब कुछ गिरती हुई level of consciousness और mechanicalsystem of the body का खेल।

पर 'बा' की पूरे होश में मृत्यु हुई। मशीन, जवाब दे गयी; पर जिजीबिषा कुचले हुए सांप सी उभरती रही—"मैं जिऊंगी, मरूंगी नहीं।" पीड़ा आंखों की कोरों से आंसू बनकर बहती रही accident में तड़पते आदमी की तरह। मैं जा रही हूं, कहां…मुझे नहीं पता। क्या भगबान के पास ? नहीं भला इतनी पीड़ा भगवान तक हमें थोड़े ही पहुंचाती है।

अंततः हम जीते हैं अपने लिए, मरते हैं अपने लिए। जीते तो कुछ-न-कुछ करते रहते हैं जो मर कर नहीं कर पाते। जब तक हम जीते हैं, तब तक अपने जीवितपने, living identity, को assert करते हैं। जहां तक अपनी मृत्यु का सवाल है, हम तरह-तरह से अपने मृत्यु भय को आश्वस्त रखते हैं—"मर कर

भगवान के घर किसी स्वप्नीले स्वर्ग में जायेंगे।" पर मरते हुए लगता ही नहीं कि किसी ईश्वर वगैरा की प्राप्ति होने वाली है हमको—इतनी पीड़ा के बाद।

दूसरी ओर, हम उसकी मृत्यु की कल्पना मात्र से हिल उठते हैं, जिससे हम स्नेह करते हैं। पहला सवाल यही कौंधता है—हाय, इनके बिना हम कैसे रहेंगे।

किसी की भृत्यु होती है, तब कितनी आसानी से लोग सहानुभूति के चार शब्द कह देते हैं, "चलो, अच्छा हुआ, कष्ट से मुक्ति मिली।" कौन-सी मुक्ति? किससे मुक्ति?

क्या पीड़ा (ultimate pain) की अंतिम परिणिति मृत्यु नहीं है।

# प्रतिभाजी : तीन-चौथाई अमृतलाल नागर

**ज्ञानचन्द जैन**

नागरजी अपनी पत्नी प्रतिभाजी को 'तीन-चौथाई अमृतलाल नागर' कहते थे। सत्तावन वर्ष की अवस्था में अब वह 'बूंद और 'समुद्र', 'अमृत और विष' तथा 'मानस का हंस' जैसे उपन्यासों के लेखक के रूप में ख्याति प्राप्त कर चुके थे और साहित्य अकादमी पुरस्कार से सम्मानित हो चुके थे, उन्होंने एक साक्षात्कार में कहा था :

"आज मैं जो कुछ हूं उसमें बारह आने मेरी पत्नी प्रतिभा है और चवन्नी भर हम हैं।"

इसमें कोई अतिशयोक्ति नहीं थी। यदि उन्हें प्रतिभाजी जैसी सच्ची अर्द्धांगिनी और जीवन-संगिनी न मिली होतीं, तो 15 अगस्त 1947 को भारत के स्वतंत्र होने पर फिल्मी कमाई का मोह त्याग कर अपना जीवन शुद्ध साहित्य साधना में बिताने और उसके माध्यम से राष्ट्र के नवनिर्माण में अपना योगदान करने का जो शिव-संकल्प उन्होंने लिया था, उसे पूरा करने का नैतिक बल वह शायद अपने अन्दर जुटा नहीं पाते।

प्रतिभाजी ने गृहस्थी के संचालन की प्रतिदिन की समस्याओं और चिन्ताओं से नागरजी को मुक्त कर उन्हें अपना पूरा समय साहित्य की आराधना में बिताने के लिए स्वाधीन कर दिया था।

प्रतिभाजी की पहली झलक मैंने तब देखी जब वह एक बाल-वधू के रूप में शादीके बाद ससुराल आयी थीं। शादी के समय उनकी अवस्था तेरह बरस और नागरजी की पन्द्रह बरस थी। दोनों की आयु में एक बरस सात महीने और इक्कीस दिन का अन्तर था।

मुझे बाद में मालूम हुआ कि नागरजी की सगाई सात वर्ष की अवस्था में हो गयी थी। वह अपनी मौसी के विवाह में आगरा ननिहाल गये थे। शादी में पड़ोस

में रहने वाली एक पांच बरस की चटक गोरी लड़की अपनी विधवा दादी और मां के साथ आयी थी। उसके गोरे-गोरे हाथों में दरवाजों पर पुता ताजा तारकोल लग गया था, इसलिए रो रही थी।

बालक अमृतलाल को उस पर ममता आ गयी। तारकोल छुड़ाने के लिए वह उसके हाथ पर पानी डालने लगा। जब दाग न छूटा तो साबुन लगाकर छुड़ाने लगा। यह दृश्य कामकाज में आयी अन्य महिलाओं के साथ बालिका की दादी और मां तथा बालक की मां और छोटी नानी ने देखा। गुड़िया जैसी बालिका यदि चांद जैसी सुन्दर थी, तो बालक भी कचकरे के बबुआ जैसा था।

दोनों की जोड़ी उन चारों को ऐसी भायी कि उनकी सगाई तय हो गयी।

गुड़िया का प्यार का नाम 'बिट्टो' और घर का नाम सावित्री देवी नागर था। उसकी दादी—किशनी (कृष्णा) जीजी—बड़ी दबंग औरत थीं।

बिट्टो के पिता श्री शंभुनाथजी का जो अभी 9वें या 10वें दर्जे के छात्र थे, 1918 में युवावस्था में ही निधन हो गया था।

बिट्टो की मां श्रीमती जानकी बाई नागर बड़ी सौम्य महिला थीं। पति की मृत्यु के उन्नीस दिन बाद उनकी एकमात्र कन्या बिट्टो का जन्म हुआ था। वही उनकी आंखों का तारा और जीवन का सहारा बन गयी। उत्तर जीवन-काल में उस बिटिया के बेटे-बेटियां ही उनकी ममता का आधार बने। वह अपने दामाद अमृतलाल को भी बहुत प्यार करती थीं, बेटे की तरह मानती थीं। नागरजी भी उनका मां जैसा सम्मान करते थे।

प्रतिभाजी पर अपनी दादी और मां दोनों का प्रभाव पड़ा था। दादी की भांति वह बड़ी जीवट वाली और तेजस्विनी महिला थीं। मां की भांति वह बड़ी समझदार और सहनशील थीं।

शादी के समय नागरजी कटारी टोला में रहते थे। मैं भी उनके पड़ोस में रहता था। हम दोनों का एक-दूसरे के घर आना-जाना दिन भर लगा रहता था। उनका कमरा तीसरे खण्ड पर था। बीच के खण्ड में परिवार रहता था। नीचे के खण्ड में बैठका था, जहां सुबह उनके पिताजी बैठकर होम्योपैथिक दवाएं लोगों को मुफ्त बांटा करते थे।

एक दिन जब उनके यहां गया तो नागरजी ने पुलक कर बताया—"मेरी बहू आयी है।" मैंने समझा, मजाक कर रहे हैं। किन्तु जब जीना उतरकर बीच के खण्ड में आया, तो माते ने (नागरजी की माताजी, जिन्हें सब भाई पहले 'भाभी' पुकारते थे, फिर मदन ने जब 'माते' कहना शुरू किया तो सब भाई इसी नाम से पुकारने लगे) पुलक मन से कहा : "अमृत की बहू आयी है, देखोगे ?"

वह मुझे मुख्य कमरे में ले गयीं जहां प्रतिभाजी एक कीमती बनारसी साड़ी में लिपटी अपनी ददिया सास के पास बैठी थीं। वह लम्बा घूंघट काढ़े थीं और साड़ी के बाहर उनके सिर्फ गोरे हाथ दिखायी पड़ रहे थे। उनके दोनों देवर, रतन और मदन, उन्हें घेरे बैठे थे। अम्माजी (नागरजी की दादी जिनकी दोनों आंखों की रोशनी समलाबाई के दर्द से उस दिन जाती रही थीं जिस दिन अमृतलाल और रतन का जनेऊ हुआ था) फूली नहीं समा रही थीं।

गौने के बाद एक घटना नागरजी ने प्रतिभाजी के मुंह से सुनी थी। नागरजी की ददिया सास को अपनी पोती का विवाह अपनी आंखों के सामने (सगाई आठ बरस चली थी) कर देने की बहुत जल्दी थी। ..विवाह में विलम्ब होते देखकर वह—सगाई तोड़कर—अपनी पोती का विवाह-सम्बन्ध दूसरी जगह कर देने की बातचीत चलाने लगी थीं।

तब बालिका सावित्री देवी नागर ने, सगाई न टूटने देने के लिए, शिवजी को रोज 108 चावल चढ़ाकर उनकी पूजा करना शुरू कर दी। शायद मां ने बताया हो।

इसी घटना को लक्ष्य करके आगे जीवन में प्रतिभाजी जब कभी अपने मस्त और फक्कड़ स्वभाव वाले पति पर खीझने लगतीं, तो नागरजी चुटकी लेकर कहते : "तुम्हीं ने तो शिवजी को रोज 108 चावल चढ़ाकर मुझे मांगा था ! सो शिवजी ने अपना एक गण तुमको पति रूप में भेज दिया !!"

स्वयं प्रतिभाजी के स्वभाव में भी हठ था, लेकिन पति के हठ के सामने उनका हठ बहुत छोटा पड़ता था। यह बात उन्होंने शायद दाम्पत्य जीवन के आरम्भ में ही समझ ली थी। उन्होंने यह बात भी समझ ली थी कि पति को वश में रखने का एक ही मार्ग है : उनकी मर्जी को अपनी मर्जी मानें। शायद उनके चारित्रिक गठन पर परम्परागत सामाजिक रूढ़ियों और मान्यताओं के अतिरिक्त, उनके नाम 'सावित्री देवी' का भी प्रभाव पड़ा था। वह सचमुच सती सावित्री थीं।

विवाह के बाद उनका नामकरण 'प्रतिभा', नागरजी की बुआजी ने किया था। उनका एक नाम—'सविता'—किसने रखा था, मुझे पता नहीं।

नागरजी ने 1936-37 में मुझे लिखे कई पत्रों में उनके लिए सविता नाम का प्रयोग किया है। उस जमाने में सविता देवी नाम से एक अभिनेत्री अपने सौन्दर्य के लिए विख्यात थीं। क्या नागरजी को अपनी पत्नी में उसी सौन्दर्य की झलक मिली, इसलिए उन्हें सविता देवी नागर नाम दे दिया ? इस प्रसंग की कभी उनसे चर्चा नहीं हुई।

बाद के पात्रों में, जब उनकी साहित्यिक प्रतिभा विकसित होने लगी थी, तो नागरजी को अपनी अर्द्धांगिनी के लिए 'प्रतिभा' नाम हृदय के अधिक निकट प्रतीत होने लगा।

प्रतिभाजी का एक और नाम 'हकीमजी' उनके देवर रतन ने रखा था जिससे सूचित होता है कि एक सूदक्ष गृहिणी की भांति वह घरेलू इलाज के कई वैद्यक और हकीमी नुस्से जानती थीं। उन दिनों की गृहिणियां बच्चों के जरा-सा बीमार पड़ते ही डॉक्टरों के यहां नहीं दौड़ पड़ती थीं; घरेलू दवाओं से बच्चों को अच्छा कर लेती थीं। बड़े लोग भी मामूली बीमारियों में ऐसी ही घरेलू दवाओं का प्रयोग करते थे।

नागरजी का गौना शादी के तीन बरस बाद हुआ था। लगता है, प्रतिभाजी के गौने में आने के बाद रतन को कुछ मामूली जुकाम-खांसी हुई होगी और उनकी नई-नई भाभी ने उनको कोई हकीमी नुस्खा बता दिया होगा ! रतन, मदन और अमृत—तीनों भाई—अलग-अलग लोगों की निजी विशेषताओं के आधार पर उनके नाम रख देने की कला में बड़े चतुर थे। रतन अपनी नई भाभी को 'हकीमजी' पुकारने लगे। और यह नाम सबकी जबान पर चढ़ गया।

कभी-कभी अपनी भाभी की प्रशंसा में जब शब्द चुकने लगते तो मदन कह उठते : "...हकीमजी का जवाब नहीं !"

नागरजी की भांति प्रतिभाजी में भी जबर्दस्त आत्मविश्वास था। नागरजी ने 1937 में जब 'शकीला की मां' कहानी लिखी, तभी से वह अपने को महान लेखक मानने लगे थे।

नागरजी के बम्बईवासी बनने पर, 1942 में पहली बार गोकुलपुरा और चौक के मुहल्लों से बाहर निकलकर बम्बई पहुंचने पर, प्रतिभाजी ने दूसरे दिन से ही अपने को 'बम्बैया' बना लिया। पास-पड़ोस के गुजराती और मराठी परिवारों की महिलाओं से प्रतिभाजी ने इतनी जल्दी जो बहनापा स्थापित कर लिया, उसे देखकर नागरजी मुग्ध हो गये।

प्रतिभाजी में परिवेश के अनुकूल अपने को ढाल लेने की जबर्दस्त क्षमता थी। उन्होंने कुछ गर्व से पति से कहा था : 'तुम मुझे समझते क्या हो ! चाहने पर मैं सब कुछ कर सकती हूं !!" और यह सच था। उनमें नागरजी से अधिक आत्मबल था। जहां नागरजी डगमगाने लगते थे, वहां यह एक बार अंगद की तरह पैर रख देने पर फिर कभी पीछे नहीं हटती थीं।

हां, नागरजी की भांति उनमें भी जबर्दस्त स्वाभिमान था। उनके बचपन की एक घटना मैंने सुनी है, जो इस प्रकार है।

उनकी दादी जब तक रहीं, परिवार में उनका हुक्म चलता था। मजाल है कि कोई पत्ता भी उनकी मर्जी के बिना खड़क जाय। वह अपनी विधवा बहू और पोती दोनों को अपना जरखरीद गुलाम समझती थीं।

एक बार किसी बात पर गुस्सा होकर वह बोलीं : "कान पकड़कर तुम दोनों को निकाल बाहर करूंगी। गली-गली भीख मांगती फिरोगी।" पोती ने अपनी मां का पक्ष लेकर कहा : "निकाल कर देखो तो। मैं अपनी भाभी (मां) को भीख मांगने नहीं दूंगी। आप ही घर-घर भीख मांगने जाऊंगी और बिरादरी में तुम्हारी बदनामी करूंगी।"

पोती के तेज के सामने दादी को दबना पड़ा।

प्रतिभाजी के दो रूप मैंने देखे हैं। एक उनका प्रारम्भिक रूप था, जब वह गौने में आयी थीं। गौने के बाद पांच सालों में वह तीन संतानों की माता बनीं। चौथी और अन्तिम सन्तान दस साल बाद हुई। वह गोकुलपुरा आगरा के मुहल्लाशाही वातावरण में पली-बढ़ी थीं। स्कूली शिक्षा छठे दर्जे तक मिली थी।

जब गौने में आयीं, तो चौक में भी वही मुहल्लाशाही वातावरण मिला। उस समय के रिवाज के अनुसार वह आरम्भ में मुझसे पर्दा करती थीं। मेरी पत्नी भी बहुत साल तक नागरजी के सम्मुख नहीं आती थीं।

उनका दूसरा रूप मैंने तब देखा, जब नागरजी सात साल के बम्बई प्रवास के बाद 1948 के आसपास शुद्ध साहित्यिक जीवन बिताने का व्रत लेकर और इस यज्ञ में प्रतिभाजी को अपनी सहधर्मिणी बनाकर लखनऊ वापस लौटे।

यदि यह सच था कि नागरजी अपनी पत्नी को 'तीन-चौथाई अमृतलाल नागर' मानते थे, तो यह भी सच था कि उस तीन-चौथाई अमृतलाल नागर का निर्माण नागरजी के हाथों ही हुआ था!

नागरजी के साहचर्य में प्रतिभाजी के व्यक्तित्व का धीरे-धीरे विकास हुआ। नागरजी ने उनको भी पढ़ने और लिखने के लिए प्रेरित किया।

उनकी एक कॉपी बहुत बरसों तक मेरे पास रही। उसमें उनके लिखे दो-तीन लेख थे। एक लेख बंगला के अमर उपन्यासकार शरत्चन्द्र चट्टोपाध्याय पर था। यह शरत् बाबू के देहावसान के बाद ही लिखा गया था।

नागरजी के ऊपर शरत बाबू का अमिट प्रभाव पड़ा था। उन्होंने अपने दूसरे पुत्र का नाम भी उन्हीं के नाम पर रखा। शरत बाबू के देहावसान पर नागरजी ने भी उनके संस्मरण लिखे थे।

कॉपी में एक और महत्वपूर्ण हस्तलेख था। इसके कवर पेज पर लिखा था : "मदन, तुमको महान् बनना है।"

मदन उस समय स्कूल में पढ़ रहे थे। नागरजी की बचपन से महत्त्वाकांक्षा रही थी कि मैं अपने दादाजी की भांति बड़ा आदमी बनूं; उनके समान मेरा भी मान-सम्मान हो। पिताजी के न रहने पर उनका प्रयास रहा कि वह स्वयं तो एक महान लेखक बनें ही, उनके दोनों भाई भी महान बनें।

इसलिए, जब रतन हाई स्कूल करने के बाद एक बैंक में क्लर्की करने लगे तो उन्हें अपने पास बम्बई बुलाकर नागरजी ने उन्हें फिल्मी छायाकार बनाया। मदन को चित्रकार बनने के लिए भरपूर प्रोत्साहन दिया और उन्होंने चित्रकला के क्षेत्र में वही ख्याति अर्जित की जो नागरजी ने साहित्य के क्षेत्र में। इन कार्यों में नागरजी को निश्चय ही प्रतिभाजी का सहयोग प्राप्त रहा।

प्रतिभाजी ने एक गुजराती उपन्यास 'आम्रपाली' का भी अनुवाद हिन्दी में किया था।

नागरजी ने इसके कुछ अंश का संशोधन करके प्रेस कॉपी अपने हाथ से तैयार की थी, फिर उन्होंने पाण्डुलिपि मेरे पास संशोधन के लिए भेज दी। उस समय मैं इलाहाबाद में रहता था। जब मैंने सशोधन कार्य में हाथ लगाया, तो मुझे पता चला कि उस उपन्यास का एक अनुवाद हिन्दी में हो चुका है और छप भी चुका है। जब मैंने नागरजी को यह सूचना दी, तो उन्होंने लिखा : "अब उस पर मेहनत करना बेकार होगा, रहने दो।" प्रतिभाजी ने इस अनुवाद के बाद लेखन-कार्य छोड़ दिया।

उन्होंने शायद अनुभव किया कि मेरा लेखिका बनना उतना जरूरी नहीं, जितना पति के लेखन कार्य में सहयोग देना जरूरी है।

नागरजी की भांति प्रतिभाजी के व्यक्तित्व निर्माण में तंत्रविद्या-विशारद डॉ. ढुंढिराज गोविन्द विनोद तथा बाबा रामजी का भारी प्रभाव पड़ा। विनोदजी नागरजी के ही नहीं, प्रतिभाजी के भी मंत्रदाता थे। बाबा रामजी प्रतिभाजी को 'रामभगतिनिया' कहते थे। पति-पत्नी दोनों उन्हें 'प्रभुजी' कहते थे। जब वह लखनऊ में रहे, तो पति-पत्नी दोनों ने बड़े भक्ति-भाव से उनकी सेवा की।

नागरजी के साथ प्रतिभाजी भी योगी अरविन्द के दर्शन करने गयी थीं। नागरजी ने उनसे एक शिक्षा ग्रहण की—सारा जीवन योग है। इसे उन्होंने अपने लेखन में चरितार्थ किया। लेखन-कार्य के समय वह सच्चे ध्यानस्थ योगी बन जाते थे। प्रतिभाजी ने भी अपने पति की सेवा को ही अपने जीवन का योग बना लिया था।

वह इस बात का ध्यान रखती थीं कि नागरजी के लेखन के समय कोई विघ्न न पड़े। सारा घर मौन रहता था। वह उनके एक-एक कागज को संभालतीं।

उनके पुस्तकालय की झाड़-पोंछ करतीं। इधर-उधर बिखरी किताबों को तरतीब से लगा देतीं। तखत पर ढेर हो गयी अनावश्यक पुस्तकों को शेल्फ में रख देतीं। अगर कोई पुस्तक न मिलती, तो ढूंढ़ देतीं। बैंक का हिसाब-किताब रखतीं। समय से रॉयल्टी न आती तो अपने छोटे बेटे शरद की मार्फत प्रकाशक के लिए स्मरण-पत्र लिखवातीं। पतिदेव के कपड़े बनवातीं (नागरजी अपने खर्चे में सबसे अधिक कटौती अपने कपड़ों में करते थे। कहते थे, "काम चल जायेगा।" जो कुरते बाहर पहनने लायक नहीं रहते थे, घर में पहनते थे। घर में बड़े और छोटे बेटों की पुरानी शर्ट भी पहनकर उनका उपयोग कर डालते थे)।

नागरजी को जब कभी घर से बाहर जाना होता तो उन्हें अपने कपड़े धुले, कलफ और इस्तरी किये, तहाये, तखत पर रखे मिलते थे। एक साफ और तह किया रूमाल भी रख देना प्रतिभाजी नहीं भूलती थीं। पान का बिलहरा भर देती थीं। और उसमें दांत खोदने की तीलियां भी रख देतीं। जब कभी नागरजी को नगर से बाहर जाना पड़ता तो उसकी 'ए' से 'जेड' तक की सारी तैयारियां प्रतिभा जी के जिम्मे होतीं। अगर बाहर जाने पर उन्हें किसी चीज की आवश्यकता पड़े और बह सूटकेस में न रखी गयी हो, तो उसके लिए बाद में प्रतिभाजी को डांट खानी पड़ती थी। नागरजी अपने पास पैसे नहीं रखते थे। इसलिए, यह प्रतिभाजी की जिम्मेदारी थी कि नागरजी के पर्स में आवश्यकता भर पैसे मौजूद हों।

अनेक बार सुबह जाने पर मैंने प्रतिभा जी को नागर जी के जूतों की पॉलिश करते देखा था।

जब नागरजी सोवियत रूस गये थे तो प्रतिभा जी ने उनके कपड़े ही नहीं बनवाये थे, इस बात का भी ध्यान रखा था कि वहां रहते समय उन्हें किसी बात की असुविधा न हो, जरूरत की सब चीजें सूटकेट में मिल जायें।

एक दूरन्देश घृहिणी की भांति गृहस्थी का खर्च चलाते समय प्रतिभा जी वर्तमान का ही नहीं, भविष्य के खर्चों का ध्यान रखती थीं। कुछ बचत भी करती रहती थीं। नागरजी की दृष्टि से उनका यह काट-फांस एकाउण्ट छिपा नहीं रहता था। बेटे-बेटियों के विवाह-सम्बन्ध प्राय: प्रतिभा जी ही ने तय किये। कुलपति के रूप में नागरजी की हैसियत हमारे देश के राष्ट्रपति जैसी थी। वह लिये गये निर्णय पर समर्थन की मोहर भर लगाते थे।

अपनी भतीजी, मदन की लड़की का रिश्ता भी प्रतिभा जी ने ही तय किया।

वह बड़ी ही ममतामयी मां थीं। अपने बेटे-बेटियों, पोते-पोतियों, नातियों-नातिनों पर जान देती थीं।

एक विशेषता नागर जी के समूचे परिवार में थी। परिवार का प्रत्येक सदस्य दूसरों के दुख देखकर द्रवित हो जाता था। प्रतिभा जी से भी किसी दूसरे का दुख देखा नहीं जाता था। तन-मन-धन से उसकी सहायता करने को तैयार हो जाती थीं। वह बड़ी 'गरीब परवर' थीं।

उनकी महरी तक उनकी 'फ्रेण्ड' बन गयी थी। उसका पूरा कुनबा उनका कुनबा बन गया था। उसकी बेटियां, उनकी बेटियां बन गयी थीं। सब उन्हें 'बा' कहती थीं। उन्होंने अपने आसपास बहुत-से प्रजाजन इकट्ठे कर लिये थे। सब उनका हुक्म बजाने को तैयार रहते थे।

उन्होंने न जाने कितनी निर्धन कन्याओं के विवाह कराये। छोटे बच्चों का 'फ्री स्कूल' चलाया; निराश्रित महिलाओं को स्वावलम्बी बनाने के लिए 'महिला उद्योग-केन्द्र' चलाया। उसके लिए हर महीने चवन्नी-चवन्नी वसूल करने मेरे घर भी आती थीं और मेरी पत्नी को लेकर उनके सभी परिचितों के घर चवन्नी-चवन्नी वसूल करने जाती थीं। उनमें गजब की कर्मठता थी।

नागरजी बाबा रामजी का एक वाक्य अक्सर दोहराते थे :

"हजार हथौड़न की चोट खाय कै पत्थर शंकर जी बनत है, तब पूजा जात है।'

प्रतिभाजी को भी 'तीन-चौथाई अमृतलाल' बनने में 'हजार हथौड़न की चोट' खानी पड़ी थी। बम्बई नागरजी की ही नहीं, उनकी भी निर्माण भूमि कही जा सकती है। बम्बई की फिल्मी दुनिया की कीचड़ में फंसने पर नागरजी ने अनुभव किया कि यदि मुझे साहित्य साधना का अपना सपना पूरा करना है तो प्रतिभा को अपनी सहयोगिनी, बपनी दोस्त, बनाना ही होगा।

इसके बाद उनके बहुत कुछ गांधीजी की 'आत्मकथा' की याद दिलाने वाले प्रयोग अपने ऊपर और अपनी पत्नी पर आरम्भ हुए।

मेरे पास उनके बम्बई से लिखे कुछ अन्तरंग पत्र हैं जिनमें इन प्रयोगों की झांकी मिलती है। नमक खाना छोड़ देना, ब्रह्मचर्य, व्रत, उपवास, एक समय भोजन, आदि प्रयोगों में प्रतिभा जी उनकी सहभागिनी बनीं। नागर जी जहां डिगने लगते थे वहां वह दृढ़ रहतीं; नागर जी की प्रेरणा-पुंज बनती थीं।

हर व्यक्ति के दो रूप होते हैं—एक बाहरी, दूसरा घरेलू। नागर जी का बाहरी रूप यदि एक हंसमुख व्यक्ति का था, तो घर में अपने पिताजी की भांति जब भी कोई बात उनके मनोकूल न होती तो जबर्दस्त क्रोध आता था। क्रोध में उनका

रूप दुर्वासा हो जाता था। अपने ठंडे क्षणों में मुझसे स्वीकार करते थे : "उस समय मेरे नागर नाम का 'र' गिर जाता है।"

मुझे न जाने कितनी बार उनके इस रूप का दर्शन करना पड़ा है। कभी-कभी भावना होती, 'आज मैं न आता तो अच्छा था।' किन्तु उस समय मैं न तो कुछ बोल सकता था, और न उठकर जा सकता था। मैं जानता था, ऐसा करने से उनका क्रोध भड़केगा।

प्रतिभाजी उनका 'दूसरा स्वरूप' थीं। अतएव नागरजी का क्रोध भी अपने 'दूसरे स्वरूप' पर ही प्रायः भड़कता था—कभी अकारण, कभी किसी मामूली-सी बात पर और कभी सिर्फ इसलिए कि वह तनाव में होते थे!

मदन कभी-कभी उनकी चुटकी लिया करते थे : "भाई साहब जब तक दिन में एक बार भाभी से लड़ न लें, इनका खाना हजम नहीं होता।"

एक बार तो उन्होंने गृहत्याग भी कर दिया था। कई दिन मदन के यहां रहे थे। आश्रमवासी बनने के पीछे भी कोई छोटी-सी घटना थी।

प्रतिभा जी यदि उन पर शासन करती थीं, तो उनसे थरथर कांपती भी थीं।

एक बात जरूर कहनी पड़ेगी। वह प्रतिभा जी पर जितना क्रोध करते थे उतना ही असीम उससे प्यार भी करते थे। इसका आभास मुझे तब मिलता था जब वह दो-एक दिन के लिए कहीं बाहर चली जाती थीं।

कभी जब मैं अपने मित्र का वकील बनकर प्रतिभाजी को सान्त्वना देने की कोशिश करता कि "वह आपके मुंह पर चाहे जो कह लें, आपके बिना वह एक पल रह नहीं पाते," तो इस बात को दिल में भले ही अनुभव करती हों, लेकिन कुछ तनावरहित होकर उत्तर देती थीं: "आप देखते तो हैं, हर घड़ी मुझ पर झुंझलाया करते हैं। मैं ही उन्हें एक सस्ती मिली हूं। और कोई मिलती तो आटे-दाल का भाव मालूम पड़ जाता।"

कहीं पर प्रतिभाजी और नागरजी के व्यक्तित्व एक-दूसरे के पूरक बन गये थे। उनके व्यक्तित्वों के अनगढ़ हिस्सों की रगड़ से भले ही चिनगारियां निकलने लगती हों, किन्तु कहीं पर उनमें पूर्ण सामरस्य था।

दोनों एक-दूसरे के बिना रह नहीं सकते थे। प्रतिभा जी के न रहने पर मुझे इस बात का अन्दाज लग पाया कि उन्होंने नागर जी के हृदय में कितने गहरे में अपना आसन जमा रखा था।

कोई दिन ऐसा नहीं जाता था जब नागरजी उनका स्मरण न करते हों और स्मरण करते ही उनका गला न भर आता हो, आंखें सजल न हो जाती हों। उनका चित्र अपने पास की चौकी पर रख लिया था, जो आठों पहर उनकी नजरों के सामने रहता था। नागरजी का कहीं कोई मान-सम्मान होता, तो लौटते ही गले की माला उतारकर प्रतिभा जी के चित्र को पहना देते थे। लैला-मजनू, शीरी-

फरहाद, और हीर रांझा की कहानी जैसे सच होकर मेरी आंखों के सामने तैरने लगती थी।

नागरजी ने अपने संस्मरण में दूसरे प्रभाव की चर्चा की है। मुझे इसका अता-पता है। संयोग से मैं उन दिनों बम्बई में था और उनका मेहमान था; नरेन्द्रजी की कोर्टशिप भी उन दिनों चल रही थी। हम दोनों अपने मित्र की मीठी चुटकियां लिया करते थे। लेकिन यह प्रभाव पूरी तरह रोमानी, अशरीरी था। इस प्रभाव ने उनके अनेक उपन्यासों के प्रेम चित्रणों में रंग भर दिया है। लेकिन अपने ठंडे क्षणों में उन्होंने अनुभव कर लिया था कि मेरे लिए प्रतिभा और उनसे प्राप्त बच्चे ही सबसे मूल्यवान हैं।

उनके मन की भीतरी तह में, जहां प्रतिभा जी अचल रूप में विराजमान थीं, कोई परिन्दा भी पर नहीं मार सकता था। नागरजी की मनोरचना मूल रूप से एक पत्नीव्रती सद्‌गृहस्थ की थी। विश्वासघात उनकी प्रकृति के प्रतिकूल था। उनके व्यक्तित्व की मूल पूंजी उनकी खरी ईमानदारी और सत्यवादिता थी। सामाजिक व्यवहार और तकल्लुफ में भले ही कभी झूठ बोल जाते हों, लेकिन साहित्य की चौकी पर विराजमान होते ही झूठ उनसे कोसों दूर भाग जाता था।

प्रतिभा जी का नागर जी के लेखन में रचनात्मक योगदान था। 'बूंद और समुद्र' में उनकी सामाजिक रीति-रिवाजों और मुहल्ला जीवन, विशेष रूप से अंतःपुर की जो गहरी जानकारी मिलती है, उसका स्रोत प्रतिभा जी भी थीं। उन्होंने उनके लिए ढोलक के गीतों का संग्रह किया था। उनके हर उपन्यास में वह मौजूद हैं; केवल एक चरित्र में नहीं, नाना चरित्रों में। (इसी प्रकार अपने हर उपन्यास में नागरजी स्वयं भी मौजूद रहते थे; बड़े पात्रों में ही नहीं, छोटे पात्रों में भी)। उनकी कितनी ही कहानियों के प्लाट की प्रेरणा उन्हें प्रतिभा जी की बातों से मिली।

नागर जी यदि चौक यूनिवर्सिटी के कुलपति थे, जो प्रतिभा जी कुलसचिव थीं। घर में यदि वह कुलपति थे, तो वास्तविक कुलसंचालिका और कुलस्वामिनी प्रतिभाजी थीं।

नागर जी ने अपने एक उपन्यास में गुजराती कवि नर्म की पंक्तियां उद्‌धृत की हैं : "तेनूं ते शूं रड़ूं, ते नुं ते शूं बकूं, तेनुं ते शूं लबूं रोज जेबूं; दुःख छ दुःख छे दुःख संसार मां, दुःख तो दिवसना स्वप्न जेबूं" (वही का वही कहां तक रोऊं, वही का वही कहां तक बकूं, वही का वही रोज क्या बड़बड़ाऊं; दुःख है, दुःख है, संसार में दुःख है, सुख तो दिन के सपने जैसा है)। लगता है, इन पंक्तियों में उनके हृदय की झंकार थीं।

उन्होंने और प्रतिभा जी ने अपने जीवन में दुःख-ही-दुःख झेला। जब जीवन

समर में कुछ विश्राम के क्षण आये तो प्रतिभा जी को पहला हृदयाघात हुआ। फिर जब से रिक्शा उलटा, मैं शाम को जब जाता तो अक्सर उनको शैयाग्रस्त देखता।

गौने में आने के बरस-दो-बरस बाद ही परिवार पर पहला वज्रापात हुआ था। नागरजी के पिता जी के न रहने से उनका भयंकर जीवन-संघर्ष आरम्भ हुआ।

इसी संघर्ष के दौरान नागरजी के हृदय में साहित्य का सहस्रदल कमल खिला जिसने उनको ख्याति और साथ ही मानसिक तृप्ति दी। वह अपने को जीवन भर एक 'चप्पल चटकाऊ लेखक' मानते रहे और प्रतिभाजी ने भी इसी भाव से गृहस्थी चलायी। कभी कुछ पहनने-ओढ़ने की लालसा नहीं की, पति की भांति वह भी सादे परिधान धारण करती थीं।

सरस्वती के आराधक की पत्नी थीं, इसलिए स्वयं भी सरस्वती के वेश में रहती थीं—लक्ष्मी के वेश में नहीं।

उनके पति एक महान लेखक हैं और इस रूप में उन्हें भारी मान-सम्मान प्राप्त है, इसका पहला बोध उन्हें तब हुआ जब उनके साथ पद्मभूषण अलंकरण समारोह में दिल्ली गयीं।

नागर जी अपने ढंग से कहीं पर अत्यन्त व्यावहारिक भी थे, यह अनुभव मैंने बाद में किया। 1948 में जब रतन फिल्मी लाइन में जम गये और मदन का चित्रकार के रूप में जीवन-पथ सुनिश्चित हो गया तभी उन्होंने—शुद्ध साहित्यिक जीवन बिताने के रूप में—अंधेरे में दुबारा छलांग लगाने की दिशा में कदम बढ़ाय।। यह प्रयोग भी तभी किया, जब प्रतिभा जी को अपना सहयोग बना लिया; उनसे आश्वासन मिला—"तुमको लिखने में सुख मिलता है तो लिखो, गृहस्थी की चिन्ता मत करो। गृहस्थी मैं चला लूंगी।" इस प्रयोग-काल में, नागरजी की रेडियो में नौकरी लगने तक, पांच साल प्रतिभा जी ने कितनी तंगी में बिताये इसका मैं मूक साक्षी रहा हूं।

झाड़ू लगाने से लेकर बर्तन मांजने और कपड़े धोने तक का सारा काम खुद करती थीं, जबान पर कभी कोई शिकायत नहीं। जब मैं उनको घर में फटी साड़ी पहने देखता, तो मुझे बरबस कविवर नरोत्तमदास के 'सुदामाचरित' में सुदामाजी के घर का वर्णन याद आ जाता।

नागर जी की रेडियो की नौकरी मुश्किल से ढाई साल निभ पायी थी। इसके बाद फिर वही अनिश्चित कमाई वाला जीवन। नागर जी यदि एक उपन्यास उठाते, तो बहुत-सा बाजारू लेखन भी करते। लेकिन इस बात का श्रेय उन्हें जरूर दिया जायेगा कि उन्होंने अपने लेखन का स्तर बराबर बनाये रखा।

इसी अनिश्चित कमाई वाले जीवन-काल में लड़के बड़े हुए बेटे-बेटियों की शादियों का सिलसिला चला। पहले अचला की शादी, फिर बड़े बेटे बबन (कुमुद नागर—सं.) की शादी, फिर शरद की शादी और अन्त में छोटी बेटी आरती की शादी। अचला और आरती दोनों की शादियां बड़ी धूमधाम से हुईं। नागरजी शो-मैनशिप में विश्वास करते थे। फिर दादा-दादी, नाना-नानी बनने का क्रम शुरू हुआ। जिम्मेदारियां बड़ी। चिन्ताएं बढ़ीं।

'मानस के हंस' के प्रकाशन के बाद, अर्थात् अपने जीवन-काल के अन्तिम पन्द्रह वर्षों में, नागर जी अपना यह सपना पूरा कर पाये कि वह अपनी पुस्तकों की रॉयल्टी से सुखपूर्वक रह सकें।

लेकिन इसके बाद सुख के क्षण मिले ही कितने ?

1966 में 'अमृत और विष' पूरा करने के बाद ही परिवार पर दूसरा वज्राघात हुआ था—मंझले भाई रतन का निधन। उसके बाद सुख के कथित दिन आने पर तीसरा वज्राघात—1984 में छोटे भाई मदन का निधन। 1972 में प्रतिभा जी को मातृ-वियोग सहना पड़ा। उन्हें अपने बड़े दामाद के निधन का घाव अपनी आंखों से नहीं देखना पड़ा, लेकिन उसकी काली छाया उनके जीवन-काल में पड़ चुकी थी, जब नैनी (इलाहाबाद) में जहां वह अकेले रहते थे (अचला नौकरी करती थी) वह 'कोमा' में पाये गये और उन्हें इलाज के लिए लखनऊ मेडिकल कॉलेज में भर्ती कराया गया।

नागर जी अक्सर कहा करते थे, "हम मियां-बीवी ने अपनी पहली हनीमून विवाह के 15 साल के बाद मद्रास में मनायी।" उसी काल में उन्होंने प्रतिभा जी को दोस्त बनाया।

मैंने मियां-बीवी को उस दिन सबसे अधिक खुश देखा जब 1981 में उन्होंने अपने विवाह की 50वीं वर्षगांठ मनायी, हम सब मित्रों को शानदार दावत दी।

इसके बाद मैंने प्रतिभाजी को देहावसान से लगभग महीना-डेढ़-महीना पहले बहुत खुश पाया। उनका दौहित्र, बड़ी बेटी अचला का बड़ा बेटा, अपनी वधू और अपने पुत्र के साथ आकर कुछ दिन उनके पास रहा।

उन दिनों वह दिन-रात अपने पड़पोतों को खिलाने में मगन रहती थीं। ऐसा लगता था जैसे उनकी सारी बीमारी दूर हो गयी थी। कई बार मैंने उनको चौके में बैठे देखा।

किन्तु यह शायद दिये के बुझने से पहले उसकी तेजी से भभक उठने वाली लौ की चमक थी !

प्रतिभा जी ने कुल 67 वर्ष 1 महीना 21 दिन की आयु पायी और नागरजी ने उनके वियोग में 4 वर्ष 4 महीने और 5 दिन का काल एक-एक दिन गिनकर काटा।

# बाढ़ौ रे बाढ़ौ सहिंजन के बिरवा

**रामशंकर शर्मा**

14 अगस्त '83 को मालकिन भाभी चली गयीं।

परिवार के इतिहास में उनकी एक विशेष भूमिका रही है। वह इस परिवार में उस समय आयी थीं जब इसका केन्द्र गांव था। ग्रामीण परिवेश में उन्होंने अपने आपको अनुकूल पाया था। अपने सहज स्नेही स्वभाव से सबका प्रेम प्राप्त कर लिया था। परिवार के युवा, ग्रामीण वातावरण छोड़ विद्या अध्ययन के लिए बाहर निकल आये थे। इसी के साथ भाभी भी गांव से शहर आ गयीं। पहले झांसी, फिर लखनऊ, आगरा, दिल्ली तथा अन्त में बनारस रहीं।

वह पुरानी तथा नई पीढ़ी को जोड़ने वाली कड़ी थीं। वह गांव की कर्मठता, सहनशीलता तथा शहर की शालीनता, व्यवहार-कुशलता का मिश्रण थीं।

भाभियों में सबसे पहली याद इन्हीं की है क्योंकि और के आने तक बड़ा हो गया था, पर इनके आने के समय बहुत छोटा रहा होऊंगा। रामविलास भैया के आगरा जाने तक लखनऊ में भाभी के साथ रहा। यहां इनकी व्यवहार-कुशलता और मेहमान-नवाजी का पूरा परिचय मिला।

अनेक साहित्यकार घर आते थे और उनके आदर-सत्कार का सारा भार भाभी के ऊपर ही रहता था। निराला जी, अमृतलाल नागर, पढीस जी, उग्र जी आदि अक्सर आया करते थे। कुछ लोग तो घर में ही रह जाते थे। सबके साथ भाभी जी का व्यवहार समान रहता था।

सब देवरों को वह 'लाला' कहकर सम्बोधित करती थीं। सबको समय पर खाना मिलने से लेकर सबकी छोटी-बड़ी जरूरतों तक का वह पूरा-पूरा ध्यान रखती थीं।

बचपन के हर बच्चे को कहानी सुनने का शौक होता है। मुझे भी कहानी सुनना अच्छा लगता था।

मालकिन भाभी भी हम लोगों को कहानियां सुनाया करती थीं। उनकी एक कहानी मुझे बहुत प्रभावित करती थी, जिसका अन्त वह गाकर सुनाती थीं। पूरी

तो याद नहीं पर अन्त उसका कुछ इस प्रकार था कि एक राजकुमारी किसी राजकुमार से प्रेम करती है और उसका विवाह होने से पहले ही युद्ध छिड़ जाता है और राजकुमार युद्ध में चला जाता है। वहां उसकी मृत्यु हो जाती है। राजकुमारी किसी तरह अपने स्वर्गीय प्रियतम से मिलना चाहती है। बस अर्ध रात्रि में सहिजन के पेड़ से प्रार्थना करती है कि वह ऊपर की ओर बढ़ता जाय, बढ़ता जाय— इतना बढ़े कि वह ऊपर आकाश को छू ले जहां वह अपने प्रियतम से मिल सके।

भाभी के मधुर कंठ की वह स्वर लहरी आज भी बार-बार गूंज उठती है— "बाढ़ौ रे बाढ़ौ सहिंजन के बिरवा, अब तो मिलन बड़ी दूरि रे।"

ऐसा लगता है कि भाभी भी सहिंजन पर बैठ ऊपर आकाश की ओर चली गयी हैं हमेशा-हमेशा के लिए।

कोई बात नहीं भाभी, हम लोग भी पीछे से आ रहे हैं। वहां फिर एक बार कहानी सुनेंगे।

---

*इस संस्करण की 16 प्रतियाँ प्रकाशित की जा रही हैं।*